V&R unipress

Formen der Erinnerung

Band 73

Herausgegeben von

Jürgen Reulecke und Birgit Neumann

Frauke Janzen

Flucht und Vertreibung im literarischen Diskurs der BRD

Rhetoriken der Opferkonstruktion

Mit 15 Abbildungen

V&R unipress

Bibliografische Information der Deutschen Nationalbibliothek
Die Deutsche Nationalbibliothek verzeichnet diese Publikation in der Deutschen Nationalbibliografie; detaillierte bibliografische Daten sind im Internet über https://dnb.de abrufbar.

Umschlagabbildung: © Lucia Schoop, »aber nicht übers Wasser…« (Ausschnitt)
Druck und Bindung: CPI books GmbH, Birkstraße 10, D-25917 Leck
Printed in the EU.

Vandenhoeck & Ruprecht Verlage | www.vandenhoeck-ruprecht-verlage.com

ISSN 2198-6169
ISBN 978-3-8471-1308-9

Inhalt

Textanalysen

Danksagung

Mein Dank gilt zuallererst meinen BetreuerInnen Frau Prof. Dr. Weertje Willms (Deutsches Seminar der Albert-Ludwigs-Universität Freiburg) und Frau Prof. h.c. Dr. Dr. h.c. Elisabeth Cheauré (Slavisches Seminar der Albert-Ludwigs-Universität Freiburg), die mich auf meinem Weg mit wertvollen Anregungen unterstützt haben. Besonders die mehrfachen Einladungen in ihr Kolloquium *Milestones* und die dort geführten Diskussionen haben mein Projekt bereichert.

Für die finanzielle Unterstützung danke ich dem *Bundesinstitut für Kultur und Geschichte der Deutschen im östlichen Europa (BKGE)*. Neben dem Stipendium waren der Austausch unter den Stipendiaten und die Hinweise der Stipendienkommission bei den Kant-Stipendiaten-Tagungen von großer Bedeutung für meine Arbeit.

Mit der Assoziation ins DFG Graduiertenkolleg 1767 *Fiktionales und Faktuales Erzählen* an der Universität Freiburg erhielt ich die wertvolle Gelegenheit, mich mit hochkarätigen WissenschaftlerInnen und NachwuchswissenschaftlerInnen über meine Arbeit auszutauschen. Ich danke Frau Prof. Dr. Fludernik (Englisches Seminar der Albert-Ludwigs-Universität Freiburg) für die Aufnahme ins Kolleg und ihre loyale und herzliche Begleitung während meiner Promotionszeit. Außerdem danke ich allen KollegiatInnen, besonders Johannes Franzen und Nicolas Detering, für zahlreiche inhaltliche Impulse, aber auch für moralische Unterstützung und die notwendige geistige Zerstreuung während meiner Promotionszeit. Ebenso danke ich Fanny und Holger Opitz, die immer an mich und meine Arbeit geglaubt haben.

Für ihr Vertrauen und die Begleitung auf den letzten Metern zum Ziel danke ich weiterhin Dr. Philipp Redl (Deutsches Seminar der Albert-Ludwigs-Universität Freiburg) und sehr herzlich Dr. Ulrike Bohle-Jurok (Institut für deutsche Sprache und Literatur der Universität Hildesheim).

Bei Frau Helga Neumann vom *Archiv der Künste* in Berlin möchte ich mich für die überaus engagierte Hilfe bei meinem Recherchen im Nachlass von Kurt Ihlenfeld bedanken. Ich wünsche noch vielen Besuchern des Hauses ihre freundliche und interessierte Unterstützung.

Für das konzentrierte Korrekturlesen gilt mein herzlicher Dank Sara Katrin Landa, Marc Erdmann, Maraike Sörensen-Knoop und Anna Panhoff. Marta Bujnowksi danke ich für Übersetzungen aus dem Polnischen.

Ich danke außerdem Frau Marie-Carolin Vondracek und Frau Laura Haase vom Verlag Vandenhoeck & Ruprecht für die Begleitung meiner Publikation. Frau Prof. Dr. Birgit Neumann und Herrn Prof. Dr. Jürgen Reulecke gilt mein Dank für die Aufnahme in ihre schöne Reihe *Formen der Erinnerung*. Bei Frau Lucia Schoop möchte ich mich herzlich dafür bedanken, dass Sie mir ihr Bild *aber nicht übers Wasser…* für die Umschlaggestaltung zur Verfügung gestellt hat.

Der größte Dank gebührt meinen Familien. Ich danke meinen Eltern und meinem Bruder für ihren fortwährenden Glauben an mich und dafür, dass sie mir regelmäßig den Kopf gewaschen haben.

Ganz besonders danke ich meinem Mann Patrick. So kritisch wie er hat niemand (außer mir) die Arbeit gelesen. Er hat mich in Zeiten größter Zweifel begleitet und auf unsere Kinder aufgepasst, wenn ich bis nachts am Schreibtisch saß. Ich bin ihm sehr dankbar für seine unendliche Geduld.

I Einführung

1 Ausgangsüberlegungen und Fragestellung: Opferrhetorik als diskursiver Modus

Die Leiderfahrungen Deutscher im Kontext des Zweiten Weltkrieges sind etwa seit der Jahrtausendwende zu einem neuralgischen Punkt nationaler Erinnerungsdebatten avanciert. ›Flucht und Vertreibung‹[1] firmiert heute als ein »Erinnerungsort«[2], der, so Eva und Hans Henning Hahn, im kollektiven Gedächtnis der deutschen Gesellschaft von der Nachkriegszeit bis heute eine zentrale Stellung einnehme.[3] Geht man von fast 70 Jahren fortdauernder gesellschaftlicher Präsenz des Themas ›Flucht und Vertreibung‹ aus, stellt sich die Frage, ob Status und Relevanz dieses Erinnerungsortes über den gesamten Zeitraum konstant geblieben sind. Näher liegt es, kollektive Bedeutungsverschiebungen in Abhängigkeit von sich wandelnden politisch-historischen und sozio-psychologischen Formationen anzunehmen.

Kollektive Erinnerungen an vergangene Ereignisse finden ihren Niederschlag u. a. in der Literatur – nicht nur in historiografischen Werken, sondern ebenfalls und besonders in fiktionalen Texten. Auch der Erinnerungsort ›Flucht und Vertreibung‹ hat Eingang in die deutsche belletristische Literatur gefunden. Ein Blick in die Feuilletons der letzten Jahre sowie in literaturwissenschaftliche

1 Mit dem feststehenden Begriffspaar beziehe ich mich auf die zwangsweise Aus- und Umsiedlung Deutscher und deutschsprachiger Bewohner in Ost-, Ostmittel- und Südosteuropa seit Anfang 1945 bis nach dem Zweiten Weltkrieg.

2 Den Begriff »Erinnerungsort« hat Pierre Nora geprägt: *Les lieux de mémoire*. Paris: Gallimard 1984–1992. Bei »Erinnerungsorten« handelt es sich nach Nora, verknappt ausgedrückt, um Erinnerungsziele einer Gemeinschaft, die deren Identität begründen. In der prominenten Studie *Deutsche Erinnerungsorte*, die François Etienne und Hagen Schulze im Anschluss an Pierre Nora publizierten, erhält der »Erinnerungsort Flucht und Vertreibung« einen eigenen Eintrag. Vgl. Eva Hahn/Hans Henning Hahn: »Flucht und Vertreibung«, in: François Etienne/Hagen Schulze (Hrsg.): *Deutsche Erinnerungsorte*, Bd. 1. München: Verlag C.H. Beck 2001, S. 335–351.

3 Ebd., S. 341.

Veröffentlichungen zeigt allerdings, dass die von Hahn und Hahn ausgemachte Kontinuität des Themas für belletristische Bearbeitungen oft übersehen wurde. Besonders deutlich macht dies die (inzwischen immer wieder zitierte und zu Recht kritisierte) Aussage Frank Schirrmachers:

> Es gibt bis heute keine literarische Verarbeitung der Vertreibung; die Literatur weiß nichts von den Okkupationsjahren des Ostens durch die Rote Armee. Die letzten lebenden Zeugen all der für immer unerzählt bleibenden Geschichten aus den ostdeutschen Provinzen treten jetzt ab. All das ist unerzählt, also: unerlöst.[4]

Solche und ähnliche Bemerkungen prägten die Diskussionen der deutschen Feuilletons insbesondere im Jahr 2002 nach dem Erscheinen von Günter Grass' Novelle *Im Krebsgang*, in der die Kritik eine »Hinwendung zu einem Thema [...], das das Tätervolk in der Opferrolle zeigt«, erkannte.[5] Bald wurde im Umfeld dieser Debatte vom »neue[n] deutsche[n] Selbstbild als Opfer der Geschichte«[6] gesprochen. Seither zirkuliert die Rede von einem »deutschen Opferdiskurs«, von dem es heute heißt, er sei Teil der deutschen Selbstwahrnehmung geworden.[7] Die Gründe für dieses Phänomen beschreibt der *ZEIT*-Autor Achatz von Müller wie folgt:

> Gewiss gab es nicht jene einzige Ursache, nach der wir, monokausal fixiert, stets auf der Suche sind. Vielmehr brachte ein Bündel durchaus unterschiedlicher Motive den Opferdiskurs in Fahrt: Martin Walser hatte gewissermaßen die Tür geöffnet, als er die Instrumentalisierung des Opfergedächtnisses durch die NS-Opfer inkriminierte. Günter Grass hatte diese Tür passiert, als er die Lebensheldin und Lebenshelferin seines Werkes, Tulla Pokriefke, zum Opfer der größten Schiffskatastrophe der Geschichte, des Untergangs der Wilhelm Gustloff, machte und damit zur Zeugin der augenfälligsten Katastrophe des deutschen Flüchtlingselends. Mit anderen Worten, der literarische Seismograf der Ostpolitik Willy Brandts hatte womöglich rechtzeitig den deutschen Opferweg nach Westen gewittert, nämlich in jenem Augenblick, in dem dieser zum Bild des deutschen Opfers in der Splatter-Geschichte des 20. Jahrhunderts gerinnen konnte. Und vor und hinter ihm drängte durch dieselbe Tür die vermeintlich nie geschriebene, dann aber als offenbar nur vergessen bezeichnete und bald umso mehr gefeierte Literatur zur deutschen Opfergeschichte des Bombenkrieges.[8]

---

4 Zitiert nach: Werner Nell: »Luftkrieg oder Windei. Zur Inszenierung einer Diskursverschiebung in der deutschen Literatur der 1990er Jahre«, in: Carsten Gansel/Heinrich Kaulen (Hrsg.): *Kriegsdiskurse in Literatur und Medien nach 1989.* Göttingen: Vandenhoeck & Ruprecht 2011, S. 31–47, hier S. 40.

5 Volker Hage: »Das tausendmalige Sterben«, in: *SPIEGEL* 6/2002, S. 184f. Online: http://www.spiegel.de/spiegel/print/d-21362876.html (Stand: 23.06.2014).

6 Achatz von Müller: »Volk der Täter, Volk der Opfer«, in: *DIE ZEIT* 44/2003. Online: http://www.zeit.de/2003/44/OpferDeutsche (Stand: 10.06.2018).

7 Ebd.

8 Ebd.

Von Müller macht hier implizit auf den Irrtum aufmerksam, dem Schirrmacher wenige Jahre zuvor unterlegen war: Die deutschen Opfererfahrungen, der Bombenkrieg sowie Flucht und Vertreibung aus dem deutschen Osten, sind keineswegs »unerzählt« geblieben. Vielmehr zeigt sich an solchen Fehleinschätzungen, dass diese seit mehr als 60 Jahren existente Literatur im kollektiven Gedächtnis der Deutschen keinen etablierten Platz besetzen konnte.[9]

Wenn die Debatten der 2000er Jahre um einen Text wie Grass' *Im Krebsgang* oder den Bau des *Zentrums gegen Vertreibung* immer wieder in der Antizipation eines deutschen Opferselbstbildes mündeten, verweisen sie mit dieser Rede auf ein übergeordnetes gesellschaftliches Bedürfnis nach Opferidentifikation, das sich im Flucht-und-Vertreibungsdiskurs[10] (stellvertretend) ausdrückt. Insbesondere diesen Entwicklungen möchte ich, an die oben erwähnte Vermutung einer Bedeutungs- und Statuswandels des Erinnerungsortes anknüpfend, diachron nachgehen, denn es stellt sich nicht nur die Frage, inwiefern sich jenes kollektive Opferbedürfnis im Flucht-und-Vertreibungsdiskurs wiederfindet, sondern ggf. auch, ob es stets vorhanden war oder bestimmten Konjunkturen unterlag. Es muss somit darum gehen, spezifische Redeweisen, die einer Op-

9 Sie spielt z. B. auch in Schulen und Universitäten wenn überhaupt eine untergeordnete Rolle.

10 Die Schreibweise »Flucht-und-Vertreibungsdiskurs« ist bewusst gewählt. Sie unterstreicht, dass sich das Begriffspaar ›Flucht und Vertreibung‹ als feststehender Terminus etabliert hat, der bereits die Macht des Diskurses indiziert: Die Rede von ›Flucht und Vertreibung‹ beinhaltet immer schon ein »Problem deutscher Selbstthematisierung« (Klaus Naumann: »Vertreibung. Ein Problem deutscher Selbstthematisierung«, in: *Mittelweg* 36/3, 2005, S. 4–18), da das Begriffspaar Leid, Dramatik und einen Opferstatus konnotiert. Auch Christian Lotz zeigt auf, dass das Begriffspaar ›Flucht und Vertreibung‹ heute selbstverständlich gebraucht wird, etwa in Tageszeitungen wie der *Süddeutschen Zeitung* oder der *ZEIT*. Gleichwohl weist er darauf hin, dass dieser unverkrampfte Sprachgebrauch nicht darüber hinweg täuschen dürfe, dass auch noch heute mit dem Begriff »Vertreibung« das Leid der Deutschen betont werden soll und darin die Vorgeschichte dieser Vertreibungen ausgeblendet werde. In Polen werde noch heute von »Aussiedlung« – »wysiedlenie«, nicht »Vertreibung« –« wypędzenie«, gesprochen. Vgl. Christian Lotz: *Die Deutung des Verlusts. Erinnerungspolitische Kontroversen im geteilten Deutschland um Flucht, Vertreibung und die Ostgebiete.* Köln/Weimar/Wien: Böhlau 2007, S. 3. f. Zum Begriffspaar als »eine den Gesamtzusammenhang unvermeidlich reduzierende Chiffre« (Stephan Scholz: »M. Beer: *Flucht und Vertreibung der Deutschen*«, Rezension. Online: https://www.hsozkult.de/publicationreview/id/rezbuecher-16868 [Stand: 20.06.2018]) vgl. außerdem Mathias Beer: *Flucht und Vertreibung der Deutschen. Voraussetzungen, Verlauf, Folgen.* München: Verlag C.H. Beck 2011, S. 13–23. Die Schreibweise »Flucht- und Vertreibungsdiskurs«, die die Formulierung »Fluchtdiskurs u n d Vertreibungsdiskurs« verkürzte, ließe diese nicht unproblematischen Begriffsdimensionen unberücksichtigt. Es handelt sich nämlich gerade nicht um zwei unterschiedliche Diskurse, sondern bezeichnenderweise um einen Diskurs, in dem die Unterschiede von Flucht- und Vertreibungserfahrungen eingeebnet werden. Die Bindestriche in der hier gewählten Schreibweise weisen auf dieses Phänomen hin. (Außerdem ist das Schriftbild leserfreundlich gestaltet, wenn auf permanente Anführungszeichen und eine Schreibweise wie »Flucht-und-Vertreibung«-Diskurs oder ›Flucht und Vertreibungs‹-Diskurs, auch in anderen Wortverbindungen wie z. B. »Flucht-und-Vertreibungsroman«, verzichtet wird.)

ferkonstruktion dienen, freizulegen und ihre Entwicklungen zu hinterfragen. Ebenso wenig wie Erinnerung ist (Opfer)Identität eine hermetische, konsistente Tatsache. Sie ist ein gemeinschaftlich, diskursiv verfertigtes Konstrukt, zu dem die fiktionale Literatur ihren spezifischen Beitrag leistet. Daher ist davon auszugehen, dass sich nicht nur in öffentlichen Debatten, sondern ebenfalls in Fiktionen Argumente und Positionen des in diesem Fall hochgradig politisch aufgeladenen öffentlichen Diskurses verbergen.

Unter das Schlagwort »deutscher Opferdiskurs« fallen heute neben Flucht und Vertreibung auch die Erfahrungen des Bombenkriegs und die Vergewaltigungen deutscher Frauen – deutsche Opfererfahrungen, die in ihrer Verschränkung auch mit dem Holocaust zu einem eigentümlichen Diskursbündel[11] geworden sind. Ließe sich feststellen, dass der »Vertriebenendiskurs [...] von Beginn an im Wesentlichen als [Hervorhebung von mir] Opferdiskurs geführt worden«[12] ist, würde deutlich, dass Vertreibungs- und Opferdiskurs nicht zwei verschiedene Diskurse darstellen oder die Opferinszenierung untergeordnetes Thema des Vertreibungsdiskurses ist. Vielmehr, so möchte ich aufzeigen, handelt es sich bei diesen viktimisierenden Redeweisen um einen diskursiven Modus, der den Flucht-und-Vertreibungsdiskurs bestimmen kann, aber nicht muss. Die verschiedenen Themen des Diskurses,[13] etwa »Heimatverständnis und Heimatanspruch«, »die Kampf- und Leidenszeit in der alten Heimat«, »Flucht, Vertreibung und Heimatverlust«, die »Ankunft und Eingliederung im Westen« oder die »Wiederbegegnungen mit Vertreibungslandschaften«[14] lassen sich durch spezi-

---

11 Ich bediene mich hier und im Folgenden der Begriffe, die Siegfried Jäger in seiner Kritischen Diskursanalyse entwickelt hat. Ein Diskursbündel umfasst in seiner Theorie mehrere Diskursstränge, die sich nach je spezifischen Kriterien, i. b. thematischen, »bündeln« lassen (S. 168). Einen »Diskursstrang« nennt Jäger eine »Menge[] thematisch einheitlicher Diskursfragmente« (S. 160) – letztere sind im vorliegenden Fall die zu untersuchenden Romane. Siegfried Jäger: *Kritische Diskursanalyse. Eine Einführung.* Duisburg: DISS 1999. Über diese Termini Jägers hinaus werde ich in der vorliegenden Untersuchung den Begriff der »diskursiven Topoi« prägen, der den intentionalen und funktionalen Charakter bestimmter im Diskurs kursierender Rhetoriken illustrieren soll. Angenommene Funktion der auch in der Literatur zum Thema vorherrschenden Redeweisen ist, wie angedeutet, die Konstruktion eines kollektiven Opferbildes.

12 K. Erik Franzen: »Die Akteure des Vertreibungsdiskurses in der Bundesrepublik Deutschland«, in: Thomas Strobel/Robert Maier (Hrsg.): *Das Thema Vertreibung und die deutsch-polnischen Beziehungen in Forschung, Unterricht und Politik.* Hannover: Hahn 2008, S. 61–66, hier S. 63.

13 Vgl. zur Einteilung in Hauptthema und Unterthemen und ihren immer vorhandenen Verzahnungen Siegfried Jäger: *Kritische Diskursanalyse*, S. 166–168.

14 Louis Ferdinand Helbig: *Der ungeheure Verlust. Flucht und Vertreibung aus dem Osten in der deutschsprachigen Belletristik der Nachkriegszeit.* (3., um den aktuellen Forschungsstand und ein Register ergänzte Auflage). Wiesbaden: Harrassowitz 1996. Es handelt sich hier um die Kapitelüberschriften des Interpretationsteils. Vgl. zu den möglichen Erlebnisbereichen, die in literarischen Werken über Flucht und Vertreibung behandelt werden, auch die Übersicht

fische rhetorische Ausgestaltungen im Modus eines Opferdiskurses schildern. Damit wird bereits deutlich, was ich unter dem Begriff des »Flucht-und-Vertreibunsgdiskurses« bündele: Ich subsumiere ich unter diesem – wohlgemerkt feststehenden – Begriff verschiedene Erlebnisbereiche des Vorgangs: die Erfahrung und Erinnerung der Heimat, Kampf und Leid während der letzten Kriegstage, den Prozess der Flucht und Vertreibung selbst, die Eingliederung im Westen, die Wiederbegegnung mit den abgetretenen Gebieten sowie die Versöhnung mit der Vergangenheit und den polnischen Nachbarn.[15] In diesen definierten Diskursstrang ›Flucht und Vertreibung‹ gehört also ausschließlich die ›ostdeutsche‹ Heimatverlust-Erfahrung[16] um 1945/46.[17]

Da die literarische Bearbeitung des Erinnerungsortes ›Flucht und Vertreibung‹ nachweislich kein Novum des neuen Jahrtausends ist und auch die Polarität und Agonalität des übergeordneten deutschen Täter- und Opferdiskurses den Flucht-und-Vertreibungsromanen von Anbeginn eingeschrieben waren, stellt die vorliegende Untersuchung die Rede von einem ›Tabubruch‹, die in publizistischen Debatten der 2000er Jahre weismachen wollte, dass es für Deutsche endlich möglich geworden sei, sich öffentlich als Opfer zu fühlen und zu präsentieren, nicht nur infrage, sondern entlarvt sie selbst als eine rhetorische Viktimisierungsstrategie des Diskurses. Entsprechend verfolgt diese Arbeit nicht nur das Ziel, den Entwicklungen und Verschiebungen der Opfer- und Täterkonstruktionen in Flucht-und-Vertreibunsgromanen nachzugehen. Vielmehr weist sie am Beispiel der Erinnerungsortes ›Flucht und Vertreibung‹ das rhetorische Potential von Fiktion als Instrument der Identitätsstiftung in spezifischen Erinnerungskulturen nach. Sie fokussiert Fiktion nicht als literarisches Verfahren, sondern als soziale Praxis, die Erinnerungsgemeinschaften dazu dienen

---

bei Louis Ferdinand Helbig/Johannes Hoffmann/Doris Kraemer (Hrsg.): *Verlorene Heimaten – neue Fremden. Literarische Texte zu Krieg, Flucht, Vertreibung, Nachkriegszeit.* Dortmund: Forschungsstelle Ostmitteleuropa 1995, S. XII.

15 Vgl. zu diesen Erlebnisbereichen Helbig: *Der ungeheure Verlust*, S. 106.

16 Wenn ich hier und im Weiteren den Begriff »ostdeutsch« benutze, geschieht dies in dem Bewusstsein, dass es sich um einen historisch variablen Terminus handelt. Während man seit der Nachkriegszeit unter »ostdeutsch« die DDR bzw. seit der Wiedervereinigung die Bundesländer Thüringen, Sachsen, Sachsen-Anhalt, Brandenburg und Mecklenburg-Vorpommern zusammenfasst, benutzte man den Begriff »Ostdeutschland« bis 1945 im engeren Sinn für die Provinzen Ostpreußen, Pommern, Teile der Neumark und Schlesien. Wird er im vorliegenden Beitrag verwendet, dann als historischer Begriff – ohne revisionistische Implikationen – , der es erlaubt, die Verlusterfahrung verschiedener Teilprovinzen als eine kollektive zu fassen. Zur Begriffsgeschichte von »ostdeutsch« vgl. Karl Heinz Lau: »Verlieren wir das historische Ostdeutschland aus dem Bewußtsein?«, in: *Deutschlandarchiv* 28, 1995, S. 633–640.

17 Es geht dezidiert nicht etwa um die Flucht jüdischer, kommunistischer und intellektueller Opfer vor den Nationalsozialisten, die Flucht aus der DDR gen Westen oder die Flucht vor Genoziden wie etwa in den 1990er Jahren in Ruanda oder in jüngster Zeit vor dem Islamischen Staat und anderen Terrorgruppen.

kann, Vergangenheitsversionen zu archivieren, um ihre kollektive Identität im Modus eines Opferdiskurses zu begründen und zu stabilisieren.

Die Untersuchung legt nun durch exemplarische Textanalysen Themen und ästhetisch-formale Inszenierungsstrategien von Flucht-und-Vertreibungsromanen frei, die im Dienst einer kollektiven Viktimisierung stehen. In diachroner Perspektive wird dabei dem Wandel der Formen und Funktionen bestimmter, dem Flucht-und-Vertreibungsdiskurs eingeschriebener Opferrhetoriken nachgegangen. Selbstredend lässt sich dieser in den Fiktionen ausgetragene Opferdiskurs dabei nicht isoliert von Aussageformationen anderer gesellschaftlicher Bereiche verstehen. Somit soll zwar einerseits dezidiert das Symbolsystem des Vertreibungsdiskurses, wie es die Romane narrativ kreieren und etablieren, analysiert werden, andererseits sind die Romane stets in ihrem Produktions- wie Rezeptionskontext zu betrachten. Den Erinnerungs- bzw. Produktionszeitpunkt sowie das Problem nicht nur der erzählerischen, sondern auch der gesellschaftlich-kulturellen Darstellbarkeit rückt der methodische Rückgriff auf die an Foucault anschließende Kritische Diskursanalyse Siegfried Jägers in den Mittelpunkt. Sie fordert neben der Analyse der Entwicklung spezifischer Diskursstränge die Untersuchung des Verhältnisses unterschiedlicher Diskursebenen zueinander ein.[18] Mit der Diskursanalyse wird also zunächst die Frage nach der gesellschaftlich-kulturellen Darstellbarkeit und Sagbarkeit bestimmter Geschichts- und Opferbilder angesprochen, da im Sagbaren wie Nichtsagbaren die je existierenden medialen wie sozialpsychologische Konstitutionen historischer Sachverhalte aufscheinen. Darüber hinaus stellt die Fiktion eine von vielen Diskursebenen dar, auf der sich Semantiken und Rhetoriken des Diskurses offenbaren, generieren oder modifizieren, die auf anderen Diskursebenen entweder entstehen, aufgenommen oder wieder modifiziert werden. Die synchrone und diachrone Wechselwirkung dieser Deutungsmuster etwa als Interdiskurse oder Gegendiskurse innerhalb je dominanter kultur- und sozialgeschichtlicher Kontexte stellt sowohl eine Einflussgröße als auch ein Resultat der Entwicklungen innerhalb der einzelnen Diskursebenen dar. Die in den Textanalysen freigelegten Opferrhetoriken setze ich daher stets in Beziehung zu anderen zeitgenössischen Diskursentwicklungen insbesondere der Politik und der Publizistik sowie z. T. zu anderen narrativen, auch visuellen Medien wie Film oder Fernsehen.

Aus diesen Bezügen und der Untersuchung von Genese, Wandel und Ablösung literarischer Inhalte und Formen will die Untersuchung schließlich ein diachrones Modell entwerfen, das nicht mehr rein motivgeschichtlich den Umgang mit Flucht und Vertreibung in der Literatur fokussiert, sondern als Konjunkturmodell des Verhältnisses von innerliterarischen zu außerliterarischen

18 Zur Methode vgl. insbesondere Jäger: *Kritische Diskursanalyse* (siehe Anmerkung 11).

Rhetoriken des Flucht- und Vertreibungsdiskurses fungiert. Dabei wird Fiktion als eigenständige Diskursebene mit spezifischen Mechanismen sichtbar. Entsprechend zielt die Untersuchung weder auf die literaturgeschichtliche Einordnung der fiktionalen Flucht- und Vertreibungsromane noch auf eine gattungstheoretisch oder poetologisch gerahmte Definition des Gegenstandes. Die Untersuchung der Poetizität und Literarizität der Texte tritt hinter das Verständnis von Fiktion als diskursives Medium gesellschaftlich-kultureller Prozesse der Vergangenheitsbewältigung und Identitätsstiftung zurück. Entsprechend behandele und begreife ich Literatur nach dem von Foucault eingeführten und in der kulturwissenschaftlichen Literaturtheorie heute allgemein geltenden Ansatz als eine anderen Diskursebenen gegenüber gleichrangige Diskursebene:[19]

> Denn mit dem Diskursbegriff zielt Foucault zunächst in rein heuristischer Absicht auf die Erschließung eines Gegenstandsgebietes, das von allen ästhetischen Kriterien Abstand nimmt: Ob es sich um einen Roman von Goethe handelt oder ein Lehrbuch der Chemie aus dem 19. Jahrhundert, macht für die Diskursanalyse keinerlei Unterschied, solange beide als Teil einer diskursiven Formation angesehen werden, der allein das Interesse der Archäologen des Wissens gilt.[20]

So müssen literarische Texte in einer Diskursanalyse als Teil, Ergebnis und Ursprung von Aussageformationen untersucht werden. Dafür müssen die Möglichkeitsbedingungen und Machtstrukturen der im literarischen Text realisierten Aussagen im Zusammenspiel mit anderen Diskursebenen freigelegt werden.[21] Literatur ist für mich nicht nur als ästhetisches oder sprachliches Objekt von Bedeutung, sondern als gleichrangige Diskursebene in ihrer deutenden, argumentativen und identitätsstiftenden Funktion innerhalb des gesellschaftlichen

---

19 Vgl. z.B. Achim Geisenhanslüke: *Textkulturen. Literaturtheorie nach dem Ende der Theorie.* Paderborn: Wilhelm Fink 2015, besonders S. 20–25; Jürgen Fohrmann/Harro Müller: »Einleitung: Diskurstheorien und Literaturwissenschaft«, in: Dies. (Hrsg.): *Diskurstheorien und Literaturwissenschaft.* Frankfurt am Main: Suhrkamp Verlag 1988, S. 9–20, besonders S. 16f.; Alexander Preisinger/Pascale Delormas/Jan Standke: »Diskursforschung in der Literaturwissenschaft«, in: Johannes Angermuller/Martin Nonhoff/Eva Herschinger u.a. (Hrsg.): *Diskursforschung. Ein interdisziplinäres Handbuch.* Bielefeld: transcript Verlag 2014, S. 130–144, hier besonders S. 130 und S. 134f.

20 Geisenhanslüke: *Textkulturen*, S. 24.

21 Vgl. Sabina Becker zum Literaturbegriff der diskursanalytischen Literaturwissenschaft: »Literatur wird als ein geregeltes, aber auch regelndes Ordnungssystem verstanden; sie konstituiert sich damit weniger durch ihre poetische Dimension als durch die Regeln und Prozeduren, die im ›Ordnungssystem Literatur‹ wirksam sind. Um diese Regeln und über sie den literarischen Diskurs in den Blick zu bekommen, untersucht die Diskursanalyse den literarischen Text auf seine außerliterarischen und außertextuellen Rahmenbedingungen hin.« Sabina Becker: *Literatur- und Kulturwissenschaften. Ihre Methoden und Theorien.* Reinbek bei Hamburg: Rowohlt Taschenbuch Verlag 2007, S. 148.

Diskurses sowie in Abhängigkeit von diesem.[22] Daher legt die vorliegende Untersuchung zuallererst die in der fiktionalen Flucht-und Vertreibungsliteratur kursierenden Deutungsmuster und Opferrhetoriken systematisch frei. Erst durch ihre Identifikation und ihren Vergleich mit rhetorischen Mustern außerliterarischer Diskursebenen können Aussagen über ein mögliches spezifisches Potential der Diskursebene Literatur (ausschließlich für den Flucht-und-Vertreibungsdiskurs!) getroffen werden. Als Kriterium dieses Diskursebenen übergreifenden Vergleichs etabliert die Untersuchung im Ausgang der linguistischen Argumentationsanalyse das Konzept der diskursiven Topoi, die wiederum als historisch bedingt und wandelbar aufgefasst werden. Die sprachliche Formation, d. h. die spezifische Redepraxis einzelner Texte wird also nicht negiert, sondern in konsequent diskursanalytischer Perspektive ebenfalls als historisch bedingt erfahrbar.[23] Damit wird trotz einer Zurückstellung der Frage nach der Literarizität der Texte die sprachliche Figuration zum essentiellen Untersuchungsgegenstand.

Da der Literatur- und Fiktionsbegriff in seiner identitätsstiftenden Funktion hier also insbesondere unter Einbeziehung der kulturwissenschaftlichen Gedächtnisforschung, der Rhetorik und der Diskursanalyse diskutiert wird, wird im Folgenden das produktive Zusammenspiel dieser Paradigmen als theoretisches Fundament einer diachronen und synchronen Analyse des literarischen Flucht-und-Vertreibungsdiskurses vorgestellt. Darüber hinaus ist ein methodisches Vorgehen zu präzisieren, das einen Blick auf die Relation von Gesellschaft, mit ihren Erinnerungsbeständen und ihren Diskursen, und dem fiktionalen Text ermöglicht. Zuvor verdeutlicht ein Blick auf die Forschungslage zum Thema, dass eine systematische Analyse literarischer Opferrhetoriken im Flucht-und-Ver-

22 Damit liegt dieser Untersuchung ein Literaturbegriff zugrunde, der sich in jüngster Zeit immer mehr durchsetzt und den eine pragmatische Tendenz kennzeichnet: »Der Literaturbegriff wird meist nicht mehr unter Rekurs auf spezifische Texteigenschaften oder rein semiotische Operatoren erläutert, sondern in Bezug auf Funktionen, situative Kontexte oder Praktiken, in denen die Texte verwendet werden.« Fotis Jannidis/Gerhard Lauer/Simone Winko: »Radikal historisiert: Für einen pragmatischen Literaturbegriff«, in: Dies. (Hrsg.): *Grenzen der Literatur. Zu Begriff und Phänomen des Literarischen.* Berlin/New York: de Gruyter 2009, S. 3–37, hier S. 11.

23 Zum Potential der Diskursanalyse, strukturalistische und hermeneutische Überlegungen kombinieren zu können, vgl. ausführlich Brigitte Kaute: *Die Ordnung der Fiktion.* Wiesbaden: Deutscher Universitäts-Verlag/GWV Fachverlage GmbH 2006. So wirft die Autorin etwa der Interdiskurstheorie »die Entscheidung gegen das strukturale Textmodell« vor, »demzufolge die Literatur nicht Kontextfäden, sondern zuallererst Signifikanten verknüpft. Das ist unbefriedigend, weil das, was Literatur in einer bestimmten Epoche zur Literatur macht, gerade nicht sichtbar und in seiner jeweiligen Singularität erkennbar wird. Als historisch determiniert gilt nur das, was als *Material* der literarischen Inszenierung betrachtet wird, die Diskursstränge. Die historischen Bedingungen der *Inszenierungen* können auf diese Weise nicht erfasst werden.« S. 47.

treibungsroman aussteht, wobei Forschungen aus Nachbardisziplinen wie der Geschichtswissenschaft wertvolle Anknüpfungspunkte insbesondere für die synchrone Analyse des literarischen Flucht-und-Vertreibungsdiskurses liefern. Im Anschluss werden das Textkorpus samt seiner Erhebungskriterien sowie das den weiteren Überlegungen zugrundeliegende heuristische Konjunkturmodell vorgestellt.

2 Forschungsstand

Die Literaturwissenschaft hat die belletristischen Bearbeitungen von Flucht und Vertreibung lange Zeit kaum bis nicht wahrgenommen; erst in jüngster Zeit wendet sie sich diesem Komplex zu und versucht, die literaturwissenschaftliche Untersuchung dieser Texte von ihrem bisherigen Schattendasein zu befreien. Auch in der Geschichtswissenschaft, der Soziologie und der Kulturwissenschaft ist die Forschungsliteratur zum Thema insbesondere in den letzten zehn Jahren angewachsen. Zusätzlich konfrontiert eine Vielzahl publizistischer Beiträge, Tagungen und Ausstellungen den Wissenschaftler mit einer stetig anwachsenden Informations- und Deutungsflut. Im Folgenden gehe ich zunächst auf den Forschungsstand der Germanistik zu literarischen Bearbeitungen von Flucht und Vertreibung ein. Im Anschluss skizziere ich den Stand der Forschung zum Erinnerungsdiskurs um Flucht und Vertreibung und gebe abschließend einen Überblick zu Publikationen, die sich mit dem Opferstatus Deutscher nach dem Zweiten Weltkrieg, auch diskursanalytisch, auseinandersetzen.

Um das jüngste Interesse an Flucht-und-Vertreibungsfiktionen zu belegen[24], sei summarisch auf einige Sammelbände[25], zwei Anthologien mit wissenschaftlichen Einführungen[26], schließlich auf eine steigende Zahl von Studien, die sich

24 Im Folgenden gehe ich nur auf die deutsche Forschung ein. Es ist aber zu unterstreichen, dass auch die polnische und tschechische Germanistik sich dem Thema vermehrt zuwenden.

25 Sascha Feuchert (Hrsg.): *Flucht und Vertreibung in der deutschen Literatur.* Frankfurt am Main: Peter Lang 2001; Frank-Lothar Kroll (Hrsg.): *Flucht und Vertreibung in der Literatur nach 1945.* Berlin: Mann 1997; Thüringer Forum für Bildung und Wissenschaft e.V. (Hrsg.): *Flucht, Vertreibung und Erinnern. Zur politischen und literarischen Reflexion in der deutschen und osteuropäischen Nachkriegsliteratur.* Protokoll der gleichnamigen Tagung vom 24. Januar 2004 in Jena. Jena: Thüringer Forum für Bildung und Wissenschaft e.V. 2004; Elke Mehnert (Hrsg.): *Landschaften der Erinnerung. Flucht und Vertreibung aus deutscher, polnischer und tschechischer Sicht.* Frankfurt am Main: Peter Lang 2001; Jean-Luc Gerrer (Hrsg.): *Anklage, Nachdenken und Idealisierung: Literatur über die ehemaligen deutschen Ostgebiete. Zeugnisse von Flucht und Vertreibung.* Berlin: Frank & Timme 2013.

26 Louis Ferdinand Helbig u. a. (Hrsg.): *Verlorene Heimaten – neue Fremden. Literarische Texte zu Krieg, Flucht, Vertreibung, Nachkriegszeit.* Dortmund: Forschungsstelle Ostmitteleuropa 1995; Ernst-Edmund Keil (Hrsg.): *Vertrieben… Literarische Zeugnisse von Flucht und Vertreibung.* Bonn: Kulturstiftung d. Dt. Vertriebenen 1985. Während erstere Anthologie deut-

dezidiert mit ausgewählten Autoren und deren Darstellung von Flucht und Vertreibung bzw. dem Heimatverlust befassen[27] sowie auf Betrachtungen zur literarischen Auseinandersetzung mit einzelnen Vertreibungsgebieten[28] hingewiesen. Diese steigende Zahl spezieller Forschungsbeiträge belegt und befördert zwar die Popularität des Themas, Grundlagenarbeit leisten diese Studien jedoch nicht.

Zentraler Ausgangspunkt der literaturwissenschaftlichen Untersuchung zum Thema bleibt Louis Ferdinand Helbigs Monografie *Der ungeheure Verlust*, die er Ende der 1980er Jahre vorlegte. Es handelt sich um die erste und wegweisende germanistische Untersuchung zur literarischen Inszenierung von Flucht und Vertreibung.[29] Helbig leistet mit dieser Studie eine Bestandsaufnahme der existierenden Werke zum Thema und unternimmt einen ersten Versuch ihrer Kategorisierung. Dabei geht er thematisch vor und fasst a) Erzählungen über »Heimatverständnis und Heimatanspruch«, b) über »die Kampf- und Leidenszeit in der alten Heimat«, c) über »Flucht, Vertreibung und Heimatverlust«, d) über die »Ankunft und Eingliederung im Westen« und e) über die »Wiederbegegnungen mit Vertreibungslandschaften« zusammen.[30] Ferner sammelt Helbig positivistisch medien- und genreübergreifend Erzählungen, Dramen, Lyrik,

lich wissenschaftlicher Natur ist, lässt sich im Hinblick auf Keils Sammlung, die von der *Kulturstiftung der Deutschen Vertriebenen* verlegt wurde, fragen, ob hier Autoren für eine erinnerungspolitische Sache vereinnahmt werden.

27 Zum Beispiel Thomas B. Ahrens: *Heimat in Horst Bieneks Gleiwitzer Tetralogie. Erinnerungsdiskurs und Erzählverfahren.* New York u. a.: Peter Lang 2003; Elwira Pachura: *Polen – die verlorene Heimat. Zur Heimatproblematik bei Horst Bienek, Leonie Ossowski, Christa Wolf, Christine Brückner.* Stuttgart: Ibidem-Verlag 2002; Herman Ernst Beyersdorf: *Erinnerte Heimat. Ostpreußen im literarischen Werk von Arno Surminski.* Wiesbaden: Harrassowitz 1999. Erwähnt werden müssen auch Katja Hartlebs Studie *Flucht und Vertreibung. Ein Tabuthema in der DDR-Literatur?.* Marburg: Tectum 2011, die die DDR-Autoren Erik Neutsch, Helga Schütz, Günter de Bruyn und Ursula Höntsch ins Visier nimmt; und Bill Niven: *Representations of Flight and Expulsion in East German Prose Works.* Rochester/New York: Camden House 2014.

28 Etwa Paweł Zimniak: *Niederschlesien als Erinnerungsraum nach 1945. Literarische Fallstudien.* Dresden: Neisse Verlag 2007. Besonders umfangreich sind die beiden Bände von Edward Bialek (Hrsg.): *Silesia in litteris servata. Paradigmen der Erinnerung in Texten schlesischer Autoren nach 1945.* Dresden: Neisse Verlag, Bd. 1: 2009, Bd. 2: 2010; Anna Maria Sawko von Massow: *Breslau. Geschichte und Geschichten einer Stadt in der Flucht- und Vertreibungsliteratur nach 1945.* Berlin: Köster 2001; Rafał Żytyniec: *Zwischen Verlust und Wiedergewinn. Ostpreußen als Erinnerungslandschaft der deutschen und polnischen Literatur nach 1945.* Osnabrück: Fibre-Verlag 2007; Wioletta Knütel: *Verlorene Heimat als literarische Provinz. Stolp und seine pommersche Umgebung in der deutschen Literatur nach 1945.* Frankfurt am Main u. a.: Peter Lang 2002.

29 Helbig: *Der ungeheure Verlust* (vgl. Anmerkung 14). Die erste Auflage stammt von 1988, eine um den aktuellen Forschungsstand ergänzte Neuauflage wurde 1996 publiziert.

30 Ebd. Kapitelüberschriften bei Helbig: *Der ungeheure Verlust.* Vgl. dazu ebenfalls Anmerkung 14.

Hörspiele sowie filmische Verarbeitungen von Flucht und Vertreibung. Zwar nimmt er Werkinterpretationen vor, doch fallen diese, seinem thematologischen Ansatz entsprechend, recht knapp aus.

Mitte der 1990er Jahre versucht Wolfgang Schneiß, dieses Desiderat einzulösen: Sein Ziel ist die Erforschung historischer Entwicklungslinien der belletristischen Literatur über Flucht und Vertreibung.[31] Doch Schneiß schließt Romane von Autoren aus, die zu jung sind, um über eigene Erinnerungen an Flucht und Vertreibung zu verfügen,[32] und negiert mit dieser Beschränkung seines Textkorpus bestimmte Entwicklungslinien von vornherein. Außerdem konstatiert er, dass die literarische Behandlung des Themas bereits in eine Endphase getreten sei, und so umfasst sein Textkorpus ausschließlich Werke aus den Jahren 1950 bis 1982. Zwar bemüht sich Schneiß, Textanalysen in den Mittelpunkt seiner Arbeit zu stellen, doch auch diese gehen nicht über eine Sammlung hinaus. Eher referierend als analysierend fasst Schneiß zunächst den Inhalt der Erzählungen und sodann die Biografien der Autoren zusammen, bevor er sich den Texten zuwendet. Dabei bleiben seine Analysen an der Oberfläche, da diese sich letztlich auf die erzählten Inhalte beschränken und er eine Analyse ihrer sprachlichen und strukturellen Inszenierung versäumt.[33]

Sowohl bei Helbig als auch bei Schneiß fehlt es also an detaillierten und narratologisch fundierten Textanalysen. Diese Lücke erkennt Björn Schaal, der hervorhebt, dass die systematische Analyse von Erzählstrukturen der Literatur des ostdeutschen Heimatverlustes bisher ausgeblieben ist.[34] In der Regel haben sich die vorliegenden germanistischen Arbeiten an der *histoire* und nicht am *discours* abgearbeitet. Schaal unterzieht sodann drei Romane einer narratologischen Untersuchung: Günter Grass' *Die Blechtrommel* (1959), Christa Wolfs *Kindheitsmuster* (1976) und Siegfried Lenz' *Heimatmuseum* (1978). Dabei verfolgt Schaal das Ziel, Erzählstrukturen offenzulegen, die paradigmatisch auf jegliche Erzählung der »Delokation«[35] zutreffen sollen. Fraglich ist, ob die Be-

---

31 Wolfgang Schneiß: *Vertreibung und verlorene Heimat im früheren Ostdeutschland.* Frankfurt am Main: Peter Lang 1996. Schneiß' Werk ist neben Helbigs Studie bis heute ständiger Bezugspunkt der Forschung zum Thema.

32 Vgl. Schneiß: *Vertreibung und verlorene Heimat im früheren Ostdeutschland*, Fußnote 22, S. 19. Schneiß zitiert hier Jörg Bilke.

33 Dieselbe Kritik äußert Björn Schaal im Kapitel »Zum Stand der Forschung« in seiner Dissertation *Jenseits von Oder und Lethe. Flucht, Vertreibung und Heimatverlust in Erzähltexten nach 1945.* Trier: WVT Wissenschaftlicher Verlag Trier 2006, S. 10–16, hier S. 13.

34 Vgl. ebd., S. 11f.

35 Mit »Delokation« übersetzt Schaal den englischen Ausdruck »displacement« ins Deutsche. Diese »Ent-Ortung«, die Trennung von einem Sicherheit gebenden Raum, ist für ihn Grundstruktur jeden Heimatverlusts. Schaal liest die Flucht-und Vertreibungserzählungen stellvertretend für alle »Erzählungen der Delokation«; letztendlich möchte er eine Systematik entwickeln, die sich gleichermaßen etwa auf Exilliteratur oder Literatur der Arbeitsmigration applizieren lässt. Vgl. ebd., S. 6.

trachtung dreier Romane für eine solch weitgreifende Zielsetzung ausreicht, zumal Schaal drei Romane wählt, die sich insofern in ihrer Erzählform ähneln, als dass sie jeweils mit Ich-Erzählern operieren, die in Retrospektiven auf ihr vergangenes Leben und ihre verlorene Heimat zurückblicken.

Die Erforschung der Entwicklungslinien der Texte über Flucht und Vertreibung hat nun Karina Berger mit ihrer leider nur in englischer Sprache vorliegenden Arbeit *Heimat, Loss and Identity. Flight and Expulsion in German Literature from the 1950s to the Present*[36] aufgenommen. Berger fragt wie ich nach dem Verhältnis der Erzähltexte zum zeitgleich existierenden außerliterarischen Diskurs. Sie kann aber Erzählverfahren nicht systematisch an die Gesellschaft und ihre Kollektivdispositionen rückbinden, weil sie keine detaillierten Analysen einzelner Texte vornimmt. Stattdessen stellt sie für jede der von ihr ausgemachten Bearbeitungsphasen eine Gruppe literarischer Texte vor. Außerdem fehlt ihr durch dieses eher allgemeine Vorgehen ein stringenter inhaltlicher oder formaler Fokus, sodass sie Viktimisierungsstrategien in den Texten zwar streift, aber nicht deutlich benennen kann.

Zur Etablierung ihres Korpus greift Berger wie ich auf Axel Dornemanns *Flucht und Vertreibung aus den ehemaligen deutschen Ostgebieten in Prosaliteratur und Erlebnisbericht seit 1945* zurück. In mühsamer Archivarbeit hat Dornemann sämtliche seit 1945 erschienenen Texte über Flucht und Vertreibung gesichtet. Seine annotierte Bibliografie listet fiktionale wie faktuale Texte, Anthologien wie Romane, ost- wie westdeutsche Publikationen und integriert die große Masse von Titeln, die in Eigenredaktion und Selbstverlagen erschienen ist.[37]

Für meine anvisierte synchrone Analyse fiktionaler Texte sind darüber hinaus Untersuchungen relevant, die dem Diskurs über Flucht und Vertreibung in anderen Medien und auf anderen Diskursebenen als der Literatur nachgehen, ferner solche, die die Präsenz und Brisanz des Themas für die Erinnerungskultur und das kollektive Identitätsverständnis der deutschen Bevölkerung bzw. der Gruppe der Flüchtlinge und Vertriebenen betonen. Von grundsätzlicher Bedeutung in dieser Hinsicht ist Eva und Hans Henning Hahns Studie, die der

36 Karina Berger: *Heimat, Loss and Identity. Flight and Expulsion in German Literature from the 1950s to the Present.* Oxford u. a.: Peter Lang 2015.

37 Axel Dornemann: *Flucht und Vertreibung aus den ehemaligen deutschen Ostgebieten in Prosaliteratur und Erlebnisbericht seit 1945. Eine annotierte Bibliographie.* Stuttgart: Hiersemann 2005. Die in Selbstverlagen publizierten Texten machen einen Großteil der Gesamtproduktion zum Thema aus und bilden geradezu ein eigenes Forschungsfeld. Ihre Rezeption unterscheidet sich selbstredend stark von in Großverlagen erschienenen Texten, die einem breiteren Publikum zugänglich sind und in mehreren Auflagen Zeiten überdauern können. Die im Selbstverlag produzierten Titel erreichen kleine Leserkreise, oftmals Familie, Freunde und Bekannte.

»Vertreibung im deutschen Erinnern« nachgeht.[38] Hahn und Hahn zeigen zwar einerseits die historischen Vorgänge der Jahre 1945/46 in den Vertreibungsgebieten auf, fokussieren aber andererseits das, was sie schon im Titel den »Mythos Vertreibung« nennen: das kursierende kollektive Bild der Geschehnisse in der deutschen Erinnerung. Sie konzentrieren sich nicht auf reale Tatbestände, sondern heben auf verfestigte Vorstellungen und deren Genese in der deutschen Gesellschaft ab. Dass Flucht und Vertreibung und die Erinnerung an die Vorgänge zunehmend als gesellschaftlich bedeutend aufgefasst werden, bezeugt ferner die Tatsache, dass die *Bundeszentrale für politische Bildung* in jüngster Zeit zwei Publikationen zum Thema vorgelegt hat.[39]

Auch Christian Lotz betrachtet weniger das konkrete Vertreibungsgeschehen als vielmehr die »Deutung des Verlusts«, wie sie sich in Protokollen, Tätigkeitsberichten und Korrespondenzen der Leitgremien der *Landsmannschaft Schlesien, der Helmut-von-Gerlach-Gesellschaft* und der *Schlesischen evangelischen Kirche* zwischen 1948 und 1972 niederschlägt. Beikommen möchte der Autor damit den unterschiedlichen Erinnerungspolitiken in Ost- und Westdeutschland.[40] Im vorliegenden Kontext ist seine Studie hervorzuheben, da sie den Ansatz verfolgt, kollektive Deutungsstrukturen freizulegen, die sich in verschiedenen ausgewählten Dokumenten manifestieren.[41] Eine ähnliche Zielsetzung verfolgt Maren Röger, die untersucht, wie Flucht und Vertreibung zwischen 1989 und 2008 in der deutschen und polnischen Medienlandschaft erinnert werden. Sie konzentriert sich auf Zeitungen und Zeitschriften sowie das Fernsehen.[42] Indem Röger zeigt, dass bestimmte Redeweisen Opferidentitäten konstruieren, schreibt sich ihre Arbeit in einen größeren Forschungskomplex ein: Immer mehr Studien gehen der Frage nach, ob und wie sich Deutsche, insbesondere in den letzten Jahren, zu Opfern stilisier(t)en. Zu diesem Forschungskomplex hat wiederum die Germanistik einige Beiträge vorgelegt:

W.G. Sebald löste mit seiner Züricher Poetikvorlesung *Luftkrieg und Vertreibung*[43] 1997 eine Debatte um die deutschen Kriegsopfer aus, als er erklärte,

38 Eva Hahn/Hans Henning Hahn: *Die Vertreibung im deutschen Erinnern. Legenden, Mythos, Geschichte.* Paderborn u. a.: Schöningh 2010.

39 Thomas Urban: *Der Verlust. Die Vertreibung der Deutschen und Polen im 20. Jahrhundert.* Bonn: Bundeszentrale für politisch Bildung 2005; Andreas Kossert: *Kalte Heimat. Die Geschichte der deutschen Vertriebenen nach 1945.* Bonn: Bundeszentrale für politisch Bildung 2008.

40 Vgl. Lotz: *Die Deutung des Verlusts.*

41 Eine kritische Rezension der Arbeit leistet Michael Schwarz unter http://www.sehepunkte.de/2009/11/13961.html (Stand: 26.11.2013).

42 Maren Röger: *Flucht, Vertreibung und Umsiedlung. Mediale Erinnerungen und Debatten in Deutschland und Polen seit 1989.* Marburg: Verlag Herder-Institut 2011.

43 Die Poetikvorlesungen wurden alsbald in Buchform veröffentlicht. W.G. Sebald: *Luftkrieg und Literatur.* München/Wien: Hanser 1999.

dass der Luftkrieg in der deutschen Literatur bisher völlig unbelichtet geblieben sei, obwohl er zur Kollektiverfahrung der Deutschen gehöre. Sebald behauptete ein gesellschaftliches Tabu, das weitergereichten Familiengeheimnissen entstamme und das kein deutscher Autor sich getraut hätte aufzulösen. Ein Hauptdiskussionspunkt der anschließenden Auseinandersetzung kreiste um die Frage, ob das Leid deutscher Opfer literarisiert werden dürfe, ob deutsche Autoren als Angehörige des ›Tätervolkes‹ nicht zum Schweigen über deutsches Leid verpflichtet seien. Klaus Harpprecht erklärte in der *Frankfurter Allgemeinen Zeitung:* »Das Schweigen verbarg vielleicht eine Scham, die kostbarer ist als alle Literatur.«[44] In der germanistischen Forschung knüpften zahlreiche Studien an diese Kontroverse an. So fragt Helmut Schmitz im Buchtitel eines Sammelbandes, ob die Deutschen zu einer »nation of victims« geworden seien[45], und Laurel Cohen-Pfister überschreibt ihre Untersuchung von Vergangenheitsversionen seit der Wiedervereinigung mit dem Titel *Victims and perpetrators*[46]. Auch ein drittes Werk wartet bereits im Titel mit einem Fragezeichen auf: »Täter als Opfer?« fragen Stefan Hermes und Armin Muhićin in ihrer Betrachtung deutschsprachiger Literatur zu Krieg und Vertreibung im 20. Jahrhundert.[47] Diese wissenschaftliche Debatte verfährt also auffällig moralisierend: Alle neueren Arbeiten implizieren die Frage, wie legitim die Darstellung Deutscher als Opfer ist und berühren das Problem der Erzählverfahren, die in den literarischen Werken für die Inszenierung Deutscher als Opfer sorgen. Entsprechend dienen mir die Studien als wertvolle Anknüpfungspunkte.

Mit der Frage nach der literarischen Bearbeitung deutscher Leiderfahrungen schreibt sich meine Untersuchung aber auch in den größeren Kontext der retrospektiven (literarischen) Deutung der NS-Zeit ein. Dass in der Auseinandersetzung mit der NS-Zeit schon in der unmittelbaren Nachkriegszeit der Mythos von den Deutschen als Opfer genährt wurde, hat Weertje Willms in ihrer Dissertation *Die Suche nach Lösungen, die es nicht gibt. Gesellschaftlicher Diskurs und literarischer Text in Deutschland zwischen 1945 und 1970* gezeigt.[48] Diese Arbeit dient mir ferner als Grundlage, da sie unter Rückgriff auf Siegfried Jägers

---

44 Klaus Harpprecht: »Stille, schicksalslose. Warum die Nachkriegsliteratur von vielem geschwiegen hat«, in: *Frankfurter Allgemeine Zeitung*, 20.01.1998. Zitiert nach: Volker Hage: *Zeugen der Zerstörung. Die Literaten und der Luftkrieg. Essays und Gespräche.* Frankfurt am Main: Fischer 2003, S. 113–131. Zu weiteren Rahmenbedingungen und Inhalten der Debatte vgl. ebd.

45 Helmut Schmitz (Hrsg.): *A nation of victims? Representations of German wartime suffering from 1945 to the present.* Amsterdam: Rodopi 2007.

46 Laurel Cohen-Pfister (Hrsg.): *Victims and perpetrators: 1933–1945. (Re)presenting the past in post-unification culture.* Berlin: De Gruyter 2006.

47 Stefan Hermes/Amir Muhić: *Täter als Opfer? Deutschsprachige Literatur zu Krieg und Vertreibung im 20. Jahrhundert.* Hamburg: Verlag Dr. Kovač 2007.

48 Vgl. Willms: *Die Suche nach Lösungen*, S. 331.

diskursanalytischen Ansatz den literarischen Vergangenheitsdiskurses nicht nur in einem diachronen Phasenmodell rekonstruiert, sondern weiterhin zeigt, dass es nicht die heute kanonisierten, sondern vielmehr populärliterarische Texte sind, die Auskunft geben können über die virulenten Entlastungsstrategien der Diskursgemeinschaft der Nachkriegsdeutschen. Diese Überlegungen greife ich auf und führe sie weiter: Einerseits stelle ich der diachronen Analyse meines Textkorpus eine synchrone Analyse zur Seite, um Entwicklungen im literarischen Diskurs konsequent an den außerliterarischen Diskurs und *vice versa* rückzubinden. Andererseits nutze ich die seit Ende der 1990er Jahren aus den Kulturwissenschaften in der Literaturwissenschaft interessiert aufgenommenen Gedächtnistheorien zur Weiterführung und Erklärung des Zusammenhangs von Text und Gesellschaft sowie der Funktion der im literarischen Text virulenten diskursiven und rhetorischen Deutungsmuster.

3 Textkorpus

Wirft man einen Blick in Dornemanns erwähnte Bibliografie *Flucht und Vertreibung aus den ehemaligen deutschen Ostgebieten in Prosaliteratur und Erlebnisbericht seit 1945* beeindruckt (und überrascht womöglich) die Fülle literarischer Bearbeitungen des Verlusts der deutschen Ostgebiete. Deutlich wird bei der Konsultation schnell, dass etwa Martina Ölke irrt, wenn sie schreibt: »Der ›seriösen‹ Forschung fehlte, so lässt sich [...] zuspitzen, lange der entsprechende ›seriöse‹ Gegenstand, erschienen doch die Texte beispielsweise von Treichel und Grass erst seit Ende der 1990er Jahre.«[49] Allerdings sagt diese Aussage viel über den heutigen Forschungsdiskurs, seine Annahmen und die Wahrnehmung des Themas aus: Die Werke wurden bisher mit wenigen Ausnahmen (Sigfried Lenz, Günter Grass) schlichtweg übersehen, zumal eine Kanonisierung diesem Eindruck Vorschub leistete. Um ein Textkorpus zu etablieren, ist Dornemanns beachtenswertes Werk auch für diese Untersuchung erste Anlaufstelle. Weiterhin greife ich auf die von Helbig gesammelten Texte zurück, kann aber beiden Sammlungen weitere Titel hinzufügen, insbesondere für die letzten Jahre.[50]

In der vorliegenden Untersuchung werden Analysen einzelner exemplarischer Texte vorgenommen.[51] Notwendigerweise ist für dieses Ansinnen das existie-

49 Martina Ölke: »›Flucht und Vertreibung‹ bei Hans-Ulrich Treichel und Günter Grass«, in: *Seminar: A Journal of Germanic Studies* 43/2, 2007, S. 115–133, hier S. 119.

50 Eine Übersicht der gesammelten Romane findet sich im Anhang der Arbeit, S. 342–344.

51 Dabei ist es ein der Diskursanalyse inhärentes, vor allem inhaltliches Problem, ein repräsentatives Textkorpus festzulegen, denn »das Korpus selbst konstituiert das Untersuchungsobjekt und damit auch die erzielbaren Ergebnisse, es ist nicht lediglich ein Mittel oder eine Datenbasis für Untersuchungsziele, die diesem Objekt selbst fremd sind.« Dietrich

rende Material zu beschränken: Davon ausgehend, dass Fiktionen Diskursfragmente darstellen, die aufgrund ihres genuinen inhaltlichen wie strukturellen Potentials bestimmte Vergangenheitsversionen nicht nur beschreiben, sondern auch imaginieren oder sogar verfälschen können, wähle ich nur Texte, die als Romane bezeichnet sind. Lebens- oder Reiseberichte sollen als faktuale Erzählformen keine Rolle spielen – was nicht bedeutet, dass sich keine autobiografischen Spuren in den gewählten fiktionalen Texten finden lassen. Zudem ist die Diskursgemeinschaft zu definieren, in der diese Diskursfragmente produziert und rezipiert werden. Ich beschränke mich auf den Diskurs in der BRD bzw. im wiedervereinten Deutschland und verzichte auf Romane aus der DDR, da diese in einer völlig anderen Gesellschaft mit einem spezifischen öffentlichen, insbesondere politischen Diskurs entstanden sind.[52] Außerdem spare ich Romane aus, die von den Vertreibungsgeschehen in den habsburgisch geprägten Ostgebieten erzählen. Romane, die die damaligen Protektorate Böhmen und Mähren als Schauplatz wählen oder von den Erfahrungen der Galiziendeutschen, Karpatendeutschen oder Donauschwaben in Südosteuropa (Ukraine, Serbien, Slowakei, Slowenien, Kroatien) berichten, nehme ich nicht auf. Erstens verliefen die Vertreibungen aus Böhmen und Mähren und anderen vorwiegend südosteuropäischen Regionen anders als die der Deutschstämmigen im heutigen Polen, denn von der Flucht vor der auf Berlin vorrückenden Roten Armee waren neben dem Memelland und Danzig die Regionen Pommern, Ostpreußen und Schlesien betroffen. Zweitens handelt es sich bei Memelland, Danzig, Pommern, Ost-

Busse/Wolfgang Teubert: »Ist Diskurs ein sprachwissenschaftliches Objekt? Methodenfragen und Forschungsergebnisse der historische Semantik«, in: Busse, Dietrich/Hermann, Fritz/Teubert, Wolfgang (Hrsg.): *Begriffsgeschichte und Diskursgeschichte.* Opladen: Westdeutscher Verlag 1994, S. 10–28, hier S. 15. Weiter heißt es: »Die Diskursanalyse muß daher die Rechtfertigung für die getroffene Wahl des Gegenstandes ([...] sowohl das konstituierte Textkorpus als auch die den Grund seiner Zusammenstellung abgegebenen Hypothesen über intertextuelle Beziehungen innerhalb des Korpus) erst durch die Ergebnisse ihrer Analyse erbringen.«, S. 17.

52 Vgl. zur Behandlung des Themas in der DDR Hartleb: *Flucht und Vertreibung. Ein Tabuthema in der DDR Literatur?* sowie Niven: *Representations of Flight and Expulsion in East German Prose Works* (siehe Anmerkung 27). Hartleb und Niven schließen mit ihren Untersuchungen eine Lücke, die auch ins Auge fällt, wenn man die oben erwähnten Studien von Helbig oder Schneiß betrachtet: Während man sich vorwiegend mit den Werken der BRD-Literatur beschäftigte, kam und kommt in der literaturwissenschaftlichen Forschung der Auseinandersetzung mit in der DDR erschienenen Romanen zum Thema Flucht und Vertreibung eine eher untergeordnete Position zu. Sicherlich ist Hartlebs Studie ein wichtiger Beitrag zum Forschungskomplex, doch muss die Struktur ihrer Arbeit kritisch betrachtet werden. Während der erste Teil der Arbeit von theoretischen Ausführungen zum historischen Kontext und zur Gedächtnisforschung eingenommen wird, widmet sich nur die Hälfte ihrer Untersuchung explizit den Texten der DDR-Autoren Erik Neutsch, Helga Schütz, Günter de Bruyn und Ursula Höntsch. Eine generelle Verknüpfung theoretischer und literarischer Aspekte und somit ein kontextuelles Verfahren bleibt aus.

preußen und Schlesien als vormals preußischen Territorien um Regionen mit gänzlich andersartigen Erfahrungsbeständen, kulturellen Praktiken, Sprachtraditionen und Erinnerungsräumen. Diese in sich sicherlich unterschiedlichen Landschaften zeichnen sich durch eine Jahrhunderte währende Dominanz Deutscher und insbesondere eine preußische Kulturtradition aus, sodass sich die Vermutung äußern lässt, dass auch in einer Diskussion um das deutsche Opferbild diese Historie als Argument eingebracht werden könnte.

So werden folgende Romane im Hinblick auf kollektive Deutungsmuster, die sie tradieren bzw. generieren, untersucht:[53]

- Ruth Hoffmann: *Die schlesische Barmherzigkeit*. Köln/Berlin: Kiepenheuer 1950.
- Kurt Ihlenfeld: *Gregors vergebliche Reise*. Witten/Berlin: Eckart-Verlag 1962.
- Utta Danella: *Der Maulbeerbaum*. Darmstadt: Schneekluth 1964.
- Arno Surminski: *Jokehnen oder Wie lange fährt man von Ostpreußen nach Deutschland?*. Stuttgart: Gebühr 1974.
- Günter Grass: *Im Krebsgang*. Göttingen: Steidl 2002.

4 Vorgehen

Um mein Textkorpus handbar zu machen, möchte ich eine chronologische Einteilung der Literaturproduktion zum Thema vorschlagen. Zu unterstreichen ist, dass es sich um ein methodisches, strukturierendes Hilfsmittel handelt, das die Herausforderungen diachroner Diskursanalysen ernst nimmt. Nicht die Replikation etablierter Epochenzäsuren, sondern eine an den außerliterarischen Diskurs rückgebundene Lektüre[54] der fiktionalen Texte kann die im Folgenden vorgeschlagenen Konjunkturphasen legitimieren, denn auch ein »synchrone[r]

53 Die folgende Liste verzeichnet die Erstausgaben der Texte. Die für die Zitation in der vorliegenden Untersuchung verwendeten Ausgaben werden jeweils in den Analysekapiteln benannt.

54 Die dem Diskurs immanente mehrfache und reziproke Verschränkung mit anderen Diskursen und anderen Ereignissen macht die eindeutige Identifikation des jeweiligen diskursiven Kontextes zur Herausforderung. Jede Diskursanalyse muss unweigerlich auf die ihr inhärente Schwierigkeit stoßen, dass diskursive Ereignisse genuin aus authentischem Material extrahiert werden müssen, d. h. in der Regel sind Gänge ins Archiv und der Abgleich diverser Diskursebenen unabdingbar, doch wegen des hohen Zeit- und Arbeitsaufwands und des Mangels an finanziellen und personellen Ressourcen kaum zu leisten. Allerdings lassen sich diskursive Ereignisse hilfsweise auch mit Ergebnissen anderer Forschungen fixieren. Vgl. Siegfried Jäger: »Bemerkungen zur Durchführung von Diskursanalysen«. Vortrag auf der Tagung »›Das große Wuchern des Diskurses‹. Der Diskurs als unberechenbares Ereignis«, 03./04.07.1997, Universität GH Paderborn, Fachbereich Sozialwissenschaften. Online unter: http://www.diss-duisburg.de/Internetbibliothek/Artikel/Durchfuehrung_Diskursanalyse.htm (Stand: 12.07.2013).

Schnitt[] durch einen Diskursstrang [kann] dadurch seine Rückbindung finden, dass man diesen synchronen Schnitt an eine Art Chronik der diskursiven Ereignisse zurück bindet.«[55] Die Untersuchung appliziert nicht bereits mehr oder minder einstimmig ausgemachte Konjunkturen des Vertreibungsdiskurses auf ein literarisches Korpus, sondern liest die literarischen Texte eigenständig und kritisch, verbindet sie mit außerliterarischen Entwicklungen und gesteht der literarischen Diskursebene eigene Konjunkturen zu. Da diese alternierenden Konjunkturen unterschiedlicher Ebenen für eine umfassende Diskursanalyse verglichen werden müssen, werde ich die Diskursfragmente in jeweils spezifischen Kapiteln zum außerliterarischen Diskurs in Beziehung setzen, insbesondere um auf die Verschränkungen und Differenzen sowie das Mächtespiel zwischen einzelnen Diskursebenen hinzuweisen und die Einebnung möglicher Ausprägungen des Diskurses durch eine vereinfachte Konjunkturdarstellung zu vermeiden. Damit wird der fiktionale Flucht-und-Vertreibungsdiskurs erstmals systematisch im Kontext anderer Diskursebenen und außerliterarischer Institutionen untersucht. Politische und historische Ereignisse werden hier also nicht nur summarisch als je »wichtigste historische Daten«[56] gestreift, sondern als diskursive Ereignisse im Hinblick auf ihre Wechselwirkungen untereinander sowie mit der literarischen Diskursebene analysiert. Das Zusammenspiel außerliterarischer und literarischer Ereignisse als Aussagen- und Wissensformation gerät damit zum zentralen Gegenstand. Nur durch die synchrone Verbindung literarischer Deutungsmuster mit Äußerungen anderer Diskursebenen können bestimmte Diskursentwicklungen vollständig nachvollzogen und, wie oben angesprochen, spezifische Deutungspotentiale der Diskursebene Literatur offengelegt werden.

4.1 Konjunkturmodell

In der bereits erwähnten Dissertation *Die Suche nach Lösungen, die es nicht gibt* untersucht Willms ein meiner Untersuchung ähnliches Textkorpus.[57] Es handelt sich bei Willms' Korpus nicht nur um literarische Texte, die wie die hier analysierten Texte die NS-Zeit verarbeiten, sondern ferner um nachweislich breit re-

55 Vgl. Margarete Jäger/Siegfried Jäger: *Deutungskämpfe. Theorie und Praxis kritischer Diskursanalyse.* Wiesbaden: VS Verlag für Sozialwiss. 2007, S. 27. In einer Diskursanalyse sollten aber historische Einschnitte nicht zwangsläufig infolge etablierter Epochenzäsuren angesetzt werden, hat Foucault doch selbst vor einer verfälschend operierenden Geschichtsschreibung gewarnt.

56 Z. B. Willms: *Die Suche nach Lösungen*, S. 176f.

57 So untersucht sie mit Ernst Wiecherts *Missa sine nomine* (1950) sogar einen Roman, den ich als wichtigen Flucht-und-Vertreibungsroman der Frühphase identifiziert habe.

zipierte Texte, die in ihrem Entstehungszeitraum zum geltenden Kanon gehörten, wie die Autorin durch ein aufwendiges Erhebungsverfahren, bei dem sie Lehrpläne, Vorlesungsverzeichnisse, Literaturpreise und Ausstellungen, Presseberichte, Umfragen demoskopischer Institute, Anschaffungslisten von Leihbüchereien sowie Bestsellerlisten studiert hat, nachweist. Wie ich nimmt sie neben der Höhenkammliteratur die Unterhaltungsliteratur in ihr Korpus auf. Bei dieser Entscheidung geht es mir nicht nur um die Annahme, dass die tatsächlich rezipierten Werke Auskunft darüber geben können, »was zu welcher Zeit psychisch ›gebraucht‹ wird«[58] oder um die Idee, dass »ein Werk in der Lage ist, die psychischen Bedürfnisse der Rezipienten zu befriedigen und ihnen entsprechende Identifikationsangebote und Anschlußmöglichkeiten zur Verfügung zu stellen«[59]. Vielmehr kann nur in einer nicht von Kanonisierungsprozessen verstellten Perspektive das zeitgenössische literarische Feld als fördernder oder restriktiver Möglichkeitsraum der im literarischen Diskurs jeweils realisierten Aussagen authentisch rekonstruiert und damit eine ernsthafte Diskursanalyse durchgeführt werden.

Willms konstatiert nun für ihr Korpus in einer diachronen Analyse drei Bearbeitungsphasen des literarischen NS-Diskurses, die, so wird zu zeigen sein, tendenziell auch meinem im Folgenden dargestellten Konjunkturmodell unterliegen: Von 1945 bis 1955 erkennt sie eine Beschäftigung mit »Schuld und Sühne«[60] und die Dominanz »entschuldigende[r] und entlastende[r] Lösungs- und Erklärungsmuster«[61]. Zwischen 1955 und 1960 stellt sie eine Übergangsphase fest, in der nicht wenige Autoren sich mit den »aktuellen Zuständen« »des restaurativen ›Wirtschaftswunder-Deutschlands‹« auch als »Resultat [des] Umgangs mit dem Erbe des Nationalsozialismus«[62] auseinandersetzten. Schließlich erkennt Willms zwischen 1960 und 1970 erstmals »analytische[] und kritische[] Aufarbeitungsmuster«[63] in den literarischen Texten über die NS-Zeit.

Zur diachronen Entwicklung des Diskursstrangs ›Flucht und Vertreibung‹ im Besonderen liegen, wie im Kapitel »Forschungsstand« angedeutet, zahlreiche (sozio)historische Analysen vor. Wissenschaftler sind dem Verlauf dieses Diskurses bereits auf verschiedenen Diskursebenen und im Bezug auf verschiedene Diskursakteure nachgegangen: Mathias Beer hat Debatten des Deutschen Bundestages von 1949 bis 2008 im Hinblick auf den Erinnerungsort ›Flucht und Vertreibung‹ und dessen Wandel untersucht, Maren Röger hat dargestellt, wie sich die Debatten um Flucht und Vertreibung seit 1989 in Deutschland und Polen

58 Ebd., S. 72.
59 Ebd.
60 Ebd., S. 327.
61 Ebd., S. 328.
62 Ebd., S. 327.
63 Ebd., S. 328.

in den Medien widerspiegeln, und Christian Lotz hat die erinnerungspolitischen Kontroversen im geteilten Deutschland für den Zeitraum von 1948 bis 1972 ins Visier genommen, indem er Protokolle, Tätigkeitsberichte und Korrespondenzen der Leitgremien der *Landsmannschaft Schlesien*, der *Helmut-von-Gerlach-Gesellschaft* und der *Schlesischen evangelischen Kirche* auf Bestandteile historischer Deutung analysiert hat. Diese Untersuchungen stellen einhellig und unmissverständlich klar, dass es den Vertreibungsdiskurs (als Opferdiskurs!) schon in den 1950er Jahren gegeben hat. Einerseits ist es diesen Studien zu danken, dass sie die in den letzten Jahren kursierende Annahme, Flucht und Vertreibung seien bis vor Kurzem Tabuthemen gewesen, als Kurzschluss entlarven. Ole Frahm spricht von einer »seltsame[n] Amnesie«, stelle »dieser Diskurs [doch] eine der offensichtlichen Kontinuitäten im Nachkriegsdeutschland« dar[64], und Robert G. Moller schreibt: »[A] silence around German suffering, [...] has never really existed«[65]. Andererseits verschleiert diese Rede von Kontinuität, dass der Flucht-und-Vertreibungsdiskurs im Laufe der Zeit verschiedene, insbesondere durch politische und mediale Bedingungen beförderte Konjunkturen erfahren hat.

Mehrheitlich wird für insgesamt drei Phasen kollektiver Erinnerung an Flucht und Vertreibung plädiert. Helga Hirsch erkennt einen ersten Abschnitt von 1945/46 bis in die 1960er Jahre, einen zweiten von 1960 bis 1989/90 und einen dritten im wiedervereinten Deutschland von 1990 bis heute: »Seit dem Zusammenbruch des Kommunismus und der Wiedervereinigung Deutschlands befinden wir uns nun offensichtlich in einer dritten Phase kollektiven Erinnerns.«[66] Manfred Kittel setzt seine Zäsuren der öffentlichen Erinnerung an Flucht und Vertreibung kleinteiliger. Er begreift die Zeit von 1961 bis 1982 als eine Einheit, die er wiederum in zwei Teile gliedert – in »einen ersten [Abschnitt], der von der Zweiten Berlin-Krise bis zum Amtsantritt der sozialliberalen Koalition 1969 reicht, und einen weiteren, der von 1969 bis zum Beginn der Ära Kohl 1982 datiert.«[67] Madlen Benthin, die die Erinnerung an Flucht und Vertreibung in Schulbüchern untersucht, greift auf ein Modell von Aleida Assmann und Ute Frevert zurück und setzt ihre Zäsuren von 1945 bis

64 Ole Frahm: »›Ein deutsches Trauma?‹ Zur Schamlosigkeit deutscher Opferidentifikation«, in: *German Life and Letters* 57/4, 2004, S. 372–390, hier S. 372.

65 Robert G. Moeller: »Germans as Victims? Thoughts on a Post-Cold War History of World War II's Legacies«, in: *History & memory* 17/1–2, 2005, S. 147–194, hier S. 152.

66 Helga Hirsch: »Kollektive Erinnerung im Wandel«, in: *Aus Politik und Zeitgeschichte* 40–41, 2003, S. 14–26. Online unter: http://www.bpb.de/geschichte/nationalsozialismus/dossier-nationalsozialismus/39633/erinnerung-an-vertreibung?p=all (Stand: 19.10.2017).

67 Manfred Kittel: *Vertreibung der Vertriebenen? Der historische deutsche Osten in der Erinnerungskultur der Bundesrepublik (1961–1982)*. München: Oldenbourg 2007, S. 10.

1957, von 1958 bis 1984/89 und 1985/1989 bis 2004.[68] Einigkeit besteht offensichtlich in einer Dreiteilung sowie in einer Zäsur um das Jahr 1960.

Auch für die Entwicklungen des bundesdeutschen literarischen Diskurses um Flucht und Vertreibung sind bereits Phasenmodelle unterbreitet worden. Helbig hat in seinem Grundlagenwerk eine Periodisierung der Literatur zum Thema vorgeschlagen, allerdings ohne eine Unterscheidung faktualer und fiktionaler Texte vorzunehmen. Helbig konstatiert eine »Erlebnisphase« von 1945 bis etwa 1955, eine »Dokumentationsphase« von 1950 bis in die sechziger Jahre und eine »dichterische Phase« seit 1975.[69] Für die »Erlebnisphase« macht er eine auffällige Anzahl von Tagebüchern und Chroniken sowie Bearbeitungen von Einzel- oder Familienschicksalen aus, die nur zum Teil literarischer Natur sind. In der »Dokumentationsphase« erkennt Helbig eine gesteigerte Literarisierung des historischen Geschehens, die schließlich in der »dichterischen Phase« seit 1975 überwiege und in der »zunehmende[n] schöpferische[n] Bewältigung nicht nur des eigenen Erlebens in der Dichtung durch Dichtung«[70] gipfele. Bei dieser Einteilung jedoch blendet Helbig Gattungsfragen aus, die für meine Untersuchung relevant sind. Provokant ließe sich entgegnen: Alle Texte, die ich untersuchen möchte, sind, Helbigs Argumentation strikt folgend, als Romane dichterisch, aber nicht alle Texte sind erst nach 1975 entstanden. Gilt Helbigs skizzierte Tendenz zwar ganz allgemein für Erzählungen über Flucht und Vertreibung, verschleiert sie doch gewissermaßen die breite Existenz ausdrücklich dichterischer Bearbeitungen zum Thema seit 1945. Außerdem nimmt das inzwischen zwanzig Jahre alte Werk keine Texte in den Blick, die nach 1995 erschienen sind und spart damit etwa den Text aus, der Aufhänger der kontroversen und bekanntesten Konjunkturphase gewesen ist, Günter Grass' *Im Krebsgang*, sowie alle Romane von Autoren der Enkelgeneration.

Zuletzt hat Karina Berger die literarischen Bearbeitungen zum Thema in ebenfalls drei Phasen eingeteilt: Die 1950er und 1960er Jahre klassifiziert sie als Abschnitt, in dem das deutsche Leid betont wurde, die 1970er und 1980er Jahre stellen nach Berger die Hochphase der literarischen Produktion zum Thema bei gleichzeitigem politischen Wandel dar, und der Zeitraum von den 1990er Jahren bis heute ist für Berger erneut von einer Romanflut gekennzeichnet, die nicht nur mit dem allgemein steigenden Erinnerungsinteresse an die deutsche Vergan-

68 Madlen Benthin: *Die Vertreibung der Deutschen aus Ostmitteleuropa. Deutsche und tschechische Erinnerungskulturen im Vergleich.* Hannover: Hahn 2007.

69 Helbig: *Der Ungeheure Verlust*, S. 65.

70 Ebd.

genheit einhergeht, sondern in der sich auch eine Bereitschaft zur Empathie mit den deutschen Opfern breitmacht.[71]

Eine derartig schematische Einteilung bietet wenig Raum für solche Werke, die Schwellen charakterisieren oder die ästhetisch oder inhaltlich neue Pfade einschlagen. Bergers Modell suggeriert klare Trennlinien zwischen den einzelnen Großphasen und sperrt sich als Dreiphasenmodell gegen einen Blick auf die literarische Produktion an Scharniermomenten. Wenn für Berger zwei aufeinander folgende von drei vorgeschlagenen Phasen durch ›Hochphasen‹ gekennzeichnet sind, wird offensichtlich, dass es zwischen beiden Hochphasen eine Entwicklung, etwa einen Abfall und ein Wiedererstarken, gegeben haben muss. Diese Entwicklungen übersieht das Modell.

So plädiere ich für insgesamt fünf Konjunkturphasen des bundesdeutschen literarischen Flucht-und-Vertreibungsdiskurses von 1945 bis heute. Die von Berger ausgemachten Entwicklungen erkenne auch ich in den fiktionalen Texten, ich schlage aber zusätzlich zwei Übergangsphasen vor. Meine Einteilung ergibt sich dabei einerseits aus der Lektüre der literarischen Texte, andererseits berücksichtige ich den diskursiven Kontext, sodass schließlich die Kombination aus einer kritischen und einer genealogischen Perspektive auf den Diskurs zu einer eigentümlichen Vermischung inner- und außerliteratischer Zäsuren des Diskurses führt. Gerade weil ich für zwei Übergangsphasen im literarischen Flucht-und-Vertreibungsdiskurs argumentiere, können nicht immer innerliterarische Einzelerscheinungen für Phasenschwellen stehen. Weniger als ein Phasenmodell möchte ich also ein Konjunkturmodell vorschlagen, das auf Übergänge und Tendenzen statt auf Einschnitte und abgegrenzte Zeiträume fokussiert ist. Strukturgebend für die generierten Phasen sind von mir identifizierte diskursive Ereignisse – Ereignisse, die für Form und Richtung des Verlaufs des Diskursstrangs wegweisend sind[72]: das Erscheinen von Grass' *Die Blechtrommel*, die Ostverträge, die Wende und die Debatte um Grass' *Im Krebsgang*. Dass diese Zäsuren Ereignisse unterschiedlicher Diskursebenen darstellen, ist auf mein Forschungsziel zurückzuführen. Das von mir anvisierte Wechselspiel unterschiedlicher Diskursebenen, wie es in Aussageformationen kondensiert, kennzeichnet ja gerade, dass entscheidende diskursive Entwicklungen und Einflüsse von unterschiedlichen Diskursebenen – und eben auch von der eigenen – ausgehen können. So lautet denn auch Foucaults Forderung für eine historische Diskursanalyse:

71 Vgl. Karina Berger: »Belletristik in der Bundesrepublik«, in: Stephan Scholz/Maren Röger/Bill Niven (Hrsg.): *Die Erinnerung an Flucht und Vertreibung. Ein Handbuch der Medien und Praktiken*. Paderborn: Schöningh 2015, S. 15–27.

72 Vgl. Jäger/Jäger: *Deutungskämpfe*, S. 27.

> Den Raum in seine Reinheit erscheinen zu lassen, in dem sich die diskursiven Ereignisse entfalten, heißt nicht, zu versuchen, ihn in seiner Isolierung wiederherzustellen, die nichts zu überwinden vermöchte; heißt nicht, ihn in sich selbst zu verschließen; es heißt, sich frei zu machen, um in ihm, und außerhalb seiner, Spiele von Beziehungen zu beschreiben.[73]

Die literarische Beschäftigung mit Flucht und Vertreibung setzt unmittelbar nach Kriegsende ein. Neben zahlreichen deutlich autobiografischen Aufzeichnungen lassen sich ab 1947 Romane zum ostdeutschen Heimatverlust ausmachen.[74] Entsprechend datiere ich den Beginn der literarischen Auseinandersetzung mit Flucht und Vertreibung auf **1945/46.** Diese frühen fiktionalen Bearbeitungen prozessieren ein in der Nachkriegszeit allgemein verbreitetes kollektives Opferbild.[75] Erst Günter Grass' Roman *Die Blechtrommel* verändert diesen Fokus und dient so als innerliterarische Zäsur meines Konjunkturmodells. Grass läutet **1958**, nach einer Zeit homogener Deutung, eine erste verhaltene Welle kritischer Auseinandersetzung mit dem ostdeutschen Heimatverlust sowie ein ästhetisches Experimentieren ein. Neben derartige fiktionale Bearbeitungen treten jedoch ab 1959 geradezu als Gegenpol triviale, eskapistische Texte, etwa einer Utta Danella. Diese Koexistenz kritisch-experimenteller und trivial-konventioneller Romane identifiziere ich als Merkmal der zweiten Konjunkturphase. Es handelt sich hier um ein Übergangsmoment der fiktionalen Aufarbeitung, in dem sich neue Möglichkeitsräume der Gestaltung auftun. Gerade deswegen lässt sich die folgende dritte Konjunkturphase nicht durch eine innerliterarische Zäsur abgrenzen. Vielmehr binde ich eine auszumachende Vereinheitlichung der Fiktionen am Ende der 1960er Jahre an soziopolitische Veränderungen zurück und nehme daher die gängige Zäsur 1968 in mein Einteilungsmodell auf. Ab **1969** erscheint die schöngeistige Verarbeitung wieder zunehmend homogen. Neben einer ästhetischen Homogenisierung und einer zunehmenden Idealisierung fällt auf, dass Flucht und Vertreibung zum Motiv weitergreifender Historien- und Familienromane wird, die beginnen, deutsche Täter neben deutsche Opfer zu stellen. Diese Tendenzen lassen sich eindeutig bis in die 1980er Jahre hinein ausmachen. Eine weitere Phase des Übergangs erkenne ich von **1989/90** bis 2001. Zwischen 1989 und 2001 werden einerseits innerliterarische Strömungen der 1970er und 1980er Jahre fortgeführt, andererseits werden erste neue Inhalte und Ausformungen in Flucht-und-Vertreibungserzählungen erprobt. Da außerdem auch zwei Nationalgedächtnisse und Nationalliteraturen zusammenwachsen müssen, halte ich die Identifikation einer Übergangsphase für unabdingbar. Literarische

73 Michel Foucault: *Die Archäologie des Wissens.* Frankfurt am Main: Suhrkamp 1981, S. 45.

74 Vgl. Dornemann: *Flucht und Vertreibung*, S. 316–338. Er nennt für das Jahr 1947 die Prosabearbeitung von Renate Hagen: *Die Feuersäule*, vgl. S. 323.

75 Vgl. Willms: *Die Suche nach Lösungen*, S. 331.

Bearbeitungen von in Ostdeutschland sozialisierten Autoren treffen auf den wiedervereinten deutschen Buchmarkt, erste Romane, die sich unter dem Eindruck der aufkommenden Prominenz von Erinnerungstheorien wie Hans-Ulrich Treichels *Der Verlorene* (1998) an Gedächtnis und Vergangenheitstradierungen abarbeiten, erscheinen. Diese Umbrüche dürfen m. E. nicht wie bei Berger eingeebnet werden und müssen daher in das Konjunkturmodell aufgenommen werden. Weil sich die Übergangsphase 1989/90–2001 jedoch sehr heterogen zeigt, kann für diesen Zeitraum keine Einzelanalyse eines repräsentativen Textes erfolgen.

Hochkonjunktur hat die Literatur zum Thema ab **2002** erfahren, und das bereits mehrfach angesprochene (abermals) Grass'sche Werk *Im Krebsgang* gilt mir als letzte einschneidende Zäsur, die nicht nur den literarischen, sondern auch den außerliterarischen Diskurs auffällig geprägt hat. So ist schließlich immer das Verhältnis von inner- und außerliterarischem Flucht-und-Vertreibungsdiskurs konstitutiv für die Konjunkturphasen.

Die fünf skizzierten Phasen benenne und untersuche ich wie folgt:

Nachkriegszeit (1945–1958): Kollektive Viktimisierung	Ruth Hoffmann: *Die schlesische Barmherzigkeit* (1950)
Die »linken« 1960er Jahre? (1959–1968): Vergangenheitsaufarbeitung vs. Eskapismus	Kurt Ihlenfeld: *Gregors vergebliche Reise* (1962) Utta Danella: *Der Maulbeerbaum* (1964)
Deutsch-Polnische Annäherung (1970–1989): Integration von Opfer- und Tätergeschichten	Arno Surminski: *Jokehnen oder Wie lange fährt man von Ostpreußen nach Deutschland?* (1974)
Wende und Wiedervereinigung (1989/90–2001): Auftakt einer neuen Erinnerungswelle	diverse
Generationswechsel (2002-dato): Innerfamiliäre und räumliche Spurensuche	Günter Grass: *Im Krebsgang* (2002)

4.2 Aufbau der Analysen

Die fünf ausgewählten Romane werden in ihrem jeweiligen historischen Kontext, d. h. innerhalb ihrer spezifischen, zeitlich eingrenzbaren diskursiven Formationen[76] untersucht. Ein jeder Romananalyse vorgeschalteter Überblick zur innerliterarischen Diskursentwicklung dient der literaturhistorischen Verortung der

76 Ich leiste also Siegfried und Magarete Jäger Folge, die Feinanalysen möglichst typischer Diskursfragmente fordern, die anschließend mit einer Strukturanalyse (wesentliche Inhalte, auffällige Oberflächenmerkmale etc.) verbunden werden sollen. Vgl. Jäger/Jäger: *Deutungskämpfe*, S. 34.

untersuchten Texte. Diese vorangestellten Kontextualisierungen zeigen werkübergreifende inhaltliche und formale Tendenzen des literarischen Flucht-und-Vertreibungsdiskurses in synchroner Perspektive auf und skizzieren die literarische Prominenz des Themas im jeweiligen Zeitraum. Ferner steht jeweils die Frage im Raum, wie homo- oder heterogen die Bearbeitungen des Themas in spezifischen Zeitabschnitten ausfallen. Im Anschluss stellt ein biografischer Überblick die Möglichkeitsbedingungen vor, denen die ausgewählten AutorInnen - die diskursiven Akteure - aufgrund ihrer Lebenswelt konkret unterlegen gewesen sind.[77] Dienen diese Kapitel auch dazu, vergessene Autoren ins Gedächtnis zu rufen (das gilt insbesondere für die frühen Bearbeitungsphasen), rekonstruieren sie doch insbesondere die jeweilige Textrezeption. Wie stark der Einfluss der Autoren und Texte auf den Gesamtdiskurs gewesen ist, lässt sich nur ergründen, wenn die Reaktionen des Publikums einbezogen und überprüft werden. Um den Diskurs zu prägen, mithin zu modifizieren, umzudeuten, ja zu unterlaufen, müssen die AutorInnen rezipiert werden.[78]

Die anschließenden Textanalysen folgen keinem einheitlichen Raster, würde dieses doch den Blick auf die Vielfalt der Texte verstellen und von vornherein thematische oder erzähltechnische Kontinuitäten antizipieren oder gar unterstellen. Vielmehr sollen die Texte für sich selbst sprechen und zunächst unabhängig voneinander mit ihren je eigenen inhaltlichen Schwerpunkten und Redeweisen aufwarten dürfen. Dieses offene Vorgehen entspricht zumal dem skizzierten Grundgedanken einer Diskursanalyse: Es gilt nicht, den Sinn einer Aussage oder die Intention des Sprechenden zu extrahieren - vielmehr ist das sogenannte historische *Apriori*[79] einer Epoche zu rekonstruieren, eine ›Archäologie des Wissens‹ zu betreiben, die zunächst rein positivistisch vorgeht: Eine Diskursanalyse, die dem Foucault'schen Diskursgedanken strikt folgt, sammelt einzelne Fragmente, die als Orte der »Schichtungen und Ablagerungen des Wissens« verstanden werden und die es erst einmal »interesselos[]« zu sammeln bzw. zu beschreiben gilt.[80] Erst so kann ein anschließender Vergleich sichtbar

77 In diesem Aufbau orientiere ich mich an Willms: *Die Suche nach Lösungen.*

78 Mit Foucault ist von einer Autorfunktion auszugehen, die das Subjekt einnehmen und in der es sprechen kann. Die Autorenfunktion ist dann ein Machtwerkzeug, dem sich die Subjekte (bewusst oder unbewusst) bedienen. Zu Foucaults Theorie einer Autorfunktion: Michel Foucault: »Was ist ein Autor?«, in: Ders.: *Schriften zur Literatur.* Hrsg. von Daniel Defert/François Ewald. Frankfurt am Main: Suhrkamp 2003, S. 234–270, sowie das Kapitel »Diskurs – Autor« in: Klaus-Michael Bogdal: *Historische Diskursanalyse der Literatur. Theorie, Arbeitsfeld, Analysen, Vermittlung.* Opladen/Wiesbaden: Westdeutscher Verlag GmbH 1999, S. 135–193.

79 Vgl. Michel Foucault: *Die Archäologie des Wissens.* Frankfurt am Main: Suhrkamp 1981, S. 184.

80 Ralf Konersmann: »Der Philosoph mit der Maske. Michel Foucaults *L'ordre du discours*«, in: Michel Foucault: *Die Ordnung des Diskurses.* Frankfurt am Main: Fischer Verlag 1991 [12]2012,

machen, welche Themen zu welchem Zeitpunkt augenscheinlich sagbar oder unterrepräsentiert bzw. unsagbar waren und welche Leerstellen im literarischen Diskurs zu welchem Zeitpunkt vorhanden waren. Da nicht nur nach dem Was, sondern auch nach dem Wie gefragt werden soll, bediene ich mich in den Analysen klassischer textinterpretatorischer und narratologischer Analysekriterien. Sie erlauben es mir, die Form der Argumente zu benennen, deren Rückführung auf abstrakte diskursive Topoi[81] ich in je einem Zwischenfazit für das jeweilige Romanbeispiel vornehme.

Um schließlich die synchrone Perspektive auf den Flucht-und-Vertreibungssdiskurs einzunehmen, schließt jede Analyse einer Konjunkturphase mit der Verbindung der ausgemachten literarischen Diskursstrategie(n) und der außerliterarischen Diskursentwicklung ab. Dabei können bereits Funktionstendenzen der literarischen Texte im jeweils zeitgenössischen Diskurs angerissen werden.

Auf dieser Grundlage lassen sich schlussendlich die diskursiven topischen sowie semantischen, thematischen und ästhetisch-formalen Relationen der einzelnen Konjunkturphasen erarbeiten, sodass mit einer Entwicklung der Opferrhetoriken im literarischen Flucht-und-Vertreibungsdiskurs im Verhältnis zu außerliterarischen Diskursentwicklungen geschlossen werden kann. Der Zusammenhang von Erzähltext und kollektivem Deutungsakt, mithin der kollektiven Viktimisierung, ist für meine Überlegungen grundlegend und wird im folgenden Kapitel theoretisch fundiert, indem

(1) das Konzept der Erinnerungsgemeinschaft problematisiert wird, wenn gefragt wird, *wer* sich auf das Leid der Deutschen als identitätsstiftendes Moment bezieht,
(2) überlegt wird, welche Rolle Fiktionen im Diskurs überhaupt einnehmen können, und
(3) textinterne Funktionspotentiale von Fiktionen vorgestellt werden, die Vergangenheitsversionen sowie Erinnerungskonzepte abbilden und gestalten können.

S. 53–91, hier S. 78. Aus den genannten Gründen ist ein diskursanalytisches Verfahren in der Literaturwissenschaft bis heute umstritten, wendet es sich doch von der Hermeneutik ab, die über Jahrzehnte Textanalysen und damit das Textverstehen bestimmte.

81 Vgl. zum Begriff das Kapitel »Fiktion als argumentativer Sprechakt: Diskursive Topoi als Analysekategorie« im Großkapitel zu den methodologischen Überlegungen, S. 65–73.

II Theoretische Überlegungen

1 Erinnerungsgemeinschaften und Gruppenidentität(en)

Theorien kollektiver Deutungsmuster und Sinnstiftung haben heute in der Kulturwissenschaft Prominenz. Es ist, um nur einige kursierende Begriffe zu nennen, von »kollektiver Identität«[82] und »kollektivem Gedächtnis«[83] die Rede, von »Gemeinschaftserzählungen«, »kollektiver Sinnstiftung«, von »sozialen Deutungsmustern«[84], »imagined communities«[85] und »Kollektivsymbolik«[86]. Liegen für einen Teil dieser Termini spezifische Definitionen und detailliert abgesteckte theoretische Konzeptionen vor, tauchen andere scheinbar intuitiv im Forschungsdiskurs sowie in gesellschaftlichen Debatten auf. Darin, dass Wirklichkeit sozial gedeutet bzw. erzeugt wird, scheint Einigkeit zu bestehen, die virulenten Konzepte kollektiver Deutungsmuster und Sinnstiftung sind bis dato jedoch selten systematisch ausdifferenziert und abgeglichen worden.[87] Das fol-

82 Vgl. Bernhard Giesen: *Kollektive Identität. Die Intellektuellen und die Nation.* Frankfurt am Main: Suhrkamp 1999.

83 Vgl. grundlegend Maurice Halbwachs: *La mémoire collective.* Paris: Presses universitaires de France ^{2}1968; Jan Assmann: *Das kulturelle Gedächtnis, Schrift, Erinnerung und politische Identität in frühen Hochkulturen.* München: Verlag C.H. Beck ^{6}2007; Astrid Erll: *Kollektives Gedächtnis und Erinnerungskulturen. Eine Einführung.* Stuttgart/Weimar: J.B. Metzler 2005.

84 Vgl. Alfred Schütz: *Der sinnhafte Aufbau der sozialen Welt. Eine Einleitung in die verstehende Soziologie.* Frankfurt am Main: Suhrkamp ^{6}1993; Bernd Dewe: »Soziale Deutungsmuster«, in: Harald Kerber/Arnold Schmieder (Hrsg.): *Handbuch zur Soziologie.* Reinbek: Rowohlt ^{2}1991.

85 Benedict Anderson: *Imagined communities. Reflections on the origin and spread of nationalism.* London: Verso 1983.

86 Jürgen Link: *Die Struktur des Symbols in der Sprache des Journalismus. Zum Verhältnis literarischer und pragmatischer Symbole.* München: Fink 1978; Axel Drews/Ute Gerhard/Jürgen Link: »Moderne Kollektivsymbolik. Eine diskurstheoretisch orientierte Einführung mit Auswahlbibliographie«, in: *Internationales Archiv für Sozialgeschichte der deutschen Literatur* (1985), 1. Sonderheft Forschungsreferate, S. 256–375.

87 Willms legt, ausgehend von dieser Prämisse (vgl. S. 70), in *Die Suche nach Lösungen* eine solche systematische Analyse kollektiver Deutungs- und Sinnstiftungsmuster im literarischen Diskurs vor.

gende Kapitel exploriert daher die Begriffe und Modelle kollektiver Sinnstiftung, mit denen im weiteren Verlauf operiert wird.

Liest man Studien über Flucht und Vertreibung, ist oft vom ›kulturellen Gedächtnis‹ die Rede, und vermehrt fallen Begriffe wie »deutscher Opferdiskurs«, »deutsche Vergangenheitsbewältigung« etc.[88] Diese Formulierungen suggerieren ein nationales Vergangenheits- und einhergehend ein gegenwärtiges kollektives Identitätsbewusstsein. Schon hier zeigt sich, dass kollektive Deutungsmuster im Diskurs aktualisiert werden müssen, um Gruppenidentitäten zu speisen, zu formieren oder zu festigen, und es wird deutlich, dass die Diskursanalyse die adäquateste Methode für die Erforschung von Identitätskonstruktionen darstellt:

> Sie [die Diskurskritik] beruht auf der Prämisse, daß Identität über kulturelle Symbole und diskursive Formationen befestigt wird und daß die wichtigste Strategie, bestimmte Werte oder Grenzen als unverrückbar erscheinen zu lassen, darin besteht, sie als »Natur«, als objektiv, unverfügbar und unzugänglich darzustellen[...]. Die Diskursanalyse unterwirft diese essentialistische Objektivierung einem kritischen Verfahren, das sich den Institutionen und Diskursen der Macht zuwendet und ihre verbalen und symbolischen Strategien durchleuchtet.[89]

Es ist also zunächst darzustellen, dass Individuen in einer Gemeinschaft verankert sind und in diesem sozialen Gefüge kollektive Identität durch diskursive Konstruktion ausbilden.[90]

Den Begriff der kollektiven Identität hat im deutschsprachigen Raum insbesondere Jan Assmann etabliert. Dessen Untersuchungen rekurrieren auf den französischen Soziologen Maurice Halbwachs, der in den 1920er/30er Jahren den Begriff des ›sozialen Gedächtnisses‹ prägte. Halbwachs, der Gründungsvater der Theorien des kollektiven Gedächtnisses, geht nicht von einer biologischen Dimension des Gedächtnisses aus. Er fundiert seine Theorie auf der Annahme des sozialen Charakters jeglicher Erinnerung und folgert, dass persönliche Erfahrung erst in den von der Kultur zur Verfügung gestellten *cadres sociaux* interpretierbar sei.[91] J. Assmanns grundlegende Thesen zur kollektiven Identität lauten sodann: »Identität ist ein soziales Phänomen bzw. ›soziogen‹«[92] und »Kollektive oder Wir-Identität existiert nicht außerhalb der Individuen, die dieses ›Wir‹ konstituieren

88 Etwa Constantin Goschler: »›Versöhnung‹ und ›Viktimisierung‹. Die Vertriebenen und der deutsche Opferdiskurs«, in: Jürgen Danyel/Philipp Ther (Hrsg.): *Nach der Vertreibung: Geschichte und Gegenwart einer kontroversen Erinnerung, Zeitschrift für Geschichtswissenschaft* 55/10, 2005, S. 873–884.

89 Aleida Assmann/Heidrun Friese: »Einleitung«, in: Dies. (Hrsg.): *Identitäten. Erinnerung, Geschichte, Identität 3*. Frankfurt am Main: Suhrkamp 1998, S. 11–43, hier S. 12.

90 Zum von mir verwendeten Diskursbegriff vgl. das folgende Kapitel, S. 46.

91 Vgl. Halbwachs: *Les cadres sociaux de la mémoire*.

92 J. Assmann: *Das kulturelle Gedächtnis*, S. 130.

und tragen. Sie ist eine Sache individuellen Wissens und Bewußtseins.«[93] Somit versteht J. Assmann kollektive Identität als das von der Gruppe konstruierte Bildnis ihrer selbst, mit dem sich die einzelnen Mitglieder der Gruppe identifizieren. Dieses soziale Selbstbild korreliert mit der sozialen Erinnerung der Gruppe. Assmann schreibt: »Gesellschaften brauchen die Vergangenheit in erster Linie zum Zwecke ihrer Selbstdefinition.«[94] Sowohl Identität als auch Erinnerungen sind, so ist zu schließen, keine hermetischen, konsistenten Tatsachen, sondern vielmehr soziale Konstrukte. Hier ist hervorzuheben, dass ein einzelnes Individuum stets verschiedenen Erinnerungsgemeinschaften (ich verstehe unter ›Erinnerungsgemeinschaft‹ ein soziales Gefüge, das dieselbe kollektive Vergangenheitsversion teilt bzw. diese generiert) angehören kann, es diese auch verlassen oder ihnen wieder beitreten kann. Ferner können verschiedene Erinnerungsgemeinschaften und verschiedene Vergangenheitsversionen in einer Kultur, etwa in einer Nation, nebeneinander existieren.

Diese Grenzen und Differenzen zwischen verschiedenen Erinnerungsgemeinschaften werden in der Rede von kollektiven Identitäten und Vergangenheitsversionen stillschweigend und geradezu fahrlässig eingeebnet. Die Erinnerungen an Flucht und Vertreibung eignen sich besonders, um zu illustrieren, dass es d i e deutsche Vergangenheitsversion des Geschehens nicht gibt, vielmehr sind die vorherrschenden Positionen und Auffassungen noch immer äußerst kontrovers und zum Teil konträr, wie sich bereits durch den einfachen Verweis auf die Debatte um die Zahl deutscher Vertreibungsopfer zeigen lässt: Im Sommer 2006 erklärte der Militärhistoriker Ingo Haar die kursierende »Zahl der deutschen Opfer nach dem Zweiten Weltkrieg« für »übertrieben«[95] und errechnete eine Zahl von einer halben Million, also ein Viertel der gemeinhin genannten zwei Millionen derer, die auf der Flucht starben. Haar trat mit seiner Korrekturforderung eine Debatte los: Erika Steinbach, die Vorsitzende des *Bundes der Vertriebenen* (*BdV*) sprach von einer »›Haar‹-sträubenden Zahlenklitterung«[96]. Steinbach blieb nicht nur bei einer Verteidigung der vorherrschenden Zahl, sondern erklärte:

> Mit Sicherheit liegen die Opferzahlen noch höher als in den bisher vorliegenden Erhebungen. Denn bislang völlig unerforscht ist die Zahl derjenigen Vertriebenen, die nach ihrer Ankunft in West- und Mitteldeutschland an den oben genannten Vertreibungsfolgen verstorben sind.[97]

93 Ebd. S. 131.
94 Ebd. S. 132f.
95 Ingo Haar: »Hochgerechnetes Unglück. Die Zahl der deutschen Opfer nach dem Zweiten Weltkrieg wird übertrieben«, in: *Süddeutsche Zeitung*, 14.11.2006.
96 http://www.bund-der-vertriebenen.de/presse/index.php3?id=496 (Stand: 26.11.2013).
97 Ebd.

An Steinbach Aussage wird exemplarisch deutlich, dass bestimmte Erinnerungsgemeinschaften nicht nur verschiedene Vergangenheitsversionen pflegen, sondern diese auch bewusst zu modifizieren versuchen. Ferner zeigt sich, dass Vergangenheitsversionen und Erinnerungsgemeinschaften in Konkurrenz zueinander treten können und dass diese Konkurrenz in öffentlichen Debatten ausgetragen wird, so als wolle man an das Publikum als an einen Schiedsrichter appellieren. Im vorliegenden Zusammenhang interessiert nicht, welche Vergangenheitsversion die faktisch richtige ist oder wer Recht hat, vielmehr ist allein die Beobachtung der Erinnerungskonkurrenz und der Art und Weise, in der diese öffentlich gemacht wird, sowie die Frage nach dem sprechenden Vertreter einer Erinnerungsgemeinschaft[98] von Bedeutung. Denn während Wissenschaftler, hier durch den Historiker Haar repräsentiert, und Vertriebenenorganisationen, hier von Steinbach vertreten, ihre Meinungen öffentlich forcieren, bleiben andere Erinnerungsgemeinschaften stumm, auch weil sich ihre Erinnerungen möglicherweise von den gesellschaftlich anerkannten unterscheiden und sie keinen Platz für ihre Geschichte in der Öffentlichkeit erkennen.[99]

Zu bedenken ist, dass die Vertriebenen und Flüchtlinge eine eigene Erinnerungsgemeinschaft schon 1945/46 zuallererst im Gegensatz zur westdeutschen Aufnahmegesellschaft darstellten. Doch so wie das Individuum einzelnen Erinnerungsgemeinschaften beitreten oder sie wieder verlassen kann, können sich auch die Verhältnisse einzelner Erinnerungsgemeinschaften und ihrer Vergangenheitsversionen zueinander ändern. Heute ist so auf der einen Seite zu überlegen, ob sich die Gedächtnisbestände der Vertriebenen und der Aufnahmegesellschaft nicht annähern bzw. angenähert haben, zumal die Grenze zwischen beiden mit dem Aussterben der Erlebnisgeneration schwindet.[100] Auf der anderen Seite ist zu bedenken, dass sich möglicherweise Unterschiede zwischen den Vergangenheitsversionen der noch lebenden Zeitzeugen und ihrer Nachkommen, schließlich zwischen rechten und linken Parteien (womit sich die politische

98 Diese Überlegung korreliert mit Foucaults Frage nach der Subjektposition im Diskurs, die er in *Die Archäologie des Wissens* unter der Kapitelüberschrift »Die Formation der Äußerungsmodalitäten« aufwirft. Zu bestimmen sei 1. das sprechende Individuum, 2. der institutionelle Platz, von dem aus es spricht und 3. die Sprechsituation in Relation zu anderen Gebieten oder Gruppen. Vgl. Foucault: *Die Archäologie des Wissens*, S. 75–82. Zur Position des Subjekts im Diskurs vgl. ausführlicher S. 53–60.

99 Vgl. zu diesem Gedanken Kapitel III.1 »Das Subjekt als diskursiver Akteur«, S. 53–60, in dem ich zwischen passiven und aktiven Diskursteilnehmern unterscheide.

100 Vgl. Astrid Erll/Ansgar Nünning: »Literatur und Erinnerungskultur. Eine narratologische und funktionsgeschichtliche Theorieskizze mit Fallbeispielen aus der britischen Literatur des 19. und 20. Jahrhunderts«, in: Günter Oesterle (Hrsg.): *Erinnerung, Gedächtnis, Wissen.* Göttingen: Vandenhoeck & Ruprecht 2005, S. 185–210, hier S. 195.

Dimension kollektiver Erinnerungen zeigt) oder zwischen Ost- und Westdeutschen[101] fortgetragen haben.

An der angeführten exemplarischen Debatte über die Opferzahlen ist ebenfalls zu erkennen, dass bestimmte Vergangenheitsversionen ihre Wirkmächtigkeit dann entfalten, wenn sie öffentlich ausgetragen werden. Dazu müssen die Erinnerungen und Vergangenheitsversionen zunächst versprachlicht und, um effektiv zu sein, in möglichst einfache und merkbare Erzählmuster gekleidet werden. Die intersubjektive, normierte Versprachlichung vergangener Erfahrung, die dieser retrospektiv und homogenisierend Struktur gibt, bezeichne ich als Narrativ.[102]

Nun kommt es vor, dass einzelne Vergangenheitsversionen über bestimmte Zeiträume nicht versprachlicht und folglich nicht diskursiviert werden, oder dass ihre Nichtsagbarkeit diskursiviert wird. Dieses Nicht-Erzählen kann insbesondere auf zwei Gründe zurückgeführt werden:

(1) Historische Erfahrungen können erstens mit Tabus belegt sein, die eine Versprachlichung unmöglich machen. Allerdings können auch Tabus identitätsstiftend sein, indem sie das Gemeinschaftsempfinden einer sich unverstandenen und vernachlässigt empfindenden Gruppe zu stärken vermögen. Für den Flucht-und-Vertreibungsdiskurs gilt, dass gerade die in jüngster Zeit auszumachende wiederholte Rede von einem Tabu ein diskursives Phänomen ist, das Gemeinschaft stiftet: Durch die wiederkehrende (mitunter vorwurfsvolle) Aussage, Flucht und Vertreibung seien über Jahrzehnte tabuisiert worden und die deutsche Gesellschaft hätte sich nicht um Erinnerungs- und Erfahrungsbestände der Vertriebenen bemüht, wird ein Narrativ (bzw. ein Mythos) einer Gruppe geschaffen, die ihr Gemeinschaftsempfinden nicht nur auf ihrer gemeinsamen Grunderfahrung des Heimatverlusts basiert, sondern durch die angeblich kollektiv erfahrene gesellschaftliche Ablehnung verfestigt.

---

101 Aufschlussreich für den Umgang mit Flucht- und Vertreibungserfahrung in der SBZ/DDR ist Manfred Wille (Hrsg.): *Die Vertriebenen in der SBZ/DDR. Dokumente.* Wiesbaden: Harrassowitz (Bd. 1: 1996, Bd. 2: 1999, Bd. 3: 2003).

102 Vgl. Norman Ächtler: *Generation in Kesseln. Das Soldatische Opfernarrativ im westdeutschen Kriegsroman 1945–1960.* Göttingen: Wallstein 2013, S. 25. Dieses Begriffsverständnis klingt in verschiedenen kulturgeschichtlich motivierten Publikationen an, die »Verarbeitungsstrategien von historischer Erfahrung« (Ächtler: *Generation in Kesseln*, S. 23) mit dem Stichwort »Narrativ« belegen. Der folgende beispielhafte Verweis spiegelt den disziplinübergreifenden Gebrauch des Wortes wider und lässt erkennen, dass in zahlreichen Bereichen, von der Ökonomie bis zur Geschichtswissenschaft, mit dem Terminus »Narrativ« auf Phänomene verweisen wird, die möglicherweise erst durch normiertes Erzählen konstruiert sind – z. B.: Martin Kuester: *Narratives of Crisis – Crisis of Narrative.* Augsburg: Wißner-Verlag 2012; Emilija Mančić: *Umbruch und Identitätszerfall: Narrative Jugoslawiens im europäischen Kontext.* Tübingen: Francke 2012; Susanne Düwell u. a. (Hrsg.): *Narrative der Shoah: Repräsentationen der Vergangenheit in Historiographie, Kunst und Politik.* Paderborn/München: Schöningh 2002.

(2) Neben Tabus können zweitens Traumata bewirken, dass Gewalterfahrungen nicht (weder privat noch öffentlich) artikuliert werden. Die traumatischen Erlebnisse übersteigen das psychophysische Fassungsvermögen und bedrohen als etwas Fremdartiges die Identität des Traumatisierten. Als Folge eines psychischen Abwehrmechanismus werden sie vom Bewusstsein abgespalten und setzen sich als latente, nicht zugängliche Erfahrungen ab.[103] Das Selbst wird fragmentiert, »die Möglichkeit einer integralen Selbstkonstitution [ist] zerschlagen«[104]. Da das Trauma ein Nicht-Bewusstes ist, entzieht es sich der Überführbarkeit in Symbole, d. h. auch der sprachlichen Artikulation. Erst wenn die unbewussten Elemente des Traumas ins Bewusstsein dringen, werden sie zu Erinnerungen und damit erzählbar.[105] Während diese Charakteristika für individuelle Traumata gelten, stellt sich die Frage, ob diese sich analog auf kollektive Traumata übertragen lassen bzw. ob sich von solchen sprechen lässt. Der Begriff »kollektives Trauma« ist problematisch, denn in seiner klinischen Definition wäre ein Trauma kein Trauma, ließe es sich teilen. Zudem würden, so die Argumentation einiger Historiker, mit einer Rede von kollektiven Traumata unterschiedlichste Erfahrungen in einen potentiellen Zusammenhang gebracht.[106] Mit dem Begriff ließen sich der Holocaust, der 11. September 2001, Tschernobyl, die Sklaverei in den USA, Kolonialkriege und eben auch Flucht und Vertreibung aus den deutschen Ostgebieten gleichermaßen belegen. Dennoch ist, bei aller Vorsicht im Umgang mit dem Begriff, nicht von der Hand zu weisen, dass bestimmte Gewalt-, Katastrophen- oder Kriegserfahrungen kollektiver, d. h. geteilter Natur sind. Die Begriffsverwendung muss also präzise und differenziert erfolgen, wie etwa Angela Kühner fordert. Der Terminus »kollektives Trauma« eignet sich, um die real erfahrenen, geteilten Traumatisierungen einer Gruppe auszudrücken. Somit sind Flucht und Vertreibung als »kollektives Trauma« der Erlebnisgeneration zu bezeichnen. Dass es in Erinnerungsgemeinschaften zu Prozessen kommt, durch die »ein geteiltes traumatisches Ereignis zum Teil der kollektiven Identität einer Gruppe wird«[107], illustriert der Terminus »Kollektiviertes Trauma«[108]. Die Gruppe der Vertriebenen kann an das erlebte, geteilte Trauma fortwährend als Bezugspunkt ihrer Gruppenidentität appellieren und es

103 Vgl. Aleida Assmann.: *Der lange Schatten der Vergangenheit. Erinnerungskultur und Geschichtspolitik.* Bonn: Bundeszentrale für politisch Bildung 2007, S. 93f.

104 A. Assmann: *Erinnerungsräume*, S. 259.

105 Vgl. A. Assmann: *Der lange Schatten der Vergangenheit*, S. 94.

106 Angela Kühner: *Kollektive Traumata: Annahmen, Argumente, Konzepte. Eine Bestandsaufnahme nach dem 11. September.* Berlin: Berghof Forschungszentrum für konstruktive Konfliktbearbeitung 2003. Online: http://www.berghof-conflictresearch.org/documents/publications/br9d.pdf (Stand: 05.12.2013), S. 12f.; vgl. ferner: Dies.: *Trauma und kollektives Gedächtnis.* Gießen: Psychosozial-Verlag 2008.

107 Kühner: *Kollektive Traumata: Annahmen, Argumente, Konzepte*, S. 15.

108 Ebd.

konsequent zu einem gruppenidentitätsstiftenden »kollektivierten Trauma« erheben. Wenn Kühner schließlich von »kollektiven symbolvermittelten Traumata«[109] spricht, deutet sie an, dass auch nicht Betroffene in der Identifikation mit den Traumatisierten an der Gruppenidentität partizipieren bzw. eine neue ausbilden wollen. Tatsächlich ist für die deutsche Gesellschaft zu fragen, ob in bestimmten Phasen durch eine Identifikation der Aufnahmegesellschaft mit den Vertriebenen eine kollektive gesamtdeutsche Opferidentität generiert werden sollte.

Solche Identitätskonstruktionen sind, in Analogie zu den Strukturen individueller Traumata, nur dann möglich, wenn die Traumatisierungen den Bereich des Unbewussten verlassen und artikuliert werden. Das heißt auch, dass kollektive Identität (ich komme auf meine eingangs geäußerte These zurück) diskursive Konstruktion braucht: Erst die im Diskurs zugänglich gemachte Vergangenheitsversion ermöglicht einzelnen Individuen das Zusammenfinden in einer diese Version teilenden Gruppe, einer Erinnerungsgemeinschaft, die dann auch eine Diskursgemeinschaft ist. Bereits Foucault hat von »Diskursgesellschaften« gesprochen, »welche die Aufgabe haben, Diskurse aufzubewahren oder zu produzieren, um sie in einem geschlossenen Raum zirkulieren zu lassen und sie nur nach bestimmten Regeln zu verteilen, so daß die Inhaber bei dieser Verteilung nicht enteignet werden.«[110] Ich bevorzuge den Terminus »Diskursgemeinschaft«, unter dem Jäger und Jäger »Gemeinschaften (relativ) homogener Bedeutungszuordnungskonventionen«[111] verstehen. Die Anerkennung eines Aussagesystems und entsprechender Positionen, die einer Gruppe als ›Wahrheit‹ gilt, garantiert ihren Zusammenhalt. Solche Diskursgemeinschaften existieren, wie Erinnerungsgemeinschaften, nebeneinander. Gemeinsam formen die Diskursgemeinschaften eine Gesellschaft, die als solche ein äußerst heterogenes Gebilde darstellt.[112] Dasselbe gilt für jede Erinnerungskultur:

> Die Wirklichkeit jeder Erinnerungskultur ist nicht homogen, sondern in eine Vielfalt konkurrierender Diskurse aufgefächert, von denen einige auf gesellschaftlicher Ebene Deutungshoheit beanspruchen, anderer subversive Gegen-Erinnerungen pflegen.[113]

Wird der grundlegende Zusammenhang von kollektiver Erinnerung und Diskurs so deutlich, bleibt die Frage zu klären, welche Funktion Fiktion in Erinnerungs- und Diskursgemeinschaften erfüllt. Diese und die Fragen, wie Fiktion an Erin-

109 Ebd., S. 119.

110 Michel Foucault: *Die Ordnung des Diskurses.* Frankfurt am Main: Fischer Verlag 1991 [12]2012, S. 27.

111 Siegfried Jäger/Margarete Jäger: *Baustellen. Beiträge zur Diskursgeschichte deutscher Gegenwart.* Duisburg: Duisburger Institut für Sprach- u. Sozialforschung 1996. Zitiert nach: Jäger/Jäger: *Deutungskämpfe*, S. 30.

112 Vgl. ebd. S. 31.

113 Erll/Nünning: »Literatur und Erinnerungskultur«, S. 189.

nerungs- und Diskursbildung und -modifizierung partizipiert und ob Fiktion ein spezifisches Erinnerungsmedium sowie eine spezifische Diskursformation darstellt, soll das folgende Unterkapitel erhellen.

2 Diskursanalyse der Literatur

Wenn die vorliegende Untersuchung sich zum Ziel macht, den Platz und den Einfluss der fiktionalen Erzählungen über Flucht und Vertreibung im gesellschaftlichen Diskurs zu rekonstruieren, steht die Frage im Raum, ob bzw. wie sich literarische bzw. fiktionale Texte diskursanalytisch untersuchen lassen. Diskurse bestimme ich als Aussageordnungen, die von mehr oder weniger großen gesellschaftlichen Gruppen getragen werden, sich über einen gemeinsamen Gegenstand definieren, impliziten wie expliziten Regeln gehorchen, spezifischen Funktionen unterliegen und bestimmte Formen annehmen. Sie sind von Machtmechanismen gekennzeichnet, die sie hervorgebracht haben und spiegeln und prägen das Wissen und die Einstellungen der sie teilenden Gruppe.[114] Eine Diskursanalyse, die diese Definitionen zugrunde legt, bestimmt zunächst den Gegenstand des Diskurses[115] und versucht dann, die Regeln, denen dieser unterliegt und die er hervorbringt, zu rekonstruieren. Dabei nimmt sie die Form der Aussagen in den Blick und zielt darauf, die Funktionen, die die Aussageformen bedingen, aber auch diejenigen, die sie generieren, freizulegen. Gleichermaßen fragt sie nach dem Subjekt der Aussage und rekonstruiert das Wissen und damit auch den Machtmechanismus, denen das Subjekt bzw. eine Gruppe von Subjekten unterliegt bzw. die es erschafft. Vervollständigt wird diese synchrone Perspektive, in der Determinierungen oder Kontingenzstiftungsversuche in den Blick geraten, von der diachronen Betrachtung des Diskurses:

> Die Kritik analysiert die Prozesse der Verknappung, aber auch der Umgruppierung und Vereinheitlichung der Diskurse; die Genealogie untersucht ihre Entstehung, die zugleich zerstreut, diskontinuierlich und geregelt ist.[116]

Zu unterstreichen ist, dass die kritische (synchrone) und die genealogische (diachrone) Dimension einer Diskursanalyse geradezu unumgänglich miteinander verschränkt sind: Erst die Regelhaftigkeiten eines Diskurses, die die

114 Ich kombiniere folgende Definitionen: Ansgar Nünning/Vera Nünning: *Methoden der literatur- und kulturwissenschaftlichen Textanalyse.* Stuttgart/Weimar: J.B. Metzler 2010, S. 178 und Andreas Gardt: »Diskursanalyse – Aktueller theoretischer Ort und methodische Möglichkeiten«, in: Ingo H. Warnke (Hrsg.): *Diskurslinguistik nach Foucault. Theorie und Gegenstände.* Berlin/New York: De Gruyter 2007, S. 27–52, hier S. 30.

115 Das ist in der vorliegenden Einleitung geschehen. Vgl. S. 16f.

116 Vgl. Foucault: *Die Ordnung des Diskurses*, S. 41.

›Kritik‹ erforscht, erzeugen seine Grenzen, und diese Grenzen wiederum konditionieren den Diskurs in seiner »tatsächlichen Formation«[117], d. h. auch in seiner Genealogie. Diese Dualität der »Regeln des Formierens (den Gegenstand des genealogischen Aspekts)«[118] und der »von ihnen gestiftete[n] Ordnung, also die zugerichtete Welt (den Gegenstand der Kritik)«[119] berücksichtige ich im besonderen Maße, wenn ich sowohl eine synchrone als auch diachrone Perspektive auf den literarischen Diskurs um Flucht und Vertreibung einnehme. Insbesondere die genealogische Perspektive birgt allerdings methodische Schwierigkeiten, denn eine Diskursanalyse erfordert nicht nur die »Dekonstruktion der jeweiligen historischen Denkmuster«[120], sondern auch »die Dekonstruktion der Zuschreibungen, die zwischen dem historischen Ereignis und unserer Gegenwart erfolgten«[121]. Deutlich zeigt sich schon hier, dass umfassende Diskursanalysen ohne geschichts- und sozialwissenschaftliche Perspektiven nicht zu leisten sind.

Gerade diese transdisziplinären Erfordernisse provozieren Unsicherheit und Uneinigkeit über Grundannahmen und Methodik von Diskursanalysen. Es herrscht kein Konsens darüber, wie eine konkrete, methodisch fundierte Analyse eines literarischen Diskurses aussehen soll. Inzwischen liegen zahlreiche theoretische und methodische Überlegungen zur literaturwissenschaftlichen Diskursanalyse vor. Jutta Kolkenbrock-Netz etwa geht dem Zusammenhang von Narrativik und Diskursanalyse nach, wenn sie narrative Konzepte, d. h. strukturelle Muster von Erzählungen als diskursive Strategien begreift, die historisch wandelbar sind.[122] Populär sind außerdem Jürgen Links Auffassung von Literatur als Interdiskurs[123], als Kreuzungspunkt verschiedener Spezialdiskurse[124], sowie der aus der Linguistik importierte, an Links Auffassung anknüpfende methodische Vorschlag Siegfried und Margarete Jägers einer Kritischen Diskursanalyse.[125] Willms hat außerdem Ansätze aus der sozialpsychologischen Diskursforschung importiert und literarische Texte als besondere Diskursfragmente

117 Vgl. ebd.

118 Vgl. Konersmann: »Der Philosoph mit der Maske«, S. 80.

119 Ebd.

120 Klaus-Michael Bogdal: *Historische Diskursanalyse der Literatur.* Heidelberg: Synchron Wissenschaftsverlag der Autoren 2007, S. 71.

121 Ebd.

122 Vgl. Jutta Kolkenbrock-Netz: »Diskursanalyse und Narrativik. Voraussetzungen und Konsequenzen einer interdisziplinären Fragestellung«, in: Jürgen Fohrmann/Harro Müller (Hrsg.): *Diskurstheorien und Literaturwissenschaft.* Frankfurt am Main: Suhrkamp 1988, S. 261–283.

123 Vgl. Jürgen Link: »Literaturanalyse als Interdiskursanalyse. Am Beispiel des Ursprungs literarischer Symbolik in der Kollektivsymbolik«, in: Jürgen Fohrmann/Harro Müller (Hrsg.): *Diskurstheorien und Literaturwissenschaft.* Frankfurt am Main: Suhrkamp 1988, S. 284–307.

124 Vgl. ebd.

125 Vgl. Anmerkung 55.

untersucht, die Auskunft über latente Befindlichkeiten einer Gesellschaft geben.[126]

Der Ansatz, literarische Texte diskursanalytisch zu untersuchen und eine Diskussion der Frage, *wieso* fiktionale Texte diskursanalytisch untersucht werden sollen, sind also keinesfalls neu. Seltener wird jedoch darüber nachgedacht, *wie* literarische Texte diskursanalytisch untersucht werden können.[127] Brigitte Kaute geht dieser Frage im Kern nach, wenn sie überlegt, »wie eine Erforschung der Literatur möglich wäre, die sich ihrem Gegenstand als einem historischen und *zugleich* [Herv. von mir] einem semiotisch verfassten nähert«[128]. Kaute erklärt:

> Eine diskursanalytisch adäquate Definition des Fiktionsbegriffs [m. E. des Literaturbegriffs] müsste sich […] von […] [der] strukturalistischen Wesensbestimmung der Literatur lösen, ohne jedoch das strukturalistische *Analysemodell* literarischer Texte zu verabschieden, denn dieses ermöglicht die Beobachtung und Beschreibung des Faktums in der Art seiner Konstruktion. Die Fiktion [m. E. die Literatur] dürfte also nicht als Signifikantenstruktur konzipiert werden, die auf etwas referiert – weder auf eine vorausgehende Bedeutung noch auf ihren eigenen Code. Sie soll an dieser Stelle überhaupt nicht als etwas definiert werden, das sie ihrem Wesen nach wäre. Es geht nicht darum, eine neue Theorie der Fiktion [m. E. der Literatur] zu erstellen. Die Fiktion [m. E. der Literatur] soll lediglich als ein besonderer *Analysegegenstand* definiert werden, der auf die textimmanenten Effekte seiner ihn konstituierenden differenziellen Zeichenbeziehungen befragt wird.[129]

Der Ansatz, literarische Fiktionen diskursanalytisch zu untersuchen, geht also von der grundlegenden Annahme aus, dass die jeweiligen sprachlichen Figurationen[130] des literarischen Textes historisch bedingt sind und als solche berücksichtigt und systematisch analysiert werden müssen.[131] Dieses Ziel verfolgt Klaus-Michael Bogdal mit der Historischen Diskursanalyse der Literatur[132]. Mit der Historischen Diskursanalyse präsentiert Bogdal

> eine sozialgeschichtliche Methode hermeneutischer Provenienz, wenn sie ›die textnahe Untersuchung literarischer Werke mit historischer Darstellung zu verbinden sucht‹,

126 Vgl. Willms: *Die Suche nach Lösungen.*

127 Vgl. Willms: *Die Suche nach Lösungen*, Kap. B.1. und B.2.

128 Kaute: *Die Ordnung der Fiktion*, S. 9.

129 Ebd., S. 77f.

130 Diesen Begriff findet Kaute für die »strukturell-morphologisch beschreibbare[n] Formen bzw. Gestalten«. Sie definiert: »Der Begriff der Figuration meint den textimmanenten Bedeutungskomplex, den die sprachlichen Zeichen in ihren Beziehungen erzeugen.« Kaute: *Die Ordnung der Fiktion*, S. 78.

131 Dennoch gilt: Jedem Text ist nur mit dem Wissen um die für seine Diskursebene je spezifischen Vertextungs- und Gestaltungsstrategien beizukommen, denn spezifische narrative, semantische oder allgemein sprachliche Strukturen kennzeichnen jede Diskursebene.

132 Bogdal: *Historische Diskursanalyse der Literatur* (2007).

indem sie auf ›die Analyse historischer Konstituierungsbedingungen von Sinn und Repräsentation‹ zielt.[133]

Dies soll hier mit dem Blick auf das reziproke und historisch wandelbare Verhältnis inner- und außerliterarischer Opferrhetoriken durch die Freilegung und Analyse diskursiver Topoi[134] eingelöst werden, also durch die Berücksichtigung der Frage »[…] nach der Anordnung der Gegenstände, die in einem Diskurs zur Sprache kommen, […] nach den Begriffen, die in ihm verwendet werden, nach den Theorien oder Strategien, die ihn prägen, und nach der Rolle des Subjekts.«[135] Diese Konzentration auf diskursive Strategien korrespondiert mir dem der Untersuchung zugrundeliegende Literaturverständnis: »Der literarische Text wird nicht mehr als unbedingtes und autonomes Kunstwerk gesehen, sondern als ein von außen bestimmter Diskurs, der mit anderen – literarischen und nichtliterarischen – Diskursen auf das engste vernetzt ist«.[136] Ich gehe also von einer eigenständigen Diskursebene Literatur mit eigenständigen Mechanismen aus, die wiederum auf ihr Verhältnis zu Strategien anderer Diskursebenen untersucht werden sollen. Damit wird sodann ebenfalls diskutiert, ob Literatur für den bundesdeutschen Flucht- und-Vertreibungsdiskurs anderes (oder auch mehr oder weniger) geleistet hat als andere Diskursebenen (hier besonders Politik und Publizistik), bzw. wie sich dieses Verhältnis diachron gewandelt hat.[137]

Die historisch bedingten narrativen Strategien, die an der Oberfläche von Texten sichtbar werden, begreife ich dabei als Muster und Formen der jeweils zeitgenössischen diskursiven Identitätsstiftung je spezifischer Erinnerungsgemeinschaften.[138] D.h. Fiktionen verfertigen und verfestigen ein Bild der Historie

133 Zitiert nach Nünning/Nünning: *Methoden der literatur- und kulturwissenschaftlichen Textanalyse*, S. 184. Die in diesem Satz zitierten Passagen stammen aus: Klaus Michael Bogdal: *Historische Diskursanalyse der Literatur* (2007), S. 7 und S. 37. Hier klingen Parallelen zum s. g. New Historicism an, für den die Foucault'sche Diskursanalyse wichtigster methodischer Einfluss ist. Vgl. die Einleitung von Moritz Baßler in: Ders. (Hrsg.): *New Historicism. Literaturgeschichte als Poetik der Kultur.* Frankfurt am Main: Fischer Taschenbuch Verlag 1995, S. 7–28, hier S. 14–20.

134 Vgl. Kapitel »Fiktion als argumentativer Sprechakt. Diskursive Topoi als Analysekategorie«, S. 65–73.

135 Becker: *Literatur- und Kulturwissenschaften*, S. 150f.

136 Ebd.

137 Vgl. dazu auch Willms: *Die Suche nach Lösungen*, S. 61–67.

138 Mit multiperspektivischen Strukturen kann Literatur z.B. auf die heterogene Erinnerungsvielfalt einer Gesellschaft eingehen und koexistierende, ggf. antagonistische Erinnerungsbestände aufzeigen. Auch dieses Potential von Literatur muss in die anvisierte Untersuchung einbezogen werden. Insbesondere wenn es um Opfer- und Täterzuschreibungen oder Opfer- und Täternarrative gehen soll, müssen die Texte daraufhin untersucht werden, ob heterogene Erinnerungsbestände evoziert und somit unterschiedliche Identitätskonzepte eingebracht werden. Hier ist sodann auch zu betrachten, wie die jeweiligen Vergangenheitsversionen durch literarische Inszenierungen bewertet werden, ob heterogene Erinnerungsbestände als gegeben und gleichwertig nebeneinander gestellt werden, oder einem

mit medienspezifischen Mitteln in Abhängigkeit und als Resultat der jeweiligen zeitgenössischen diskursiven Praxis. Dieses Phänomen lässt sich mit Focaults Begriff des historischen *Aprioris* fassen, worunter Foucault die variablen Möglichkeitsbedingungen der Rede zu einem bestimmten Zeitpunkt begreift.[139]

Mit der Konzentration auf rhetorische Strategien werden dann detaillierte, narratologisch fundierte Textanalysen notwendig, die die Literarizität der zu untersuchenden Texte berücksichtigen.[140] Ziel dieser Analysen soll es einerseits sein, homogene Inhalte und Redeweisen in den einzelnen Fragmenten des Diskursstrangs ›Flucht und Vertreibung‹ zu Tage zu fördern: Welche Versatzstücke, welche Symbole und Strategien lassen sich in einer gesetzten Menge literarischer Texte finden, die in einer anhaltenden Rekurrenz ihren Beitrag zum kollektiven Bewusstsein ausüben und die Macht des Diskurses somit festigen? Andererseits müssen inhaltliche wie formale Abweichungen, Aussparungen und Umschreibungen der Aussagen erkannt werden, denn eine Historische Diskursanalyse erschöpft sich eben nicht im Aufzeigen von Kontingenzen, sondern gerade im Erkennen von Leerstellen und Modifikationen. Damit wird schließlich auch die Annahme, dass Literatur Kreuzungspunkt von Diskurssträngen sei (Link), die auf Diskursstränge als das Material der Literatur fokussiert und die Betrachtung der Inszenierung dieses Materials eher ausspart,[141] überholt bzw. präzisiert. In einer Perspektive auf Literatur als Interdiskurs wird Literatur als eigenständige Diskursebene schnell unsichtbar.[142] Dieses Problem lässt sich auflösen, wenn die Interdiskursivität von fiktionaler Literatur als ihr Spezifikum in die Analyse aufgenommen wird: Literatur ist besonders durch die Bezugnahme auf eine Vielfalt zirkulierender gesellschaftlicher Diskurse bestimmt, und gerade die fiktionale Literatur kennzeichnet eine »Elastizität in der Assimilation fremden Materials«[143].

Allerdings können fiktionale Texte nicht nur bestehende Diskurse aufgreifen und wiedergeben, sondern auch existierende Diskurse unterlaufen oder gar ein ›Gegengedächtnis‹[144] zum dominanten Diskurs formieren. Das Potential zur

spezifischen Gedächtnis Vorrang gegeben wird. Wiederum ist die Frage zu stellen, wer in dem Text spricht – ob nur den Opfern eine Stimme gegeben wird oder auch den Tätern und den Nicht-Opfern, – und wie der Text die Sprecher markiert: ob er etwa Dialekte nutzt, um anzuzeigen, dass der Sprecher oder eine Figur aus den deutschen Ostgebieten stammt.

139 Vgl. Foucault: *Die Archäologie des Wissens*, S. 184.

140 Vgl. Willms: *Die Suche nach Lösungen*, S. 61–67.

141 Vgl. Kaute: *Die Ordnung der Fiktion*, S. 47.

142 Vgl. ebd.

143 Fluck: *Das kulturelle Imaginäre*, S. 18.

144 Foucault benutzte erstmalig den Begriff »Gegen-Gedächtnis« und meint ein Gegenmodell zu dem gesellschaftlichen Gedächtnis, das eine konventionelle Geschichtsschreibung hervorgebracht hat. Vgl. Michel Foucault: »Nietzsche, die Genealogie, die Historie«, in: Walter Seitter (Hrsg.): *Michel Foucault. Von der Subversion des Wissens*. München: Fischer Wissenschaft 1974, S. 83–109, hier S. 104.

Herausbildung eines Gegengedächtnisses, in dem marginalisierte oder tabuisierte Erinnerungen konserviert werden, muss in der angestrebten Untersuchung einen wichtigen Platz einnehmen. Sind die Texte über Flucht und Vertreibung, häufig von vertriebenen Autoren geschrieben, Ausdruck einer partikularen Erinnerungsgemeinschaft, deren Gedächtnisversion sich vom übergeordneten, offiziellen Gedächtnis unterscheidet? Sollte dies der Fall sein, ließe sich von einer Erinnerungsminderheit sprechen, die sich im Kampf um die Anerkennung ihrer Vergangenheitsversion die Legitimation ihrer gruppenspezifischen (minoritären) Identität erkämpfen möchte, denn »Literatur prägt unser Bild von vergangener Erfahrungswirklichkeit und greift aktiv und gestaltend in den gesellschaftlichen Kampf der Erinnerungshoheit ein.«[145] So kann Fiktion zu einem inhaltlichen (!) Gegendiskurs avancieren. Das heißt, ich begreife Fiktion nicht ontologisch als Gegendiskurs,[146] sondern setze voraus, dass Fiktionen aufgrund ihrer Eigenschaft, keiner real vorhandenen und erlebbaren Wahrheit verpflichtet zu sein, das Potential besitzen, derartige Gegendiskurse inhaltlich wie formal zu entwerfen,[147] aber auch unabhängig von ihrem textuellen Gehalt als solche rezipiert zu werden. Diese Funktionen des fiktionalen Textes sind dabei ebenfalls historisch wandelbar, und Fiktionen können z. B. auch ganz, zeitweise oder gar nicht die Funktionen eines Gegendiskurses (aber auch eines Interdiskurses) übernehmen. So wird Fiktion zu einem potentiellen Experimentierfeld für alternative Erinnerungen und Identitätskonzepte[148], sie ist »symbolische Praxis, durch die Kulturen sich selbst beschreiben und alternative Wirklichkeiten imaginieren«[149] können.

Diese Feststellung ist besonders für Fiktionen über Flucht und Vertreibung wichtig, die nicht an die Realität und ihre Diskurse gebunden sind:

> Es ist eine Literatur, deren Hauptgeschäft nichts anderes ist als dichterische Imagination auf den Hintergrund jener Erlebnisse – eine Literatur, die eben deshalb nicht verwechselt werden darf mit tatsächlichen oder imaginierten Rechtfertigungsversuchen

145 Erll/Nünning: »Literatur und Erinnerungskultur«, S. 188.

146 Foucault hat seine Vorstellung von Literatur als Gegendiskurs in seinen späteren Schriften relativiert. Während er in *Die Ordnung der Dinge* (1974) der Literatur subversive Kräfte und einen geradezu mystischen Sonderstatus zuschreibt, wenn er sie ihrem ontologischen Statuts nach als Gegendiskurs begreift, rückt er sie mit der *Archäologie des Wissens* (1981) in die Nähe zu anderen Diskursebenen. Vgl. dazu bspw. Preisinger u. a.: »Diskursforschung in der Literaturwissenschaft«, S. 130–132.

147 Es scheint entsprechend wenig sinnvoll, wenn Helbig in seiner Studie zur literarischen Inszenierung des Heimatverlust »die inhaltlichen von den ästhetischen Gesichtspunkten ab [...]heben« möchte. Helbig: *Der ungeheure Verlust*, S. 105.

148 Vgl. Willms: *Die Suche nach Lösungen*, S. 69.

149 Erll/Nünning: »Literatur und Erinnerungskultur«, S. 189.

> von Ansprüchen auf alleiniges Leiden, auf territoriale Wiederherstellung, auf Fortführung von unstatthaften Traditionen.[150]

In diesen knappen Vorüberlegungen zeigt sich also, dass der fiktionale Status der zu untersuchenden Texte für eine Frage nach dem Identitäts- und vergangenheitsversionenstiftenden Potential zu berücksichtigen ist, und dass ein Schlüssel zu meiner Forschungsfrage auch in detaillierten narratologisch fundierten Textanalysen liegt, die die Literarizität der zu untersuchenden Texte berücksichtigen.[151] Zuvor ist jedoch ein methodisches Vorgehen zu präzisieren, das die systematische Rückbindung fiktionaler Deutungsmuster an außerliterarische Ereignisse und Debatten ermöglicht. Den soziohistorischen Überlegungen müssen also nun nicht nur textanalytische Verfahren zur Seite gestellt, sondern es muss auch ein analytisches Instrument geschaffen werden, mit dem die Funktionen bestimmter Deutungsmuster systematisch benannt werden können. So führe ich Willms Ansatz[152] besonders mittels der linguistischen Argumentationsanalyse und des Konzepts der diskursiven Topoi fort. Indem ich die Entwicklung des literarischen Diskursstrangs »Flucht und Vertreibung« im synchronen Wechselspiel mit anderen Diskursebenen entlang diskursiver Topoi rekonstruiere, weist meine Untersuchung über eine motivgeschichtliche oder literaturgeschichtliche Studie hinaus (wenn sie dieses Potential auch mitführt). Ferner ist im Ausgang von Foucaults Überlegungen zur Formation der Äußerungsmodalitäten[153] das sprechende Subjekt in eine Diskursanalyse einzubeziehen, wie das nächste Kapitel unter Rückgriff auf soziologische Kategorien verdeutlicht.

150 Helbig: *Der ungeheure Verlust*, S. 110.
151 Vgl. Willms: *Die Suche nach Lösungen*, S. 61–67.
152 Vgl. meine Zusammenfassung auf S. 26 und S. 30f. der vorliegenden Arbeit.
153 Vgl. ebd.

III Methodologische Überlegungen

1 Das Subjekt als diskursiver Akteur

Foucault beginnt seine Überlegungen in *Die Ordnung des Diskurses* mit einer Voraussetzung:

> Ich setze voraus, daß in jeder Gesellschaft die Produktion des Diskurses zugleich kontrolliert, selektiert, organisiert und kanalisiert wird - und zwar durch gewisse Prozeduren, deren Aufgabe es ist, die Kräfte und die Gefahren des Diskurses zu bändigen [...].[154]

In dieser Formulierung vermeidet Foucault es, handelnde Subjekte zu benennen - es seien »gewisse Prozeduren«, die auf die Diskursproduktion restriktiv und extern wirkten. Laut Foucault handelt es sich bei diesen »Prozeduren« um das Verbot, die Annahme von Vernunft und so den Ausschluss von Wahnsinn sowie den Willen zur Wahrheit.[155] Doch nicht nur die Diskursproduktion, sondern bereits die genannten restriktiven Prozeduren setzen einen oder mehrere Akteure voraus: Verbot, Vernunft und Wahrheitswille schweben nicht im luftleeren Raum; es ist das Subjekt, das verbietet, Verbote bricht, vernünftig oder wahnsinnig handelt und wahre oder falsche Aussagen trifft. Theoretiker lösen so den Diskurs vermehrt vom Subjekt ab, zumal sie nach der s. g. Linguistischen Wende (*linguistic turn*) insbesondere die Funktion von Sprache analysieren.[156] Aber selbst wenn man Sprache (oder weitgreifender Texte und Bilder) als die den Diskurs erzeugenden Entitäten begreift, sollte das Subjekt nicht nur als Erzeuger dieser Entitäten, sondern insbesondere als ebenfalls im Diskurs eingebetteter Akteur Berücksichtigung finden - denn eine Gesellschaft besteht eben nicht außerhalb einer Gruppe von Individuen. Vielmehr konstituieren erst die Indi-

154 Foucault: *Die Ordnung des Diskurses*, S. 1.

155 Ebd., S. 16.

156 Zur Position des Subjekts in der Diskurstheorie vgl. den Sammelband von Reiner Keller/ Werner Schneider/Willy Viehöver (Hrsg.): *Diskurs - Macht - Subjekt. Theorie und Empirie von Subjektivierung in der Diskursforschung.* Wiesbaden: VS Springer 2012.

viduen in ihren Handlungen untereinander (mit- und gegeneinander), in ihren physischen, ökonomischen, kulturellen, verbalen usw. Akten eine Gesellschaft, wobei in einer Gesellschaft verschiedene Diskursgemeinschaften nebeneinander bestehen und ein Individuum stets simultan unterschiedlichen Diskursgemeinschaften angehören kann.[157]

Am Vertreibungsdiskurs haben seit jeher verschiedene Akteure teilgenommen. Prominent sind insbesondere die Vertriebenenverbände und Landsmannschaften, allen voran der *Bund der Vertriebenen* (*BdV*), der sich als bündelnder Interessenvertreter und als Sprachrohr aller Vertriebenen ausnimmt. Der *BdV* gründete sich 1957 in Bonn, ist also konstanter Teilnehmer bzw. Träger des Diskurses seit mehr als fünfzig Jahren. Die Positionen und Argumente des *BdV*s haben sich über die Jahre kaum geändert, sodass man in der Tat behaupten kann, dass insbesondere der *BdV* die oft übersehene Kontinuität des Diskurses geleistet habe.[158] *BdV* und Landsmannschaften bewegen sich insbesondere auf der politischen Ebene des Diskurses und treten vor allen Dingen in Erscheinung, wenn sich gewisse historische Daten jähren oder Debatten um offizielle Gedenktage geführt werden.[159]

Die öffentliche Präsenz dieser Organisationen, die sich als Repräsentanten und Interessenbündler verstehen und inszenieren, kann den Blick auf die Vertriebenen als eigene Akteurgruppe im Diskurs verstellen. Tatsächlich müssen die Aussagen des *BdV*s oder der Landmannschaften aber in keiner Weise identisch mit den Meinungen derer sein, die den Heimatverlust persönlich erlebten. Während sich die Reden der sich als repräsentativ ausnehmenden Vertreibenenorganisationen relativ homogen gestalten, handelt es sich bei den Zeitzeugen um eine heterogene Akteurgruppe mit heterogenen Erinnerungsbeständen. Die Zeitzeugen, oft auch als ›Erlebnisgeneration‹ bezeichnet, eint zwar ein gemeinsames Grunderlebnis, der Heimatverlust, doch tatsächlich ist der Erfahrungs- und Erinnerungsbestand der Gruppe so vielfältig wie ihre Konstituenten. Die große Gruppe der Zeitzeugen setzt sich aus Angehörigen verschiedener Regionen und verschiedener Alterskohorten zusammen, schließlich aus Frauen und Männern, und über solche augenscheinlichen Kategorien hinaus sind ihre persönlichen Erfahrungen kaum unter einem Begriff zu subsumieren. Im Gros ist diese Akteurgruppe der Zeitzeugen im öffentlichen Diskurs allerdings wenig in

157 Vgl. Jäger/Jäger: *Deutungskämpfe*, S. 31.

158 Vgl. Frahm: »›Ein deutsches Trauma‹?«, S. 373.

159 Vgl. z. B. den Beschluss des Bundestags vom 13. Juni 2013 zur Erweiterung des Weltflüchtlingstags am 20. Juni um ein Vertreibungsgedenken. Hatte der *BdV* zunächst für einen gesonderten Gedenktag am 4. August (Datum der Unterzeichnung der »Charta der Heimatvertriebenen« im Jahr 1950) plädiert, zeigte er sich schließlich flexibel. Vgl. http://www.faz.net/aktuell/politik/inland/bundestag-an-die-vertreibung-wird-kuenftig-am-20-juni-erinnert-12220479.html (Stand: 02.11.2013).

Erscheinung getreten, oft hat sie ihre Erfahrungen nur im Privaten oder gar nicht artikuliert, zumal es sich bei den Erfahrungen und Erinnerungen häufig um Traumata handelt, die sich durch Unsagbarkeit auszeichnen.[160] Deutlich wird, dass offizielle Diskurse stets Zerrbilder bleiben, die sich um die Betroffenen herum bzw. über diese hinweg, gestiftet durch externe Wortführer, entwickeln können.

Auch wenn sich der Vertriebenendiskurs auf private Erfahrungen stützt, ist er im besonderen Maße kein privater. Vielmehr rufen verschiedene Akteure immer wieder die privaten, individuellen Erfahrungen der Vertriebenen als öffentliche, kollektive Erfahrungen auf. Als Thema nationalen Interesses und internationalen Zwistes bzw. internationaler Aussöhnung ist der Diskurs um Flucht und Vertreibung stets im politischen Feld ausgetragen worden. Politiker verschiedener Parteien stricken seither als öffentliche Akteure am Diskurs mit und steuern diesen möglichst im Zuge eigener politischer Interessen. Schließlich lassen sich mit Äußerungen innerhalb des Flucht-und-Vertreibungsdiskurses sowohl rechte als auch linke politische Positionen beweisen: Die deutschen Linken etwa stilisieren sich in der Ablehnung bestimmter Rhetoriken geradezu erst zur linken Bewegung.[161]

Zudem prägen (geistes)wissenschaftliche Disziplinen insbesondere in ihrer Meta-Funktion als Diskurse analysierende Wissenschaften den Diskurs nachhaltig mit. Auch Soziologen, Politologen, Geografen, Historiker, Kulturwissenschaftler oder Medien- und Literaturwissenschaftler sind damit Akteure des Flucht-und-Vertreibungsdiskurses. Entsprechend kann auch ich mich dem ›Dilemma‹ jeder Diskursanalyse nicht entziehen, als durchführende Wissenschaftlerin der Macht des Diskurses zu unterliegen, d. h. nicht nur in seinen Begriffen zu sprechen, sondern ihn wiederum aus einer ihm inhärenten Funktion heraus mitzugestalten. Ferner unterliege ich dem Zwang einer »retrospektiven Funktionszuschreibung«, d. h. ich kann über die Verbindung der fiktionalen Texte zur jeweiligen Erinnerungskultur nur (begründete) Hypothesen anstellen, »die ebenso viel über zeitgenössische Erinnerungskulturen verraten wie über den historischen Gegenstand der Analyse.«[162]

---

160 Aleida Assmann schreibt geradezu definierend: »Trauma, das ist die Unmöglichkeit der Narration.« A. Assmann: *Erinnerungsräume*, S. 264.

161 Vgl. zum Beispiel Ludwig Elm: »Mitteilungen der Kommunistischen Plattform: Unversöhnliche Vorkämpfer von ›Versöhnung‹ – 60 Jahre Vertriebenen-Verbände« im Januar 2010. Online veröffentlicht auf der Website der deutschen Linken: http://www.die-linke.de/partei/zusammenschluesse/kommunistischeplattformderparteidielinke/mitteilungenderkommunistischenplattform/detail/archiv/2010/januar/zurueck/archiv-2/artikel/unversoehnliche-vorkaempfer-von-versoehnung-60-jahre-vertriebenen-verbaende/ (Stand: 30.10.2013).

162 Erll/Nünning: »Literatur und Erinnerungskultur«, S. 193.

Selbstverständlich wird der Diskurs ferner in den Medien ausgetragen: In Zeitungen, Hörfunk und Fernsehen melden sich Journalisten zu Wort und schließlich kann jeder Bürger im Internet das Thema aufgreifen und diskutieren, indem er etwa Zeitungsartikel oder Youtube-Videos kommentiert oder gar eigene Foren gründet. Nicht zuletzt partizipieren Kunst, Literatur, Film und Museen aktiv am Flucht-und-Vertreibungsdiskurs. So beeinflussten der ARD-Zweiteiler *Die Flucht* (2007)[163], Guido Knopps TV-Dokumentation *Die große Flucht* (2002) und sein dokumentarischer Dreiteiler *Die Kinder der Flucht* (2006), die *SPIEGEL*-Serie *Die Flucht der Deutschen* (2002)[164] und insbesondere die öffentlich ausgetragenen Debatten über ein Museum der *Bundesstiftung Flucht, Vertreibung, Versöhnung*[165] den Diskurs um Flucht und Vertreibung.

Eine subjektorientierte literaturwissenschaftliche Diskursanalyse muss so auch die Rolle der AutorInnen hinterfragen. Über den Platz des Autors im Diskurs hält Foucault fest:

> Es wäre sicherlich absurd, die Existenz des schreibenden und erfindenden Individuums zu leugnen. Aber ich denke, daß – zumindest seit einer bestimmten Epoche – das Individuum, das sich daranmacht, einen Text zu schreiben, aus dem vielleicht ein Werk wird, die Funktion des Autors in Anspruch nimmt. Was es schreibt und was es nicht schreibt, was es entwirft, und sei es nur eine flüchtige Skizze, was es an banalen Äußerungen fallen läßt – dieses ganze differenzierte Spiel ist von der Autor-Funktion vorgeschrieben, die es von seiner Epoche übernimmt oder die es seinerseits modifiziert.[166]

Die systematische Analyse fokussiert die Autoren also weniger als individuelle Akteure des Diskurses, sondern ihre Funktionen und Rollen. Als Autor fungiert das Diskurssubjekt als Stifter und Bewahrer kultureller Erinnerungsbestände, sodass die »gesellschaftliche Funktion literarischer Texte [...] nicht losgelöst von der Rolle betrachtet werden [kann], die Autoren in gegebenen kulturellen Kontexten zukommt.«[167] Daher ist es nicht ausreichend, Aussagen und Verhaltensweisen einzelner Akteurgruppen zu reproduzieren, zumal damit nicht zur Genüge berücksichtigt wäre, dass die Rollen und Funktionen der Akteure stets einem zeitlichen Wandel unterliegen.[168]

---

163 Vgl. http://www.daserste.de/dieflucht/ (Stand: 23.06.2011).

164 Vgl. http://www.spiegel.de/spiegel/spiegelspecial/index-2002-2.html (Stand 23.06.2011).

165 Vgl. http://www.zeitgeschichte-online.de/site/40208116/default.aspx#2 (Stand: 23.06.2011).

166 Foucault: *Die Ordnung des Diskurses*, S. 2.

167 Erll/Nünning: »Literatur und Erinnerungskultur«, S. 190.

168 Mathias Beer berührt diesen Punkt, wenn er schreibt: »Zweifellos, ›Flucht und Vertreibung‹ war und ist ein Dauerbrenner der bundesrepublikanischen Politik und Öffentlichkeit, aber einer mit sich verändernden äußeren und inneren Rahmenbedingungen, mit variierender Intensität, mit unterschiedlichen Grundpositionen und Akzenten und mit verschiedenen Akteuren in sich verändernden Rollen.« Mathias Beer: *Flucht und Vertreibung der Deutschen*, S. 156.

Dennoch eint eine über die Zeit konstante Funktion alle beteiligten Akteure: das Bedürfnis, durch die (wie auch immer geartete) Teilnahme am Diskurs, Erinnerungspolitik zu betreiben: »Alle Akteure, sowohl die Betroffenen als auch die Verantwortlichen der Vertreiberstaaten, suchten durch ihre eigene Interpretation das kollektive Gedächtnis zu prägen.«[169] Sobald Akteure dem Diskurs eigene Interpretationen einspeisen, versuchen sie Einfluss auf das kollektive Gedächtnis zu nehmen, in dem Diskurse überdauern können bzw. sollen, und das andererseits auf diese wirkt. Festzuhalten ist, dass diese eigenen Interpretationen nicht individuell und frei erfolgen, vielmehr sind auch diese Aussagen vom Regelwerk des Diskurses diktiert. Unterschiedliche Diskursteilnehmer wirken gemäß den ihnen eigenen diskursiven Positionen am selben Diskurs mit unterschiedlichen Meinungen mit. Das Individuum spricht nämlich, wie angemerkt, nie als es selbst und aus sich selbst, sondern in diskursiver Funktion: Betroffener oder Verantwortlicher - Opfer und Täter! - etwa sind dann keine individuellen, emotionalen Kategorien mehr, sondern dem Diskurs vorläufige wie aus diesem resultierende. Hier zeigt sich das Mächtespiel jeden Diskurses, der einerseits durch die verschiedenen Akteure in seiner spezifischen, durchaus widerspenstigen und inkohärenten Form generiert wird, der diesen Akteuren aber gleichzeitig Plätze des Sprechens zuweist, der Macht verteilt und den schließlich umgekehrt die mit Autorität ausgestatteten Sprechenden dirigieren.

Das Mächtespiel des Vertreibungsdiskurses ist besonders prekär, zumal in der Rede von Opfern und Tätern stets Anklage erhoben und private Erlebnisse politisch aufgeladen und propagandistisch instrumentalisiert werden können. »Der Vertriebenendiskurs ist von Beginn an im Wesentlichen als Opferdiskurs geführt worden«[170], schreibt Franzen, und in der Tat hat sich heute die Rede von einem deutschen Opferdiskurs durchgesetzt.[171] Fraglich bleibt, was der Terminus »Opferdiskurs« meint, ob es sich um den Diskurs, den die Opfer führen, oder um den Diskurs über die Opfer handelt.[172] Wie erwähnt, können sich einzelne Ak-

---

169 Matěj Spurný: »Erinnerung an Flucht und Vertreibung zwischen Tabuisierung und Instrumentalisierung«, in: Anne von Oswald/Andrea Schmelz/Tanja Lenuweit (Hrsg.): *Erinnerung in Kultur und Kunst. Reflexionen über Krieg, Flucht und Vertreibung in Europa.* Bielefeld: Verlag 2009, S. 165–181, hier S. 166.

170 Vgl. Anmerkung 12.

171 Vgl. zum Beispiel die Kapitelüberschrift bei Spurný »Westdeutschland: Europäisierung des Opferdiskurses?« (S. 171) und den Aufsatztitel von Goschler: »›Versöhnung‹ und ›Viktimisierung‹. Die Vertriebenen und der deutsche Opferdiskurs« (siehe Anmerkung 88).

172 Dieselbe Überlegung stellt Martin Schulze Wessel für den Begriff ›Opfernarrativ‹ an: »›Opfernarrative‹ ist ein zusammengesetztes Substantiv, das wie so viele Komposita mehrdeutig ist: Es kann um Narrative über Opfer, aber auch Narrative von Opfern gehen. Diese Ambivalenz des Begriffes ist in vorliegendem Band programmatisch: Er handelt von beiden Bedeutungen und interessiert sich für das Ineinandergreifen von Diskursen über und von Opfern.« Martin Schulze Wessel: »Einleitung«, in: Ders./Erik Franzen (Hrsg.): *Opfer-*

teurgruppen ermächtigen, den Diskurs stellvertretend für andere Akteure zu führen, wodurch sich Erfahrungen Anderer für eigene Interessen mobilisieren lassen. Wenn ein Opferdiskurs existiert, an dem die Opfer nicht aktiv partizipieren, wird einmal mehr sichtbar, dass nicht jede Gruppe im selben Maß am Diskurs teilnimmt bzw. diesen beeinflusst. Die ungleichen Machtpositionen spiegeln sich im Diskursverlauf wider, den sie gleichsam regeln und aus dem sie entstehen. In einer synchronen, »kritischen« Perspektive sind diese parallel existierenden Machtpositionen zu berücksichtigen, in einer diachronen, »genealogischen« ist zu bedenken, dass sich die Machtverhältnisse über die Zeit ändern können.[173] Einen zeitlichen Wandel des Vertriebenendiskurs, der im Laufe der Untersuchung zu hinterfragen ist, erkennt Schulze Wessel, der erklärt, dass die ehemals stillen Teilnehmer – die Opfer, die diesen Diskurs gleichzeitig überhaupt erst konstituieren – heute zu aktiven Teilnehmern werden:

> An den Narrativen über Opfer, an der passiven Wende im historischen Diskurs, haben die Repräsentanten von Opfergruppen Anteil. Insofern geht es bei den Opferdiskursen ganz prononciert um Diskurse der Opfer. [...] Die sogenannte »passive Wende« im öffentlichen Diskurs bedeutet eine aktive Wende für die Betroffenen: Opfer werden Akteure.[174]

Da die Narrative, die in den Diskurs eingespeist und den Diskurs modifizieren sollen, nicht nur geäußert, sondern auch rezipiert werden müssen, lassen sich verschiedene Akteurtypen klassifizieren:
(1) lauter (aktiver) gehörter Akteur
(2) lauter (aktiver) nicht-gehörter Akteur[175]
(3) stiller (passiver) nicht-gehörter Akteur
(4) stiller (passiver) gehörter Akteur

Fragwürdig ist insbesondere Akteurtyp (4), der Grundlage der Rhetoriken verschiedener Repräsentanten der Opfergruppen sein könnte: Die Repräsentanten geben vor, die passiven, schweigenden Opfer hören und vertreten zu können. Wenn sich Akteure des vierten Typs zu Akteuren des ersten Typen wandeln, ließe sich fragen, ob die nun sprechenden Opfer die Rhetoriken der sie bis dato Ver-

---

narrative. Konkurrenzen und Deutungskämpfe in Deutschland und im östlichen Europa nach dem Zweiten Weltkrieg. München: Oldenbourg 2012, S. 1–8, hier S. 1.

173 Vgl. zu den beiden geforderten Perspektiven nochmals Foucault: *Die Ordnung des Diskurses*, S. 4: »Die Kritik analysiert die Prozesse der Verknappung, aber auch der Umgruppierung und Vereinheitlichung der Diskurse; die Genealogie untersucht ihre Entstehung, die zugleich zerstreut, diskontinuierlich und geregelt ist.«

174 Schulze Wessel: »Einleitung«, S. 2. Schulze Wessel sieht in dieser passiven Wende allerdings das Ergebnis einer kulturellen Entwicklung erst der letzten zwei Jahrzehnte.

175 Dieser Typus (2) liegt möglicherweise für einige Autoren vor, die mit dem Schreiben und Publizieren ihrer Werke aktiv handelten, aber nicht rezipiert wurden.

tretenden übernehmen oder ob sie eigene Redeweisen und Argumentationen ausbilden.[176] Ob übernommen oder eigens erschaffen – fest steht, dass sich die Opfer als Akteure spezifischer Rhetoriken bedienen, Opferrhetoriken, die paradoxerweise aus Unterlegenen Überlegene machen:

> Weil alle Macht und Schuld beim anderen liegen, ist man selbst aus dem Schneider. Opfer-Diskurse befinden sich daher stets in der Offensive: Sie zwingen die Mächtigeren, in der Erklärung von Handlungen und Entscheidungen ihrer grundsätzlichen Delegitimierung als Täter entgegenzutreten, und geben ihnen doch keine Chance, die apriorische Gleichsetzung von Macht und Gewalt zu durchbrechen.[177]

Problematisch bleibt im Vertreibungsdiskurs sicherlich das gängige Schisma von Opfern und Tätern: Ohne Opfer keine Täter, ohne Täter keine Opfer. Wenn sich deutsche Vertriebene selbst als Opfer bezeichnen, oder sie stellvertretend von anderen Diskursakteuren als Opfer bezeichnet werden, entsteht zwangsläufig die Frage nach den Tätern: Wer ist (implizit) gemeint? Ferner stellt sich auch die Frage nach den Adressaten der Aussagen. Die Reden der Opfer richten sich nicht nur an die Täter, sondern, im Fall des Vertreibungsdiskurses, auch an die deutschen Nicht-Opfer, die den Opferstatus der Vertriebenen anerkennen sollen. Es ist so gerade nicht die vereinfachende Dichotomie von Opfern und Tätern, die diesen Diskurs strukturiert, sondern mindestens eine Trias aus Opfern, Tätern und Nicht-Opfern.[178] Ferner darf nicht vernachlässigt werden, dass Opfer- und Tätergruppen erst mit dem Diskurs erzeugt werden, sich Opfer- wie Tätergemeinschaften erst dann konstituieren, wenn sie Gegenstand medialer Darstellung werden.[179]

(Vereinfachende) Opferrhetoriken stehen häufig im Dienst einer Sinnstiftung; Opferdiskurse sollen das Leiden in ein übergeordnetes Bedeutungssystem einordnen und ihm nachträglich Sinn geben.[180] So forcieren schließlich verschiedene Akteure jeweils erinnerte bzw. hochgradig konstruierte Versionen des Erlebten innerhalb des deutschen Opferdiskurses. Jeder Akteur trägt mit spezifischen Erzählmustern zum Diskurs bei, die, wenn sie gehört werden, andere Akteure aufgreifen und die sich sodann auch in bestimmten Erinnerungsmustern kon-

176 Leider ist hier nicht der Platz für eine solche (sprachwissenschaftliche) Untersuchung.

177 Rainer Paris: »Ohnmacht als Pression. Über Opferrhetorik«. Online: http://www.dijg.de/kritik-zeitgeist/rainer-paris-ohnmacht-pression/ (Stand: 28.04.2014).

178 Es wäre zu überlegen, ob es in Analogie zu Nicht-Opfern auch Nicht-Täter gibt, wie es Heidrun Kämper bereits im Titel ihres Werks vorschlägt: *Opfer – Täter – Nichttäter. Ein Wörterbuch zum Schulddiskurs 1945–1955.* Berlin/New York: De Gruyter 2007. Gleichsam wäre hier zu fragen, wieso Kämper die Kategorie der »Nicht-Opfer« unerwähnt lässt.

179 Vgl. Claudia Nickel/Silke Segler-Meßner: »Von Tätern und Opfern. Zur medialen Darstellung politisch und ethisch motivierter Gewalt«, in: Dies. (Hrsg.): *Von Tätern und Opfern. Zur medialen Darstellung politisch und ethisch motivierter Gewalt im 20./21. Jahrhundert.* Frankfurt am Main: Peter Lang, S. 8–15, hier S. 10.

180 Vgl. Paris: »Ohnmacht als Pression. Über Opferrhetorik«.

densieren. Gilt dies zum einen für die Betroffenen, so bilden auch anderer Diskursakteure und insbesondere die die Opfer öffentlich repräsentierenden Diskursteilnehmer spezifische Narrative aus, denn gerade die »massenmediale Kommunikation verlangt von den Öffentlichkeitsakteuren der Opfergruppen bestimmte Darstellungsformen.«[181] Entsprechend ist das Opfer als eine diskursive Konstruktion zu diskutieren.

2 Das Opfer als diskursive Konstruktion

Obwohl das 20. Jahrhundert nicht nur stark von Opferphänomenen geprägt ist, sondern auch eine »hegemoniale Opferrhetorik«[182] entfaltet hat, fehlt es an Gesellschafts- oder Politiktheorien des zeitgenössischen Opfers.[183] Diesem »theoretische[n] Desinteresse«[184] soll hier mit terminologischen Überlegungen begegnet werden, die die Grundlage für die anvisierten Textanalysen bilden.

Insbesondere der deutsche Sprachgebrauch macht eine Reflexion des Opferbegriffs erforderlich, denn er unterscheidet nicht wie das Englische oder Französische zwischen *vicitm(e)* und *sacrifice.* Stattdessen trägt er beide Bedeutungsdimensionen, die aktive und die passive, und damit das Spannungsfeld aus Moral, Recht und Religion stets in sich.[185] Der Opferbegriff des 20. Jahrhunderts ist insbesondere seit 1945 passiv semantisiert: Menschen w e r d e n bzw. w u r d e n zu Weltkriegsopfern, Opfern der Stasi, der voranschreitenden Technologisierung, von Diskriminierung, Gewaltregimen, Zwangsprostitution oder Drogenkartellen. Das aktive Opfer (*sacrificium*) erstens als kultisch-religiöse Gabe[186] sowie zweitens als bewusster Verzicht hat seine Bedeutung seit 1945

181 Schulze Wessel: »Einleitung«, S. 4. Wie diesen Narrativen beizukommen ist, d. h. wie ergründet werden kann, ob, und welche Narrative geformt und schließlich wie sich bestimmte Narrative durch wiederkehrende Erzählmuster, Argumentationstypen usw. auszeichnen, überlege ich im Folgenden unter dem Überbegriff der »Diskursiven Topoi«.

182 Herfried Münkler/Karsten Fischer: »›Nothing to kill or die for…‹ – Überlegungen zu einer politischen Theorie des Opfers«, in: *Leviathan* 28/3, 2000, S. 343–362, hier S. 343.

183 Vgl. ebd., besonders S. 343f.

184 Ebd., S. 343.

185 Michael Reiter nennt das Wort »Opfer« aufgrund dieser mehrfachen Semantik »Vexierbild«, in das sich, denken wir die eine Bedeutung, sofort die andere Bedeutung hineinschiebe. Er folgert: »Vermutlich besteht die ungeheure Suggestion des Opferbegriffs nicht zuletzt darin, daß er dem Geschädigten (*victima*) erlaubt und sogar nahelegt, seinen Schaden zugleich als Gabe (*sacrificium*) mit einem unabweisbaren Anspruch auf ›Sinn‹ in einem System der Reziprozität zu deuten.« Michael Reiter: »Opferphilosophie. Die moderne Verwandlung der Opferfigur am Beispiel von Georg Simmel und Martin Heidegger«, in: Gudrun Kohn-Waechter: *Schrift der Flammen. Opfermythen und Weiblichkeitsentwürfe im 20. Jahrhundert.* Berlin: Orlanda Frauenverlag 1991, S. 129–147, hier S. 131.

186 Als solche ist »Opfer« hinreichend theoretisch erforscht, insbesondere von Seiten der Theologie.

weitestgehend eingebüßt. Dominant ist nunmehr die drittens semantische Dimension des Opferbegriffes: das passive Opfer (*victima*), das durch Schaden und Benachteiligung zum Opfer wird:[187]

> Der Opferbegriff war bis 1945 selbstverständlich der Begriff eines aktiven Opfers für etwas [...], aber schleichend vollzieht sich seit den 50er Jahren im deutschen Sprachgebrauch [...] eine Umdeutung. Der Opferbegriff wird passiv, und plötzlich sind dieselben Leute nur noch durch den Faschismus zum Opfer geworden, während sie sich vorher aktiv für Deutschland geopfert hatten.[188]

Tatsächlich impliziert im deutschen Sprach- und Kulturraum eine Diskussion des Opferbegriffs »immer auch eine Auseinandersetzung mit der gesellschaftlichen Opferordnung des NS«[189] und schließlich mit der deutschen Vergangenheitsbewältigung. War in der NS-Ideologie das aktive Opfer bzw. Selbstopfer zentrale, geforderte Praxis,[190] wusste sich die deutsche Nachkriegsgesellschaft, samt Tätern und Mittätern des NS, schnell als passives Opfer Hitlers zu deuten. Diese Selbstviktimisierung entlastete erstens von Schuld, kompensierte zweitens aber auch die gefühlte Wertlosigkeit und Enttäuschung nach dem Zusammenbruch noch vor Kurzem gehegter Träume.[191]

In der Umdeutung der NS-Täter in NS-Opfer wird die dichotome Struktur des Opferbegriffs sichtbar, die Opfer von Tätern scheidet. Dem Opferbegriff wohnt als »gesellschaftliches Ordnungsmodell«[192] die Funktion einer Kategorisierung und Differenzierung inne. Die Unterscheidung von Opfern und Tätern, aber auch von Opfern und Nicht-Opfern, prozessiert dabei Kollektivierungsphänomene. In der kategorischen Rede von Opfern vs. Tätern oder Opfern vs. Nicht-Opfern verschwinden individuelle Erlebnisse zugunsten einer übergeordneten, (zumindest virtuell) geteilten Leiderfahrung. Indem das Erlebte zum homogenisierten gruppenstiftenden Element erhoben wird, vermögen Opferrhetoriken also kollektive Identitäten zu produzieren. Die Leiderfahrung wird totalisiert, individuelle Erfahrungen spielen keine Rolle mehr und die die Opfersituation

187 Vgl. zu dieser typologischen Trias Herfried Münkler/Karsten Fischer: »Nothing to kill or die for...«. Die Autoren sehen in der Trias eines 1. aktiven, kultischen Opfers, eins 2. rationalen Verzichtopfers und 3. eines passiven, erleidenden Opfers eine historische Entwicklung.

188 Reinhart Koselleck: »Die Diskontinuität der Erinnerung«, in: *Deutsche Zeitschrift für Philosophie* 47/2, 1999, S. 213–222, hier S. 215.

189 Michael Reiter: »Opferphilosophie«, S. 132.

190 Hitler schreibt in *Mein Kampf*: »Der Selbsterhaltungstrieb hat bei ihm [dem Arier] die edelste Form erreicht, indem er das eigene Ich dem Leben der Gesamtheit willig unterordnet und, wenn die Stunde es fordert, auch zum Opfer bringt.« Zitiert nach: Gudrun Kohn-Waechter: »Einleitung«, in: Dies.: *Schrift der Flammen*, S. 9–17, hier. S. 17.

191 Vgl. Ruth Waldeck: »›Hitler hat Deutschland kaputtgemacht.‹ Ein deutscher Opfermythos, aufgeklärt mit Hilfe von Christa Wolfs Roman *Kindheitsmuster*«, in: Gudrun Kohn-Waechter: *Schrift der Flammen*, S. 241–258, hier S. 250.

192 Michael Reiter: »Opferphilosophie«, S. 133.

kennzeichnenden Gefühle von Hilflosigkeit und Nichtverantwortung werden in der Opferrede zu einer Identitätsbeschreibung ausgedehnt. Die homogenisierte Leiderfahrung scheint damit auch als Exklusionsmechanismus der Gruppe ihren Zweck zu erfüllen: Wer sie nicht teilt, erhält keinen Zugang zum Kollektiv. Dass sich die Betroffenen in der Opferrede selbst auf die einende Leiderfahrung reduzieren, zeugt von der Komplexitätsreduktion, die Opferrhetoriken und -identifikationen anhaftet.

Neben diese gruppenstiftende Funktion von Opferrede tritt das Bedürfnis nach Entlastung. Sie zielt auf die Entschuldigung des Betroffenen und soll von Verantwortung entbinden. Die Verantwortung hingegen weist sie implizit dem ›Anderen‹, dem Täter oder dem Nicht-Opfer, zu. Der ›Andere‹ erfährt notwendigerweise eine aktive und verantwortungsvolle Position, wenn die Opferrede die Passivität[193] des Betroffenen betont und seinen Opferstatus in der Konsequenz potenziert. Die Bezeichnung ›Opfer‹ enthält so immer auch eine Aussage über den Täter, der aktiv und illegitim das Opfer verletzt: Der »Opfer-Status [wird] gesellschaftlich in gewissem Sinne attraktiv, weil die Verantwortung für Gewalt anderen zugeschrieben werden kann.«[194] Wem es gelingt, als Opfer anerkannt zu werden, der spricht sich gleichsam von Schuld frei, und Schuld erhalten die Anderen: die Täter. Schließlich zielen viktimisierende Redeweisen auch auf eine nachhaltige Anerkennung des Opferstatus, die nach Möglichkeit Zeiten überdauern soll. So haben Opferrhetoriken nicht zuletzt erinnerungspolitische Funktion, wenn sie dafür sorgen sollen, dass bestimmte Gruppen und ihre Leiderfahrungen im kollektiven Gedächtnis verankert werden.

Der Opferbegriff, insbesondere in seiner passiven Semantik, aber auch im Opfertypus des Verzichts, ist also ein stark deutender und gleichermaßen sinnstiftender Begriff. Sowohl dem religiös motivierten *sacrifice* als Gegenstand kultischer Praxis als auch dem rationalen Verzicht oder passiven *victima* schreibt erst die retrospektive Interpretation Sinn und Status zu. Während das Verzichtopfer rational interpretiert wird und in einer rationalen Opferlogik Handlungen legitimiert, erfolgt für das passive Opfer die »gleichermaßen virulente Suche nach dem Sinn von Handlungen […] paradoxerweise über die Konstatierung von Irrationalität.«[195] In diesem Sinne enthalten *vicitima*-Rhetoriken oftmals einen fatalistischen Gestus.

---

193 Schon grammatisch wird die Passivität des Opfers sinnfällig, spricht man doch i. d. R. in Passivkonstruktionen über die Opfer, die beschnitten, verfolgt, bedroht usw. werden. Deutlich macht das z. B. auch die zitierte Aussage Kosellecks.

194 Thorsten Bonacker: »Globale Opferschaft. Zum Charisma des Opfers in Transitional Justice-Prozessen«, in: *Zeitschrift für Internationale Beziehungen* 19/1, 2012, S. 5–36, hier S. 18. Online: http://www.zse.nomos.de/fileadmin/zib/doc/Aufsatz_ZIB_12_01.pdf (Stand: 21.12.2017).

195 Münkler/Fischer: »Nothing to kill or die for…«, S. 346.

Der Flucht-und-Vertreibungsdiskurs kreist nun von Beginn an neuralgisch um insbesondere zwei Opferverhältnisse:

(1) das Verhältnis der deutschen Opfer (Flüchtlinge und Vertriebene) zu deutschen Tätern: Die deutschen Opfer und die deutschen Täter stehen in keinem klassischen Opfer-Täter-Verhältnis zueinander, sind die deutschen Opfer doch nicht direkte Opfer der Gewalttaten Deutscher geworden. Wird von deutschen Opfern gesprochen, wird meistens die Identifizierung gegenüberstehender Täter vermieden, denn die Alliierten als Täter zu bezeichnen, widerspricht sowohl der *political correctness* als auch den historischen Tatsachen.[196] Die indirekte Kausalbeziehung - die Sowjets sind aufgrund der Gräueltaten der Nationalsozialisten in Deutschland eingefallen - tritt oft in den Hintergrund. Dieser Vergessenheit stehen neuerdings Titel wie *Hitlers letzte Opfer* gegenüber, die sich mit dieser Rede bemühen, die alleinige Schuld am Holocaust Hitler zuzuschreiben.[197] Dass es »willige Vollstrecker«[198] und zahlreiche Mitläufer in der NS-Gesellschaft gab, blendet diese Redeweise aus. Gleichzeitig werden paradoxerweise die deutschen Opfer auf dieselbe Stufe mit anderen Opfern Hitlers gestellt – mit den Opfern, die in den Gaskammern der Konzentrationslager ums Lebens kamen. Damit ist die zweite neuralgische Opfer-Dichotomie des »deutschen Opferdiskurses« aufgerufen:

(2) das Verhältnis von deutschen Opfern zu nicht-deutschen Opfern: Es bleibt zu diskutieren, wer sich »Opfer« nennen darf, und ob es so etwas wie ›würdige‹ und ›unwürdige‹ Opfer gibt: »Als ›würdig‹ gelten Opfer, wenn sie im umfassenden Sinn unschuldig sind.«[199] Dass die Opfer des Holocaust im umfassenden Sinn unschuldig sind, ist unstrittig. Fraglich aber ist, wie sich die Leiden deutscher Opfer zu den Leiden jüdischer oder etwa polnischer Opfer der NS-Herrschaft verhalten. Die Annäherung oder gar Gleichsetzung deutschen Leides mit jüdi-

196 Heinz Nawratil verspürt diese Scheu nicht, wenn er ausdrücklich die »Motive der Täter« (S. 8) behandelt. Er formuliert: »Wer über die Motive der Vertreibung und der Vertreibungsverbrechen nachdenkt, sollte bei den Tschechen anfangen [...]« und ordnet die kommunistische Revolutionsgarde, Soldaten und Offiziere der Sowjetunion, den tschechischen Mob (S. 83) dem »Täterkreis« zu (S. 83, S. 103). Auch seine Betonung der Übernahme der Listen dieser Verantwortlichen aus der Dokumentation des Bundesarchivs über die Vertreibungsverbrechen vermag seine tendenziöse Haltung nicht zu verschleiern. Nawratil leitet das Zitat wie folgt ein: »Die Dokumentation des Bundesarchivs über die Vertreibungsverbrechen beschreibt den Täterkreis folgendermaßen:«. Im Original fällt der Ausdruck »Täter« nicht. Heinz Nawratil: *Schwarzbuch der Vertreibung 1945 bis 1948. Das letzte Kapitel unbewältigter Vergangenheit.* München: Universitas [14]2007.

197 Dieses Schlagwort erreichte 2001 Popularität als Untertitel der dreiteiligen ARD-Produktion *Die Vertriebenen – Hitlers letzte Opfer* der Regisseure Sebastian Dehnhardt und Christian Frey.

198 Daniel Jonah Goldhagen: *Hitlers willige Vollstrecker. Ganz gewöhnliche Deutsche und der Holocaust.* Berlin: Siedler 1996.

199 Martin Schulze Wessel: »Einleitung«, S. 4.

schem Leid gilt als Tabu, ist aber, so Frahm, gängige Praxis.[200] Implizite Gleichsetzungen und die resultierende Opferkonkurrenz gehören seit nunmehr über fünfzig Jahren zum Flucht-und-Vertreibungsdiskurs, was Frahm zu seiner Rede von einer »Schamlosigkeit deutscher Opferidentifikation«[201] bewegt. Auch Constantin Goschler bemerkt im deutschen Gedenken eine

> idealtypische Konkurrenz eines auf die jüdische Erinnerung fokussierten partikularistischen Modells, das den »Holocaust« bzw. die »Shoa« in den Mittelpunkt stellt, und eines integrationistischen Modells, das die Opfer des Kriegs und der NS-Verfolgung zusammenzufassen sucht.[202]

Einmal mehr zeigt sich, dass ›Opfer‹ eine Kategorie ist, die diskursiv und interpretativ erst zugeschrieben oder eben verweigert wird. Ob sich die Betroffenen rechtmäßig als Opfer fühlen und benennen, soll, kann und darf eine auf rhetorische und textuelle Strategien ausgerichtete Untersuchung nicht beurteilen.[203] Die Begriffe »Viktimisierung« und »Opferinszenierung« verwende ich in diesem Sinn: Sie meinen nicht die intentionale, möglicherweise faktischer Grundlagen entbehrende Imagination eines Opferstatus, sondern die Erzeugung von Opferidentität(en) im textuell-diskursiven Akt. Unter Viktimisierungsstrategien seien somit die rhetorischen Mechanismen verstanden, die einen Opferstatus legitimieren, plausibilisieren oder potenzieren. Es geht also weder um die konkrete Begriffsverwendung ›Opfer‹ noch um (psychologisch motivierte) Autorenintentionen, sondern um Redeweisen und Argumentationen, die das Gefühl wie die Tatsache, Opfer zu sein, zum Ausdruck bringen, und so das Opfer diskursiv und interpretativ erst erstehen lassen. Da eine eindeutige Definition des Opferbegriffs ohnehin als unmöglich gilt, liegt es nahe, Opferrhetoriken insbesondere auch nach ihrem performativen Charakter zu befragen: »Opfer kommt als Begriff in den Blick, der bewirkt, was er bezeichnet.«[204] Mit anderen Worten: ›Opfer sein‹ ist weder Tatsache noch Gefühl, sondern Deutung.

Als Deutungskomplex werden Opferbegriff und Opferrede für eine diskursanalytisch motivierte literaturwissenschaftliche Untersuchung relevant, der sich systematisieren lässt: Extrahieren lassen sich m. E. drei dichotomisch zu den-

200 Vgl. Frahm: »›Ein deutsches Trauma?‹«, S. 373f.

201 So lautete der Untertitel des Aufsatzes. Vgl. Anmerkung 64.

202 Goschler: »›Versöhnung‹ und ›Viktimisierung‹«, S. 874.

203 Aus diesem Grund eignet sich die Diskursanalyse besonders zur Erforschung, richtet sie doch das Augenmerk nicht auf subjektive Rhetoriken, sondern begreift Argumente als sich erst im Diskurs verselbstständigende. Vgl. dazu das folgende theoretische Kapitel »Fiktion als argumentativer Sprechakt: Diskursive Topoi als Analysekategorie«, S. 65–73.

204 Maria Katharina Moser: *Von Opfern reden. Ein feministisch-ethischer Zugang.* Königstein/Ts.: Ulrike Helmer Verlag 2007, S. 25. Mosers Arbeit ist repräsentativ für eine Reihe feministisch motivierter Arbeiten, die sich dem Opferbegriff gewidmet haben. Theorien des modernen (passiven) Opfers hat bisher vorwiegend die Frauenforschung erarbeitet.

kende Elemente von Opferrede, die die später folgenden Textanalysen flankieren. Befragen möchte ich die Texte a) nach Opfer-und-Täter-Verhältnissen (wobei diese diametrale Kategorisierung ggf. durch Kategorien wie »Nicht-Opfer«, »Mittäter« etc. ergänzt werden muss), b) nach sinnstiftenden Erklärungsansätzen, die ihre Extrempole in einer Schicksalsgläubigkeit und einem Zugeständnis von Verantwortung finden, sowie c) nach dem Umgang mit Erinnern bzw. Vergessen, d. h. mit der Art und Weise des retrospektiven Blickes, der auf Leiderfahrungen geworfen wird.

Um Themen, Erzählmuster und vor allen Dingen Argumentationstypen zu klassifizieren, die bestimmte geformte und möglicherweise wiederkehrende oder aber modifizierte oder subvertierte Narrative auszeichnen, möchte ich von ›diskursiven Topoi‹ sprechen.

3 Fiktion als argumentativer Sprechakt: Diskursive Topoi als Analysekategorie

Die grundlegende Annahme, dass über Flucht und Vertreibung im Modus eines Opferdiskurses gesprochen werden kann, evoziert die Vorstellung diskursübergreifender Muster der Opferstilisierung. Da Opferrhetoriken immer zweckgerichtet sind – sie sollen vom eigenen Opferstatus und dem Täterstatus des Anderen überzeugen – sind sie *per se* als intentionale und argumentative Sprechakte aufzufassen. Eine Analyse, die diese virulenten Viktimisierungsstrategien im fiktionalen Diskurs freizulegen sucht, setzt also ein Verständnis von Fiktion als argumentativer Sprechakt voraus. Um die besonderen Deutungsmuster im fiktionalen Flucht-und-Vertreibungsdiskurs systematisch zu extrahieren und zu hinterfragen, eignet sich als heuristisch-methodisches Verfahren die Topik. Das folgende Kapitel zeigt, dass sich für poetisch-fikitonale Darstellungen, die als Kommunikationsverfahren nicht nur ästhetischer, sondern insbesondere auch politisch-sozialer Dimension begriffen werden, eine argumentationsanalytisch angereicherte literaturwissenschaftliche Toposforschung fruchtbar machen lässt.[205] Erst wenn in der Fiktion auftretende Deutungsmuster als Topoi eines spezifischen Diskurses aufgefasst werden, kann die Literaturwissenschaft sinnvoll mit dem bis heute vagen literaturwissenschaftlichen Toposbegriff operieren und »epochale literarische Topoi im Kontext des konkreten gesellschafts- und ideologiegeschichtlichen Gesamtzusammenhangs […] analysieren.«[206] Es geht im Folgenden also weniger darum, einen neuen oder

205 Vgl. Lothar Bornscheuer: *Topik. Zur Struktur der gesellschaftlichen Einbildungskraft.* Frankfurt am Main: Suhrkamp Verlag 1976, S. 25.

206 Ebd.

modifizierten literaturwissenschaftlichen Toposbegriff zu begründen, als vielmehr um die übergeordnete theoretische Frage, ob die in den unterschiedlichen Disziplinen kursierenden Sondertopoi mit ihren jeweiligen begrifflichen Konvergenzen und Divergenzen hinfällig werden, wenn die grundständigen Mechanismen der Topik außerhalb der einzelnen Forschungsgegenstände gesucht werden, die dann nur noch als Orte sich materialisierender Topik aufgefasst würden.

Das hier zu präsentierende Toposverständnis legt die Arbeiten von Martin Wengeler zugrunde, der eine Topoi-Analyse als adäquate Methode einer sprachwissenschaftlich und mentalitätsgeschichtlich fundierten Diskursanalyse vorgestellt hat. Während der Linguist Wengeler »eine diskursgeschichtlich ausgerichtete Argumentationsanalyse begründe[n]«[207] will, ist mir an einer argumentationsanalytisch angereicherten literaturwissenschaftlichen Diskursanalyse gelegen, die in linguistischer Denktradition (auch alltagssprachliche) Argumentationsformen und -ketten im literarischen Text offenlegen will.[208] Dass eine »begründete Argumentationsanalyse diskursanalytisch genutzt«[209] werden kann, setze ich nach Wengelers Forschungen voraus. Dass eine diachron und synchron ausgerichtete Analyse eines literarischen Diskurses argumentationsanalytisch angereichert werden kann, hat m. E. die literaturwissenschaftliche Forschung bisher nicht nachgewiesen. Das ist verwunderlich, denn auch in der Literaturwissenschaft scheint das Interesse am Topos bei aller Vagheit und Vieldeutigkeit des Begriffs »weniger einer präzisen Beschreibung seiner begrifflichen Form als vielmehr den Operationen mit seinen pragmatischen und heuristischen Funktionen und Möglichkeiten zu gelten«[210] – jenen Operationen, die ihn für die Analyse eines Diskurses so attraktiv machen.

Als Erklärung mag das in der Literaturwissenschaft kursierende Verständnis von Topos dienen, das dem argumentationsanalytischen zwar nicht unähnlich, aber dennoch nicht mit diesem deckungsgleich ist. Den prominentesten Versuch

---

207 Martin Wengeler: »Historische Diskurssemantik als Analyse von Argumentationstopoi«, in: Dietrich Busse/Wolfgang Teubert (Hrsg.): *Linguistische Diskursanalyse. Neue Perspektiven.* Wiesbaden: Springer VS 2013, S. 191.

208 Die linguistische Argumentationsanalyse wurde in den 1970er Jahren angestoßen. Aus der Rhetorik und Logik stammende Kategorien hat sie seither um Modelle ergänzt, die es erlauben, Logiken in alltagssprachlichen Äußerungen auf ihre Voraussetzungen und Schlüssigkeit zu überprüfen. Vgl. http://www.isk.rwth-aachen.de/Argumentationsanalyse (Stand: 04.07.2018) und Veronika Ullmer-Ehrich: »Linguistische Aspekte der forensischen Argumentation«, in: Hugo Steger/Peter Schröder (Hrsg.): *Dialogforschung. Jahrbuch 1980 des Instituts für deutsche Sprache.* Düsseldorf: Schwann 1981, S. 188–225, hier S. 190. Online: https://ids-pub.bsz-bw.de/frontdoor/deliver/index/docId/1940/file/Ulmer_Ehrich_Linguistische_Aspekte_1981.pdf (Stand: 04.07.2018).

209 Wengeler: »Historische Diskurssemantik als Analyse von Argumentationstopoi«, S. 190.

210 Vgl. Klaus Ostheeren: »Topos«, in: Gert Ueding (Hrsg.): *Historisches Wörterbuch der Rhetorik.* Darmstadt: Wissenschaftliche Buchgesellschaft 2009, S. 630–697, hier S. 630.

einer Aufnahme des Toposbegriffs in die literaturwissenschaftliche Untersuchung hat Ernst Robert Curtius unternommen. Mit seiner historischen Topik hat er darzustellen versucht, inwiefern seit dem Mittelalter die Poetik die Aufgabe der antiken Rhetorik übernommen hat. Curtius betont zunächst die Funktion von Topoi als einerseits »Hilfsmittel für die Ausarbeitung von Reden«[211] sowie andererseits als »Argumente, die für die verschiedensten Fälle anwendbar sind. Es sind gedankliche Themen, zu beliebiger Entwicklung und Abwandlung geeignet.«[212] Als »Klischees, die literarisch allgemein verwendbar sind«[213] erkennt Curtius in den Topoi schließlich »Anzeichen einer veränderten Seelenlage«[214]. Curtius' Schrift entbehrt also einer einheitlichen und deutlichen Begriffsdefinition. Dennoch: Wenn Curtius mit dem Topos-Begriff sowohl auf Formen als auch auf Archetypen anspielt, liegt hierin das von der Literaturwissenschaft interessiert aufgenommene Grundpotential des literarischen Topos verborgen, der folglich sowohl durch seine inhaltliche als auch seine formale Ausdrucksseite bestimmt ist.[215] Dieses Potential entwickelt Curtius jedoch nicht systematisch aus. Vielmehr wirken seine Topoi teils willkürlich, sodass sein Toposbegriff »zum Sammelbecken«[216] für »formal und inhaltlich heterogene Dinge«[217] wie Topiken, die »von der Art oder einem Teil der Rede her bestimmt«[218] seien, sowie »bestimmte[], inhaltliche festgelegte[] Motiv[e]«[219] und andere allgemeinere »Bilder«[220] verkommt.

---

211 Ernst Robert Curtius: *Europäische Literatur und lateinisches Mittelalter.* Bern: Francke 1969, S. 79.

212 Ebd.

213 Ebd.

214 Ebd., S. 92.

215 Grundlegend hat diese Doppelfunktion die antike Gedächtniskunst forciert. Neben den Literatur- und Sprachwissenschaften warten Erinnerungstheorien mit dem Toposbegriff auf. Diese Prominenz kann zurückgeführt werden auf die antike ars memoria, die s. g. Topoi nutzte, um komplexe Gedächtnisinhalte anschaulich auf einen Punkt hin zu reduzieren und somit merkbar zu machen. Ein tópos reduziert in der Gedächtniskunst einen komplexen Zielpunkt (Inhalt) auf einen leicht(er) erreichbaren, d. h. deutlich auf den Zielpunkt referierenden Ausgangspunkt (Ausdruck). Der Topos ist also auch in der ars memoria weder inhaltlich noch formal festgelegt, sondern stellt vielmehr ein Arsenal möglicher Elemente dar, die in Abhängigkeit vom Inhalt und Ziel der Erinnerung das Abstraktum über ein ausgewähltes Muster auf einen Ausdruck reduzieren. Vgl. zu diesem, Toposbegriff der Mnemotechnik: Ostheeren: »Topos«, S. 632f. Im Erinnerungstopos sind also nicht nur Inhalts- und Ausdrucksseite eines Merkpunktes unauflöslich verbunden, sondern er fungiert ebenso wie der argumentationsanalytische Topos immer auch als Hilfsmittel, hier der Merkbarkeit und Verständlichkeit.

216 Bornscheuer: *Topik*, S. 149. Bornscheuer fasst diese Kritik auf von Edgar Mertner: »Topos und Commonplace«, in: Gerhard Dietrich/Fritz W. Schulze (Hrsg.): *Strena Anglica. Festschrift für Otto Ritter.* Halle: Niemeyer 1956, S. 178–224.

217 Mertner: »Topos und Commonplace«, S. 182f., zitiert nach: Bornscheuer: *Topik*, S. 149.

218 Ebd.

219 Ebd.

Richtig ist aber auch, dass schon Aristoteles in seiner *Topik* vage formuliert und keine eindeutige Definition des Topos-Begriffs geliefert hat.[221] Ein Relektüre seiner Schriften, wie Lothar Bornscheuer sie vollzogen hat, deckt jedoch eindeutig auf, dass sich der originäre Toposbegriff für die (literaturwissenschaftliche) Diskursanalyse insbesondere eignet, weil er die soziale Dimension sprachlich aktualisierter Deutungs- und Argumentationsmuster betont. Bornscheuer erinnert also daran, dass Topoi nicht nur über eine formale und inhaltliche Seite verfügen, sondern dass sie insbesondere sozial produziert, rezipiert, aber auch determiniert sind. In antiker Lesart bedeute Topik also »das Instrumentarium eines gedanklich und sprachlich schöpferischen, doch zugleich auf den allgemeinen gesellschaftlichen Meinungs-, Sprach- und Verhaltensnormen beruhenden Argumentationshabitus.«[222]

Neben der sozialen Einbettung der Topoi muss die intentional-argumentative Funktion, die Curtius eher aus den Augen verloren hat, stark gemacht werden, wenn der ursprüngliche Topos-Begriff freigelegt und für die Diskursanalyse furchtbar gemacht werden soll. Aristoteles erklärt im ersten Satz seiner *Topik:*

> Der Zweck dieser Abhandlung ist die Auffindung des Verfahrens, vermittelst dessen man in Bezug auf jeden aufgestellten Streitsatz Schlüsse aus glaubhaften Ansätzen zu Stande bringen kann, und vermittelst dessen, wenn man selbst einen Satz vertheidiget, nicht in Widersprüche sich verwickelt.[223]

Topoi sind also weder ausschließlich konventionell und kollektiv standardisiert noch rein assoziativ oder zufällig, sondern im jeweiligen Argumentations- und Deutungskontext je neu intendiert und zielgerichtet. Ohne Ziel kein Topos – so ließe sich dieser Gedanke auf eine Grundformel bringen, oder etwas genauer: »Ohne aktuellen Gebrauch in der Erörterung lebensbedeutsamer Problemfälle sinkt ein Topos entweder zum Klischee ab [...], oder er verflüchtigt sich zum bloßen Einfall, d. h. in eine unverbindliche Potenitalität.«[224]

Die argumentativ-intentionale Struktur der Topoi pointiert Wengeler mit dem Rückgriff auf Toulmins inzwischen klassisches Argumentationsschema, an das auch ich meine Überlegungen knüpfe, weil es auf die Brückenfunktion der Topoi sowohl bei der Herstellung als auch bei der Entschlüsselung von Argumentationen verweist. Toulmins Schema zeichnet sich aus durch das Konzept der Schlussregeln, die als Brücken bei der Ableitung bestimmter Konklusionen aus

220 Ebd.

221 In dieser Vagheit erkennt Bornscheuer bei Aristoteles jedoch keinen Mangel, sondern das Resultat eines geradezu paradoxen Versuchs, dem Phänomen der Topik mit ihren eigenen Mitteln beizukommen. Vgl. ebd., S. 42–44.

222 Ebd., S. 94

223 Aristoteles: *Die Topik.* Heidelberg 1882, S. 1–3. Online: http://www.zeno.org/Philosophie/M/Aristoteles/Organon/Die+Topik/1.+Buch/1.+Kapitel (Stand: 06.12.2017).

224 Bornscheuer: *Topik*, S. 102.

Aussagen fungieren.[225] Schematisch lässt sich Toulmins Modell so darstellen (Abb. 1)[226]:

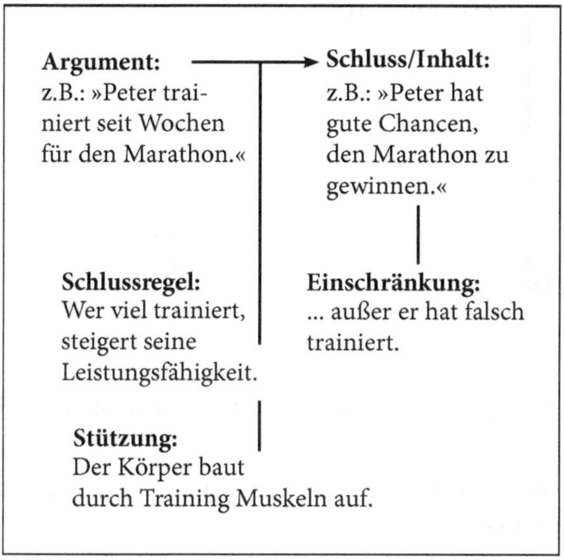

Abb. 1: Argumentationsschema nach Stephen E. Toulmin

Kienpointer hat dieses Schema auf ein »kontextunabhängiges Grundschema reduziert […], das als ›Prototyp‹ aller mehr oder weniger kontextspezifischen Argumentationsschemata der Alltagsargumentation angesehen werden kann«[227] (Abb. 2).

Formale, kontextabstrakte Schlussmuster (z. B. Ursache-Wirkung) interessieren mich aus denselben Gründen wie Wengeler weniger. Erst die inhaltlichen Zusammenhänge vermögen etwas über die Deutungsmuster in einem spezifischen Diskurs in einem spezifischen Zeitraum auszusagen. Für die vorliegende Analyse, die den Opferrhetoriken in Flucht-und-Vertreibungsromanen nachgeht, sieht das (heuristische) Grundschema, das ich an die jeweils spezifischen Diskursfragmente unter Berücksichtigung nicht nur der Position der Diskurs-

---

225 Mir leuchtet Michael Pielenz Hinweis ein, dass die deutsche Übersetzung von ›warrant‹ als Schlussregel irreführend ist, und die Bezeichnung »Verknüpfungsregel« die Grundidee besser verdeutlichen würde. Vgl. Michael Pielenz: *Argumentation und Metapher.* Tübingen: Gunter Narr Verlag 1993, S. 23.

226 Vgl. Stephen E. Toulmin: *The uses of argument.* Cambridge/New York: Cambridge University Press 2003, S. 94. Das Modell von Toulmin ist in der Abbildung mit einem eigenen Beispiel versehen.

227 Manfred Kienpointer: *Alltagslogik. Struktur und Funktion von Argumentationsmustern.* Stuttgart-Bad Cannstatt: Friedrich Frommann Verlag 1992, S. 19.

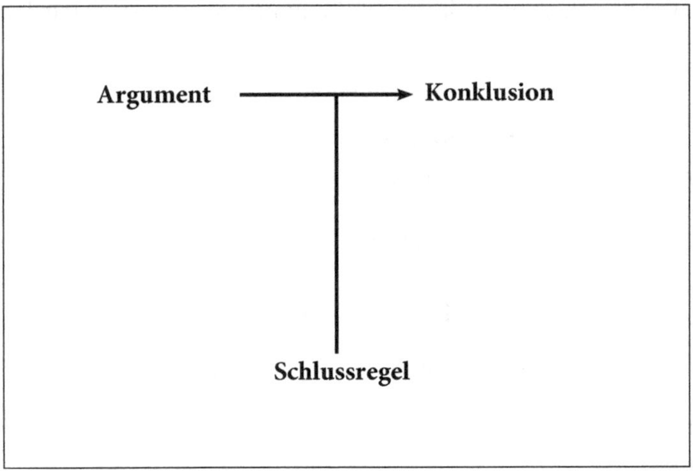

Abb. 2: ›Prototyp‹ kontextspezifischer Argumentationsschemata der Alltagsargumentation nach Manfred Kienpointer

akteure, sondern insbesondere des jeweils spezifischen diskursiven Kontextes anlegen möchte, wie folgt aus (Abb. 3):

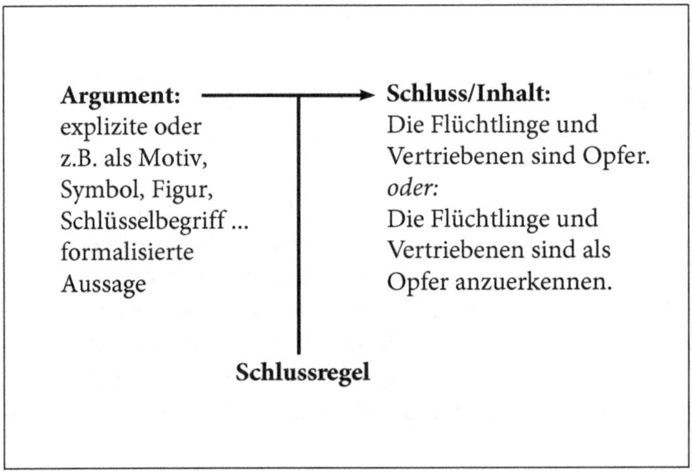

Abb. 3: (Heuristisches) Grundschema der Opferrhetoriken im Flucht-und-Vertreibungsroman

Mit Wengeler begreife ich den »in der Schlussregel hergestellte[n] Zusammenhang«[228] zwischen Argument und Konklusion als Topos, als das hintergründige

228 Martin Wengeler: *Topos und Diskurs. Begründung einer argumentationsanalytischen Methode und ihre Anwendung auf den Migrationsdiskurs (1960–1985).* Tübingen: Max Niemeyer Verlag 2003, S. 181.

und abstrakte Deutungsmuster in der Argumentation, oder wie Aristoteles aus der Sicht der Produktion schreibt, als »Ort, an dem Argumente gefunden werden können«.[229]

Der besondere Reiz in Toulmins Modell liegt darin, dass es nicht ausschließlich auf formallogische Argumentationsschlussmuster zielt, sondern sich auf Alltagslogiken übertragen lässt. Deswegen bietet es sich für eine diskursanalytische Adaption an. In Diskursen werden Meinungen, Deutungen und schließlich Sinn oft genug nicht über Logik, sondern über Emotionen oder Erfahrungen erschaffen. Gerade für politisch und moralisch aufgeladene Opferdiskurse sowie für fiktionale Bearbeitungen ist davon auszugehen, dass Argumente und Meinungen (Inhalt) insbesondere als Gegendiskurse kaum explizit an die Oberfläche treten. Es sind wohl weniger wahre statt vielmehr überzeugungskräftige Argumente, Wahrscheinlichkeiten oder Plausibiltäten, mit denen in derartigen öffentlichen Debatten Handlungen und Meinungen begründet werden.[230]

Wenn im Anschluss an Curtius in der Literaturwissenschaft davon ausgegangen wird, dass gefestigte Denkformen (oder Deutungsmuster) auch bestimmte Sprachformen tradieren und konsolidieren,[231] muss hier weniger die Tradierung als die Potentialität der Topoi in den Vordergrund gerückt werden. Wenn Aristoteles die Topik als Verfahren beschreibt, »vermittelst dessen man in Bezug auf j e d e n [Hervorhebung von mir] aufgestellten Streitsatz Schlüsse aus glaubhaften Ansätzen zu Stande bringen kann«[232], zeigt sich die wesenhafte Polyvalenz des Topos: Da er potentiell in j e d e n Argumentationszusammenhang neu einzubringen ist, muss ein Topos immer so unspezifisch sein, dass er prinzipiell jedem Disputanten in jeder Streitfrage (und sogar in derselben Streitsache!) nützlich sein kann.[233] Dieses Verständnis zieht insbesondere für die diskursanalytische Interpretation der Topoi Konsequenzen nach sich, weil in ihm neben der Frage synchroner Potentialität (ein und derselbe Topos kann in unterschiedlichen Argumentationszusammenhängen auftauchen) auch die Frage diachroner Potentialität, also das Problem der Entwicklung einzelner Topoi angelegt ist. Die Frage ist nämlich nicht nur, ob bestimmte Argumentationsziele immer wieder denselben Topos aufrufen, sondern auch ob unterschiedliche, ggf.

229 Kienpointer: *Alltagslogik*, S. 30.

230 Vgl. Martin Wengeler: »Argumentationstopos als sprachwissenschaftlicher Gegenstand«, in: Susan Geideck/Wolf-Andreas Liebert (Hrsg.): *Sinnformeln. Linguistische und soziologische Analysen von Leitbildern, Metaphern und anderen kollektiven Orientierungsmustern*. Berlin/New York 2003, S. 59–82, hier S. 60.

231 Vgl. Ostheeren: »Topos«, S. 692.

232 Aristoteles: *Die Topik*. Vgl. Anmerkung 223.

233 Hier sei angemerkt, dass es dieses Strukturmerkmal ist, das seit jeher den Topos schwer greif- und definierbar gemacht hat und wohl auch dafür gesorgt hat, dass Aristoteles selbst seine Schrift vage hat formulieren müssen. Vgl. Anmerkung 221.

zu verschiedenen Zeitpunkten eingebrachte Topoi den immer selben rhetorischen Zweck verfolgen.

Entsprechend stellt das positivistische Aufspüren und Aufzählen redundanter diskursiver Topoi einen ersten Zugang zur Rekonstruktion signifikanter Diskursentwicklungen dar. Ebenso ist aber auch das Ausbleiben von Rekursionen aussagekräftig. Die Frage nach der Flexibilität und dem Wandel der diskursiven Topoi richtet sich nämlich sowohl auf ihre Inhalts- als auch auf ihre Ausdrucksseite sowie schließlich insbesondere auf deren jeweils aktuellen Zusammenhang: Möglicherweise existieren gleichbleibende Argumente, die über die Zeit unterschiedliche Form annehmen, oder es lassen sich Formkonjunkturen nachweisen, die unabhängig von Inhaltskonjunkturen geltend gemacht werden. So muss gefragt werden, ob Zielpunkt (Inhalt) und Ausgangspunkt (Ausdruck) extrahierter diskursiver Topoi konstant bleiben oder ob sich Ausgangspunkte der diskursiven Topoi ändern, während Zielpunkte sich erhalten, bzw. ob Zielpunkte sich verschieben, während Ausgangspunkte sich über die Zeit wiederholen.

Wenn damit angedeutet wird, dass insbesondere auch der sprachliche und ggf. ästhetisch-literarische Ausdruck der Aussage analysiert werden soll, können sehr unterschiedliche formale Aktualisierungen des Topos wie Motive, Figuren, Symbole, Erzählperspektiven etc. in den Blick geraten. Diese formal hochgradig gestalteten Realisierungen eines Topos sind in einer Diskursanalyse nicht nur als Ausdrucksseite der Aussage und ästhetische Kategorien von Bedeutung, sondern als Zeugnisse jeweils virulenter und möglicher Redeweisen. Doch weder ausschließlich an dieser Form noch nur an den konkreten Argumenten darf eine synchron wie diachron angelegte Diskursanalyse halt machen. Zwar muss die sprachstrukturelle Perspektive auf die Texte wohlgemerkt hinter die, sicherlich heuristische, Suche nach kontextspezifischen Diskursmustern[234] zurücktreten, dennoch kann einer umfassenden insbesondere literaturwissenschaftlichen Diskursanalyse nicht nur am Extrahieren und Vergleichen inhaltlich spezifizierter Schlussregeln gelegen sein. Erst im Zusammenspiel argumentativer Intention, formaler und je aktueller Gestaltung in einem spezifischen gesellschaftlichen Kontext wird der Topos zur sinnvollen Kategorie in der Diskursanalyse. Aus diesem Grund ist die Topik ein hervorragend geeignetes Instrument für die Analyse von (Erinnerungs)diskursen, die, wie bereits gezeigt, als soziokulturelle determinierte und gleichsam schöpferische Praktiken jenes Zusammenspiel ebenso inkorporieren wie tradieren.

Keinesfalls soll mit dem hier gewählten Begriff ›diskursiver Topos‹ ein weiterer Sondertopos, weder ein literaturwissenschaftlicher noch ein diskursanalytischer, ins Spiel gebracht werden. Vielmehr sollte deutlich geworden sein, dass Diskurse

234 Wie empirische diskursanalytische Topos-Analysen aussehen können, hat Wengeler exemplarisch mit *Topos und Diskurs* (siehe Anmerkung 228) gezeigt.

immer topisch aufgeladen sind bzw. funktionieren und dass Topoi nicht außerhalb von kollektiven, argumentativen Kommunikationsakten – den Diskursen – existieren. Die Bezeichnung ›diskursiver Topos‹ wäre in diesem Sinn also tautologisch. Ich verwende das Adjektiv ›diskursiv‹ wie schon im Fall der ›diskursiven Akteure‹ als ein possesives Adjektiv: Es handelt sich um wesentliche Topoi eines bestimmten Diskursstrangs. Diskursiv ist ein Topos in diesem Verständnis also dann zu bezeichnen, wenn er sich als typisch für einen spezifischen Diskursstrang erweist, d. h. wenn er diesen inhaltlich prägt und strukturiert.[235]

Allerdings stellt sich diese Frage nach den Funktionen bestimmter Topoi nicht nur für den Gesamtdiskurs und seine Entwicklung. Auch für den sie jeweils verwendenden Akteur erfüllen sie eine Funktion. Diskursive Topoi sind nämlich nicht nur als die rhetorischen Mittel zu verstehen, mit deren Hilfe ein Sender Überzeugungsarbeit leistet und Wiedererkennbarkeit garantiert, sondern im Sinne eines Deutungsmusters sind sie für den Sender selbst sinn- und identitätsstiftend.[236] Diese (mindestens doppelte) Funktion ist im besonderen Maße zu berücksichtigen, wenn bestimmte Topoi einer Viktimisierung dienen. Nicht immer nutzen Akteure spezifische Topoi (ausschließlich), um andere von ihrem Opferstatus zu überzeugen; vielmehr dienen solche rhetorischen Viktimisierungsstrategien auch dazu, sich selbst in der Welt zu verorten, Erfahrungen zu ordnen und diese in einer sprachlichen Benennung für das eigene Leben handbar zu machen.[237]

---

235 So sind diskursive Topoi einerseits vom Diskurs diktiert, andererseits strukturieren sie selbst den spezifischen Diskursverlauf. Vgl. dazu auch Bornscheuer: *Topik*, S. 108.

236 Klaus-Peter Konerding zeigt, dass auch in konzeptionellen Überlegungen zur Anwendbarkeit der Foucault'schen Diskurstheorie der Begriff des »Deutungsmusters« an Popularität gewonnen hat. Diese »latent wirksame[n] kognitiv-operative[n] Strukturen« manifestieren sich »in sprachlichen Interaktionen und damit in Äußerungen« und liefern in ihrer jeweils aktualisierten Form »Indizien für ihre Rekonstruktion bzw. symbolische Modellierung.« Dennoch: »In der Praxis der qualitativen Forschung bleiben Deutungsmuster in den besten Fällen plausible, aber vage Hypothesen heuristischer Art.« Klaus-Peter Konerding, »Diskurse, Topik. Deutungsmuster – Zur Komplementarität, Konvergenz und Explikation sprach-, kultur-, und sozialwissenschaftlicher Zugänge zur Diskursanalyse auf der Grundlage kollektiven Wissens«, in: Warnke/Spitzmüller (Hrsg.): *Methoden der Diskurslinguistik. Sprachwissenschaftliche Zugänge zur transtextuellen Ebene.* Boston/Berlin: De Gruyter 2011, S. 117–150, hier S. 120.

237 Damit lässt sich die materielle Ausdrucksseite bestimmter Argumente und Deutungen als Möglichkeitsraum begreifen. Sprachliche Muster können zwar einerseits diktieren, sie können aber auch impliziten Deutungen neuen Raum geben und Meinungen wie Erinnerungen sagbar machen.

Textanalysen

IV Nachkriegszeit (1945–1958): Kollektive Viktimisierung

1 Kontextualisierung: Frühe Romanliteratur über Flucht und Vertreibung (1945–1958)

Die bereits unmittelbar nach Ende des Zweiten Weltkrieges einsetzende literarische Beschäftigung mit Flucht und Vertreibung schlug sich in den ersten Nachkriegsjahren vorwiegend in Autobiografien, Tagebüchern und Erlebnisberichten nieder. Diese »selbst unter publikationsfreundlichen Umständen ungewöhnlich[e] wenn nicht einmalig[e]« »Flut von Laienliteratur« lässt sich als »Saatbeet, auf dem die bedeutenden Werke zum Thema ›Flucht und Vertreibung‹ entstanden sind und noch entstehen« begreifen,[238] denn in der Tat folgten den autobiografischen »Laienproduktionen« alsbald belletristische Schöpfungen, die in den 1950er Jahren eine durchaus beachtliche Konjunktur auf dem deutschen Buchmarkt erreichten.[239] Folgende fiktionale Bearbeitung lassen sich für die Zeit von 1945–1958 nennen[240]:

238 Helbig: *Der ungeheure Verlust*, S. 66.

239 Dornemann macht für die Zeit zwischen 1946 und 1950 ca. 50 Publikationen, für das Jahrzehnt von 1951 bis 1960 130 Veröffentlichungen aus. Diese 130 Veröffentlichungen als 100 % setzend, errechnet er für die Dekade von 1960–1971 einen Abfall auf 81 %, für die Zeit von 1971 bis 1980 einen Wert von 97 %, für die 1980er Jahre schließlich 200 %, für die 1990er Jahre 284 % und für die 2000er Jahre hochgerechnet sogar 354 %. Vgl. Dornemann: *Flucht und Vertreibung aus den ehemaligen deutschen Ostgebieten*, S. VII. In dieser Rechnung unterscheidet Dornemann jedoch nicht zwischen Prosaliteratur und Erlebnisbericht.

240 Die Romanlisten, die jeweils zu Beginn der einzelnen Kapitel präsentiert werden, erheben keinen Anspruch auf Vollständigkeit. Sie sind unter den oben genannten Kriterien zur Beschränkung des Textkorpus entstanden. Zahlreiche weitere Prosatexte (inkl. s. g. »Erzählungen«, Kurzgeschichten, Reiseberichte etc.) listet Dornemann: *Flucht und Vertreibung aus den ehemaligen deutschen Ostgebieten*, S. 316–338. Für die vollständigen bibliographische Angaben der Erstausgaben inklusive Ort und Verlag vgl. die Liste der in dieser Arbeit erwähnten Romantitel im Anhang, S. 342–344.

- Ernst Wiechert: *Missa sine nomine* (1950)
- Ruth Hoffmann: *Die schlesische Barmherzigkeit* (1950)
- Edwin Erich Dwinger: *Wenn die Dämme brechen... Untergang Ostpreußens* (1950)
- Kurt Ihlenfeld: *Wintergewitter* (1951)
- Hanna Stephan: *Engel, Menschen und Dämonen* (1951)
- Werner Klose: *Jenseits der Schleuse* (1953)
- Ruth Storm: *Das vorletzte Gericht* (1953)
- Heinz Werner Huebner: *Floß der Vertriebenen* (1954)
- Hugo Hartung: *Gewiegt von Regen und Wind* (1954)
- Gerhart Pohl: *Fluchtburg* (1955)
- Hans-Ulrich Horster: *Suchkind 321. Die Geschichte einer unerfüllten Liebe* (1955)
- Hans Hellmut Kirst: *Gott schläft in Masuren* (1956)

So muss die bis heute von Literaturwissenschaft und Feuilletons verbreitete Meinung, eine Romanliteratur über Flucht und Vertreibung habe es bis in die jüngste Zeit nicht gegeben,[241] infrage gestellt werden.

Das Thema ›Flucht und Vertreibung‹ war in der Unterhaltungsliteratur der BRD von Beginn an prominent und galt weder als politisch prekär noch als tabu. Vielmehr zeugen die durchaus beachtlichen Auflagezahlen literarischer Werke sowohl vom breiten gesellschaftlichen Interesse als auch von einer ›Salonfähigkeit‹ des Themas zumindest in der unterhaltenden Romanliteratur. Sogenannte Höhenkammautoren haben sich dem Komplex bis 1959 (Grass publiziert *Die Blechtrommel*) nicht angenommen. Allerdings ist dieses Ungleichgewicht zwischen Höhenkammautoren, etwa der *Gruppe 47*, und der breiten Masse von Unterhaltungsromanciers ein generelles Phänomen der bundesdeutschen Literaturlandschaft der 1950er Jahre, das die Literaturgeschichtsschreibung aufgrund mangelnder Auseinandersetzung mit der vorherrschenden Rezeptionskultur oft verfälscht hat.[242] Angehörige der *Gruppe 47* oder Autoren wie Wolfgang Koeppen und Arno Schmid wurden kaum gelesen.[243] Da die heute kanonisierten

241 Vgl. z. B. Theodor Peltser: *Im Krebsgang. Lektüreschlüssel*. Stuttgart: Reclam 2004, oder die in der Einleitung zitierte Aussage Schirrmachers.

242 Günter Hänztschel/Adrian Hummel/Jörg Zedler: *Deutschsprachige Buchkultur der 1950er Jahre. Fiktionale Literatur in Quellen, Analysen und Interpretationen*. Wiesbaden: Harrassowitz 2009, S. 14. Die empirisch fundierte Studie arbeitet sich an an Buchbesprechungen in diversen Organen ab. Besonderes aufschlussreich ist im hier angerissenen Zusammenhang das Kapitel von Günter Häntzschel: »Zeitgenössische Rezeption und spätere Kanonbildung«, in: Ebd., S. 263–287.

243 Vgl. ebd. Sinnfällig wird diese Tatsache bei Willms, die bei der oben angesprochenen sorgfältigen Erhebung der zwischen 1945 und 1970 tatsächlich rezipierten Romane insbe-

Romane nicht zur gängigen Lektüre der breiten Gesellschaft der 1950er Jahre gehörten, können sie in einer diskursanalytischen Literaturbetrachtung zurückgestellt werden. Ein Blick auf die kanonisierte Literatur würde nur einen kleinen Ausschnitt des Diskurses, nämlich den retrospektiv konstruierten Spezialdiskurs einer Elite, erhellen. Daher wende ich mich in den folgenden Textanalysen dezidiert der dominierenden unterhaltenden Literatur zu.

Bis heute hält sich in der literaturwissenschaftlichen Forschung das Vorurteil, bei der frühen Unterhaltungsliteratur zum Thema handele sich um eine »massenhaft verbreitete Literatur niedriger Qualität«[244], die sich nicht um historische Kontextualisierungen bemüht habe. Die Literaturwissenschaftlerin Monika Melchert etwa erkennt in allen Flucht- und Vertreibungsromanen der Frühphase ein »beträchtliches Maß an deutscher Selbstgerechtigkeit«[245] und ein »Ausweichen vor einem eindeutigen Bekenntnis zu den Ursachen und Folgen des Zweiten Weltkriegs und der Verantwortung Deutschlands«[246]. Die frühen Texte hätten das Unrecht und Leid, das Deutschland über andere, insbesondere die osteuropäischen Nachbarvölker gebracht habe, ignoriert.[247] Tatsächlich gipfeln entsprechende Urteile im Extremfall im Vorwurf des Revisionismus oder gar des Revanchismus.[248]

Die Annahme einer revisionistischen Tendenz der Texte verstellt jedoch den Blick für das Wesentliche: Die Lektüre der frühen Werke gibt Aufschluss über die

---

sondere Texte der Unterhaltungsliteratur ermittelt. Vgl. Willms: *Die Suche nach Lösungen*, S. 72–82.

244 Helbig: *Der ungeheure Verlust*, S. 41. Es sind eben diese beiden Annahmen – die Nichtexistenz derartiger Literatur und die miserable Qualität dieser Literatur – denen Helbig in seiner ersten These »Es existiert ein umfangreiches Korpus von teilweise erstrangigen belletristischen Werken aller Genres zum Thema ›Flucht und Vertreibung‹« entgegentritt. Ebd., S. 44.

245 Monika Melchert: »Die Zeitgeschichtsprosa nach 1945 im Kontext der Schuldfrage«, in: Ursula Heukenkamp (Hrsg.): *Deutsche Erinnerung. Berliner Beiträge zur Prosa der Nachkriegsjahre (1945–1960)*. Berlin: Erich Schmidt 2000, S. 101–166, hier S. 154.

246 Ebd.

247 Ebd. Noch 1999 hat sich also Helbigs Annahme nicht durchgesetzt: »Bei bedeutenden wie weniger bedeutenden Autoren der Vertreibung spielen die nicht-deutschen Opfer eine wichtige, oft eine entscheidende Rolle. Diese These richtet sich gegen den schwerwiegenden Vorwurf, in dieser Literatur würden die Leiden anderer Völker und Gruppen – der Polen und Juden, Russen, Ukrainer und anderer – weitgehend ignoriert.« Helbig: *Der ungeheure Verlust*, S. 41.

248 Vgl. Helbigs Hinweis auf Helga Hirsch »Flucht und Vertreibung: neu entdeckt. Suche nach den deutschen Tiefenschichten«, in: *Deutscher Ostdienst* 45/2, 2003, S. 14f. und seine Einwände (S. 105) in: Louis Ferdinand Helbig: »Das Schicksal der Vertreibung und seine literarische Bewältigung in der deutschen Literatur«, in: Eberhard Günter Schulz (Hrsg.): *Schicksal und Bewältigung der Flucht und Vertreibung von Deutschen und Polen*. Hildesheim/Zürich/New York: Georg Olms 2009, S. 103–122. Solche vernichtenden Zuschreibungen erfolgen allerdings retrospektiv und sind damit als Dynamiken des späterhin und heute vorherrschenden Diskurses von Interesse.

Mentalität und das Identitätsverständnis der Deutschen und der Flüchtlinge in den unmittelbaren Nachkriegsjahren. Die frühen Texte fingieren bzw. reproduzieren nicht nur ein noch nicht weit zurückliegendes Ereignis, sondern bieten insbesondere Deutungen der Erfahrung und der Position der Vertriebenen im Diskurs an, die sie gleichsam festigen. Schon in der Frühphase leisten die Texte durch literarische Viktimisierungsstrategien ihren spezifischen Beitrag zu einem deutschen Opferdiskurs, wie das folgende Kapitel nachweist.

2 Literarischer Flucht-und-Vertreibungsdiskurs 1945–1958

Im Sinne der theoretischen Ausführungen handelt es sich bei den zu betrachtenden Texten um Diskursfragmente, in denen sich zeitspezifische Kollektivdispositionen, Argumentationsmuster und Identitätsentwürfe der deutschen Gesellschaft und insbesondere der Erinnerungsgemeinschaft der Flüchtlinge und Vertriebenen artikulieren wie manifestieren. Mit dem Ziel, diese typischen Erzählmuster und Deutungen aufzuzeigen, skizziere ich im Folgenden anhand paradigmatischer Textbeispiele allgemeine Tendenzen des literarischen Flucht-und-Vertreibungsdiskurses der Zeit. Erst so kann ich im Weiteren vorführen, inwiefern Ruth Hoffmanns *Die schlesische Barmherzigkeit* (1950) sich in der Verwendung bestimmter Erzähl- und Deutungsverfahren einerseits in das Textkorpus der ersten Konjunkturphase einschreibt und andererseits von diesen abweicht. Dabei ist selbstverständlich zu berücksichtigen, dass Erzählmechanismen und Themen anderer Romane der 1950er Jahre über die von Hoffmann verfolgten hinausgehen können. Die dominanten Motive und Erzählmuster der frühen Romanliteratur über Flucht und Vertreibung sind:

(1) eine Mythologisierung und Entrationalisierung des historischen Geschehens,
(2) ein Romanpersonal, das sich aus Opferfiguren rekrutiert,
(3) ein missionarischer Appellcharakter,
(4) ein retrospektiver Blick auf die Heimat, sowie
(5) ein Versuch historischer Kontextualisierung.

2.1 Mythologisierung und Entrationalisierung

Das wohl auffälligste Charakteristikum der frühen Romane zum Thema (wie für die gesamte westdeutsche Nachkriegsliteratur[249]) ist die Entrationalisierung des historischen Geschehens, wenn sie es in mythologische oder apokalyptische

249 Zentrale Mechanismen und Deutungsmuster der Nachkriegsliteratur hat u. a. Willms auf-

Zusammenhänge stellen. Indem die Erzählungen den Weltlauf nicht-menschlichen Mächten wie dem Schicksal, der Natur oder Gott zuschreiben, lassen sie den Menschen als Verantwortlichen aus der Geschichte verschwinden.

Diese Tendenz zeigt sich besonders in den vorherrschenden Zeit- und Geschichtsauffassungen der Romane. Typisch für den literarischen Flucht- und Vertreibungsdiskurs der 1950er Jahre sind zyklische oder apokalyptische Geschichtsbilder. Obwohl auch andere Nachkriegstexte diese Geschichtsauffassung proklamieren, scheinen Flucht-und-Vertreibungsromane besonders anfällig für sie zu sein. Über den Verlust einer gesellschaftlichen Ordnung hinaus müssen die Flüchtlinge und Vertriebenen den konkreten Verlust ihres Lebensraumes verarbeiten und zu einem Umgang mit ihrer Erinnerung und der Unumkehrbarkeit dieses Verlusts finden.

Zyklische Modelle gehen von einer immer wiederkehrenden Geschichte aus, von einem Kreislauf, in den der Mensch nicht eingreifen kann. Die Autoren kleiden dieses Geschichtsverständnis häufig in Metaphern und Analogien, etwa in der Rede von einem »Paternosteraufzug des Schicksals«[250]. Während diese Bilder die Wiederholung als zentrales Element von Geschichte starkmachen, steht im Vordergrund apokalyptischer Deutungen die Katastrophe als das Ziel, auf das Geschichte zusteuert.[251] Der Katastrophe wird dabei eine Notwendigkeit und ein Erneuerungspotential zugeschrieben, wodurch erstens das Leid einen Sinn erhält und zweitens die Hoffnung auf eine Bewältigung der Katastrophe genährt wird. Derartige Erklärungsversuche fallen an der Textoberfläche des Romans *Das vorletzte Gericht* (1953) von Ruth Storm besonders auf, etwa:

> Zweitausend Jahre hatten nicht gereicht, um den Menschen das klarzumachen, von neuem mußte wohl das Christentum geboren und durchlitten werden, bis endlich die Menschheit begriff, daß es im Zeichen der Liebe stand. Wenn alles Gegensätzliche seit Jahren entfesselt war, so schien es wohl auch darum zum Aufstieg bestimmt gewesen zu sein, um den verborgenen Samen der Wiedergeburt durch seinen Sturz zu befruchten und wieder zum Blühen zu bringen.[252]

Der Katastrophe geht also nicht nur ein paradiesischer Urzustand voraus, sondern Gewicht erhält sie insbesondere als notwendiges, kathartisches Element:

---

gezeigt, etwa das Dämonische, die Schicksalsgläubigkeit, der Rückgriff auf christliches Gedankengut, Mythisierungen und Ontologisierungen. Vgl. Willms: *Die Suche nach Lösungen*, S. 180f.

250 Karl Heinrich von Neubronner: *Die Unverzagten.* Ulm: Gerhard Hess Verlag 1953, S. 119.

251 Vgl. meinen Beitrag »Zum Verhältnis von Heimatverlust und Neubeginn in frühen Romanen über Flucht und Vertreibung«, in: *Studia Germanica Posnaniensia*, vol. 34: *Narrationen der Übergänge. Geschichten von Anfang und Ende in der deutschsprachigen Literatur vom Ende des 19. bis zum Anfang des 21. Jahrhunderts.* Poznań: Instytut Filologii Germańskiej UAM 2013, S. 85–100.

252 Ruth Storm: *Das vorletzte Gericht.* München: Bergstadtverlag Wilh. Gottl. Korn 1953, S. 90.

Der Verlust wird mit einem Läuterungs- und Erlösungspotential für die gesamte Menschheit aufgeladen.[253] Die apokalyptischen und zyklischen Muster mythologisieren Geschichte damit zu einem anthropologischen Zweck,[254] denn »[d]ie Interpretation von Geschichte als Mythos – oder allgemeiner: als tiefenstrukturell ›sinnvoll‹ geordnet – hilft jene zu ertragen.«[255] Der Glaube an den universellen Sinn der historischen Ereignisse ermöglicht nicht nur eine Erklärung des individuellen Leidens, sondern eröffnet auch die tröstende Vorstellung einer bevorstehenden Erneuerung nach der Katastrophe.[256]

In einen universalen, überzeitlichen und mitunter überräumlichen Zusammenhang ordnen zahlreiche Romane das Vertreibungsgeschehen außerdem durch implementierte, sentenzenhaft geäußerte Allgemeingültigkeiten ein, auffällig etwa Werner Klose in *Jenseits der Schleuse* (1953): »Es tut dem Herzen wohl, ruht es noch einmal in einer warmen Herberge vor den ungewissen Wegen in die Nacht.«[257] oder:

> Erst wenn sich der Mensch mit der Besonnenheit seine Würde, mit der Selbstachtung die Achtung vor dem anderen zurückgewinnt, gelingt ihm ein Neubau seiner Welt und die Heimkehr in den Stand der Gnade.[258]

Auch das von Klose immer wieder angeführte literarische Motiv des *theatrum mundi* dient der Mythologisierung und der Entlastung. Die Konzeption der Welt als Theater macht aus den Figuren gelenkte statt handelnde Akteure, die einer höheren Macht ausgesetzt sind. Es heißt im Roman zum Beispiel: »Ich glaube, wir wissen nun, daß wir für einen Schlussakt aufgespart sind, der nicht mehr über die Schmierenbühne der Tyrannis laufen wird.«[259]

Die reiche Naturmetaphorik der Texte steht ebenfalls im Zeichen der Entrationalisierung und Depolitisierung. Historisches Geschehen transferieren die

---

253 Bernhard Mc Ginn entwirft eine s. g. »apokalyptische Matrix« als Trias von Krise, Gericht und Erlösung. Vgl. Hinweis auf Mc Ginn: *Apocalyptic traditions* bei Alexander K. Nagel: »Ordnung im Chaos – Zur Systematik apokalyptische Deutung«, in: Ders./Bernd U. Schipper/Ansgar Weymann (Hrsg.): *Apokalypse. Zur Soziologie und Geschichte religiöser Krisenrhetorik.* Frankfurt am Main/New York: Campus Verlag 2008, S. 49–72, hier S. 58.

254 An dieser Stelle lässt sich auf die theoretischen Ausführungen der ersten Kapitel erinnern, in denen ich auf die psychologische wie anthropologische Funktion des Erzählens hingewiesen habe.

255 Volker C. Dörr: *Mythomimesis. Mythische Geschichtsbilder in der westdeutschen (Erzähl)-literatur der frühen Nachkriegszeit (1945–1952).* Berlin: Schmidt 2004, S. 25.

256 Vgl. Ebd.

257 Werner Klose: *Jenseits der Schleuse.* Tübingen: Heliopolis Verlag 1953, S. 61. Im Gegensatz zu Hoffmanns Roman entspringen diese Sentenzen nicht der Erzähler-, sondern der Figurenrede.

258 Ebd. S. 34.

259 Ebd., S. 112. Ähnlich etwa S. 150: »Jetzt gilt es nur noch eine Rolle zu behalten, die freilich verschieden aufgefasst werden kann, da niemand den Aktschluß kennt und viele auch ihr Stichwort noch nicht lernten.«

Romane bildhaft in Naturmächte wie Feuer, Sturm, Schnee oder Kälte[260] und heben es aus dem Bereich des Greifbaren in eine externe, in der bildhaften Logik nicht beherrschbare Welt. Diese Tendenz zeigen schon die Titel der Romane *Gewiegt von Regen und Wind* (1954) von Hugo Hartung und *Wie Rauch vor starken Winden* (1958) von Herbert Schmidt-Kaspar. Eine derartige Naturalisierung unternimmt auch Hanna Stephans *Engel, Menschen und Dämonen* (1951). Die fünf Bücher des Romans heißen »Feuer«, »Wolke«, »Schnee«, »Sturm« und »Eis«,[261] erzählt wird aber von vom Menschen verursachten Katastrophen, etwa von einem Luftangriff im Buch »Feuer«. Die Gewalttätigkeiten der Menschen blendet der Text implizit aus, wenn er sie als Naturmächte maskiert.

Die Naturmetaphorik, die eingestreuten sinnspruchgleichen Gemeinplätze sowie die wiederkehrende Rede vom Schicksal in vielen literarischen Werken der Nachkriegsphase fungieren fortwährend als Werkzeuge der Entlastung und Entschuldigung, denn sie deklarieren implizit den Menschen zum Opfer nicht kontrollierbarer Mächte, zum Objekt ohne Verantwortung.

2.2 Romanpersonal

Die Romane der ersten Konjunkturphase führen in der Regel Figuren vor, die dem Schicksal als Opfer ausgeliefert sind. Sie bilden dabei einen Querschnitt durch eine imaginierte deutsche Opfergesellschaft ab, sodass neben Flüchtlingen und Vertriebenen besonders Frauen und Kinder aber auch deutsche Soldaten im Zentrum stehen.

Die frühen Flucht-und-Vertreibungsromane forcieren immer wieder Protagonisten, die sich durch Unschuld und Tugendhaftigkeit auszeichnen, etwa der Waisenknabe Michel Masur in *Engel, Menschen und Dämone* oder die aufrichtige und nicht zu erschütternde Frau Marianne in *Das vorletzte Gericht.* Ebenfalls durch und durch tugendhaft gezeichnet ist die junge Protagonistin in Karl Heinrich von Neubronners *Die Unverzagten* (1953), die nach dem Soldatentod ihres Bräutigams fliehen muss und ihre von Alter und Krankheit gezeichneten schlesischen Schwiegereltern im Westen wieder trifft. Ein Großteil dieser Figuren erleidet bereits vor der Flucht schwere Schicksalsschläge. Das vorgängige Leid potenziert ihren Opferstatus, bei Neubronner etwa dadurch, dass alle vier Söhne

260 Vgl. Katarzyna Śliwińska: »Eine deutsche Odyssee? Figurationen der Irrfahrt in der deutschen Literatur über Flucht und Vertreibung«, in: *Linguae Mundi* 5, Posen 2010, S. 127–150, hier S. 137.

261 Vgl. die Inhaltsübersicht in Hanna Stephan: *Menschen, Engel und Dämonen,* Gütersloh: C. Bertelsmann 1951. Noch im selben Jahr erscheint eine gekürzte Neuauflage des Romans im *Bertelsmann Lesering.* Der Roman stieß so offensichtlich auf reges Interesse und entsprechenden Absatz beim Lesepublikum.

des Paars im Krieg gefallen sind. Tatsächlich treten in zahlreichen frühen Flucht-und-Vertreibungsromanen immer wieder Soldaten auch als Protagonisten auf. Die Romane kreieren ein Bild des treuen, deutschen Soldaten, den sie aber nicht als Täter, sondern als Opfer von Hitlers Machtstreben konstruieren: In *Jenseits der Schleuse* konstituiert sich das Hauptpersonal aus einem Regiment deutscher Soldaten, das in den letzten Kriegstagen die Ostfront halten soll, auch in Werner Huebners *Das Floß der Vertriebenen* (1954) situiert sich die Handlung in einem Soldatenregiment.

Ergänzt werden diese Entlastungsstrategien um eine Dämonisierung der Täter, besonders auffällig in Hannah Stephans Roman *Engel, Menschen und Dämone*, der die Nationalsozialisten nie Nationalsozialisten, sondern ausschließlich Dämonen nennt. Indem die Texte den NS-Faschismus zur Dämonie und seine Akteure zu Dämonen stilisieren, mythologisieren sie das Zeitgeschehen einmal mehr und verschleiern die Täterschaft der Deutschen.

Eine weitere Auffälligkeit im Hinblick auf das Figureninventar in Romanen der Frühphase ist die Präsenz eines Pfarrers. In einem Großteil der Romane tauchen Geistliche auf, die das Vorhandensein des christlichen Gottes als dessen irdische Vertreter geradezu verzweifelt in Erinnerung rufen. Dies geschieht sowohl in Wiecherts *Missa sine nomine* (1950), Stephans *Engel, Menschen und Dämonen,* Ihlenfelds *Wintergewitter* (1951) und Hartungs *Gewiegt von Regen und Wind.* In *Wintergewitter* ist der Protagonist ein Pfarrer aus Berlin, dort ausgebombt, zieht er mit seiner Familie nach Schlesien.

Die Figuren dienen so stets als Projektionsfläche für die Gefühle des deutschen Nachkriegslesers, dem sie nicht nur Identifikations-, sondern insbesondere Entlastungsangebote unterbreiten.[262]

2.3 Zwischen Integration und Mission

Während die Zeit vor dem Heimatverlust in den Romanen breiten Raum einnimmt und auch der Vorgang von Flucht und Vertreibung erzählt wird, sparen die meisten Texte die Ankunft im Westen und damit das Thema der Integration aus. Ernst Wiecherts Roman *Missa Sine Nomine* aus dem Jahr 1950, den die Sekundärliteratur immer wieder den ersten Vertreibungsroman nennt, und der ausschließlich auf die Nachkriegsjahre eingeht,[263] stellt ebenso wie *Die Unver-*

262 Willms zeigt dies eindrücklich an Hans Hellmut Kirsts Protagonisten in seiner *08/15*-Trilogie (vgl. Willms: *Die Suche nach Lösungen*, S. 172f.). Sie kann für ihre erste Phase von 1945–1955 schließen: »Die Entschuldung der Deutschen geschieht in den repräsentativen Texten der ersten Phase vor allem durch das Annehmen der Opferrolle.« Ebd. S. 180.

263 Allerdings spart Wiecherts Text das Erzählen von Flucht bzw. Vertreibung gänzlich aus. Der Roman stellt geradezu einmalig das Leben der Flüchtlinge in ihrer neuen Heimat (die bei

zagten, indem etwa Zweidrittel der Erzählzeit auf die Zeit nach der Flucht entfallen, eine Ausnahme dar. Wenn die Romane der 1950er Jahre einen Blick in die Zukunft wagen und das Weiterleben nach der Ankunft im Westen zur Sprache bringen, werden in der Regel weder Alltagsprobleme noch innenpolitische Herausforderungen erwähnt. Vielmehr münden nun die sinnstiftenden Deutungsbemühungen in einem missionarischen Charakter: Die Romane appellieren an das erinnernde Lebendighalten der verlorenen Heimat und damit an ein Gemeinschaftsgefühl der Flüchtlinge und Vertriebenen.

Hoffmann kreiert zum Beispiel in *Die schlesische Barmherzige* mit Emma eine Hauptfigur, deren Mission es ist, in den Wirren der Welt geradezu gegen die gesamte Menschheit barmherzig zu sein. Andere Romane überhöhen dieses Moment, wenn sie ihre Figuren als Sendboten insbesondere der Vertriebenen inszenieren. So endet Ruth Storms *Das vorletzte Gericht* mit dem Vorsatz der Protagonistin, ihre Erlebnisse aufzuschreiben, um »die Heimat geistig miterhalten [zu] helfen«,[264] und mit anderen Vertriebenen in ein Haus nach Süddeutschland zu ziehen: »Wir müssen uns geistig wach halten, und das kann man nur dort, wo man in gleichgesinnten Menschen ein Echo findet.«[265] Neubronner hebt in *Die Unverzagten* immer wieder die Aufgabe hervor, die die Flüchtlinge im Westen erwarten und die hier im Ackerbau[266] gefunden wird:

> Ich und meine Mitarbeiter wollen uns nicht absondern [...]. Wir wollen vielmehr aufs engste mit allen zusammenwirken [...], dabei kommen unserer landsmannschaftliche Eigenart und Überlieferung bestimmt nicht zu kurz. Wir müssen doch versuchen, aus dem grauenhaften Unglück, das über unser Volk gekommen ist, etwas Fruchtbares zu gestalten, indem wir uns gegenseitig achten und verstehen lernen [...], damit wir so fest zusammenwachsen, daß uns nichts mehr zerspalten kann. Damit dienen wir am besten der alten und der neuen Heimat.[267]

Während Bronner in der Figurenrede den Integrationsgedanken forciert, bleibt das Haupt- und Identifikationspersonal des Romans, das im Westen einen landwirtschaftlichen Betrieb dank des aus Schlesien importierten Wissens um

Wiechert übrigens nicht konkret lokalisiert wird) ins Zentrum. Ernst Wiechert: *Missa sine nomine*. München: Desch 1950. Eine Erklärung für den gewählten erzählten Zeitpunkt mag in Wiecherts Biografie liegen. Der Autor ist zwar gebürtiger Ostpreuße, doch zog er bereits 1930 nach Berlin, später nach Ambach und schließlich nach Wolfratshausen. Eigene Erfahrungen an Flucht und Vertreibung besitzt er so nicht und sein Roman ist weniger als andere Romane zum Thema ein »Erinnerungswerk«.

264 Storm: *Das vorletzte Gericht*, S. 353.

265 Ebd.

266 Hier klingt ein völkisches Element an, das stärker als das Bild des Wacholderbaums in *Die schlesische Barmherzigkeit* (vgl. Kapitel 4.4 »Der Wacholderbaum als Symbol der Entwurzelung und Verpflanzung«, S. 107–110) im Ausgang der Blut-und-Boden-Ideologie zu stehen scheint.

267 von Neubronner: *Die Unverzagten*, S. 128.

den Ackerbau aufbaut, eine eher geschlossene Vertriebenengruppe. Herren über den Hof werden der vertriebene Gutsherr Heinrich Lehmann, der nach dem Tod und mit dem Segen seiner Frau die ebenfalls vertriebene Brigitte zur Frau nimmt. Auch ein schlesisches Verwalterehepaar mit sechs Kindern stellen sie ein. Zwar initiiert Lehmann auf dem Hof vermeintlich ein Integrationsprojekt und appelliert immer wieder an das Zusammenwachsen von Vertriebenen und Ortsansässigen, doch der landsmannschaftliche Gedanke wird, wie auch in *Die schlesische Barmherzigkeit*, weitergetragen.[268]

2.4 Heimatbilder

Die Mehrzahl der frühen Romane zum Thema behandelt also den Zeitraum vor der Flucht oder die Flucht selbst. Im Zentrum steht die verlorene Heimat – die Landschaften, Menschen, Mundarten, Bräuche und die ostdeutsche Kultur –, sodass viele Romane bereits mittels ihrer zeitlichen Komposition immer wieder den kulturellen Reichtum der ostdeutschen Provinzen fokussieren. Vielfach sprechen die Texte diesen auch direkt an; Gerda von Kreis lässt etwa in *Kleewitter Vermächtnis* (1959) einen westpreußischen Onkel seiner süddeutschen Nichte erklären:

> Hier im Osten hat jede Stadt noch ein Gesicht, das ihr der deutsche Ritterorden gegeben hat. Was man den preußischen Geist nennt, das guckt dich hier aus allen Ecken und Winkeln an. […] So, und hier siehst du nun Dom und Schloß und hast den herrlichen Blick über die Weichselniederung. Burg und Turm sind Wahrzeichen der Stadt. Unsere niederdeutsche Backsteingotik wird dir fremd sein, es ist der Baustil unserer norddeutschen Tiefebene, einzigartig in seiner Wucht und Beseeltheit.[269]

Hans Hellmut Kirsts Roman *Gott schläft in Masuren* von 1956 greift ausschließlich auf die Zeit vor 1945 zurück. Kirst geht es allerdings weniger um die idyllische Inszenierung der masurischen Heimat als um die Vorahnung des durch den nationalsozialistischen Wahn verschuldeten Verlusts. Im Klappentext der Auflage des Goldmann Verlags wird der Roman entsprechend als »Nach-

---

268 Ich benutze den Terminus »landsmannschaftlich« hier nicht im heute geläufigen, an entsprechende Organisationen gebundenen Sinn, mit denen er auch zunächst nicht assoziiert war. Es geht auch nicht in Nadlers Sinn um eine »romantisch verstandene Konzeption des Volkscharakters […], [sondern] um historisch und sozial bedingte Prädispositionen, Prägungen der Individuen und Gruppen aus Herkunftsgebieten mit unterschiedlichen geschichtlichen Bedingungen.« Hans Lemberg: »Mentalitätsgeschichtliche Aspekte der Eingliederung der Vertriebenen und Flüchtlinge in Westdeutschland – Ein Diskussionsbeitrag«, in: Rainer Schulze/Doris von der Brelie-Lewien/Helga Grebing (Hrsg.): *Flüchtlinge und Vertriebene in der westdeutschen Nachkriegsgeschichte. Bilanzierung der Forschung und Perspektiven für die künftige Forschungsarbeit.* Hildesheim: Lax 1987, S. 308–310, hier S. 308.

269 Gerda von Kreis: *Kleewitter Vermächtnis*, Heilbronn: Eugen Salzer-Verlag 1959, S. 12 f.

gesang auf Ostpreußen, auf ein Stück Heimat, das in jener Katastrophe versinken sollte, die sich auch in den Ereignissen dieses Romans drohend ankündigt«[270], tituliert.[271] Auch Karl Friedrich Borées, in Königsberg situierter Roman *Ein Abschied* (1951) bricht mit dem Verlassen der Heimat auf einem Flüchtlingsschiff ab. Die Flucht und schließlich die Ankunft im Westen werden nicht erzählt.

Einerseits exponieren diese zeitlichen Kompositionen die Zeit vor Flucht und Vertreibung und pointieren geradezu eine ahistorische ›Heimatzeit‹, andererseits zeigen sie auf, dass die Vergangenheit für die Autoren in den 1950er Jahren noch nicht bewältigt ist und in Gänze erzählt werden kann. Ähnlich argumentiert Helbig mit einem Hinweis auf Baumgarts Begriff der »unerledigten Vergangenheit«. Diese »unerledigte Vergangenheit« konservieren Romane, die als Erinnerungsmedien nicht nur die Heimaterfahrungen, sondern auch die Ursachen für den Verlust bewahren können.[272]

In der Regel erkennen die Romane den Heimatverlust sodann auch als unwiederbringlich an. Eine Ausnahme bleibt Edwin Erich Dwingers deutlich revisionistische Züge tragender Roman *Wenn die Dämme brechen* (1950).

2.5 Deutsche? Russen? Polen? Juden? – Historische Kontextualisierung

Wie die folgende Analyse zu Hoffmanns *Die schlesische Barmherzigkeit* zeigen wird, geht die Autorin auf das Schicksal der Juden geradezu einzigartig ein. Sie schildert die Umsiedlung der Polen, versucht ein differenziertes Bild der einfallenden sowjetischen Soldaten zu zeichnen und lässt schließlich Deutsche als Täter auftreten. Wenn auch kein anderer Roman der Zeit diese Themen in ähnlicher Länge oder Explizitheit bearbeitet, haben anderen Texte diese Komplexe dennoch nicht ignoriert:

Kurt Ihlenfeld greift ebenfalls schon 1951 die Verbrechen der Deutschen auf, indem er schildert, wie deutsche Lageraufseherinnen eine Frauengruppe durch den Schnee treiben und die deutschen Anwohner diesen Zug, der auch aus Jüdinnen besteht, beobachten. »*[A]lles ist zu sehen, alles!*«[273] erklärt der Erzähler

270 Klappentext der Sonderausgabe im Goldmann Verlag von 1977 zu Hans Hellmut Kirst: *Gott schläft in Masuren.* Erstausgabe 1956.

271 Der Roman wurde aufgrund seines Erfolgs von Kirst erweitert und 1967 unter dem Titel *Die Wölfe* neu aufgelegt. In der überarbeiteten Fassung ist der historische Hintergrund breiter angelegt und die letzten Kriegsmonate und somit der Einfall der sowjetischen Truppen werden ausführlicher dargestellt. Vgl. Helbig: *Der ungeheure Verlust*, S. 130f.

272 Vgl. ebd., S. 52.

273 Kurt Ihlenfeld: *Wintergewitter.* Witten/Berlin: Eckart Verlag 1951, S. 224. Hervorhebung im Original.

und lässt keinen Zweifel daran, dass die Deutschen Zeugen und Mitwisser der nationalsozialistischen Verbrechen sind.

Auch bei Borée klingen die historischen Kausalitäten unmissverständlich an. Allerdings ist es nicht ein übergeordneter, auktorialer Erzähler, der Erklärungen liefert, sondern der Protagonist Marian Burger. Aus seiner Perspektive heißt es: »Seit Stalingrad reifte das, was er für seine Person vom ersten Kriegstage an hatte wachsen sehen, das Schicksal dieser Stadt, das Schicksal der Provinz: Dieser Krieg würde von Deutschland mit Ostpreußen bezahlt.«[274] Der Roman geht nicht von einer Lenkung durch das Schicksal aus, und auch die Vorstellung einer sich wiederholenden Geschichte lehnt der Protagonist ab: »Die Geschichte versah sich um drei Jahrtausende, sie war zurückgefallen in abgelegte, barbarische Gebräuche. Burger lächelte: Die Geschichte? – Nein, der Mensch, das liebe deutsche Volk, das jetzt erwachte.«[275]

Es lassen sich also durchaus Textbeispiele finden, die Flucht und Vertreibung historisch kontextualisieren, diese als Folgen der nationalsozialistischen Gräueltaten deuten und schließlich den eingangs zitierten Gedanken Melcherts von einem »Ausweichen vor einem eindeutigen Bekenntnis zu den Ursachen und Folgen des Zweiten Weltkriegs und der Verantwortung Deutschlands« zumindest relativieren.[276]

3 Auswahl des Diskursfragments

3.1 Die Diskursakteurin Ruth Hoffmann

Wenn ich im Folgenden einen einzelnen Roman, Ruth Hoffmanns *Die schlesische Barmherzigkeit*, auf die in ihm eingeschriebenen Erinnerungsbestände und -strategien sowie Deutungs- und Argumentationsmuster untersuche, gilt es zunächst, diese Werkauswahl – besonders auch über die zeitgenössische Rezeption der Autorin – zu legitimieren. Ruth Hoffmann zählt zu den heute vergessenen AutorInnen der Frühphase, die zu Leb- und Wirkzeiten jedoch insbesondere in Berlin, vermehrt unter Schlesiern, aber auch überregional, rezipiert wurde.[277]

274 Karl Friedrich Borée: *Ein Abschied.* Wiesbaden: Verlag Der Greif 1951, S. 11.

275 Ebd., S. 14.

276 Melchert: »Die Zeitgeschichtsprosa nach 1945 im Kontext der Schuldfrage«, S. 154.

277 Rezensionen ihrer Werke druckte mehrheitlich der Berliner *Tagesspiegel*, etwa zu ihrem autobiografischen Text *Die Häuser, in denen ich lebte* in: *Der Tagesspiegel*, 22.02.1970, S. 51, ihrem Roman *Eine Liebende* in: *Der Tagesspiegel*, 13.02.1972 oder zu *Der Wolf und die Trappe* in: *Der Tagesspiegel*, 09.07.1967. Offensichtlich war die Autorin in Berlin bekannt. Doch auch überregionale Zeitungen berichteten etwa zu ihrem Geburtstag, insbesondere aber zu ihrem Tod in kurzen Notizen von der Autorin, z. B. »Ruth Hoffmann 80jährig gestorben«, in: *Schwäbische Zeitung*, 13.05.1974, oder »Ruth Hoffmann gestorben«, in:

Allgemeine literaturwissenschaftliche Handbücher verzeichneten die Autorin bis in die späten 1960er Jahre,[278] zudem erhielt Hoffmann 1967 den *Kulturpreis Schlesien* des Landes Niedersachsen und im selben Jahr den *Eichendorff-Literaturpreis* des *Wagner Kreises*, der Gesellschaft für Literatur und Kunst »Der Osten«.[279] Ferner war sie Mitglied im *PEN-Zentrum BRD*[280]. Dennoch existiert kaum Forschungsliteratur zu der Autorin.[281]

Süddeutsche Zeitung, 13.05.1974, S. 12. Schon 1948 besprach Erich Lichtenstein die Autorin in einer Sammelrezension neben Ernst Sommer und Nelly Sachs: »Jüdische Klage«, in: Kulturbund zur Demokratischen Erneuerung Deutschlands (Hrsg.): *Aufbau: kulturpolitische Monatsschrift* 4, 1948, S. 166–168. Sowohl unmittelbar nach dem Krieg, aber auch noch in den 1970er Jahren wurde die Autorin also überregional rezensiert. Auch für den vor dem Krieg entstandenen Roman *Pauline aus Kreuzburg* lässt sich eine Besprechung finden: Karl Rauch: »Neue Romane« [Sammelbesprechung], in: Walter Weichardt (Hrsg.): *Der Bücherwurm. Eine Monatsschrift für Bücherfreunde* 14/7, 1935/36, S. 34–37. Die genannten Informationen entstammen der leider sehr schmalen Mappe des Marburger Literaturarchivs. Dass die Leserschaft Hoffmanns sich sicherlich auch bzw. vermehrt aus Flüchtlingskreisen rekurriert, lässt sich mit einem Blick in Kultur- und Heimatzeitschriften von Vertriebenengesellschaften feststellen, etwa der Hinweis auf den Roman *Die schlesische Barmherzigkeit* »Auf dem MD Bücherbrett«, in: *Memeler Dampfboot. Die Heimatzeitung der Memelländer*, 102/18, 20.09.1951. Online: http://memel.klavb.lt/MD/MD1951/MD1951_0902.pdf (Stand: 28.02.2014); aber vor allen Dingen immer wieder Rezensionen und eigene Texte in der Zeitschrift des Kulturwerks Schlesien e.V. und seiner Freunde (Hrsg.): *Schlesien. Eine Vierteljahresschrift für Kunst, Wissenschaft und Volkstum*, etwa zu Hoffmanns Tod ein Nachruf von Siegfried Haertel, in: ebd. 19/3, 1974, S. 190f. oder der Bericht von Alois M. Kosler: »Ruth Hoffmann und ihr Werk«, in: ebd. 18/3, 1973, S. 163–170, der auch auf Besprechungen des Romans *Pauline aus Kreuzburg* im Jahr 1935 verweist und dessen Rezeption in Oberschlesien unterstreicht (S. 166).

278 z. B. in Hermann Kunisch (Hrsg.): *Handbuch der deutschen Gegenwartsliteratur*. München: Nymphenburger Verlagshandlung 1965, S. 286.

279 Vgl. Kosler: »Ruth Hoffmann und ihr Werk«, S. 168.

280 Vgl. Eintrag zu Ruth Hoffmann in: Kulturstiftung der deutschen Vertriebenen (Hrsg.): *Ostdeutsches Lesebuch II*, S. 152–157, hier S. 152.

281 Sekundärliteratur über die vielseitige Autorin ist praktisch nicht existent. Neben Einträgen in Autorenlexika der 1950er-70er Jahre sind mir lediglich zwei analysierende Sekundärtexte bekannt: Sabine Geck publizierte 2009 den Artikel »Verdrängung der Vergangenheit in der Kinderliteratur? Die *Poosie*-Bände von Ruth Hoffmann«, in: Marisa Siguan u. a. (Hrsg.): *»Erzählen müssen, um zu überwinden«. Literatura y supervivencia*. Barcelona: Sociedad Goethe en España 2009, S. 443–455, in dem Hoffmanns schlesischer Hintergrund allerdings mit keinem Wort Erwähnung findet. Geck stellt ausschließlich das Schicksal ihrer jüdischen Freunde und Bekannten sowie das US-Exil ihres Bruders, der Deutschland 1938 mit seiner »halbjüdischen« Ehefrau verließ, in den Mittelpunkt. 2007 erschien Ewa Jarosz-Sienkiewicz Beitrag »Breslau in zwei Romanen von Ruth Hoffmann«, in: Maria Katarzyna Lasatowicz (Hrsg.): *Städtische Räume als kulturelle Identitätsstrukturen. Schlesien und andere Vergleichsregionen*. Berlin: trafo verlag 2007, S. 357–372, der der schlesischen Vergangenheit der Autorin Rechnung trägt, doch nimmt Jarosz-Sienkiewicz keinen Bezug auf den vor mir zu untersuchenden Roman. *Jüngeren Datums sind mein Artikel* »Ruth Hoffmanns *Die schlesische Barmherzigkeit* – Ein Heimatroman?«, in: Carme Bescansa/Ilse Nagelschmidt (Hrsg.): *Heimat als Chance und Herausforderung: Repräsentationen der verlorenen Heimat*. Berlin: Frank & Timme 2014, S. 121–138; sowie Monika Mańczyk-Kriegel: »Auf Wanderschaft mit

Hoffmann teilt mit anderen Autoren der Zeit, die Flucht und Vertreibung in ihren Werken thematisieren, ihren ostdeutschen biografischen Hintergrund: 1893 in Breslau geboren, verbrachte sie ihre Kindheit und Jugendzeit in der schlesischen Metropole. Nach dem Besuch der Frauenschule in Weimar kehrte sie nach Breslau zurück und nahm ein Studium der Malerei und Grafik an der dortigen Kunstakademie auf. Auch wenn sie in *Die schlesische Barmherzigkeit* Flucht und Vertreibung aus Schlesien beschreibt, sind diese Romanteile eindeutig imaginiert, lebte sie doch seit 1929 in Berlin. Hier heiratete sie den Juden Dr. Erich Scheye, der 1943 in Auschwitz ermordet wurde. Tatsächlich sind das Schicksal ihres jüdischen Ehemanns und der Verlust Schlesiens Kernthemen ihrer Werke – eine thematische Verschränkung, die der Roman *Die schlesische Barmherzigkeit* besonders reflektiert und die ihn in der Tat zu einem Sonderfall des Phasenkorpus erhebt.[282] Mit der expliziten Aufnahme deutscher Täterschaft im Nachkriegsroman steht, wie zu zeigen sein wird, Ruth Hoffmann zwar nicht alleine dar, doch tatsächlich stellen die deutlichen Hinweise auf den Holocaust im Phasenkorpus eher die Ausnahme dar.

Entsprechend bedeutsam ist der Text für die vorliegende Untersuchung. Einerseits benutzt er, so wird zu zeigen sein, zahlreiche typische Erzählverfahren und Motive der Romanproduktion über Flucht und Vertreibung der 1950er Jahre (und in einem größeren Zusammenhang der gesamten Populärliteratur der Nachkriegszeit), andererseits führt er zu diesem Diskurs einen anderen Diskurs parallel: den um den Holocaust. Diese explizite Beschäftigung mit den NS-Verbrechen steht den gesellschaftlichen Tendenzen der Zeit entgegen, in der zum einen die Täter aus dem Blickfeld gerieten und zum anderen der organisierte Massenmord an den europäischen Juden aus der öffentlichen Wahrnehmung verbannt wurde; vielmehr »standen in Bonn vom ersten Tag an die Zeichen auf Amnestie und Integration«.[283] Das Schicksal der Juden und das Schicksal der

der Erinnerung«. Familiengedächtnis, Gender und Heimat bei Juliana Karwath und Ruth Hoffmann«, in: Bescansa/Nagelschmidt (Hrsg.): *Heimat als Chance und Herausforderung.* S. 139–154. Beide Beiträge können aber nicht darüber hinwegtäuschen, dass Ruth Hoffmann in Vergessenheit geraten ist. Ihr Roman *Die schlesische Barmherzigkeit,* dem Franz Lennartz in seinem Autorenlexikon *Deutsche Dichter und Schriftsteller unserer Zeit.* Stuttgart: Alfred Kröner 1963, bescheinigt, Hoffmanns Hauptwerk zu sein, harrt noch immer seiner literaturwissenschaftlichen Würdigung.

282 Hoffmanns literarisches Werk ist eindeutig von ihrem eigenen Leben geprägt, das sich heute fast ausschließlich aus ihren autobiografischen und fiktionalen Texten rekonstruieren lässt. Vgl. zu Ruth Hoffmanns Biografie i. b. ihren autobiografischen Erinnerungstext *Die Häuser, in denen ich lebte.* Stuttgart: Steinkopf 1970; weiterhin den Eintrag in Lennartz: *Deutsche Dichter und Schriftsteller unserer Zeit*; Kulturstiftung der Vertriebenen (Hrsg.): *Ostdeutsches Lesebuch,* S. 152–157 sowie Kosler: »Ruth Hoffmann und ihr Werk«.

283 Norbert Frei: *1945 und wir. Das Dritte Reich im Bewußtsein der Deutschen.* München: Verlag C.H. Beck 2005, S. 30. Für weitere Arbeiten zum Verschweigen der nationalsozialistischen Verbrechen und zum Stillstand der Vergangenheitsaufarbeitung in den 1950er Jahren vgl.

vertriebenen Deutschen stehen im Roman eigentümlich beieinander und machen den Text insbesondere für meine Frage nach Opfer- uns Täteridentitäten daher zu einem einzigartigen Untersuchungsgegenstand. Wenn ich den Roman damit nicht als repräsentativen Text dieser Phase untersuchen kann, so ist er aber für eine Diskursanalyse besonders aussagekräftig: Gerade an einem einerseits typischen und andererseits von der Masse abweichenden Text lässt sich das Spannungsverhältnis unterschiedlicher - vorherrschender und unterdrückter - und doch verwandter Diskurse erforschen.

Wie andere AutorInnen, die in den 1950er Jahren zum Thema publizierten, schrieb auch Hoffmann bereits vor der Machtergreifung der Nationalsozialisten.[284] 1935 erschien ihr erstes umfassendes Werk *Pauline aus Kreuzburg.* Die Chronik einer schlesischen Familie[285] weist die Beschäftigung mit diesem Kultur- und Lebensraum schon früh als Kernthema des Hoffmann'schen Werkes aus. Während die Autorin von 1936 bis 1945 aufgrund ihrer »Mischehe« unter Publikationsverbot stand, erschienen ihre Romane, an denen sie vermutlich während des Krieges arbeitete,[286] ab 1947 in rascher Folge. Von 1949 an stand Hoffmann beim Kölner Verlag Witsch unter Vertrag, bei dem nach dreijähriger Arbeit am Text *Die schlesische Barmherzigkeit* mit einer Auflage von 5000 Titeln erschien.[287] Es folgte nachweislich eine zweite Ausgabe im Jahr 1953, dieses Mal in

die übersichtliche Zusammenfassung zu soziologischen, politologischen und geschichtswissenschaftlichen Reflexionen in Willms: *Die Suche nach Lösungen*, S. 30–32.

284 Dieses Phänomen, die Kontinuität zwischen Literatur der Weimarer Republik und der der Nachkriegszeit hat die literaturhistorische Forschung immer wieder zurecht hervorgehoben und damit die Rede von einer »Stunde Null« infrage gestellt. So benennt Ralf Schnell das um die Entstehung der Nachkriegskriegsliteratur kreisende Kapitel seiner *Geschichte der deutschsprachigen Literatur seit 1945.* Stuttgart/Weimar: J.B. Metzler ^{2}2003, S. 61–71: »1945 – ›Nullpunkt‹, Umbruch oder Kontinuität?«. Auch Josef Raab stellt heraus, dass Leben und Kultur der unmittelbaren Nachkriegszeit von einer Vermengung aus Kontinuität und Neuanfang gekennzeichnet gewesen seien. Er hebt sogar die bewusste Suche der Kunstschaffenden nach einer Verbindung »früher Traditionen mit neuen Techniken« hervor. Josef Raab (Hrsg.): *Das 20. Jahrhundert, Nachkriegszeit.* Regensburg: Pustet Verlag 1998. Auch soll hier keineswegs der Eindruck entstehen, die Konjunkturen der Literatur über Flucht und Vertreibung hätten sich völlig losgelöst von der gesamten bundesdeutschen Literatur entwickelt. Vielmehr gehen die Texte zum Thema besonders in der populären zeitgenössischen Literatur auf und sind nicht unabhängig von dieser zu verstehen.

285 Auch dieser Roman ist deutlich autobiografisch geprägt. Vgl. Mańczyk-Kriegel: »Auf Wanderschaft mit der Erinnerung«.

286 Vgl. Wolfgang Hartmann: »Ruth Hoffmann – Autorin großer Familien- und Schicksalsromane«, in: *Schlesischer Kulturspiegel* 43, 2008, S. 44. Hartmann erklärt, dass Hoffmann die Romane *Franziska Lauterbach* und *Der verlorene Schuh* zwischen 1943 und 1949 verfasst habe.

287 Ursprünglich hatte Witsch der Autorin eine 10000er Auflage zugesagt, auch wenn er sich gegen diese Exemplarzahl durchaus sträubte. Hoffmann und Witsch befanden sich in einem teils aufreibenden Briefwechsel, der von Fragen, gar Streitereien, zu Titel, Honorar, aber auch inhaltlichen und stilistischen Details geprägt war. Zwischenzeitlich stand sogar eine

der *Büchergilde Gutenberg* in Frankfurt am Main[288], sowie eine Neuauflage nach dem Tod der Autorin.[289]

Aus ihren skizzierten Lebensbedingungen und ihrem eigenen zweifachen Opferstatus resultiert Hoffmanns besondere Position im literarischen Flucht-und-Vertreibungsdiskurs. In ihren Romanen und späteren Veröffentlichungen identifiziert sie sich einerseits mit dem Schicksal der Flüchtlinge und Vertriebenen, andererseits mit dem Leid der Juden. Dabei hat Hoffmann Flucht und Vertreibung nicht erlebt. Die Bilder, die sie in *Die schlesische Barmherzigkeit* für die Vorgänge heraufbeschwört und die sie schließlich mitprägt, entstammen nicht, wie bei vielen andere zeitgenössischen AutorInnen, ihrer eigenen Erfahrung. Augenscheinlich hat sie aus den Erlebnissen anderer Personen geschöpft, möglicherweise Lebensberichte gehört oder gelesen, sodass sie hier nicht Erinnerungen, sondern bereits zu Klischees geronnene Bilder reproduziert. Auch mit den jüdischen Opfern identifiziert sie sich aus ihrer eigenen Lebensgeschichte heraus. Ihre eigentümliche literarisierte Engführung des Flucht-und-Vertreibungsgeschehen mit dem Holocaust stellt auch ein frühes Beispiel einer Legitimationssuche dar und wirft die Frage danach auf, wer über Opfererfahrungen schreiben darf und wie unterschiedliche Opfererfahrungen nebeneinander thematisiert werden können. Darüber hinaus ist zu diskutieren, ob das große Identifikationsbedürfnis der Autorin, ihre Sehnsucht, Teil einer Erinnerungs- und sogar Opfergemeinschaft zu sein, Ausdruck eines gesamtgesellschaftlichen, kollektiven Bedürfnisses ist.

Trägt man solche Fragen an den Roman heran, zeigt sich umgehend, dass man Hoffmanns Werk nicht gerecht wird, wenn man die Autorin als naive, volkstümliche und frauliche Erzählerin charakterisiert.[290] Auch wenn sie ihre Romane überwiegend aus weiblicher Perspektive gestaltet, ihr Stil heute pathetisch anmuten mag und sie Alltagshandlungen wie das Sticken, Baden oder Einkaufen malerisch, naiv und verklärend inszeniert, verkennt eine Bezeichnung als volkstümliche Erzählerin[291] nicht nur ihren Stil, sondern ist auch weder der inhaltlichen Ausrichtung ihres Werkes noch ihrer Position im Diskurs angemessen.

Vertragslösung im Raum. Vgl. Birgit Boge: *Die Anfänge von Kiepenheuer und Witsch. Joseph Caspar Witsch und die Etablierung des Verlags (1948–1959).* Wiesbaden: Harrassowitz 2009, S. 70.

288 Die Büchergilde Gutenberg ist die älteste Buchgemeinschaft im deutschsprachigen Raum, die es sich 1924 als gewerkschaftliche Gemeinschaft zum Ziel machte, Arbeitern den Weg zur Literatur zu erleichtern. Nach entbehrungsreichen und schwierigen Jahren während der Nazi-Diktatur florierte das Geschäft in der Nachkriegszeit. Vgl. die Internetpräsenz unter https://www.buechergilde.de/geschichte.html (Stand: 28.04.2014).

289 Vgl. http://kulturportal-west-ost.eu/biographies/hoffmann-ruth-2 (Stand: 19.05.2014).

290 Das betont auch Geck: »Verdrängung der Vergangenheit in der Kinderliteratur?«, S. 444.

291 Vgl. Eintrag in Lennartz: *Deutsche Dichter und Schriftsteller unserer Zeit*, S. 316.

In diesem ist sie einerseits durch einschlägige Kulturzeitschriften (gewollt oder ungewollt) vereinnahmt worden,[292] anderseits hat sie mit der parallelen Behandlung von Holocaust und Vertreibung geradezu einmalig schon früh die Frage aufgeworfen, ob deutschen und jüdischen Opfern in einem Zusammenhang gedacht werden darf. Die Frage nach der Möglichkeit des Komemorierens und der Opferkonkurrenz scheint somit schon in den 1950er Jahren im Diskurs angelegt. Bedenkt man, dass Hoffmann heute einen gänzlich in Vergessenheit geratene Autorin ist, kann geschlossen werden, dass diese schon früh vorhandenen Strukturen des Diskurses später vergessen, verdrängt oder überschrieben worden sind.[293]

Bevor ich in diesem Kapitel auf die im Roman vorherrschenden Motive und Erzählstrukturen eingehe, die ich schließlich als diskursive Topoi im Hinblick auf die ihnen eingeschriebenen Deutungsmuster und damit auch auf Viktimisierungsstrategien untersuche, sei hier vorab der Inhalt des Romans zusammengefasst.

3.2 Der Roman *Die schlesische Barmherzigkeit* (1950)

In *Die schlesische Barmherzigkeit* erzählt Ruth Hoffmann das Leben der aus ärmlichen Verhältnissen stammenden, aufrichtigen, fleißigen Schlesierin Emma Mühlen. Sie wächst mit sechs jüngeren Schwestern in einem kleinen Dorf in der Nähe eines Nebenflusses der Oder auf. Nach einer entbehrungsreichen Anstellung als Hausmädchen in einem Nachbardorf wird sie als 15-Jährige von Frau Hildebrandt nach Breslau gerufen. Hier ist sie für das Haus der Familie sowie für die beiden Kinder Suse und Hans verantwortlich. Das Verhältnis zwischen Emma und der Familie ist herzlich, sie verreist mit ihnen sogar in den Ferien. Insbesondere zum kleinen Hans unterhält sie eine innige Verbindung. Als Emma nach einem langen Krankenhausaufenthalt und einer Kur bei der Familie nicht mehr richtig Fuß fassen kann, wird sie in einem Dorf als Wirtschafterin auf einem Hof tätig. Sie bleibt mit Hildebrandts herzlich verbunden. In dem Dorf lernt sie den bereits zweimal verwitweten Richard Balsam kennen, der Vater einer kleinen Tochter namens Hedwig ist. Sie heiraten, und Emma nimmt sich der Halbwaisen als Mutter an. Ihre innige Liebe erfährt ein tragisches Ende, als der an starkem Husten leidende Richard plötzlich an einem Blutsturz stirbt. Um ihrem Kind einen Vater zu bieten, heiratet Emma nun den Tischlermeister Emil Zöllner. Die

292 So publiziert das »Organ des Kulturwerks Schlesien e.V. und seiner Freunde« *Schlesien – eine Vierteljahresschrift für Kunst, Wissenschaft und Volkstum* bis zu ihrem Tod in den 1970er Jahren immer wieder Artikel von und zu Hoffmann.

293 Solche zeitübergreifenden Relationen und Konjunkturen werde ich im Abschlusskapitel detailliert aufzeigen.

Ehe verläuft unglücklich, voller Streit und Gewalttätigkeiten. Auch der zweite Ehemann stirbt. Später stellt sich sein Tod als Suizid heraus.

Inzwischen ist der Krieg ausgebrochen. Emmas Schwiegersohn, mit dem die Tochter Hedwig zwei Kinder bekommt, wird kurz nach der Hochzeit einberufen. Den Brief, der wenig später seinen Feldtod bescheinigt, enthält Emma ihrer Tochter vor. Als der Krieg aus ist, werden in dem Dorf Polen angesiedelt. Die Deutschen müssen weiße Armbinden tragen und werden schließlich ausgewiesen. Auch Emma macht sich mit der Tochter und den Enkeln auf den Weg in den Westen. Hier kommen sie nach mehreren Zwischenstationen in einem Lager in der Nähe Berlins in der Ostzone unter. Nachdem Hedwig den Brief mit der Todesnachricht ihres Mannes doch in Emmas Tasche findet, ertränkt sie sich. Emma bleibt mit den Kindern allein zurück. Eines Tages taucht im Lager der tot geglaubte Schwiegersohn auf, der sich inzwischen in eine Krankenschwester verliebt hat. Er nimmt die beiden Kinder mit nach Berlin. Emma, auf sich allein gestellt, begibt sich in die Hauptstadt, um ihre Enkel noch einmal zu sehen. Das Treffen kommt nicht zustande. Als alte Frau irrt sie hungrig und verzweifelt durch die Stadt. Wie durch ein Wunder steht sie plötzlich vor Hans Hildebrandts Haus, in dem er inzwischen als Arzt lebt. Hans bittet Emma, seine Hauswirtschafterin zu werden, und beide fühlen sich in der wiedergefundenen Gemeinschaft endlich geborgen und zu Hause.

4 Textanalyse

4.1 Identifikationsangebote und Imagination einer Opfergemeinschaft

Wie eingangs betont impliziert die Annahme, dass ›Opfer‹ eine diskursiv konstruierte Kategorie ist, die Frage, zu welchem Zweck jemand sich selbst oder andere zum Opfer stilisiert. Ich gehe davon aus, dass es sich bei ›Opfer‹ nicht um eine nüchterne, sondern vielmehr um eine emotionale Kategorie handelt, die »Ansprüchen auf materielle wie symbolische Kompensation für einen (wirklichen, vermeintlich oder vorgeblich) erlittenen Schaden« legitimieren soll.[294] Tatsächlich kann die Opfer-Kategorie zur »Täter-Opfer-Umkehr«[295] gereichen und somit auch Schuld in Unschuld transformieren, denn »[w]er selber Opfer ist

294 Gerhard Bolz: »Opfer/Täter-Diskurse. Zur Problematik des ›Opfer‹-Begriffs«, in: Gertraud Diendorfer u. a. (Hrsg.): *Zeitgeschichte im Wandel*. Innsbruck/Wien: Studien Verlag 1997, S. 223–236, hier S. 232. Online: http://www.demokratiezentrum.org/fileadmin/media/pdf/botz.pdf (Stand: 29.04.2014).

295 Ebd., S. 232f.

oder sich mit Opfern identifiziert, kann offenbar keine Schuld haben.«[296] Die Stilisierung zum Opfer dient so insbesondere auch der Entlastung. Entsprechende Viktimisierungsmechanismen herrschten in der deutschen Gesellschaft und in der Flucht-und-Vertreibungsliteratur der 1950er Jahre vor.

Mit Blick auf den literarischen Diskurs dieser Phase interessiert mich daher zunächst, welche Identifikationsangebote ein Text offeriert. Diese manifestieren sich insbesondere in den Romanfiguren, die dem Leser als Sympathieträger angeboten werden. Die folgenden Ausführungen zeigen, dass sich die Erfahrungen und das Verständnis des zeitgenössischen Lesers zunächst an die Hauptfiguren Emma, Hans und Suse knüpfen sollen, die Hoffmann gleichzeitig als Sympathieträger und Opferfiguren gestaltet. Darüber hinaus ist es der Erzähler, mit dem sich der zeitgenössische Leser identifizieren soll und der die Imagination einer deutschen Opfergemeinschaft befördert.

4.1.1 Die Protagonistin

Die Gestaltung der Hauptfigur Emma Mühlen provoziert neben der Einfühlung und Identifikation des Lesers immer wieder Mitleid. Als eine überaus gut gezeichnete, vom Schicksal gebeutelte Frau erinnert sie an eine antike tragische Heldin. Die ihr dabei zugeschriebenen Eigenschaften einer Opferfigur bewirken nicht nur ein Einfühlen in die Figur, sondern befördern auch die Imagination einer Opfergemeinschaft. Wie die Nähe zwischen Emma und Leser zu diesem Zweck immer wieder erzählerisch hergestellt wird, soll im Folgenden im Mittelpunkt stehen.

Hoffmann verfolgt dieses Ziel wenig subtil. Vielmehr wird Emma von Anfang an als sittlich erhaben vorgestellt. Statt vom Leser eine Einschätzung ihrer Persönlichkeit durch die Deutung ihres äußeren Erscheinungsbildes, ihrer Handlungen und Äußerungen zu verlangen, macht der Text Emmas wichtigste Charaktereigenschaft von Beginn an explizit – ihre Barmherzigkeit: »[...] – wußte Frau Hildebrandt, daß Emma Mühlen, ihr neues Mädchen, zur irdischen Sendbotin der Barmherzigkeit bestellt war? Sie wußte es nicht und Emma wußte es nicht [...].«[297] Durch die explizite Charakterisierung der Figur als sittlich gut wird

296 Paris: »Ohnmacht als Pression. Über Opferrhetorik«. Online: http://www.dijg.de/kritik-zeitgeist/rainer-paris-ohnmacht-pression/ (Stand: 28.04.2014).

297 Ruth Hoffmann: *Die schlesische Barmherzigkeit.* Frankfurt am Main: Büchergilde Gutenberg 1953, S. 37. Die Erstausgabe erschien 1950 beim Kölner Verlag Witsch. Im Folgenden werden Zitate aus dem Roman mit der Sigle SB im Text belegt. Der Zitation liegt die Ausgabe der Büchergilde von 1953 zugrunde.

der Leser in seinem Werturteil über Emma unmittelbar gelenkt.[298] Andere Eigenschaften als Emmas Barmherzigkeit interessieren kaum: Sie nimmt die Tochter ihres ersten Ehemannes liebevoll als Ziehtochter an, sie pflegt während eines Sommers eine ehemalige Bettnachbarin aus dem Spital, schickt Geld an die Eltern, schenkt Milch an die Dorfbewohner aus, arbeitet schließlich fleißig für die russischen Besatzer, kümmert sich noch im Alter um Hans und Suse und nicht zuletzt um die jüdischen Bewohner des Dorfes.

Wenn ihre barmherzigen Handlungen gebetsmühlenartig hervorgehoben werden,[299] erscheinen die Schicksalsschläge, die ihr widerfahren, umso unverdienter. Als ihr geliebter erster Ehemann, der den sprechenden Namen Richard Balsam trägt,[300] stirbt, bleibt sie »wehrlos, [als] das ärmste Weib auf Erden« zurück. (SB 183) Der Superlativ »ärmstes Weib« unterstreicht Emmas Rolle als Opfer eines ungerechten Schicksals besonders. Dass ausgerechnet diese treusorgende, stets barmherzige Frau leiden muss, erzeugt Mitleid beim Leser, denn Mitleid wird insbesondere mit einem »unverdient Leidenden« empfunden.[301] Der Roman stellt Emma als ausgeliefert und absolut wehrlos dar, als schuldloses Opfer, das nichts tut oder getan hat, was sein Leiden legitimieren könnte.

Dieser im Text vorherrschende Ungerechtigkeitstopos lässt sich als eine erste Viktimisierungsstrategie identifizieren, die typisch für die Opferrhetorik der 1950er Jahre ist. Er kristallisiert sich zunächst im privaten Erleben der Hauptfigur Emma heraus, wird aber schließlich mit dem politischen Geschehen in Verbindung gebracht. Nach dem Tod von Emmas zweiten Ehemann Erich Zöllner, den sie heiratet, um ihrer Ziehtochter einen Vater zu bieten, fühlt sie sich befreit. Erich Zöllner (wiederum ist der Name sprechend) war ein rüder, gewalttätiger Mann, den Emma nicht geliebt hat. Dieses private Erleben parallelisiert der Text in einem Chiasmus mit den politischen Ereignissen:

> Manchmal bedachte sie sich, daß ihre Ruhe im Widerspruch stünde zum Weltgeschehen. Während früher Länder und Menschheit unter dem Flügel des Friedens geborgen waren, hatte bei ihr der Krieg geherrscht […]. Dann wurde aus dem falschen Frieden drinnen der falsche Frieden draußen und bereitete sich, während bei ihr Stille eingezogen war, auf den falschesten der Kriege vor. (SB 207)

Die Parallelisierung des Gemütszustands und der Weltlage deutet die auf die Besatzung der Russen folgende Ausweisung als ungerechtes Schicksal. Emma

298 Zu Übermittlungsarten von Figureninformation (etwa: explizit/implizit; figural/auktorial) vgl. Fotis Jannidis: *Figur und Person. Beitrag zu einer historischen Narratologie.* Berlin: De Gruyter 2004, S. 198–207.

299 Jannidis schlägt für die Untersuchung des Figurenaufbaus die Häufigkeit der Nennung bestimmter Informationen als ein Analysekriterium vor. Vgl. ebd., S. 220.

300 Auf die Namenssymbolik geht der Text dezidiert ein: SB 196.

301 Aristoteles: *Über die Dichtkunst.* Übersetzt von Alfred Gudemann. Leipzig: Felix Meiner 1921, S. 24.

erhält sich dennoch ihre Tapferkeit und Barmherzigkeit und wird so zum Prototypen der deutschen Nachkriegsfrau.[302] Damit sich die zeitgenössische Leserin in der Figur wiederfinden kann, muss Emma ein mittlerer Charakter bleiben, der bei aller Tugend und Moral in seiner Unvollkommenheit dem Leser zur Identifikation dient. Emma ist zwar im Privaten die Samariterin, zur öffentlichen Heldin und moralisch unbelasteten Widerstandskämpferin wird sie jedoch nicht. Konsequent greift auch Emma nicht ein, als die Synagoge im Dorf brennt:

> Emma sah! Wieviele sahen noch, und keiner erblindete, und keiner schrie in Empörung keiner, ach, keiner half, weil Lebenstrieb ungeheuerlich ist, selbst wenn ein Sündenfall schauerlichsten Ausmaßes sich vor den Augen aller zuträgt. (SB 216)

Der hier eingebrachte Überlebenstrieb rechtfertigt Emmas Passivität ein weiteres Mal: Obwohl sie von Auschwitz und den nationalsozialistischen Verbrechen an Juden und Polen weiß, engagiert sie sich nicht im Widerstand. Wenn eine Nachbarin Emma von ihrem Schwager erzählt, wird deutlich, was die Bevölkerung gewusst haben muss: »Er macht Spritzen für die Juden zurecht, flüsterte die Frau, für die Polen, für alle armen Seelen, die als Rauch zum Himmel fliegen. Krankwerden bedeutet: ausgelöscht zu werden.«[303] (SB 217) Hoffmann prangert also durchaus offen an, dass es während des Dritten Reiches Menschen gab, die vom Holocaust wussten. Es ergeht damit aber keine Anklage gegen die Protagonistin Emma, die ihr Wissen nicht im öffentlichen Widerstand einsetzt. Vielmehr werden Emmas kleine Hilfen – sie sendet Nahrung in das Lager – als barmherzige Taten hervorgehoben und erneut mit dem menschlichen Überlebenstrieb gerechtfertigt: »Euch müßte man ausrotten, nicht die Juden, wütete sie lautlos. Denn laut zu wüten hätte Haupt auf dem Block bedeutet, und Emma wollte überleben – unter allen Umständen.« (SB 217)

Einmal mehr zielt der Text auf die Ähnlichkeit der Figur mit dem zeitgenössischen Leser. Wie zahlreiche andere Nachkriegsromane offeriert *Die schlesische Barmherzigkeit* dem Leser eine entlastende Opferrolle, indem er Verständnis für das Mitläufertum in der NS-Zeit aufbringt. So animiert der Roman den Leser zwar einerseits dazu, das eigene Erleben und Handeln in der Vergangenheit zu erinnern, andererseits entlastet er[304]: Trotz unterlassener Hilfe gilt Emma als

302 Sie repräsentiert das typische Frauenbild der Zeit, wie es etwa im Trümmerfilm zirkulierte. Emma steht damit auch bereits in der Tradition des Wiederaufbaus. Eine Untersuchung des Romans unter dieser Gender-Perspektive wäre sicher aufschlussreich, führte hier aber zu weit.

303 Die Formulierung erinnert an das berühmte Gedicht der jüdischen Lyrikerin Nelly Sachs *Dein Leib im Rauch durch die Luft.*

304 Willms gibt an, dass die Leser der 1950er Jahre durchaus an einer Beschäftigung mit ihrer Vergangenheit interessiert waren, jedoch nur bis zu einer bestimmten Grenze – »nämlich derjenigen, die zwischen dem eigenen Erfahrungsbereich und den globalen Zusammenhängen liegt«. Willms: *Die Suche nach Lösungen*, S. 158.

sittlich integer. Resultat solcher Doppelmoral für den Rezipienten ist eine »Schein-Verarbeitung«[305] der Vergangenheit: Zwar beschäftigt er sich vordergründig mit der Vergangenheit, fühlt sich aber durch die Identifikation mit den Opfern implizit von jeglicher historischen Verantwortung freigesprochen.

4.1.2 Weitere Sympathieträger und Opfertypen

Neben Emma repräsentieren die beiden zentralen Sympathieträger Hans und Suse Hildebrandt Opfertypen. Hans ist kriegsversehrt, »fertig, einfach fertig. [...] [Ein] Krüppel, dem nicht einmal die Prothese richtig sitzt« (SB 314), und Suse ist Witwe eines im KZ ermordeten Juden[306]. Beide werden stets durch die liebevollen, fast mütterlichen Augen ihres ehemaligen Kindermädchens Emma präsentiert. Durch die Engführung von Emma und Hans erreicht der Roman die Identifikation Emmas und des Lesers mit den als Opfer gezeichneten deutschen Soldaten; durch die Engführung von Emma und Suse die Identifikation Emmas und des Lesers mit den Opfern des Holocaust. Die Unterschiede der verschiedenen Leiderfahrungen dieser Opfertypen werden nicht betont. Damit partizipiert der Roman an der Imagination einer einzigen großen deutschen Opfergemeinschaft.

Wiederum potenziert die Güte der Figuren deren Opferstatus. Hans Hildebrandt ist wie Emma als barmherzige Figur konzipiert. Der Text hebt seine Tätigkeit als Arzt im zerstörten Berlin der Nachkriegszeit hervor und zeichnet ihn als für die Nachkriegsbevölkerung unverzichtbaren Menschen, der seinen eigenen Schmerz für andere unterdrückt:

> [...] Hans [...] lag im Dunklen [...] und gab sich Mühe, Überanstrengung, zitternde Nerven bohrende Schmerzen im wunden Stumpf zu überwinden, um des Quartettnachmittags willen, der eine Cäsur der reinen Freude in seinen täglichen Umgang mit dem Elend machte, dem er helfen mußte und helfen wollte mit seinen Mitteln, die nicht gering waren. Zu der erlenten ärztlichen Kunst kam, oder es stand vielmehr an erster Stelle die Gabe, [...] nicht nur den krüppelhaften Leibern [...] zu helfen, sondern auch der armen, lahmen Seele. (SB 314)

Hans wird nicht nur als Zuhörer und altruistischer Seelsorger vorgestellt, sondern auch als Kriegsopfer. Er taucht nicht als Krieger, sondern als Kriegsversehrter auf, der ein Bein auf dem Schlachtfeld verloren hat. Hier partizipiert der

305 Ebd., S. 156.

306 Offensichtlich ist Suse Lowenstein zumindest in Teilen einer Freundin Hoffmanns nachempfunden, die die Autorin in ihrem autobiografischen Bericht *Meine Freunde aus Davids Geschlecht*. Berlin: Chronos Verlag 1947 »Die Suse von der Klosterstraße« (S. 33) nennt. Diese Adresse gibt der Roman auch für das Haus der Familie Hildebrandt an. Die reale jüdische Suse (Preuß) starb vor ihrem Gatten, der 1944 im KZ umkam (S. 41f.). Die Geschichte der fiktiven Suse erinnert eher an Hoffmanns eigene Geschichte.

Text nicht nur an einem mythischen soldatischen Opfernarrativ,[307] sondern illustriert auch den nach dem Zweiten Weltkrieg einsetzenden »Übergang vom *sacrifice* zum *victime*«[308]. Während in der NS-Zeit, wie spätestens seit 1918, der Opferbegriff im märtyrerischen Sinne gebraucht wurde und soldatische Opferbereitschaft geradezu synonym für Heldentum war, wandelte sich 1945 dieses Bild »vom heroischen zum leidenden Opfer«[309]. Die Nachkriegsdeutschen begannen, sich selbst als Opfer, – als Opfer des Kriegs und als verführte Opfer der Nationalsozialisten – zu inszenieren.

Auch Hans Schwester Suse hat den Krieg überlebt, jedoch ist ihr jüdischer Ehemann im Konzentrationslager ermordet worden. Sie selbst hat, als sie von seinem Tod erfuhr, mit dem Suizid gerungen (SB 232). Obwohl Suse also als Witwe eines im KZ ermordeten Juden unmissverständlich Opfer ist, nimmt ihr Leid im Roman den geringsten Platz ein. Opfer wie Hans oder Emma, die den deutschen Leser nicht zu sehr an den Holocaust erinnern und ihm zur Identifikation und Entlastung dienen, erhalten mehr Raum. Dieses Konkurrenzverhältnis von NS-Verfolgten und anderen Opfergruppen kennzeichnete die deutsche Nachkriegsgesellschaft in besonderem Maß:

> In the 1950s, when most West Germans spoke of victims, they were not referring to Germans who had suffered before May 1945 because of their race, religion, sexuality, or politics. The »war damaged« (*Kriegsbeschädigte*) included those who had experienced material losses, particularly from bombing, or who had lost their savings because of inflationary war financing. West Germans also readliy acknowledged the suffering of [...] expellees (*Vertriebene*) and prisoners of war (*Kriegsgefangene*). These German victims were members of the West German imagined community. Victims of Germans were not.[310]

Dass mit der Parallelisierung bzw. Zusammenführung verschiedener Opfergruppen die Verharmlosung der Holocaust-Opfer einhergeht, reflektierte die Gesellschaft der 1950er Jahre kaum.

---

307 Vgl. dazu Ächtler: *Generation in Kesseln.*

308 Martin Sabrow: »Heroismus und Viktimismus. Überlegungen zum deutschen Opferdiskurs in historischer Perspektive«, in: *Potsdamer Bulletin für zeithistorische Studien* 34/44, 2008, S. 7–20, hier S. 18. Online: http://www.zzf-pdm.de/Portals/_Rainbow/images/default/Bulletin_43_44_Sabrow_Heroismus_Viktimismus.pdf (Stand: 29.04.2014).

309 Ebd., S. 19. Vgl. auch Bolz: »Opfer/Täter-Diskurse«, insbesondere S. 226. Bolz zeigt wie nah der religiöse und der nationalstaatliche Begriff von Opfer sich in den 1950er Jahren noch liegen.

310 Robert G. Moeller: *War Stories. The Search for a Usable Past in the Federal Republic of Germany.* Berkeley/Los Angeles: University of California Press 2001, S. 6f.

4.1.3 Der Erzähler als Identifikationsinstanz

Neben den Figuren tritt der Erzähler als besondere Identifikationsinstanz auf. Den Erzähler des Romans kennzeichnet eine doppelbödige Erzählweise: Einerseits deutet und strukturiert er als eine heterodiegetische Instanz das Geschehen, andererseits stellt er sich immer wieder als einen ebenbürtigen Kommunikationspartner des Lesers vor. Er tritt gleichzeitig als empathischer Zeitgenosse, der die (Opfer-)Erfahrungen und Erlebnisse der Leser teilt, und als Chronist auf, der aus einer Beobachterposition heraus diese Erfahrungen in einen zeitlichen, vermeintlich objektiven Zusammenhang zu stellen vermag. Auch diese Strategie trägt dazu bei, dass individuelle Schicksalserfahrungen objektiviert werden.

Der Erzähler richtet seine Worte auffällig oft direkt an die Romanfiguren bzw. an die Leser, die sich in einer Ansprache in der zweiten Person Plural wiederfinden können: »[D]ie Luft ist voll vom Niewieder, dein Herz zerbricht von seiner Hundertfältigkeit, dein Ohr ertaubt vor seiner Klage, dein Auge weint jeder Farbe nach [...]« (SB 265) heißt es, als Emma mit ihrer Familie Schlesien verlassen muss. Vordergründig führt der Erzähler hier ein Zwiegespräch mit der Protagonistin, hintergründig wird der rezipierende Leser angesprochen.[311] Mit diesen wiederkehrenden direkten Ansprachen findet der Erzähler nicht nur Eingang in die erzählte Welt, von der er als heterodiegetischer Erzähler ausgeschlossen ist, sondern nähert sich dem Leser als empathische Identifikationsinstanz an. Darüber hinaus scheut er nicht die Ansprache und Belehrung eines unbestimmten Kollektivs. Mit der Frage etwa: »Kennst du noch, Mensch, den Ton, den das Pflaster deiner Straße deinen Sohlen zur Antwort gab?« (SB 275)[312] ruft er nicht nur eine möglicherweise vergessene Vergangenheit in Erinnerung, sondern nimmt sich auch heraus, die Menschheit für die Zukunft wappnen zu können. Mit der als Frage formulierten Erinnerung an die Vergangenheit ermahnt der Erzähler den Leser, die Vergangenheit nicht dem Vergessen anheimfallen zu lassen.

Die immer wieder einfließenden direkten Ansprachen eines Adressaten lassen den sich auktorial inszenierenden Erzähler als einen zeitgenössischen Chronisten erscheinen, mit dem sich der Adressat zwar aufgrund eines vermeintlich geteilten Erfahrungshorizonts identifizieren soll, dem er aber gleichsam die

311 Es lässt sich mutmaßen, dass dies für den Leser der Zeit einen besonderen Effekt barg, der sich hier noch stark mit Emmas Schicksal identifizieren kann. Wie zu diesem Kapitel einleitend erwähnt, wurden in der frühen Phase Romane zum Thema nicht nur von Flüchtlingen und Vertriebenen produziert, sondern auch verstärkt rezipiert.

312 Die Verwendung der Du- oder Sie-Form in Erzähltexten ist bislang ein Forschungsdesiderat, zumal bei diesem Phänomen »die Frage nach der Positionierung des Erzählers zum Geschehen häufig schwer oder gar nicht zu beantworten« ist. Silke Jahn/Jan Christoph Meister: *Einführung in die Erzähltextanalyse.* Stuttgart/Weimar: J.B. Metzler 2008, S. 74.

Deutung des Geschehens überlässt. Der Chronist fungiert, wie Walter Benjamin im Unterschied zum Historiker definiert, als »Geschichts-Erzähler«[313]:

> Der Historiker ist gehalten, die Vorfälle, mit denen er es zu tun hat, auf die eine oder andere Art zu erklären; er kann sich unter keinen Umständen damit begnügen, sie als Musterstücke des Weltlaufs herzuzeigen. Genau das aber tut der Chronist, und besonders nachdrücklich tut er das in seinen klassischen Repräsentanten, den Chronisten des Mittelalters [...]. Indem jene ihrer Geschichtserzählung den göttlichen Heilsplan zugrunde legen, der ein unerforschlicher ist, haben sie die Last beweisbarer Erklärung von vornherein von sich abgewälzt. An ihre Stelle tritt die Auslegung, die es nicht mit einer genauen Verkettung von bestimmten Ereignissen, sondern mit der Art ihrer Einbettung in den großen unerforschlichen Weltlauf zu tun hat.[314]

So konzentrieren sich in der Erzählinstanz die Gefühlswelten, Fragen und Deutungen einer ganzen Erinnerungsgemeinschaft: Der zeitgenössische deutsche Leser, zumal derjenige mit einem ostdeutschen Hintergrund, befindet sich zwischen Nähe und Distanz zu seinen Erinnerungen und seiner Heimat. Er sucht nicht nur nach Vertrautem und Identifikation, sondern auch nach Deutung und Erklärungen. Beides bietet ihm die Erzählinstanz in ihrer Doppelfunktion als Zeitgenosse und Chronist an.

4.2 Die Zeit erzählen oder Wie das Geschehen ordnen?

Obwohl sich der Erzähler als auktoriale und sinnstiftende Instanz ausgibt, unterliegt er der Schwierigkeit, das Geschehen in eine stringente Ordnung zu bringen. Ein logischer, überzeitlicher Sinnzusammenhang scheint sich nicht immer herstellen zu lassen. Zunächst suggeriert der Roman ein auffällig polares Zeitverständnis. Den ersten Teil, der vor der Flucht spielt, kennzeichnet eine ahistorische, märchenhafte Zeit, die im Gegensatz zur im zweiten Teil dominanten historisch-empirischen Zeit steht. Insbesondere der Inszenierung einer ahistorischen, gewissermaßen ›aus der Zeit fallenden‹ Zeit wohnt ein Unschulds- und damit Opfertopos inne.

Der Roman ist auf einer Makroebene chronologisch verfasst; der Beginn der Erzählung lässt sich recht deutlich auf die Zeit zwischen 1900 und 1910,[315] das

313 Walter Benjamin: »Der Erzähler«, in: Ders.: *Gesammelte Schriften*, Bd. II, 2. Hrsg. von Rolf Tiedemann und Hermann Schweppenhäuser. Frankfurt am Main: Suhrkamp 1977, S. 438–465, hier S. 451.

314 Ebd.

315 Der Roman erwähnt die Opernsänger Fritz Trostorff und Fanchette Verhunk, die zwischen 1900 und 1910 populär waren (SB 49). Möglicherweise galten die beiden Sänger dem Leser der 1950er Jahre noch als Begriff. Ferner berichtet der Text von einer Flottenparade »zu

Ende genau auf das Jahr 1946 datieren. Indem die ersten beiden Drittel, märchengleich, auf konkrete Zeitangaben verzichten, erhält die erzählte Zeit bis zum einschneidenden Jahr 1945 nicht nur ahistorischen, sondern unangetasteten, gar vor-zivilisatorischen und damit unschuldigen Charakter. Diese Unschuld geht mit dem plötzlichen Umbruch verloren:

> Denn jetzt ist es soweit. Wir haben schrittweise nachgeholt, das Jahr zweiundvierzig ging herum und brachte den Enkel. Das Jahr dreiundvierzig ging herum und brachte Emmas Botenreise und den Verlust der guten Nachbarschaft mit Frau Felgarth. [...] Dann drängte sich das Jahr vierundvierzig verlogen und siegesbrüllend den vorhergegangenen nach und schleifte zuletzt torkelnd und angstbebend das Jahr fünfundvierzig hinter sich her, und mit dem begann das große schlesische Drunter und Drüber [...]. (SB 241)

Nicht nur kalendarische Zeitangaben erwähnt der Text mit dem Umbruchsjahr erstmalig, sondern auch die Erzähltechnik unterstreicht die Relevanz des Ereignisses. Das vorherrschende epische Präteritum wird von einer kurzen Textsequenz in dramatischem Präsens unterbrochen, und das deiktische Zeitadverbium »jetzt« markiert den plötzlichen Einbruch. Zudem pointiert auch das Verhältnis von erzählter Zeit zur Erzählzeit die Wucht des Einschnitts. Die ersten beiden Drittel des Romans umspannen etwa eine erzählte Zeit von 50 Jahren, das letzte Drittel des Romans nunmehr die Jahre 1945/46. Mit dieser Komprimierung geht ein Wechsel des Erzähltempos einher, der im engen Zusammenhang mit dem erzählten Erleben steht: Während die Zeitraffung im letzten Drittel die erzählten Gefühle Überrumpelung, Hektik und Verzweiflung verstärkt, unterstreicht die eher langsame, relativ gedehnte Erzählweise in den ersten beiden Dritteln die Ruhe und den Frieden, der in dem Landstrich herrscht und der mit dem Einfall der Sowjets jäh unterbrochen wird. Ganz Schlesien wird einmal mehr als unschuldig dargestellt, über das das Unheil unvermittelt und ungerecht hereinbricht.[316]

In der deutlichen Inszenierung des Umbruchs wird das Jahr 1945 als Ende einer Ära markiert. Doch letztendlich liegt dem Roman kein gar so einfaches und duales Verständnis des Zeitverlaufs zugrunde. So bricht der sich auktorial gebende Erzähler die makrostrukturelle Chronologie stellenweise auf, wenn er vom Erzählzeitpunkt aus nicht nur in die Vergangenheit, sondern auch in die Zukunft blickt und dabei unter anderem die kommenden politischen Ereignisse vor-

---

Ehren zweier Monarchen« (SB 60), womit hier von einem Erzählzeitpunkt vor dem Ersten Weltkrieg auszugehen ist.

316 Der zeitliche Umbruch interferiert mit einer Wandlung des Raumes, die Veränderung ergreift ebenfalls die schlesische, vormals unschuldige und Geborgenheit stiftende Landschaft: »Auch nicht mehr Zuflucht waren die Täler, Wirrnis und tödliche Furcht kamen über sie. Das große schlesische Drunter und Drüber hatte begonnen.« (SB 245)

hersieht. Als einige Gäste bei einem Badeurlaub begeistert die am Strand ankernde Flotte zweier Monarchen besichtigen, heißt es:

> Sie sahen sie an, als wären sie eine Museumsschau voll kriegerischen Spielzeugs und nicht das blutige Werkzeug einer Zukunft, die lauernd darauf wartete, erbarmungslose Gegenwart zu werden. Diese zukunftsblinden Schaulustigen! (SB 60 f.)[317]

Immer wieder exponiert sich der Erzähler mit solchen Vorausdeutungen, durch die er den Leser gleichsam zum »Mitwisser der Zukunft«[318] macht. Außerdem implementiert der Erzähler mehrfach Prolepsen mit analeptischer Struktur, z. B. wenn während eines Sommerurlaubs zu Ehren des Zaren Nikolaus II. über dem Meer ein Feuerwerk aufgeführt wird:

> Suse Hildebrandt, längst trug sie einen anderen Namen, gedachte seiner [dem Scheinwerferspiel] [...] nach mehr als drei Jahrzehnten, wenn Scheinwerfer die Nacht zerschnitten und genaue Rechenkunst Lichtbänder zeugte, die nicht Spiel, sondern Todesbotschaften bedeuteten. (SB 65)

Derartige Vorgriffe erzählen wiederholt, wie sich Figuren in der Zukunft an den Zeitpunkt erinnern werden, von dem in der linear verlaufenden Erzählung gerade berichtet wird. In der Regel zielen diese Vorausdeutungen auf den Krieg, der am Ende der Haupthandlung des Romans steht.[319] Diese Zeitsprüngen reflektieren nicht nur die Funktionsweise von Erinnerung, sondern spiegeln einen Deutungsversuch des Geschehens durch den sich prophetisch gebenden Erzähler wider. Die eingestreuten narrativen Anachronismen zeugen von der Schwierigkeit, eine von seinem Wissensstand potentiell mögliche lineare Erzählung wiederzugeben. So zügelt der Erzähler seine eigene Erzählung etwa mit den Worten: »Wir nahmen die künftige Zeit vorweg [...].« (SB 10) Der Erzähler, dem es obliegt, die Erzählung zu strukturieren, scheint mit dieser Aufgabe überfordert.

---

317 Indem der Erzähler beweist, dass es möglich ist, die Schrecken der Zukunft zu sehen, richtet er implizit über die ihre Augen verschließende Masse. Dennoch bleibt das Urteil ambivalent: Einerseits verurteilt der Erzähler die Beobachter als zukunftsblind und richtet eine indirekte Schuldzuweisung auch an Mitläufer, andererseits spricht er nicht von expliziten Tätern. Vielmehr macht er die Zukunft zum Akteur, der mit dem passiven Werkzeug der Kriegsmaschinerie handelt und damit wird der Zeit, nicht den Menschen eine Schuld gegeben.

318 Matías Martínez/Michael Scheffel: *Einführung in die Erzähltheorie.* München: Verlag C.H. Beck [7]2007, S. 37. Zu den beiden möglichen Formen der Anachronie (Prolepse und Analepse) vgl. auch Eberhard Lämmert: *Bauformen des Erzählens.* Stuttgart: J.B. Metzler 1993, 8. Aufl.

319 Mit Genette lässt sich von »internen Prolepsen« sprechen. Vgl. Gérard Genette: *Die Erzählung.* München: Wilhelm Fink Verlag 1994, S. 45–54. Ein weiteres Beispiel im Roman lautet: »Hildebrandts Kinder kannten Strohsäcke nicht [...]. Auf Schlaraffiapolsterung hatten sie die Nächte ihrer Kindheit und Jugend verschlafen [...], es erwies sich als Schädigung, und nicht nur heute, sondern in kommenden Zeiten der Nacktheit und Entblößung, des Kellerhockens, der frostigen Furcht, in den Nächten der Erbarmungslosigkeit, die uns alle erwarteten.« (SB 156)

Entweder scheut er die Ordnung, vermag sie nicht zu leisten oder überlässt sie bewusst dem Leser. Letztendlich verweisen die den Erzählfluss arretierenden Vor- und Rückblenden auf die Schwierigkeit, das Geschehen in eine Ordnung und damit in einen sinnhaften Zusammenhang zu bringen. Die Anachronismen bezweifeln die Möglichkeit eines (zeitlich) geordneten Deutungsrahmens für Emmas Schicksal, das für das kollektive Schicksal der Menschheit steht. Verdeckt deuten die in den Prolepsen angesprochenen Redundanzen also auch auf ein zyklisches Geschichtsverständnis hin. Das Erzählverfahren reduziert ein Argument, das ein gesamtes Volk entschuldigt: Wenn das Geschehen der historischen Wiederholung unterliegt, kann der Mensch unmöglich auf dieses einwirken. Das Erzählparameter Zeit unterstützt also den Opferstatus nicht nur der Vertriebenen, sondern der gesamten deutschen Nachkriegsgesellschaft.

4.3 Sinnstiftungsversuche: Gott, Schicksal, Menschheitsgeschichte?

Im erzählerischen Umgang mit Zeit offenbart sich folglich auch der enge Zusammenhang zwischen diskursiver Opferkonstruktion und retrospektiven Sinnstiftungsversuchen:

> Menschen sind sinnstiftende Wesen. Sie können dem, was sie tun und ihnen widerfährt, nicht keinen Sinn geben. Deshalb sind die Opfer-Diskurse häufig mit Sinnbezügen durchsetzt, die das Geschehen in ein übergeordnetes Bedeutungssystem einordnen und dem Leiden nachträglich einen Sinn geben sollen.[320]

Solche Versuche stehen gerade in der Frühphase im Zentrum zahlreicher Romane - sowohl auf der Ebene des *discours* (hier besonders ausgeprägt in Form der Erzählinstanz sowie im narrativen Umgang mit Zeit) als auch auf der Ebene der *histoire*. Dass hinsichtlich der Deutung des Geschehens Form und Inhalt des Romans auffällig korrespondieren, lässt sich an den auf der Handlungsebene erzählten Sinnstiftungsversuchen bzw. -unsicherheiten zeigen. Es zeichnet Hoffmanns Roman aus, dass er das Hadern um Sinn illustriert. Der Text oszilliert zwischen Anklage und Verurteilungen einerseits und Entlastung durch die Deutung über das Schicksal und ein Drängen auf Barmherzigkeit und Versöhnung andererseits.

Emma bemüht sich, sowohl ihre privaten als auch die politischen Ereignisse, den Holocaust ebenso wie Flucht und Vertreibung, zu begreifen und zu erklären. Unsicherheit und Unentschiedenheit prägen allerdings ihre Sinnsuche: Ebenso wenig wie es dem Erzähler gelingt, eine chronologische Geschichte zu erzählen, kann Emma das Geschehen sinnvoll deuten. Ohne eine letztgültige Erklärung zu

320 Paris: »Ohnmacht als Pression«, S. 2.

finden, zieht sie wiederholt und unentschlossen drei unterschiedliche, außermenschliche Mächte zur Erklärung des Geschehens heran: Gott, das Schicksal und eine iterative Menschheitsgeschichte.

Schon im Privaten hinterfragt die in einem evangelischen Haushalt Aufgewachsene christliche Deutungsmuster. Als Emmas 14-jährige Bettnachbarin im Krankenhaus stirbt, heißt es:

> [V]erfrüht wurde sie fortgeholt [...] in eine entfernte, endgültige Heimstatt, wenn jemand an eine solche zu glauben sich bereitfand. Emma zweifelte! Wie kann nach alledem, was irdisch greulich uns auferlegt ist, der Himmel Glauben von uns verlangen an seines Friedens Süßigkeit und Entgelt. (SB 95)[321]

Diese ersten Zweifel potenzieren sich je stärker das politische Weltgeschehen Emmas Leben tangiert. Emma verliert mit der Machtergreifung der Nazis zunehmend das Vertrauen in Gott. Um den jüdischen Arzt Dr. Levy kümmert sie sich, »weil es seit einigen Monaten übel zuging und Emma sich nicht mehr auf Gottes Gerechtigkeit verließ [...].« (SB 213)[322] An Emma illustriert der Roman, dass mit den Gräueltaten der Nazis die Weltordnung aus den Fugen geraten und das tradierte (christliche) Verständnis des Weltlaufes nicht mehr haltbar ist. Je deutlicher wird, dass sich das Geschehen nicht logisch und erleichternd deuten lässt, und je mehr Gewalttaten verübt werden, desto mehr steigert sich dabei der Tonfall des Romans in Resignation und Pessimismus.

Die vermeintlich überhistorischen Gewalttaten betreffen nicht nur Juden. Auch die gewalttätigen Vorfälle zwischen Deutschen und Polen in der Unordnung der Nachkriegszeit stellt der Roman heraus. Nachdem in dem schlesischen Dorf einige umgesiedelte polnische Männer die deutsche Kinderärztin blutig schlagen, resignieren, so suggeriert die offene Erzählperspektive, sowohl der heterodiegetische Erzähler als auch Emma:

> Seine [des Friedensengels] Schwingen, die er behütend ausbreiten wollte über eine bedürftige Menschheit, waren schlaff zusammengefaltet, und er hatte sich, da Auge um Auge, Zahn um Zahn die Losung war der friedlosen Welt, verwandelt in den Engel der Tränen. [...] Es waren zu viele, die schleuderten, Steine und Flüche, hier und dort und überall. (SB 254)

321 Einmal mehr spielt der Text hier mit der Erzählperspektive. Der Leser wird im Unklaren darüber gelassen, ob die Worte »Wie kann nach alledem, was irdisch greulich uns auferlegt ist, der Himmel Glauben von uns verlangen an seines Friedens Süßigkeit und Entgelt« Emmas Gedanken entspringen, sie also introspektiv aus dem Bewusstsein der Figur erzählt sind, oder ob der heterodiegetische Erzähler spricht. Auch diese Erzählstrategie bildet die Sinnsuche bzw. die Unsicherheit der Sinnsuche ab.

322 Damit schlägt der Text Emma hier in gewisser Weise als Gottes aktive Stellvertreterin auf Erden vor.

Der antizipierte Friedensengel, göttliches Wesen und Gottes Gesandter, muss vor der Gewalt und dem Krieg kapitulieren. Auffällig bezieht sich Hoffmann auf biblische Begebenheiten und Bildräume. Die Wendung »Auge um Auge, Zahn um Zahn« exemplifiziert die alttestamentarische Botschaft, nach der Rache und Gnadenlosigkeit regieren, denn die im Christentum zentrale Sündenvergebung existiert noch nicht. In direktem Anschluss spielt Hoffmann auf eine neutestamentliche Begebenheit an, die ebenfalls auf das Thema von Schuld und Vergebung zielt. Die geschleuderten Steine wecken Allusionen zur armen Sünderin, die gesteinigt werden soll. Jesus ermahnt in dieser Begebenheit das hetzerische Volk: »Wer von euch ohne Sünde ist, werfe den ersten Stein.«[323] Der Hinweis, dass allerorten »Steine geschleudert« werden, impliziert die Sündhaftigkeit der gesamten Welt. Die Formulierung »hier, dort und überall« verallgemeinert die Tat des Jungen zugunsten eines vermeintlich global vorherrschenden Zustands und ebnet den Unterschied zwischen deutschen und polnischen Übergriffen ein. Außerdem klingt die Frage danach an, wer das Recht hat, zu richten. Trotz des neutestamentarischen Wandels verfallen die Menschen in den Zustand der Rache und Vergeltung. Hoffmann indiziert also die Rückschrittlichkeit der menschlichen Zivilisation und die vermeintliche Wiederkehr des Bösen in allen Zeitaltern, insbesondere indem sie erst eine deutsche Gewalttat an einem jüdischen Arzt und dann eine polnische Gewalttat an einer deutschen Ärztin darstellt.[324] Die zyklische Geschichtsvorstellung, die das Erzählverfahren mit seinen Zeitsprüngen bereits antizipiert, ist damit erneut verbildlicht.[325] Das iterative Geschichtsverständnis heben zudem Aussagen wie »Emma hatte immer gewußt, daß alles über sie kommen würde in schrecklich vergeltender Wiederholung« (SB 264) und »Es war die zeitlose Wiederholung des Klagelieds von Anbeginn« (SB 270) explizit hervor.

Trotz der Gräuel und gewalttätigen Vergeltungen verwehrt sich der Roman gegen den Abgesang auf die christliche Heilsvorstellung und die christliche Moral. Darum muss Hoffmann neben den immer wieder aufgerufenen »göttliche[n] Plan« das Schicksal als außerweltliche, nicht beeinflussbare Macht stellen.[326] Das Schicksal wird im Text häufig durch eine Faust versinnbildlicht. Emma

---

323 Johannes 8,8.

324 Auf beide Begebenheiten komme ich im Kapitel 4.6 »Opfer und Täter« ab S. 113 zurück.

325 Zyklentheorien negieren einen Glauben an historischen Fortschritt und gehen stattdessen davon aus, dass die Geschichte der Gesellschaft aus einem Neben- oder Nacheinander einzelner Teilgeschichten besteht. Jede dieser Einzelgeschichten verläuft in sich teleologisch nach demselben Muster: Entstehung, Reife, Verfall, Absterben. Eingeschrieben ist diesen Kreislauftheorien stets Pessimismus, bewegt sich die Geschichte doch faktisch im Kreis. Vgl. Eintrag in: Georg Klaus/Manfred Buhr (Hrsg.): *Philosophisches Wörterbuch*, Bd. 2, Leipzig: VEB Bibliographisches Institut 1970, S. 632f.

326 Diese an der Textoberfläche ausgetragene Diskussion ist, wie gezeigt, in der Figur Emma komprimiert angelegt. Emma ist als unschuldiges Opfer außerweltlicher Mächte gezeichnet.

sieht sich und die anderen als »tanzendes Spielzeug auf des Schicksals Handfläche«, »bis diese sich um unsere Erbärmlichkeit zur Faust schließt.« (SB 224) Die beschriebene Faust kämpft schließlich nicht nur mit »Schwert oder Beil«, sondern mit Griffel und Pinsel: »Es [das Schicksal] strich einmal in breiter Führung über die Bahnhofsschilder, die Straßenschilder, die gelben Tafeln, die Ortschaften ankündigten, da waren sie gewesen, verwischt, verlöscht, verklungen fortan […].« (SB 255) Das Schicksal erhält die Macht eines handelnden Akteurs und die Verantwortung für die polnische Übernahme Schlesiens. Die politische Neuordnung, die durch die Polonisierung der Ortsnamen illustriert ist, wird dezidiert als Schicksal und damit nicht als von den Deutschen verantwortete Konsequenz des historisch-politischen Geschehens gedeutet.

Derartig fatalistische Sinnstiftungs- und Erklärungsversuche bergen somit stets Entschuldigungs-, Entlastungs-, Verharmlosungs- oder Verdrängungsstrategien.[327] Zwar benennt der Roman einerseits deutlich Täter- und Opfergruppen und vermeidet moralische Positionierungen nicht gänzlich,[328] doch mit dem Heranziehen des Schicksals wird individuelle Schuld oder Mitschuld verschwiegen. Indem solche Darstellungen das Geschehen in größere, gar religiöse oder mythische Zusammenhänge kleiden, normalisieren sie schließlich auch das Wegsehen und Mitlaufen.

4.4 Der Wacholderbaum als Symbol der Entwurzelung und Verpflanzung

Der vorige Abschnitt hat aufgezeigt, dass *Die schlesische Barmherzigkeit* sich um eine zukunftsweisende Sinnstiftung und somit implizit um ein friedvolles Weiterleben nach dem Krieg und der Vertreibung bemüht. Außerdem habe ich hervorgehoben, dass der Roman nicht mit dem Einfall der sowjetischen Armee in den heimatlichen Landstrich abbricht, sondern die Vertreibung und schließlich die Ankunft im Westen schildert. So problematisiert er einerseits den Vorgang der Entwurzelung und andererseits den des Wiedersesshaftwerdens. Wie der Roman diese Themen mit dem zentralen Symbol eines Wacholderbaums illustriert, zeige ich im Folgenden.

327 Vgl. weiterführend zu fatalistischen Deutungen den Eintrag »Fatalismus« in: Joachim Ritter (Hrsg.): *Historisches Wörterbuch der Philosophie*, Bd. 2, Darmstadt: Wissenschaftliche Buchgesellschaft 1972, S. 914. Dort heißt es: »Fatalismus bezeichnet zunächst undifferenziert jede Lehre, die die *absolute* Geltung des Satzes vom Grund und damit die absolute Notwendigkeit jedes Geschehens leugnet.« Eine historische Dimension hat dem Begriff erstmals Schelling hinzugefügt, wenn er freies Handeln ebenso wie die Geschichte vom Schicksal determiniert sieht. Tatsächlich erscheinen solche Theorien letztlich nicht als durchweg pessimistische, sondern vermögen als Überzeugung, nach der »Einzelheiten im Lebensgang notwendig eintreten«, Trost und Hilfe zu spenden. Ebd., S. 914.

328 Vgl. dazu genauer das Kapitel 4.6 »Opfer und Täter« ab S. 113.

Den Warnungen des Försters, »daß Wacholder sich verbissen sträuben gegen den Ortswechsel und dem Menschen zum Possen eingehen« (SB 189) zum Trotz, pflanzt Emma ein Bäumchen in ihrem Garten an. Nach mehreren Versuchen, bei denen die Bäumchen nicht anwurzeln und verdorren, gelingt es ihr schließlich mit einem Baum, den sie liebevoll »Puffnickel« nennt.

Der Baum ist ein weit verbreitetes literarisches Symbol.[329] In *Die schlesische Barmherzigkeit* trägt der Wachholderbaum insbesondere zwei (für das Symbol Baum im Allgemeinen gängige) Bedeutungen: Er symbolisiert erstens den Menschen und sein Zusammenleben mit anderen und zweitens die (schlesische) Natur.[330] Ferner ist er als Symbol insbesondere in der völkischen Literatur prominent und auch in *Die schlesische Barmherzigkeit* verschwindet dieser Beigeschmack der im Dritten Reich verfolgten ›Blut-und-Boden‹-Doktrin nicht ganz. Dass der Baum erstens den Menschen symbolisiert, legt der Text bereits offen, als zum ersten Mal von Emmas Wunsch, einen Wacholderbaum in ihren Garten zu verpflanzen, die Rede ist: »Wacholder sind die menschenähnlichsten Bäume.« (SB 189) Während der Baum hier noch nur mit dem Menschen verglichen wird, herrscht im Folgenden eine auffällige Antropomorphisierung vor. Emma findet in dem Bäumchen einen Freund, mit dem sie redet und in dem sie einen menschlichen Vertrauten sieht. Dass das Bäumchen aber nicht nur für den Menschen, sondern genauer für den schlesischen Menschen steht, zeigt sich, wenn der Wacholder beginnt, in schlesischem Dialekt zu Emma zu sprechen. Gleichzeitig rekurriert diese märchenhafte Gestaltung auf einen schlesischen Volksglauben, nachdem der Wacholder den Baumgeist, das sogenannte Mannla, beherbergt.[331] Im Bild des Wacholders verweist der Roman auf das Zusammenleben der Schlesier, auf den Halt, den ein Mensch in den geteilten kulturellen Praktiken, Traditionen und Narrativen eines Kollektivs erfährt. Zweitens stellt der Wacholder ein Stück der schlesischen Natur dar, das Emma hegt und pflegt.[332] Schlesien bietet dem Wacholder den nötigen Nährboden und im übertragenen Sinne dem Menschen Heimat. Doch diese sichere Heimat muss der

329 Ich folge der Definition eines literarischen Symbols von Günter Butzer und Joachim Jacob: »Unter ‚Symbol‹ wird [...] die sprachliche Referenz auf ein konkretes Ding, Phänomen oder auch eine Tätigkeit verstanden, die mit einem über die lexikalische Bedeutung hinausweisenden Sinn verknüpft ist.« Butzer/Jacob: »Vorwort« in: Dies: (Hrsg.) *Metzler Lexikon literarischer Symbole.* Stuttgart/Weimar: Verlag J.B. Metzler 2008, S. V–VII, hier S. V.

330 Vgl. zu diesen Bedeutungen ebd. S. 42.

331 So heißt es im Roman, dass »die Spinnweiber im Dorfe« über das Mannla (schlesisch für »Männlein) Bescheid wissen (SB 189). Vgl. allgemein zum Wacholder in der Sage http://www.sagen.at/doku/ hda/wacholder.html (Stand: 21.05.2014). Leider konnte ich keinen spezifischeren Hinweis auf den schlesischen Volksglauben finden.

332 Eingeschrieben ist dem Symbol also auch die Vorstellung einer Symbiose von Mensch und Natur, genauer zwischen dem schlesischen Menschen und der schlesischen Natur, die mit der Ausweisung aus der schlesischen Heimat zerbricht.

Schlesier mit dem Einzug der Sowjets verlassen, und so kann Emma das Bäumchen und damit die heimatliche Sicherheit und Geborgenheit nicht mit auf ihren Weg in den Westen nehmen. Dennoch sucht Emma weiterhin Trost im imaginierten Gespräch mit dem Mannla: »Wir werden ausgerodet, ausgerottet, und keiner wird uns ein ordentliches Wurzelloch graben woanders.« (SB 266) Wenn sich in diesem Bild einerseits der endgültige, gewaltsame Verlust der schlesischen Heimat bündelt, so symbolisiert der Wacholderbaum nun andererseits nicht mehr den schlesischen Menschen, sondern die schlesischen Vertriebenen. In Emmas Rede von einem »Wir« und indem sie im Gespräch mit dem Mannla Vokabeln aus dem semantischen Feld des Pflanzens verwendet, überträgt sie die Eigenschaften der Pflanze auf die Vertriebenen. Die schlesischen Vertriebenen erscheinen als eine Schicksals-, Erinnerungs- und Opfergemeinschaft. Emma bedient sich der Metapher der Entwurzelung, die sich komprimiert in dem Bäumchen durch den gesamten Roman zieht.[333] An eine Integration im Westen kann Emma nicht glauben, ihre Wurzeln scheinen ihr unwiederbringlich verloren. Diese pessimistische Sicht entschärft der Roman mit seinem Ende vorsichtig. Emma ist bei Hans Hildebrandt angekommen, begibt sich in den Garten und macht endlich Pläne für die Zukunft: »[S]ie würde jäten und behacken, düngen und gießen – und ernten!« Diesen Entschluss gefasst, hört sie plötzlich ein klagendes Schluchzen, dem sie folgt: »Tu dich ock ni erschrecken, Frau Wirtin, ich bin's bloß, kam es stoßweise und schniefend aus dem Wacholder, der mitten im kleinen Garten stand.« (SB 327) Der Baumgeist hat eine neue Behausung gefunden. Das letzte Romankapitel mit dem Titel »Ein Dach über dem Kopf« wagt so einen optimistischen Ausblick. Die Hoffnung klingt an, dass auch die Flüchtlinge im Westen auf barmherzige Menschen stoßen werden und sie dort wieder heimisch werden können. Allerdings findet Emma keine vollkommen neue Heimat, sondern kommt bei einem schlesischen Landsmann, dazu einem engen Freund unter, sodass der Roman letztlich nicht in einem Glauben an Integration mündet. Vielmehr hebt er die Wichtigkeit des Zusammenhaltens innerhalb der Volksgruppe im Westen hervor, die sich auch im gemeinsamen Lebendighalten der Erinnerungen an Schlesien und seine Landschaft zeigt:

> Weißt du noch, würde sie sagen, die große Trockenheit damals, im Jahre so und so viel, und der tiefe Wasserstand – und er würde antworten: Ja, Emma! [...] und daß sie sich erneuen könnten eins dem anderen, nicht tagtäglich dem Vergangenen zugewandt, aber

333 Das Bild der Ausrottung und Verpflanzung ist in dieser Zeit kein ungewöhnliches, um die Gefühle der Vertriebenen zu beschreiben. Auch nicht-literarische Texte verwenden es, etwa Elisabeth Pfeils soziologische Studie *Der Flüchtling. Gestalt einer Zeitenwende*. Hamburg: Hugo-Verlag 1948. Sicher ist die Wurzel im Allgemeinen ein gängiges Symbol für Heimat bzw. Heimatverlust.

> wenn Lust und Sehnen oder auch spaßhaftes Erinnern sie ankam, alles Gewesene, aus ihrem Wissen um das gegenseitige Dasein und seine Gepflogenheit in Stadt und Landschaft, in der es sich abspielte [...]. (SB 324f.)

4.5 Der Schauplatz Schlesien

Die schlesische Barmherzigkeit verschreibt sich also sowohl einer partikularen und konkreten Verlusterfahrung als auch einer spezifischen Heimaterfahrung.[334] Die Erinnerung und Inszenierung der verlorenen Landschaft ist zentrales Element der meisten frühen Vertreibungsromane. Hoffmann situiert die Handlung des Romans *Die schlesische Barmherzigkeit* an realgeografischen Orten. Diese konkrete Raumgestaltung steht im Gegensatz zur angeführten Konstruktion einer ahistorischen Zeit.

Während im erzählerischen Zeitarrangement, zumindest im ersten Drittel des Romans, eine Dehistorisierung und -politisierung festzustellen sind, lässt der Roman keine Zweifel daran bestehen, dass es sich bei dem beschriebenen Schicksal – trotz aller Übertragbarkeit auf andere deutsche Erfahrungen – in erster Linie um das Schicksal der deutschen Ostgebiete handelt. Zunächst allerdings bewegt sich der Roman, in Analogie zur Zeitinszenierung, noch in einem Spannungsfeld von geografisch realen Orten und märchenhaft verklärten Landschaften. Es heißt zum Beispiel: »Denn es erwartete sie der Stromwald, nein, wir wollen seinen wahren Namen nennen, der Oderwald.« (SB 52) Die zunächst erfolgende Verallgemeinerung »Stromwald« stellt die Heimaterfahrung als anthropologische Universalie heraus. Die Präzisierung »Oderwald« aber verortet die Handlung schließlich explizit im deutschen Osten.

Der Roman stellt dem Leser den konkreten Schauplatz Schlesien vor, indem er ihn mit auf eine Reise durch die Region nimmt. Mit der Anstellung in Breslau verlässt Emma den ihr bekannten dörflichen Mikrokosmos. Durch Emmas Augen nimmt der Leser auf ihrer Fahrt nach Breslau an ihrer »Heimatkunde« teil. (SB 29) Die Landschaft führt der Roman dabei unermüdlich idyllisierend vor:

334 Ganz allgemein zielen die literarischen Regionen der Nachkriegszeit, im Ausgang konkreter Verlusterfahrungen, weniger auf Universalien, sondern vielmehr auf reale Geografien ab. Vgl. Andrea Bastian: *Der Heimat-Begriff. Eine begriffsgeschichtliche Untersuchung in verschiedenen Funktionsbereichen der deutschen Sprache.* Tübingen: Niemeyer 1995. Diese Tendenz der Literatur ist der eskapistischen Tendenz des Heimatfilms der 1950er Jahre eher gegenläufig. Während letzterer ›Heimat‹ zwar in real existierende Regionen situiert – in den Alpen, dem Schwarzwald oder der Lüneburger Heide – versinnbildlichen diese doch gleichzeitig einen außerhalb von Zeit und Raum stehenden Ort. Dieser Ort soll so unkonkret wie möglich sein, damit die Rezipienten ihn mit eigenen Wünschen, Vorstellungen oder Erinnerungen füllen können.

> Der Erdenfleck [...] hieß Oberbozen, weil er einfach hätte heißen müssen: Herrlichkeit. War es nicht eine solche, die sich [...] breitete, fiel, sich entfaltete als Teppich der Matten? Sind die Alpe grüner, samtener, üppiger als Grafschafter Wieswachs, durchwoben mit Blumenzier [...]? Emma Mühlen war nicht benachteiligt, weil sie nur das sogenannte Oberbozen kannte. Und wenn sie, in Kenntnis gesetzt von der Namensherkunft, denn Geographie war ihre schwache Seite, bei sich dachte, schöner wird es dort auch nicht sein, so wollen wir ihr Recht geben. Anders wohl, größer, großartiger, weitläufiger - schöner? O Grafschafter Herrlichkeit! (SB 101)

Es ist die Grafschaft Glatz, die Hoffmann mehrfach überschwänglich, fast pathetisch beschreibt.[335] Doch nicht nur den ländlichen Teil Schlesiens beleuchtet der Text, auch Breslau, »Gruß-Bassel« (SB 31) wie die Schlesier und Romanfiguren immer wieder liebevoll sagen, erhält im Roman einen wichtigen Platz. Die Stadt, in der Emma bei Hildebrandts lebt und in die sie später auf ihrer Hochzeitsreise mit Richard reist, wird in all ihren Details gezeigt, Straßennamen, Plätze, die Oder, die Kirchen präzise genannt: Rotkretscham, das imposante Hôtel du Nord, das Brüderkloster, die Kornecke, der Königsplatz, der Schweidnitzer Keller, die Albrechtstraße, der Blücherplatz, der Riembergshof, die Oder und die Kaiserbrücke (SB 140–145). Die Kennerin Emma führt Richard und den Leser durch die Stadt an besondere realgeografische Orte, die hier vor einem klischeehaft verklärten Erinnerungsbild dominieren.[336]

Die Harmonisierung von Stadt und Land durch die gleichwertige Beschreibung beider Räume sind eine Ausnahme in der frühen Literatur über Flucht und Vertreibung. In der Regel situiert sich die Handlung der Erzählungen nur auf dem Land[337] oder nur in der Stadt[338]. Die Ausgewogenheit zwischen Stadt und Land wird bereits auf Emmas erster Fahrt in die Stadt Breslau angedeutet, bei der »Emmas Augen [...] Heimatkunde [treiben]« (SB 29):

> Heimatkunde - die Dörfer endeten beinahe alle auf ›witz‹ [...], aus denen man [...] einen Kanon zum Singen hätte machen können, Leisewitz, Sambowitz [...]. Und es wäre ein lieblicher Kanon geworden und hätte von Wiesenbuntheit geklungen, von Weidenrauschen, vom Bächlein, das [...] unaufhörlich schwatzte, und hätte vom Strom

335 Vgl. zu Hoffmanns Erinnerungen an die Grafschaft Glatz ihren autobiografischen Text »Kaleidoskop einer Landschaft«, in: Herbert Hupka (Hrsg.): *Schlesien. Städte und Landschaften. Porträt einer Heimat.* München/Wien: Langen Müller 1979, S. 172–178. Auch in diesem Text spricht die Autorin ein Du an, das sie mit auf eine Reise durch die erinnerte Landschaft nehmen möchte.

336 Auch thematisiert der Roman die Stadt nie als »Festung Breslau«, als die sie in die Geschichte bzw. in das kollektive Gedächtnis der Nachkriegsdeutschen einging. Vgl. zur literarischen Inszenierung der Stadt Anna Maria Sawko-von Massow: *Breslau: Geschichte und Geschichten einer Stadt in der Flucht- und Vertreibungsliteratur nach 1945.* Berlin: Köster 2001.

337 Etwa in Ruth Storms *Das vorletzte Gericht* oder in Kurt Ihlenfeld: *Der Kandidat.* Witten/Berlin: Eckart Verlag 1959.

338 Königsberg steht in Karl Friedrich Borées *Ein Abschied* im Mittelpunkt, Breslau in Hugo Hartung: *Der Himmel war unten.* München: Bergstadtverlag Wilhelm Gottlieb Korn 1951.

> geklungen und vom lauten Brüllen seiner Dampfer und seiner breiten Kähne sachtem Meerwärtsgleiten. (SB 29)

Der Gegensatz von Stadt und Land ist im Bild des Flusses, den das kleine Bächlein speist und der dem Meer entgegenfließt, aufgehoben. Im Flusssystem fallen Land und Stadt in eins. Hoffmann zeichnet Schlesien so nicht als ausschließlich ländliche Idylle, sondern als rurale wie urbane Region.

Die detaillierten und plastischen Landschaftsbeschreibungen entwickeln sich geradezu wie Gemälde vor dem Auge des Lesers.[339] Erfahren Emma und der Leser Schlesien über lange Zeit visuell, ist dies den Flüchtlingen später auf der Ausreise in den dunklen, verschlossenen Wagons versagt. Im Kapitel »Schlesische Symphonie« verschiebt sich die Wahrnehmung der Heimat deutlich ins Auditive. Dieser Umbruch von visueller zu auditiver Wahrnehmung deutet die unumkehrbare Trennung von der schlesischen Landschaft an:

> Das Land hub an. Alle stimmen sangen, klagten, jubelten, die feinen und die rauhen – der Flüsse, der Wälder, der Eigennamen, der besonderen Gerichte und Gebäcke, der Bergsagen und Heiligenlegenden. (SB 273)

Tatsächlich scheint auch die Sprache des Romans Klänge und Rhythmen abzubilden. Die Wörter und Sätze haben lyrischen Charakter und spielen häufig mit der Sprachmelodie. Schlesien beginnt hier tatsächlich ›zu singen‹. Die Natur ist nicht mehr passives Anschauungsobjekt, sondern erschafft aktiv ein Erinnerungs›bild‹, das aus allen Sinnen gespeist wird. Die sinnliche Erfahrung der Heimat lässt sich nur noch in medialisierter Form, als Lied oder Text und somit als artifizielles Konstrukt speichern. So lautet schließlich das zentrale Diktum des Textes: »[N]imm in dir mit, was du außer dirmen nicht mitnehmen kannst.« (SB 266) Diese wiederum in der zweiten Person Singular formulierte Anweisung enthält das Programm, das dem Roman, Hoffmanns Gesamtwerk, sowie der Erinnerungskultur der Flüchtlinge im Allgemeinen zugrunde liegt. Bereits zum Zeitpunkt des Heimatverlusts wird die Notwendigkeit des zukünftigen Erinnerns und damit implizit die Hoffnung oder der Glaube an eine Rückkehr als utopisch (an)erkannt.

Die Landschaftsbilder führen in der Tat komprimiert den unumkehrbaren gesamtkulturellen Verlust vor: Neben einer Landschaft sind Traditionen, Geschichten und Bräuche verloren. Entsprechend zeigen die literarischen Landschaftsbilder, ganz im Sinne eines argumentativen Topos, dass es sich nicht nur um einen persönlichen Verlust für die Vertriebenen handelt, sondern ein ganzes Land einen wichtigen Kulturraum verloren hat. Damit ist die zentrale Funktion der Landschaftsbeschreibungen benannt: Die verlorenen Räume sollen sowohl in

339 Die Bildhaftigkeit wird nicht zuletzt dem geschulten Auge der Grafikerin und Malerin Ruth Hoffmann geschuldet sein.

den Köpfen der Erinnerungsgemeinschaft als auch im kollektiven Gedächtnis der gesamten deutschen Bevölkerung lebendig gehalten werden.[340] Solche Landschaftsbeschreibungen partizipieren nicht nur an einer Mythisierung des deutschen Ostens, sondern auch an einem bis in die 1960er Jahre existierenden deutsch-völkischen Europadiskurs, gehörten doch die nun von Polen bewohnten Gebiete dem vorherrschenden Europabild entsprechend plötzlich nicht mehr zum Abendland. So nimmt es nicht wunder, dass die Texte oftmals realitätsgetreue Topografien aufgreifen und an konkrete Räume und Orte erinnern.[341]

4.6 Opfer und Täter

Zwar können, wie bisher gezeigt, Argumentationsmuster und Deutungen des Zeitgeschehens und des Erlebten verschlüsselt bzw. komprimiert in Erzählstrukturen oder Motiven angelegt sein, doch auch an der Textoberfläche sind sie selbstredend vorhanden. Gerade ein Roman, der das Thema ›Flucht und Vertreibung‹ eng geführt neben dem Holocaust anspricht, greift ein ganzes Spektrum an Themen und Deutungen auf, das für meine Frage nach Opfer- und Täterinszenierungen bzw. -produktionen bedeutsam ist. Obwohl Hoffmann die Leidens- und Opfererfahrung der Deutschen in den Zusammenhang mit anderen Opfer- und Tätergruppen stellt und unterschiedliche Volks- und Religionsgruppen auftauchen, bleibt der Opferstatus der Deutschen im Roman durchgängig und dominant spürbar.

4.6.1 Deutsche Täter

Die schlesische Barmherzigkeit ist sowohl ein Roman, der über das private Erleben einer Frau (ihre Lehrzeit, ihre Familie, ihre Liebe und ihre persönlichen Schicksalsschläge) berichtet, als auch ein Text, der das Weltgeschehen reflektiert. Emmas Leben ist aufs Engste mit den historisch-politischen Vorgängen verwoben. Ihr Einzelschicksal illustriert das Leid mindestens einer Erinnerungsgemeinschaft (die der Flüchtlinge) und dient außerdem als Projektionsfläche für den sich geschlagen fühlenden deutschen Leser der Zeit. Dennoch benennt der Roman den Holocaust und die dezidiert deutschen Täter. Der aufgezeigten Tendenz, in der Anlage des Romanpersonals ein deutsches Opferkollektiv zu

340 Vgl. dazu Hahn: »Beobachtungen zum Vertreibungsdiskurs«, S. 71.

341 Ruth Storms *Das vorletzte Gericht* spielt in der Nähe der schlesischen Stadt Hirschberg, Karl Friedrich Borées Roman *Ein Abschied* in Königsberg, Kurt Ihlenfelds *Der Kandidat* im pommerschen Kublank in der Nähe Stettins. Häufig werden diese Ortschaften gleich zu Beginn der Romane als Handlungsorte eingeführt.

imaginieren, stehen also explizite Darstellungen jüdischer Opfer und deutscher Täter gegenüber.

Mit dem Kapitel »In Höllen« erhält das Weltgeschehen Einzug in die Erzählung. Das vorhergehende Unterkapitel kündigt diesen entscheidenden Umbruch nicht etwa als mythische Katastrophe, sondern deutlich als »falscheste[n] aller Kriege« (SB 207) an. Der Krieg wird eindeutig beschrieben als die »Zeit, da ein Tag besonderen, ja schrecklichen Gesichtes sich an den nächsten reiht, da unser Leben nur noch aus Schicksalstagen besteht, des Brandes, Todes, Bombeneinschlags, der Rettung, Trennung - Wiederkehr oder Flucht.« (SB 218) Unmissverständlich fallen die Worte Krieg, Bomben und Tod, die das Ende der idyllischen Vorkriegswirklichkeit markieren. Der Text datiert diesen krassen Umbruch auf den Tag genau:

> [...] vieles hatte sich verändert in den letzten Monaten, eigentlich alles. Ausgeraubt von Güte, Freimut, Verläßlichkeit und Nächstenliebe war die Stadt innerhalb weniger Wochen, und Emma hätte eigentlich nicht so fürchterlich beim Anblick des Arztes erschrecken brauchen. Sie hatte ja davon gehört - man hörte eben davon - am 20. April war mancherlei passiert. (SB 213)

Der 20. April ist das einzige Datum, das im Roman genannt wird. Kurz darauf fällt es erneut, wenn der Text beschreibt, wie die Nazis den Eingang zur Arztpraxis des Dr. Levy beschmutzt und sein Türschild zerschlagen haben: »Am 20. April, als Rollkommandos die Funktion der Volksseele, die durchaus nicht kochen wollte, übernahmen, war solches dem Schild geschehen [...].« (SB 213) Der 20. April ist mehr als ein Datum; er ist als Geburtstag Adolf Hitlers eine Chiffre, die Hoffmann geschickt benutzt. Der hier am Beispiel des jüdischen Arztes deutlich beschriebene ›Judenboykott‹ fand tatsächlich am 1. April 1933 statt. Dass Hoffmann ihn auf den 20. April datiert, lässt sich als deutliche Anklage und Verurteilung Hitlers und des Führerprinzips und damit als ein unmissverständlicher Hinweis auf den von Hitler verantworteten Holocaust lesen. Indem die Autorin dabei richtig erwähnt, dass die »Volksseele nicht kochen wollte« (das Regime hob den Boykott aufgrund der Passivität der Bevölkerung nach vier Tagen verärgert auf), klingt zwar einerseits eine Entschuldigung des verführten, entmündigten Volkes an, andererseits liegt in dem Einschub »man hörte eben davon« eine versteckte Anklage: Das deutsche Volk ignorierte die antisemitische Hetze und die an Juden verübten Verbrechen der Nazis bewusst.

Das Kapitel »In Höllen« schildert zum ersten Mal die nationalsozialistisch motivierten Verbrechen an der jüdischen Bevölkerung. Der Arzt des Städtchens, Dr. Levy, der die jüdischen Opfer repräsentiert und der zuvor »unzähligen Christenmenschen den Weg zur Heilung« (SB 213) wies, wird Opfer der antisemitischen Hetze im Dorf. Das Schild an der Tür des Arztes ist zerbrochen und mit Kot beschmiert worden: »Niemand hatte den Kot abgewaschen, als Memento war er angetrocknet und sagte allstündlich von des Landes Schande aus.« (SB 213) Emmas Meinung über die politischen Veränderungen und den Zustand Deutschlands sind mehr als deutlich; sie hält es für eine Schande, dass ein gesamtes Volk der Hetze der Nationalsozialisten erliegt. Dass das jüdische Opfer Arzt ist, hebt die Ungerechtigkeit und den plötzlichen Umschlag der Gefühle hervor, hat dieser doch als Helfer und Heiler aller Menschen die Angriffe sicher nicht verdient. Für die Hetze werden die Nationalsozialisten und nicht das Schicksal verantwortlich gemacht: »[D]es Landes Schande [...] hatte einen SA-Mann vor Doktor Levys Haus postiert, einen dicken, feixenden, großen Kerl [...].« (SB 213) Während viele Romane der Nachkriegszeit den Nationalsozialismus hinter dem Bild eines Dämons verstecken, verkörpert der klar benannte SA-Mann deutlich die deutschen Täter.[342]

Neben den in der Masse nationalsozialistischer Anhänger aufgehenden Tätern und dem anonymen SA-Posten führt der Roman eine konkrete Figur vor, die der NS-Ideologie anhängt: Emmas jüngste Schwester Elsa. Elsa ist mit einem Nazi verheiratet, sie selbst »hat[] ein Amt inne, macht[] sich ungeheuer wichtig und [trieft] vor Schlagworten.« (SB 239) Emma, barmherzig und freundlich, ist bereit, die Schwester bei sich aufzunehmen, als diese sich in Berlin aufgrund der zunehmenden Bombenangriffe nicht mehr sicher fühlt. Doch schon Emmas erster Blick fällt auf »das Abzeichen« (SB 239), Elsa spricht »vom Endsieg und vom letzten Blutstropfen« (SB 239). Nach einem heftigen Wortgefecht wirft Emma die Schwester aus dem Haus: »Wer hier der Staatsfeind ist, wird sich weisen, sagte Emma totenblaß und todesmutig. Ihr habt uns schön reingeritten, ihr Heilschreier.« (SB 239) Sie nennt die Nazis in ihren Gedanken unmissverständlich »Henker« (SB 239), weiß sie doch nicht nur von Dr. Levys Tod in Buchenwald und dem Suizid seiner Frau, sondern auch von Auschwitz, von den Euthanasieprogrammen und den Gaskammern- und Öfen (vgl. SB 233). Nach dem Rauswurf ihrer Schwester meldet sich allerdings der Erzähler mit einer Frage an Emma zu Wort:

342 Vgl. Kämper: *Opfer – Täter – Nichttäter. Ein Wörterbuch zum Schulddiskurs 1945–1955*, S. 29–33. Die metaphorische Verwendung von Wörtern aus der Wortfamilie *Dämon/dämonisch/Dämonie* sowie der Gebrauch ähnlicher Vokabeln wie *Teufel, diabolisch, dunkle Mächte, Satan, das Böse* etc. gehören zu verbreiteten Redemustern des Nachkriegsdiskurses. Tatsächlich handelt es sich um eine »kulturgeschichtlich tradierte Strategie, mit deren lexikalischen Repräsentationen man Unerklärliches, Außergewöhnliches, Abgründiges« zu bezeichnen sucht (S. 29). Entsprechend hat das Reden von dämonischen Mächten Entlastungsfunktion, da die wirklich Schuldigen hinter der emotionalisierten Metapher zurücktreten und in ihr verschwimmen. Auch *Die schlesische Barmherzigkeit* kann sich nicht gänzlich von diesem vorherrschenden Erzählmuster freimachen. Als die anonyme Masse die Synagoge im Dorf in der Reichspogromnacht ansteckt, beschreibt Emma den Feuerschein als »wie aus dem Unterweltlichen kommend« (SB 215). Der Vergleich deutet die nationalsozialistischen Verbrechen in dieser Wendung implizit doch als dämonische, teuflische Taten, was mit der Kapitelüberschrift »In Höllen« korrespondiert.

> So einfach ist das also, Emma Mühlen? Jemand kommt, unerwartet, jemand bleibt, ungebeten, und dein Zorn vermag es, um der gerechten Sache willen, den lästigen und leidigen Gast – und wäre es die eigene Schwester – von der Schwelle zu weisen? (SB 240 f.)

Die Frage bleibt unbeantwortet. Zwar wird die Schwester als Nazi verurteilt, doch steht nun die Frage im Raum, ob Emma der Schwester als Schwester verzeihen müsste, ob sie ihre Barmherzigkeit wieder aussenden sollte. Elsa ist als Emmas Schwester nicht eine anonyme Person, sondern sie steht in unmittelbarer emotionaler Nähe zur Heldin und erfährt dadurch Sympathie und Entschuldigung. Einmal mehr erweist sich die Ambivalenz des Romans: Einerseits plädiert der Erzähler mit der Frage an Emma dafür, nicht zu richten oder gar zu strafen, andererseits klagt er die sich in der Nachkriegszeit versteckenden deutschen Täter mit ironischem Unterton an:

> Die Hunderfünfzigprozentigen hatten ihre Abzeichen vergraben, ihre braunen Hemden verbrannt, die uniformeitlen Knaben und Halbwüchsigen trugen wieder alte Pullover und Matrosenanzüge. Was für eine harmlose Gesellschaft allerorten in den Kellern saß und nie ach, woher denn, mitgemacht hatte! (SB 243)

An anderer Stelle erhebt sich der Erzähler sogar zum Richter über einen deutschen Täter, der von einem Russen erschossen wird: »[S]chon stand er an der Mauer und empfing seine Kugel und hatte sie sich wahrlich zwölf Jahre hindurch verdient.« (SB 244) Im Kern zielt die Frage des Erzählers an Emma auf das Zusammenleben der deutschen Gesellschaft nach dem Krieg und den Umgang mit den schuldig gewordenen Deutschen. Die in der Protagonistin implementierte Botschaft des Verzeihens und Liebens zahlt allerdings den Preis des Schweigens und Verdrängens.[343] Wenn der Roman mit der Barmherzigkeit ein besonders tugendhaftes Handeln proklamiert, sitzt er einem Paradox der damals vorherrschenden Vergangenheitspolitik auf:

> Denn […] [der] faktische Stillstand bei der Ahndung der NS-Verbrechen bedeutete nicht nur eine aktive Begünstigung der Täter, sondern auch die Perpetuierung eines moralischen Zerüttungszustands durch bewußten Verzicht auf das Bemühen um die Herstellung von Gerechtigkeit.[344]

343 Diese Ansicht entspricht ganz und gar der bundesdeutschen Vergangenheitspolitik der Zeit. So amnestierte der Bundestag mit dem Straffreiheitsgesetz schon 1949 sämtliche vor dem 15.09.1945 begangenen Straftaten und beendete bereits im Dezember 1950 durch bestimmte Richtlinien die Entnazifizierung. Durch das »Gesetz zur Regelung der Rechtsverhältnisse der unter Artikel 131 des Grundgesetzes fallenden Personen« im Mai 1951 erhielten Staatsdiener, die nach 1945 im Zuge der alliierten Entnazifizierung aus dem Beamtenverhältnis entlassen worden waren, die Möglichkeit zur Rückkehr in den öffentlichen Dienst der Bundesrepublik, 1954 erließ der Bundestag ein zweites Straffreiheitsgesetz. Vgl. Frei: *1945 und wir*, insbesondere S. 30–34.

344 Ebd., S. 33.

Hinter dem Aufruf zur Barmherzigkeit lässt sich die eigentliche Tugend – Herstellung von Gerechtigkeit durch dezidiertes Richten – verschleiern.

4.6.2 Russen und Polen – Besatzer und Besitzer

Die Darstellungen des Judenboykotts und der NS-Täter zeigen implizit auf, woraus Flucht und Vertreibung hervorgegangen sind. Zumindest Emma begreift den Einfall der sowjetischen Soldaten als historische Konsequenz, als »das Unausweichliche« und als »Vergeltung«, der man seit 1933 hat »gegenwärtig sein« müssen (SB 243). Wenn Romane der 1950er Jahre nur selten den Eroberungs- und Vertreibungsvorgang schildern und in der Regel mit dem Einfall der Roten Armee enden, umgehen sie einerseits die Frage nach der Integration der Vertriebenen im Westen und vermeiden andererseits eine Auseinandersetzung mit der Rolle der russischen Soldaten und der polnischen Umsiedler. *Die schlesische Barmherzigkeit* beschreibt jedoch sowohl das Verhältnis der Schlesier zu den russischen Besatzern als auch zu den eintreffenden polnischen »Besitzern« (SB 247). Dabei führt der Roman weder die Polen noch die Russen als rachsüchtige oder blutrünstige Täter vor, sondern bemüht sich um eine vergleichsweise differenzierte Beschreibung. Wie ahistorische und globale Erklärungen diesen Versuch jedoch immer wieder ambivalent überlagern, ist zu problematisieren.

Den russischen Einmarsch in das schlesische Dorf schildert Hoffmann zunächst als gewaltfrei (»Wie geht eine Eroberung vor sich? Unblutig zuweilen, was den Fuchsberg betraf und viel schneller als man denkt.« [SB 243]), ordnet ihn aber anschließend einmal mehr in einen größeren, überzeitlichen Zusammenhang ein:

> Eroberung war, ist und wird immer sein gemischt aus Taumel und Beutelust, Hunger, Erschöpfung, Übereilungen, Fehlgriffen, Rohheit, Menschlichkeit und Spuren von Güte. Selten wird sie unblutig, nie wird sie tränenlos sein. Sie ist die Frucht, von der Maßlosigkeit des Krieges gezeitigt, und der Besiegte muß von ihre essen, ob er will oder nicht« (SB 245)

Der Text parallelisiert durch die vermeintliche Überzeitlichkeit (»war, ist und wird immer sein«) die deutschen und russischen Eroberungen. Wenn diese Verallgemeinerung auf der einen Seite die Akzeptanz der Niederlage erleichtert, vermag sie auf der anderen Seite die zuvor insbesondere im Osten vorgenommenen deutschen Eroberungen zu neutralisieren. So erklärt der Roman das Verhalten der Russen ebenso aus den allgegenwärtigen Kriegserfahrungen: »[...] Es gab viele Gutartige darunter [unter den russischen Soldaten], kinderliebe, freigiebige. Aber sie waren eine müde Truppe, sie wollten Schnaps, sie wollten Essen, sie wollten Weiber.« (SB 244) Hoffmann zeichnet die Russen nicht dem nationalsozialistischen Propagandabild entsprechend als minderwertige, unzivilisierte, brutale Bolschewisten,[345] sondern kritischer.[346] Bei aller Relativierung werden dennoch die Vergewaltigungen deutscher Frauen unmissverständlich angesprochen und angeprangert. Allerdings stellt der Roman neben der Angst der Frauen dar, dass es deutsche Frauen gab, die sich den Russen willig hingaben:

> [N]icht immer wurde Gewalt getan […]. Sie [die Frauen, die sich freiwillig hingaben] sind jedoch als Ausnahme zu bezeichnen, gemessen an den Scharen derer, die sich wehrten, bewahrten, versteckten, […], die erlitten und es nicht ertrugen und ein Ende mit sich machten, und manche trugen daran ihr Leben lang und schwiegen davon. (SB 245)

Durch diesen Hinweis gerinnt die Darstellung der Vergewaltigungen nicht zum eingefahrenen rhetorischen Topos, der die Russen verteufelt und vorrangig der Konstruktion einer deutschen Opferidentität dienen soll.

Auf die Russen folgen die Polen, die nicht als Eroberer oder »Besucher« kommen, sondern als »Besitzer« (SB 247). Auch zwischen Polen und Deutschen kommt es zu Zwischenfällen: Wie einstmals der heilende und helfende Dr. Levy zum Opfer der Nazis wird, wird jetzt die deutsche Kinderärztin Opfer polnischer Männer. Ein Junge spielt der Frau einen Kinderstreich und trifft sie mit einem geschleuderten Kieselstein am Arm. Die Ärztin stellt ihn zur Rede, »nicht bedenkend, daß sie Abfall war eines Volkes, Wegwurf und vogelfrei, der Knabe aber immun.« (SB 251) Als einige polnische Männer in diesem Moment des Weges kommen, wollen sie ein Exempel an der Frau statuieren. Für die Männer kommt »es nicht in Frage, daß ein polnisches Kind von einer mit Armbinde – verfluchte Hündin – gerüttelt und geschüttelt« (SB 251) wird und sie schlagen sie blutig. Trotz dieses Vorfalls wird behauptet, dass in dem schlesischen Landstrich niemand den einziehenden Polen etwas Böses hätte tun wollen: »[K]einer […] hätte gewagt, den Leuten aus diesem Lande, die der Verderbnis entgangen waren, nur ein böses Wimpernzucken zu zeigen.« (SB 249) Der Text erklärt diesen deutschen Gewaltverzicht also implizit durch ein Verständnis und Mitgefühl für die Situation des polnischen Volkes. Dass die Deutschen den Einzug der Polen als Verlierer tolerieren mussten, wird nicht erwähnt und somit ein Mythos des Verständnisses und der Solidarität zwischen Polen und Deutschen genährt, der

---

345 Vgl. Silke Satjukow: *Besatzer. »Die Russen« in Deutschland 1945–1994.* Göttingen: Vandenhoeck und Ruprecht 2008, i. b. den Abschnitt »Das deutsche Bild von ›den Russen‹«, S. 41–43 sowie die Hinweise auf deutsche Propagandaplakate und s. g. »Schändungmeldungen«, die die Nationalsozialisten seit dem Näherrücken der Armee täglich in der Presse lancierten ebd., S. 43f.

346 Zu einem differenzierten Bild des sowjetischen Soldaten äußert sich Beata Halicka: *Polens wilder Westen. Erzwungene Migration und die kulturelle Aneignung des Oderraums 1945–1948.* Paderborn: Schöningh 2013, S. 92–94.

historisch nicht begründbar ist.[347] Dennoch ist hervorzuheben, dass Hoffmann das Zusammenleben von Polen und Deutschen in den unter sowjetische Herrschaft gefallenen Gebieten zwischen Kriegsende und den amtlichen Umsiedlungen des Jahres 1946 darstellt. Auch erkennt sie die politischen Hintergründe und reflektiert, dass die Polen keine böswilligen Landnehmer sind, sondern dass die polnischen Familien (wie später die Deutschen im Westen) Opfer »des gewaltsamen Zuzugs« (SB 251) sind. Diese Annäherung an die Polen bleibt jedoch, anders als eine Beschäftigung mit dem jüdischen Leid, nicht nur für die 1950er Jahre eine Ausnahme: »Generell ist der Antisemitismus in der deutschen Geschichte wesentlich besser aufgearbeitet als der Antipolonismus, der beide deutschen Staaten nach dem Zweiten Weltkrieg weiterhin prägte.«[348]

4.6.3 Opfergruppen: Juden, Polen, Deutsche

Die bisherigen Ausführungen haben deutlich gezeigt, dass *Die schlesische Barmherzigkeit* sich durch ein eigentümliches Nebeneinander verschiedener Opferfiguren auszeichnet. Im Zentrum des Romans steht mit Emma ein deutsches (weibliches)[349] Vertreibungsopfer. Neben anderen deutschen Opfern, dem kriegsversehrten Hans und der verwitweten Suse, stellt Hoffmann besonders die jüdischen Opfer des Holocaust dar. Unweigerlich resultiert daraus die Frage, in welches Verhältnis der Text die Vertreibungsopfer zu den Opfern der antisemitischen Hetze der Nazis setzt.

Obwohl ein deutsches Vertreibungsopfer Hauptfigur des Romans ist, versäumt Hoffmann es nicht, dieses Ausweisungsschicksal politisch und historisch zu kontextualisieren. *Die schlesische Barmherzigkeit* ist einer der wenigen frühen Romane zum Thema, der durch die explizite Behandlung des Holocaust Flucht und Vertreibungen der Deutschen reflektiert erfasst: Der Text thematisiert den Mord an den Juden nicht nur, sondern hebt auch hervor, dass dieser ohne Bei-

347 Zur Ankunft der Polen in den ehemals deutschen Gebieten und zum Zusammenleben der Polen und Deutschen in der Übergangszeit vgl. ebd., bes. S. 152–162. Halickas Ausführungen stehen im Gegensatz zur im Roman suggerierten Solidarität: »Beide Seiten hatten im Krieg viel gelitten und wiesen sich gegenseitig die Schuld für das erfahrene Leid zu. Die Deutschen leisteten 1945 – offenbar nach der Erfahrung der Gewalt der Roten Armee – keinen großen Widerstand und fügten sich resigniert und geschlagen der polnischen Verwaltung. Anderenfalls wäre die Zahl der Gewalt- und Racheakte seitens der Polen viel höher gewesen.« (S. 160).

348 Vgl. Philipp Ther: »Der Diskurs um die Vertreibung und die Falle der Erinnerung«, in: Thomas Strobel/Robert Maier (Hrsg.): *Das Thema Vertreibung und die deutsch-polnischen Beziehungen in Forschung, Unterricht und Politik*. Hannover: Hahn 2008, S. 29–47, hier S. 31.

349 Anna Rutka nimmt mit Tanja Dückers' *Himmelskörper*, Michael Zellers *Die Reise nach Samosch*, Reinhard Jirgls *Die Unvollendeten* und Günter Grass' *Im Krebsgang* vier neuere Vertreibungsromane aus einer Genderperspektive in den Blick. Anna Rutka: *Erinnern und Geschlecht in zeitgenössischen deutschen Familien- und Generationenromanen*. Lublin: Wydawn. KUL 2011.

spiel ist und in keinem Verhältnis zu den Erlebnissen der Flüchtlinge und Vertriebenen steht:

> Die Reisenden, welche die Kennzeichnung im Zug noch tragen mußten, rissen sie ab [...] und niemand kann ermessen, wie wohl ihnen das tat. Höchstens die Juden, aber das war noch etwas anderes, denn sie waren, die wenigen, die durchkamen hierzulande, als sie endlich den Stern ablegen konnten, dem Tod entronnen, und zwischen Tod und Drangsal klafft das Nichts, und deswegen ist und bleibt der Judenstern und seine Schmählichkeit unvergleichbar. (SB 278)

Die Unvergleichbarkeit des deutschen und des jüdischen Leids markiert der Roman auch sprachlich. Während das deutsche Leid etwa mit den Worten »Drunter und Drüber« (SB 241) fast flapsig bezeichnet wird, wird das jüdische Leid exakt und markant benannt: Spritzen, Kammern und Öfen werden erwähnt, Peitschen, Tritte, Hungerdrangsal und Folter (vgl. SB 233). So verbittet sich Hoffmann den direkten Vergleich deutschen und jüdischen Leids ebenso wie die Konstruktion von Holocaust und Vertreibung zu einem historischen Gesamtkomplex.[350] Statt einer Parallelisierung der beiden Geschehen deutet der Roman historische Kausalitäten an, etwa im Bild der Oder, über die es heißt: »[...] weil aus dem Brande im Tale der tausendfüßige Tod gekrochen ist, auch der Heimattod, der den Fluß hier zum wahrlichen letzten und Grenzfluß gemacht hat.« (SB 283) Die zunächst uneindeutige Wendung »der tausendfüßige Tod« expliziert der Text unmissverständlich, wenn er von den Konzentrationslagern berichtet, in denen Juden und auch Polen ermordet werden. Weiterhin wird die Kennzeichnung, die die Deutschen nach der Eroberung tragen müssen, unmissverständlich mit dem Holocaust in Verbindung gebracht: »Die weiße Binde war nichts anderes als ein zwangsweiser Trauerflor für den millionenfachen Auschwitzer Tod, doch das wußten die nicht, die sie trugen.« (SB 264) Das Wort »zwangsweise« markiert die Kausalität von Holocaust und den deutschen Verbrechen mit den Folgen in der Nachkriegszeit und exponiert die Verkettung der Naziverbrechen und der Ausweisung der Deutschen aus den Ostprovinzen.

Mit dem Nebensatz »doch das wußten die nicht, die sie trugen«, irritiert der Roman allerdings einmal mehr durch undurchsichtige und ambivalente Posi-

350 Vgl. zu diesen im Diskurs seit 1945 tatsächlich auszumachenden Strategien Hahn: »Beobachtungen zum Vertreibungsdiskurs«, hier besonders S. 80. Hahn führt zunächst Aussprüche Eugen Lembergs aus der unmittelbaren Nachkriegszeit an, die implizit das jüdische gegen das deutsche Leid aufrechnen: »[D]ie Opfer von Auschwitz, Majdanek usw. werden uns vorgehalten und haben den deutschen Namen furchtbar belastet, wobei allerdings die millionenfachen Morde, Vertreibungen, Deportierungen im deutschen Osten, unter den Augen der siegreichen Alliierten, nun ihrerseits furchtbar gegen die Ankläger sprechen.« Eugen Lemberg: *Geschichte des Nationalismus in Europa*, Stuttgart 1950, zitiert nach: Ebd., S. 80. Ähnliche Tendenzen weist Hahn auch für den späteren Diskurs der 1990er und 2000er Jahre nach.

tionierungen, wenn das angebliche Nichtwissen über ein Entschuldigungs- und Entlastungspotential verfügt.[351] Solche einschränkenden und entlastenden Momente stehen immer wieder der deutlichen Anklage der Nationalsozialisten und dem Mitempfinden mit dem jüdischen und polnischen Schicksal gegenüber. Dieser Opferstatus der Deutschen erscheint auch gestützt und potenziert, wenn der westdeutschen Aufnahmegesellschaft Ignoranz und Hochmut gegenüber den Vertriebenen vorgeworfen wird:

> Die jenseits der Grenze und westlicher noch und südlicher, ungestört in ihrem Besitz und Heimatrecht, hätten nur einen halben Tag in diesem Zug sitzen sollen! Aber sie saßen lediglich fest auf Kisten und Kasten und rührten sich nicht, diese zu öffnen, um etwa zu teilen. Sie wollten nichts von Schuld und erst recht nichts von Sühne, von Flüchtlingen aber überhaupt nichts wissen. (SB 269)

Deutlich zielt der Roman hier auf die gesellschaftlich-politische Zukunft und stellt die Frage nach der Integration der Vertriebenen im Westen. Das Leid der Ostdeutschen wird nicht nur den in Frieden und Reichtum lebenden Westdeutschen gegenübergestellt, sondern die Aufnahmegesellschaft mit der Unterstellung konfrontiert, sich dem politischen Weltgeschehen zu verschließen und sich aus der Verantwortung zu stehlen. Dieser Ausschluss der Westdeutschen aus der spezifischen Leiderfahrung stärkt die kollektive Identität der Gruppe der Vertriebenen. Dem Reden von »Sühne« korrespondiert eine weitere Textstelle, in der sich der Erzähler die »Ungerechtigkeit«, das »Schicksal der Ausweisung« (SB 269) abermals religiös gefärbt erklärt. Erneut scheint er auf der Suche nach einer umfassenden, einleuchtenden Rechtfertigung zu sein: »Warum aber sollte ihnen [den Vertriebenen] etwas erspart bleiben, denen die Buße auferlegt war für alle anderen mit?« (SB 269) Das Vertreibungsschicksal wird durch diesen ›Stellvertreter‹-Topos erneut mit einem allgemeineren Sinn belegt, der zudem die Anerkennung des Opferstatus in der Aufnahmegesellschaft einfordert.

5 Zwischenfazit (1945–1958)

Abschließend sollen die wichtigsten Ergebnisse der Romananalyse insbesondere im Hinblick auf die im Text angelegten Opfer- und Täterkonstruktionen zusammengefasst werden. Systematisch lassen sich hier erstmals diskursive Topoi

351 Vgl. zur Interpretation des zitierten Satzes Karina Berger: »Expulsion Novels of the 1950s. More than meety the Eye?«, in: Dies./Stuart Taberner (Hrsg.): *Germans as victims in the literary fiction of the Berlin Republic.* Rochester, NY: Camden House 2009, S. 42–55, hier S. 52. Jedoch verkürzt Berger das Zitat und erläutert den Nebensatz »doch das wußten die nicht, die sie trugen« nicht.

der Viktimisierung auflisten, die im Fortgang der Überlegungen auf ihre Kontinuitäten und Brüche untersucht werden können.

Zentrales Thema des Romans *Die schlesische Barmherzigkeit* ist die Suche nach einem übergeordneten Sinn im Weltgeschehen. Diese Sinnsuche ist sowohl im Inhalt als auch in den Erzählstrukturen angelegt. Sowie der Erzähler zwischen einer auktorialen und einer unsicheren Deutungsinstanz oszilliert, changiert Emmas Sicht auf die historischen Ereignisse zwischen einer Erklärung des Geschehens durch Gott oder das Schicksal und dessen Ablehnung. Ebenso ambig sind politische Positionsbeziehungen und Urteile, die anklingen, doch in der Regel entschärft oder nicht bis zu ihrem Ende verfolgt werden. Deutlicher Kenntlichmachung der Nationalsozialisten als Täter und der expliziten Beschreibung ihrer Hetze gegen die Juden stehen immer wieder Einschübe mit entlastender oder verschleiernder Funktion gegenüber.

Nimmt man den Roman als ein Diskursfragment ernst, müssen diese Ambivalenzen, das Hadern und die Unentschiedenheit als Positionen des Flucht-und-Vertreibungsdiskurses der 1950er Jahre erkannt werden. Die beschriebene Flucht-und-Vertreibungserfahrung kann dabei der deutschen Nachkriegsgemeinschaft, die zu deutlicher Parteinahme und Schuldeingeständnissen unfähig ist, zur Exemplifizierung einer allgemeinen (imaginierten) Schicksals- und Opfererfahrung gereichen. Der Roman ist der Bewältigungsversuch nicht nur des Heimatverlusts, sondern insbesondere einer unverstandenen, nicht begreifbaren Gewalt, die die Nationalsozialisten in Europa verbreiteten.

Dem Roman wird man nicht gerecht, wenn man, wie Helbig, ausschließlich hervorhebt, dass er trotz politischer Bezüge vorwiegend im Dokumentarischen und Erlebnishaften verhaftet bleibt und daher, wie andere Nachkriegstexte, tendenziell eskapistisch wirke.[352] Die Behauptung, der Text weise mehr oder minder starke Tendenzen zum Trivialroman auf, der durch die Verwendung stereotyper Charaktere und Handlungsabläufe gekennzeichnet sei,[353] berücksichtigt ebenso wenig den Status des Textes als Fragment eines umfassenderen Diskurses. Obwohl *Die schlesische Barmherzigkeit* einen pathetischen Ton anschlägt, der Inhalt melodramatisch gefärbt ist und die implizierte teleologische Geschichtsauffassung den Roman eskapistisch wirken lässt, thematisiert und kontextualisiert er immer wieder das politische Geschehen. Weniger gilt es, einen Schluss über die Autorin Hoffmann zu ziehen als über die Kollektivdisposition, die sich bei ihr wie in anderen Texten der Zeit widerspiegelt.

352 Vgl. Louis Ferdinand Helbig: »Schlesien als deutscher Kulturraum. Nachwirkungen im Romanschaffen schlesischer und über Schlesien schreibender Autoren nach 1945«, in: Frank-Lothar Kroll (Hrsg.): *Schlesien. Literarische Spiegelungen im Werk der Dichter.* Berlin: Duncker & Humboldt 2000, S. 187–200, hier S. 191.

353 Vgl. Helbig: *Der ungeheure Verlust*, S. 91.

Erkennbar ist trotz Kontextualisierung und Anklage in *Die schlesische Barmherzigkeit* ein Bedürfnis nach kollektiver Opferkonstruktion. Dieses Bemühen manifestiert sich in folgenden diskursiven Topoi, die einen Opferstatus potenzieren:

Ungerechtigkeitstopos (Abb. 4): das unschuldige Opfer
Indem die Hauptfiguren des Romans (Emma, Hans und Suse) als unschuldige, sittliche, gute Charaktere inszeniert werden, wird das über sie hereinbrechende Leid als besonderes ungerecht und unverdient hervorgehoben. Dieser Topos liegt auch der Zeitkomposition zugrunde. Die Zeit vor dem Krieg bzw. dem Einfall der Sowjets erhält einen ahistorischen, märchenhaften und damit unschuldigen Charakter.

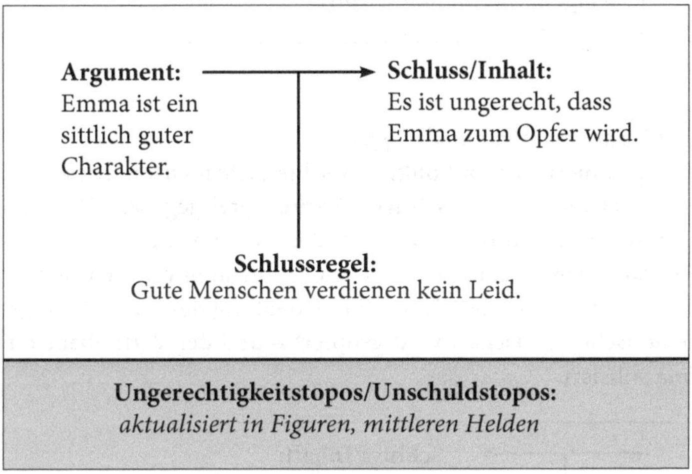

Abb. 4: Ungerechtigkeitstopos (in Hoffmann: SB)

Schicksalstopos (Abb. 5): das ausgelieferte Opfer
Das Geschehen deutet der Roman (textimmanent durch eingestreute, sentenzenhafte Gemeinplätze, Zeitsprünge und eine ambivalente Erzählerfigur[354] sowie auf der Handlungsebene insbesondere durch Emmas Perspektive) nicht als vom Menschen verschuldet, sondern als vom Schicksal hervorgerufen. Die Figuren zeigt der Roman als ausgelieferte, passive Subjekte, denen ein aktives Einwirken unmöglich ist. Diese Deutung entlastet auch Täter und Mitläufer und rückt sie in die Nähe der Opfer.

354 So gezeigt insbesondere im Kapitel »Der Erzähler als zeitgenössischer Chronist«.

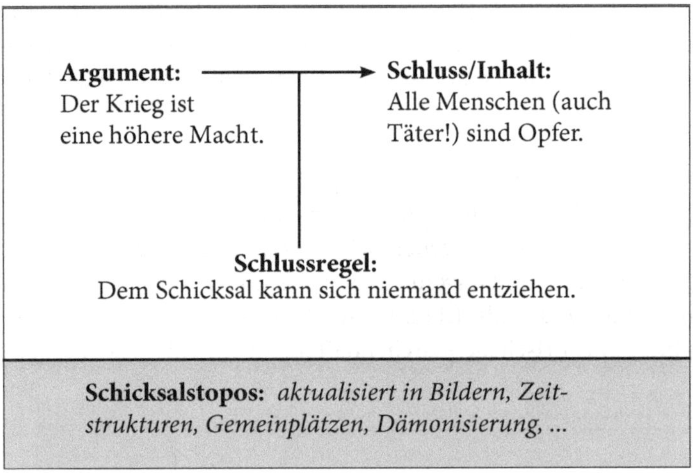

Abb. 5: Schicksalstopos

Verlusttopos (Abb. 6): das gesamtkulturelle Opfer

Die Romanhandlung situiert sich an konkreten schlesischen Orten. Diese sind mit dem Umbruch 1945/46 dem endgültigen Verlust preisgegeben. Der Text beschreibt die Landschaft genau und deutet an, dass diese nicht nur den Vertriebenen, sondern auch dem gesamten deutschen Kulturraum verloren sind. In dieser Perspektive ist dem Terminus ›Opfer‹ die Bedeutung des *sacrifice* eingeschrieben: Die schlesische Landschaft wird geopfert – und der Vertriebene dadurch zum *victime* stilisiert.

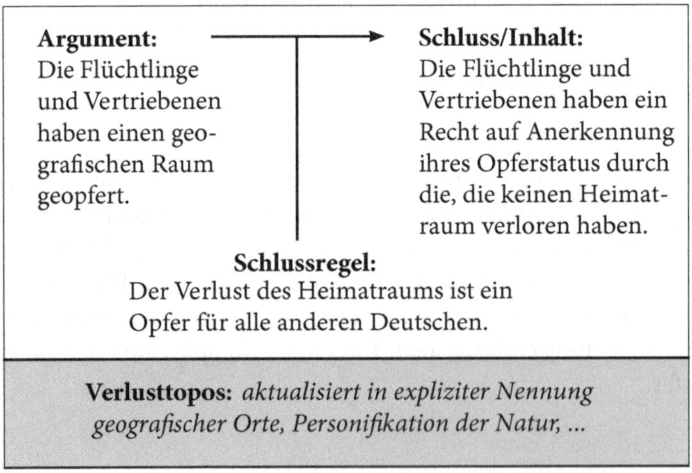

Abb. 6: Verlusttopos

Stellvertretertopos (Abb. 7): das sühnende Opfer
Nur zwei Textstellen zielen auf diesen abschließend zu nennenden Topos. Indem der Text proklamiert, dass die Vertriebenen ein Opfer (*sacrifice*) für die gesamte deutsche Bevölkerung bringen, fordern sie die Anerkennung als Opfer (*victime*) durch die Westdeutschen ein.

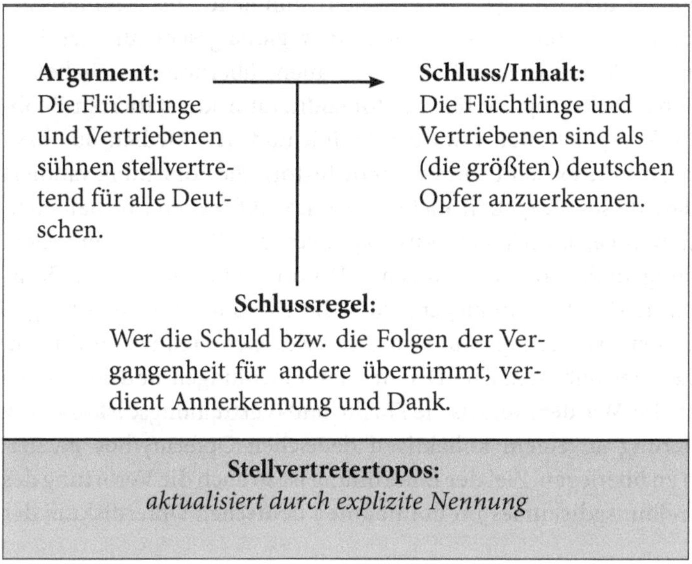

Abb. 7: Stellvertretertopos

6 Verhältnis zum außerliterarischen Diskurs (1945–1958)

Abschließend soll überlegt werden, in welchem Verhältnis die Flucht-und-Vertreibungsfiktionen der ersten Konjunkturphase zum außerliterarischen Diskurs der 1950er Jahre stehen. Es sind hier die »spezifischen Normen, […] Erscheinungs-, Wachstums- und Veränderungsbedingungen«[355], d. h. die diskursiven Kontexte,[356] die sich aus diskursiven Ereignissen zusammensetzen, zu rekonstruieren. Dabei handelt es sich um solche Ereignisse, die als mediale oder politische Ereignisse Richtung und Qualität eines Diskursstrangs grundlegend beeinflussen.[357] Es gehen zudem auch solche Ereignisse in den diskursiven Kontext ein, die nach Gerd Wiegel der »symbolischen Politik« zuzurechnen wären –

355 Vgl. Foucault: *Die Ordnung des Diskurses*, S. 39.
356 Vgl. Jäger/Jäger: *Deutungskämpfe*, S. 27.
357 Vgl. ebd.

> politische Handlungen und Äußerungen, die als Ereignis keine größere Bedeutung erlangen, deren Symbolgehalte jedoch über die einzelnen Ereignisse hinausweisen und so einen neuen Ton, eine neue Richtung in die Politik bringen.[358]

Bei dieser Einordnung in den diskursiven Kontext kann es nicht darum gehen, den gesamten öffentlichen Nachkriegsdiskurs zu Flucht und Vertreibung zu reproduzieren, zumal diese Aufgabe inzwischen zahlreiche, insbesondere geschichtswissenschaftliche Studien, gemeinhin in regionalgeschichtlicher Perspektive und mit Blick auf je spezifische Domänen, übernommen haben.[359] Vielmehr sollen überblicksartig die für die Romanliteratur konstatierten Beobachtungen mit Diskurspositionen etwa der Politik und den Medien ab- bzw. verglichen werden, die die existente, umfassende historische Forschung validiert hat. Trotzdem darf dieses Vorgehen nicht den Blick auf weitere, bisher nicht aufgedeckte oder weniger antizipierte Ausprägungen des Diskurses verstellen.

Die Rückbindung an den außerliterarischen Diskurs kann für die erste Konjunkturphase von 1945–1958 offenlegen, dass die fiktionalen Bearbeitungen einen entpolitisierten Erinnerungsraum an die verlorenen Heimat eröffneten, den der politische oder publizistische Diskurs den Flüchtlingen und Vertriebenen nicht bereitstellte. Wie der literarische Flucht-und-Vertreibungsdiskurs trotz dieser Depolitisierung an einem kollektiven deutschen Opfermythos partizipierte, ist sodann zu überlegen. Ziel der Einordnung ist so auch die Verortung des Flucht-und-Vertreibunsgdiskurses im dominanten deutschen Opferdiskurs der Nachkriegszeit.

Zunächst ist zu bemerken, dass das Thema Flucht und Vertreibung in der unmittelbaren Nachkriegszeit zum Alltag der Bundesdeutschen gehörte.[360] Das Privatleben der Flüchtlinge und Vertriebenen war ebenso wie das der Aufnahmegesellschaft, die z. B. Wohnraum abtreten musste, direkt von der Verlusterfahrung und der Zukunftsfrage beeinflusst. Darüber hinaus spielten Flüchtlinge und Vertriebene in der bundesdeutschen Politik und der allgemeinen Berichterstattung eine alltägliche Rolle. In den 1950er Jahren gehörte die Vertreibung der Deutschen mit Sicherheit zu den wichtigsten und geläufigen politischen Themen der Bundesrepublik.[361] Innenpolitisch stand die Integration der Ver-

---

358 Gerd Wiegel: *Die Zukunft der Vergangenheit. Konservativer Geschichtsdiskurs und kulturelle Hegemonie.* Köln: PapyRossa Verlag 2001, S. 57.

359 Vgl. z. B. den Band von Rainer Schulze: *Zwischen Heimat und Zuhause. Deutsche Flüchtlinge und Vertriebene in (West-)Deutschland 1945–2000.* Osnabrück: secolo 2001, der diverse Sonderaspekte versammelt, schließlich Einzelstudien wie Karin Pohl *Zwischen Integration und Isolation. Zur kulturellen Dimension der Vertriebenenpolitik in Bayern (1945–1975).* München: Iudicium 2009; Michael Hirschfeld: *Katholisches Milieu und Vertriebene. Eine Fallstudie am Beispiel des Oldenburger Landes 1945–1965.* Köln u. a.: Böhlau 2002; u.v.m.

360 Vgl. Urban: *Der Verlust*, S. 164.

361 Dies wird etwa sinnfällig, wenn man exemplarisch das *SPIEGEL*-Archiv nach Berichten über Flüchtlinge in den Nachkriegsjahren durchsucht.

triebenen sowie deren mögliche politische Organisation zur Diskussion,[362] außenpolitisch stellte sich die Frage nach den Außengrenzen Deutschlands und damit nach dem Verhältnis der Bundesrepublik zu Polen und Tschechien, aber auch zur UdSSR und der DDR.[363]

Die soziale und wirtschaftliche Integration der Flüchtlinge und Vertriebenen galt sowohl unmittelbar nach Kriegsende für die Alliierten als auch, nach Gründung der BRD, für die bundesdeutsche Regierung als wichtiges Projekt innerhalb des deutschen Wiederaufbaus – eine Aufgabe, der sich ab 1949 offiziell das Bundesministerium für Vertriebene, Flüchtlinge und Kriegsgeschädigte[364], das bis 1969 bestehen sollte, annahm. Während die Flüchtlinge mit dem Soforthilfegesetz 1949, dem Flüchtlingssiedlungsgesetz 1949 und schließlich dem Bundesvertriebenengesetz 1953 nicht nur materielle und humanitäre Unterstützung, sondern auch umgehend eine juristisch legitimierte besondere Stellung in der bundesdeutschen Gesellschaft erhielten,[365] konnten sie bis 1949 keine exponierte politische Rolle erwirken, da unter den Alliierten ein Koalitionsverbot galt.[366] Nicht nur, weil die Alliierten eine Grenzrevision von vornherein ausschlossen, sondern auch aus Angst vor einer Radikalisierung der Gruppe und vor inländischen Unruhen setzten insbesondere. die Amerikaner auf die Zwangsassimilation der Flüchtlinge.[367] Durch das Koalitionsverbot und den Versuch, die Gruppe der Flüchtlinge im Land so zu verteilen, dass soziale Bindungen unterbrochen wurden,[368] provozierten die Alliierten ein noch stärkeres Gefühl der Entwurzelung sowie die Entstehung nicht-parteilicher Organisationen wie das *Deutsche Flüchtlingswerk e.V.* oder Notverbünde unter dem Dach der Kirchen. Erst mit der Gründung der Bundesrepublik durften Vertriebene Parteien bilden (sofern sie sich bis dahin noch nicht einer anderen Partei angeschlossen hatten). 1950 formierte sich der *Block der Heimatvertriebenen und Entrechteten* (*BHE*). Insbesondere in Schleswig-Holstein, dem Bundesland, das 1950 mit 33 % den größten Anteil an Flüchtlingen an der Gesamtbevölkerung aufwies,[369] war die Partei erfolgreich. Auch bundesweit konnte der *BHE* Stimmen gewinnen, sodass 1953 bei der Bundestagswahl auch zwei Politiker des *BHE* als Minister ins Kabinett Adenauers einzogen.[370] Doch schon 1957 erreichte die Partei bei der Bundestagswahl nicht mehr die 5-Prozent-Hürde.[371]

---

362 Vgl. Urban: *Der Verlust*, S. 166f.
363 Vgl. ebd., S. 164.
364 Vgl. https://www.geschichte-vertriebenenministerium.de/ [Stand: 21.10.2020].
365 Vgl. zum Lastenausgleichsverfahren Kossert: *Kalte Heimat*, S. 92–109.
366 Vgl. Christian Habbe: »Der zweite lange Marsch«, in: Stefan Aust/Stephan Burgdorff (Hrsg.): *Die Flucht.* Bonn: Bundeszentrale für politisch Bildung 2003, S. 244–255, hier S. 249.
367 Vgl. Kossert: *Kalte Heimat*, S. 88.
368 Vgl. ebd., S. 139.
369 Vgl. »Drittes Reich im Kleinen«, in: *SPIEGEL* 49/1959, S. 29–42, hier S. 31.
370 Vgl. Habbe: »Der zweite lange Marsch«, S. 253.

Schon hier zeigt sich der Wandel der bundesdeutschen Vertriebenenpolitik von den Anfängen der 1950er Jahre bis zu ihrem Ende, der auch mit der erstarkenden Integration der Vertriebenen zusammenhängt: Selbst wenn viele Flüchtlinge und Vertriebene finanzielle Einbußen oder den Verlust ihrer Stellung hinnehmen mussten, waren sie Ende der 1950er Jahre beruflich eingegliedert. Das zwar durchaus kritisierte *Lastenausgleichsgesetz* hatte neben dem Fleiß und Engagement der Flüchtlinge und Vertriebenen zu ihrer raschen wirtschaftlichen Integration beigetragen. Auch sozial konnte die Gruppe Ende der 1950er Jahre, zwar mit Abschnitten, als eingegliedert gelten.[372]

Mit der zunehmenden Integration verloren die Vertriebenen sodann Ende der 1950er Jahre auch den Status einer spezifischen Ziel- und Wählergruppe. Bis dahin aber nutzten Parteien und Kommunen die Integrationserfolge kontinuierlich für ihre öffentliche Selbstdarstellung. Zur ersten Bundestagswahl 1949 gingen die Parteien gezielt in den Flüchtlingskreisen auf Stimmenfang (vgl. Abb. 8):

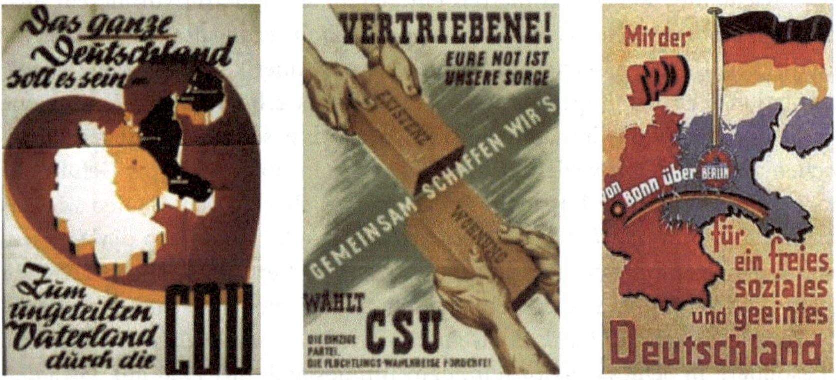

Abb. 8: Wahlplakate zur Bundestagswahl 1949[373]

Der offiziellen Rede über eine erfolgreiche wirtschaftliche wie soziale Vertriebenenintegration in der BRD der Nachkriegszeit stehen allerdings Dokumente gegenüber, die von den alltäglichen Ablehnungen der Vertriebenen in der Aufnahmegesellschaft zeugen.[374] Unter dem Eindruck von dokumentierter Missgunst und Fremdenhass wirken die in den frühen 1950er Jahren von westdeut-

371 Vgl. ebd, S. 254.

372 Zahlen zur beruflichen und sozialen Eingliederung der Flüchtlinge stellt der *SPIEGEL* vor: »Drittes Reich im Kleinen«, S. 32f.

373 https://www.bpb.de/lernen/grafstat/grafstat-bundestagswahl-2013/150059/1949-wahlplakate (Stand: 17.02.2021).

374 Vgl. Thomas Grosser: *Die Integration der Heimatvertriebenen in Württemberg-Baden (1945–1961).* Stuttgart: Kohlhammer 2006.

schen Städten übernommenen Patenschaften für ostdeutsche Städte einmal mehr wie artifizielle Solidaritätsbekundungen, die als politisches Instrument zu einem Verständnis zwischen Aufnahmegesellschaft und Flüchtlingen führen sollten.[375] In der Tat bedeutete Integration für die deutsche Nachkriegsgesellschaft offensichtlich nicht die gemeinsame Verarbeitung oder Anerkennung der Traumata, sondern eine bürokratisch geregelte, materielle Integration in Form von Wohnraum- oder Arbeitsplatzbeschaffung. Über affektiv-emotionale Aspekte des Heimatverlustes wurde in der Öffentlichkeit geschwiegen, sodass sich das öffentliche und private Gedächtnis der jungen Bundesrepublik sicherlich entgegenstanden.

Die Politik führte also in den ersten Nachkriegsjahren unter der Kontrolle der Alliierten und zugunsten eines in die Zukunft gerichteten Aufbauprogramms keinen sentimentalen Vertriebenendiskurs oder gar einen Vertriebenendiskurs als Opferdiskurs. Diese Richtung haben allerdings neben der Romanliteratur einerseits die Vertriebenenpresse[376] und andererseits frühzeitig die Wissenschaft eingeschlagen. Das *Bundesministerium für Vertriebene* förderte schon ab 1951 die mehrbändige *Dokumentation der Vertreibung der Deutschen aus Ost-Mitteleuropa*[377] unter der Federführung einer wissenschaftlichen Kommission. Im Vorwort betonen die Verantwortlichen nicht nur, dass ihre wissenschaftliche Behandlung von der »unbestechliche[n] Wahrheitsidee und nicht von dem Willen zur Anklage oder zur Rechtfertigung«[378] geleitet sei, sondern auch ihre »Sorge, Geschehnisse von der furchtbaren Größe der Massenaustreibung könnten in Vergessenheit fallen«[379]. Die Dokumentation als »Sammlung nachträglich verfaßter Erinnerungsberichte«[380] signalisierte Flüchtlingen und Vertriebenen also von Beginn an Interesse an ihren Erfahrungen und Erinnerungen. Weniger als wissenschaftliche Schrift denn als Anlaufstelle und identitätsstiftendes bzw. -bejahendes Archiv vermochte die *Dokumentation* die Erinnerungen der Vertriebenen ernst zu nehmen und diesen die Aura des Wissenschaftlichen zu verleihen. Denn in der Tat benutzen die Herausgeber kaum eine objektive, wissenschaftliche Sprache, wenn sie etwa betonen, dass in der Dokumentation »das Schicksal von Tausenden und Millionen seinen Ausdruck finden soll«[381].

---

375 Vgl. Kossert: *Kalte Heimat*, S. 157.

376 Die Vertriebenenpresse spielte damals eine wichtige Rolle für den Zusammenhalt der verstreut lebenden Landsleute. Vgl. Kossert: *Kalte Heimat*, S. 150.

377 Bezeichnenderweise ist eine Neuauflage im Taschenbuchformat 2004 bei *dtv* erschienen und verleiht der erinnerungskulturellen Formation der 2000er Jahre Ausdruck.

378 Theodor Schieder u. a. (Hrsg.): *Die Vertreibung der deutschen Bevölkerung aus den Gebieten östlich der Oder-Neisse*, Bd. I/1. Bonn: Bundesministerium für Vertriebene 1953, S. I.

379 Ebd.

380 Ebd., S. II.

381 Ebd., S. I. Als Beiheft zur Dokumentation erschien ein Tagebuch der Rundfunksprecherin Margarete Schell, in dem sie die Freundlichkeit der Tschechen den Deutschen gegenüber

Wenn diese offizielle Schrift also Wörter wie »Schicksal« und schließlich auch die Bezeichnung »Opfer« gebraucht, betoniert sie bestimmte Deutungsmuster zusätzlich, die wie nachgewiesen z. B. auch in der Romanliteratur bedient werden.

Neben der innenpolitischen Aufgabe, die Flüchtlinge im Land zu integrieren, sah sich die junge Bundesrepublik mit außenpolitischen Herausforderungen konfrontiert. Die Frage nach einer Rückkehr in die Gebiete östlich von Oder und Neiße und damit nach einer Revision der Grenzziehungen blieb die wohl spannungsreichste Frage für die bundesdeutsche Innen- wie Außenpolitik. In dieser Frage bewegten sich die tonangebenden Politiker insbesondere in Verlautbarungen auf der innenpolitischen Bühne deutlich zweischneidig. Schon unmittelbar nach Kriegsende äußerten sich deutsche Politiker einerseits mit Zustimmung und erkannten die Gebietsabtretungen als gerechtfertigt an, schränkten ihre Wortwahl aber andererseits immer wieder derart ein, dass die Vorstellung von einer Rückkehr in die Ostgebiete möglich blieb. Auch Adenauer hielt, obwohl Briten und Amerikaner schon auf der *Potsdamer Konferenz* ausdrücklich klargemacht hatten, dass es ein Deutschland in den Grenzen von 1937 nie wieder geben würde und dass selbst eine deutsche Wiedervereinigung die Gebiete hinter Oder und Neiße nicht einschließen würde,[382] offiziell an der Rede von einem Deutschland in den Grenzen von 1937 und damit an den Vertriebenen als wichtige Wählergruppe fest. In seiner Regierungserklärung 1949 erklärte der erste deutsche Bundeskanzler: »Diese Abtrennung widerspricht nicht nur dem Potsdamer Abkommen, sie widerspricht auch der Atlantik-Charta vom Jahre 1941, der sich die Sowjetunion ausdrücklich angeschlossen hat.«[383] Doch in einem seiner s. g. »Teegespräche« soll Adenauer im Jahr 1957 geäußert haben:

> Man kann nicht alles wieder zurückdrehen, das halte ich für ausgeschlossen. Die Russen haben die Polen nach Westen gebracht, die Deutschen weiter nach Westen. Jetzt kann man nicht die Polen dahin zurückbringen. Daher muss eine Verständigung mit Polen gefunden werden, vielleicht auch auf europäischer Basis.[384]

---

hervorhebt. Auf diese Publikation reagierten Vertriebenen-Publizisten empört und kritisierten die gesamte Dokumentation samt Herausgebern sogar als »Propagandaschrift der Prager Kommunisten«. Einige Vertriebenenfunktionäre forderten eine zukünftige Teilhabe an der Dokumentation und ein Lektorat ihrerseits, damit die Dokumentation bei aller Wissenschaftlichkeit »gewisse politische Ziele nicht aus den Augen verliere«. »Der blaue Po«, in: *SPIEGEL*, 27.08.1958, S. 17.

382 Vgl. die Potsdamer Protokolle unter: https://potsdamer-konferenz.de/dokumente/potsdamer_protokoll.php#III (Stand: 04.07.2018).

383 https://www.konrad-adenauer.de/dokumente/erklaerungen/1949-09-20-regierungserklaerung (Stand: 22.12.2017).

384 Konrad Adenauer: *Teegespräche*, Bd. 2: 1955–1958. Bearb. v. Hanns Jürgen Küsters. Berlin: Siedler 1986, S. 201 f.

Auch in der offiziellen *Charta der Heimatvertriebenen* 1951 betonte man den Verzicht »auf Rache und Vergeltung«[385], behielt aber die Rede von einem »Recht auf die Heimat«[386] bei. Während die DDR mit dem *Görlitzer Vertrag* schon 1950 Oder und Neiße als »unantastbare Friedens- und Freundschaftsgrenze«[387] anerkannte, hob die Bundesregierung in ihrem Kommentar auf diesen Vertrag hervor, dass diese Gebiete nur unter der »einstweiligen Verwaltung« der SBZ und der Republik Polen stünden.[388] Die großen Parteien CDU und SPD lehnten einen ›Verzicht‹ auf die verlorenen Gebiete Anfang der 1950er Jahre also öffentlich ab. Im offiziellen Sprachgebrauch blieb die Grenzfrage »völkerrechtlich offen«[389], zumal die BRD außenpolitisch kaum reagieren konnte. Bis 1955 ohne Außenministerium und von den Siegermächten kontrolliert, blieb sie zunächst unsouverän.

Der Glaube an die Grenzrevision schwand allerdings unter den Vertriebenen mehr und mehr. Während 1951 noch 80 % an eine Rückkehr glaubten, waren es nach dem Arbeiteraufstand in der DDR 1953 nur noch 66 % und nach dem Bau der Mauer 1961 nun noch 29 %.[390] Ein rascher Zusammenbruch des Ostblocks war nach diesen Ereignissen nicht mehr zu erwarten. Unter diesen Entwicklungen verloren die Zusammenschlüsse von Vertriebenen an Bedeutung, sodass der *SPIEGEL* Ende 1959 für die Vertriebenenpolitik eine »Wendemarke«[391] konstatierte. Nach der erfolgreichen wirtschaftlichen, aber auch sozialen Integration der Heimatvertriebenen in die westdeutsche Gesellschaft ließ sich mit der Forderung nach einer Rückkehr in die verlorenen Ostgebiete kaum noch breite Politik machen. Auch ehemals erfolgreiche Vertriebenenparteien hatten sich Ende der 1950er Jahre, wie der *BHE*, aufgelöst.[392] Brisant blieb das Thema allerdings weiterhin, und die Vertriebenen hatten als politische Interessengruppe nicht gänzlich an Macht eingebüßt. In der Tat erreichte die Lobby der Heimatvertriebenen noch im Juli 1959 die Abkehr der Bundesregierung von einem Pakt mit Warschau und Prag,[393] – Annäherungen der Bundesregierung an Polen und

385 http://www.bund-der-vertriebenen.de/charta-der-deutschen-heimatvertriebenen/charta-in-deutsch.html (Stand: 01.07.2018).

386 Ebd.

387 »Abkommen über die deutsch-polnische Staatsgrenze zwischen der DDR und der Volksrepublik Polen (Görlitzer Abkommen vom 06.07.1950)«, in: Herder-Institut (Hrsg.): *Dokumente und Materialien zur ostmitteleuropäischen Geschichte. Themenmodul »Volksrepublik Polen«*. Bearb. von Ingo Eser. Online: https://www.herder-institut.de/resolve/qid/505.html (Stand: 18.05.2021).

388 Erklärung des Deutschen Bundestages, verlesen von Alterspräsidenten Paul Löbe (SPD). Zitiert nach: Urban: *Der Verlust*, S. 165.

389 Ebd., S. 166.

390 Vgl. ebd., S. 167.

391 »Drittes Reich im Kleinen«, S. 29.

392 Ihre Anhänger gingen vornehmlich in der *CDU* auf.

393 Vgl. »Drittes Reich im Kleinen«, S. 30.

Tschechien, die von den Vertriebenenfunktionären immer wieder als »Verzichtpolitik« angeprangert wurden.[394] Trotz eines einsetzenden (erinnerungs)-politischen Wandels blieb der Einfluss der Vertriebenenfunktionäre auf die Bundespolitik, die sich von der wichtigen Wählergruppe noch immer nicht lösen wollte, also auch 1959 noch stark.

Auf die erfolgreiche Integration und die zunehmende Erkenntnis einer Unmöglichkeit der Rückkehr reagierten die Vertriebenenverbände mit einer Veränderung in ihrer Ansprache. Ab Ende der 1950er Jahre nahm ein kulturhistorisch motiviertes, oftmals sentimental überformtes Heimatbild rhetorische Fahrt auf, nachdem sozio-ökonomische Argumente nicht mehr auf Resonanz stießen.[395] Dieser politisch begründete, zunächst rhetorische Wandel kann durchaus als Geburtsstunde jenes sentimentalen Heimatbildes gelten, das in den Folgejahrzehnten zum erinnerungskulturellen Stereotyp anwuchs. So veränderte sich auch die Ausrichtung der Interessensverbände, die ihre Rolle und eine bundesdeutsche Vertriebenenpolitik nun über den Heimatgedanken zu legitimieren suchten.[396] Auch auf den Vertriebenenkundgebungen rückte man seit Ende der 1950er Jahre von der Vorstellung einer politischen Interessengruppe ab, vielmehr wurde auch hier das Bild einer Erfahrungsgemeinschaft fokussiert bzw. erschaffen. Entsprechend wurden Unterschiede zwischen den einzelnen Vertreibungsregionen in diesem Zeitraum zugunsten einer Identitätskollektivierung eingeebnet, wenn kleinere landsmannschaftliche Gruppierungen in den großen Verbünden aufgingen. Eine Umfrage unter Vertriebenen im Jahr 1959 lässt vermuten, dass der sentimentale Heimatgedanke unter den Heimatvertriebenen Anklang fand. Auf die Frage, ob man, wenn möglich, heute in die verlorene Heimat zurückkehren wolle, antworteten mit »Ja« 71 % der 16- bis 30-Jährigen, 63 % der 30- bis 50-Jährigen, 65 % der 50- bis 65-Jährigen und 62 % der über 65-Jährigen.[397] Insbesondere junge Menschen, unter ihnen solche, die zum Zeitpunkt von Flucht und Vertreibung noch keine fünf Jahre alt waren, zeigten sich für die sich vermehrt auf Reminiszenzen stützende Vertriebenenpolitik empfänglich.

* * *

Dass mit den Erinnerungen an die verlorene Heimat und die geteilte Verlusterfahrung Konjunktur zu machen war, haben die frühen Romane zum Thema bereits belegt. Außenpolitische Fragen werden in den Texten gar nicht, innen-

394 Auch Adenauer habe als Dauerwahlkämpfer den Vorwurf gescheut, zu den »Verzichtpolitikern« zu gehören. Vgl. ebd., S. 30.
395 Vgl. ebd., S. 33.
396 Vgl. ebd.
397 Ebd., S. 35.

politischen Themen nur am Rande literarisiert. Die politischen Entwicklungen sind den Romanen der Zeit offensichtlich fremd, gelten nicht als erzählens- und erwähnenswert oder werden bewusst umgangen. Keiner der Texte erwähnt Adenauer, den BdV oder die Charta der Vertriebenen. Selbst das für die Privatpersonen wichtige Lastenausgleichsgesetz findet in der Regel keinen Eingang in die Fiktionen – die Erinnerung an die verlorene Heimat dominiert. Diese apolitische Haltung führt zurück in die generelle Weigerung der Romane, auf die gesellschaftlichen, strukturellen oder politischen zeitgenössischen Entwicklungen einzugehen. Alle Romane situieren ihre Handlung in der Vergangenheit. Wie am Beispiel von Die schlesische Barmherzigkeit gezeigt, sparen sogar die meisten Romane die Ankunft im Westen aus. Das unmittelbar angrenzende und in der Nachkriegsöffentlichkeit dominante Thema der Integration der Flüchtlinge und Vertriebenen wird folglich ebenfalls ausgeklammert. Im vorgestellten Textkorpus finden sich nur wenige Romane, die sich dem Leben der Vertriebenen im Westen widmen und somit die Integration problematisieren. Soziale oder ökonomische Missstände und den offiziellen Erfolgsdiskurs hat die fiktionale Literatur nicht angeprangert. Vielmehr hat gerade die Kupierung umfassender Flüchtlingsgeschichten dem bundesrepublikanischen Narrativ einer erfolgreichen Integration Vorschub geleistet, überließ sie doch die Deutung des alltäglichen Gegenwartsgeschehens der Politik, die nur allzu gerne den Erfolg von Eingliederung und einer Partizipation Einheimischer wie der Flüchtlinge am Wirtschaftswunder proklamierte.[398] Im Zentrum der Romane stehen Erinnerungen, die sie retrospektiv aufrufen, nicht aber Verhältnisse oder gar Probleme der Gegenwart. In ihrer apolitischen Haltung blieben die Texte so auch der öffentlichen Haltung konform und vermochten auf dem allgemeinen Literaturmarkt zu reüssieren.

Entsprechend lässt sich für die Romanliteratur der 1950er Jahre auch nicht nachweisen, was Ther über die Politisierung des Themas während des Kalten Krieges schreibt:

> In den 1950er Jahren ließ sich damit eine weitere, normativ begründete Front gegen die Staaten des so genannten Ostblocks aufbauen. Den Opfern von Flucht und Vertreibung, die in die westdeutsche Gesellschaft vermeintlich solidarisch integriert wurden, standen die dämonisierten »Vertreiberstaaten« im Osten gegenüber.[399]

398 Vgl. dazu auch Doris von der Brelie-Lewien: »Zu Rolle der Flüchtlinge und Vertriebenen und der deutschen Nachkriegsgeschichte – Ein Forschungsbericht«, in: Schulze u. a. (Hrsg.): *Flüchtlinge und Vertriebene in der westdeutschen Nachkriegsgeschichte*, S. 24–45, hier S. 25f. Von der Brelie-Lewien stellt fest, dass auch in der Forschungsliteratur »[d]ie Perspektive der Flüchtlinge, die auch ihre persönliche Vorgeschichte bis zur Flucht, Ankunft und dem Einleben im Westen umfaßt, […] noch in keiner Veröffentlichung durchgehalten worden« ist (S. 24).

399 Ther: »Der Diskurs um die Vertreibung und die Falle der Erinnerung«, S. 30.

Die literarischen Bearbeitungen der Frühphase sparen den Ost-West-Konflikt aus, wodurch sie ferner die Frage nach einer Aussöhnung insbesondere des deutschen und des polnischen Volks oder die Frage nach einer Grenzrevision umgehen. So proklamieren die Texte auch nicht das Recht auf Heimat oder verkünden die Rückkehr in die verlorenen Gebiete, selbst wenn noch 1951 80 % der Vertriebenen glaubten, dass die Gebiete hinter Oder und Neiße wieder deutsch würden.[400] Dies gilt auch für das Bild des Polen, das die deutsche Publizistik der 1950er Jahre schuf:

> Das Verdrängen der eigenen Schuld und des eigenen Versagens, gepaart noch mit Nichtwissen namentlich über den Krieg und die Besatzungspolitik in Osteuropa hatte zur Folge, dass die Polen fast ausschließlich nicht als Opfer, sondern als Täter wahrgenommen wurden, nämlich als Volk, das die Deutschen aus seit Jahrhunderten unstreitig deutschen Gebieten vertrieben und deren Eigentum übernommen hatte. Daraus folgte, dass in der Publizistik der fünfziger Jahre die Tendenz vorherrschte, die Deutschen als Opfer der Polen darzustellen.[401]

Jedwede direkte politische Instrumentalisierung von- zumal privaten - Erinnerungen liegt den Autoren der Romane in den 1950er Jahren augenscheinlich fern.

In dieser frühen Bearbeitungsphase erhält die Fiktion also in erster Linie das Potential eines Erinnerungs- bzw. Möglichkeitsraumes, in dem verlorene, erinnerte Welten wieder erschaffen werden können. Diese Erinnerungen, die in den öffentlichen Debatten mindestens bis in die Mitte der 1950er Jahre keinen Raum finden, werden in den ersten Nachkriegsjahren also in die Fiktion ausgelagert, die damit einen, zwar nicht mächtigen, aber dennoch wichtigen, eskapistischen Gegendiskurs darstellt. Die Romane wirken dabei durch ihre Identifikationsangebote durchaus mit an dem von Goschler konstatierten »integrationistischen Opferdiskurs«, in dem man sich mit dem Schicksal der Vertriebenen um der eigenen Entlastung willen identifizierte.[402] Darin liegt auch ein spezifisches soziopsychologisches Potential der Erzähltexte verborgen, die mit dem Angebot eines imaginierten gesamtdeutschen Opferstatus die Opferkonkurrenz zwischen den Vertriebenen und der westdeutschen Nachkriegsgesellschaft, die darum bemüht war, ihr eigenes Schicksal in eine Opferperspektive zu rücken,[403] aufzulösen vermochten.

---

400 Zitiert nach Urban: *Der Verlust*, S. 167.

401 Ebd., S. 168.

402 Vgl. Goschler: »›Versöhnung‹ und ›Viktimisierung‹«, S. 875.

403 Vgl. Hinweis auf Klaus J. Bade: *Homo Migrans - Wanderungen aus und nach Deutschland. Erfahrungen und Fragen* in Kossert: *Kalte Heimat*, S. 12.

V Die »linken« 1960er Jahre? (1959–1968): Vergangenheitsaufarbeitung vs. Eskapismus

1 Literarischer Flucht-und-Vertreibungsdiskurs 1959–1968

Sind in der ersten Bearbeitungsphase von 1949 bis 1958 wie ausgeführt (neben autobiografischen und dokumentarischen Texten) noch unzählige Romane über den ostdeutschen Heimatverlust erschienen, die sich sowohl in ihren Erzählmechanismen als auch insbesondere in ihren expliziten und impliziten Deutungen der Verlusterfahrungen stark ähneln, treten dieser homogenen Literatur ab 1959 wenige sowie zudem unterschiedliche und polarisierende Erzähltexte über den ostdeutschen Heimatverlust entgegen:

- Kurt Ihlenfeld: *Der Kandidat* (1959)
- Günter Grass: *Die Blechtrommel* (1959)
- Hajo Knebel: *Jahrgang 1929* (1962)
- Kurt Ihlenfeld: *Gregors vergebliche Reise* (1962)
- Peter Faecke: *Die Brandstifter* (1963)
- Margarete Kubelkas: *Odysseus kommt zu spät* (1963)
- Utta Danella: *Der Maulbeerbaum* (1964)
- Hajo Knebel: *Martinswaldau. Eine schlesische Chronik* (1965)

Der quantitative Rückgang der Flucht-und-Vertreibungsromane bei gleichzeitig steigender Deutungspluralität ist zentrales Merkmal der zweiten Bearbeitungsphase zwischen 1959 und 1968.[404]

404 Vgl. zum Rückgang der Romane die Übersicht der unter meinen Analysekriterien extrahierten Texte im Anhang. Es sei an dieser Stelle an Dornemanns Rechnung erinnert, nach der in der Dekade von 1960–1971 die Zahl der literarischen Bearbeitungen zum Thema von 100 % (1951–1960) auf 81 % fiel (vgl. Anmerkung 2, S. 82). Dornemann schließt in diese Rechnung jedoch Prosaliteratur und Erlebnisberichte ein und unterscheidet nicht zwischen Ost- und Westdeutschland (vgl. Dornemann: *Flucht und Vertreibung in Prosaliteratur und Erlebnisbericht*, S. VII). Seine Zäsuren setzt Dornemann allerdings ausschließlich nach Dekaden, sodass ihm etwa der durch *Die Blechtrommel* provozierte Einschnitt 1959 entgeht. Ästhetische Kriterien integriert er nicht in seine Phaseneinteilung.

Günter Grass' 1959 publizierter Roman *Die Blechtrommel* gilt mir als Zäsur des literarischen Vertreibungsdiskurses.[405] Auf die von Unterhaltung und latenter Trivialität geprägte, tendenziell schematische Nachkriegsliteratur, in der eine religiös gefärbte Sinnsuche und übergeordnete Entlastungsstrategien vorgeherrscht haben, trifft nun eine poetische Auseinandersetzung, die Deutschland nicht nur eine Rückkehr zu Weltniveau beschert, sondern neue Erzählstrategien (hier die Anlehnung an den Schelmenroman) in den literarischen Flucht-und-Vertreibungsdiksurs einbringt und dabei den historisch-politischen Kontext reflektiert.[406]

Auffällig experimentieren auch Kurt Ihlenfeld in *Gregors vergebliche Reise* (1962) (vgl. die folgende Analyse) und Peter Faecke in seinem Debütroman *Die Brandstifter* (1964) mit Erzählstrategien und bemühen sich um eine Ablösung überkommener Deutungsmuster. Faeckes Roman markiert schon aufgrund der Angehörigkeit des Autors zur Nachkommengeneration einen Wandel im literarischen Diskurs. Der in Schlesien geborene Faecke war zum Zeitpunkt der Vertreibung sechs Jahre alt. Aufgrund seiner biografischen Entfernung vermag sich Faecke seinem Gegenstand distanziert anzunähern und eine kritische, kunstvolle Parabel auf die jüngste deutsche Geschichte zu erzählen. Der Roman spielt in den 1960er Jahren, er erzählt nicht wie die meisten Texte der ersten Konjunkturphase retrospektiv, sondern thematisiert die Auswirkungen deutscher Vergangenheit auf die gegenwärtige Gesellschaft und damit auch auf die Nachkommen.[407]

---

405 Damit folge ich der allgemein geläufigen germanistischen Praxis, *Die Blechtrommel* als Zäsur der bundesdeutschen Literaturentwicklung zu sehen. Für mich ist sie als Einschnitt des literarischen Flucht-und -Vertreibungsdiskurses im Besonderen von Bedeutung. Tatsächlich ist der Roman als »Vertreibungsroman« bisher wenig untersucht worden. Eine wichtige Ausnahme stellt hier einmal mehr Helbig in seiner Studie *Der ungeheure Verlust* dar, der sein Augenmerk direkt auf die für das Thema relevanten Kapitel des Romans lenkt. Diesem Ansatz folgt Herman Beyersdorf: »›…den Osten verloren‹. Das Thema der Vertreibung in Romanen von Grass, Lenz und Surminski«, in: *Weimarer Beiträge* 38/1, 1992, S. 46–67. Außerdem behandelt Björn Schaal den Roman ausführlich unter diesem Aspekt in seiner Studie *Jenseits von Oder und Lethe.* Elisabeth Krimmer fragt sogar explizit nach der Inszenierung von Opfern und Tätern im Roman *Die Blechtrommel* im Vergleich zu Grass' späterer Novelle *Im Krebsgang* (2002). Elisabeth Krimmer: »›Ein Volk von Opfern?‹ Germans as Victims in Günter Grass's *Die Blechtrommel* and *Im Krebsgang*«, in: *Seminar: A Journal of Germanic Studies* 44/2, 2008, S. 272–290.

406 Willms konstatiert diesen Wandel bereits ab 1955. Sie stellt eine Phase des Übergangs von 1955 bis 1960 fest, in der einerseits Elemente der unmittelbaren Nachkriegszeit beibehalten werden und besonders unterhaltende Texte erfolgreich sind, anderseits erkennt sie erste kritische Differenzierungen insbesondere der deutschen Opferrolle (S. 253) sowie eine Hinwendung zu ambivalenten Weltmodellen statt eines Festhaltens an naiven und eindeutigen Ordnungen. Vgl. Willms: *Die Suche nach Lösungen*, S. 253 und S. 256.

407 Peter Faecke: *Die Brandstifter.* Olten: Walter-Verlag AG 1963.

Neben diesen formal und ästhetisch experimentellen Texten stehen ab 1959 solche, die die Deutungen und Erzählweisen der ersten Phase fortsetzen. Hajo Knebels Erzählungen etwa, sein 1962 erschienener Roman *Jahrgang 1929* sowie der 1969 publizierte zweite Roman *Martinswaldau. Eine schlesische Chronik der verlorenen Heimat*, können nicht mit einer hochliterarischen Ästhetik aufwarten. Beide Romane widmen sich jeweils unter offenem Bekenntnis zum autobiografischen Hintergrund dem Heimatverlust und lassen sich als Erinnerungsliteratur klassifizieren, die deutlich in der Tradition der ersten Bearbeitungsphase steht.

Darüber hinaus erscheint mit Henry Jaegers Debütoman *Die Festung*[408] im Jahr 1962 ein populärer Unterhaltungsroman zum Thema, der 1964 mit Martin Held, Heidelind Weis und Hildegard Knef verfilmt wird.[409] Der Roman erzählt mit viel Humor, wie die Familie Starosta versucht, im Westen Fuß zu fassen und einzelne Familienmitglieder dabei zunehmend kriminell werden. Sie sollen eine als Notunterkunft genutzte Festung verlassen und müssen aus dieser aber nach ihrer Weigerung mit Gewalt herausgeholt werden.[410] Während alle anderen Familien bereits Arbeit und neue Wohnungen gefunden haben, ist insbesondere Vater Starosta nicht fähig, sich zu etablieren. Der Roman lässt dabei bewusst offen, ob diese Unfähigkeit auf den Verlust der Heimat oder eine bereits zuvor vorhandene Lebensuntüchtigkeit zurückzuführen ist. Nur selten erinnert der Text an die Herkunft der Starostas, in der Regel konzentriert er sich auf das tragisch-komische Schicksal der Familie in ihrer neuen Lebenssituation. Jaegers Ziel ist es offensichtlich nicht, mangelhafte Integrationsmaßnahmen der Regierung oder mangelnden Integrationswillen der Vertriebenen vorzuführen, sondern auf die Menschen und ihre Bedürfnisse, Träume und Fehler zu blicken.

---

408 Henry Jaeger: *Die Festung.* München: Kurt Deutsch Verlag 1962.

409 Der Roman avancierte – in 17 Sprachen übersetzt – zum internationalen Bestseller und erreichte eine Weltauflage von 750.000 Exemplaren. Vgl. Knud Kohr: »Rudi Zimmermanns letzte Runde«, in: *In den Seilen* 14, 12.06.2007, S. 1–3. Online: http://www.indenseilen.de/dateien/ausgaben/ids_14_120607.pdf (Stand: 05.05.2015). Diese Zahl ist umso bemerkenswerter, als dass sie Ausdruck eines breiten, über Flüchtlingskreise hinausgehenden Interesses am Schicksal einer aus Ostpreußen geflohenen Familie ist.

410 Damit reagiert auch dieser Roman auf das tagesaktuelle Geschehen: Zu lange Lageraufenthalte hätten den Eingliederungswillen der Bewohner untergraben. »Die jahrelange Gängelung durch die Behörden hatte ihr Selbstvertrauen und das Gefühl für Eigenverantwortung verkümmern lassen. Diese Lagerbewohner haben sich nicht selten der Lagerauflösung entgegengestellt. Viele von ihnen fanden sich nach 1969 in Obdachloseneinrichtungen wieder.« Kossert: *Kalte Heimat*, S. 70. Zum Leben in den Lagern und zum Räumungsprogramm ab Ende der 1950er Jahre vgl. W.O.: »›Noch 400000 Menschen leben im Lager‹«. Wohnungsprobleme von Flüchtlingen 1957«, in: *Handelsblatt* 29, 08./09.03.1957. Abgedruckt in: Werner Abelshauser: *Die langen Fünfziger Jahre. Wirtschaft und Gesellschaft in der Bundesrepublik Deutschland 1949–1966.* Düsseldorf: Verlag Schwann-Bagel 1987, S. 116–118.

Ferner publiziert die bundesdeutsche ›Auflagenkönigen‹ Utta Danella zwei deutlich triviale Romane zum Thema. Sowohl in *Der Maulbeerbaum* (1964) als auch in *Vergiß, wenn du leben willst* (1966) gerinnt die historische Situation zur Kulisse, vor der zahlreiche Liebeskonflikte ausgetragen werden (vgl. die folgenden Analysen).

Diese kurzen Einblicke in die wenigen erschienenen Romane zwischen 1959 und 1968 bezeugen deren Pluralität und Heterogenität. Inhalte, Deutungen der Vergangenheit, Subthemen und schließlich Erzählverfahren dieser Romane sind vielfältig und unterschiedlich, sodass es kaum möglich ist, die Literatur der Phase mit einem Schlagwort zu benennen. Zwischen 1959 und 1968 oszilliert die literarische Verarbeitung des ostdeutschen Heimatverlusts zwischen Politisierung und Trivialisierung. Offenbar erscheinen die Texte der zweiten Bearbeitungsphase in einem öffentlichen Klima, das zunehmend eine Deutungsvielfalt zulässt bzw. hervorbringt, und augenscheinlich erreichen sie auch ein heterogenes Publikum. Da eine einzelne Textanalyse diesem für die zweite Konjunkturphase charakteristischen Merkmal der Verschiedenartigkeit nicht gerecht werden kann, sollen im Folgenden zwei Extrembeispiele – Kurt Ihlenfelds *Gregors vergebliche Reise* und Danellas Trivialromane *Der Maulbeerbaum* sowie *Vergiß, wenn du leben willst* – die Spannbreite der Bearbeitungsstrategien des Themas aufzeigen.

2 Auswahl des Diskursfragments

2.1 Der Diskursakteur Kurt Ihlenfeld

Der Autor Kurt Ihlenfeld ist heute kaum noch bekannt und findet (wie Ruth Hoffmann) in der Regel keinen Eingang in Aufzählungen deutscher SchriftstellerInnen der Nachkriegszeit. Eine Beschäftigung mit Ihlenfeld, der sich als Pfarrer und Verfasser theologischer Schriften ebenso hervortat wie als Romancier, findet bis heute eher in theologischen Kreisen und Publikationen statt; von Seiten der Literaturwissenschaft existieren kaum Untersuchungen.

Kurt Ihlenfeld wurde 1901 in Colmar geboren. Seine Kindheit verbrachte er in Pommern, woher sein Vater stammte, und in Bromberg, wo er das Gymnasium besuchte. Nach seinem Studium der Theologie und der Kunstgeschichte u. a. in Breslau, Berlin und Greifswald bereitete sich Ihlenfeld ab 1924 auf seine theologischen Examina in Breslau und in Stolp vor.[411] Ab 1926 arbeitete er im

411 Der Aufenthalt in Stolp hat sicherlich seinen Roman *Der Kandidat* (1959) geprägt, in dem ein junger Theologe, der sich auf seine Prüfungen vorbereitet, als Hauslehrer auf einem pommerschen Landgut tätig wird.

Evangelischen Presseverband für Schlesien in Breslau, dann als Kreispfarrer im schlesischen Waldenburg und schließlich als Redakteur des schlesischen Provinzialblattes *Unsere Kirche* in Berndorf bei Maggnitz. Ihlenfeld begann, für die *Schlesische Kirchenzeitung* zu schreiben und knüpfte durch diese Tätigkeit Kontakte zum Berliner *Eckart-Verlag*, den er von 1933 bis 1943 führte. Besondere Aufmerksamkeit kommt Ihlenfeld bis heute als Begründer des *Eckart-Kreises* zu, einer Buchreihe, die von einem Zusammenschluss freier und vornehmlich christlicher Autoren getragen wurde, die sich im Widerstand gegen das NS-Regime organisierten.[412] Im Jahr 1943 verboten die Nationalsozialisten die Zeitschrift *Eckart* und Ihlenfeld begab sich erneut auf eine Pfarrstelle in Schlesien, in Pilgramsdorf, wo er später gemeinsam mit seiner Frau und seiner Tochter den Einmarsch der Roten Armee erlebte. Über die damalige Tschechoslowakei gelangte die Familie nach Coswig bei Dresden, von wo sie 1949 nach Berlin umsiedelte. Hier eröffnete Ihlenfeld den *Eckart-Verlag* wieder, den er bis 1962 maßgeblich leitete und in dem auch seine Schriften weitestgehend publiziert wurden. Seit 1955 war er zudem Mitglied der *Akademie der Künste* in Berlin sowie ab 1963 des westdeutschen *PEN-Zentrums*. Im August 1972 starb Ihlenfeld in Berlin an einem Herzinfarkt.[413]

Die Beschäftigung mit dem ostdeutschen Kulturraum ist für Ihlenfelds Werk zentral. Insbesondere sein erster Roman *Wintergewitter* aus dem Jahr 1951, für den er 1952 mit dem Westberliner *Fontanepreis* ausgezeichnet wurde, widmet sich detailliert dem Verlust Schlesiens.[414] Seine weiteren großen Romane erschienen in den kommenden zehn Jahren in rascher Folge. Die Auflagenzahlen

---

412 Zu diesem Kreis zählten u. a. Ricarda Huch, Ina und Heinrich Wolfgang Seidel, Werner Bergengruen, Joseph Wittig, Jochen Klepper und Albrecht Schaeffer.

413 Zur Biografie von Kurt Ihlenfeld vgl. Christian-Erdmann Schott: »Kurt Ihlenfeld«, in: Wolf-Dieter Hauschild (Hrsg.): *Profile des Luthertums. Biographien zum 20. Jahrhundert.* Gütersloh: Gütersloher Verlag-Haus 1998, S. 337–347, hier i. b. S. 338–342 und Hans-Joachim Beskow: »›Er schrieb – an eines andern Statt, der niemals schrieb. Den frage weiter.‹ Bemerkungen zu Leben und Werk von Kurt Ihlenfeld«, in: Frank-Lothar Kroll (Hrsg.): *Deutsche Autoren des Ostens als Gegner und Opfer des Nationalsozialismus. Beiträge zur Widerstandsproblematik.* Berlin: Duncker und Humblot 2000, S. 403–414. Detaillierte Informationen über seine Biografie enthalten Ihlenfelds Korrespondenzen mit Arno Lubos und Franz Lennartz, die ihn beide für ihre Autorenlexika um Auskunft gebeten haben. Vgl. Akademie der Künste, Berlin, Kurt-Ihlenfeld-Archiv, Nr. 1476 und Nr. 1477.

414 Auch *Wintergewitter* spielt wie der im Folgenden zu untersuchende Roman *Gregors vergebliche Reise* an einem einzigen Tag und konzentriert damit die Konsequenzen des deutschen Angriffskrieges, das Leid der deutschen Zivilbevölkerung im Osten, die Ängste und Schicksale maximal. Zwölf vorausgegangene Jahre unter der Herrschaft des Naziregimes kulminieren und implodieren gewissermaßen im kleinsten denkbaren Zeitabschnitt. Die Absurdität und Ignoranz der deutschen Gewaltherrschaft, die Bereitschaft, die eigene Zivilbevölkerung zu opfern, wird in dieser dramaturgischen Konzentration des Romans *Wintergewitter* besonders deutlich. Eine Analyse des Romans im Kontext von Flucht und Vertreibung liefert Schneiß: *Flucht, Vertreibung und verlorene Heimat*, S. 79–111.

seiner vier Romane zeugen von seiner zeitgenössischen Rezeption. *Wintergewitter* verzeichnet acht Auflagen; noch nach 13 Jahren auf dem Markt erzielte der Roman 1964 einen Absatz von ca. 8000 Exemplaren.[415] Die Romane zum Thema Flucht und Vertreibung, die in den 1950er Jahren populär waren, fanden also in Neuauflagen auch noch in den 1960ern interessierte Leser. Auch die 1958 im *Bertelsmann-Lesering* erschienene Ausgabe von *Wintergewitter* gibt Auskunft über das anhaltende Interesse der Verleger wie der Leser an diesem Roman und seinem Stoff. Sein zweiter Roman *Kommt wieder, Menschenkinder* (1953) wurde fünfmal aufgelegt,[416] für *Der Kandidat* kündigt sein Verleger Werner Dodeshöner Anfang März 1959 eine zweite und dritte Auflage an, für die insgesamt 6000 Exemplare gedruckt werden sollten.[417] Der Roman *Gregors vergebliche Reise* von 1962 ist zwar der im Verhältnis am schwächsten rezipierte Roman Ihlenfelds, doch auch dieser Text verbuchte Erfolg beim Publikum[418] und wurde in zahlreichen regionalen wie überregionalen Zeitungen positiv rezensiert. Die freundlichsten Stimmen seien aus der Schweiz eingegangen, schreibt Ihlenfeld im Mai 1963 an seinen Verleger,[419] was davon zeugt, dass Ihlenfeld nicht nur in Deutschland, sondern im gesamten deutschsprachigen Raum gelesen und geschätzt wurde. Das Thema des Romans, das sicherlich ein deutsch-polnisches ist,

415 Vgl. Brief des Verlegers Dodeshöner an Ihlenfeld vom 15.09.1964. Akademie der Künste, Berlin, Kurt-Ihlenfeld-Archiv, Nr. 959, 1963–1964.

416 Vgl. Schott: »Kurt Ihlenfeld«, S. 377.

417 Vgl. Brief von Dodeshöner an Ihlenfeld vom 15.09.1964. Akademie der Künste, Berlin, Kurt-Ihlenfeld-Archiv, Nr. 958. In *Der Kandidat* experimentiert Ihlenfeld bereits auffällig mit dem Verhältnis von Erzählzeit und erzählter Zeit. Die Haupthandlung des Romans konzentriert sich auf die Jahre 1938/39. Der junge Lobegast reist als neuer Hauslehrer auf ein ostpommersches Gut namens Kublank, um den Jungen Hasso zu unterrichten. Dieser scheint zunehmend von der NS-Propaganda infiziert, im Gegensatz zu Lobegast und dem Hausherren, die die Politik der Nationalsozialisten offen ablehnen. So verbirgt der Kublanker Hausherr auch ein jüdisches Ehepaar in seinem Sommerhaus. Die Haupthandlung endet 1939 mit dem Überfall auf Polen, die Rahmenhandlung aber spielt 1945. Es wird es dem Leser überlassen, Haupt- und Rahmenhandlung zu verbinden und die nicht erzählten Leerstellen aufzufüllen. In der Rahmenhandlung erinnert sich der ehemalige Hauslehrer, nunmehr scheint er ein versprengter Soldat auf der Flucht vor der Roten Armee zu sein, an die Zeit 1938/39 in Kublank.

418 Hätte sich sein Verleger Dodeshöner, wie er an Ihlenfeld im Februar 1964 schreibt, zwar einen höheren Umsatz für den Roman im ersten Erscheinungsjahr gewünscht, so gesteht er dem Roman mit einem Absatz von mehr als 4000 Exemplaren in einem Jahr zu, dass er weit über der durchschnittlichen Verkaufszahl deutscher Romane liege. Brief von Dodeshöner an Ihlenfeld vom 24.02.1964. Akademie der Künste, Berlin, Kurt-Ihlenfeld-Archiv, Nr. 959, 1963–64. Walter Nutz gibt 1962 an, dass die Auflage eines Buches sich im Durchschnitt zwischen 1000 und 1200 Exemplaren bewege. Vgl. Walter Nutz: *Der Trivialroman.* Köln: Westdt. Verlag 1962, S. 85.

419 Vgl. Brief von Ihlenfeld an Dodeshöner im Mai 1963 (nicht exakt datiert). Akademie der Künste, Berlin, Kurt-Ihlenfeld-Archiv, Nr. 959, 1963–64.

hat somit nicht nur Leser mit entsprechendem biografischen Hintergrund interessiert.

Ihlenfeld zählt sicher nicht zu den populären Nachkriegsautoren, die Flucht und Vertreibung in Bestsellern (wie etwa Hugo Hartung und Ernst Wiechert) oder Organen von Vertriebenenorganisationen der gesellschaftlichen Disposition konform thematisierten:

> Daß die Heimatvertriebenen selbst bislang das Werk dieses wahrhaft »östlichen« Dichters kaum oder wenig würdigten und beachteten, mag daran liegen, daß Ihlenfeld ein Dichter der Stille ist und daß er in seinen Gedankengängen nicht den ausgefahrenen und verrosteten Gleisen folgt.[420]

So blieb auch *Gregors vergebliche Reise* eine Massenwirkung versagt. Umso mehr ist es mir ein Anliegen, diesem damals wie heute wenig beachteten Schriftsteller und seinem erzählerischen Talent Beachtung zu schenken.

Der Roman *Gregors vergebliche Reise* behandelt nicht wie die Texte der Frühphase das primäre Flucht-und-Vertreibungsgeschehen oder unmittelbare Erinnerungen an dieses, sondern ist bereits eine den Blick öffnende sekundäre Reflexion des Themas: Er stellt das zeitgenössische deutsch-polnische Verhältnis in den Vordergrund und spricht den Umgang weniger mit Opferschaft als mit NS-Täterschaft an. Für die vorliegende Untersuchung ist er besonders aufgrund seiner inhärenten Selbstreferentialität von Bedeutung. Sowohl inhaltlich als auch erzähltechnisch setzt sich der Text von vorangegangenen literarischen Bearbeitungen ab, indem er die Genese von Erinnerungen, Deutungen und letztlich von Diskursinhalten und -funktionen reflektiert.

2.2 Der Roman *Gregors vergebliche Reise* (1962)

Der Historiker Walter Wilhelm Gregor reist Anfang der 1960er Jahre mit dem Zug von Westdeutschland Richtung Osten. Sein Ziel ist die Stadt seiner Kindheit, die im Roman mit B. bezeichnet wird. Es ist unschwer zu erkennen, dass es sich bei dieser Stadt um Bromberg/Bydgoszcz handelt.[421] Beim Übertritt der deutsch-polnischen Grenze wird Gregor von einem Wachmann festgehalten und in eine Bahnhofsbaracke geführt. Hier kommt es zu einem Verhör. Gregors Verhörer,

420 J. H.: »Blick von der Grenzscheide. Kurt Ihlenfeld – Dichter und Theologe«, in: *Schlesischer Gottesfreund,* Datum unbekannt, S. 2250–2253, hier S. 2253.

421 Ihlenfeld selbst reiste nicht nochmals an den Ort seiner Kindheit und Jugend, obwohl er dies, wie er im Dezember 1960 an seinen alten Schulkameraden Alfred Cohn schreibt, gerne getan hätte. Sein Gesundheitszustand aber habe eine solche Reise durch die lieben alten Städte und Stätten nicht zugelassen. Vgl. Brief von Ihlenfeld an Cohn vom 14. 12. 1960, Akademie der Künste, Berlin, Kurt-Ihlenfeld-Archiv, Nr. 129.

der »Vorsteher«, bleibt dabei unsichtbar, seine Stimme wird durch einen Lautsprecher übertragen. In der Baracke führt ein Kommissar die Weisungen des Vorstehers aus, indem er etwa Dokumente verliest, und eine junge Stenotypisten protokolliert die Aussagen. Im Verhör erkundigt man sich insbesondere nach Gregors Kindheitsfreund Dieter Sandberg. Im Laufe der Befragung erfährt Gregor (und gleichfalls der Leser), dass Sandberg während des Dritten Reichs als SS-Arzt in deutschen Konzentrationslagern Experimente an polnischen Opfern durchgeführt hat.

Gregor fühlt sich durch die Befragung manipuliert; während er sich im Laufe des Verhörs etwa seiner Schwester Marion erinnert, die einen Polen heiratete und 1945 auf der Flucht vor den Sowjets verschollen ist, oder an seinen polnischen Klassenkameraden Roman Januschweski und seine jüdischen Mitschüler Alfred Cantor und Gideon Hirschberg, scheinen die polnischen Befrager nur an Dieter Sandberg interessiert. Nachdem sie Gregor verschiedene Schriftstücke und Fotos vorgelegt haben, führen sie schließlich eine Nonne in den Verhörraum. Aufgrund eines ihr fehlenden Daumens kann Gregor sie nicht nur als das polnische Mädchen identifizieren, das ihn in Kindertagen aus den Händen einer prügelnden Knabengruppe befreit hat, sondern die Nonne erweist sich auch als identisch mit der jungen Frau Lena, die zur Familie der polnischen Nachbarn der Schwester Marion gehörte. Später ist diese Frau Opfer der Experimente im KZ Ravensbrück geworden, die unter Dieter Sandbergs Aufsicht standen.

Im Roman stehen Erinnerungen an glückliche Kindheitstage, an Orte und Erfahrungen in der Stadt B., die Gregor im Verhör bald mit dem sprechenden Namen Fernau belegt, in einem markanten, oft streitenden und verstörenden Verhältnis zu den Dokumenten und Aussagen, die die Taten der Nationalsozialisten aufdecken. Zudem werden diese Erinnerungs- und Gewissensforschungen vor dem aktuellen politisch-historischen Hintergrund ausgetragen. Immer wieder klingen Fragen nach der Völkerverständigung zwischen Polen und Deutschen an, die ehemals in Bromberg/Bydgoszcz relativ friedlich beisammen lebten und sich über die Jahre durch politische Entscheidungen entfernten.

Solche Fragen sind es, die es Gregor letztendlich unmöglich machen, nach Abschluss des Verhörs seine Reise in die Kindheitsstadt fortzusetzen, obwohl man ihn nicht mehr daran hindert. Die Diskrepanz zwischen unschuldiger Kindheit und dem Wissen von Gewalt, Schuld und Unrecht ist zu groß geworden.

3 Textanalyse

3.1 Metamnemonik

Gregors vergebliche Reise markiert, so meine These, durch eine eingeschriebene Ausdifferenzierung von Opfer- und Täterfiguren einen entscheidenden Wandel im literarischen Umgang mit dem Großkomplex ›Flucht und Vertreibung‹. Während die Texte der 1950er Jahre Erinnerungen an die verlorenen Gebiete für eine kollektive Viktimisierung funktionalisieren, diskutiert Ihlenfelds Roman den Vorgang des Erinnerns selbst, sowohl explizit auf der Handlungsebene als auch implizit in Erzählverfahren, sodass ästhetische Inszenierungen hier weniger argumentative als deiktische Funktion besitzen. Der Roman zeigt durch innovative Erzählstrategien, wie Vergangenheitsversionen verfertigt und Teil des individuellen und kollektiven Gedächtnis werden und stellt den Konstruktcharakter jedweder Erinnerung heraus. Gleichzeitig verbirgt sich in diesem Erzählmechanismus die Frage nach Opfern und Tätern ebenfalls als eine Frage der Konstruktion. Indem Ihlenfeld Vergangenheit als ein interpretativ-diskursiv Gemachtes herausstellt, fragt er auch nach der ›Gemachtheit‹ von Opfer- und Täteridentitäten. Sodann hinterfragt er Schuld und Mitverantwortung als Teile des Vergangenheitsdiskurses.[422] Damit problematisiert der Text die erinnerungspolitische Funktion viktimisierender Redeweisen und im Diskursstrang taucht eine neue Dimension auf: Der literarische Flucht- und Vertreibungsdiskurs wird erstmals selbstreflexiv. Entsprechend möchte ich *Gregors vergebliche Reise* im Folgenden als einen metamnemonischen Roman untersuchen.[423]

3.1.1 Über das Erinnern, Deuten und Bewahren

Metamnemonische Romane

> rücken die Funktionsweisen, die Möglichkeiten und Grenzen der sinnstiftenden Aneignung von Vergangenem ins Zentrum und werfen Fragen nach dem spezifischen Leistungspotential von Erinnerungen auf: Wie lässt sich die Vergangenheit auf der Basis von oftmals polyvalenten, sogar trügerischen und unzuverlässigen Erinnerungen sinnstiftend aufbereiten?[424]

---

422 Vgl. zu diesem Aspekt das folgende Kapitel 3.2 »Deutsche Täter und die Herausforderung ihrer Beurteilung«.

423 Vgl. Birgit Neumann: »Der metamnemonische Roman. Formen und Funktionen der Metaerinnerung am Beispiel von Michael Ondaatjes *Running in the Familiy* (1982)«, in: Janine Hauthal/Juijane Nadj u. a. (Hrsg.): *Metaisierung in Literatur und anderen Medien. Theoretische Grundlagen – Historische Perspektiven – Metagattungen – Funktionen.* Berlin/New York: Walter De Gruyter 2007, S. 303–320.

424 Ebd., S. 303f.

Schon diese erste Frage, die Birgit Neumann für ihre Bestimmung metamnemonischer Romane aufwirft, ist an *Gregors vergebliche Reise* heranzutragen, denn polyvalentes und unzuverlässiges Erinnern spielen im Roman eine zentrale Rolle. Der Roman lässt verschiedene Instanzen sprechen, ohne deren Aussagen durch eine subjektivierte Erzählperspektive permanent zu filtern. Die Äußerungen des Vorstehers werden auf textueller Ebene objektiviert, indem sie statt aus Gregors Sicht als Zitate aus einem Protokoll (sie werden mit einem in Majuskeln gesetzten »DER VORSTEHER«, gefolgt von einem Doppelpunkt eingeleitet) erscheinen. Sie unterliegen keiner Deutung und der Text führt vor, »[…] dass […] notwendigerweise so viele Versionen von der Vergangenheit kursieren wie sinnstiftende Instanzen existieren«[425]. Deutlich veranschaulicht der Roman so Erinnerungspolyvalenz, die notwendige Diversität und Pluralität von Vergangenheitsversionen. Vor allen Dingen macht er den Unterschied deutscher und polnischer Erinnerungen sinnfällig und zeigt, dass Deutsche und Polen um Erinnerungs- und Deutungshoheit ringen, wenn sie unterschiedliche Vergangenheitsversionen zu etablieren suchen. Das deutsche und das polnische Vergangenheitsnarrativ konkurrieren politisch aufgeladen miteinander. Derartige Erinnerungskonkurrenz kann zur Ablehnung der jeweils andersgearteten Narrative führen, oft fehlt es überhaupt an der Bereitschaft, die Existenz anderer Deutungen anzuerkennen. Gregor erkennt, nachdem er zum Ende des Verhörs dem Bericht der polnischen Nonne gelauscht hat, in der Ignoranz anderer Vergangenheitsnarrative eine Gefahr. Er kommentiert: »Bericht von der anderen Seite. Man denkt nie daran, wie es sich auf der anderen Seite ausnimmt. Man lebt immer einseitig.«[426] – und plädiert so für differenzierte und polyvalente Vergangenheitsdeutungen. Der Vorsteher vertritt hingegen die gegenteilige Haltung – er steht für eine universalistische, in seinen Augen einzig wahre (polnische) Vergangenheitsdeutung und sieht eher eine Gefahr in der von Gregor gewürdigten Polyvalenz: »Die Erinnerungen brodeln durcheinander, Ihre und unsre. Eine schreckliche Suppe, an der sich die Völker den Mund verbrennen.« (GvR 317)

Die Erzählinstanz in *Gregors vergebliche Reise* figuriert dabei nicht als zuverlässiger Vermittler, sondern spricht selbst ihre Unzulänglichkeit immer wieder explizit an. Der Ich-Erzähler betont, dass er Teile seines Erlebens zum einen vergessen habe und dass seine Erinnerungen zum anderen Gefahr liefen, einer gewissen Verklärung zu unterliegen:

> [I]ch möchte noch darauf aufmerksam machen, daß mein Gedächtnis nicht mehr das beste ist. […] Und dann – über den Anfängen liegt immer ein Zwielicht. Das doppelte

425 Ebd., S. 309.

426 Kurt Ihlenfeld: *Gregors vergebliche Reise*. Witten/Berlin: Eckart-Verlag 1962, S. 446. Zitate aus dieser Ausgabe werden im Folgenden mit der Sigle GvR belegt.

> der Verklärung und der Verwirrung. Heißt es nicht, daß Menschen, die nach vielen Jahren ihre Heimat wieder aufsuchten, [...] Mühe hatten, das ihnen noch vorhandene Vorstellungsbild mit dem, was sich ihnen an Ort und Stelle darbot, zusammenzureimen? Ein Gärtchen von wenigen Quadratmetern lebte in ihrem Gedächtnis als Park fort. (GvR 31)

Gregor erkennt hier die Gegenwartsgebundenheit seiner Erinnerung. Die in seinem Gedächtnis kursierenden Bilder existieren in ihrer aktuellen Form nach mehreren Jahren der Distanz zum Geschehen und den Orten seiner Erzählung und haben sich über diese Zeit verändert. Was er, der Zeitzeuge, erzählen kann, ist nicht d i e Vergangenheit, sondern notwendigerweise seine subjektive und gegenwärtige Version der Vergangenheit. »Tatsachen, wenn auch im Erinnerungsstadium« (GvR 219), so beschreibt Gregor das Phänomen und reflektiert sich damit selbst als deutende und umdeutende Instanz.[427] Auch im weiteren Romanverlauf werden Gregors Ausführungen als aktuell erzählte Erinnerungen markiert, indem sie durch eigene, die Rede lenkende, im Präsens stehende Kommentare Gregors unterbrochen werden, z. B.: »Ich komme zum zweiten Akt des Dramas.« (GvR 67)

Weiterhin existieren im Roman intermediale Verfahren und somit Reflexionen über das erinnerungsstiftende Potential unterschiedlicher Medien und Textgattungen. Im Verhör werden Fotos, Zeugenaussagen, Briefe und Filmausschnitte herangezogen, die »über den Einzeltext hinaus[weisen] und kulturell verfügbare Deutungsmuster und Erinnerungsordnungen auf[rufen], die [...] in ihrem wirklichkeitskonstituierenden Charakter beobachtbar werden.«[428]

Zuallererst steht die Frage im Raum, wie mit dem Wissen um die nationalsozialistischen Verbrechen im Dritten Reich umgegangen werden soll und auf welche Weise Medien bei der Aneignung der Vergangenheitskenntnis wirken können. Für Gregor ist eindeutig, dass die Gräuel sich in keiner Weise medial abbilden lassen:

> Die Bilder und Filme gaben immer nur Ausschnitte des Wirklichen, das als solches in einem unzugänglichen Dunkel blieb, Worte reichten überhaupt nicht bis dahin. Im Gefühl dieser Unzulänglichkeit aller Darstellungsversuche gewöhnte ich es mir mehr und mehr ab, mich mit dem fatalen Gegenstand zu beschäftigen. (GvR 114)

Enthält diese Aussage zwar einerseits eine einleuchtende Medienreflexion, verbirgt sie andererseits einen Entlastungsversuch: Das Nichtbeschäftigen mit der Vergangenheit wird durch die Unzulänglichkeit medialer Darstellung legitimiert. An anderer Stelle heißt es über die Unzulänglichkeit der medialen Darstellung:

427 In diesem Sinne haben wir es mit einem zuverlässigen Erzähler zu tun, der um die Konstruktivität seiner erzählten Vergangenheitsversionen und seiner Erinnerung weiß. Vgl. Neumann: »Der metamnemonische Roman«, S. 308.

428 Ebd., S. 309.

> Über alles hat sich der Schleier, der Schatten der Vergangenheit gelegt. Kein Foto und kein Film wird es wieder an den Tag bringen. Einzelne Szenen wohl – Momentaufnahmen eines aus Millionen Momenten bestehenden Dramas – , aber nicht die Schicksale im Zusammenhang. (GvR 394)

Über das Erinnerungspotential distinkter Medien und Genres sind sich Gregor und sein Verhörer nicht einig. Während ein Brief seiner Schwester Marion dafür sorgt, dass sich in Gregors Gedächtnis zahlreiche vergangene Bilder wieder einstellen,[429] haftet solch privaten Dokumenten, noch dazu einer Deutschen, für den polnischen Verhörer etwas Fabulöses an. Auf Gregors Vermutung: »– Dokumente des Herzens – vielleicht wiegen sie schwerer als solche aus dem Bereich von Sicherheitsdienst und Geheimpolizei«, äußert er: »Sie bringen meist nur Verwirrung in den Gang der Untersuchung.« (GvR 278)

Die im Verhör eingesetzten Medien sollen jedoch weniger Gregors Kindheits- und Jugenderinnerungen beflügeln als der Überführung des ›Täters‹ Dieter Sandberg dienen. Deutlich wird so einmal mehr, dass Gregor und sein Verhörer nicht dieselbe Vorstellung vom Erinnerungspotential und -zweck eines Beweisstückes haben. Während Gregor sich in seinen Erinnerungen intentionslos treiben lassen möchte, verfolgen die ihn verhörenden Polen mit dem Einsatz der Medien einen bestimmten Zweck. Die eingebrachten Dokumente sollen für die Verhörer nicht erzählen, sondern ein bereits vorgefasstes Urteil beweisen. Gegen diese Absicht verwehrt sich Gregor: »Ich weigere mich jedenfalls, den bisher gezeigten Aufnahmen jene Beweiskraft zuzuerkennen, die sie haben müßten, um ein – ein endgültiges, ein vernichtendes Urteil über Dieter Sandberg zu fällen.« (GvR 405 f.) Ein weiteres Mal wird die Authentizität verganenheitsbezeugender Dokumente problematisiert, die ja nie außerhalb eines Kontextes stehen bzw. zum Einsatz kommen.

3.1.2 Geschichtsschreibung und Erinnerung

Indem Ihlenfeld seinen Protagonisten dem Berufsstand des Historikers und Archivars zuschreibt, steht die Figur selbst für die Frage nach dem Umgang mit der Vergangenheit und dem Erinnern. Während die private Figur Gregor, der reisende Gregor auf den Spuren seiner Kindheit, die Vergangenheit (legitim) individuell memoriert, weiß der Archivar Gregor um die Genese kollektiver Geschichtserinnerungen. Als Archivar entscheidet Gregor darüber, welche Er-

429 »Merkwürdig, ich lese Marions Aufzeichnungen, höre mich lesen, höre sie sprechen, und gleichzeitig drängen diese anderen Erinnerungen sich dazwischen, nach denen mich niemand fragt. Assoziationen sagt man, aber die Vokabel bedeutet nichts. Ein Reich grenzt ans andere, das ist es. Und an diesen Grenzen stehen keine Wächter, keine Baracken, gibt es keine Verhöre, es liegt und wartet und setzt sich, kaum, daß ein Hauch es berührt, in Bewegung, wie Ebbe und Flut in einem geheimnisvollen Wechsel.« (GvR 300)

innerungsgegenstände langfristig in das kollektive Geschichtsbewusstsein einer Gesellschaft eingehen. In der Verhörsituation prallen nun immer wieder individuelles und kollektives Gedächtnis aufeinander. Dabei schwindet Gregors Souveränität, die er sich als Historiker erworben hat: »[I]ch bin kein Mystiker, ich bin Historiker. Nein, ich bin es eigentlich nicht mehr. Die klaren und sauberen Unterscheidungen, die ich sonst ganz selbstverständlich gebrauchte sind abhanden gekommen.« (GvR 315) Gregor bemerkt sodann, dass individuelle und kollektive Erinnerung bzw. individuelles und kollektives Verantwortungsgefühl in ihm zu streiten beginnen:

> [V]on wissenschaftlicher Objektivität weiß ich zwar einiges und verstehe mich auf den Berichtston, dennoch schwingt bei allem, was ich sage, ein leises Beben mit, ich fühle es wohl, und es kann es auch nicht ganz unterdrücken, sie werden es mir anmerken, ich weiß nicht, womit es zusammenhängt [...]. (GvR 197)

Der Antagonismus von Objektivität und Subjektivität ist auch in der Erzählweise angelegt. Schon indem Ihlenfeld einen Ich-Erzähler für seinen Text wählt, problematisiert er die stets subjektiv perspektivierte Erzeugung von Vergangenheit. Aus diesem Grund sind auch Gregors innere Monologe immer wieder in Klammern vermerkt und von der primären Erzählhandlung abgesetzt. Diese subjektivierten Passagen nehmen den Leser mit auf die Metaebene, in der Gregor über den Erinnerungs- und den Verhörvorgang reflektiert.[430] Die subjektivierten Passagen, Gregors innere Monologe, wechseln mit Aussagen aus dem Verhör, die der Text als protokollierte Zitate inszeniert. Indem sich der Text formal an die Konventionen eines Protokolls hält und Aussagen des Vorstehers stets auf ein in Majuskeln gesetztes »Der Vorsteher« folgen lässt, weist er diese Passagen als objektivierte, dokumentiert-faktische Aussagen aus. Gleichzeitig doppelt sich in dieser textuellen Inszenierung der Inhalt des Romans. Das Protokoll des Verhörs, von dem der Protagonist berichtet und dessen Entstehung er reflektiert, scheint in Fragmenten mit dem Text selbst vorzuliegen. Die *mise en abyme*, das Protokoll im Protokoll, problematisiert jene Gattung selbst und wirft die Frage auf, inwiefern diese sich faktual gebende und grundlegende Textgattung der Geschichtsschreibung nicht unzulänglich ist, entzieht sich tatsächlich Subjektives doch einer Protokollierung. So reflektiert Gregor:

> Sie [die Stenotypistin] spielt ihre Rolle innerhalb des Ganzen, das sich aus meinen Berichten, den verlesenen Texten und meiner jetzigen Umgebung zusammensetzt, ist mit einbezogen ins große, unübersehbare Werk der Überlieferung. So unsichtbar, wie der Vorsteher ist – so unübersehbar ist der im Protokoll niedergelegte Text. Ich bekomme hier ganz neue Aufschlüsse über das Wesen historischer Texte. Die Alten setzten der Historie eine der neun Musen, Klio, zur Hüterin. Ohne daß ich das Fräulein hier

430 Vgl. z. B. S. 90 öffnende und S. 91 schließende Klammer, S. 33 öffnende und S. 35 schließende Klammer.

gerade mit einer Muse vergleichen möchte – hat sie doch Anteil an deren Bestimmung und ist darum eben kein Apparat und kein gleichgültiges Dutzendwesen, sondern ein menschlich beschaffener Mensch. (GvR 397)

Auf diese Weise wird das Verhör bzw. das Verhörprotokoll als Gedächtnismedium problematisiert. Deutlich hinterfragt der Roman die Genese von Vergangenheitsversionen und legt offen, wie problematisch es ist, Anspruch auf die Authentizität eines Vergangenheitsnarrativs zu erheben. Mittels der diversen Metareflektionen, der Inszenierung von Erinnerung und expliziten Ausführungen zum individuellen wie kollektiven Gedächtnis oder zur Geschichtsschreibung stellt Ihlenfeld die Funktionsweise, die Entstehung und den Konstruktcharakter des Vergangenheitsdiskurses – hier des Flucht-und-Vertreibungsdiskurses im Kontext deutscher Vergangenheitsaufarbeitung – dar.

3.2 Deutsche Täter und die Herausforderung ihrer Beurteilung

Im Gegensatz zu den Vertreibungsromanen der ersten Bearbeitungsphase thematisiert *Gregors vergebliche Reise* das Phänomen kollektiver deutscher Opferidentität kaum und der Text konstruiert keine deutschen Opferbilder durch entsprechende Redestrategien. Der Roman bildet weder eine Opferkonstruktion ab noch trägt er performativ zu einer solchen bei. Vielmehr reflektiert der Roman den Vorgang und die Problematik der retrospektiven Deutung von Vergangenheit und stellt insbesondere die Frage nach den deutschen Tätern und möglichen Erklärungen für ihre Täterschaft sowie schließlich nach kollektiver wie individueller Schuld. Dabei diskutiert der Text immerfort die Legitimität einer moralischen Verurteilung. *Gregors vergebliche Reise* ist der erste Roman im Flucht-und-Vertreibungskontext, der den deutschen Tätern mehr Raum gibt als den deutschen Opfern und zudem die russischen Vertreiber überhaupt nicht erwähnt. Auch Opfer der NS-Täterschaft – nicht in kollektivierter, anonymer Andeutung, sondern explizit in der Figur Lena, der polnischen Nonne, die im KZ Ravensbrück verstümmelt wurde, oder exemplarisch in den ehemaligen jüdischen und polnischen Mitschülern Gregors – treten auf.

Es ist auffällig, dass deutsche Täterschaft und polnische wie jüdische Opferschaft im Roman mit den Erinnerungen eines Vertriebenen an seine ostdeutsche Heimat und der Frage nach deutsch-polnischer Aussöhnung verschränkt werden. Der Roman zeigt, dass diese Probleme historisch-politisch, aber besonders auch moralisch, unauflösbar miteinander verschmolzen sind und verdeutlicht damit die Schwierigkeiten und Herausforderungen dessen, was man seit den

1950ern »Vergangenheitsbewältigung« nennt.[431] Die neuralgischen Punkte des deutschen Vergangenheitsdiskurses entsprechen den neuralgischen Punkten des Romans und sollen im Folgenden vorgestellt werden. Schon durch seine metamnemonische Anlage problematisiert der Text die Zuverlässigkeit individueller Erinnerung. Wie stark die Frage nach erinnerten Vergangenheitsversionen mit der Frage nach der Beurteilung schuldig Gewordener verschränkt ist, illustriert der Roman an der Täterfigur Dieter Sandberg, insbesondere wenn individuellen Erinnerungen offizielle Dokumente entgegengestellt werden, die eine von der persönlichen Vorstellung abweichende Vergangenheitsversion beglaubigen. Dieses Dilemma sowie die immer wieder aufscheinende Bemühung, sich Täterschaft rational zu erklären, thematisiert der Roman.

3.2.1 Zwischen individuellen Erinnerungen und historischem Tatbestand

Be- und Verurteilung von Tätern basieren auf dem Wissen über ihre Taten, d. h. auf einer bestimmten Kenntnis über die Vergangenheit. Vergangenheit muss jedoch zunächst rekonstruiert werden und lässt sich stets nur perspektiviert wiedergeben. Unterschiedliche Vergangenheitsversionen führen zu unterschiedlichen Urteilen über das Vergangene und vergangene Handlungen und provozieren Deutungskonflikte. Dieser Widerstreit wird umso spannungsreicher, je stärker Vergangenheitsversionen voneinander abweichen. Den Konflikt zwischen individuell erinnerter und dokumentarisch verbürgter Vergangenheit stellt *Gregors vergebliche Reise* vor.

Schon erzähltechnisch richtet der Roman das Augenmerk auf diese Spannung: Der Roman verfährt ohne einen Erzähler, der Deutungen übernehmen könnte. Stattdessen dominiert der Protokollstil, der erzählte Passagen als neutral zu markieren scheint. Dieses wiedergegebene Protokoll wird nun immer wieder von inneren, d. h. subjektiven Monologen der Hauptfigur unterbrochen. Mit diesem textuell inszenierten Wechselspiel weist der Roman auf die unterschiedlichen Funktions- und Wirkungsweisen offizieller und individueller Vergangenheitsnarrative hin. Das Nebeneinander beider Erzählformate zeigt, dass es sich um Extreme zu handeln scheint, die jeweils einen Anspruch auf Richtigkeit und Authentizität erheben, ihn aber beide nicht einlösen können. Eine durch eine Erzählfigur vorgegebene Deutung des Geschehens und der Vergangenheit bleibt somit aus und wird stattdessen dem Leser überlassen. Die Inszenierung der Erzählung als Verhör problematisiert insbesondere die Entstehung von Urteilen.

431 Heute spricht man vermehrt von »Vergangenheitsaufarbeitung« statt von einer »Bewältigung«, um anzuzeigen, dass das Grauen der Vergangenheit nicht bewältigt werden kann. Vgl. Jutta Vergau: *Aufarbeitung von Vergangenheit vor und nach 1989. Eine Analyse des Umgangs mit den historischen Hypotheken totalitärer Diktaturen in Deutschland.* Marburg: Tectum Verlag 2000, S. 17.

Das Protokoll wird als Mittel der ›Wahrheitsfindung‹ infrage gestellt, wenn die Verhörer den Befragten offensichtlich manipulieren oder zumindest lenken wollen, oder der Befragte Unsicherheiten seiner Erinnerungen erwähnt, widersprüchliche Aussagen macht oder Elemente verschweigt. Zudem wird das Verhör auch als rollenzuweisendes Arrangement problematisiert, als Methode, die Täter- und Opferidentitäten auch räumlich erst zuschreibt. Gerade Gregor ›schwebt‹ zwischen verschiedenen Rollen und wird mal als Angeklagter, mal als Zeuge berufen: »Nur – wer ist hier Angeklagter? Wer ist Zeuge? Und wer ist Richter? In allem steckt irgendwie ein Irrtum. Vielleicht sogar eine Verwechslung.« (GvR 428) Gregor realisiert die Rollen, die er in dem Verhör spielt und schreckt vor ihnen zurück. Er weiß, dass er als Zeuge die Macht hat, Narrative zu verfestigen, zu entwickeln und damit eine Wahrheit und hier einen schuldigen Täter zu erschaffen: »[B]itte, ich möchte nichts konstruieren, ich will sagen, was war und wie es war, das Wirkliche, über Dieter und über mich [...]. (GvR 147) Im Verlaufe des Verhörs scheint es Gregor immer schwerer zu fallen, dieses »Wirkliche« zu *er*kennen und zu *be*kennen. Gregors Aussagen über Dieter zeugen von einem eigentümlichen Schwanken zwischen Nähe und Distanz, das er ihm gegenüber stets empfunden hat. Gregor erklärt, nachdem er zum ersten Mal der Meinung ist, dass seine Erinnerungen im Verhör »unter Ausschaltung von vielem anderen auf ein bestimmtes Ziel hin, [...] auf eine bestimmte Person hin, auf Dieter Sandberg [...]« (GvR 85) gelenkt würden,[432] dass Dieter, »wie Sie versichert sein können, sonst keineswegs eine so wichtige Rolle in meiner Kindheit gespielt hat, wie sie ihm jetzt zugeteilt wird [...]« (GvR 89).[433]

Während Gregor an Dieter Sandberg zunächst nur als Kindheits- und Jugendfreund denkt, will der Vorsteher ihn als schuldigen Nazi entlarven. Diese Intention verspürt Gregor, und er beobachtet an sich selbst, wie sich das Bild, das die Verhörer von Dieter haben, vor sein eigenes schiebt. Besonders nachdem Gregor Fotoaufnahmen zu Gesicht bekommt, die Dieter als brutalen, gefühlskalten NS-Arzt im KZ Ravensbrück zeigen, wird das Verhältnis von individueller Erinnerung und Tatkenntnis problematisch, denn die Bilder lassen sich immer weniger vereinen. Einer Verurteilung Dieters als Täter müsste objektive Distanz zugrunde liegen, die Gregor nicht besitzt. Mögen die historischen Dokumente Dieter zwar als einen grausamen Nazi zeigen, so kann sich Gregor seiner doch als Schulfreund erinnern. Kollektives und individuelles Wissen und Gedenken üben

432 »– Verzeihen Sie – ich bin noch beim frühen Dieter Sandberg. Sie haben mich, wie mir immer deutlicher wird, geradezu auf diesen Dieter hingelenkt, ich wäre von selber gar nicht darauf gekommen, es ist ja eine ganz merkwürdige Wiedererweckung von längst Vergessenem, Begrabenem.« (GvR 219)

433 Solche Distanzierungen von dem ehemaligen Schulkameraden ergehen immer wieder (GvR 105, 164 u. ö.). Sie stehen im markanten Gegensatz zu der Vielzahl von Erinnerungen an Dieter, die davon zeugt, dass es eine engere Bindung zwischen beiden gegeben haben muss.

so ihren Einfluss auch auf die – nachträgliche – Täterkonstruktion und -verurteilung aus.

Als zum ersten Mal im Verhör ein Beweisstück zum Einsatz kommt, wird der Zwiespalt zwischen individueller Erinnerung und historischem, dokumentiertem Tatbestand besonders sinnfällig. Das verlesene Dokument schildert, wie in der NS-Zeit in einem Krankenhaus ein Dr. S. und ein Dr. P. behinderte Kinder bewusst verhungern lassen. Der Vorsteher ergänzt im Anschluss, dass kein Zweifel daran bestünde, dass mit »Dr. S.« Dieter Sandberg gemeint sei. Das Dokument schildert, dass Dieter während der grausamen Prozedur gelacht habe. Dieters Gesichtsausdruck, sein Lachen fungiert in motivischer Wiederkehr als komprimierende Illustration der Unsicherheit, die Gregor beim Versuch, über Dieter zu urteilen, befällt:

> Ich – ich kann es mir kaum vorstellen. Andererseits – ich habe ihn auch damals lachen sehen – [...] Ich sehe ihn lachen. Mehr, als daß ich ihn lachen höre. Er hatte ein glattes und ebenmäßiges Gesicht, eigentlich war er ein recht hübscher Junge. Bloß die allzukräftig [sic] heraustretenden Vorderzähne seines Oberkiefers brachten in sein sonst intelligentes Gesicht einen etwas dümmlichen Zug. Ich bin um Genauigkeit bemüht. Ich frage mich, ob es nicht mit seinen Zähnen zusammenhängt, dieses seltsame, fast sinnlose Lachen. Ich möchte ihm nicht nachträglich Unrecht tun. (GvR 117f.)

Das Bild macht deutlich, wie schwierig sich eine gerechte Beurteilung Dieters gestaltet. Es illustriert die Schwierigkeiten und Risiken retrospektiver Deutung sowie die Möglichkeit der nachträglichen Entlastung. Auch als Gregor auf der Fotoaufnahme aus dem KZ-Innenhof erkennt, dass Dieter lacht, bemüht er sich einmal mehr um eine den ehemaligen Schulfreund entlastende Auslegung seines Lachens:

> [...] Dieter lacht. Ich beschwöre es: Dieter lacht. [...] Es muß nicht der Anblick der drei armen, gepeinigten, entehrten Frauen sein. Es könnte auch eine Nötigung von ganz woanders her sein. [...] Man kann ja auch aus Verlegenheit lachen. Oder aus Verzweiflung. Oder aus einem Anflug von Irrsinn. (GvR 409)

Bereits in Szenen, die ihm aus Kindheit und Jugend erinnerlich sind, fällt es Gregor schwer, Dieters Lachen zu deuten. Einige polnische Jungen überfallen die etwa 14-jährigen Dieter und Gregor an einem Sonntag am Fluss. Während sie Gregor packen, an einen Baum binden und schlagen, macht sich Dieter auf, um Hilfe zu holen. Als Dieter ohne Helfer zurückkommt, kniet ein polnisches Mädchen dem Gefesselten zu Füßen und küsst seine Wunden.[434] Gregor erinnert sich:

---

434 Die christliche Implikatur dieses Bildes ist überdeutlich. Das Bild bündelt schon hier die abstrakten, auch religiös gefärbten Themen von Schuld respektive Unschuld sowie Vergebung.

> [I]ch weiß nicht, wie ich an seiner Stelle reagiert hätte, es war ja ein ganz absonderliches Bild, das sich ihm bot –, dann verzog sich sein helles, heißes Gesicht zu einem halb spöttischen, halb wohlgefälligen Lachen, oder wie sonst, – auch von der Erinnerung gilt: ich sehe und sehe doch nicht, ich höre und höre doch nicht – , also lachte er denn wirklich oder warens nicht auch wieder nur seine hervorstehenden Zähne, die er vor Erstaunen und Aufregung entblößte? (GvR 189)

Es handelt sich, so stellt sich später heraus, bei dem Mädchen um die Nonne, der Gregor am Ende des Verhörs begegnet. Auch sie erinnert sich an Dieters Lachen und deutet es nicht, wie der Vorsteher wünscht, als ein böses, Dieters Naturel entspringendes Lachen: »Er lachte. Und dies Lachen war so, als ob er mir Säure ins Gesicht goß. Er hatte mich knien sehen. Sein Lachen bewies, welche Auslegung er dem gab, was er sah.« (GvR 455) Auf die Frage des Vorstehers: »Das Lachen eines Knaben. Wollen Sie es wirklich so empfunden haben?«(GvR 456), fährt sie fort: »Empfunden, ja. Ohne zu wissen, daß ich es so empfand. Aus Kindern werden Erwachsene, und dann wiederholt sich die Kindheit – in der Erinnerung. Aber mit dem Hinzutritt des Urteils. Ist es nicht so?« (ebd.) Die Nonne macht also ebenfalls deutlich, dass vergangenes Empfinden und erinnerte Deutung nicht identisch sind und sagt sich von jeder Lenkung durch den Verhörer los.

Das Lachen Dieters steht folglich einmal mehr für die Schwierigkeiten sowohl der aktuellen als auch der nachträglichen Deutung. Ein individueller Gesichtszug erfährt durch Andere ein Urteil, und Gregor scheut sich vor diesem, möchte er doch niemandem Unrecht tun. Das Lächeln komprimiert sodann auch die Frage nach dem Bösen und dem Guten, spricht eine Zweideutigkeit und Zweischneidigkeit an, wenn sich das körperliche Zeichen eines an und für sich glücklichen Gefühls zu einem undurchsichtigen oder gar höhnenden Lachen (ob *in realiter* oder in der Interpretation) wandelt. Weiterhin illustriert dieses Lächeln die im gesamten Roman mitschwingende Suche nach Erklärungen: Haben wir es mit einem natürlichen – bösen – Lachen zu tun, ist es Dieters Physiognomik, also Anlage, die ihn lächeln macht, oder ruft er es bewusst hervor, ist es gar eine Art Maske, die er aufsetzt oder aufgesetzt bekommt? Als Maske deutet Gregor das Lachen tatsächlich am Ende des Verhörs, als er sich, den im KZ lachenden Dieter betrachtend, plötzlich als dem ehemaligen Freund ähnlich erkennt – und ihn nun zum ersten Mal direkt, in der zweiten Person Singular, anzusprechen vermag:

> [H]ier mischt sich in die fatale Gesichtsbewegung ein anderes Motiv. Es ist nicht sein Lachen allein, nicht sein eigenes Lachen. Es wird ihm von anderer Hand wie eine Maske aufgedrückt. Von einer Hand, die sich mit und an uns allen zu schaffen macht, ob wir wachen oder schlafen. Die an unserem Gesicht herummodelliert, es den tollsten schmerzlosen Operationen unterwirft. Kosmetik der Hölle. Ich habe damals für dich gefürchtet, Dieter, als wir uns an Lambeys Leiche gegenüberstanden. Kann ich, darf ich heute sagen: Es ist eingetroffen, was ich gefürchtet habe – ohne an mich selber zu

> denken und die Veränderungen, die jene Hand auch an meinem Gesicht vorgenommen hat? [...] Was heißt denn wiedererkennen? Doch nur: daß ich mich in dir wiedererkenne, Dieter. [...] Du warst mir entrückt, meilenweit entrückt, bist es wohl noch, wer weiß: sogar sternenweit – und bist mir doch schrecklich nahe. (GvR 410f.)

Gregors Gedankenreise gipfelt so in einer Anagnorisis: Er erkennt sich und seine Handlungen, indem er Dieter erkennt. Allerdings verschleiert die Rede von einer modellierenden Hand erneut die Verantwortung der Täter, ohne dass gänzlich deutlich würde, welche Macht sich hinter dieser Hand verbergen könnte.

3.2.2 Erklärungssuche – »Im Anfang das Ende«?

So passieren am Ende gleich mehrere bemerkenswerte Dinge: Indem Gregor eine Ähnlichkeit zwischen sich und Dieter erkennt, rückt er sich einerseits in die Nähe des Schuldigen, nähert aber gleichzeitig Dieter sich selbst, dem Unbelasteten an:

> Ein geteilter Mensch, sagt Marion und wird ihn damit richtig charakterisiert haben. Bloß, wer von uns fühlt sich damit nicht auch selber richtig charakterisiert? Jene coincidentia oppositorum, die man früher der Gottheit zuschrieb, ist heute ins menschliche Innere verlegt, mit dem Unterschied allerdings, daß wir nie zu einer wirklichen Vereinigung der Gegensätze kommen; es ist wie eine offene Wunde, die sich nicht schließen will. Menschen wie Dieter Sandberg stellen wahrscheinlich nur eine besonders krasse Ausformung dieses an sich unerträglichen Zustandes dar. (GvR 389)

Gregor versucht hier, Dieters Entscheidung etwas allgemein Menschliches abzuerkennen und macht sich ihm und damit allen Menschen ähnlich. In dieser universalistisch-anthropologischen Deutung verliert Dieters Täterschaft an Brisanz, wird er doch »nur« (!) als »eine besonders krasse Ausformung« des Menschen interpretiert. In diesem Moment ähnelt der Roman früheren Texten und lässt erkennen, dass bestimmte diskursive Muster, wenn auch latent, fortbestehen. Gregor deutet den Kameraden hier eher als Mitläufer und seine Taten als Folge der Jugenderfahrungen im Freikorps, als der väterliche, bewunderte Freund der Jungen, Oberst Lambey, beim Kampf zwischen Deutschen und Polen starb:

> Ist das da die Konsequenz jenes Augenblicks? Gab es, wenn es das ist, keinen Ausbruch aus dem Gefängnis der Konsequenz? War der Weg von Anfang an genau vorgezeichnet? Mußtest du ihn gehen, auch wenn du ihn nicht hättest gehen wollen? (GvR 415).

Der Roman postuliert also eine Erklärungssuche für die Taten Dieters und stellt die Frage, wie und warum Menschen zu Tätern werden. Dabei wirft er auch die Frage nach einer teleologischen Erklärung auf. Gregor fühlt sich in einem Zwiespalt, weil er weiß, dass das Verhör wie seine eigenen Gedanken um diese Frage kreisen. Gibt es ein universales Böses, hätte Dieters Täterschaft verhindert werden können? Hätte Gregor ankündigende Spuren schon in den Kindheitserlebnissen sehen müssen? Ist Dieter schuldiger oder doch passiver, unterworfener und genötigter Täter?

Gregors Schwester Marion trifft den ehemaligen Schulfreund ihres Bruders – in SS-Uniform – schon 1939 wieder, und auch sie versucht, sich Dieters Entscheidung zu erklären. Marion lebt mit ihrem Ehemann Werner als Angehörige der deutschen Minderheit in Polen, in Prondy. Das Verhältnis zu den polnischen Nachbarn ist herzlich und als nach der Annexion Polens Deutsche in die Häuser der benachbarten Polen eindringen und den Förster Twardowski misshandeln und verschleppen, gewähren Marion und Werner seiner Frau Zuflucht. Eine Gruppe deutscher Soldaten sucht die Frau nun im Hause der beiden. Unter ihnen ist, in der Uniform eines NS-Arztes, Dieter Sandberg, den Marion wiedererkennt. Obwohl Marion die Misshandlung des polnischen Nachbarn verurteilt, bemüht sie sich, Dieter zu entlasten: »Seine Uniform stimmte nicht ganz mit dem Menschen überein, der sie trug. Er hatte noch menschliche Reserven, wie mir schien.« (GvR 350) Die Uniform wird hier als eine Art Maske und Überzug in Szene gesetzt, hinter der sich der wahre Mensch Dieter verbirgt. Obschon viel kritischer als noch die Romane der Frühphase, verschleiert auch dieser Text mit der Rede von der Uniform die Schuld des Täters. Nicht der sie Tragende rückt als aktiv Handelnder ins Zentrum, sondern implizit steht die Uniform für ein Größeres, für ein System, das den Einzelnen unterwirft und in einem Kollektiv aufgehen lässt (›uniform macht‹), wird doch gewissermaßen eine Hülle übergestreift.[435] Im Weiteren erklärt Marion aber doch, dass Dieter nicht unterworfen oder verführt wurde, sondern die Verantwortung für seine Entscheidung selbst trägt:

> Widerwillen stieg in mir hoch gegen eine derartige, wie sollte man es überhaupt nennen? Heroische Resignation vielleicht, aber das klang mir zu großartig. Dieter war ein geteilter Mensch. Ihn riß ein Verhängnis fort, das er zugleich fürchtete und anstaunte. Er hing einem Glauben an, der die Welt zugleich erlösen und vernichten wollte. War so etwas heroisch zu nennen? Nein. Eher konnte man es schwächlich oder kindisch nennen. Denn mochte geschehen, was wollte – auf alle Fälle dispensierte er sich von dem einzigen, was in dieser Lage ihn rechtfertigen konnte: vom Widerstand. Sicher hatte er nicht gelogen mit dem, was er mir von seinem Verhalten gegenüber Jan Twardwoski berichtet hatte. Unmenschlich war er nicht. Und doch auch nicht menschlich. Denn vom Widerstand sich dispensieren heißt sich zur Willenlosigkeit zu bekennen. Ja ja, er hatte sich längst unterworfen und versuchte nun, so gut es ging – und es konnte wohl nie wirklich gut gehen – sich innerhalb dieser grundsätzlichen Kapitulation noch einen kleinen Spielraum zu bewahren für eine gewisse Anständigkeit und Vernünftigkeit. (GvR 362)

435 Die Uniform wird öfter, insbesondere von Marion bemüht, so etwa: »Es ist eigentlich ganz verrückt, er steht vor mir, er ist es, ist es nicht, ich kenne ihn, kenne ihn nicht, und was mich sofort gegen ihn eingenommen hat, das ist diese für einen Arzt so fatale Uniform, was hat er auch in dieser Gesellschaft zu suchen.« (GvR 339)

Die Wortwahl verdeutlicht, dass Dieter Sandberg aktiv zum Täter geworden ist, sich aktiv für seine Rolle entschieden hat. Suggeriert ein Wort wie »Verhängnis« zunächst eine fatalistische Deutung, weisen schließlich im Aktiv stehende Verben auf Dieters freien Entscheid und sein Handeln hin. So »hatte er sich längst unterworfen« und ist nicht »längst unterworfen worden.« Dennoch bietet der Roman Erklärungen für Dieters Entwicklung an – »die Unerfülltheit, die Phantasielosigkeit eines kleinbürgerlichen Menschen, die Schwärmerei für einen sympathischen Freischärler, der Gegensatz zu einem toleranten, mitten im polnisch-jüdischen Leben stehenden Vater«[436].

Allerdings stellen diese Tatsachen keine Erklärungen oder gar eine Entlastung dar – »Eine zwangsläufige Entwicklung also, sein konsequenter Weg zum Unmenschen? Das will Ihlenfeld ganz gewiß nicht demonstrieren.«[437] Die Unmöglichkeit teleologischer Erklärung markiert Ihlenfeld, indem er seinem Protagonisten die Weiterreise in die ehemalige Heimat verwehrt. Der Roman verweigert eine Auflösung, ein Ende, indem er Gregor schlussendlich wieder gen Westen umkehren lässt.[438] Gregor kann nicht weiterfahren, weil »es über Massengräber hinweg das Glück eines sich schließenden Lebenskreises nicht gibt.«[439]

3.2.3 Die Opfer kommen zu Wort – Verdrängen? Verurteilen? Vergeben?

Bei aller Konzentration auf die Figur Dieter Sandberg und damit auf die deutschen NS-Täter berücksichtigt der Text auch polnische und jüdische Opfer. Während in der ersten Konjunkturphase diese Opferfiguren eher Randerscheinungen waren und nur vereinzelt in Romanen auftauchten (wie etwa in Hoffmanns *Die schlesische Barmherzigkeit*, aber auch in Ihlenfelds *Wintergewitter*), sind sie für *Gregros vergebliche Reise* wesentlich, weil er deutsche Täter und ihre Opfer ins Verhältnis setzt. Täter- und Opferkategorien werden also besonders durch diese diametral-logische Dichotomie plausibilisiert und weniger jeweils in sich verglichen oder parallel behandelt (so wie noch Hoffmann Vertreibungsopfer und NS-Opfer nebeneinander thematisierte oder deutsche wie russische ›Täter‹ erwähnte). Es sind drei Bewältigungsstrategien, die die Opfer auf ihre

436 Roland Ziersch: »Das unbewältigte Verhör«, in: *Süddeutsche Zeitung*, 26.03.1963.

437 Anneliese Dempf: »Im Anfang die Spuren des Ende«, in: Wolfgang Böhme u. a. (Hrsg.): *Zeitwende. Die neue Furche* 34, 1963, S. 488–490, hier S. 489.

438 Nicht alle Rezensenten haben das Ende als befriedigend empfunden. J. H. erkennt in ihm die »Resignation des Alternden und Müden« (Ihlenfeld), »der weder das Verhör zur Frage an die ›andere Seite‹ fortführt, also zum fruchtbringenden Dialog durchdringt, noch das volle Lebensrecht des Jungen, des also weder Belasteten noch Schuldigen, in echter Freiheit anerkennt.« J. H.: »Blick von der Grenzscheide«, S. 2253.

439 Anna Teut: »Man geht nicht zweimal durch die Hölle«, in: *DIE WELT*, 27.12.1963.

Vergangenheit anwenden und die der Text vorführt: Verdrängen, vergeben und verurteilen.

Die polnischen Opfer repräsentiert der Roman einerseits mit Gregors ehemaligem Mitschüler Roman Januschewski, andererseits mit den Verhörern selbst. Roman taucht allerdings nicht als Opfer der Nationalsozialisten auf, sondern als Opfer eines noch früheren Polenhasses. Gregors Schwester Marion ist mit Roman befreundet, doch in ihrem Elternhaus herrscht Abneigung gegen die Polen: »Ich hoffe nicht, daß du dich mit dem Polenjungen anfreundest«, droht ihre Mutter (GvR 296). Zu Schulzeiten wird Roman insbesondere für Dieter zum Opfer von Sticheleien:

> Ich kann mir nur denken, sagte Dieter, daß du eben doch kein Deutscher bist. An sich keine Beleidigung: denn Roman war ja eben von Herkunft Pole, ein unter deuscher Herrschaft lebender Pole, wie so viele seiner Sprachgenossen. Es war aber das erstemal – und auch das einzigemal –, daß es unter uns so kraß ausgesprochen wurde. Roman wurde bleich. Offenbar empfand er es doch als Beleidigung. [...] Kann man, konnte man beides in einem sein: Pole und Deutscher, beides mit derselben – ja mit derselben Unbefangenheit, wie so viele Juden sich als gute, als sehr gute Deutsche fühlten? Unbewußt waren wir in diesem Augenblick auf die Mauer des Nationalitätenproblems gestoßen, kratzten auch an dieser Mauer vergeblich mit unsern Knabennägeln. (GvR 261)

Roman schlägt Dieter heftig ins Gesicht. Dieter, der die Kraft besäße, wehrt sich nicht und kündigt auch keine Rache an. Plötzlich und völlig gelähmt von der Situation werden aus den unschuldigen Kindern durch den Einbruch der Politik in ihr Leben Feinde:

> Es war etwas zerbrochen, keine Waffe, nichts Sichtbares, sondern etwas Unsichtbares, wovon wir nichts wußten. [...] So still wie an diesem Tage sind wir noch nie aus dem Klassenzimmer gegangen. (GvR 263)

Der Roman geht so wiederholt auf die bereits seit Zeiten andauernden Spannungen zwischen Deutschen und Polen ein, er hebt aber auch immer wieder das friedliche und alltägliche Zusammenleben beider Völker hervor, insbesondere Fernau (Bromberg) zeigt er als multikulturelle Stadt.[440] Auch Marion hält über die spätere Situation, als sie nach den Versailler Verträgen im »Neupolnischen«

440 Aleksandra Chylewska-Tölle hat sich vorwiegend diesem Aspekt im einzigen bisher vorliegenden, leider nur auf polnisch publizierten Sekundärtext zum Roman gewidmet. Sie liest aus dem Text vor allen Dingen einen Appell zur Völkerverständigung und einer produktiven Multikulturalität heraus. Vgl. Alexandra Chylewska-Tölle: »›Gregors vergebliche Reise‹« [Nadaremna podróż Gregora] Kurta Ihlenfelda jako przykład literackiej rekonstrukcji wielokulturowości dawnej Bydgoszczy«, in: Helena Czakowska/Mariuzs Kuciński (Hrsg.): *Dialog kultur, cywilizacji i religii.* Bydgoszcz: Wydawnictwo Kujawsko-Pomorskiej Szkoły Wyższej w Bydgoszczy 2011, S. 167–178.

lebt, fest: »Später wurde das ja bestritten, sollten die Beziehungen zwischen Deutschen und Polen von jeher gespannt gewesen sein, Unsinn.« (GvR 300)

Je mehr auf das vergangene deutsch-polnische Zusammenleben in den Ostprovinzen eingegangen wird, desto sinnfälliger wird das Misslingen des deutsch-polnischen Dialogs im Verhör. Der Verweis auf die lange Tradition der Völkervermischung lässt nicht nur die aus dem Versailler Vertrag folgenden Grenzverschiebungen (vgl. im Roman dazu S. 121 ff.), den Überfall und die anschließende Annexion Polens durch die Nationalsozialisten 1939 sowie die im Zuge des Potsdamer Abkommens 1945/46 sich vollziehenden territorialen Veränderungen absurd erscheinen, sondern zeigt darüber hinaus die vorherrschende Misskommunikation der beiden Staaten in den 1960er Jahren auf.[441] Auch für dieses Problem wird der Handlungsort zum illustrierenden Bild: Die Grenze erscheint als künstliches und schließlich absurdes Konstrukt der Völkertrennung, umso mehr, da sie unzählige Male verschoben wurde uns so jeder Logik entbehrt. So lässt sich der Roman als Appell für Völkerverständigung lesen – nicht nur retrospektiv, sondern auch im Hinblick auf ein Verständnis der Polen für die Heimatvertriebenen, ihr Heimweh und ihr Reisebedürfnis, das der Vorsteher im Verhör keineswegs artikuliert.

An den polnischen Verhörern führt der Roman eine besondere Reaktion auf kollektive Opferbilder vor: Im Namen des polnischen Volkes fordern sie Sühne, Rache und Bestrafung. Erst die Verurteilung der Täter verstehen sie als Anerkennung ihres Opferstatus. Sie sind bereit, für dieses Opfernarrativ, das auf eine Verurteilung und Bestrafung der Täter zielt, andere NS-Opfer, hier die Nonne, zu instrumentalisieren. Diese jedoch lässt sich nicht einspannen und repräsentiert so eine entgegengesetzte Opferhaltung:

> Der Vorsteher: […] Aber die wenigen Zeugen, welche die Experimente überlebt haben, müssen schon mithelfen, die Verbrecher zu verfolgen.
> Die Nonne: Ich bin außerstande, mich an einer Verfolgung zu beteiligen. Ich bitte, mich zu entlassen.« (GvR 473)
> Die Nonne: […] Sie sind nicht Gott. Sie haben nicht die Macht, Tote zu erwecken.
> Der Vorsteher: Sicher nicht. Doch die Macht, die wir besitzen, müssen wir auch ausüben.
> Die Nonne: Was für eine Macht?
> Der Vorsteher: Verbrechen aufzudecken, die Verbrecher zu verfolgen und zu bestrafen.
> […]
> Der Vorsteher: Es ist bedauerlich, daß Menschen wie Sie uns nicht unterstützen, uns im Gegenteil daran hindern, unsere Pflicht zu tun.
> Die Nonne: Mit der Hölle wird man auf Ihre Weise nicht fertig, das ist es. (GvR 474)

441 Vgl. dazu besonders GvR 180–182, 238 f., 253 f., 265, wenn sich Gregor und der Verhörer etwa in Diskussionen um die Oder-Neiße-Grenze oder Heimatverbände verstricken.

Die Nonne verweigert das Urteil über die deutschen Täter und möchte nicht politisch instrumentalisiert werden. Damit entlastet sie die Täter jedoch nicht und plädiert auch nicht für ein kollektives Vergessen des Vergangenen, sondern weist auf ihr persönliches Trauma hin, das nicht durch jurisitische, offizielle Verurteilung wieder gutzumachen ist:

Der Vorsteher: Sie wollen es nicht beschreiben?
Die Nonne: Ich kann es nicht.
Der Vorsteher: Warum nicht?
Die Nonne: Weil die Hölle unbeschreiblich ist. (470f.)

Dass die Nonne ihr persönliches Trauma nicht nur nicht wiedergeben will, sondern dies nicht kann, kündigt sich erzählerisch an. Im Verhör mit der Nonne über die KZ-Ereignisse werden die Sätze immer kürzer, und die inneren Monologe Gregors bleiben mehr und mehr aus. Diese erzählerische Verknappung illustriert die Sprachlosigkeit, mit der dem Grausamen begegnet wird, zudem werden sowohl die Fragen des Vorstehers als auch die Antworten der Befragten immer kürzer. Den Verbrechen, die der Text in Worte fasst und gegen deren Verschweigen er somit anschreibt, kann das Opfer nur mit Sprachlosigkeit begegnen, – jener Sprachlosigkeit, die einer Instrumentalisierung der Opfererfahrung entgegensteht.

Ihlenfeld propagiert in der Figur der Nonne christliches Denken, nach dem nicht der Mensch die Macht des Urteilens besitzt. Die Nonne will niemanden belasten, Rache und ›Pflicht‹ des Urteilens sind ihr fremd. Sie verweigert sich dem Mechanismus des Urteilens, legitimiert damit aber nicht die Taten, deren Opfer sie wurde. Wenn sich die Nonne gegen das Verurteilen verwehrt, spricht sie sich dennoch nicht gegen die Täter aus. In der Figur der Nonne plädiert der Roman also nicht für Vergessen, sondern für Vergebung. Schon als sie, damals noch unter dem bürgerlichen Namen Lena, Dieter nach der deutschen Annexion Polens als SS-Arzt trifft, fällt sie kniend nieder und betet für ihn. Sie erklärt, sie habe damals vor Dieter gekniet und ihn nicht angesehen, um »etwas anderes« zu sehen, das »Unsichtbare« (GvR 470). Sie ist auf der Suche, nach der Seele, nach dem Guten im Menschen. Im Vergeben findet also im Gegensatz zum Verdrängen oder Vergessen eine aktive Auseinandersetzung mit der Vergangenheit und den Tätern statt, die mithin die größte Herausforderung darstellt.

An Gregors Klassenkameraden Alfred Cantor,[442] den er bei einem Klassentreffen Mitte der Fünfziger Jahre wiedertrifft, illustriert der Text die gegenläufige Tendenz – den Verdrängungsmechanismus der Opfer: Cantor ist der einzige Auschwitz-Überlebende seiner Familie, »mit todtraurigen Augen, ein Denkmal

442 Alfred Cantor ist unmissverständlich Ihlenfelds Freund Alfred Cohn nachempfunden. Vgl. Nachlass im Archiv der Akademie der Künste, insbesondere die Korrespondenz Ihlenfelds mit Cohn: Akademie der Künste, Berlin, Kurt-Ihlenfeld-Archiv, Nr. 129.

dessen, was war und nicht ausgelöscht werden kann, jedoch, und das war das tief Ergreifende; ohne ein einziges Wort der Klage oder Anklage [...].« (GvR 164) Der deutsche Jude Cantor lebt seit 1946, jetzt also als Pole, wieder in ›Fernau‹ und führt dort eine Arztpraxis: »Ein Deutscher. Ein Pole. Ein Jude. Einer von uns.« (GvR 169). In Alfred Cantor bündelt sich zum einen die Erinnerung an friedliche Jugendfreundschaften, die keine Unterschiede zwischen Deutschen, Polen und Juden machten. Zum anderen illustriert er die Multikulturalität, die vormals noch in Bromberg florierte und die im krassen Gegensatz zu den Erfahrungen des Dritten Reiches, aber auch zu dem im Verhör sich zeigenden Misstrauen zwischen den polnischen Beamten und dem deutschen Reisenden steht. Darüber hinaus steht Cantor für einen Opfertypus, der seine Bewältigungsstrategie der Vergangenheit im Verdrängen findet. Jeden politischen Kommentar bei dem Klassentreffen unterbindet er, stattdessen setzt er sich ans Klavier und beginnt, ununterbrochen Schlager zu spielen.[443] Die leichten Lieder sind offenbar seine »Art von Refugium« (GvR 167), was die Zuhörer irritiert:

> [W]ie konnte jemand, der durch Auschwitz gegangen war, als Jude die Wüstenzeit lebend überstanden hatte, zehn Jahre danach sich so harmlos an die billige Tröstung von Schlagertexten und -weisen halten? Sein Gesicht straft doch jeden Takt und jedes Wort einfach Lügen! [...] Auch der anderen hatte sich [...] Beklommenheit bemächtigt, [...] sicher auch in dem Empfinden der Unvereinbarkeit von Einst und Jetzt in der Existenz des einsamen traurigen Mannes dort am Flügel, der sich spielend und singend zurück- und hinüberschwang: über den Abgrund voll Ungeheuern in eine Zeit, die noch vor dem Abgrund lag und von den Ungeheuern, die er barg, noch nichts wußte, nichts ahnte. (GvR 167f.)[444]

Cantor findet Trost in der Erinnerung an seine Jugend, an Fernau – die Stadt, in der sie alle, Juden, Deutsche, Polen als Kinder friedlich beieinander lebten. Er verliert sich in den Melodien und Texten der Schlager, die damals gesungen wurden. Diese Art eines Holocaustopfers, mit der Vergangenheit umzugehen, befremdet und irritiert die, die nicht Opfer wurden, die aber kein Wissen und kein Recht haben, über diesen Umgang zu urteilen.

Während die durch Deutsche verursachte Opfererfahrung der Polen und Juden den Roman deutlich dominiert, geht aber auch die Opfererfahrung der deutschen Vertriebenen ein. Flucht und Vertreibung tauchen allerdings wortwörtlich nur in dem verlesenen Brief Marions auf und werden dadurch deutlich als ihre persönliche Erinnerung markiert. Auch darauf, dass die Schwester auf der Flucht verschollen ist, geht der Roman bemerkenswerterweise geradezu im Vorübergehen ein, obwohl die Verbindung des Protagonisten zu seiner Schwester

443 Nicht umsonst nennt Ihlenfeld die Figur »Cantor«.
444 Die Rede von »Ungeheuern« steht noch in der Tradition der Dämonisierung der NS-Verbrechen.

als eine sehr innige hervorgehoben wird. In Marions Brief heißt es über das Fluchterlebnis:

> [W]ir gehen in einer Hülle überirdischer Barmherzigkeit. Ich weiß, innen unter den Planen, auf den Strohlagern, liegen sie in maßloser Trauer, in dämmender Benommenheit, und die draußen neben den Wagen und neben den Pferden gehen, senken die Köpfe, treten wie bewußtlos die sanfte Bahn. Es sind auch Polen dabei, und ein paar Franzosen. Sie hätten in Prondy bleiben können, aber sie schlossen sich uns an, doch wohl aus Furcht vor den nahenden Befreiern. Man weiß ja nicht, was das für eine Freiheit sein wird, die sie mit sich bringen. Die Welt hat die letzten Hüllen des Vertrauens weggeworfen [...].

Marions Worte drücken insbesondere große Trauer und Unsicherheit aus. Zwar wertet sie die einziehenden Russen positiv als »Befreier«, doch unterstreicht sie auch, dass vor ihnen »Furcht« herrscht. Einmal mehr zeigt der Text ostdeutsche Vergangenheit als polydimensionales Gewebe aus Deutungen, Erfahrungen und Perspektiven, das eine monokausale Schlussfolgerung nicht nur über Gewalttaten Deutscher, sondern auch über die Opfererfahrungen Deutscher unmöglich macht. Diese Polydimensionalität komprimiert sich auch in Gregor, der gleichzeitig als Zeuge, Angeklagter, aber auch als Opfer figuriert, das an Sehnsucht und Heimweh leidet. Er steht nicht für die Vertriebenen als Opfer der sowjetischen Armee, sondern repräsentiert die Ostdeutschen als Opfer aktuellen Unverständnisses für ihre Situation. Als einende Leiderfahrung der deutschen Opfergemeinschaft stellt der Roman das Heimweh und den Heimatverlust, nicht das Flucht- oder Vertreibungserlebnis dar.

3.3 Reise ins Gewissen

In einer zeitgenössischen Kritik des Romans urteilt der Rezensent Werner Grözinger: »Ihlenfeld hat mit diesem Roman einen wichtigen Beitrag zum vielberufenen, aber häufig von Unberufenen behandelten Problem der Überwindung der Vergangenheit gegeben.«[445] Die deutsche Vergangenheitsbewältigung ist eines der Kernthemen des Romans und Diskussionsstoff für den Protagonisten und seinen Verhörer. Tatsächlich befasst sich ein Hauptaspekt der Erzählung mit Gregors Gewissen, der so die Frage nach Schuld und Verantwortung geradezu personifiziert. Dabei stehen nicht Gregors Erfahrungen oder sein Handeln während der Zeit des Dritten Reiches im Mittelpunkt, sondern ein

445 Werner Grözinger: »Politische Stoffe«, in: *Hochland* 55/4, 1962/63, S. 368–377. Zitiert nach: Erwin Rotermund/Heidrun Ehrke-Rotermund: *Panorama des internationalen Gegenwartsromans. Gesammelte »Hochland«-Kritiken 1952–1965.* Paderborn u. a.: Schöningh 2004, S. 379–389, hier S. 385.

weiteres Mal seine Kindheit und Jugendzeit, die zu Gleichnissen späterer Handlungen oder aber Unterlassungen werden.

Besonders ein Erlebnis aus der Schulzeit inszeniert der Roman als Parabel nicht nur auf Gregors späteres Verhalten, sondern insbesondere auf das Verhalten der Deutschen während der NS-Zeit: Gregor ist als Jugendlicher unfreiwilliger Zeuge einer grausamen Gewalttat geworden; der Schuldiener Schimanski hat seine Tochter Mariechen misshandelt und im Kohlenkeller der Schule totgeschlagen. Als Schimanski durch ein Geräusch auf den Jungen aufmerksam wird, ergreift Gregor die Flucht. Gregor schweigt über das Vorgefallene, auch seinen Eltern vertraut er sich nicht an. An diese Situation erinnert er sich im Verhör und beginnt, sein damaliges Verhalten zu bedenken: »Hatte ich getan, was zu tun war – was ich zu tun vermochte? » (GvR 85) fragt er sich und gibt dann selbst die Antwort:

> Denn ich habe nicht getan, was ich hätte tun können und tun sollen. Ich habe weder zu Hause davon erzählt, noch bin ich am andern Tag zum Direktor gegangen [...]. Ich habe geschwiegen. Und warum? Sicher darum, weil ich Angst hatte. Oder auch darum, weil ich Zeuge eines widernatürlichen Vorgangs gewesen war, aus Scham also. Und noch einmal aus Scham – weil ich fortgelaufen war. Ein ganzes Knäuel von Gründen und Entschuldigungen. (GvR 85)

Hier geschieht langsam das, was Anneliese Dempf in einer zeitgenössischen Rezension bemerkt: »Aber dann dämmert allmählich die Erkenntnis in ihm auf, daß seine Zuschauerrolle in der Vergangenheit, seine ›Leistung‹, sich abseits zu halten, das Böse nicht mitzumachen, zu wenig war«.[446] Gregor fühlt sich als ›Zuschauer‹ durchaus schuldig, denn er weiß, dass sein Schweigen den Schuldiener nicht nur unbestraft gelassen hat, sondern diesem auch den Raum für weitere Vergehen eröffnet hat. In diesem Muster erkennt Gregor sodann eine universelle Regelhaftigkeit: »Ist es nicht immer so –? Und die Schimanskis haben den Gewinn davon, machen weiter und werden groß.« (GvR 86) Nicht nur die in einem Kollektiv aufgehenden »Schmimanskis« – die Täter – werden somit zur Verantwortung gezogen, sondern auch die, die jenen den Weg ebnen. Was hier anklingt, ist ein dem Täterbegriff inhärentes Problem: die Frage nach einer möglichen bzw. notwendigen Hierarchisierung der Täter. Lassen sich schon Schweigen und Zu- oder Wegsehen als Verschulden deuten, und wie viel wöge dieses ›Delikt‹ dann im Verhältnis zu aktiven Gewaltverbrechen?

Feststeht, dass dieser Roman Verantwortung nicht dem Schicksal, einer dämonischen Macht oder gar Naturgewalten zuschreibt, sondern individuellen Menschen. Es sind dabei mindestens drei Verantwortungsperspektiven, die den Roman durchziehen. Erstens geht es, wie im vorherigen Kapitel eingehend be-

446 Dempf: »Im Anfang die Spuren des Endes«, S. 489.

leuchtet, um die Verantwortung des Täters Dieter Sandberg für seine Taten. Zweitens geht es um die Verantwortung des Nicht-Täters, die er in seiner Selbstwahrnehmung im Mitlaufen oder Wegsehen nicht übernommen hat. Drittens schießlich geht es um eine Verantwortung, die aus der Fremdperspektive dem Nicht-Täter auferlegt wird und ihn damit zumindest in die Nähe der Täter rückt, gegen die er sich aber auch wehrt:

> Warum mußte ich an Dieters Stelle Rede und Antwort stehen? [...] Wohin kommen wir, wenn man uns Verantwortlichkeiten aufbürdet, die in der Wirklichkeit überhaupt keinen Grund haben, wenn zufällige Begegnungen zu persönlichen Entscheidungen aufgeplustert werden – Ich fühlte mich absoluter Willkür ausgeliefert – [...] [laut zum Vorsteher:] Ich schweige, weil ich – weil ich nicht gewillt bin, für die Untaten eines anderen einzustehen. Weil ich es ablehne, mich noch länger einem Verhör zu unterwerfen, das der Aufdeckung von Verbrechen dient, die ich nicht begangen habe. (GvR 416)

So schreibt der Roman auch gegen eine Kollektivschuldthese an. Gregor ist nicht bereit, als Deutscher und Schulfreund Dieters in einem Täterkollektiv vereinnahmt zu werden, sondern er fordert eine kritische Auseinandersetzung mit den Tätern als Individuen.

Ein besonderer Schachzug Ihlenfelds ist es schließlich, dem Verhör einen mythischen, imaginären Anstrich zu verleihen. Nicht nur weil Gregor am Ende des Romans seine Reise in den Osten nicht antritt, stellt sich die Frage, ob das Verhör an der Grenze tatsächlich stattgefunden hat. Indem Ihlenfeld den verhörenden Vorsteher nie *in persona* auftreten lässt, sondern seine Stimme ausschließlich aus einem Lautsprecher erklingt, wird dieser als eine unwirkliche Instanz inszeniert. Zudem bemerken es weder die Nonne, der Kommissar (der Handlanger des Vorstehers) noch der jetzt offensichtlich hinzukommende Vorsteher (»erkennbar an seiner roten Dienstmütze und dem Signalstab« [GvR 481]), dass Gregor nach dem Verlassen der Baracke auf den Bahnsteig tritt:

> Aber nichts geschieht, was auf ein Interesse an meiner Person schließen läßt. Ich bin der einzige, der hier zusteigt. [...] Der Vorsteher schließt die Tür von außen. Er blickt zurück, wobei er mich eigentlich erkennen müßte. Doch nein, er übersieht mich. (GvR 481)

Nicht nur die Reise in die Gegend seiner Kindheit hätte dann nur in der Imagination stattgefunden, sondern insbesondere die Auseinandersetzung mit der eigenen Verantwortung und Schuld sowie dem Urteil über den Kindheitsfreund wäre in Gregors Psyche verlegt. In einer solchen psychologischen Lesart ließe sich der unsichtbare Verhörer durchaus plausibel als Gewissen, als Über-Ich deuten.

4 Flucht und Vertreibung im Trivialroman – Auswahl des Diskursfragments

4.1 Die Diskursakteurin Utta Danella

Die Berlinerin Utta Danella gehört bis heute zu den auflagenstärksten und meistrezipierten AutorInnen der Bundesrepublik.[447] Die Autorin wurde 1920 als Utta Dennerler in gutbürgerlichen Verhältnissen in Leipzig geboren[448], ihre zahlreichen unterhaltenden Romane (ihr erster Roman erschien 1956 und war nur ein bescheidener Erfolg) avancierten immer wieder zu Bestellern und wurden erfolgreich für das Fernsehen verfilmt. Nicht selten bettete die Autorin ihre Romanhandlungen in einen zeitgeschichtlichen Hintergrund ein. 2015 starb sie in ihrer Wahlheimat München. Ausgezeichnet mit dem Bundesverdienstkreuz 1. Klasse war die Autorin dennoch kaum in der Öffentlichkeit präsent. So ist auch über das Leben Utta Danellas wenig bekannt. Offensichtlich stammte ihre Mutter aus Schlesien.[449]

Für eine Studie des literarischen Flucht-und-Vertreibungsdiskurses sind Danellas das Thema aufgreifenden Unterhaltungsromane »als populäre semiotische Kraftzentren, die in vergröberter und vereinfachender Form die Episteme eines Zeitalters reflektieren und dabei selbst mitschaffen«[450], unbedingt heranzuziehen. Insbesondere »Produkte der Trivialliteratur [...] besitzen exemplarische[] kulturelle[] und mentalitätsgeschichtliche[] Bedeutung«[451].

Danella hat insgesamt vier Romane verfasst, die den ostdeutschen Heimatverlust behandeln: *Der Maulbeerbaum* (1964), *Vergiß, wenn du leben willst* (1966), *Die Unbesiegte* (1986) und *Wo hohe Türme sind* (1993).[452] Die ersten

447 Dass ihre Bücher über 70 Millionen mal verkauft wurden, brachte der Autorin den Beinamen »Die Auflagenkönigin« ein. Vgl. http://www.uttadanella.de/ (Stand: 03.06.2014).

448 Vgl. http://www.spiegel.de/kultur/literatur/utta-danella-ist-tot-a-1047609.html (Stand: 14.01.2018) und http://www.uttadanella.de/ (Stand: 14.01.2018). Aus ihrem Alter und ihrem Geburtsort machte die Autorin zeit ihres Lebens ein Geheimnis. Noch immer kursiert als Geburtsort neben Leipzig Berlin, wo die Familie bei Kriegsende ausgebombt worden sein soll. Vgl. https://www.munzinger.de/search/portrait/utta+danella/0/18178.html (Stand: 14.01.2018).

449 Für diese Information danke ich Claudia von Hornstein, die mir auf meine Anfrage über die Homepage der Autorin umgehend antwortete. Es ist also nicht unwahrscheinlich, dass Danella die Regionen, von denen sie erzählt, aus eigener Anschauung kannte.

450 Eintrag »Trivialliteratur«, in: Ansgar Nünning (Hrsg.): *Metzler Lexikon Literatur- und Kulturtheorie*, Stuttgart/Weimar: J.B. Metzler, 2008. S. 731 f., hier S. 732.

451 Ebd.

452 Vgl. Dornemann: *Flucht und Vertreibung in Prosaliteratur und Erlebnisbericht*, S. 319. Der Roman *Der Maulbeerbaum* wurde unter dem Titel *Wenn Träume fliegen*, der Roman *Vergiß, wenn du leben willst* unter dem Titel *Das Geheimnis unserer Liebe* verfilmt, so verkündet die offizielle Homepage der Autorin. Tatsächlich aber sparen beide Verfilmungen den in den

beiden Romane beziehen sich auf den von mir untersuchten geografischen Raum: *Der Maulbeerbaum* auf Schlesien, genauer Breslau, *Vergiß, wenn du leben willst* auf Ostpreußen. Die Handlung der beiden anderen Texte situiert sich im Sudetenland. Da sich die trivialen Texte Danellas allesamt durch denselben Schematismus auszeichnen und das historische Geschehen immer wieder zu einer reinen Hintergrunddekoration verkommt, wird hier repräsentativ der Roman *Der Maulbeerbaum* (1964) untersucht.

4.2 Der Roman *Der Maulbeerbaum* (1964)

Der Maulbeerbaum erschien zunächst als Fortsetzungsroman in der Zeitschrift *TV Hören und Sehen* in 23 Fortsetzungen und mit einer Auflage von 1,4 Millionen Exemplaren, 1966 nahm der *Bertelsmann*-Lesering den Roman in sein Programm auf und verkaufte ihn bereits in den ersten drei Jahren über 700.000 mal.[453] Bis heute ist *Der Maulbeerbaum* immer wieder aufgelegt worden,[454] zuletzt 2007 im Portobello-Verlag.[455] Im Zentrum des Romans *Der Maulbeerbaum* stehen die aus Breslau stammenden Schwestern Charlott und Ricarda Wolff. Während Charlott in einer Kleinstadt im Westen als Mutter der Kinder Brigitte und Thomas und Ehefrau des erfolgreichen Möbelfabrikanten Werner Fabian ein luxuriöses Leben führt, fristen die Schwester und der alte Vater Matthias Wolff in Breslau ein freudloses Dasein. Nach zahlreichen vergeblichen Versuchen, eine Einreisegenehmigung in den Westen zu erhalten, kommt es Anfang der 1960er Jahre zur Familienzusammenführung. Mit dem Einzug von Matthias und Ricarda Wolff bei den Fabians entstehen zahlreiche Konflikte, die alle von einem in die Vergangenheit zurückreichenden Geheimnis überschattet werden: Beide Schwestern haben im letzten Kriegsjahr ein Kind von Werner Fabian erwartet. Während die ältere Schwester Ricarda und Werner sich ernstlich geliebt haben, hat Charlott für den Geliebten ihrer Schwester nur geschwärmt und ihn in

Romanen durchaus prominenten Hintergrund der Flucht-und-Vertreibungsgeschichte aus und übernehmen ausschließlich die trivialen Liebeskonflikte, die die Romane vorschlagen. Vgl. http://www.uttadanella.de/buecher (Stand: 03.06.2014).

453 Vgl. Klaus Ziemann: *Romane vom Fließband. Die imperialistische Massenliteratur in Westdeutschland.* Berlin: Dietz 1969, S. 184.

454 Die für die folgenden Zitationen verwendete Ausgabe ist Utta Danella: *Der Maulbeerbaum.* Gütersloh: Bertelsmann Lesering, Lizenzausgabe, ohne Jahr. Belege erfolgen unter Verwendung der Sigle MB.

455 Während sich der DDR-Kritiker Ziemann den Erfolg des Romans 1969 noch durch seinen aktuellen Zeitbezug (Nachkriegszeit/Wirtschaftswunder) erklärte, muss es für die anhaltende, sich in den Neuauflagen des Romans zeigende Beliebtheit andere Gründe geben. Wenn nicht schon damals, so erscheint der Roman doch heute ausschließlich als Liebesroman rezipiert, für den historische Bezüge nunmehr eine hintergründige Kulisse liefern.

einer einzigen Liebesnacht verführt. Werner, der das schwangere Mädchen zwangsweise heiratet, erfährt von der verzweifelten Ricarda nicht, dass sie ebenfalls ein Kind von ihm erwartet. Werner zieht wieder an die Front, und in Breslau rücken die sowjetischen Truppen näher. Während Charlott sich auf die Flucht begibt, verbleiben Ricarda und Matthias gemeinsam mit der kranken Mutter in Breslau. Ricarda vertraut ihr heimlich entbundenes, schwaches Töchterchen der Schwester an, die mit zwei kleinen Mädchen den Weg in den Westen zu ihren Schwiegereltern antritt. Eines der Mädchen, Charlotts Tochter, stirbt auf der Flucht. Im Westen angekommen gibt Charlott Ricardas Tochter als ihr Kind aus.

Mit der Ankunft im Westen verändern sich nach und nach alle Figuren. Die stille Ricarda blüht zunehmend auf, Werner fühlt sich sofort wieder zu ihr hingezogen. Diese hat sich jedoch inzwischen mit ihrer Schwester ausgesprochen, Brigitte hat erfahren, dass sie ihre Tochter ist, und Ricarda erkennt, nach einigen Gefühlsverwirrungen, dass sie Werner seinen damaligen Betrug nie verzeihen können wird. Stattdessen zieht sie nach München, wo ein befreundeter Arzt ihr nicht nur eine Stelle, sondern auch ein Leben an seiner Seite anbietet.

5 Textanalyse

5.1 Vergessen und Verdrängen

Die Flucht und Vertreibung behandelnde Romanliteratur zwischen 1959 und 1968 ist nicht nur durch Heterogenität, sondern geradezu durch einen diametralen Umgang mit der (ost)deutschen Vergangenheit gekennzeichnet. Auf der einen Seite stehen Romane wie *Gregors vergebliche Reise*, die, wie gezeigt, kritisch und mit innovativen Erzählstrategien das Thema bearbeiten, auf der anderen Seite verfahren z. B. Utta Danellas Romane weder inhaltlich reflektiert noch erzählerisch innovativ. Im Gegensatz zu Ihlenfeld, der in seinem Roman die narrative Manifestation von Vergangenheitsversionen problematisiert, reproduziert und verfestigt Danella die gängigen, oft klischierten Narrative des ostdeutschen Heimatverlusts und deutscher Vergangenheit. Wenn das vorhergehende Kapitel an *Gregors vergebliche Reise* gezeigt hat, dass das Bewusstsein über die Entstehung von Vergangenheitsnarrativen Voraussetzung für eine umfassende Reflexion über Schuld und eine kritische Auseinandersetzung mit Täterschaft ist, müssen Romane, die den Konstruktcharakter von Erinnerungen und Vergangenheitsnarrativen nicht reflektieren, auch in ihrem Umgang mit Opfern und Tätern trivial bleiben. Tatsächlich lassen Danellas Texte die Genese von Erinnerungen nicht nur unberücksichtigt, sondern plädieren vielmehr, ob explizit oder implizit, für Vergessen.

5.2 Eskapismus und Verharmlosung

Die trivialen Romane Danellas zeichnen sich durch eine eskapistische Grundtendenz aus. Besonders der Roman *Der Maulbeerbaum* proklamiert, dass nicht an das Vergangene gedacht, sondern in der Gegenwart gelebt werden soll. Dabei stellt der Roman das Wirtschaftswunder als Lösung aller vergangenen Probleme und Konflikte dar. Der Text suggeriert, das Leid der Flucht und Vertreibung könnte durch westliches Luxusleben vergessen und damit gewissermaßen geheilt werden. Der Roman tritt jedoch nicht für ein vollständiges Vergessen der Vergangenheit ein: Die Heimat, ihre Landschaft und ihre Bräuche mögen bewahrt bleiben, wie der Text an Matthias Wolff vorführt:

> Neugierig fragte Matthias: »Hat dir deine Mutter eigentlich nie davon erzählt?« Von ihrer Jugend, von ihrer Heimat.« »Nein. Eigentlich so gut wie gar nicht.« Mißbilligend schüttelte Matthias den Kopf. Das sah Charlott ähnlich. Sie hatte offenbar nie das Gefühl gehabt, sie müsse ihren Kindern die verlorene Heimat wenigstens im Gespräch nahebringen. (MB 389)

Implizit scheidet der Roman ›gute‹ und ›schlechte Erinnerungen‹ voneinander. Zwar soll das Leid sowie eigene Schuld vergessen, die Schönheit der verlorenen deutschen Landschaften soll jedoch erinnert werden. Diese Kategorisierung von Erinnerung bündelt sich in der Einteilung in »Wunderkinder«, »Stiefkinder« und »Gotteskinder«:

> Wunderkinder unserer Zeit. Was einmal war, haben sie vergessen. Daß sie auf die Flucht ging mit dem Baby auf dem Arm und er halbverhungert aus der Gefangenschaft kam – wer denkt denn noch daran? Gerade darum sind sie ja Wunderkinder, nicht weil sie alles haben, was sie haben, sondern weil sie so leicht vergessen konnten, was geschehen ist. Ja, das sind die einen. Ganz deutlich aber erlebte ich am Beispiel dieser Familie, daß es auch noch andere gibt. Wahrscheinlich viel mehr, als wir wissen und vermuten. Die Stiefkinder. Die ihre Gefühle und Gedanken nicht so leicht umkrempeln konnten, deren Portemonnaies leer blieben, deren Träume immer nur Träume blieben und für die die Wirklichkeit immer grau und böse und hoffnungslos ist. Keine Hoffnung für Stiefkinder. […]
> So ein Stiefkind war Ricarda. Und sie wußte es. Sie wußte auch, wie ungerecht es vom Schicksal war. Sie war viel klüger als ihre Schwester, viel reifer, viel warmherziger im Grunde […]. (MB 12f.)

Im Gegensatz zu Charlott, die verdrängt und vergisst, und Ricarda, an der die Vergangenheit nagt, steht Matthias Wolff, das »Gotteskind«, der auf der einen Seite das Leid vergisst und in der Freiheit und im Konsum des Westens aufgeht, dabei aber auf der anderen Seite die Idylle seiner Heimat in der Erinnerung bewahrt und an seine Enkelin weitergibt (vgl. MB 392). Solche verklärten, konformen Vergangenheitsnarrative über »lange Kammwanderungen« (MB 392), »das Baden in der Weide und in der Lohe« (MB 8) oder die »baraocke Front der

[Breslauer] Universität« (MB 8) sollen sich auch in der zweiten Generation festsetzen.

Wenn Danellas Texte mittels deutscher oder deutsch-polnischer Geschichte die Tragik zu steigern suchen, geht mit dieser Emotionalisierung die Verharmlosung der Vergangenheit einher. Danella dramatisiert nicht die Vergangenheit, um die erzählten Konflikte zu potenzieren, sondern dramatisiert diese Konflikte, indem sie sie vorgeblich historisch einfärbt. Das heißt: Die Autorin b e n u t z t die Komplexe Flucht und Vertreibung, Heimatverlust oder Vergangenheitsbewältigung, statt sie zu thematisieren oder gar zu problematisieren. Offensichtlich garantieren ihr diese Themen ein Anknüpfen an die gesellschaftliche Kollektivdisposition der BRD Anfang der 1960er Jahre.

An *Der Maulbeerbaum* lässt sich die Verharmlosung der Vergangenheit besonders deutlich nachweisen. Flucht und Vertreibung gerinnen hier zu einer Kulisse, die nur vermeintlich den erzählten Konflikt erklärt: Charlotts Flucht nach Westen dient als Handlungselement ausschließlich dazu, den Tod des Kindes glaubhaft zu machen, tatsächlich bleibt diese historische Kulisse jedoch arbiträr – das Kind hätte ebenso gut bei einer Bootsfahrt ertrinken oder an einer Grippe sterben können. Die Flucht vor der Roten Armee wird weder als individuelle noch als kollektive Leiderfahrung überliefert, sondern gerät zur Erklärung für ein Familiengeheimnis, das den zentralen (konstruierten) Konflikt des Romans darstellt. Danella scheut sich sogar nicht, die Flucht als Erlösung aus einem unglücklichen Liebeskonflikt vorzuführen und legt Charlott den Satz in den Mund: »Glaubst du, daß ich direkt froh war, als ich auf die Flucht gehen konnte?« (MB 166)

Auch den Krieg trivialisiert die Erzählung immer wieder, indem sie ihn nicht als global-politisches Ereignis, sondern stets als Einschnitt in Karrieren oder Liebesbeziehungen deutet, etwa:

> Im Krieg, den Werner Fabian, wie schon erwähnt, zwar an vielen Fronten, jedoch unversehrt, überstand, begegnete ihm seine zweite große Liebe. Ein Mädchen namens Ricarda Wolff. [...] Dieser Liebe wurde eine normale und glückhafte Entwicklung versagt, das verhinderte der Krieg. (MB 77)

Der Roman verharmlost schreckliche, kollektive Leiderfahrungen, indem er sie zu Erklärungen oder Ursachen für Liebeskonflikte geraten lässt.[456]

456 Auch in der Metapher des Maulbeerbaums verbirgt sich diese Verharmlosung und eine Überlagerung (inter)nationaler Konflikte durch private. Der Titel bezieht sich auf einen Maulbeerbaum, der ehemals im Hof des Breslauer Elternhauses wuchs. Charlotts Versuche, einen Maulbeerbaum auch im westlichen Garten zu ziehen, scheitern, bis alle Familienkonflikte gelöst sind. Das Bild erinnert durchaus an den Wacholderbaum aus Hoffmanns *Die schlesische Barmherzigkeit*, jedoch zeigt er sich weniger als Metapher der Heimat und der Ent- bzw. Verwurzelung als ein stereotypes Bild, das hier nicht den historischen, sondern den trivialen Liebeskonflikt symbolisiert.

Eine andere Spielart der Verharmlosung liegt in der Dramatisierung alltäglicher Probleme, die dadurch einen höheren Stellenwert als die historisch-politischen Konflikte erhalten. Es heißt etwa: »Nun galt es aber ernsthaft das Problem zu überdenken, was man anzog.« (MB 30), und als Matthias und Ricarda schließlich die Entscheidung treffen, in den Westen zu gehen, geschieht dies nicht unbedingt, weil die Lebensumstände in Polen als Angehörige der deutschen Minderheit schwierig sind oder sie sich die Familienzusammenführung wünschen, sondern weil es Ricarda nur so möglich wird, sich aus einer Liebschaft mit einem verheirateten Kollegen zu befreien: »Sie mußte auch aus diesem Konflikt erlöst werden, der sie so bitter und hart gemacht hatte.« (MB 43) So erheben Wörter wie »Problem«, »ernsthaft« (Bsp. 1) sowie »Konflikt« und »erlöst werden« (Bsp. 2) die triviale Alltagsfrage nach der richtigen Kleidung sowie eine Affäre zu dramatischen Komplexen, gegen die die Flucht-und-Vertreibungserfahrung und das Leben in Polen verblassen oder ihnen gegenüber zumindest gleichrangig erscheinen.

5.3 Opfer und Täter

5.3.1 Blick auf Polen

Der Maulbeerbaum greift mit den in Polen verbliebenen Deutschen und der anschließenden Familienzusammenführung ein Thema auf, das meines Wissens in keinem anderen Flucht-und-Vertreibungsroman behandelt wird; Danella spielt das hier angelegte innovative Potential jedoch nicht aus. Der thematische Fokus hätte Raum für eine deutsch-polnische Annäherung geboten und die Frage nach der Schuld der Deutschen stellen können, doch schon rein quantitativ dominieren Liebeskonflikte vor diesem Aspekt. Gerade weil der Roman so viele Szenen, Schauplätze und Episoden bereithält, gerät die Flucht-und-Vertreibungsthematik zu einer unter vielen; Liebe, Luxus, Tod, Krankheit, Eheschließung – »all das wird in den Roman hineingepreßt ohne Rücksicht darauf, ob nicht einzelne Handlungsstränge davon erstickt werden.«[457]

Hineingepresst erscheinen auch alle im Roman auftauchenden stereotypen Figuren. Die Bilder der Bevölkerung des (kommunistischen) Polens oder der *en passant* auftauchenden jüdischen Charaktere sind nicht minder klischeehaft als die Bilder des neureichen Milieus. So wie dem reichen Mädchen aus dem Westen ein Tennisschläger und ein Pferd zur Seite gestellt werden, wird etwa der polnische Nachbar der Wolffs mit einer 1945 erbeuteten deutschen Taschenuhr ausgestattet. (Als der polnische Nachbar Matthias zum Geburstag eine Uhr schenkt,

457 Ebd., S. 55.

bemerkt Ricarda: »Beuteware wahrscheinlich, was sonst? Er wird sie einem gestohlen haben, als er fünfundvierzig ins Land kam. Oder hat einen Deutschen dafür erschlagen. Ein feines Geburtstagsgeschenk.« [MB 40]) So besitzen, wie »(…) die Dingsymbole westdeutscher Wohlhabenheit und die vermeintlich dazugehörigen Verhaltensweisen, (…) auch die Hinweise auf Polen oder Juden nur ausschmückenden Charakter und sind nicht Ausdruck irgendeines echten Engagements.«[458] Die Erwähnung jüdischer Figuren scheint einem Glauben an ihre Zugehörigkeit zum Inventar einer Geschichte aus der Zeit des Zweiten Weltkrieges geschuldet. Auch sie werden in den Roman »hineingepresst«, ohne dass der Plot ihr Auftauchen motivierte. So ist während Ricardas heimlicher Niederkunft bei einer Polin (noch dazu in einem »kleinen Dorf zwischen Krakau und Auschwitz«, MB 416f.) eine alte, sich versteckende Jüdin zugegen, deren Mann im Konzentrationslager gestorben ist und deren Besitz man geraubt hat (ebd.), die aber keinerlei Einfluss auf den Plot nimmt.

Während diese jüdische Figur in *Der Maulbeerbaum* nur ein einziges Mal auftaucht, erfahren die Volksrepublik Polen und polnische Charaktere mehr Aufmerksamkeit. Ein Bild Polens zeichnet der Roman vor allen Dingen in Abgrenzung zum Westen:

> Bis in kleinste Details, bis in scheinbar unwesentliche Formen und Nuancen ›schriftstellerischer Wertung‹ reicht die ständige Konfrontation der beiden Weltsysteme, die durch die Familiengeschichte zueinander in Beziehung gesetzt werden.[459]

Bereits der erste Satz des Romans deutet diese Dichotomie zweier Welten und Systeme an: »Über den Kiefernwäldern im Osten dunkelte der Abend herauf. Im Westen dagegen, wo eben die Sonne untergegangen war, leuchtete der Himmel in glühendem Rot.« (MB 17). In der Tat stellt der Text Polen, den gesamten Osten als Raum von Elend, Armut, Ungerechtigkeit vor, den Westen hingegen als Raum der Freiheit:

> Es hatte eine Zeit gegeben, da wäre sie [Ricarda] gerne gegangen. Gleich nach dem Krieg, auch die folgenden Jahre noch. Hinüber, wo das Leben war. In das Land der Verheißung, in die Freiheit. In eine neue Heimat, da man ihnen die alte genommen hatte. Hinüber, das hieß nicht nur in den Westen, das hieß auch: endlich ein eigenes Leben haben. Mensch sein, Frau sein. Ihr Studium vollenden, ein Ziel vor sich sehen. Und wieder gleichwertig zu sein mit anderen, die um einen lebten, Rechte haben, eine Stimme, ein Gesicht, nicht mehr ausgestoßen und minderwertig zu sein. (MB 41)

Wenn Schikanen gegen die in Polen verbliebene deutsche Minderheit zwar historische Realität sind, stehen sie hier ausschließlich im Dienst einer Dramatisierung. Der Roman hebt den Gegensatz zwischen Ost und West nicht hervor, um

458 Helbig: *Der ungeheure Verlust*, S. 251.
459 Ziemann: *Romane vom Fließband*, S. 187.

auf das problematische deutsch-polnische Verhältnis hinzuweisen, sondern um den neuen Lebensraum, das »Milieu der neureichen Wirtschaftswunderaristokratie«[460] zu glorifizieren. Der Westen erscheint als Schlaraffenland des Wirtschaftswunders,[461] in dem sich Glück kaufen lässt:

> Was hatte sie [Ricarda] alles versäumt, ja entbehrt in ihrem Leben bisher. [...] Es genügte nicht nur, daß man ein Dach über dem Kopf und genügend zu essen hatte, nein, auch so ein bißchen Luxus gehörte dazu. Für die Menschen im Westen gehörte es längst zum Leben. Würde sie selbst jemals soweit kommen? Sie kam zu spät, es schien nicht einzuholen zu sein, was die anderen ihr voraushatten. Doch erstmals dachte sie: Ich möchte es schaffen. Ich möchte Geld verdienen, ich möchte mir ein wenig Freude kaufen können. (MB 449)

So sind es nicht Frieden, Gleichwertigkeit, Familienglück oder ähnliche Werte, die das Leben von Matthias und Ricarda Wolff im Westen bestimmen und bereichern, sondern die Luxusartikel. Pointiert illustriert dieses Missverhältnis der (durch und durch triviale) Satz: »Besonders der Orangensaft hatte es ihm angetan. Darauf freute er sich täglich. So etwas hatten sie drüben nicht bekommen.« (MB 224)[462]

Während der Luxus im Westen mehrfach detailliert beschrieben und das Milieu, in dem man in die Oper geht, Cocktailkleider trägt, Wein und Orangensaft trinkt, reitet und Tennis spielt, in zahlreichen Episoden inszeniert wird, werden die Verhältnisse in Polen seit dem Umbruchsjahr 1945/46 schablonenhaft als ausschließlich schlecht gezeigt. Mit dem Auszug der Deutschen und dem Einzug der Polen sei das Schlechte eingetreten, so suggeriert der Text mittels einer Beschreibung Breslaus. Das Kapitel »Die andere Stadt« schildert die Schönheit und Erhabenheit Breslaus bis zu dem Tag, an dem »man diese Stadt ihrer Kinder beraubt hatte« (MB 81): »Die Stadt blieb allein mit den Fremden, die sie nicht liebten, für die sie nichts anderes war als ein häßliches Ruinenfeld ohne Seele.« (MB 81). Den Polen wird absolutes Unverständnis unterstellt, jede Schöngeistigkeit und Empfindsamkeit abgesprochen und dabei das politische Geschehen, die Umsiedlung der Polen, die der Text »Eroberer« nennt, ignoriert. Nach der dreiseitigen Beschreibung der Stadt und ihres Verfalls wendet sich der Text den Wolffs zu, zunächst Matthias, von dem es ohne Angabe eines Grundes heißt, dass er nach seiner Rückkehr aus russischer Kriegsgefangenschaft in Breslau bleiben musste. Anschließend weitet sich der Blick auf die Tochter Ricarda aus. Ricardas Person und Gefühle parallelisiert der Text unmissverständ-

460 Ebd., S. 188.

461 So ist das Kapitel, das die Ankunft der beiden im Westen thematisiert, mit »Wunderland« überschrieben (MB 165).

462 Bayer weist darauf hin, dass im Trivialroman so wie die Kleidung die Figuren die Nahrung das Milieu stilisiert. Vgl. Bayer: *Der triviale Familien- und Liebesroman*, S. 75.

lich mit der Entwicklung der Stadt. Heißt es zu Beginn des Kapitels: »Die alte Stadt war gestorben. War tot für alle Zeit.« (MB 82), so liest man nun: »Sie [Ricarda] erlebte den Todeskampf der Stadt, und alles damit verbundene Elend war auch ihr Elend [...]« und schließlich: »Sie [Ricarda] war innerlich so tot wie die Stadt, in der sie gelebt hatte.« (MB 85). Es scheint, als seien alle vorherigen Ausführungen über die Stadt einzig gemacht worden, um Ricardas Gefühle vor dieser Folie zu spiegeln. Das zuvor detailliert präsentierte Breslau gerinnt zu einem Abziehbild von Ricardas Geschichte und ihrer unglücklichen Liebe. Einmal mehr missbraucht der Roman ein historisches Moment zur Emotionalisierung und Tragiksteigerung.

5.3.2 Potenzierung und Plausibilisierung des Opferstatus

Der Maulbeerbaum beschreibt die Erlebnisse von Opferfiguren. Dabei steht weniger eine Konstruktion oder Manifestation von Opferidentitäten im Mittelpunkt als eine Emotionalisierung und Mitleidserzeugung. Danella will weder den Flüchtlingen und Vertriebenen eine Stimme geben (wie es noch die Romane der 1950er taten) noch beteiligt sie sich an einer Viktimisierung. Statt Opfer diskursiv zu generieren oder kollektive Opfergefühle hervorzurufen, benutzen der Roman die Opferfiguren. Opfer werden letztlich noch einmal zu Opfern - zu Opfern der Kommerzialisierung. Die Protagonisten stammen aus dem ehemaligen deutschen Osten und sind Opfer des Heimatverlusts; der Text stellen die Figuren aber nicht unmittelbar als Opfer dieses Verlustes dar, sondern verschieben ihren Opferstatus, bzw. benutzen ihren Vertriebenenstatus, um ihr im Weiteren wiedergegebenes Einzelschicksal tragischer erscheinen zu lassen.

In *Der Maulbeerbaum* sind Ricarda und Matthias sowie Charlott Opfer des Heimatverlustes. Charlott hat Flucht und Vertreibung erlebt, wird dafür aber, so scheint der Text zu verlauten, mit dem Luxusleben des Wirtschaftswunders belohnt. Ricarda und Matthias hingegen müssen in Breslau bleiben und erfahren dort Schikanen und Entbehrungen. Auch hier scheint das weit größere Leid der Figuren ein Verzicht auf westlichen Luxus als das Leben als Angehörige einer unterdrückten Minderheit zu sein. Ricarda und Matthias werden in der Logik der Erzählung überhaupt als Entbehrende erst zu Opferfiguren.

Während der Plot so kaum Opferidentität stiftet, zielt das vorangestellte, sich einen faktualen Anschein gebende Vorwort in *Der Maulbeerbaum* auf die Kommunikation mit dem Leser und die Imagination einer Opfergemeinschaft. Ein Ich-Erzähler wendet sich an den Leser und gibt an, dass die folgende Erzählung auf Berichten von Werner Fabian und Ricarda Wolff fuße, die er in einem Urlaub getroffen habe und mit denen er aufgrund eigener Erinnerungen an den deutschen Osten besonders mitfühlen könne. Das Vorwort suggeriert so einen gemeinsamen Erfahrungshorizont und zielt darauf, den Leser emotional zu affizieren und Authentizität zu verbürgen. Schon der zweite kurze Satz dieses Vorwortes: »Und warum ich Anteil nahm am Schicksal dieser Menschen, von denen ich erzählen will, hat mehr oder weniger persönliche Gründe.« (MB 5) enthält Signalwörter, die die emotionale Bindung des Lesers beabsichtigen: »Anteil«, »Schicksal« und »persönliche Gründe«. Auch steht in diesem zweiten Satz das Wort »Schicksal« an prominenter Stelle, und es wird deutlich, welche Kraft der Text ihm zuweist. Dieser Roman bewegt sich aus der Dimension des Politischen fort und nimmt stattdessen Einzelschicksale ohne jegliche Kontextualisierung in den Blick. Der Erzählanlass, so suggeriert das Vorwort, liegt in der Empathie des Erzählers mit seinen Figuren begründet. Der sich in diesem Vorwort präsentierende Ich-Erzähler, der sich auf Berichte von Fabian Werner, Ricarda und Matthias Wolff beruft, tritt im folgenden Roman gänzlich zurück, im Verlauf der Erzählung taucht ein personalisierter Erzähler nicht mehr auf.[463] Seine Präsenz ist dem Vorwort vorbehalten, einer Textsorte, die gemeinhin nicht nur fiktionalen Texten Erklärungen voranstellt, sondern insbesondere als (faktualer) Ort ausgewiesen ist, an dem sich der Autor an den Leser wendet. Danella spielt hier mit dem textuellen Kommunikationsmodell, indem sie die Grenze zwischen Erzähler und Autor bewusst verwischt bzw. geradezu aufhebt, um Authentizität zu suggerieren und einen emotionalen Pakt zwischen Leser und Erzähler zu schaffen.

Dass auch der Leser in das imaginierte Opferkollektiv einbezogen werden soll, zeugt von dem nach wie vor vorherrschenden Entlastungsbedürfnis der deutschen Bürger.

6 Zwischenfazit (1959–1968)

Die zwischen 1959 und 1968 publizierten Romane zum Thema ›Flucht und Vertreibung‹ sind besonders durch ihre ausgeprägten Differenzen in Erzählmechanismen sowie durch den unterschiedlichen inhaltlichen Umgang mit der deutschen Vergangenheit gekennzeichnet. Das zwar kleine Textkorpus der zweiten Konjunkturphase bezeugt mit dieser Heterogenität die Unentschiedenheit der deutschen Gesellschaft im Umgang mit der eigenen Vergangenheit, die ihren plakativen Ausdruck in den vorgestellten Extrempolen findet: Auf der einen Seite konterkariert ein Roman wie *Gregors vergebliche Reise* deutsche Täterbilder mit deutscher Opfererfahrung und versucht, den Verschachtelungen und Wirren der deutschen Vergangenheit Herr zu werden, auf der anderen Seite

463 Produktionshistorisch liegt diese Inkohärenz auch darin begründet, dass das Vorwort später, nämlich erst der Roman- und nicht der Serienausgabe in der *Hörzu*, hinzugefügt wurde.

klischieren Danellas Trivialromane die Flucht-und-Vertreibungserfahrung gänzlich und benutzen die Thematik zur Leserbindung, statt sie zu problematisieren.

Insgesamt setzen sich die Texte in der zweiten Phase konkreter als in der Frühphase mit Opfern und Tätern auseinander. Nicht mehr metaphorische oder mystische Bilder werden bemüht, um die deutsche Geschichte zu schildern. Stattdessen gehen nun auch unmissverständliche Ausdrücke wie ›Schuld‹, ›SS‹ oder ›Täter‹ in die Erzählungen ein. Der Opferstatus Deutscher wird durch diese Konkretisierung weder negiert noch relativiert, sondern vielmehr kontextualisiert. Wenn neben die deutschen Opfer nun die deutschen Täter treten, unterbinden die Erzählungen monokausale, mythologisierende Deutungen des Heimatverlusts und deutscher Opferschaft.

Insbesondere der analysierte Roman Ihlenfelds setzt sich kritisch mit deutscher Täterschaft, aber auch mit deutscher Erinnerung sowie individueller Verantwortung auseinander. In der Hauptsache fragt er danach, wie (junge) Deutsche zu Tätern des Dritten Reiches werden konnten. Dabei blendet Ihlenfeld die Opfererfahrung Deutscher jedoch nicht aus, und auch die territorialen Einbußen im Osten thematisiert er. *Gregors vergebliche Reise* reagiert auf die zeitgenössische politische Situation und versucht, Täterverhältnisse sowie das deutsch-polnische Verhältnis auszutarieren. Mit dieser Konzentration auf die deutsche Nachkriegsgesellschaft schreibt sich Ihlenfeld in die allgemeine Tendenz der Phase ein. Schauplätze und Handlungszeiträume liegen i.d.R. im Westdeutschland der 1960er Jahre (so auch in Peters Faeckes *Die Brandstifter* oder in Jaegers *Die Festung*[464]). Die Romane fokussieren die bundesrepublikanische Gegenwart und können somit nicht mehr als Erinnerungsliteratur verstanden werden, die in der ersten Phase den Leser von der verlorenen Heimat (und einer möglichen Rückkehr) träumen ließ. Nun handelt es sich um eine Literatur, die einerseits die Konsequenzen des Dritten Reiches und das Umbruchjahr 1945/46 thematisiert (so in *Gregors vergebliche Reise*), oder die andererseits das gegenwärtige Leben in Westdeutschland glorifiziert (so in Danellas Romanen). Der deutsche Osten gibt in beiden Fällen letztlich den Hintergrund für weitere Diskussionen ab: Bei Ihlenfeld ist die verlorene Heimat nicht mehr den Ort, der an einen Vorgang erinnert, der jeden Betroffenen zum Opfer erhebt, sondern abstrakter Erinnerungs- und Austragungsort für eine Reflexion über individuelle Verantwortung und Schuld; Danella benutzt den deutschen Heimatverlust insbesondere zur Spannungssteigerung. Deutsche Opfer bleiben also auf unterschiedliche Weise in der Belletristik präsent, sie werden nun jedoch weniger erst durch die Literatur generiert. Erzählungen kleiden sich nicht mehr in einen diskursiven Opfermodus, die Texte sind weder performativ noch bergen

464 Vgl. in der Einleitung zu diesem Kapitel S. 136f.

sie rhetorische Topoi der Viktimisierung, die im literarischen Diskurs der 1950er noch so zahlreich waren.

Wenn Danella ihre Figuren dennoch unmissverständlich auch als Opfer deutscher Vergangenheit und des Heimatverlusts vorführt, dient diese Ausgestaltung ausschließlich der Verstärkung erzählter Konflikte. Das Thema gerinnt zu einem Instrument der Spannungssteigerung und Verkaufsförderung. Dass Danella Flüchtlinge als Figuren wählt, zeigt, dass diese in den 1960er Jahren wichtige Träger der bundesdeutschen Gesellschaft waren, an deren Erfahrungen man mit dem Ziel der Lesergewinnung anschließen konnte. Auffällig ist, dass die gezeichneten Flüchtlingsfiguren dem bundesdeutschen Leser als unbedingt sympathisch vorgestellt werden, nämlich als integrationswillig und durch und durch positiv und tugendhaft. Wenn Matthias und Ricarda Wolff unter den Polen zu leiden haben, soll diese Tatsache in Danellas Logik nichts anderes illustrieren als ein Leiden unter zu wenig Luxus. Ihre Figuren werden Opfer von Armut, unerfüllter Liebe etc., nicht aber Opfer politischer Verhältnisse.

Der Erfolg der Romane Danellas zeugt vom anhaltenden Interesse der bundesdeutschen Bevölkerung an Romanen im Kontext von Flucht und Vertreibung, die allerdings Platz für Träume von Luxus und Liebe im Westen lassen. Das Flucht-und-Vertreibungsthema nimmt in Danellas Texten vier Funktionen ein: Erstens existieren immer wieder Romanstellen, an denen die Flucht-und-Vertreibungsgeschichte ausschließlich zur arbiträren Kulisse gerinnt und es kaum möglich ist, ihr tiefere Funktion zuzuschreiben. In der Verhandlung des Themas liegt zweitens ein Mittel der Dramatisierung und Emotionalisierung des erzählten Konflikts, drittens ein Mittel, um das Leben im Wirtschaftswunder zusätzlich zu glorifizieren und letztlich viertens ein Mittel zur Inszenierungen angeblichen politischen Engagements.

Dass die Romane der zweiten Konjunkturphase nicht mehr einer Viktimisierung dienen, liegt ferner daran, dass die deutschen Täter in den Romanen an Relevanz gewinnen. Für *Gregors vergebliche Reise* ist die Auseinandersetzung mit deutschen Tätern zentral und erfolgt, im Gegensatz zu Danellas Roman, differenziert und reflektiert. Ihlenfeld problematisiert mit der zunächst gestellten Frage nach individueller Schuld den Umgang mit Schuldigen in der westdeutschen Nachkriegsgesellschaft. Der Roman plädiert für eine detaillierte Auseinandersetzung mit der eigenen und der deutschen Vergangenheit, während sowohl Danellas *Der Maulbeerbaum* keinen kritischen Blick in die Vergangenheit mehr wirft. Hier liegt die Lösung vergangener Konflikte im Luxusleben der westdeutschen Wirtschaftswundergesellschaft.

Den reflektierten Schilderungen Ihlenfelds stehen Danellas Romane diametral gegenüber, da sie die Täter, die sie zwar vorführen, weder verurteilen noch deren Verurteilung überhaupt wahrhaft problematisieren. Weil in Danellas Romanen keine kritischen Reflexionen über den Umgang mit Erinnerungen und eine Vergangenheitsgenerierung stattfinden, können die Texte auch keine differenzierten Täterbilder oder einen reflektierten Blick auf den Schuldkomplex ausbilden. So interagieren in beiden Fällen Inhalt und Form der Romane. Ihlenfelds Roman problematisiert auch in seiner Erzählanlage Erinnerung und Narrativierung von Vergangenem, Danella hingegen erzählt ganz und gar trivial und ohne formale Experimente. Während Ihlenfeld mit teleologischen Narrativen bricht, um anzudeuten, dass weder die deutsche Geschichte, die deutschen Vertreibungsopfer noch die NS-Täterschaft logisch und kohärent erklärt werden können, versucht Danella gar nicht erst, Täterschaft zu problematisieren.

7 Verhältnis zum außerliterarischen Diskurs (1959–1968)

Diese zunehmende Polarisierung der Erinnerung an die ostdeutschen Gebiete sowie Flucht und Vertreibung kennzeichnet nicht nur den literarischen, sondern den gesamten öffentlichen Diskurs der BRD seit Ende der 1950er Jahre. d. h. die fiktionalen Bearbeitungen etablieren in dieser zweiten Phase keinen Gegendiskurs; vielmehr sind sie Ausdruck einer gesamtdiskursiven Entwicklung der westdeutschen Nachkriegsgesellschaft. Drei Momente bestimmen sowohl den politischen, den publizistischen als auch den literarischen Flucht-und-Vertreibungsdiskurs der Zeit:

(1) Mit einer Ausdifferenzierung unterschiedlicher diskursiver Akteure pluralisieren und polarisieren sich Meinungen und Deutungen des Vertreibungsdiskurses.
(2) Der Vertreibungsdiskurs erfährt erstmals eine deutliche politisch-historische Kontextualisierung, indem die Gräueltaten der Nationalsozialisten in den Fokus rücken.
(3) Der in den Gründungsjahren der BRD vorwiegend innenpolitisch orientierte Flucht-und-Vertreibungsdiskurs wandelt sich zu einem außenpolitischen, in dem die Frage um die Anerkennung der Oder-Neiße-Grenze dominiert.

Deutungspluralisierung und -polarisierung

Ende der 1950er Jahre spaltete sich die bundesrepublikanische Erinnerungslandschaft zunehmend auf. Separate Erinnerungs- und Diskursgemeinschaften entstanden und etablierten immer stärker divergierende Vergangenheitsversionen. Das bis dahin existierende einheitlich anerkannte bundesdeutsche Flucht-und-Vertreibungsnarrativ, das die Vertriebenenverbände, das *Bundesvertriebenenministerium* und das *Gesamtdeutsche Ministerium* pflegten und in ihrer akzeptierten Deutungshoheit forttrugen, geriet ins Wanken. Zu diesem Narrativ gehörte (1) die Überzeugung, dass es sich bei den verlorenen Gebieten um historisch deutsche Territorien handelte, (2) die Unschuld der Vertriebenen und (3) die Forderungen nach Wiedergutmachung und Rückgewinn der ›unter polnischer Verwaltung stehenden Gebiete‹ unter Anführung der unter (1) und (2) genannten Annahmen als Argumente.[465] Diese Deutung des Geschehens wandelte sich mehr und mehr ausschließlich zur Vergangenheitsversion der Vertriebenenorganisationen, die ihre landsmannschaftliche Erinnerungskultur weiterhin etwa durch großangelegte Treffen pflegten. Die Mitgliederzahlen der Vertriebenenorganisationen sanken jedoch seit 1956/57 merklich, und auch an den Heimattreffen nahmen immer weniger Menschen teil. In der Folge verschoben sich die »erinnerungspolitischen Kräfteverhältnisse«[466] – Stimmen gegen die landsmannschaftlichen Aktivitäten aus Politik und Gesellschaft mehrten sich, das Befremden gegenüber der monolithischen und wenig flexiblen Erinnerungskultur der Landsmannschaften wuchs. Die Gründung des *Bundes der Vertriebenen* 1957 konnte dieser allgemeinen Skepsis, die auch in den Medien zunehmend Ausdruck fand,[467] kaum Einhalt gebieten. In der zweiten Konjunkturphase konservierten zunehmend nur noch die Vertriebenenorganisationen Erinnerungen an das Leid der Vertreibungen. Da die bundesdeutschen Volksparteien jedoch weiterhin um die Vertriebenen als Wähler bemüht waren und keinen innenpolitischen Konflikt provozieren wollten, reproduzierten und nutzen sie die Narrative und Deutungen der landsmannschaftlichen Organisationen gezielt. Die SPD etwa empfahl sich auf dem Deutschlandtreffen der Schlesier 1963 mit der Parole »Verzicht ist Verrat«, und noch auf dem Karlsruher Parteitag 1964 tagten die Sozialdemokraten unter einer Landkarte, die Deutschland in den Grenzen von 1937 zeigte.[468]

Die Vertriebenenverbände führten den Heimatdiskurs ganz sicher als Opferdiskurs, betonten sie doch weiterhin ihre Unschuld und argumentierten für eine Wiedergutmachung. Diese Opferhaltung provozierte und zementierte die Urteile der Linksliberalen über den Revanchismus der Vertriebenen. In der Tat stellte die revisionistische Haltung der Vertriebenenorganisationen, die die

465 Vgl. Christian Lotz: »Im erinnerungspolitischen Sog. Debatten um die Erinnerung an Flucht, Vertreibung und die Ostgebiete im geteilten Deutschland«, in: *Zeitschrift für Ostmitteleuropa-Forschung* 59/3, 2010, S. 323–343, hier S. 332.

466 Ebd., S. 333.

467 Vgl. beispielhaft die Kontroverse um die NDR-Reportage *Polen in Breslau* 1963, die Christian Lotz in seiner Dissertation *Die Deutung des Verlusts* bespricht. Ebenfalls diskutiert wurde über die abendfüllende Filmdokumentation *Jenseits von Oder und Neiße – heute*, in der die *Deutsche National-Zeitung und Soldaten-Zeitung* einen »Verzichtsfilm« und damit »Landesverrat« witterte, weil polnische Neubauten gezeigt wurden. Zur Debatte vgl. »Oder-Neisse-Film. Erfreulich kleine Rüben«, in: *SPIEGEL*, 10.03.1965, S. 83.

468 Vgl. Kossert: *Kalte Heimat*, S. 175–177, besonders das Foto von Willy Brandt vor der Karte auf S. 177. Vgl. hierzu auch Matthias Müller: *Die SPD und die Vertriebenenverbände 1949–1977. Eintracht, Entfremdung, Zwietracht.* Münster: Lit 2012.

Parteien für ihre Zwecke teilten, ein Extrem des bundesrepublikanischen Flucht-und-Vertreibungsdiskurses zu Beginn der 1960er Jahre dar. Ihm gegenüber formierten sich zunehmend linksliberale Intellektuelle, für die es mehr und mehr als anstößig galt, über Flucht und Vertreibung nachzusinnen und öffentlich zu sprechen. Diese linksliberale Deutung wurde besonders auch durch Magazine wie *Stern*, *DIE ZEIT* oder *DER SPIEGEL* vorangetrieben,[469] die einen Meinungshorizont eröffneten, der einem öffentlichen Gedenken an das Leid der Deutschen entgegenstand.[470] Der linksliberale Diskurs schuf neue moralische Wertmaßstäbe und diktierte zunehmend die *political correctness* des Jahrzehnts.[471]

Dem Gros der Bevölkerung war jedoch weder an Zustimmung noch an Ablehnung gelegen, vielmehr bewegte man sich unter dem Eindruck zunehmender Politisierung und Instrumentalisierung auf ein Desinteresse am Thema zu. So »blieben in erster Linie politisierende Akteure übrig, die dieses Thema der Erinnerungskultur bearbeiteten.«[472] Diese

> zunehmende Politisierung der Erinnerung [seitens der Landmannschaften und des BdVs] zog ein schwindendes Interesse in der Bevölkerung an der Geschichte der Zwangsaussiedlungen nach sich, und umgekehrt überließ das sich ausbreitende Desinteresse an den erinnerungspolitischen Kontroversen das Feld immer mehr jenen Akteuren, die politisierten.[473]

Das heißt allerdings nicht, dass mit diesem einsetzenden Wandel der Erinnerungskultur das Thema auch aus dem kollektiven Bewusstsein der Deutschen verschwunden wäre: »Das schwindende Interesse in der Bevölkerung an *erinnerungspolitischen* Debatten sollte [...] nicht verwechselt werden mit der Aufmerksamkeit für *ostpolitische* Fragen.«[474] Weiterhin benannte man etwa Straßen und Plätze nach ostdeutschen Orten und Persönlichkeiten oder errichte Denkmäler, die das Erinnern an Flucht und Vertreibung öffentlich sichtbar materia-

469 Vgl. etwa den bereits erwähnten *SPIEGEL*-Artikel »Oder-Neisse-Film. Erfreulich kleine Rüben«, 10.03.1965, sowie »Zorn im Fackelschein«, in: *SPIEGEL* 25/1963, S. 17f. Letzterer weist u. a. polemisch auf das schwindende Interesse an den Vertriebenenorganisationen und ihrer Politik hin, wenn er immer wieder betont, dass selbst die am in Köln stattfindenden Heimattreffen der Schlesier teilnehmenden Vertriebenen größere Begeisterung für angebotenes Essen und Erfrischungsgetränke zeigen als für die Worte der Funktionäre.

470 Innerhalb des publizistischen Diskurses schrieb die Springer-Presse gegen die linksliberalen Darstellungen an.

471 Zum guten und politisch korrekten Ton gehörte es im linksliberalen Milieu, die Namen der östlichen Städte und Dörfer nur noch polnisch auszusprechen. Solche Trends setzen sich in den Medien fort: Die Wetterkarten, die Deutschland in den Grenzen von 1937 zeigten und die hinter Oder und Neiße liegenden Orte deutsch benannten, wurden 1970 aktualisiert. Vgl. Rolf F. Nohr: *Karten im Fernsehen. Die Produktion von Positionierung.* Münster u. a.: Lit 2001, S. 39, sowie Kittel: *Vertreibung der Vertriebenen*, S. 148f.

472 Röger: *Flucht, Vertreibung und Umsiedlung*, S. 43.

473 Lotz: »Im erinnerungspolitischen Sog«, S. 336.

474 Ebd., S. 335.

lisierten. Ebenfalls hatten die in der Gründerzeit der BRD beschlossenen Maßnahmen, der Kulturparagraph des Bundesvertriebenengesetzes, Richtlinien der Städte und Kreise zu Städtepartnerschaften oder offizielle Empfehlungen für den Unterricht[475], in den 1960er Jahren Bestand. Zudem leistete schließlich die Literatur ihren (wenn auch im Verhältnis zu den 1950er Jahren kleinen) Beitrag zur Deutung und zum Fortbestand des Themas in der öffentlichen Wahrnehmung.

Die heterogene Erzählliteratur spiegelt nun offensichtlich die »Pluralisierung, Politisierung und Milieubindungen der Erinnerungen«[476] wider, wie sie seit Ende der 1950er der bundesrepublikanischen Diskurs zeitigte. Einerseits zeigen so unterschiedliche Werke wie Danellas Romane und Grass' *Die Blechtrommel* die großen Erklärungs- und Interpretationsunterschiede auf und weisen auf eine je existierende gesellschaftliche Empfänglichkeit für ihre Deutungen hin, andererseits vermag ein Roman wie Ihlenfelds *Gregors vergebliche Reise* auf die Pluralität und Polarisierung der Erinnerungen in seiner metadiskursiven Anlage eigenständig hinzuweisen. Darüber hinaus korrespondiert der Umbruch in der gesamtgesellschaftlichen Deutung ab Ende der 1950er Jahre mit dem konstatierten Wandel des literarischen Diskurses. Ihlenfeld und Faecke etwa gelingt es, ein komplexes Bild des Diskurses und der gesellschaftlichen Lage zu zeichnen und sich bewusst von den mythisch verklärten, monoperspektivisch deutenden Texten der Frühphase auch in ihren Erzählverfahren abzusetzen.

In das skizzierte Gesamtbild der bundesdeutschen Erinnerungskultur um 1960, das sich heterogen bis antagonistisch und ambivalent ausnimmt, fügt sich die erzählende Literatur also stimmig ein.

Einzug der Täter

Der in dieser zweiten Konjunkturphase sowohl für den politischen, den publizistischen als auch für den literarischen Flucht-und-Vertreibungsdiskurs konstatierte Umbruch ist zu einem großen Teil auf den einsetzenden Wandel im Umgang mit der NS-Vergangenheit zurückzuführen. Die ab 1958 stattfindenden NS-Prozesse,[477] die auf ein immenses öffentliches Interesse stießen, bedeuteten markante Einschnitte für den Nachkriegsdiskurs. Unter dem Eindruck der Prozesse und mit einem zunehmenden Wissen über deutsche Täterschaft und NS-Gräueltaten im Osten distanzierte man sich von der bis dato gängigen Deutung des ostdeutschen Heimatverlusts und dem nunmehr in die Vertriebenenverbände verlagerten Opfer- und Unschuldsnarrativ. Auch die Einrichtung

475 Vgl. zur »Ostkunde« Britta Weichers: *Der deutsche Osten in der Schule. Institutionalisierung und Konzeption der Ostkunde in der Bundesrepublik in den 1950er und 1960er Jahren.* Frankfurt am Main: Peter Lang 2013.

476 Röger: *Flucht, Vertreibung und Umsiedlung*, S. 45.

477 1958 fand der s. g. Ulmer Einsatzgruppenprozess statt. Den Höhepunkt der Strafverfolgung der NS-Täter stellen sicherlich die Frankfurter Auschwitzprozesse (1963–1968) dar.

der *Zentralen Stelle zur Aufklärung national-sozialistischer Verbrechen* in Ludwigsburg 1958 oder die vermehrt erscheinenden Studien, die das Leid dokumentierten, das Deutsche über Polen gebracht hatten,[478] gaben dieser Tendenz Ausdruck. Das heißt, der allgemeine deutsche Vergangenheitsdiskurs verlief nun nicht mehr als Opferdiskurs, sondern zunehmend als ein politisch interessierter, aufgeklärter Diskurs, der die Leiderfahrungen Deutscher historisch kontextualisierte.

So ist das für die literarischen Bearbeitungen ausgemachte innovative Moment des Tätereinzugs in der westdeutschen Diskurs- und Erinnerungskultur Anfang der 1960er Jahre verankert. Ihren spezifischen Beitrag zur Deutung des Heimatverlusts in einem Ursachenzusammenhang leistet die Erzählliteratur dabei allerdings durch die Konterkarierung deutscher Täterbilder mit den Flüchtlingserlebnissen und -narrativen. Im Gegensatz zum politischen und publizistischen Flucht-und-Vertreibungsdiskurs, den das Moment zwar bestimmt, das er jedoch nicht explizit integriert und verhandelt, greift die Literatur die deutsche Täterschaft direkt auf und flicht sie in Erzählungen der Heimatverlusterfahrungen ein.

Wenn etwa Ihlenfeld den Täter Dieter Sandberg zu einer Hauptfigur seines Romans erhebt und über dessen Täterschaft, seine Entscheidungen und seine Verantwortung sinniert und gleichzeitig seinen Protagonisten eine Reise in die verlorene ostdeutsche Heimat antreten lässt, die er am Ende fortzusetzen nicht in der Lage ist, macht er die Verstrickungen der zeitgenössischen Deutungen und die Verzahnung vergangener Taten mit der gegenwärtigen gesellschaftlichen Situation sinnfällig. Auch Danella greift das Tätermotiv in *Vergiß, wenn du leben willst* auf, allerdings ohne die politisch-historische Situation zu kontextualisieren oder zu problematisieren. Ihr Roman schient eine Integration der Täter stillschweigend zu akzeptieren und zu legitimieren.

Außenpolitische Fragen (Die Oder-Neiße-Grenze)

Kernthema des öffentlichen, politischen und publizistischen Flucht-und-Vertreibungsdiskurses war seit Ende der 1950er Jahre die Oder-Neiße-Grenze; die die Frühphase dominierenden Fragen nach Integration oder Lastenausgleich rückten ab etwa Ende der 1950er Jahre in den Hintergrund. In der Tat hatte eine Integration der Vertriebenen zu diesem Zeitpunkt zunehmend stattgefunden, Wohnraum und Arbeit waren gefunden, und eine Hoffnung auf eine mögliche Rückkehr in die verlorenen Gebiete rückte mit steigender Integration in die Ferne. Außerdem beeinflusste ein erster Generationswechsel die Erinnerungskultur. Für die neue Generation wurden die bestehenden Verhältnisse zum

---

478 z. B. Martin Broszat: *Nationalsozialistische Polenpolitik: 1939–1945*. Stuttgart: Deutsche Verlag-Anstalt 1961.

Normalzustand, die polnische (bzw. tschechische) Besiedlung der Gebiete hinter Oder und Neiße und das Leben im Westen in einer durchmischten Gesellschaft galt den Nachgeborenen als Selbstverständlichkeit.

Dieser Generationenwechsel zeigt sich im literarischen Sektor im Jahr 1963. Mit Peter Faecke greift ein Autor das Thema auf, der zum Zeitpunkt der Vertreibung sechs Jahre alt war. Sein Roman rechnet immer wieder deutlich und häufig polemisch mit den Vertriebenen und ihren revisionistischen Haltungen (mit Seitenhieben auf die Aufnahmegesellschaft) ab, etwa:

> Es war nicht Wut, denke ich, auch nicht so sehr Erbitterung. Nur waren die anderen, die zusammen mit Blumes nach Moslau und Gindenhall gekommen waren, bevor die Einheimischen Zeit gehabt hatten Nein zu sagen, eben nicht in der Küche sitzengeblieben. Auch hatten sie sich das, was sie zum Liegen und Sitzen brauchten, wie unter Vorbehalt angeschafft und in dem ehrlichen, verzweifelten und fast von Anfang an überholten Glauben, die Rückkehr in ein Land, in dem sie ihre Jugend verbracht und das erste Altern verspürt hatten, sei allein deswegen völlig unausbleiblich, und die Zeit bis dahin am besten durch einen Verein zu überbrücken.[479]

Schon Mitte der 1950er Jahre bewegte sich der Flucht-und-Vertreibungsdiskurs langsam von innenpolitischen zu außenpolitischen Fragen. Unter dem Eindruck des Tauwetters in der Sowjetunion ab 1956 und schließlich in Folge der Berlin-Krise 1958 waren die westlichen Verbündeten der BRD immer mehr an einer Entspannung im Ost-West-Konflikt und so an einer Anerkennung der Oder-Neiße-Grenze interessiert.[480] Der Mauerbau 1961 bestärkte diese Forderung, zeigte er doch auch der bundesdeutschen Regierung, dass eine Wiedervereinigung mit der DDR und eine anhaltende Unterstützung der Westmächte nur durch die Aufgabe der hinter Oder und Neiße liegenden Gebiete zu wahren war. An der Ablehnung der Oder-Neiße-Grenze hatte Adenauer während seiner gesamten Regierungszeit festgehalten.[481] Unter der großen Koalition Kiesinger/Brandt (1966–1969) begann langsam eine außenpolitische, in der Öffentlichkeit noch nicht sichtbare Wende.[482] Den endgültigen Wandel im politischen Diskurs, der in den Ostverträgen 1970 gipfelte, läutete schließlich die sozialliberale Koalition Brandt/Scheel ab 1969 ein.[483]

---

479 Peter Faecke: *Die Brandstifter.* Frankfurt am Main: Fischer Taschenbuch Verlag 1963 (1987), S. 78.

480 Vgl. Christian Lotz: »Im erinnerungspolitischen Sog«, S. 323–343.

481 Vgl. zu Adenauers Strategien im Umgang mit der Vertreibung zusammenfassend Urban: *Der Verlust*, S. 163–169.

482 Vgl. zur Rolle Brandts in der bundesdeutschen Ostpolitik ausführlich https://www.bpb.de/izpb/7892/grundzuege-deutscher-aussenpolitik-1949-1990?p=1 (Stand: 28.10.2020).

483 Vgl. Hans Georg Lehmann: *Der Oder-Neiße-Konflikt.* München: Verlag C.H. Beck 1979, S. 175f. Lehmann entwirft ein Phasenmodell des Oder-Neiße-Konflikts, das sich mit den Phasenmodellen des Flucht-und-Vertreibungsdiskurses wie weiter oben angeführt sowie mit meiner vorgenommen Phaseneinteilung verträgt. Siehe dazu die Tabelle ebd., S. 13. Vgl.

Den entscheidenden Diskursbeitrag in der Debatte um die deutsche Ostgrenze in den 1960er Jahren leistete jedoch weder die Politik noch die Publizistik. Stattdessen ergriffen nun die Kirchen das Wort und plädierten öffentlich wirksam für eine Anerkennung der Oder-Neiße-Linie. Mehrere prominente Angehörige der evangelischen Kirche, unter ihnen Carl Friedrich von Weizsäcker und Werner Heisenberg, verfassten Ende 1961 das s. g. *Tübinger Memorandum*,[484] eine an den Bundestag adressierte Denkschrift, in der sie zur atomaren Abrüstung und Anerkennung der Ostgrenzen aufriefen. Öffentlich weitgreifende Beachtung fand 1965 die *Ostdenkschrift* der Deutschen Evangelischen Kirche mit dem Titel *Die Lage der Vertriebenen und das Verhältnis des deutschen Volkes zu seinen östlichen Nachbarn.*[485] Die Schrift warb, wie wenig später auch das *Bensberger Memorandum* der Katholischen Kirche, für eine deutsch-polnische Versöhnung und forderte implizit die Anerkennung der Grenzziehungen des Potsdamer Abkommens:

> Die in dieser Denkschrift [...] aufgeführten rechtlichen, ethischen und theologischen Überlegungen, die auch in ein politisches Handeln eingehen müssen, sollen dahin wirken, eine neue Bewegung in die politischen Vorstellungen des deutschen Volkes hineinzubringen und auch den Nachbarn im Osten einen Dialog auf neuer Ebene anzubieten. [...] Die hier strittigen Fragen und alle territorialen Änderungen bedürfen gemeinsamer vertraglicher Regelungen. [...] An dieser Stelle wird auch deutlich, daß der negative Begriff »Verzicht« eine ganz und gar unzulängliche Bezeichnung für den deutschen Beitrag zu einer Friedensregelung ist, die eine neue Partnerschaft zwischen Völkern begründen soll. Wenn die künftige Regelung der Gebietsfragen das Verhältnis zwischen den beteiligten Völkern stabilisieren soll, dann muß sie das Ergebnis eines wirklichen Dialogs und Ausdruck des Willens zur Versöhnung sein.[486]

Die Wirkung der Kircheninitiative war enorm und hat den Vertreibungs- und Heimatdiskurs entscheidend beeinflusst.[487] Die Schriften ebneten mit ihren

außerdem Dieter Bingen: *Die Polenpolitik der Bonner Republik von Adenauer bis Kohl 1949–1991.* Baden-Baden: Nomos Gesellschaft 1998. Im fiktionalen Diskurs tritt Ende der 1960er eine »auffällige Veröffentlichungsflaute« auf (Dornemann: *Flucht und Vertreibung*, S. VIII). Inwiefern diese in den 1970er Jahren anhält oder abbricht, ist Frage des nächsten Kapitels.

484 Vgl. genauer Martin Greschat: »Mehr Wahrheit in der Politik!« Das Tübinger Memorandum von 1961«, in: *Vierteljahreshefte für Zeitgeschichte* 48, 2000, S. 491–513.

485 Die Denkschrift im Wortlaut ist online einzusehen unter: http://www.ekd.de/EKD-Texte/45952.html (Stand: 29.04.2015).

486 http://www.ekd.de/EKD-Texte/lage_der_vertriebenen_6.html (Stand: 08.05.2015).

487 Wie stark polarisiert die deutsche Gesellschaft war, wird deutlich, wenn man den in der Denkschrift formulierten Gedanken die 1962 geäußerte Forderung des Bundesvorsitzenden der Landsmannschaft Schlesien Erich Schellhaus gegenüberstellt, jede Verzichterklärung auf ostdeutsche Gebiete als Landesverrat mit Gefängnis oder Zuchthaus zu bestrafen. Vgl.: »Verzicht-Gutachten: Im Alleingang«, in: *DER SPIEGEL* 12/1963, S. 46–48. Online: http://www.spiegel.de/spiegel/print/d-45142767.html (Stand: 14.06.2018]. Noch 30 Jahre später können sich Heimatvertriebene über die Denkschriften unter Anführung der Argumente

deutlichen Worten den Weg zu einer allgemeinen Anerkennung der Oder-Neiße-Grenze.

Mit Sicherheit hat der Theologe Ihlenfeld die Kirchenschriften und die Reaktionen auf diese gekannt. Sein Roman gibt den in den Denkschriften verfassten Gedanken und Forderungen Ausdruck, wenn er sich immer wieder um eine deutsch-polnische Verständigung bemüht und sich für Multikulturalität und polyvalentes Erinnern ausspricht. Auffällig ist vor allen Dingen die Auseinandersetzung nicht nur mit der Oder-Neiße-Grenze, sondern mit Grenzziehungen als einer anthropologischen Grundkonstante, auf deren trennenden und immer künstlichen Charakter Ihlenfeld aufmerksam macht. Nicht umsonst spielt sein Roman ausschließlich in der Grenzbaracke zwischen Deutschland und Polen und macht in der Verhörsituation die politische Gewalt und ihren absurden Einfluss auf das Individuum deutlich.

* * *

In der zweiten Konjunkturphase durchdringen sich offensichtlich der politische, publizistische und literarische Diskurs wechselseitig. Themen, insbesondere die leitenden Fragen nach dem Verhältnis deutscher Opfer zu deutschen Tätern sowie die Anerkennung der Oder-Neiße-Grenze werden auf den verschiedenen Diskursebenen aufgegriffen, diskutiert und weitergetragen. Indem die Erzählliteratur ab 1959 die gegenwärtige politische Diskussion integriert und reflektiert, setzt sie sich auch von der in der ersten Konjunkturphase vorherrschenden, oftmals verklärenden Erinnerungsliteratur ab. Insbesondere Kurt Ihlenfeld beschreitet in seiner fiktionalen Bearbeitung neue Wege der Vergangenheitsaneignung und -problematisierung. Sein Roman macht auf die Verflechtung verschiedener Diskursstränge und -ebenen aufmerksam, und es gelingt ihm mittels genuin literarischer Darstellungsmittel, hier besonders dem inneren Monolog, den öffentlichen Diskurs in seiner komplizierten, mehrfachen Verschränkung

---

des Opferdiskurses, wie ihn die Vertriebenenorganisationen führten, empören. Franz Scholz verteidigt in seinen »Kritischen Bemerkungen eines Zeitzeugen« (so der Untertitel) den Anspruch der Deutschen auf die Gebiete im Osten unter Berufung auf die dortige »Siedlungs- und Kulturarbeit der Deutschen« (S. 171) und unterstellt den Verfassern des *Bensberger Memorandums*, sie stünden unter dem offensichtlich schädlichen »Einfluß der Umerziehung« (ebd.): »Hier spricht nicht deutscher Katholizismus, sondern ein eindeutig westdeutscher, mit dem Osten nicht vertrauter Intellektuellen-Kreis in nüchterner Distanzierung, der kaum Solidarität mit Ostdeutschland fühlt, ja, sich eher als Anwalt polnischer Erwartungen versteht.« Franz Scholz: *Kollektivschuld und Vertreibung. Kritische Bemerkungen eines Zeitzeugen.* Frankfurt am Main: Knecht 1995. Er erhebt die Vertriebenen damit ein weiteres Mal zu Opfern – zu Opfern der Erinnerungspolitik der BRD (dazu mehr im Kapitel VIII »Generationswechsel (2002-dato): Innerfamiliäre und räumliche Spurensuche« ab S. 259).

und Überlagerung abzubilden. Die seinem Roman diametral gegenüberstehenden trivialen Bearbeitungen des Stoffes verdeutlichen, wie sehr ab 1959 auch die literarische Diskursebene einem einsetzenden Wandel der Erinnerungskultur unterworfen ist und in ihrer Heterogenität Ausdruck einer allgemeinen steigenden Deutungsvielfalt wird.

VI Deutsch-Polnische Annäherung (1970–1989): Integration von Opfer- und Tätergeschichten

1 Kontextualisierung: Zwischen Gedächtnisarbeit und Unterhaltungsbedürfnis

Zwischen 1969 und 1989 ist eine auffällige Flut von Flucht-und-Vertreibungsromanen auf dem bundesdeutschen Buchmarkt zu verzeichnen. Um diese Entwicklung nachzuvollziehen, ist zunächst nach dem erinnerungskulturellen Kontext und dessen Einfluss auf das Leseverhalten der Bundesbürger für den Zeitraum zu fragen. Vor diesem Hintergrund lassen sich die Tendenzen des literarischen Flucht-und-Vertreibungsdiskurses dieser dritten Konjunkturphase vorstellen, bevor am Beispiel des Romans *Jokehnen oder Wie lange fährt man von Ostpreußen nach Deutschland?* von Arno Surminski literarische Deutungsmuster und Opfer- und Täterzuschreibungen freigelegt und mit den Positionen der Politik, der Vertriebenenverbände und der Publizistik des Zeitraums in Verbindung gebracht werden.

Die beachtliche Zahl der Flucht-und-Vertreibungsromane zwischen 1969 und 1989 geht in einem allgemein gesteigerten Interesse der Bundesbürger an Geschichtsthemen auf. Historische Biografien, Sachbücher, aber auch historische Romane avancierten insbesondere Ende der 1970er Jahre zu Bestsellern in der Bundesrepublik.[488] Dieser Geschichtsboom insbesondere der 1980er Jahre zeigt sich nicht nur in der feierlichen Begehung zahlreicher Gedenktage (das Preußenjahr 1981, der 50. Jahrestag der Machtübernahme der Nationalsozialisten 1983, der 500. Geburtstag von Martin Luther sowie schließlich 1985 das 40. Jubiläum des Kriegsendes), sondern z. B. auch in einem auffälligen Anstieg von historischen Ausstellungen und Museumsprojekten.[489]

Auseinandersetzungen mit der eigenen Geschichte haben für Deutsche zwangsläufig stets Fragen nach der jüngsten Geschichte und dem Umgang mit

488 Vgl. Edgar Wolfrum: *Geschichte als Waffe.* Göttingen: Vandenhoeck & Ruprecht 2001, S. 123.
489 Vgl. Edgar Wolfrum: *Die geglückte Demokratie.* Bonn: Bundeszentrale für politisch Bildung 2007, S. 396.

dieser provoziert. Nicht von ungefähr stiegen z. B. insbesondere nach der deutschen Ausstrahlung der amerikanischen Serie *Holocaust* 1979 die Titel auf dem deutschen Buchmarkt im Bereich der Sozialwissenschaften, Politik und Geschichte an – ein Phänomen, das zumindest in der Verlagsbranche zur Diskussion über eine »historische Welle« führte.[490] Die von Historikern überwiegend als stereotype Seifenoper abgewertete Serie erzählt die Geschichte der Judenverfolgung am Beispiel einer deutschen und einer jüdischen Familie. Die Angehörigen der jüdischen Familie werden in den Lagern der Nazis zu Opfern, die der deutschen Familie hängen der NS-Ideologie an und werden schließlich von Anhängern zu Henkern. *Holocaust* wühlte die deutsche Bevölkerung auf: 65 % aller Zuschauer fühlten sich von der Serie erschüttert, 45 % empfanden Scham und 81 % aller Zuschauer gaben an, dass die nach der Sendung diskutiert hätten.[491]

Diese erinnerungskulturellen Bewegungen klassifiziert Edgar Wolfrum als »Vorbeben der nachfolgenden großen Debatten in den 80er Jahren bis zum ›Historikerstreit‹ 1986/87«[492]. In diesem diskutierten bekannte deutsche Historiker und Intellektuelle wie Ernst Nolte, Jürgen Habermas oder Rudolf Augstein über die deutsche Vergangenheitspolitik und die Historisierung der NS-Zeit. Nolte hatte 1986 in einem Artikel in der *Frankfurter Allgemeinen Zeitung* den Holocaust in einen Zusammenhang mit den sowjetischen Gulags gebracht, ihm also durch die Einordnung in einen internationalen Kontext seine Singularität abgesprochen. In der Folge entbrannte eine Debatte, die in allen überregionalen Presseorgangen der BRD geführt wurde. Erstmals wurden die Fragen nach einer identitätsstiftenden Vergangenheitspolitik, nach der Singularität des Holocaust und darüber, ob das Schuldeingeständnis der Deutschen und die ständige Referenz auf das Dritte Reich und den Holocaust ein positives deutsches Geschichtsbild, die Erinnerung an die andere – gute – Seite der deutschen Geschichte, unmöglich gemacht hätte, in einer breiten Mediendebatte öffentlichkeitswirksam ausgetragen.[493]

Schon Richard von Weizsäckers (CDU) weithin beachtete Rede zum 40. Jahrestags des Kriegsendes 1985 hatte eine erinnerungspolitische Positionierung von den Deutschen gefordert bzw. geliefert. Nicht nur wurde der 8. Mai erstmals offiziell als »Tag der Befreiung« statt als Tag der Niederlage aufgerufen. Weiz-

490 Vgl. Edgar Schütz: »Zwischen Heimsuchung und Heimkehr: Gegenwartsromane und Zeitgeschichte des Nationalsozialismus«, in: Frank Bösch/Constantin Goschler (Hrsg.): *Public History. Öffentliche Darstellungen des Nationalsozialismus jenseits der Geschichtswissenschaft.* Frankfurt am Main/New York: Campe Verlag 2009, S. 252–280, hier S. 228f.

491 Vgl. Dieter Weichert: »›Holocaust‹ in der Bundesrepublik: Design, Methode und zentrale Ergebnisse der Begleituntersuchung«, in: *Rundfunk und Fernsehen* 28/4, 1980, S. 488–508.

492 Wolfrum: *Die geglückte Demokratie*, S. 397.

493 Vgl. zusammenfassend Lena Knäpple: »Historikerstreit«, in: Torben Fischer/Matthias Lorenz (Hrsg.): *»Vergangenheitsbewältigung« in Deutschland. Debatten- und Diskursgeschichte des Nationalsozialismus nach 1945.* Bielefeld: transcript 2007, S. 238–240.

säcker betonte in seiner Ansprache auch unmissverständlich die Schuld der Deutschen an den nationalsozialistischen Verbrechen und unterstrich die Verantwortung jedes einzelnen Zeitzeugen. Die Nachkriegsgeneration sei für die Taten nicht verantwortlich zu machen, ihre Verantwortung bestünde aber darin, sich zu erinnern und sich zu versöhnen. Weiterhin klagte Weizsäcker nicht nur die deutschen Täter an, sondern erinnerte neben fast allen Opfergruppen der NS-Ideologie auch an die deutschen Opfer.[494] Diese medienwirksamen Ereignisse ebneten sicherlich den Weg zu einer neuartigen Erinnerung an die NS-Zeit, in der die deutschen Opfer ebenso wie die deutsche Schuld Platz fanden und die es insbesondere der Nachkommengeneration ermöglichen sollte, zu einem ›normalisierten‹ Verhältnis mit der deutschen Geschichte zu kommen.

Neben diesen erinnerungskulturellen Faktoren sind mentalitätsgeschichtliche und medienökonomische Einflüsse der 1970er und 1980er Jahre zu berücksichtigen, um den Kontext, in dem die Flucht-und-Vertreibungsfiktionen produziert und rezipiert wurden, zu erhellen. Die 1970er Jahren sind oft als »rotes« oder »sozialdemokratisches Jahrzehnt« missgedeutet worden,[495] und ein in diesem Zeitraum sehr wohl vorhandener gesellschaftlichen Hang zum Konservatismus ist oft übersehen worden. Dabei lassen sich die Regierungswechsel vom Visionär Willy Brandt zum Pragmatiker Helmut Schmidt sowie schließlich zum Christdemokraten Helmut Kohl sehr wohl als Ausdruck eines Mentalitätswandels der bundesdeutschen Gesellschaft zwischen 1969 und den 1980er Jahren, nämlich hin zu einer breiten Akzeptanz konservativer Werte, lesen.[496]

Zusätzlich gesellt sich zu diesem Wertewandel Ende der 1960er Jahre der Siegeszug der Massenmedien und der Unterhaltungskultur:

> Was die meisten Westdeutschen im Angebot dieser Medien inhaltlich am stärksten interessierte, waren jene Programme, die ihnen nicht mit anspruchsvollen Werten entgegentraten, also nicht an ihr soziales Gewissen appellierten und ihnen die Befolgung kollektiver Normen empfahlen, das heißt, nach Restriktionen, Entsagung, Langeweile, wenn nicht gar nach Gemeinsinn, Christentum oder Sozialismus rochen, sondern jene Programme, die ihnen das Gefühl einer unverantwortlichen Freiheit und einer durch nichts eingeschränkten Freizügigkeit erlaubten.[497]

---

494 Vgl. zusammenfassend Daniela Beljhan/Matthias N. Lorenz: »Weizsäcker-Rede«, in: Fischer/Lorenz (Hrsg.): *»Vergangenheitsbewältigung« in Deutschland*, S. 232–235. Die Rede im Wortlaut dokumentiert https://www.tagesschau.de/inland/rede-vonweizsaecker-wortlaut-101.html (Stand: 04.04.2018).

495 Zum Gegenschlag setzt an Axel Schildt: »›Die *Kräfte der Gegenreform* sind auf breiter Front angetreten‹: Zur konservativen Tendenzwende in den Siebzigerjahren«, in: *Archiv für Sozialgeschichte* 44, 2004, S. 449–478.

496 Vgl. ebd., insbesondere S. 458–462.

497 Jost Herman: *Die Kultur der Bundesrepublik Deutschland 1965–85*. München: Nymphenburger 1988, S. 186.

Schon 1967 lasen durchschnittliche Buchkäufer neben den Spitzenreitern Kriminalromanen und humoristischen Büchern zu 31 % historische Romane, zu 26 % Familienromane, zu 26 % Frauenschicksalsromane und zu 19 % Liebesromane. Interesse an einer nicht näher definierten »modernen Literatur« äußerten 20 % dieser Buchkäufer, 13 % für Klassiker und 6 % für Lyrik.[498]

Der Erfolg des Liebes- oder Frauengeschichten erzählenden historischen Familienromans zwischen 1969 und 1989 erklärt sich durch ein für diesen Zeitraum charakteristisches Verhältnis von Unterhaltungsbedürfnis und kollektiver Identitätssuche und Gedächtnisarbeit. Ein Interesse an unterhaltenden Formaten erscheint logisch und konsequent, wenn man sich die skizzierte gesellschaftliche Disposition vor Augen führt: Solche Texte vermochten sowohl das Bedürfnis nach Unterhaltung als auch nach der eigenen Positionierung im deutschen Vergangenheitsdiskurs zu befriedigen und konnten insbesondere das gebildete Publikum der Mitte erreichen. Die Autorinnen der breit rezipierten, beliebten Romantitel waren sodann weder Danella und Konsalik noch Grass, Johnson oder Weiss. Die Flucht-und-Vertreibungsromane der 1970er und 1980er Jahre sind keine trivialen, sondern unterhaltende Fiktionen, die Raum für Politik und Geschichte lassen. Sie schließen trotz ihres bzw. in ihrem unterhaltenden Charakter an erinnerungskulturelle Debatten an, ohne sprachlich experimentell zu verfahren, Vergangenheitsbilder aufzubrechen oder die eigene Gestalt und Medialität zu hinterfragen.

2 Literarischer Flucht-und-Vertreibungsdiskurs 1969–1989

In Anbetracht der in den 1970er und 1980er Jahren einsetzenden Flut von Erzählliteratur über den ostdeutschen Heimatverlust[499] verwundert das in den letzten Jahren ausgemachte vorgebliche (literarische) Erinnerungstabu einer deutschen Opfererfahrung einmal mehr. Die fiktionale Literatur wie auch Spielfilme zum Thema erreichten zwischen 1969 und 1989 nachweislich ein breites Publikum. Neben zahlreichen, breit rezipierten populärliterarischen Texten wie Christine Brückners *Poenichen*-Serie oder Leonie Ossowskis Schlesien-Trilogie (*Weichselkirschen* 1976, *Wolfsbeeren* 1987, *Holunderzeit* 1991) erschienen heute kanonisierte Texte wie Siegfried Lenz' *Heimatmuseum* (1978), Horst Bieneks *Gleiwitzer Tetralogie* (1975, 1977, 1979, 1982) sowie, in der DDR, Christa Wolfs Roman *Kindheitsmuster* (1976), den auch das Lesepublikum in der

498 Vgl. ebd., S. 209.

499 Karina Berger spricht für die Zeit der 1970er und 1980er Jahre von »a second peak after the 1950s«: Karina Berger: *Heimat, Loss and Identity*, S. 67. Björn Schaal benutzt den Terminus »Boom Phase«; Schaal: *Jenseits von Oder und Lethe*, S. 117, S. 188.

BRD begeistert aufnahm. Im Ausgang der eingangs erläuterten Auswahlkriterien lassen sich folgende Flucht-und-Vertreibungsromane für die Zeit von 1969 bis 1989 identifizieren:

- Horst Eckert: *Cholonek oder Der liebe Gott aus Lehm* (1970)
- Arno Surminski: *Jokehnen oder Wie lange fährt man von Ostpreußen nach Deutschland?* (1974)
- Emmerich Vondran: *Ostpreußen im Fegefeuer* (1974)
- Horst Bienek: *Die erste Polka* (1975)
- Christine Brückner: *Jauche und Levkojen* (1975)
- Leonie Ossowski: *Weichselkirschen* (1976)
- Monika Taubitz: *Durch Lücken im Zaun* (1977)
- Horst Bienek: *Septemberlicht* (1977)
- Christine Brückner: *Nirgendwo ist Poenichen* (1977)
- Siegfried Lenz: *Heimatmuseum* (1978)
- Arno Surminski: *Kudenow oder an fremden Wassern weinen* (1978)
- Horst Bienek: *Zeit ohne Glocken* (1979)
- Arno Surminski: *Fremdes Land oder Als die Freiheit noch zu haben war* (1980)
- Arno Lubos: Schwiebus (1980)
- Christian Opitz: *Sonntags Schlesisches Himmelreich* (1980)
- Waltraud Villaret: *Polnische Wirtschaft* (1981)
- Horst Bienek: *Erde und Feuer* (1982)
- Georg Lentz: *Heißer April* (1982)
- Monika Taubitz: *Treibgut* (1983)
- Arno Surminski: *Polninken oder Eine deutsche Liebe* (1984)
- Heinz Piontek: *Zeit meines Lebens* (1984)
- Siegfried Lenz: *Exerzierplatz* (1985)
- Christine Brückner: *Die Quints* (1985)
- Leonie Osswoski: *Wolfsbeeren* (1987)
- Helga Lippelt: *Popelken* (1988)

Während die zahlreichen Romane der Frühphase (1945–1958) eher für ein kleines Publikum geschrieben und vorwiegend in Vertriebenenkreisen rezipiert und in Vertriebenenorganen besprochen wurden, erfuhr das Thema in dieser dritten Konjunkturphase offensichtlich das Interesse der breiten Masse und auch der Nachkommengeneration: Romane erschienen nicht nur in mehreren Auflagen, besonders im Taschenbuchformat und in renommierten Verlagen, sondern wurden wie Bieneks oder Brückners prominente mehrbändige Erzählungen[500] nun auch als Fortsetzungsromane beliebt. Übersetzungen der Werke in

500 Horst Bienek: *Gleiwitzer Tetralogie* (*Die erste Polka* [1975], *Septemberlicht* [1977], *Zeit ohne Glocken* [1979], *Erde und Feuer* [1982]); Christine Brückner: *Jauche und Levkojen* (1975),

andere Sprachen und die Adaption zahlreicher Romane als Fernsehfilme oder -serien[501] zeugen darüber hinaus von einer breiten Massenwirkung, die nicht nur das angebliche Erinnerungstabu widerlegt, sondern auch als ein erstes Merkmal dieser Konjunkturphase geltend gemacht werden kann.

Ganz offensichtlich haben auch die Feuilletons den Anstieg der Romane zum Thema wahrgenommen und die Romane bereits in den 1970er und 1980er Jahren im intertextuellen Zusammenhang gelesen. Die heute kanonisierten Texte der Grass'schen *Danziger Trilogie* und Sigfried Lenz' *Heimatmuseum* betrachtet der Rezensent Peter Wapnewski im *SPIEGEL* parallel:

> Binnen Jahresfrist wird geduldigen Lesern nun zweiten Mal die Glumse mundgerecht gemacht, ein befremdliches Milchprodukt, ostisch gekäst. Merkwürdiges ist festzustellen: Der lange epische Atem der westdeutschen Erzählens weist unverkennbar ein ostdeutsches Grundgeräusch auf. Der »Danziger Trilogie« des Günter Graß (sic!) gesellt sich jetzt ein ungefüges Masurenstück, und was dem einen sein Butt ist dem anderen sein Heimatmuseum.[502]

Doch nicht nur die thematischen Parallelen der beiden namhaften Autoren erkennt Wapnewski. Vielmehr ordnet er sie gleichrangig ein in die Masse der oft der Unterhaltungsliteratur zugehörigen Flucht-und-Vertreibungsromane des Zeitraums:

> Man denkt an Uwe Johnson, denkt an Kempowski, denkt an diese und andere Verlorene-Heimat-Romane (Jansoschs »Cholonek«; Helga Schütz und ihr »Probstein«; Leonie Osswoskis »Weichselkirschen«, Surminskis »Kudenow« und Christine Brückners »Nirgendwo ist Poenichen«) und begreift, daß eben die historisch präzise Beschwörung des Details die Faszination und den Erfolg dieser Bücher ausmacht.[503]

Es ist zu vermuten, dass diese Fiktionen für die breite Öffentlichkeit eher von Interesse waren, weil sie weder rein sentimental verklärende Heimatbilder entwarfen und dabei vereinfachte Opferkonstruktionen forttrugen noch zur (erinnerungs)politischen Konfrontation aufriefen. Sowohl Autoren als auch Leser

---

Nirgendwo ist Poenichen (1977) und *Die Quindts* (1985) oder Leonie Ossowskis Schlesien-Trilogie *Weichselkirschen (1976)*, *Wolfsbeeren* (1987) und *Holunderzeit* (1991). Auch der im folgenden Kapitel zu analysierende Roman von Arno Surminskis *Jokehnen oder Wie lange fährt man von Ostpreußen nach Deutschland?* (1974) hat laut manchem Kritiker mit *Kudenow oder an fremden Wassern weinen* (1978) eine Fortsetzung gefunden.

501 Erwähnt werden können neben der Verfilmung von *Jokehnen oder Wie lange fährt man von Ostpreußen nach Deutschland?* die sehr erfolgreiche *WDR*-Serie zu Brückners *Poenichen*-Romanen oder die Verfilmung von Gertrud Pausewangs *Auf einem langen Weg.* Vgl. zur filmischen Inszenierung des ostdeutschen Heimatverlusts Alina L. Tiews *Fluchtpunkt Film. Integrationen von Flüchtlingen und Vertriebenen durch den deutschen Nachkriegsfilm 1945–1990.* Berlin: be.bra wissenschaft 2017. Ich danke der Autorin für die freundliche Zurverfügungstellung des Manuskripts ihrer Dissertation vor der Drucklegung.

502 Peter Wapnewski: »Die betagte Remington«, in: *SPIEGEL* 34/1978, S. 160–162, hier S. 160.

503 Ebd., S. 162.

hatten die Geschehnisse im deutschen Osten sowie die neue räumliche Ordnung Europas in den 1970er Jahren offensichtlich akzeptiert. Erst diese Akzeptanz der neuen geografischen Ordnung, die Entspannungspolitik der Brandt-Regierung und die Akkulturation der Vertriebenen in der BRD haben es ermöglicht, von den verlorenen Orten oft liebevoll, bildhaft und in der verkaufsträchtigen Form des Unterhaltungsromans zu erzählen.

Außerdem hat nicht zuletzt ein Generationswechsel für einen neuartigen Umgang mit dem Thema gesorgt. Ab 1969 gehörten die Autoren der Flucht-und-Vertreibungsfiktionen überwiegend nicht mehr der unmittelbaren Erlebnisgeneration an. Auch diejenigen unter ihnen, die noch in den ehemals deutschen Gebieten geboren wurden, sind generisch der Nachkommengeneration zuzurechnen.[504] Folglich gewinnen die in den Romanen dargestellten Landschaften, Zeiten, Menschen und Räume ihre Existenz von nun an weniger aus individueller Erfahrung als mehr und mehr aus der Imagination Einzelner. Diese Vorstellung wiederum wird vom Familiengedächtnis der Autoren sowie von den zunehmend tradierten kollektiven Vergangenheitsnarrativen der Gesellschaft (die sie gleichsam weiterhin mitformen) dominiert.

2.1 Doppelstruktur und integratives Geschichtsbild

Die Romane dieser Konjunkturphase sind durch eine Doppelstruktur gekennzeichnet, die mit dem eingangs skizzierten Bedürfnis des Lesepublikums verknüpft ist: Einerseits machen Romane als Familien- und Liebesgeschichten Identifikations- und Unterhaltungsangebote, und nicht selten kreieren sie dabei ein sentimental aufgeladenes Bild der ostdeutschen Räume hinter Oder und Neiße. Andererseits driftet die Romanliteratur über Flucht und Vertreibung zwischen 1969 und 1988 nicht ins Apolitische ab. Außerliterarische Bewegungen in der Politik oder der Gedächtniskultur wie etwa der Heimwehtourimus in Folge der neuen Ostpolitik werden in die Fiktionen aufgenommen, jedoch verflachen diese politischen Implikationen im Kontext der Landschaftsdarstellungen oder den emotional aufgeladenen Familiengeschichten nicht selten zu einem homogenen, wenig kritischen Vergangenheitsnarrativ. Indem die Romane also nicht problematisierend auf zeitgenössische politische Debatten reagieren oder sich in diesen positionieren, erhält die Fiktion in diesem Zeitraum durchaus das Potential eines eskapistischen Ventils für idyllische Erinnerungen. Gleichzeitig kann sie durch den Verweis z. B. auf Neuerungen in der bundesdeutschen Ostpolitik sowie insbesondere durch die Einführung von Täter- und Mitläuferfi-

504 Auch der in der zweiten Phase, der Übergangsphase, publizierende Autor Peter Faecke ist, wie im letzten Kapitel angedeutet, zu dieser Generation zu zählen.

guren als politisch interessiertes, historisch aufklärerisches und mitunter linksliberal ambitioniertes Medium gelesen werden.

Während die literarischen Texte der 1950er Jahre mit wenigen Ausnahmen unübersehbar an einem mythisch aufgeladenen Opferdiskurs partizipiert haben und dabei Naturmetaphern wählen oder andere entpolitisierende Erzählstrategien verfolgen, ist das Verhältnis von politischer und erinnerungskultureller Vergangenheitsdeutung zur fiktionalen Bearbeitung zwischen 1969 und 1989 also weniger deutlich. Wenn die sentimentale Homogenisierung des transportieren Heimatbildes auffällt, stehen diesem doch immer wieder literarische Referenzen auf den außerliterarischen und politischen Diskurs entgegen. Diese erscheinen allerdings vereinfacht, und das weltpolitische Geschehen wird oft in einen Akt individuell gefärbter Vergangenheitsaufarbeitung gekleidet. Darüber hinaus gehen dem Zeitgeist konform NS-Täter oder NS-Mitläufer in die Erzählungen ein. Die Einflüsse der 1968er-Generation werden besonders spürbar, wenn auf den Holocaust referiert wird oder neben die deutschen Opfer ganz deutlich die deutschen Täter gestellt werden. Hier versuchen die Romane implizit auf die Anliegen der 68er-Generation einzugehen und etwa Marianne und Alexander Mitscherlichs Forderung nach kollektiver Trauerarbeit, nach Mitleid mit den Opfern und die Annahme der eigenen Schuld einzulösen.[505] Allerdings fällt auf, dass deutsche Täter und Mitläufer in den Romanen zwar auftauchen, dabei jedoch selten so kritisch beäugt werden, wie es den politischen und erinnerungskulturellen Idealen der linksliberalen Intellektuellen entsprechen würde. Politische Referenzen wirken vereinfacht und idyllisiert, sodass die Texte keine kollektive politisch-historische, sondern fortwährend individuelle Vergangenheitsaufarbeitung betreiben.

Zum auffälligsten Moment ab 1969 wird damit einerseits die Integration deutscher Täter- und Opfer in den literarischen Flucht- und Vertreibungsdiskurs, sowie andererseits die Integration des Themas ›Flucht und Vertreibung‹ in den übergeordneten Erinnerungs- bzw. NS-Diskurs der deutschen Gesellschaft. In den 1970er und 1980er Jahren entsteht ein in den fiktionalen Bearbeitungen vorangetriebenes stereotypes Bild der deutschen Vergangenheit, in dem deutsche Täter und deutsche Opfer, jüdische Opfer und der Holocaust nebeneinander Platz haben. Einhergehend etabliert sich eine Ikonografie der NS-Zeit, in die neben KZ-Toren und Leichenbergen nicht nur verstümmelte (deutsche) Soldaten und Kriegsheimkehrer, Flüchtlinge und Vertriebene, sondern sogar ostpreußische Gutshäuser Eingang finden. Zur Inszenierung dieses integrativen Ge-

505 Alexander und Margarete Mitscherlich: *Die Unfähigkeit zu trauern. Grundlagen kollektiven Verhaltens.* München: R. Piper & Co. 1967. Zur Rezeptions- und Debattengeschichte vgl. zusammenfassend Steffi Hobuß: »Alexander und Margarete Mitscherlich: *Die Unfähigkeit zu trauern*«, in: Fischer/Lorenz (Hrsg.): *»Vergangenheitsbewältiguung« in Deutschland*, S. 183f.

schichtsbilds scheint der historische, retrospektiv erzählte Familienroman besonders geeignet.

2.2 Historisierung

Das auffälligste Novum vieler Romane der dritten Bearbeitungsphase ist eine Verlagerung der Romanhandlungen in die Vergangenheit. Als historische Romane greifen sie die Vorgeschichte von Flucht und Vertreibung auf (etwa der im Folgenden vorgestellte Roman *Jokehnen oder Wie lange fährt man von Ostpreußen nach Deutschland?* von Arno Surminski, dessen Handlung im Jahr 1934 einsetzt). Die gewählten Erzählzeiträume erstrecken sich häufig auf die gesamte NS-Zeit von der Machtergreifung 1933 bis zum Ende des Krieges und so bis zur Flucht bzw. der anschließenden Vertreibung der deutschen Bevölkerung aus den Ostgebieten. Mitunter greifen die Erzählungen sogar noch weiter zurück, um an die deutsche Geschichte vor dem Nationalsozialismus zu erinnern und anzuknüpfen, sie versuchen einen »sense of continuity« zu kreieren.[506] Zusätzlich thematisieren die Texte die Zeit nach der Ankunft im Westen, die Flüchtlingslager und die Herausforderungen der Integration. Surminskis *Kudenow oder An fremden Wassern weinen* etwa, oft als Fortsetzungsroman von *Jokehnen* betrachtet, spielt im Jahr 1946 in Schleswig-Holstein, wo eine Flüchtlingsfamilie im Hühnerstall eines Großbauern haust und versucht, in der neuen Heimat Fuß zu fassen.[507] Christine Brückner dehnt den zeitlichen Horizont in ihrer *Poenichen*-Trilogie noch weiter aus und lässt ihre Protagonistin Maximiliane von Quindt 1918 in Pommern zur Welt kommen. Dort wächst sie auf dem Gut ihres Großvaters auf und durchlebt eine unbeschwerte Kindheit und Jugend. Sie heiratet schließlich einen überzeugten NS-Anhänger, mit dem sie drei Kinder bekommt, obwohl sie ihn nicht liebt. Auch hier geht also ein Täter in den Kreis der Protagonisten ein. Maximilianes Ehemann fällt in den letzten Kriegswochen, während in Pommern die Rote Armee einzieht. Sie begibt sich mit ihren Kindern auf die Flucht. Sie gelangen nach Hessen, wo sie die Aufbaujahre erleben. Im dritten Band der Trilogie *Die Quindts begleitet* der Leser Maximiliane und ihre Kinder schließlich bis in die 1970er Jahre.

Derartige populäre historische Romane versuchen weder der Repräsentation der Erinnerung an Flucht und Vertreibung oder einer möglichen Gedächtniskontinuität noch den Widersprüchen kollektiver wie individueller Vergangenheitsversionen literarische Form zu verleihen. Die Romane erzählen weitestge-

506 Berger: *Heimat, Loss and Identity*, S. 69.
507 Auch dieser Roman ist 1981, unter der Regie von Claus Peter Witt, als Zweiteiler vom *ZDF* verfilmt worden.

hend konventionell, sie verlangen den Lesern wenig eigene Interpretation ab. Es gibt i. d. R. keine Zeitsprünge, Ana- oder Prolepsen, und auch auf innere Monologe einzelner Figuren, die kontrastive Erinnerungs- und Erfahrungsbilder aufrufen könnten, verzichten die Romane. Ferner existieren in diesem Zeitraum keine polyperspektivischen Inszenierungen, die auf die Mehrdimensionalität von Erinnerungen und Erzählungen hinweisen könnten. Damit unterscheiden sie sich ebenso auffällig von Ihlenfelds *Gregors vergebliche Reise* wie von den s. g. ›Höhenkamm‹-Texten eines Sigfried Lenz oder einer Christa Wolf in diesem Zeitraum,[508] die das Erzählen und Erinnern literarisch mitverhandeln. Diese müssen als Ausnahmen im Korpus der dritten Konjunkturphase gelten.

Aus dieser zunehmenden Konventionalisierung spricht ein steigendes gesellschaftliches Bedürfnis nach einer Idyllisierung der Vergangenheit. Die historischen Familienromane fungieren als eskapistisches Ventil, indem sie nachträglich ein kollektives und den Vorstellungen und Erwartungen der breiten Masse konformes Bild der verlorenen Heimat konstruieren. In dieser Phase wird so ein Grundstein für die weitere kollektive Erinnerung an Flucht und Vertreibung gelegt,[509] die deutsche Opfer und deutsche Täter integrieren und bei gleichzeitiger Anerkennung der eigenen Schuld einen mythologisch aufgeladenen Opferdiskurs fortführen kann. Augenscheinlich können oder wollen sich in diesem Zeitraum mehr und mehr Leser mit dem Thema befassen, sich mit den entworfenen Figuren (auch in deren Opferrolle) identifizieren und ein Erinnerungsbild generieren, das sie zu einem Teil einer Erinnerungsgemeinschaft werden lässt, die ihre Gruppenidentität mehr und mehr aus Imaginärem speist – ihre Schuld dabei aber betont anerkannt oder schon abgearbeitet hat.

2.3 Familiengeschichten

Diese Möglichkeit eröffnen insbesondere Familiengeschichten[510], da sie im Kleinen das Große erzählen können. Die Familienromane können nicht nur auf den außerliterarischen Generationswechsel verweisen oder besonders starke

508 Vgl. Berger: *Heimat, Loss and Identity*, S. 70 f., sowie ihre ausführlichen Besprechungen von Wolfs *Kindheitsmuster* (S. 73–85) und Lenz' *Heimatmuseum* (S. 85–92).

509 In den nachfolgenden Jahren hat sich dieses imaginierte und stereotype Heimatbild bzw. das Erinnerungsbild von Flucht und Vertreibung interessanterweise auf Ostpreußen konzentriert. Ostpreußen ist geradezu zur »Ikone der Vertreibungskomplexes« geworden, auch wenn die Ostpreußen einen vergleichsweise geringen Anteil an der Gesamtzahl der Vertriebenen haben. Vgl. Beata Halicka: »Erinnerungsliteratur«, in: Bill Niven/Maren Röger/Stephan Scholz (Hrsg.): *Die Erinnerung an Flucht und Vertreibung. Ein Handbuch der Medien und Praktiken.* Paderborn: Schöningh 2015, S. 89–99, hier S. 96.

510 Sigrid Nieberle schlägt vor, Erzählungen über Flucht und Vertreibung unter dem Aspekt der Familie zu lesen. Bisher habe die Forschung Familie als zentralen Angelpunkt der literari-

Emotionen hervorrufen, sondern können die Familie selbst als Metapher für eine sich nach und nach auflösende, zunächst unbeschadete Struktur nutzen. Sowohl Surminskis Romane als auch Christine Brückners *Poenichen*-Trilogie sowie Horst Bieneks *Gleiwitzer Tetralogie* stellen Familien ins Zentrum.[511] Als Familiengeschichte ermöglichen die Romane dem Leser eine schnelle und intime Identifikation mit den handelnden Figuren - sowohl mit jenen, die dem NS-Regime anhängen, als auch insbesondere mit jenen, die das Leid der Vertreibung erfahren. Weil der Familienroman *per se* eine relativ große Zahl handelnder Figuren voraussetzt, bietet er die ideale Möglichkeit, Figuren verschiedener, auch politischer Couleur einzusetzen. Sowohl Opfer- als auch Täterfiguren gehören zu den Familien, die als soziales System auch bei Erschütterungen Anlaufstelle für Opfer und Täter bleiben. So kann die Familie den idealen Ort abgeben für das skizzierte Bedürfnis, deutsche Täterschaft und deutsche Opferschaft gemeinsam zu erinnern, bzw. auf das deutsche Opferbild bei gleichzeitigem eigenen Schuldeingeständnis nicht verzichten zu müssen.

Zusätzlich deuten die Familienromane den Heimatverlust implizit als Bruch von Familiengeschichte: »Die heile Welt der Familie hält so lange stand, bis Krieg und Nationalsozialismus sie von außen zerrütten.«[512] Wenn die Erzählungen dem Leser ermöglichen, die eigene familiäre wie die nationale Vergangenheit ›aufzufüllen‹, heben die Erzählungen genealogische Unterbrechungen und Entwurzelungen indirekt auf.[513] Dieser Mechanismus spiegelt nicht zuletzt in den stattfindenden Generationswechsel zurück.

2.4 Reiseromane

Die daneben aufkommenden Reiseerzählungen stehen sicherlich in einem Zusammenhang mit den politischen Annäherungen Polens und der BRD in den 1970er Jahren. Im Anschluss an die Ratifizierung der Ostverträge wurde das Reisen in die ehemaligen deutschen Gebiete erleichtert und der s. g. ›Heimwehtourismus‹ setzte ein. Im Gegensatz zu den vorgestellten historischen Fa-

schen Bearbeitungen und dabei als »überaus bedeutsamen Faktor für kulturelle und nationale Identitätskonstitutionen« (S. 234) übersehen. Sigrid Nieberle: »Familien auf der Flucht. Residualkonstellationen in Erzählungen von Flucht und Vertreibung seit dem Zweiten Weltkrieg«, in: Michaela Holdenried/Weertje Willms (Hrsg.): *Die interkulturelle Familie. Literatur- und sozialwissenschaftliche Perspektiven.* Bielefeld: transcript 2012, S. 233–253.

511 Wenn die Familie auch schon in den Romanen der 1950er Jahre durchaus auch eine Bezugsgröße darstellte, so konzentrierten sich die in der ersten Phase entstandenen Texte doch immer wieder auf Einzelfiguren, oft einzelne Frauen oder einzelne Kinder.

512 Nieberle: »Familien auf der Flucht«, S. 246.

513 Vgl. dazu Berger: *Heimat, Loss and Identity*, S. 69.

milienromanen sind diese Reiseerzählungen in der Gegenwart der 1970er und 1980er Jahre situiert und geben Zeugnis ab von Alltag und Annäherungen deutscher und polnischer Bürger in der Zeit des Kalten Krieges. Diese Texte tangieren im Unterschied zum historischen (eskapistischen) Familienroman die Politik, etwa wenn nicht wenige dieser Romane neben dem deutsch-polnischen auch das deutsch-deutsche Verhältnis ansprechen. In Surminskis *Polninken* treffen der westdeutsche Ingo und die ostdeutsche Irene im masurischen Dorf ihrer Vorfahren aufeinander. In Leonie Ossowskis *Weichselkirschen* reisen zwei Schwestern unabhängig voneinander in ihre schlesische Heimat, eine wohnt inzwischen in der BRD, die andere in der DDR.

Doch obwohl die Romane den zeithistorischen Kontext aufgreifen und ihm durchaus kritisch begegnen, verflachen sozio- wie erinnerungspolitische Implikationen unter dem Eindruck konventioneller Erzählformen. In *Weichselkirschen* etwa dominiert als zentrales Element eines Unterhaltungsromans die Geschichte einer unglücklichen, verbotenen Liebe zwischen der deutschen Gutstochter Anna und dem polnischen Arbeiter Ludwik das Geschehen. Über Surminskis *Polninken* schreibt die Rezensentin Christa Rotzoll treffend: »Die Reiseprosa steuert Fakten und Probleme zu dem gutartigen und vernünftigen Aufruf bei, in den sie immer wieder übergeht.«[514] Unstrittig jedoch bleibt, dass diese Texte unmissverständlich die polnische Perspektive auf die Vergangenheit sowie das zeitgenössische deutsch-polnische Verhältnis zur Sprache bringen. Aus der deutlichen Verortung der Handlungen in Polen – die Ortschaften werden polnisch bezeichnet, es wird polnisch gesprochen, es werden polnische Gerichte aufgetischt usf. – spricht die Anerkennung der gegenwärtigen Politik, der Oder-Neiße-Grenze und ein Wille zur deutsch-polnischen Versöhnung.

3 Auswahl des Diskursfragments

Eine Diskursanalyse der bundesdeutschen Romanproduktion zu Flucht und Vertreibung darf ganz sicher den aus Ostpreußen stammenden Autor Arno Surminski nicht auslassen. Surminski prägt die bundesdeutsche Literatur zum Thema mit inzwischen zehn Romanen und zahlreichen Kurzgeschichten seit nunmehr 40 Jahren. Er ist ein konstanter Diskursteilnehmer, dessen Werke einerseits zum Fortgang und Wandel des Diskurses beigetragen haben und an

514 Christa Rotzoll: »Surminski, Arno: Polninken oder Eine deutsche Liebe«, in: *Frankfurter Allgemeine Zeitung*, 23.03.1984, S. 26. Online: http://www.gbv.de/dms/faz-rez/840323_FAZ_0026_26_0002.pdf (Stand: 11.04.2016).

denen sich andererseits die diskursive Entwicklung des Umgangs mit dem Thema (zumindest im literarischen Bereich) ablesen lässt.[515]

Seit Ende der 1990er Jahre erfährt Arno Surminski zunehmend Beachtung in literaturwissenschaftlichen Analysen.[516] Untersuchungen seines Werks scheinen bis heute jedoch unter dem Druck ihrer Legitimierung zu stehen. Kritiker betonen immer wieder Surminskis Ähnlichkeit mit namhaften Autoren wie Günter Grass, Siegfried Lenz oder Horst Bienek, um ihn in die Nähe dieser kanonisierten Autoren zu rücken. Zur Unterrepräsentation des Flucht-und-Vertreibungsthemas in der Germanistik schreibt zum Beispiel Herman Beyersdorf:

> Dies mag daran liegen, daß eine gewisse Anzahl dieser Werke von relativ geringem ästhetischen Wert sind, doch haben sich immerhin namhafte Autoren wie Günter Grass, Siegfried Lenz, Horst Bienek, Christa Wolf und Arno Surminski diesem Thema gewidmet.[517]

Andere Autoren grenzen Surminski zum selben Zweck von weniger bedeutenden Autoren des ostdeutschen Heimatverlusts ab, etwa: »Surminski dépasse cependant de beaucoup tous les petits auteurs qui gravitent autour des organisations d'anciens réfugies.«[518] Auswahlkriterium für meinen Untersuchungszusammenhang ist einmal mehr weniger Surminskis literarische Qualität als die

---

515 Bei aller Kontinuität und Geschlossenheit seines Werks lässt sich eine Entwicklung des Autors und seiner Erzählweise ausmachen. Seine Romane jüngeren Datums sind experimenteller erzählt und nehmen in ihren innovativen Strategien neben der Perspektive der deutschen Flüchtlinge und Vertriebenen auch die Perspektive deutscher Täter oder der russischen Nachkommen ein. Besonders deutlich wird dies in seinem polyperspektivischen Roman *Winter Fünfundvierzig oder Die Frauen von Palmnicken*. Hamburg: Ellert & Richter Verlag 2010. So wie Karina Berger eine Analyse des Werks und der Rezeption Walter Kempowskis anstellt, der in vierzig Jahren zahlreiche Texte zum Thema veröffentlicht hat, ließe sich ebenfalls mit Surminski verfahren. Berger geht es darum die Veränderungen und Verschiebungen des »sociopolitical interpretative framework in which it [Kempowski's work] is evaluated« (Berger: *Heimat, Loss and Identity*, S. 109) freizulegen.

516 Beyersdorf: *Erinnerte Heimat: Ostpreußen im literarischen Werk von Arno Surminski*. Ferner Wioletta Knütlel: »Letzte Jahre in Ostpreußen. Zur Heimatproblematik in *Jokehnen* von Arno Surminski«, in: Andrzej Kątny (Hrsg.): *Deutsch-polnische Wechselbeziehungen in Sprache und Kultur*. Uniwersytet Gdánski 2003, S. 151–158; Klaus von Delft: »Vertreibungsliteratur – germanistischer Nachholbedarf. Am Beispiel Arno Surminski«, in: Peter Wiesinger (Hrsg.): *Akten des X. Internationalen Germanistenkongresses Wien 2000 »Zeitenwende – Die Germanistik auf dem Weg vom 20. ins 21. Jahrhundert«*, Bd. 7: Gegenwartsliteratur. Bern u. a.: Peter Lang 2002, S. 101–106; zu seinem 2006 erschienen Roman Herman Beyersdorf: »Das kleine Dorf und der große Krieg. Arno Surminskis Roman *Vaterland ohne Väter*«, in: Jens Stüben (Hrsg.): *Ostpreussen, Westpreussen, Danzig. Eine historische Literaturlandschaft*. München: Oldenbourg 2007, S. 589–603.

517 Herman Beyersdorf: *Erinnerte Heimat*, S. 12.

518 Jean-Luc Gerrer: »Arno Surminski: Un auteur contemporain de Prusse-Orientale«, in: *Le texte et l'idée* 1, 1986, S. 201–235, hier S. 201. Wer diese »kleinen« Autoren im Kreis der Vertriebenenorganisationen jedoch sein sollen, erwähnt Gerrer bezeichnender- und misslicherweise nicht.

Quantität seiner den Themenkomplex aufgreifenden Erzählungen und vor allen Dingen sein Erfolg und die anhaltende Beliebtheit, die sich in Auflagezahlen, Fortsetzungsromanen, oder Verfilmungen seiner Werke niederschlägt.[519]

3.1 Der Diskursakteur Arno Surminski

Surminskis Werk, insbesondere der Roman *Jokehnen oder Wie lange fährt man von Ostpreußen nach Deutschland?*[520], trägt unmissverständlich autobiografische Züge. Der Autor wurde 1934 in Jäglack, einem ostpreußischen Dorf im Kreis Rastenburg, als Sohn eines Schneidermeisters geboren. Nach der Eroberung Ostpreußens wurden Surminskis Eltern von den Sowjets in ein Arbeitslager nach Sibirien deportiert. Der 11-jährige Waise Surminski erfuhr 1946 die Vertreibung der deutschen Bevölkerung, lebte zunächst in verschiedenen Flüchtlingslagern und wurde schließlich 1947 von einer kinderreichen Flüchtlingsfamilie in Schleswig-Holstein aufgenommen. Nach einer mehrjährigen Tätigkeit als Anwaltsgehilfe in Hamburg wanderte er nach Kanada aus. Zwei Jahre später kehrte er in die Hansestadt zurück, wo er seinen alten Beruf wieder aufnahm. Ab 1972 arbeitete Surminski als Wirtschaftsjournalist, bis er schließlich vom Erfolg seiner Romane als freier Schriftsteller leben konnte.[521]

519 Nachdem Surminskis Debütroman *Jokehnen* zunächst bei dem unbedeutenden Stuttgarter Verlag *Werner Gebühr* mit einer Auflagenzahl von nur 3000 Exemplaren erschienen war, ermöglichte der rasche Erfolg beim Publikum dem Autor einen schnellen Aufstieg in der deutschen Verlagslandschaft. Seine Romane erschienen in der Folge zunächst bei *Hoffmann und Campe* und feierten schließlich, stets in mehreren Auflagen, bei Rowohlt insbesondere als Taschenbücher Erfolge. Vgl. Wolfgang Schneiß: *Flucht, Vertreibung und verlorene Heimat*, S. 183. Detaillierte Auskunft gibt auch das Kapitel »Der Anfang« in Arno Surminski: *Jokehnen oder die Stimmen der Anderen.* Hamburg: Ellert & Richter Verlag 2013. Hier sind die Briefwechsel Surminskis mit verschiedenen Verlegern abgedruckt. Eine Neuauflage von *Jokehnen* erschien im Jahr 2002 im *Ullstein Verlag.* Dieser Neuausgabe hat der Autor ein Vorwort vorangestellt, das deutlich macht, wie sehr die Leser noch immer am Thema interessiert sind.

520 Im Folgenden wird der Roman kurz als *Jokehnen* bezeichnet. Mit der Sigle J wird aus folgender Ausgabe zitiert: Arno Surminski: *Jokehnen oder Wie lange fährt man von Ostpreußen nach Deutschland?*. Berlin: Ullstein Buchverlag 2002, [5]2008.

521 Vgl. zu Surminskis Biografie besonders Hermann Ernst Beyersdorf: *Erinnerte Heimat*, S. 5.

3.2 Der Roman *Jokehnen oder Wie lange fährt man von Ostpreußen nach Deutschland?* (1974)

Der Roman erzählt die Geschichte des kleinen Hermann Steputat und seiner Eltern Karl und Martha. Hermann kommt 1934, am Todestag Hindenburgs, in dem kleinen ostpreußischen Dorf Jokehnen als Sohn des Schneider- und Bürgermeisters Karl Steputat zur Welt. Seine Kindheit ist vom idyllischen Dorfleben geprägt. Mit seinem Freund Peter Aschmoneit geht er angeln, fährt Schlittschuh oder fängt Frösche. Hermann ist von der nationalsozialistischen Propaganda ergriffen und erlebt den Krieg Nazideutschlands aus der Kinderperspektive als eine Art aufregendes Abenteuer. Der Krieg tobt zunächst weit von Jokehnen entfernt. Als er das Dorfleben nach und nach tangiert, zeigen sich alle Dorfbewohner naiv oder politisch uninteressiert. Auch wenn einzelne Männer eingezogen, polnische Kriegsgefangene auf dem Jokehner Gut eingesetzt oder militärische Manöver vor den Türen des Dorfes durchgeführt werden, bestimmen die Arbeit in der Landwirtschaft und der Rhythmus der Jahreszeiten weiterhin das Leben der Jokehner. Dass die sowjetische Armee Ostpreußen erobert, begreift die Dorfbevölkerung erst, als es fast zu spät ist, zumal sich Bürgermeister Karl Steputat in einem Pflicht- und Ehrgefühl gesträubt hat, den Jokehner Treck vorzubereiten. Hektisch und mangelhaft vorbereitet begibt sich das Dorf auf die Flucht vor der Roten Armee. Der Treck wird nach wenigen Kilometern überrollt und die Jokehner erleben die Schrecken und Gewalttaten der sowjetischen Soldaten hautnah. Jokehner Frauen, unter ihnen Marta Steputat, werden vergewaltigt, Männer verschleppt oder erschossen. Nachdem der Treck völlig versprengt ist, beschließen die Übriggebliebenen, unter ihnen Familie Steputat, nach Jokehnen zurückzukehren. Dort versuchen sie, ihre verwüsteten Häuser wieder bewohnbar zu machen. Die Russen kontrollieren von nun an die deutsche Bevölkerung. Eines Tages verhören sie Karl Steputat, der aus Pflicht- und Anstandsbewusstsein freimütig Auskunft über seinen Bürgermeisterposten und seine Parteimitgliedschaft gibt. Unter dem Vorwand, ihn für eine Schneiderwerkstatt in der Stadt zu benötigen, deportieren die sowjetischen Soldaten Steputat nach Sibirien. Die Verzweiflung des kleinen Hermanns wächst dramatisch, als die sowjetischen Besatzer wenig später auch seine Mutter abführen. Nun lebt Hermann alleine in dem verdreckten Haus der Familie und versucht, seiner Trauer und dem Alltag Herr zu werden. Gemeinsam mit Peter Aschmoneit streift er täglich durch das Niemandsland auf der Suche nach Essen und Abenteuern. Die drückende Einsamkeit bringt ihn schließlich dazu, zu Frau Wittkuhn in den Dorfkrug zu ziehen, in dem sich einige Russen einquartiert haben. Die Interimszeit vom Kriegsende bis zur endgültigen Ausweisung ist geprägt von Hunger, Krankheiten, aber auch Langweile. Als der Befehl zur Fahrt nach Westen für alle Deutschen ergeht, wittert zumindest Peter Aschmoneit ein Abenteuer. Die Fahrt in den engen, stickigen Güterwagen wird jedoch zur Tortur. Die wenigen verbliebenen Jokehner, nur Frauen und Kinder, kommen schließlich in einem Flüchtlingslager in Thüringen an. Dort hat Peter plötzlich hohes Fieber und verstirbt binnen weniger Stunden an Typhus. Der einsame Hermann wird von Frau Schubgilla, einer Jokehnerin mit neun Kindern, aufgenommen. Die Zukunft der Figuren bleibt ungewiss.

4 Textanalyse

4.1 Doppelstruktur

Die historische Verortung, die Idealisierung Ostpreußens sowie die Integration der Vorgeschichte von Flucht und Vertreibung in *Jokehnen* sind, wie oben angedeutet, repräsentativ für die literarische Produktion zwischen 1969 und 1989. An Surminskis Roman wird nun gezeigt, dass die Texte dieser Konjunkturphase die historische Vorgeschichte weniger ausgestalten, um den Flucht-und-Vertreibungsvorgang zu erklären oder zu problematisieren. Mit der Darstellung des Dritten Reichs und dem Handeln der Figuren in dieser Zeit geht keine Anklage einher, sondern vielmehr werden politische Zusammenhänge harmonisiert. Wenn die Figuren nicht nur als Opfer der NS-Verführung dargestellt werden,[522] sondern sie darüber hinaus noch als Opfer des Heimatverlusts leiden müssen, wird zwischen 1969 und 1989 der Grundstein für ein überdauerndes konventionalisiertes Masternarrativ gelegt, das mit dem Schlagwort ›Hitlers letzte Opfer‹[523] erfasst werden kann.

Entsprechend kennzeichnet eine Doppelstruktur die Interpretationsmöglichkeiten des Romans, die nicht nur seinen Erfolg begründet, sondern vielen medialen Produktionen des Zeitraums eignet: Einerseits lässt sich *Jokehnen* als politisch reflektierter Text lesen, der seinen Fokus nicht ausschließlich auf die deutschen Opfer richtet und in seinem ironischen Tonfall eine durchaus kritische Distanz zu den beschriebenen Vorgängen und Figuren wahrt. Andererseits bietet der Roman immer wieder Entlastung und eine Einfühlungsmöglichkeit in das skizzierte Opfernarrativ an. Daraus resultiert auch die Möglichkeit einer anachronistischen Lektüre. In zeitlicher Distanz lässt sich dem Roman durchaus anlasten, dass er die deutsche Schuld zugunsten einer Harmonisierung und Idyllisierung der verlorenen Heimat unterrepräsentiert hat, und die tragische Geschichte des Jungen Hermann kann in dieser Lesart hinter die Darstellung des Mitläufers Karl Steputat bzw. weiterer Parteiangehöriger oder NS-Männer zu-

522 Diese Strategie erinnert durchaus an die Dämonisierungstechnik der Frühphase.
523 Vgl. Anmerkung 197.

rücktreten. Ebenso angelegt ist aber die wohl im Produktionszeitraum eher erfolgreiche Lesart der Opfer- und Kindheitsgeschichte in einer idyllischen Landschaft, in der die NS-Ideologie dann nicht zu wenig, sondern sogar verhältnismäßig stark hervortritt.

Es kennzeichnet den Roman *Jokehnen* also, dass er einerseits a) in bewusster Anlehnung an den Heimatroman einen idyllisch gezeichneten geografischen Mikrokosmos vorstellt, in den er andererseits b) von der NS-Ideologie affizierte Figuren einbettet und von diesen c) ambivalent erzählt. Diese eigentümliche Mischung aus der Vorstellung eines idyllischen Heimatraums mit Opfer-, Täter- und hier i. b. Mitläuferfiguren stellt ein Charakteristikum der Flucht-und-Vertreibungsromane zwischen 1969 und 1989 dar.

4.2 *Jokehnen* – ein »moderner Heimatroman«?

Helbig hat Surminskis Texte an prominenter Stelle als »moderne Heimatromane mit nostalgischen Zügen«[524] bezeichnet. Nicht wenige Kritiker haben an dieser Bezeichnung Anstoß genommen.[525] Der Grund für diese Abwehrhaltung liegt sicherlich in der Tatsache, dass insbesondere dem Begriff ›Heimat‹, aber auch dem Begriff ›Heimatroman‹, bis heute eine »semantische Unschuld«[526] fehlt und diesen Termini im Gegenteil ein sentimentaler, sogar nationalistischer Zug anhaftet. Der Benennung ›Heimatroman‹ widersetzen sich Surminskis Rezensenten wohl aufgrund jener pejorativen Verständnistradition des Begriffes ›Heimatroman‹ – einem ›Label‹, von dem sich Flucht-und-Vertreibungsromane insbesondere seit den 1970er Jahren immer wieder zu befreien genötigt gesehen haben.[527]

Im Folgenden kann es nicht darum gehen, *Jokehnen* einem Genre zuzurechnen und einen Genrebegriff zu diskutieren oder zu kreieren, der dem Roman gerecht würde, zumal derartige Diskussionen Gefahr laufen, die eigentliche und mithin differenzierte Gestaltungsweise des Romans um einer Etikettierung wil-

---

524 Helbig: *Der Ungeheure Verlust*, S. 133.

525 Vgl. besonders *Wioletta Knütel:* »Letzte Jahre in Ostpreußen«, S. 151–158.

526 Hans Georg Pott: »Der ›neue Heimatroman‹? Zum Konzept ›Heimat‹ in der neueren Literatur«, in: Ders. (Hrsg.): *Literatur und Provinz. Das Konzept »Heimat« in der neueren Literatur.* Paderborn u. a.: Schöningh 1986, S. 7–22, hier S. 8.

527 Andererseits fragt etwa Horst Bienek selbst zu seiner oberschlesischen Tetralogie: »Eine neue Art von Heimatroman? Der kritische Heimatroman? Warum nicht. Den Begriff und das Genre rehabilitieren.« Horst Bienek: *Beschreibung einer Provinz.* München/Wien: Carl Hanser Verlag 1983, S. 12. Vgl. zum Konzept des Heimatromans und einer Anwendung dieses Terminus auf die fiktionale Literatur über Flucht und Vertreibung meine Diskussion am Beispiel von Ruth Hoffmann meinen Beitrag: »Ruth Hoffmanns *Die schlesische Barmherzigkeit* – Ein Heimatroman?«

len aus dem Blick zu verlieren. Das Ziel, ein solches Etikett auf den Roman zu setzen, scheint mir wenig erstrebenswert und weniger aussagekräftig als der Versuch, die im Roman tatsächlich vorhandenen Strukturen und sicherlich bewusst übernommenen literarischen Mechanismen der s. g. ›Heimatkunst‹ der Jahrhundertwendezeit zunächst zu konstatieren und schließlich auf ihre Funktion hin zu untersuchen. Denn nimmt man den Begriff ›Heimatroman‹ als eine literaturwissenschaftliche (d. h. weder emotionale noch ideologisch motivierte) Genrebezeichnung ernst, zeigt sich schnell, dass Surminski sich mit *Jokehnen* definitiv in die Tradition des Heimat- bzw. Bauernromans einschreibt und sich ausgewählter Elemente dieses Romantypus vorsätzlich bedient. Ob seine Romane dann »moderne Heimatromane« oder etwa nach Norbert Mecklenburg »regionalistische Romane«[528] genannt werden können, sei dahingestellt. Gezeigt werden soll jedoch, dass die Vorbehalte gegenüber einer Bezeichnung als »moderner Heimatroman« nicht literaturwissenschaftlicher Natur, sondern allenfalls politischer oder moralischer Natur sein können. Ein Text, der strukturell und konzeptionell bewusst an den Heimat- und Bauernroman anschließt, wird nicht zwangsläufig zu einem verklärenden, gar revisionistischen Werk. Vielmehr, so belegt die folgende Analyse, benutzt Surminski das Genre, a) um der Heftigkeit des Einbruchs der Politik und insbesondere von Flucht und Vertreibung in das Leben der Dorfgemeinschaft Ausdruck zu verleihen; b) kann darüber hinaus einmal mehr die Frage aufgeworfen werden, inwiefern Surminski mit seinem Roman auf ein zeitgenössisches außerliterarisches Bedürfnis reagiert. Zu überlegen ist, inwiefern das dem Heimatgedanken innewohnende imaginierte kollektive Selbstbild eines der Opferidentifikation ist, denn »[o]ffensichtlich liegt in der Konstruktion des Heimatgedankens ein Potential öffentlicher und kultureller Vergesellschaftung, das dem Wunsch nach Identitätsstiftung und Werteorientierung in ausgezeichneter Weise entgegenkommt.«[529]

4.2.1 Zeit- und Raumstrukturen

Mit *Jokehnen* schreibt Surminski (ganz ähnlich wie Ruth Hoffmann) einen deutlich zweigeteilten Roman: Der erste Teil widmet sich dem Zeitraum vor dem Einfall der Roten Armee seit dem Todestag Hindenburgs und dem Geburtstag Hermann Steputats 1934, der zweite Teil beschreibt den Zeitraum nach ihrem Einfall, die versuchte Flucht, das anschließende Leben in einer Art Niemandsland sowie schließlich die Vertreibung im Sommer 1946. Auch in *Jokehnen* entfallen

528 Vgl. Norbert Mecklenburg: *Erzählte Provinz. Regionalismus und Moderne im Roman.* Königstein/Ts.: Athenäum 1982.

529 Andreas Schumann: *Heimat denken. Regionales Bewußtsein in der deutschsprachigen Literatur zwischen 1815 und 1914.* Köln u. a.: Böhlau Verlag 2002, S. 159.

wie in Hoffmanns *Die schlesische Barmherzigkeit* etwa zwei Drittel des Textes auf die Zeit vor dem Einfall der Russen und ein Drittel auf die Zeit der Flucht, der Vertreibung und die Ankunft im Westen in einem Flüchtlingslager. Surminski kreiert wie Hoffmann eine Art idyllische Heimatzeit, diese ist jedoch nicht ausschließlich als ahistorische und märchenhafte Zeitspanne gestaltet. In Surminskis Roman sind vielmehr Zeit und Raum so stark miteinander verwoben, dass diese idyllische Zeit nur dem Mikrokosmos Jokehnen zugeschrieben wird, während parallel zu dieser eine lineare Zeit der außerdörflichen, politischen Ereignisse mitläuft. Während Hoffmann diese ›Heimatzeit‹ und deren Ende insbesondere durch ein mit dem Einfall der Sowjets gesteigertes Erzähltempo darstellt, inszeniert Surminski den Umbruch mittels der Anlehnung an den Heimat- und Bauernroman und einem entsprechenden zyklischen Zeitverständnis.

Die zyklische Zeit, in der der Verlauf der Jahreszeiten das Leben bestimmt, prägt bis zur Flucht 1945 den Mikrokosmos Jokehnen. Der Makrokosmos – die gesamte Welt außerhalb Jokehnens und im Besonderen das politische Verhältnis Deutschlands und seiner Kriegsgegner – ist von einem linearen Zeitverlauf geprägt. Das zyklische Geschichtserleben der Dorfbewohner wird mit dem Einfall der Roten Armee erstmals deutlich mit den historisch-chronologischen Ereignissen der Außenwelt, der Welt des politischen Geschehens konterkariert. Surminski lässt in der gesamten Erzählung beide Sphären und Zeitkonzeptionen einander immer wieder berühren, etwa gleich zu Beginn, wenn er die Hauptfigur an Hindenburgs Todestag auf die Welt kommen lässt. Besonders markant geschieht diese Berührung bei der Ankunft polnischer Kriegsgefangener. Diese Zeugen der linearen politischen Weltzeit werden in das zyklische Zeitverständnis des Dorfes geradezu selbstverständlich integriert. Zwar sind sie Fremde, doch bei der Zuckerrübenernte werden sie zu willkommenen Helfern: »Sie [die polnischen Gefangenen] kamen rechtzeitig, bevor die Zuckerrüben Ende November auf den Feldern einfroren.« (J 74)[530] Die politische Situation, der Angriff Deutschlands auf Polen, der Umgang mit Kriegsgefangenen – all diese Probleme werden überdeckt bzw. von der zyklischen Dorfzeit geradezu absorbiert. Den Bruch im Zeitverständnis und damit das Ende einer Idylle markiert erst die Ankunft der Roten Armee, wenn die makrokosmische lineare Zeit das zyklische Geschichtsverständnis der Dorfbewohner zerstört. Sinnfällig wird dieser Einschnitt, wenn im Sommer 1945 der Roggen auf den Feldern verfault: »[...] Ostpreußen war voll von reifendem Korn und ohne Menschen. Nach einem Regentag nahmen die Felder graue Färbung an, und die Ähren legten sich flach auf den Boden.« (J 433).

530 Einmal mehr klingt jener ironische Ton an, der die Unwissenheit der Dörfler begleitet und – voller Sympathie – belächelt. Der große ferne Krieg sorgt für eine Hilfe bei der Ernte, das Schicksal, wenn nicht der Führer haben dafür gesorgt, dass die Ernte erleichtert wird.

Bis dato haben die Jahreszeiten, Saat und Ernte, die Tätigkeiten der Dorfbewohner und ihren Lebensrhythmus bestimmt.

Dieser von der Natur diktierte Rhythmus definiert nicht nur die in Jokehnen herrschende Zeitstruktur, sondern unterstützt ebenso die literarische Inszenierung des Raumes. Im klassischen Heimatroman charakterisieren primär die in ihm lebenden Menschen den Raum.[531] Ziel der jeweiligen Beschreibung der Bevölkerung ist es dabei, »Typisches zu finden, das sie nicht nur in eine enge Verbindung mit der jeweiligen Landschaft zu stellen vermag, sondern auch einen klaren, von anderen abgrenzbaren Gruppencharakter bewirken soll.«[532] Surminski zeichnet ein homogenes Bild der Jokehner, auch wenn er sie als Originale mit spezifischen Eigenarten darstellt. Sie sind durch das gemeinsame Leben in einem Naturraum verbunden. Der Umgang mit der Natur, d. h. das Leben in oder von der Land(wirt)schaft eint alle Jokehner über Berufs- und Standesgrenzen hinweg. Selbst der Schneider und Bürgermeister Steputat hat Bienenkörbe, alle Einwohner besitzen eine Kuh oder Schlachtvieh. Die Bewohner der Insthäuser schließlich sind als Gutsarbeiter von der Landwirtschaft abhängig oder, wie an Hermanns Freund Peter gezeigt, von der Möglichkeit, im Sommer zu angeln oder im Winter Hasen zu fangen. Die Natur ist das einende, kollektive Identität stiftende Zentrum der Menschen in Jokehnen. Diese Gruppenidentität entsteht auch im Gegensatz zum Fremden, denn schon in der Kenntnis über die Natur und ihren Rhythmus unterscheiden sich a) die Dorfbewohner von den Stadtbewohnern, sowie b) das idyllische Ostpreußen vom modernen Rest des Reichs.

Der Gegensatz zwischen Stadt und Land bzw. eigenem und fremdem Kosmos gehört essentiell zum Konzept des traditionellen Heimatromans. Jokehnen wird als Mikrokosmos fernab der Zivilisation entworfen. Diese Abgeschiedenheit des Dorfes hebt der Roman bereits auf den ersten Seiten hervor, wenn der Besuch der Hebamme aus dem Nachbardorf »ein aufregendes Ereignis« genannt wird (J 11). Es verwundert so kaum, dass die Jokehner später dem Weltgeschehen, d. h. dem Krieg, kaum bis keine Beachtung schenken: »Jokehnen nahm wenig Notiz von Stalingrad [...]. Über die Gutsäcker liefen in diesen Tagen die Hasenjagden, und die Schlitten brachten Buschwerk aus dem Wald auf den Gutshof, wo die gefangenen Russen das Holz kleinschlugen.« (J 178) Der alljährliche Rhythmus, der Winter mit den Hasenjagden, bestimmt das Interesse und Erleben der Dörfler.

Auch schon der erste Satz des Romans verdeutlicht, wie wenig Jokehnen berührt wird von der Außenwelt, der Zivilisation – nur drei Telefone gibt es im Dorf (J 7). Die Gemeinschaft der Dorfbewohner stützt sich auf direkte Kommunikation; Massenmedien, die die moderne und urbanisierte Gesellschaft erst ermöglichen, erreichen und strukturieren das Dorf nicht. Von Beginn an wird eine

531 Vgl. Schumann: *Heimat denken*, S. 90.
532 Ebd., S. 90f.

politische Unwissenheit der Jokehner impliziert. Wenn die Bewohner doch einmal mit den politischen Vorgängen in Kontakt kommen, geschieht dies immer wieder über den Bürgermeister Steputat. Sein Haus, Haupthandlungsort, ist Zentrum jedes Informationsaustausches. Hier existieren nicht nur ein Telefonapparat, ein Volksempfänger oder die abonnierten NS-Zeitungen, sondern auch eine große Landkarte, die Steputat an die Wand heftet und auf der er den Frontverlauf markiert. Sinnfällig gelangt die große, weite Welt in den Mikrokosmos. Und der Verlust dieser Karte ist es später, der das Ende Ostpreußens symbolisiert:

> »Wenn wir nur die Festung Lötzen halten«, sprach Steputat sich selber Mut zu. Sie saßen über Hermanns Schulatlas. So klein war die Welt geworden, daß sich die großen Geschehnisse des Wehrmachtsberichts auf einer simplen Heimatkarte von Ostpreußen verfolgen ließen! (J 292)

Die Betrachtung der literarischen Raum- und Zeitstrukturen belegt nun einerseits die bewusste Anlehnung an den klassischen Heimat- und Bauernroman, andererseits übernimmt Surminski traditionelle Erzählstrategien nicht eins zu eins, sondern wandelt sie für seine Botschaft ab. Jokehnen erscheint letztlich bei aller Idealisierung nie als eine vollständig Zeit und Raum entrückte Idylle. Insbesondere geografisch ist das Dorf mit dem fiktiven Namen konkret verortet: Der erste Satz des Romans stellt die nächstgelegene größere Stadt Drengfurt, deutscher Name der heutigen Stadt Srokowo, im damaligen Kreis Rastenburg im Regierungsbezirk Königsberg vor. Mit der konkreten geografischen Verortung authentifiziert der Autor seine Erzählung und ordnet die verlorene, in der Erinnerung wohl auch idealisierte Heimat, in einen konkreten räumlichen und zeitlichen Kontext ein. So gestaltet er eine Erzählung, die über den Vorwurf des sentimentalen Revisionismus erhaben bleibt, in der aber Platz für jenes Konstrukt ist, das Andrew Demshuk »Heimat of memory« nennt:

> While in their minds they [the expellees] generated the Heimat of memory, an idelaized vision of what they had lost, they also steadily confronted the Heimat transformed, their perception of Silesia as it now existed in Poland. The Heimat of memory evoked a pristine, timelesse, and bygone German homeland that had never really existed.[533] [...] In sum, expellees knew that the *Heimat of memory* only existed in the tenous spaces of their own minds, that it was fantasy to physically ›restore‹ their *Heimat of memory* [...].[534]

533 Andrew Demshuk: *The lost German East. Forced Migration an the Politics of Memory, 1945–1970.* New York: Cambridge University Press 2012, S. 13.
534 Ebd., S. 17.

4.2.2 Sprachkonstruktionen: Von »Poggen«, »Spirgel« und »Heemskes«

Während Kritiker in Besprechungen der Texte Surminskis die Nähe zum Heimatroman, die Erzählperspektive des Kindes oder die Situierung im dörflichen Mikrokosmos als Elemente der Idyllisierung konstatierten, ist der Beitrag spezifischer Sprachkonstruktionen zur Idyllisierung wie zur Inszenierung einer Gruppenidentität bisher eher übersehen worden.

Idylle verstehe ich hier nicht im engeren Sinne als ein literarisches Genre, sondern allgemein als

> eine Veranschaulichung der Idee des guten Lebens und der heilen Welt im begrenzten Ausschnitt kleiner, friedlicher und harmonischer Szenen; besonders akzentuiert ist dabei der vertraute Umgang einfacher [1], genügsamer und unschuldiger [2] Menschen sowohl untereinander als auch mit einer freundlichen, Geborgenheit und Nahrung spendenden Natur, eine (im Unterschied zur Utopie [3]) nur wenig ausdifferenzierte Sozialstruktur sowie die Dominanz der räumlichen Dimension bei statischer oder zyklischer Gestaltung und relativer Handlungsarmut.[535]

In *Jokehnen* unterstützt die gewählte Sprache diese »Idee des guten Lebens und der heilen Welt« und insbesondere die dialektale Einfärbung trägt (wie auch in anderen Romanen über Flucht und Vertreibung) als bewusst verwendetes Stilmittel zur Idyllisierung bei.

Man wird den dialektalen Ausdrücken sicher nicht in Gänze gerecht, wenn man sie nur, wie Schneiß, als ostpreußische Merkmale und dialektale Andeutungen registriert.[536] Im Roman fallen die dialektalen Wörter in hochdeutsche Sätze eingesprenkelt, etwa: »Willst du noch ein Schlubberche trinken?« (J 208) oder: »Als Heinrich in der Küche herumklabasterte […].« (J 10) Dass »[s]olche Sätze […] natürlich in Ostpreußen nicht wirklich so gesprochen«[537] werden, ist korrekt, klärt aber nicht, wieso sie im fiktionalen Text auftauchen. Vielmehr ist der Dialekt hier als Stilmittel zu begreifen, das »als solches in seiner Wiedergabe in hohem Maße konventionalisiert«[538] ist. Die nur eingestreuten mundartlichen Ausdrücke garantieren auch dem nicht mit der ostpreußischen Mundart vertrauten Leser das Textverständnis,[539] und Surminski erreicht die Versöhnung »relativer Authentizität« und einer möglichen »dialektunkundigen Leserschaft«.[540] Darüber hinaus archiviert der Roman Ausdrücke, die in West-

535 Hans-Peter Ecker: »Idylle«, in: Gert Ueding (Hrsg.): *Historisches Wörterbuch der Rhetorik.* Bd. 4: Hu-K. Tübingen: Niemeyer 1998, S. 183–202, hier S. 183.

536 Vgl. Schneiß: *Flucht, Vertreibung und verlorene Heimat,* S. 185–187.

537 Ebd. S. 187.

538 Renate Mace: *Funktionen des Dialekts im regionalen Roman von Gaskell bis Lawrence.* Tübingen: Narr 1987, S. 20.

539 Helga Lippelt fügt ihrem Roman *Popelken* (1988) ein Glossar hinzu, in dem sie alle verwendeten mundartlichen Ausdrücke, die sie zahlreich benutzt, übersetzt.

540 Mace: *Funktionen des Dialekts,* S. 19.

deutschland und durch die voranschreitende Integration verloren zu gehen drohen, womit er die Angst vor einem kursierenden gesellschaftlichen Tabu, einer Art ›Erinnerungsverbot‹ dokumentiert.

Vorwiegend flicht Surminski die ostpreußischen Wendungen jedoch ein, um einmal mehr ein idyllisches Heimatbild zu entwerfen, denn Dialekte sind etwa mit Familie und Geborgenheit konnotiert. Die dialektalen Aussagen verweisen auf jenen für die Idylle typischen vertrauten Umgang der Menschen untereinander und färben Szenen »friedlich und harmonisch«, indem sie Intimität wie Gemeinschaft suggerieren. Auch die Figuren des Romans und selbst der Erzähler verwenden mundartliche Ausdrücke nur im Kommentar mikrokosmischer Alltagshandlungen. Agrarwirtschaftliche Gegenstände und Abläufe sowie insbesondere landesübliche Gerichte (»Spirgel, Stiehm, sauren Kumst« [J 86], »Beetenbartsch« [J 91] oder »Flinsen« [J 158])[541], aber auch Pflanzen (Kruschkenbaum) oder Tiere (Peerdkes, Poggen) erhalten mundartliche Bezeichnungen; offizielle Akte oder Dialoge erfolgen auf Hochdeutsch. Die dialektale Ausdrücke verweisen zurück auf den geografischen Raum, den sie gleichsam konturieren. Der Dialekt fungiert als »realistische Mimesis«[542], die in die Illusion einer konkreten geografischen Region als Handlungsraum führt. In diesem Sinne tragen die dialektalen Ausdrücke zur oben angesprochenen Inszenierung eines Typischen, einer Gruppenidentität bei, die an den konkreten Raum gebunden wird. Land, Territorium, Sprache und Menschen verschmelzen zu einem idyllisch verklärten, homogenisierten Erinnerungskonstrukt, das im Widerstreit steht mit dem vorgeblichen politisch-historischen Weitblick, der, so wird zu zeigen sein, in der Darstellung von deutschen Mitläufern und Tätern aufscheint.

Auch der Erzähler bedient sich einzelner ostpreußischer Ausdrücke und macht sich damit jenen ebenbürtig, von denen er erzählt. Der dialektkundige Erzähler geht in jenem Erinnerungskonstrukt und imaginierten Kollektiv auf. Seine Sprache soll ihn zu einem glaubwürdigen Berichterstatter erheben, der seine Informationen direkt aus der Gemeinschaft erhalten hat, zu der er als zugehörig vorgestellt wird. Der Erzähler ist Teil jener Gruppe »einfacher, genügsamer und unschuldiger Menschen«. Entsprechend erhält der Dialekt, wenn der Leser durch den Erzähler emotional in die Gemeinschaft einbezogen werden soll, eine rhetorische Funktion.[543]

Nicht nur mittels des Dialekts, sondern auch in der sonstigen sprachlichen Darstellung erreicht Surminski die Inszenierung eines Dorfidylls. 1974 heißt es in einer Rezension des Romans: »Surminski gelingt es, behäbig zu erzählen, ohne

541 Auch hier geht es sicherlich um das Lebendighalten nicht nur von mundartlichen Ausdrücken oder Erinnerungen, sondern von Traditionen und kulinarischen Bräuchen.

542 Paul Goetsch: »Vorwort«, in: Ders. (Hrsg.): *Dialekte und Fremdsprachen in der Literatur.* Tübingen: Narr 1987, S. 11.

543 Vgl. Mace: *Funktionen des Dialekts*, S. 34f.

geschwätzig zu werden.«[544] Schneiß formuliert: »Es ist ein gleichbleibend ruhiger und gerade darin ergreifender Tonfall, den der Autor selbst in den erschütterndsten Szenen beibehält.«[545] Zu diesem Tonfall gehören einerseits Annäherung an die Umgangssprache sowie andererseits elliptische Konstruktionen.[546] Zudem bestimmen Ausdrücke aus dem Wortfeld Natur den gesamten Roman. Besonders die ersten Seiten warten mit unzähligen Wörtern aus dem Bereich der Natur und der Landwirtschaft auf, um gleich zu Beginn den Mikrokosmos als einen idyllischen zu kreiieren: Poggenteich, versandete Nebenwege (J 7), aufgeblühte Astern (J 9), Kruschkenbaum (J 10), so die Wörter, die die Natur beschreiben; Haferhocke, Kühemelken (J 7), Erntewagen (J 8), Frühkartoffeln (J 8), Bienenkörbe (J 8), Fuder (J 11), so die Ausdrücke, die auf die zu diesem Kosmos gehörenden landwirtschaftlichen Tätigkeiten im Einklang mit der Natur verweisen. Ebenfalls kann bereits an den ersten Seiten des Romans Surminskis »erzählerische Behäbigkeit« illustriert werden. Die Eile, die die Geburt des ersten Sohnes und das Stöhnen der in den Wehen liegenden Marta Steputat eigentlich gebietet, wird konterkariert mit einer Ruhe, die der Text durch Sprache transportiert. Nicht nur inhaltlich – die Hebamme kommt langsam auf dem Fahrrad und nicht mit dem Auto, Karl Steputat sieht sich in aller Ruhe seine Bienen an, der Geselle isst ebenfalls in aller Ruhe ein Stück Speck – wird das Leben in Jokehnen als entschleunigt gezeigt. Bewegungsverben fallen ins Auge, die allesamt eine Langsamkeit mit sich tragen: schreiten (J 8), schlendern (J 8), radeln (J 11), plaudern (J 18). Auch der Hinweis auf die »bedächtig schwankend[en]« Erntewagen (J 11) verstärkt diesen Eindruck. So spiegelt und gestaltet die Sprache ganz und gar den Mikrokosmos Jokehnen. Sie ist für die Ausgestaltung der Idylle reserviert und keine Sprache, die die Politik und das Weltgeschehen beschreiben könnte. Darstellungen des Nationalsozialismus und des politischen Verhaltens in dieser Sprache erscheinen somit verharmlost bzw. in den Kosmos und die Perspektive der Dorfbewohner integriert. Einmal mehr ebnet der Text Politik und Alltag, Täterschaft und Unschuld erzählerisch ein.

4.3 Figurendarstellung

Obwohl der Opfer-Täter-Dualismus dem Flucht-und-Vertreibungsthema geradezu eingeschrieben ist, enthält sich *Jokehnen* deutlichen, insbesondere dichotomischen Zuschreibungen. Statt zu polarisieren, verfährt der Roman integrativ,

544 Monika Sperr: »Kennen Sie Jokehnen?«, in: *DIE ZEIT* 47/1974. Online: http://www.zeit.de/1974/47/kennen-sie-jokehnen (Stand: 30.07.2015).

545 Schneiß: *Flucht, Vertreibung und verlorene Heimat*, S. 207.

546 Vgl. ebd.

wenn er nicht nur NS-Geschichte mit der Geschichte des ostdeutschen Heimatverlusts verbindet, sondern auch das Verhältnis von deutschen Opfern und deutschen Tätern – nämlich in der Darstellung der Hauptfigur Karl Steputat – zusammenbringt.[547] Steputat ist sowohl als Opfer als auch als Verantwortung tragender Unterstützer des NS-Regimes gezeichnet, der nicht als Täter verurteilt wird. Deutliches Opfer hingegen ist der Junge Hermann Steputat, womit sich die oben angesprochene Doppelstruktur für *Jokehnen* einmal mehr zeigt: Die idyllische an den Heimatroman angelehnte Inszenierung Ostpreußens und die Sicht sowie das Schicksal Hermanns geben Raum für eine mitleidige bis verklärende Lesart. Durch die zentrale Mitläuferfigur Karl Steputat wird der Text um eine politisch-moralische Frage angereichert, mittels derer sich der Roman einerseits dem Vorwurf des Eskapismus oder gar des Revisionismus verwehrt und andererseits das historisch-politisch interessierte, nach Unterhaltung suchende bildungsbürgerliche Publikum anzusprechen vermag. Wenn *Jokehnen* zwar einerseits der ›Banalität des Bösen‹ literarischen Ausdruck verleiht, suggeriert der Roman andererseits Verständnis für sie. Deutlich wird diese Doppelstruktur insbesondere in der Hauptfigur Karl Steputat.

4.3.1 Bürgermeister Steputat – eine Mitläuferfigur

Die oben angesprochene Möglichkeit unterschiedlicher Deutungen, Anschlusskommunikation und Identifikation ist also in der Figureninszenierung angelegt:[548] Auf der einen Seite steht Karl Steputat für den gewöhnlichen Deutschen, der Opfer der NS-Propaganda wird und mit dem all jene sich identifizieren möchten, die im Dritten Reich zu Mitläufern wurden. Auf der anderen Seite

547 Während Hoffmanns Protagonistin Emma in der Opferrolle voll und ganz aufgeht (sie ist nicht nur Vertriebene, sondern auch Frau, Mutter, Witwe und Alte) und Ihlenfeld mit Dieter Sandberg einen SS-Mann und aktiven Täter der NS-Maschine und dessen polnische Opfer anspricht, widmet sich Surminski dem Mitläufer Steputat. Die Konzentration auf a) eine Opferfigur, b) eine Täterfigur und c) eine Mitläuferfigur muss m. E. als Resultat der gesellschaftlichen Debatte der jeweiligen Bearbeitungsphasen gedeutet werden.

548 Der Verfilmung des Romans gelingt die Identifikation mit den beiden Hauptfiguren besonders durch die Besetzung: Armin Müller-Stahl, Star der Zeit, spielt Bürgermeister Karl Steputat, und in der Berichterstattung zur Ausstrahlung machte das ZDF immer wieder darauf aufmerksam, dass Hermann Steputat von Müller-Stahls eigenem Sohn gespielt wurde. (Vgl. das Interview mit Armin Müller-Stahl, das als Bonusmaterial auf der 2007 erschienenen DVD der Reihe »Große Geschichten« zu finden ist.) Die Popularität Müller-Stahls gepaart mit dem Hinweis auf Familiarität und Intimität führen die beiden Figuren von vornherein als Sympathieträger und Identifikationsfiguren ein. Der Kritiker Adolph C. Bennig resümiert pointiert: »Und wie Armin Mueller-Stahl den Bürgermeister spielte – das muß für so manchen Zuschauer, der seinerzeit ein gutmütiger Parteigenosse war, wie ein Geschenk gewesen sein.« Adolph C. Benning: »Szenen, die man nicht vergißt«, in: *Rheinische Post*, Datum unbekannt, 1987, Filmkritik abgedruckt in Surminski: *Jokehnen oder Die Stimmen der Anderen*, S. 128.

illustriert die Verdichtung unterschiedlicher Opfer- und Täterrollen in der Hauptfigur das moralische Problem einer Beurteilung der Verantwortungsträger im NS-Staat, wie es mit der 68er-Revolution zur Diskussion kam. Einmal mehr wird also deutlich, dass *Jokehnen* sowohl als politisch und moralisch problematisierender Text als auch als entlastender Roman mit Ventilfunktion gelesen werden kann. Wenn die Tendenz einer Parteinahme des Autors zwar nicht ganz übersehen werden kann, so ermöglicht eine überwiegend polyvalente Deutungsstruktur dem Rezipienten einerseits das Ein- und Mitfühlen, ein Verständnis durch das Gefühl eigener Ähnlichkeit, andererseits lässt der Autor genug Raum für kritische Fragen und moralische Gewissensforschung.

Den (seinem Vater nachempfundenen) Bürgermeister Karl Steputat stellt Surminski bewusst in das Zentrum des Romans – eine moralisch schwer zu wertende Figur, an der sich die Schwierigkeit einer nachträglichen Beurteilung des NS-Systems, seiner Täter und Taten sowie seiner Unterstützer ablesen lässt. In Steputats persönlichem Schicksal verdichten sich das Schicksal Europas und die mitunter bis heute im problematischen grenzübergreifenden Erinnerungsdiskurs geführten Debatten um Täter- und Opferschaft, um das Verhalten der Nationalsozialisten und das Verhalten der sowjetischen Besatzer, um Strafmaß, Rache und Legitimation von Gewalt. Steputat wird in der Kombination verschiedener Erklärungs- und Entlastungsansätze zum Prototyp eines aus deutscher Perspektive bzw. aus Sicht der Nachkommen nachträglich bewerteten NS-Verstrickten.[549]

Es soll im Folgenden keine psychoanalytische Deutung des Romans vorgenommen werden. Dennoch sollte man wohl im Hinterkopf behalten, dass Surminski einen autobiografisch inspirierten Roman verfasst hat, in dessen Mittelpunkt eine Figur steht, die seinem von den Sowjets in ein sibirisches Lager verschleppten Vater nachempfunden ist – ein Schicksal, das der Autor mit zehn Jahren ertragen musste – denn wie Welzer u. a. gezeigt haben, erfahren Erzählungen über Rolle, Taten und Erlebnisse der Vorfahren im auf Kommunikation beruhenden Familiengedächtnis Veränderungen und Neuinterpretationen, die die Vorfahren entlasten und die Identität der Familie in einer eigens und innovativ geschaffenen Vergangenheitsversion stärken.[550] Paradoxerweise stiftet dennoch gerade dieser, den Lesern bekannte autobiografische Hintergrund allgemeine Authentizität: In dem Wissen um das autobiografische Erlebnis werden

549 Zur nachträglichen Bewertung der Rolle von Familienangehörigen in der NS-Zeit durch Nachkommen vgl. die einschlägige Studie von Harald Welzer/Sabine Moller/Karoline Tschuggnall: *»Opa war kein Nazi«. Nationalsozialismus und Holocaust im Familiengedächtnis.* Frankfurt am Main: Fischer Taschenbuch Verlag 2002. Die Autoren zeigen, dass die Nachkommen, wie der Titel der Publikation pointiert zusammenfasst, von ihren Vorfahren überwiegend ein unbelastetes und beschönigendes Bild zeichnen.

550 Vgl. ebd.

auch die Beschreibungen von Landschaft, Menschen und soziopolitischem Hintergrund als authentisch beurteilt.

Die offensichtlichste Entlastungsstrategie des Romans ist es, die politische Unwissenheit und Naivität der Figuren auszustellen. Um das Handeln der Hauptfigur Karl Steputat, Bürgermeister von Jokehnen und damit Funktionsträger im NS-Staat, zu rechtfertigen, wird er von Beginn an als politisch ungebildet und wenig reflektiert vorgestellt. Größere Zusammenhänge durchschaut er nicht: »Er verspürte keine Skrupel, neben die ›Geschichte vom deutsch-französischen Krieg‹ und das ›Amtliche Kreisblatt‹ ein Buch der Rosa Luxemburg [...] in die gute Stube zu stellen.« (J 21) Auch als der erste Gefechtslärm in Jokehnen zu hören ist, wird Steputats Naivität herausgestellt. Autoritätshörig und ohne eigene Überlegung verlässt er sich auf die Informationen, die er von höherer Ebene erhält: »›Manöver in der Rominter Heide‹, meinte Stepuat ohne Hintergedanken. Das hatte er von der Kreisverwaltung in Rastenburg gehört, und die wußten doch alles.« (J 108) Der Zusatz »ohne Hintergedanken« betont, dass Gewalttaten, wie sie die deutschen Soldaten in Polen und Russland begehen, für Steputat nicht vorstellbar sind (nicht, dass er sie sich nicht vorstellen will). Sein entpolitisiertes Weltbild kommt ein weiteres Mal zum Ausdruck, wenn er aus Mitleid und Nächstenliebe Pelze für die frierenden russischen Gefangenen schneidert (vgl. J 140), er sich also von seinen Gefühlen und nicht von der NS-Ideologie leiten lässt. Solche immer wieder eingestreuten Hinweise auf seine mangelnde Weltkenntnis relativieren letztendlich Steputats Amtshandlungen als Bürgermeister im NS-Staat und verdeutlichen ebenfalls, wie der Roman zwischen Mensch und Funktionsträger immer wieder trennt.

Nicht nur seine Naivität erklärt sein Handeln, weiterhin wird Steputat als pflichtbewusster, anständiger Bürger präsentiert, der der Faszination Hitlers aufgrund soziohistorischer Umstände erliegt. Steputat beurteilt die nationalsozialistischen Eroberungszüge als Vertreter der Kriegsveteranengeneration von 1914/18: »Recht so. Für Deutschland war auch Karl Steputat, für ein großes Deutschland, groß genug, um die Kosaken von Königsberg fernzuhalten.« (J 21) Er repräsentiert so jene, die die neue Bewegung als willkommene und nötige Reaktion auf die Schmach des Ersten Weltkrieges deuten,[551] und steht damit, so impliziert der Text, für einen ganz gewöhnlichen zeitgenössischen Deutschen.

Wenn Steputat als jemand gezeichnet ist, der der NS-Durchhalte-Propaganda erliegt, ist auch zu fragen, wie er auf die antisemitische Hetze der Nationalsozialisten reagiert. Der Roman betont immer wieder, dass der Holocaust für die ostpreußische Landbevölkerung etwas völlig Fernes und Unbekanntes sei. Den

551 Vgl. zu dieser Begründung des nationalsozialistischen Aufstiegs exemplarisch Alexander Meschnig: »Die Sendung der Nation. Vom Grabenkrieg zur NS-Bewegung«, in: Gudrun Brockhaus (Hrsg.): *Attraktion der NS-Bewegung.* Essen: Klartext Verlag 2014, S. 29–44.

einzigen jüdischen Kontakt für die im Landkreis Rastenburg Lebenden stellt der Stoffhändler Samuel Marthern dar. Steputats Meinung über Marthern und die Juden ist zwiespältig und unreflektiert. Offensichtlich unterscheidet er zwischen Marthern, dem Juden, den er persönlich kennt und den er einen »passable[n] Jude[n]« (J 57) nennt, und »den zweifelhaften Gestalten im ›Stürmer‹« (ebd.). Dass Steputat Kenntnis über die Judenverfolgung besitzt, verhehlt der Roman nicht, denn Steputat fragt Marthern bei einem seiner Besuche frühzeitig, ob er nicht nach Litauen zurückgehen wolle, da die Partei die Juden nicht möge (ebd.). Mit dieser Frage wird Steputat gleichzeitig zur belasteten wie entlasteten Figur, die einerseits den Juden warnen will, die sich aber andererseits trotz offensichtlicher Kenntnis des Holocausts nicht im Widerstand einsetzt. Und wenn die Passage über den Besuch Martherns beim Schneidermeister Steputat mit der Verallgemeinerung Steputats: »Die Juden haben keine Ehre [...]. Aber sonst sind sie ja gar nicht so schlecht.« (ebd. f.) endet, wird augenscheinlich versucht, Steputats politische Unwissenheit erneut unter Beweis zu stellen, ihn als unreflektierten Empfänger der Nazi-Propaganda bei gleichzeitiger persönlicher Bewertung des jüdischen Bekannten zu zeigen. So macht diese Situation besonders offensichtlich, wie der Roman sich um eine positive Zeichnung Steputats bemüht: Einerseits soll Steputat den verführten deutschen Durchschnittsbürger abgeben, andererseits soll er als fürsorgliche Vaterfigur erscheinen, die sich durchaus für den jüdischen Bekannten einsetzt. Gerade der hierin liegende Widerspruch zeigt das Bemühen um eine sympathische und entlastende Figurendarstellung auf.

Zu dieser positiven Präsentation Steputats gehört es auch, dass die Kontinuität seines Charakters und seiner Moral betont wird. Steputats Naivität sowie seine Obrigkeitstreue und sein Pflichtbewusstsein erklären nicht nur das Mitlaufen im NS-System, sondern auch den verspäteten Fluchtantritt der Jokehner. Steputat zögert diesen hinaus und stellt sein persönliches Schicksal wie das der Jokehner unter das deutsche Schicksal:

> »Aber die Frauen und die Kinder sollten wir in Sicherheit bringen«, schlug Onkel Franz vor. »Sie einfach ins Reich schicken.« Steputat hatte diesen Gedanken in schlaflosen Nächten selbst schon erwogen. Aber es ging nicht. Die Führung hatte es verboten. Niemand durfte seinen Platz verlassen. Wer abhaut, fällt der Front in den Rücken, zweifelt an der Fähigkeit des Führers, Ostpreußen zu halten. Wohin die Frauen und Kinder auch schicken? Nur wenige hatten Verwandte im Reich. Und es brannte überall. Es gab kein sicheres Plätzchen mehr in diesem Winter 1944/45. Steputat sah es als seine Pflicht an, mit gutem Beispiel voranzugehen. Was sollten die Jokehner von ihm denken, wenn er Martha und Hermann ins Reich schickte? Das entsprach nicht seinem Sinn für Anständigkeit. Die Sache mußte hier gemeinsam durchgestanden werden. (J 280)

Explizit wird Steputats Motivation ein weiteres Mal mit seinem »Sinn für Anstand« erklärt,[552] der schließlich sein eigenes Schicksal besiegelt, als er den Sowjets gegenüber bereitwillig seine Parteimitgliedschaft zugibt. Hinzu kommt das Gefühl, Verantwortung für seinen Sohn und dessen Emotionen und möglichen Enttäuschungen tragen zu müssen. Als sowjetische Soldaten auf einem Hof nach Deutschen suchen, versteckt er sich nicht – im Gegenteil:

> Steputat sah sie kommen, hatte noch genügend Zeit, in die Scheune zu gehen, um sich zu verstecken, entschied sich aber gegen jedes Versteckspiel. So entschied er sich immer. Steputat war zu stolz, um vor diesen Leuten in die Spreu der Scheune zu kriechen. Schon gar nicht, wenn Hermann zuschaute. Er ging ihnen entgegen. (J 374)

Steputat möchte nicht, dass Hermann erkennt, dass sich sein Vater in der NS-Ideologie geirrt hat, und auch Hermann soll diese ideologische Enttäuschung nicht erleben. Außerdem hält Steputat es für die Pflicht eines Vaters, Werte wie Loyalität, Ehre und Unerschütterlichkeit an seinen Sohn weiterzugeben. Aus Scham und Pflichtgefühl und dem Glauben, Hermann nicht enttäuschen zu dürfen, entledigt sich Steputat auch nicht seines Parteiabzeichens:

> »Wirf doch das Ding weg, Karl«, sagt Martha und zeigt auf das Parteiabzeichen am Rockaufschlag. Steputat schaut sich um, sieht so merkwürdig aus, blickt den Jungen an, der hinter ihm liegt. Vor Heinrich und seiner Frau hätte er sich nicht geschämt. Aber der Junge! Was soll der von ihm denken? Mußte er nicht in dieser Stunde zu allem stehen, was er für richtig gehalten hatte? Ja, wenn das so einfach wäre: das Ding da abnehmen, in den Schnee werfen und neu anfangen. (J 333)[553]

Dem Leser wird Steputat nicht als Verführter und Korrumpierter oder gar als Opportunist, sondern als aufrichtiger, überzeugter Mann vorgestellt:

---

552 Vgl. ganz ähnlich: »Natürlich machte auch Steputat sich Gedanken. Arbeitete die Zeit gegen Deutschland? ›Man wird abwarten müssen‹, sagte er vorsichtig. ›Es wird wieder Sommer. Im Sommer frieren unsere Panzer nicht ein.‹ ›Der hat uns schön reingeritten, dieser Hitler. Mit Amerika hätte er nicht anfangen dürfen.‹ ›Bisher ist es immer gutgegangen‹, verteidigte Steputat ›diesen Hitler‹. Er fand es billig, in schweren Stunden so daherzureden. Es entsprach nicht seinem Gefühl für Anstand. Was sind das für Helden, die jahrelang zufrieden Siege einsammeln, aber nach der ersten verlorenen Schlacht bedenklich den Kopf schütteln?« (J 178).

553 Der hier vollzogene Wechsel ins Präsens macht die in dieser Situation liegende Verwirrung, Gefahr und Unsicherheit spürbar. Zudem wird nicht deutlich, aus wessen Perspektive – handelt es sich um Steputats Figurenperspektive oder um die Erzählerstimme? – die letzten Worte: »Ja, wenn das so einfach wäre: das Ding da abnehmen, in den Schnee werfen und neu anfangen.« gesprochen werden. Wären es die Worte des Erzählers, so läge in ihnen Verständnis und eine Parteinahme für Steputat. In dieser Lesart machte sich Erzähler nicht nur einmal mehr zum Komplizen der Figuren, sondern auch zum Komplizen der Leserschaft (den ›verführten Deutschen‹), der er ebenfalls Nachsicht und Verständnis entgegenzubringen schiene. Der Erzähler fungierte als Sympathie lenkende Instanz, die dem kollektiven Dilemma Ausdruck verleihen würde.

> »Er hat alles zugegeben. Als sie ihn fragten, ob er in der Partei war, hat er ja gesagt. Und daß er Bürgermeister von Jokehnen war, hat er ihnen gesagt… Warum hat er das nur getan?« Ja, so war Karl Steputat. Er glaubte, Ehrlichkeit müsse beeindrucken. Wer zu seinen Taten stehe, habe schon gewonnen. Und er fühlte keine Schuld. Er hatte niemand etwas getan. In diesem Glauben marschierte Steputat von Jokehnen nach Sibirien. (J 381)

Immer wieder wird also Steputats Aufrichtigkeit inszeniert. Obwohl der Roman dabei die Nazis als Täter vorstellt und die sowjetischen Besatzer nicht belastet, ähnelt er den Texten der 1950er Jahre, indem er versucht, das Handeln des deutschen Bürgers zu erklären und diesen als Opfer zu inszenieren: Der Roman zielt darauf, Steputat erstens als ein zufälliges Opfer, insbesondere als Opfer seiner Moralvorstellungen, zu zeichnen, und zweitens als Opfer der nationalsozialistischen Verführung und ihrer Kriegsmaschinerie. Dass er von den Sowjets ins sibirische Arbeitslager verschleppt wird, wird dann den ›ursächlichen Verführern‹, den Nazis, angelastet.

4.3.2 Kinder als Opfer

Die Hauptfigur des Romans ist nicht eigentlich Karl Steputat, sondern sein kleiner Sohn Hermann, aus dessen Perspektive erzählt wird. Schon in den 1950er Jahren standen in den Romanen zum Thema nicht selten Kinder im Mittelpunkt wie etwa der kleine Michel in Stephans *Engel, Menschen und Dämonen.* Die Erzählperspektive der Kinder hat das Potential, Opferkonstruktionen im Text anzulegen bzw. insbesondere durch die Erzeugung von Mitleid zu potenzieren sowie politisches Unwissen zu proklamieren. Dass die Kinder, die 1945/46 Flucht und Vertreibung erlebten, zu einer Generation von Schreibenden herangewachsen sind, ist spätestens mit den 1970er Jahren der Fall. Daher nimmt es nicht wunder, dass auch Surminski in *Jokehnen* die Kinderperspektive wählt, zumal er eine deutlich autobiografisch geprägte Geschichte erzählt. In *Jokehnen* wird mit der Kinderperspektive kaum die Potenzierung des Opferstatus der Vertriebenen provoziert, vielmehr exponiert sie den schrecklichen Einfluss von Krieg und Gewalt auf Unschuldige überhaupt.

Der Junge Hermann steht mit der NS-Ideologie nur insofern in Verbindung, als dass er zum Opfer nationalsozialistischer Erziehung geworden ist – eine Tatsache, die es sicher nicht rechtfertigt, dass er sein Haus verlassen, die Deportation seiner Eltern erleben, den besten Freund sterben sehen und zum Adoptivsohn einer fremden Familie werden muss. Daher ist Schneiß zuzustimmen, wenn er betont:

> Man muß sehen, daß Surminski keineswegs die Absicht verfolgt, das Phänomen »Nationalsozialmus« zu analysieren. Sein Hauptinteresse gilt den Menschen, insbesondere

den Kindern, die in ihrer Mehrzahl »hineingeraten« sind, die mißbraucht und getäuscht werden und am Ende als wehrlose Opfer dastehen.[554]

Tatsächlich illustriert Surminski an Hermann auch den manipulativen Einfluss der NS-Ideologie auf Kinder. Hermann ist als enttäuschtes und missbrauchtes Opfer der Nationalsozialisten dargestellt, der so lange begeistert Krieg spielt, bis dieser ihn einholt. Zu Kriegszeiten hängt er der NS-Propaganda an und hinterfragt das Weltgeschehen nicht; anders sein Freund Peter, der weiß, das sein gebrauchter Teddy, den er einem Weihnachtspaket seines an der Front kämpfenden Vaters entnimmt, polnischen Kindern weggenommen wurde. »Warum, das kann man doch kaufen?«, fragt Hermann naiv (J 85).

Dieses Weltbild wird mit Beginn der Flucht brüchig, Hermann muss nun schlagartig erwachsen werden. Den Antritt der Flucht nimmt er aus den Augen des Kindes noch betont abenteuerlustig und naiv wahr: »Nun wird es ein richtiger Planwagen wie in den Büchern aus dem Wilden Westen. Gemütlich ist es unter dem Deckendach. Da kann man sich schön verkriechen, wenn es draußen schneien sollte.« (J 312) Nachdem der Jokehner Treck überrollt, Hermanns Eltern deportiert und er eine Zeitlang auf sich allein gestellt in seinem Vaterhaus gelebt hat, weisen die Polen die übriggebliebenen Jokehner aus. Abgeklärt heißt es nun:

Das sah alles so aus wie eine zweite Flucht. Die Leiterwagen, der kalte Wintertag – aber keine Schießerei. Und sie waren auch nur eine Handvoll, verglichen mit dem großen Treck, der damals von Jokehnen aufgebrochen war. Also fahren wir. Weiß der Himmel, ob wir jemals nach Jokehnen zurückkehren werden. (J 451)

Hermanns Kindheit erscheint endgültig vorbei, und so wie ihm geht es vielen Kindern. Als Peter und Hermann auf ihrer Fahrt nach Westen unverhofft ein Mädchen wiedertreffen, das vormals mit ihrer Schwester und Mutter als Ausgebombte in Jokehnen untergekommen war, provoziert Surminski durch die sprachlich exponierte Diskrepanz zwischen den knappen Worten des Mädchens und dessen Handlung: »›Ist Maria auch da?‹ wollte Hermann wissen. ›Die ist doch gestorben‹, sagte Tulla. Sagte es und sprang leichtfüßig zu ihnen in den Schnee.« (J 463)

Doch selbst wenn Surminski mit seinem Roman nicht primär die Fragen von Schuld und Strafe verhandeln will, sondern ihm daran gelegen ist, darzustellen »wie Menschen [und insbesondere Kinder] zu Opfern werden«[555], bleibt die eigentümliche Mischung aus deutscher Opfer- und Täterperspektive im Roman bestehen. Der Mitläufer Karl Steputat muss aus der Perspektive des Sohnes entschuldigt werden, auch weil das ungerechte Schicksal des Jungen so schwer

554 Schneiß: *Flucht, Vertreibung und verlorene Heimat*, 192f.
555 Ebd., S. 200.

wiegt. Damit steht *Jokehnen* der Väterliteratur der 1970er drastisch entgegen, weil nicht Anklage, sondern Verständnis für die Mitläufer eingefordert wird. Die Nähe zwischen dem unschuldigen Kind Hermann und dem erwachsenen Mitläufer Steputat macht es aber auch möglich, beide als verführte Opfer wahrzunehmen. Wenn Surminski die Nationalsozialisten richtig als Verführer der Kinder und Jugendlichen anklagt, bietet er damit dennoch ein beliebtes Opfernarrativ an, das nur allzu gerne auch auf erwachsene Mitläufer übertragen wurde. Ob die »ländliche[] Abgeschiedenheit«[556] die »Ahnungslosigkeit von Menschen«[557] genauso rechtfertigen kann wie die Kindersicht, bleibt zu bezweifeln. Beide werden in *Jokehnen* aber in die Nähe zueinander gerückt.

4.3.3 Die ›Unwissenheit‹ des Dorfkollektivs

Während der Roman inhärent immer wieder die Nazis und ihre Ideologie verurteilt, bestimmt dennoch eine Entlastung der Bürger und Mitläufer des NS-Staates die Darstellung aller Dorfbewohner. Obwohl der Roman den gefährlichen Aufstieg und das brutale Regime der Nationalsozialisten nicht ausblendet, entlastet er seine Figuren fortwährend. Die Figuren werden nicht als Täter angeklagt, und auch eine kritische, gar distanzierte Perspektive auf die Mittäter nimmt der Text nicht ein. Vielmehr werden alle politischen Fehltritte der Jokehner harmonisiert, indem sie als menschlich und damit entschuldbar charakterisiert werden. Die individuellen, teils originären Züge der Figuren beschreibt der Roman in ironisch-warmherzigem Ton, auch um die Sympathie des Lesers auf sie zu ziehen. Das gilt besonders für jene einfachen Bewohner des Dorfes, die der *NSDAP* beitreten, in ihr aber keine ausführenden Posten bekleiden. Doch selbst die im System Organisierten wie die Ortsgruppenführer, schließlich der SS-Mann Melker August oder der Gutsaufseher Blonski, der als überzeugter Nazi in der Ukraine Menschen enteignet, werden mit jenem ironischen Unterton[558] fast liebevoll vorgeführt. SA-Führer Neumann etwa verhört einen in Jokehnen lebenden alten Kommunisten nicht aus politischer Überzeugung, sondern geradezu aus Verlegenheit: »Neumann wußte noch nicht, was er mit einer solchen Kreatur anfangen sollte. Aber nun war er einmal in Jokehnen und konnte das gleich mit erledigen. Vielleicht ihn erst einmal mitnehmen und verhören.« (J 86) In seiner betonten Unsicherheit wirkt Neumann sympathisch, seine Tat erscheint weder beabsichtigt noch gefährlich oder böse. Auch den Juden Marthern scheint

556 Ebd., S. 303.

557 Ebd. Schneiß schreibt: »Für Surminski steht die Ahnungslosigkeit von Menschen, insbesondere von Kindern, im Vordergrund. Sie leben in ländlicher Abgeschiedenheit, glauben NS-Parolen, lassen sich verführen und stehen am Ende als Opfer da.« (Ebd.)

558 Vgl. dazu ausführlich das Kapitel 4.3.4 »Zwischen Nähe und Distanz: der harmonisierende Erzähler«.

Neumann geradezu ›aus Versehen‹ ins Lager zu schicken, wollte er doch nur auch einmal zur Ehre kommen, in den Rundschreiben erwähnt zu werden (Vgl. J 117f.).

Die ersten Informationen über die *NSDAP* bringt bezeichnenderweise ein Städter, »ein glatzköpfiger Kerl aus Rastenburg-Langheim« (J 22) nach Jokehnen. So zeigt sich die Verlagerung der Politik in eine Außenwelt, in eine Fremde, die erst aktiv in die unschuldige Idylle des Dorfes einbrechen muss.[559] Den geschlossenen Eintritt der Jokehner Männer erklären die Dörfler dann zur reinen »Formsache« (J 23), deren Durchführung garantiert, dass im Dorf alles »beim alten« (J 22) bleiben kann. Die Männer werden als politisch uninformiert dargestellt, ihr einziges Interesse ist die Fortführung des ruhigen, vertrauten Landlebens: »Wir Jokehner machen hier, was wir wollen, ob nun mit diesem Hitler oder einem anderen.« (J 23). »Dieser« Hitler ist für sie ein beliebiger Politiker – kein Held, dem sie bewusst folgen wollen. Die politische Veränderung, so will der Text dem Leser weiß machen, stellt nur ein äußeres Detail dar, das mit der inneren Einstellung nicht konvergiert:

> Die Verfärbung Jokehnens von schwarz-weiß-rot in braun war ohne Aufsehen vor sich gegangen. Die Jokehner erhielten ein Parteibuch und das Parteiabzeichen mit dem Hakenkreuz für den guten Anzug, sie zahlten Beiträge und hängten neben den alten Hindenburg jene schlichte Fotografie aus Braunau. (J 23)

Solche Ausführungen lassen keinen Zweifel daran bestehen, dass der politische Umbruch für Jokehnen nur Formsache ist und das Weltgeschehen für die Dorfbewohner nur insoweit von Bedeutung ist, als dass es ihren Alltag direkt berührt – sie zahlen nun Beiträge und können den Sonntagsanzug mit einem Zeichen schmücken, das ihre Kleidung aufwertet, aber keine politisch-ideologische Implikation trägt.[560] Indem die Parteimitgliedschaft als alltägliches, ›normales‹ Phänomen dargestellt wird, bietet der Text all jenen eine Identifikations- und sogar Entlastungsmöglichkeit an, die sich als ehemalige Mitglieder der NSDAP nicht als (Mit)täter begreifen wollen.[561] Wie wenig die Dorfgemeinschaft

559 Vgl. dazu ausführlich das Kapitel 4.2.1 »Zeit- und Raumstrukturen«.

560 Tatsächlich aber sind es gerade diese Zuwendung der Herrschenden, die die Bürger an das neue System, das ihnen im Gegenzug Konflikte erspart, binden und zu systemkonformen Verhalten bewegen sollen.

561 Diesen Umstand haben die Täterforschung und ihre Typologisierungsversuche in der Anerkennung, dass die reine Parteimitgliedschaft sicher noch keine NS-Täterschaft konstituierte, berücksichtigt. Jene gilt eher als Kennzeichen des Mitläufertums, die »nicht als überdurchschnittliches und aktives Engagement für den Nationalsozialismus bezeichnet werden« kann. Daniel Weßelhöft: *Von fleißigen Mitmachern, Aktivisten und Tätern. Die Technische Hochschule Braunschweig im Nationalsozialismus.* Hildesheim/New York: Georg Olms Verlag 2012, S. 21. Dennoch scheint gerade in der Nachkommengeneration (das sind die Leser dieses Romans) das Bedürfnis groß, Vorfahren, die Mitglied der NSDAP waren, von Schuld freizusprechen.

mit den NS-Bräuchen und Regeln bekannt ist, zeigt auch die ironisierte Darstellung des ersten Dorfgemeinschaftsabends in Jokehnen, den die *NSDAP*-Dorfgruppe Drengfurt organisiert hat. Als ein nationalsozialistisches Lied angestimmt wird, kennt »niemand die Strophen von der feurigen Freiheit« (J 43). Selbst Ortsgruppenleiter Krause wird nicht als bekennender und brennender Nazi vorgestellt, sondern als überzeugter Landwirt und somit Teil der Bevölkerung. Bei seiner obligatorischen Ansprache versucht er »erst gar nicht, in die Tiefe zu dringen, verlor sich in der Ernte und der harten Arbeit auf dem Land, die dem deutschen Volk so nützlich sei. Er sparte politische Sprüche aus [...].« (J 44) Die Überzeugung des Landwirtes geht – unfreiwillig (!) – in der nationalsozialistischen Blut-und-Bodenideologie auf. Der ernste Dorfgemeinschaftsabend gerinnt mehr und mehr zum Volksfest, bei dem sich die Männer betrinken und die Kapelle immer lauter und vergnügter zum Tanz aufspielt. Als schließlich der Ortsgruppenleiter Krause betrunken stürzt und vier Männer ihn in die Gaststube tragen müssen, ist das Chaos perfekt: »Nun bloß schnell Musik. Die Schuster stimmten das Deutschlandlied an. Aber das brachte auch nichts mehr ein. [...] Noch größer wurde die Verwirrung beim *Horst-Wessel-Lied.* Sattler Rogal behauptete sogar, Pfiffe gehört zu haben.« (J 46) Offensichtlich interessiert sich kein Jokehner für Politik und Ideologie.

Hitlers Aufstieg unterstützen die Jokehner also, so will der Roman den Leser glauben machen, indirekt und unbewusst. Als überzeugte Preußen, »[d]eutschnational und hindenburgtreu [...] bis auf die Knochen« (J 20), akzeptieren sie Hitler selbstverständlich als den von Hindenburg gesetzten Reichskanzler. Das historische Dilemma, das Surminski damit anschneidet, wird jedoch nicht weiter reflektiert – weder von den Jokehnern noch durch den Text selbst. Die politischen Vorgänge, Machtkämpfe und Intrigen der Weimarer Republik durchschauen sie dabei nicht. Ihr Weltbild ist ein einfach konstituiertes, das sich auf jene wenigen politischen Erfahrungen stützt: auf den verlorenen Ersten Weltkrieg, der für sie weniger ein ideologisches Sinnvakuum als eine tiefe Schmach mit sich gebracht hat, und auf die Treue gegenüber Hindenburg, den großen deutschen Feldmarschall und Ostpreußen.

Dass ihre Einschätzung des Krieges und ihre Begeisterung der der Kinder ähnelt, macht ihre Naivität besonders deutlich. Sie begreifen offensichtlich nicht, was sich auch direkt vor ihren Augen ankündigt und fassen, wie die Kinder, den Krieg als Spiel auf.[562] Das Manöver vor ihrer Haustür, das der Kriegsvorbereitung dient, wird für alle Dorfbewohner zu einem Fest und freudiger Abwechslung:

> Ja, das war ein großartiges Erlebnis, das Jokehner Manöver. Das Soldatenleben auf dem Heuboden mit Knäckebrot und Hirsebrei, die lachenden Gesichter über den Unifor-

562 Die Kinder werden immer wieder in ihren Kriegsspielen dargestellt, etwa wenn sie auf die Frösche im Dorfteich schießen.

men, die im Gleichschritt durchs Dorf marschierenden Stiefel. Frauen, die den Soldaten Marmeladeneimer mit Himbeersaft an den Weg stellten. Kinder, die ihnen nachliefen, als ziehe ein Zirkus ins Dorf. Es war schön, Soldat zu spielen!« (J 62)

Den Jokehnern geht jedes Gefühl für die Weltlage ab, selbst wenn Entscheidungen direkt vor ihren Augen im benachbarten Polen fallen. Der Krieg erhält nur insofern Bedeutung, als er das Alltagsleben der Jokehner tangiert: Der Kriegsbeginn zum Beispiel zieht in Jokehnen weit weniger Aufmerksamkeit auf sich als die Tatsache, dass Bauer Behrend sich ein Auto gekauft hat. Der Krieg im Atlantik erfährt nur insofern Beachtung, als Hermann in seiner Folge einen U-Boot-Baukasten zu Weihnachten bekommt, und die im Hause Steputat einquartierten »verpimpelte[n]« (J 67) Städter aus Königsberg machen Martha und Hermann zu schaffen, bis der schnelle Sieg in Polen die Familie von dieser Last ›erlöst‹:

> Zum Glück schaffte die deutsche Wehrmacht den Polenkrieg in gut drei Wochen. Bei längerer Dauer wäre es zwischen Martha und der Buschen zu einer Katastrophe gekommen, und auch Hermann hätte dem ältesten der beiden Kinder bei passender Gelegenheit ein Loch ins Ohr gebohrt. Der schnelle Sieg in Polen löste alle Probleme. (J 67)

Die unreflektierten, mitunter unqualifizierten Bewertungen des Krieges aus der Perspektive der Jokehner resultieren aus ihrem gewohnten, kleinteilig und redundant strukturierten Leben in der Dorfidylle. Die vorgebliche Unwissenheit wird explizit, wenn ganz Ostpreußen als Region fernab der politischen Vorgänge im Reich inszeniert wird. Der Jokehner Gutsherr, der Major, erklärt nach seiner Rückkehr von einer Kur aus Baden-Baden den Krieg für verloren. Im Westen hat der Major Kontakt zum Weltgeschehen erhalten und vermag sich nun anderes zu äußern als das Jokehner Dorfvolk, denn »[i]Im Reich sah alles anders aus. Die Stimmung war dort düsterer als in dem einfältigen, gläubigen Ospreußen.« (J 151). Spätestens nach seiner Rückkehr weiß der Major, dass die Nationalsozialisten die Juden vernichten (vgl. J 152). Dass offenbar keine politische Kenntnis und insbesondere kein Wissen vom Holocaust unter den Jokehnern herrschen, deutet der Roman als Konsequenz aus dem Leben in Ostpreußen. Jeder Ostpreuße, die unschuldige, idyllisch verklärte Heimatregion, wird inhärent freigesprochen von politischer Mitschuld, erscheint politische Unwissenheit hier doch als unumgängliches Resultat eines Lebens am Rand des deutschen Reiches, eines Lebens in Ostpreußen, dem der Charakterzug der Einfalt, aber auch des positiv konnotierten Glaubens geradezu natürlicherweise zu eignen scheint.

Nicht nur der Krieg, sondern auch die Verfolgung jüdischer Bürger scheint für die Jokehner also weit entfernt von ihrem Kosmos vor sich zu gehen. Doch so wie der Krieg vor ihrer Haustür tobt, widerfährt auch einem ihnen allen bekannten

Juden die Verfolgung der Nationalsozialisten und schließlich der Tod im Konzentrationslager.[563] Verantwortung für Samuel Martherns Verfolgung und seinen Tod übernimmt niemand, und damit exponiert der Roman das bekannte vorgebliche Nicht-Wissen deutscher Bürger in der NS-Zeit. Diese vorgebliche politische Unbescholtenheit wird auch dargestellt, als die SA-Leitung in Drengfurt die Reichskristallnacht verschläft (vgl. J 58). Wenn sich kein Bürger im Umkreis an der Hetze gegen die Juden beteiligt, geschieht dies nicht im aktiven Widerstand, sondern aus dem misslichen Versehen, verschlafen zu haben. Allerdings holt man das Verschlafene – nicht aus Überzeugung, sondern in der Hoffnung, im Parteiblatt Erwähnung zu finden – einen Tag später nach. Eine tatsächliche politische Entlastung der Bewohner erfolgt also nicht. Betont wird dennoch einmal mehr, dass es sich um politisch unreflektierte und uninteressierte Figuren handelt: Selbst der Überfall auf den Juden Marthern, den die Täter fesseln und knebeln, geschieht nicht aus antisemitischer und nationalsozialistischer Überzeugung, sondern aus einem kleinbürgerlichen Geltungswunsch heraus. So illustriert *Jokehnen* mehrfach das, was Hannah Arendt »Die Banalität des Bösen« nannte – einen weder teuflischen noch krankhaften Verbrechertypus, sondern den Täter als Allerweltsbürger.[564]

So wie die Jokehner den Aufstieg Hitlers, den Krieg und die Judenverfolgung (vorgeblich) nicht durchschauen oder überhaupt verfolgen, scheinen sie auch keine Kenntnis vom Rückzug und Fall des NS-Regimes zu erhalten:

> Wer ahnte denn schon, wie sehr wir die Pest an Bord hatten? Daß wir auf einem verpesteten Kahn saßen? Die meisten ruderten noch ehrlich gegen den widrigen Wind einer verschworenen Welt, während in den heimischen Kesseln das Wasser faulte. (J 227)

Den nationalsozialistischen Machthabern wird hier implizit vorgeworfen, das Volk in einer Unkenntnis gelassen zu haben, die ein rechtzeitiges Aufgeben oder gar die Flucht verhindert hat. Während die Nazis einmal mehr als anonyme Täter erscheinen, wird das deutsche Volk hier zum Opfer stilisiert – nicht nur zum Opfer der Vertreibung, sondern insbesondere zum Opfer des NS-Regimes und seiner Propaganda. Dass solche Deutungen das deutsche Volk entmündigen, indem sie ihm absprechen, sich selbst informieren oder aufgeklärte Entschei-

563 Samuel Marthern ist die einzige jüdische Figur, die im Roman auftaucht. Man wird das Gefühl nicht los, dass dieser jüdische Stoffhändler aus Litauen in den Roman eingeht, um den prototypischen historischen Roman aus der NS-Zeit zu vervollständigen, zumal er gewisse jüdische Stereotype verkörpert: Marthern ist klein, sehr sparsam und geschäftstüchtig und offensichtlich ein reicher Mann (vgl. J 53). Auch seine Geschichte – sein Glaube an das Gute der Menschen und der Verzicht auf die Flucht, die Drangsalierung durch Parteianhänger, seine Verschleppung und der Tod im KZ – liest sich geradezu prototypisch.

564 Vgl. Hannah Arendt: *Eichmann in Jerusalem. Ein Bericht von der Banalität des Bösen.* München: Piper [13]2004.

dungen treffen zu können, akzeptiert der Text um des deutschen Opfernarrativs willen.

4.3.4 Zwischen Nähe und Distanz: der harmonisierende Erzähler

So wie über Steputat nicht gerichtet wird, benennt oder verurteilt der Roman auch keine andere Figur als Täter. Selbst wenn der Erzählung ein deutlich pazifistisches Ideal unterliegt, das jegliche Kriegshandlung anprangert, erscheint die Beschreibung von Ausführenden, von SS-Männern wie russischen Soldaten, indifferent. Sprachlich wird nicht zwischen Deutschen, Russen oder Polen und auch nicht zwischen unpolitischen, pazifistischen und nationalsozialistisch eingestellten Figuren unterschieden. Alle Figuren und ihr Handeln werden mit demselben humorvollen und ironischen Ton präsentiert, der darauf zielt, das Handeln der Figuren nicht nur nachvollziehbar, sondern auch nachsichtig zu gestalten.

Die liebevolle Zeichnung der Jokehner provoziert nicht nur die Identifikation des Lesers mit den Figuren, sondern ruft zur Empathie auf. Die vertrauliche Parteinahme konterkariert Surminski dabei immer wieder mit einem ironischen Ton der Erzählinstanz.[565] Mit diesem Ton distanziert sich der Erzähler von den Figuren, die er sonst warmherzig und kameradschaftlich beschreibt. Die Mischung aus Nähe zu den Figuren und spöttischer Ablehnung des NS-Systems bewirkt den Eindruck politischer Reflexion bei gleichzeitig angebotenen Identifikations- und Entlastungsmöglichkeiten. Es lässt sich folglich zeigen, dass die dem Roman eignende Möglichkeit doppelter Lesart in der Erzählinstanz angelegt ist: Die intime Nähe zu den Charakteren, die sich in der Innensicht Einzelner niederschlägt, sorgt für ein identifikatorisches Moment und stellt Gemeinsamkeiten zwischen den Figuren und dem Leser her. Die eingestreuten Passagen, in denen der Erzähler auktorial agiert, ermöglichen hingegen eine distanzierte Wertung des Geschehens und suggerieren ein unabhängiges Urteilsvermögen. Wenn der Leser also einerseits Mitgefühl auch für im NS-System Verstrickte empfinden und andererseits eine moralisch-politisch integre Haltung zum Erzählten einnehmen kann, scheint gerade die in der Erzählinstanz implizierte Doppelstrategie den Erfolg des Romans begründen zu können.[566]

---

565 Vgl. Schneiß: *Flucht, Vertreibung und verlorene Heimat*, S. 303.

566 Interessant ist, dass einige Leser gerade in diesem kritischen Ton ihre Heimat verunglimpft sahen. Dabei wehrten sich diese Leser nicht so sehr gegen die Darstellung von NS-Tätern als gegen die ironische und dabei doch liebevolle Zurschaustellung anderer, alltäglicher moralischer Verfehlungen. Dass im Roman der Gutsbesitzer als Schwerenöter vorgestellt wird, der jedes Jahr ein Stubenmädchen verführt und schwängert, lässt eine Leserin an Surminski schreiben: »Wie konnten Sie schreiben, daß sich die Kinder der hungernden Landarbeiter um eine Kartoffel schlugen […]? Das nimmt Ihrem Buch jede Glaubwürdigkeit. Auch die

Im Gegensatz zu den einfachen Dorfbewohnern, die das Weltgeschehen nicht einzuschätzen vermögen, erkennt der Erzähler Gefahren, Gräuel und die Vernichtungsmaschinerie des Krieges. Geradezu erschüttert wirft er etwa bei einer Betrachtung der Jokehner Schüler ein: »Mein Gott, diese jungen, blassen Menschen, die so aufmerksam auf den Einsatz ihrer Stimme achteten, was hatten sie mit Schießen, Töten, Kämpfen zu tun?« (J 110) Und der Satz: »Großartig, beim Blasen einer Trompete erschossen zu werden!« (J 104), in dem der Erzähler vorgeblich die Innensicht eines Jokehner Schülers einnimmt, strotzt vor Polemik. Auch der Glaube des Ortsgruppenleiters Krause an ein baldiges Kriegsende bleibt nicht unkommentiert: »Lieber Himmel, hatte der einen Optimismus!« (J 77) Derartige Kommentare des Erzählers garantieren, dass die pazifistische und humanistische Botschaft des Romans offensichtlich bleibt, auch wenn die aus der Perspektive der Jokehner verfassten Passagen immer wieder den Krieg verharmlosen oder sogar ein Verständnis und eine Nähe zu den Tätern evozieren:

> »Kennst du den?« lachte er [i. e. Steputat] verlegen und zeigte auf das Bild aus dem Warschauer Getto. Ja, er kannte den. Melker August verlor erst jede Farbe, dann lief er rot an. Seine Finger drückten nervös die Zigarette aus. Er beugte sich über das Foto, prüfte es genau, untersuchte anscheinend jeden Stein in der Warschauer Häuserfront. Aber es gab da nichts zu deuteln. »Du kannst stolz darauf sein, in der Zeitung zu stehen«, sagte Steputat. »Wir haben die nicht umgelegt«, erklärte Melker August und tippte auf die Menschen an der Warschauer Hauswand. »Nur nach Waffen durchsucht. Das sieht schlimmer aus, als es in Wirklichkeit war.« (J 262)

Mit dem jungen Melker August wird ein SS-Mann und damit ein erwiesener Täter vorgestellt. Melker August erscheint in diesem Gespräch jedoch weniger als dieser SS-Mann (als Mörder!), sondern gerade durch Steputats Gutgläubigkeit als ›einer von ihnen‹, als Nachbar, als Jokehner. Beschämt und ertappt leugnet August die Vergehen an den Warschauer Juden. Wenn die SS von Surminski so indirekt als eine Gruppe unsicherer Männer karikiert wird, erhält sie gleichzeitig und problematischerweise menschliche Züge. Erneut wird also jene erzählerische Doppelstrategie verfolgt: Einerseits nimmt der Text die Gewaltverbrechen der Nationalsozialisten auf, andererseits verbrüdert sich der Erzähler mit den Jokehnern, wenn er komplizenhaft vom »Melker August« spricht, auch wenn dieser schon lange SS-Mann und nicht mehr der Jokehner Melker ist.

Solche Textstellen funktionieren, weil sie mit dem überlegenen historischen Wissen des Lesers spielen, über das auch der Erzähler verfügt. In seinen unent-

Mädchen im Haushalt wurden keineswegs vom Gutsherrn vergewaltigt. Sie kamen aus den treuen, guten Familien und waren stolz darauf, im Gutshaus dienen zu dürfen. [...] Ich habe es als meine Pflicht angesehen, diese Ehrenrettung für unser schönes, verlorenes Ostpreußen zu schreiben.« (Leserbrief von Hilde Sp., in: Surminski: *Jokehnen oder Die Stimmen der Anderen*, S. 45.)

wegt eingestreuten Kommentaren zeigt er sich als auktoriale Instanz. Sein Wissen stellt der Erzähler immer wieder unter Beweis, indem er in Raum und Zeit springt. Von den Pferden, die zum Kriegsdienst von den NS-Männern eingesammelt werden, weiß er: »Übrigens: Der Osterhase kam nicht zu den Soldaten. Aber die Zigansche wurde im Sommer 44 in einer Partisanengulaschkanone im dalmatinischen Karst verbraten.« (J 155) Außerdem gibt er an: »Irgendwo im russischen Generalstab liegt noch heute ein Luftbild des Jokehner Dorfteichs mit zwei schwarzen Punkten auf der Eisfläche: Hermann Steputat und Peter Aschmoneit.« (J 268). Mit solchen Aussagen enthebt sich der Erzähler der Welt der Figuren, nähert sich dem Leser an und wird einmal mehr als übergeordnete und wertende Stimme inszeniert. Schon einzelne Sätze des Textes eröffnen sodann die Möglichkeit zweifacher Deutung. Wenn es etwa über die Hauptfigur heißt: »Steputat trug die ganze Last des Krieges. Pferde zählen, Einberufungen zusammenstellen.« (J 65) wird einerseits liebevoll und geradezu entschuldigend auf Steputats begrenztes Weltbild verwiesen, auf die Rolle des ›kleinen Mannes‹, der die von oben diktierten bürokratischen Amtshandlungen gewissenhaft ausführen muss; andererseits bietet die ironische Übertreibung die Möglichkeit der Distanznahme zur Figur an, auch weil mit dem Wissen des Lesers gespielt wird: Leser und Erzähler wissen, dass die »ganze Last des Krieges« sicher nicht auf Steputats Schultern, sondern auf denen unzähliger Soldaten auf beiden Seiten der Front ausgetragen wird. Zu dem grundlegend ironischen Erzählton gesellt sich also die Strategie, den begrenzten Horizont der Jokehner mit einer zeit- und raumenthobenen Weitsicht zu konterkarieren.

Mit seinen distanzierenden Wertungen, besonders des Krieges, zeigt sich der Erzähler als Moralinstanz und wegweisende ideologische Stimme des Texts. In seinen ironischen, dem Reflexionsniveau der Jokehner enthobenen Kommentaren verkörpert der Erzähler politische Integrität und fungiert als Gegengewicht zu den naiven Figuren. Die ironisch agierende Erzählinstanz überbrückt und glättet damit die Spannung zwischen einer Verurteilung der (Mit)täter im NS-Staat und einer Parteinahme für die Jokehner.

5 Zwischenfazit (1969–1989)

Vergleicht man die Romanproduktion der dritten Konjunkturphase (1969–1989) mit der der ersten (1945–1958) und zweiten Konjunkturphase (1959–1968), fällt insbesondere die allgemeine Popularität der Texte ins Auge. Die Romane erreichen nicht nur ein großes, sondern auch ein zunehmend heterogenes Publikum aus Zeitzeugen, Nachkommen sowie unbeteiligten, biografisch nicht vorgeprägten Lesern, sogar im Ausland. Dieses breite Interesse ist sicherlich auf die in der Analyse herausgearbeitete relative gesellschaftliche Konformität der Romane zurückzuführen. Während die Texte der ersten Konjunkturphase in ihrer Schicksalsgläubigkeit, ihrer zentralen Darstellung des Heimatverlusts, einer Verortung in real-geografischen Räume und schließlich dem Anruf einer bestimmten Schicksalsgemeinschaft insbesondere Heimatvertriebene oder andere Angehörige der Erlebnisgeneration auf der Suche nach Entlastung ansprachen, konnten die literarischen Bearbeitungen der zweiten Konjunkturphase (1959–1968) weitere Lesergruppen für sich gewinnen: Die trivialen Bearbeitungen einer Utta Danella erreichten eine minder gebildete und an realhistorischer Auseinandersetzung weniger interessierte Leserschaft, die kritischeren Texte von Günter Grass, Peter Faecke oder der besprochene Roman von Kurt Ihlenfeld trafen das Interesse eines eher politisierten und intellektuellen Publikums. Zwischen 1969 und 1989 erscheinen diese beiden eingeschlagenen disparaten Wege nun eingeebnet. Romane wie *Jokehnen* oder die Texte von Leonie Osswoski sowie Christine Brückner versuchen, eine Balance zu schaffen zwischen politisch-kritischer Reflexion, d. h. auch einer Integration von Tätergeschichten, und einer Fortführungen trivialer und melodramatischer Erzählmechanismen. Dass die fiktionale Literatur über Flucht-und-Vertreibung so schließlich, trotz integrierter politisch-historischer Auseinandersetzung, ein eskapistisches Ventil der deutschen Gesellschaft bleibt und weiterhin zur Stereotypisierung der verlorenen deutschen Ostgebiete beiträgt, konnte die exemplarische Analyse von Surminskis *Jokehnen* illustrieren.

Wie gezeigt, nimmt der Roman Bezug auf den nationalsozialistischen Terror, und der ostdeutsche Heimatverlust wird nicht aus dem historischen Zusammenhang gerissen oder gar einer überirdischen Macht wie dem Schicksal angelastet. Dennoch erfolgt die Auseinandersetzung mit diesen historischen Zusammenhängen kaum kritisch-distanziert. Historie gerinnt zwar nicht mehr wie bei Danella ausschließlich zu einer Kulisse, vor der triviale Liebeskonflikte ausgetragen werden, und Surminskis Text präsentiert individualisierte Figuren statt klischeehafter Typen, doch es ergehen keine literarisierten, metadiskursiven Kommentare auf Erinnerung, Aufarbeitung oder Verurteilung des Geschehens. Zugunsten tendenziell eskapistischer Unterhaltung verzichtet der Roman sogar auf eine Problematisierung oder Anklage der persönlichen politischen Verwicklungen. So geht der Roman – wenn er Mitläufer entschuldigt und den Mythos von ›Hitlers letzten Opfern‹ nährt – letztlich in einem kontinuierlich geführten deutschen Opferdiskurs auf, in dem nun die Verantwortung auf Hitler und ein paar wenige Schergen reduziert wird und NS-Verstrickte als ›gewöhnliche Deutsche‹ entlastet werden.

Folglich lässt sich bereits mit den populärgeschichtlichen Darstellungen dieser dritten Bearbeitungsphase ein »Roll-Back in die Perspektive der 1950er Jahre«[567] konstatieren. Während in der ersten Konjunkturphase jedoch inner- wie außerliterarisch insbesondere das Ziel im Zentrum stand, einen kollektiven deutschen Opferstatus zu generieren und zu beanspruchen, reagieren die fiktionalen Bearbeitungen ab 1969 auf den gesellschaftlichen Wandel der 1970er Jahre. Diese Texte müssen den deutschen Opferdiskurs nicht mehr erschaffen, sondern einen Weg finden, um diesen in einem veränderten sozialen Klima fortführen zu können. Nur durch die Integration von Täter- bzw. Mitläufergeschichten kann das Narrativ des ostdeutschen Heimatverlusts in diesem Zeitraum ›salonfähig‹ bleiben. Die Topoi, die der literarische Diskurs für dieses Ziel bemüht, ähneln dennoch denen der Frühphase. Erstens operieren die Romane nun mit einem Verführungstopos (Abb. 9), der selbstredend nicht nur in fiktionalen Bearbeitungen von Flucht und Vertreibung, sondern von NS-Geschichte im Allgemeinen vorgefunden werden kann.

Zweitens dominiert eine neue Ausprägung des Stellvertretertopos[568] den literarischen Diskurs, wenn das Narrativ von ›Hitlers letzten Opfern‹ nicht nur die Schuld zahlloser Täter verschleiert, sondern auch die Gruppe der Vertriebenen zu einem besonderen Kollektiv erhebt, in dem die Erfahrungen aller zuvor zu Opfern gewordenen bzw. stilisierten Deutschen aufgehoben sind.

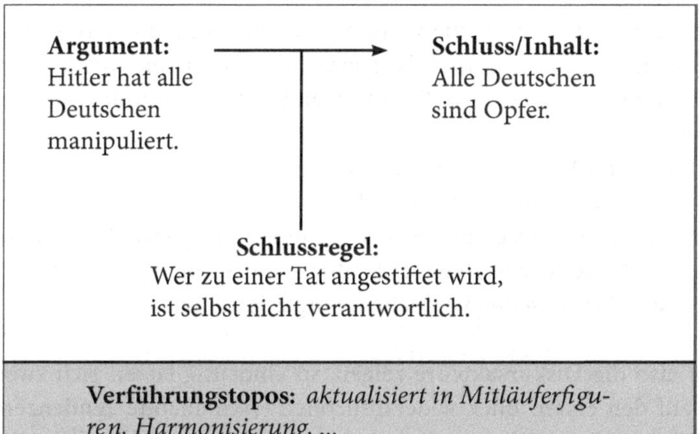

Abb. 9: Verführungstopos

Mit dem allgemeinen Schwinden kritischer literarischer Auseinandersetzungen (das gilt nicht für Lenz' *Heimatmuseum* oder Wolfs *Kindheitsmuster*) geht auch die sinkende kontroverse Beschäftigung mit Opfer- und Täteridentitäten in den

567 http://www.zeitschrift-marxistische-erneuerung.de/article/629.vom-medialen-umgang-mit-dem-faschismus.html (Stand: 20.03.2016).
568 Vgl. Abbildung 7, S. 125.

Texten einher. Bearbeitungen dieser Konjunkturphase folgen nicht der von Ihlenfeld mit *Gregors vergebliche Reise* angestoßenen Tendenz, den ostdeutschen Heimatverlust kritisch und literarisch experimentell mit den deutschen Kriegsverbrechen zusammenzudenken. An die Stelle solcher Erzähl- und Deutungsmechanismen treten nun konventionalisierte, harmonisierende Bilder der Deutschen - inklusive deutscher Täter - wie in *Jokehnen.*

6 Verhältnis zum außerliterarischen Diskurs (1969–1989)

Die Koexistenz bzw. Vermischung deutscher Opfer- und Tätergeschichten zeichnet in diesem Zeitraum nicht nur den literarischen Diskurs aus.[569] Vielmehr ist die gesamte deutsche kollektive Erinnerung an den ostdeutschen Heimatverlust von einer erstarkenden, seit Beginn der 1960er Jahre sich abzeichnenden Pluralität gekennzeichnet. Während sich

a) die Nachkommengeneration durchaus für die private(n) Geschichte(n) und die Leiderfahrungen ihrer Vorfahren interessierte, lehnte sie eine revisionistische i. b. öffentlich instrumentalisierende Erinnerung ab. Diese forcierten nach wie vor
b) die Vertriebenenorganisationen, die weiterhin auf ein Recht auf ihre verlorene Heimat pochten und die Ostpolitik insbesondere der Regierung Brandt missbilligten. Zunehmend gerieten diese Verbände, allen voran der *BdV*, in die Kritik von
c) Presse, Rundfunk und Fernsehen, und auch
d) die führenden sozialliberalen Politiker und
e) viele Vertriebene selbst, die sich in der BRD nunmehr integriert fühlten und eine Rückkehr in die verlorene Heimat als utopisch erkannt hatten, lehnten die revisionistische Haltung der Vertriebenenorganisationen ab.

So vielfältig sich also die Diskursakteure zeigen, so eindeutig lassen sich zwei diametrale und auf den ersten Blick widersprüchlich erscheinende Tendenzen des Flucht-und-Vertreibungsdiskurses zwischen 1969 und 1989 identifizieren: Einerseits stieg das Interesse der breiten Öffentlichkeit am Thema nachweislich an, andererseits war das Erinnern an den ostdeutschen Heimatverlust infolge der Studentenbewegung der 1960er Jahre mehr und mehr verpönt. Den Flucht-und-Vertreibungsromanen der 1970er und 1980er wie Karina Berger den Status eines

569 Vgl. Karina Berger: *Heimat, Loss and Identity*, S. 68: »The assumption that the public realm either rembered German vicitims, or German crimes, but never both, belies the complexity and the plurality of memory constructions that [co]existed.«

»clear counter-discourse«[570] zuzuschreiben, weil sie trotz der sozialliberalen politischen Klimas nicht in den Täterdiskurs einstimmen, erscheint mir dennoch verkürzt, zumal die Autorin damit den Einfluss linker Stimmen und sozialliberaler Tendenzen überschätzt. Ich mache in den literarischen Bearbeitungen einen harmonisierenden und integrativen Paralleldiskurs aus, der aus den gesellschaftlichen und politischen Umständen geradezu resultieren musste und sich in das Interpretationsspektrum der diskursiven Akteure, der Erinnerungsgemeinschaften und ihrer jeweiligen Erinnerungsinhalte einfügt:

Das Gros der Heimatvertriebenen hatte sich in den 1970er und 1980er Jahren gesellschaftlich und ökonomisch integriert, Heim und Arbeit gefunden, geheiratet und Familien gegründet. Eine Rückkehr in die verlorenen Ostgebiete forderte diese große Gruppe nicht mehr – eine Tendenz, die sich auch an den kontinuierlich sinkenden Teilnehmerzahlen an den Treffen der Vertriebenenorganisationen ablesen lässt. Insbesondere die vom *BdV* inszenierte Großdemonstration gegen die Anerkennung der Ostverträge zu Pfingsten 1970 zeugt mit nur rund 20.000 Teilnehmern von einem Desinteresse der Mehrheit der Vertriebenen an derartigen Veranstaltungen sowie an einer politischen bzw. revisionistischen Auseinandersetzung mit der nunmehr real-geografischen Situation Deutschlands. Richtig stellte die *Westfälische Rundschau* in ihrer Berichterstattung fest: »Gerade die Millionen, die trotz der emotionalisierten Diskussion nicht […] kamen, weil sie sich gesellschaftlich integriert fühlten bzw., mit den Realitäten abgeschlossen hatten, legten ihrerseits ein bemerkenswertes Zeugnis ab.«[571] Auch die Aufhebung der s. g. ›Bezeichnungs- und Kartenrichtlinien‹ am 30. Juni 1971, die der Minister für gesamtdeutsche Fragen im August 1965 erlassen hatte, repräsentiert jenen Abschluss und die Akzeptanz der neuen deutschen Grenzen. Die Richtlinien hatten gefordert, in allen Karten die Gebiete hinter Oder und Neiße als ›Deutsche Ostgebiete, zur Zeit unter fremder Verwaltung‹, in Kurzform ›Deutsche Ostgebiete‹ zu bezeichnen. Statt ›DDR‹ sollte in Karten ›SBZ‹ geschrieben werden.[572] Nach der Anerkennung der Ostverträge waren solche Richtlinien obsolet geworden.

Dieser steigenden Akzeptanz stellten sich die Vertriebenenorganisationen nach wie vor entgegen. Das *BdV*-Präsidium und die s.g reichsbezogenen Landsmannschaften führten weiterhin den Kampf gegen die Ostverträge.[573]

570 Ihr zweites Kapitel überschreibt Berger mit »›A Clear Counter-Discourse‹: Expulsion Novels during the Politicized 1970s and 1980s«. Berger: *Heimat, Loss and Identity.*

571 Ausgabe vom 1. Juni 1970. Zitiert nach Kittel: *Vertreibung der Vertriebenen?*, S. 111.

572 Vgl. ebd., S. 117f. Zur Debatte vgl. ferner: N.N.: »Sprachregelung, Phänomen am Ende«, in: *SPIEGEL* 5/1971, 25.01.1971, S. 27f. Online: http://www.spiegel.de/spiegel/print/d-43375554.html (Stand: 09.06.2016).

573 Vgl. etwa die Erklärung des *BdV* »Gegen die Ratifizierung der Ostverträge« vom 11.03.1972, in: *Deutscher Ostdienst*, 14. Jg. Nr. 10/11 vom 18.03.1972, S. 10, abgedruckt in: Bund der

Unmut herrschte in diesen Organisationen zudem aufgrund von Mittelkürzungen. Schon 1971 hatte die Regierung unter Willy Brandt geplant, von einer bisherigen pauschalen institutionellen Förderung der Vertriebenen auf eine Projektförderung umzusteigen.[574] Der Regierungswechsel in Bonn im Jahr 1974 (sozialliberale Koalition unter Helmut Schmidt) zementierte diese Pläne endgültig. Die Zuschüsse, die die Regierung bisher an die Verbände gezahlt hatten, gingen deutlich zurück. Auf solche Vorgehen reagierten die Vertriebenenverbände und -politiker mit Unverständnis und Wut.[575] Mehr und mehr entstand auf ihrer Seite der Eindruck, systematisch aus der deutschen Erinnerungskultur verdrängt zu werden, wie etwa der Vertriebenenpolitiker Adalbert Hudak 1975 anprangerte: »Dreißig Jahre danach ist die Vertreibung der Vertriebenen vollkommen.«[576]

Ab 1982 ließ die von Helmut Kohl geführte *CDU-FDP*-Koalition die Verbände noch einmal auf offizielle, auch finanzielle, Unterstützung und einen Rückgewinn ihres Gewichts auf der politischen Bühne hoffen. Grund für diese Hoffnung hatte auch der ersehnte publizierte Bericht des *Bundesarchivs über Vertreibungsverbrechen* gegeben, der 1974 entstanden und bisher nicht öffentlich zugänglich gewesen war.[577] Tatsächlich aber setzte die Regierung Kohl den unter Brandt und Schmidt eingeschlagenen Weg in der bundesdeutschen Ostpolitik »bei nur unwesentlich veränderter Semantik«[578] fort. Die Ära Kohl hatte im Vertreibungsdiskurs bis zur Wiedervereinigung also keine wesentliche erinnerungspolitische Implikation, sodass hier von einer allgemeinen Korrelation bzw.

Vertriebenen, Vereinigte Landsmannschaften und Landesverbände (Hrsg.): *Erklärungen zur Deutschlandpolitik.* Teil 1: 1949–1972, S. 256. Hier heißt es u. a.: »Der Moskauer und der Warschauer Vertrag stehen im Widerspruch zu europäischen und deutschen Interessen, die vor dem Gemeinwohl der Völker vertretbar sind.«, »Die Versammelten wenden sich gegen den Verzicht auf einen gerechten Frieden und auf freie Selbstbestimmung, die Legalisierung von Massenvertreibung und Annexionen […].«, »Sie verurteilen die Verletzung des Rechtes auf Freizügigkeit vom und zum angestammten Wohnsitz und auf freie Entfaltung der Heimat, der Menschen- und Gruppenrechte der Deutschen in der Heimat, der Pflicht zum Schutze der Individualrechte und des Eigentums der Ostdeutschen.«, »Sie fordern, diese Verträge nicht zu ratifizieren.«

574 Vgl. Kittel: *Vertreibung der Vertriebenen?*, S. 114f.

575 Vgl. zur wütenden Reaktion von Vertriebenenfunktionären auf Beschlüsse der Regierung auch Walter Bechers vehemente Kritik 1973, als die Brandt'sche Regierung mit der Tschechoslowakei einen Vertrag schließt. Becher, der Vorstand der Sudetendeutschen Landsmannschaft, reagiert mit Wut und Unverständnis, weil er als Vertreter dieser Volksgruppe von der Regierung nicht zuvor informiert bzw. gefragt worden sei. Vgl. ausführlich Matthias Müller: *Die SPD und die Vertriebenenverbände 1949–1977*, S. 513f.

576 Zitiert nach Kittel: *Die Vertreibung der Vertriebenen?*, S. 12. Manfred Kittels Einschätzung einer »Vertreibung der Vertriebenen« ist hier unbedingt zu hinterfragen, wenn nicht zu widersprechen.

577 Vgl. http://www.bpb.de/apuz/26557/die-vertreibung-der-deutschen-aus-den-gebieten-jenseits-von-oder-und-neisse?p=all (Stand: 01.06.2016).

578 Ebd.

Deckung der von mir erarbeiteten literarischen Bearbeitungsphase 1969–1989 und den Tendenzen des öffentlichen Flucht-und-Vertreibungsdiskurses gesprochen werden kann.

Dass in dieser Konjunkturphase entgegen der Meinung der Vertriebenenverbände nicht der Grundstein für ein Vergessen oder eine Tabuisierung der ostdeutschen Erinnerung gelegt wurde, belegt vor allen Dingen ein Blick in die visuellen Medien. Flucht und Vertreibung und die ehemals deutschen Gebiete hinter Oder und Neiße wurden auch in diesem Zeitraum weiterhin (wenn nicht gar vermehrt) thematisiert. Es trifft nicht pauschal zu, wenn Kittel, von Wisbars Film *Nacht fiel über Gotenhafen* abgesehen, »für das Kino der 1960er und 1970er Jahre Fehlanzeige in Sachen ostdeutscher Erinnerungskultur«[579] meldet, zumal er die zentrale mediale Entwicklung des Zeitraums (die auch andere Themen betroffen hat) übersieht: Das Konkurrenzmedium Fernsehen verdrängte das Kino in den 1960er Jahren zunehmend. Das Fernsehen produzierte vor allen Dingen ab 1970 nachweislich zahlreiche Sendungen, fiktionale wie faktuale, über den ostdeutschen Heimatverlust.[580] Besonderen Erfolg verbuchte die dreiteilige Fernsehdokumentation *Flucht und Vertreibung* von Eva Berthold und Jost von Morr, die das *Bayerische Fernsehen* Anfang 1981 ausstrahlte. Nicht nur die hohen Einschaltquoten[581], sondern auch die Anschlusskommunikation in den Medien[582], die zahlreichen Briefe, die in der Redaktion eingingen sowie der Begleitband zur Serie und eine folgende Buchpublikation bekunden die breite Massenwirkung der Dokumentation und damit ihre diskursive wie erinnerungspolitische Bedeutung. Erstaunlich lesen sich heute die Kommentare zur Sendung, die behaupten, sie habe ein Tabu gebrochen. Der Wortlaut dieser Äußerungen entspricht fast jenen, die in den 2000er Jahren kursierten. Auf die Frage »warum man auf diese Fernsehserie *fünfunddreißig Jahre warten mußte?* [Hrv. im O.]«[583] antwortete der Redakteur:[584]

579 Kittel: *Die Vertreibung der Vertriebenen?*, S. 56.

580 Tiews: *Fluchtpunkt Film* weist für die Fernsehproduktion eine Übergangsphase zwischen 1965 und 1975 nach, in der es zwar keine Spielfilme, jedoch zahlreiche dokumentarische Produktionen zum Thema gegeben habe. Gleichzeitig dokumentiert sie ab 1970 eine steigende Zahl fiktionaler Bearbeitungen, inbesondere Literaturverfilmungen, zum Thema. Auch sie steht Kittels Behauptung einer »Vertreibung der Vertriebenen« kritisch gegenüber.

581 Teil 1 der Sendung sollen 19 %, Teil 2 25 % und Teil 3 18 % aller Haushalte mit Fernsehapparat in der BRD gesehen haben. Vgl. Norbert Marten, Tost von Morr/Henric L. Wuermelin: »Vom Film zum Buch – ein Werkstattbericht«, in: Rudolf Mühlfenzel (Hrsg.): *Geflohen und Vertrieben. Augenzeugen berichten.* Königstein/Ts.: Athenäum 1981, S. 14.

582 Rudolf Mühlfenzel erklärt: »Die großen Meinungsträger in der Bundesrepublik wie »Der Spiegel«, »Stern«, »Die Zeit« und natürlich die großen Tageszeitungen berichteten ausführlich über die Sendereihe und brachten noch Wochen nach der Ausstrahlung Nachfolgegeschichten von Menschen, die sich in den Filmbildern wiedererkannt hatten.« Ders.: »Warum erst jetzt?«, in: Ders. (Hrsg.): *Geflohen und vertrieben*, S. 10.

583 Ebd.

Ich räume ein, daß es nicht *nur* von Nachteil war, erst jetzt dieses tragische Thema in einer zusammenfassenden Dokumentation darzustellen. Der Abstand von fünfunddreißig Jahren schafft eine natürliche Distanz und verhindert vordergründige, emotional gesteuerte Argumentation. Die Worte Rache und Vergeltung sind in keiner einzigen Zuschrift zu finden. Aber es ist jetzt auch an der Zeit, eine *Schleuse* zu öffnen für einen Stau von bisher weitgehend tabuisierten Erinnerungen und Empfindungen.[585]

Offenkundig bestand erstens ein breites Interesse des Publikums am Thema sowie zweitens die Bereitschaft und das Bedürfnis der Zeitzeugen, zu berichten. Der *BdV* kritisierte jedoch einmal mehr die Art der öffentlichen Erinnerung. Zwar bedankte er sich dafür, dass die Autoren der Sendung ein entscheidendes Kapitel deutscher Geschichte in das Blickfeld der Öffentlichkeit gehoben und damit ein Stück der Mauer des Schweigens durchbrochen hätten, doch bemängelt er im Namen der Betroffenen, die Dokumentation habe das volle Ausmaß des Schreckens nicht wiedergegeben.[586]

Neben Fernsehdokumentationen stieg auch die Zahl der Spielfilme, die meist auf literarischen Vorlagen beruhten und häufig als Mehrteiler oder Serien gedreht wurden. Das *ZDF* verfilmte zum Beispiel den analysierten Roman *Jokehnen* 1986. Die in drei jeweils etwa 90 Minuten dauernde Teile gegliederte ungemein erfolgreiche Serie wurde 1987 ausgestrahlt. Die Verfilmung hält sich stark an den Roman und inszeniert viele beschriebene Szenen eins zu eins. Dabei generiert der Film keine experimentellen, künstlerisch oder mnemotisch innovativen Bilder, sondern trägt einmal mehr zu einer Verfestigung eines stereotypen Flucht-und-Vertreibungsnarrativs bei. Auch wenn der Film im Gegensatz zum Roman weniger die Idylle Ostpreußens als das politische Geschehen inszeniert, eignet auch ihm dieselbe harmonisierende und tendenziell eskapistische Funktion: Wie bereits der Roman bietet der Film sowohl konformistische und konventionelle Erinnerungsbilder als auch ein pazifistisches, sich von der NS-Ideologie distanzierendes Weltbild an, ohne jedoch die Frage nach eigener Schuld ins Zentrum zu stellen. Wenn der Film so zum Beispiel von Beginn an die Erzählung auf Szenen zusammenrafft, in denen die politische Situation eine Rolle spielt,[587] zeigt

584 Dazu auch Hahn/Hahn: *Die Vertreibung im Deutschen Erinnern*, S. 542.

585 Rudolf Mühlfenzel: »Warum erst jetzt?«, S. 10 (Herv. im Org.). Die Rede von einem Tabu nimmt die Diskussion der 2000er Jahre vorweg, in der jedoch so getan wird, als habe es derartige Debatten nie gegeben.

586 Vgl. *BdV*-Präsidium: »Fernsehserie Flucht und Vertreibung«, in: *Osmipress-Schnelldienst* vom 13. Februar 1981, S. 1, abgedruckt in: Bund der Vertriebenen, Vereinigte Landsmannschaften und Landesverbände (Hrsg.): *Erklärungen zur Deutschlandpolitik.* Teil 3: 1979–1986, S. 82.

587 Das im Roman erzählte Fischen oder Eislaufen, die ostpreußische Landschaft, die der Film in totalen Einstellungen durchaus mit einfachen technischen Mitteln idyllisch hätte inszenieren können, gelangen kaum zur Darstellung. Der Drehort für den Film lag in Schleswig-Holstein und tatsächlich wirkt der Film mitunter ein wenig befremdlich, merkt man als

sich weniger eine Auseinandersetzung mit der deutschen Vergangenheit als ein Bemühen um eine der allgemeinen Erwartung konforme Positionierung im öffentlichen Vergangenheitsdiskurs. Die Auseinandersetzung mit der NS-Vergangenheit erfolgt bei genauem Hinsehen wenig differenziert und ihre Darstellung bleibt konventionell.[588]

Die fiktionalen Formate, Spielfilme wie Romane, boten also Raum für eine Erinnerung abseits außen- wie innenpolitischer Debatten um Grenzen, Wählerstimmen und Fördergelder. Die fiktionale Literatur und der Spielfilm verwehrten sich in ihren je eigenen Formen und mit ihren je eigenen ästhetischen und narrativen Mitteln gegen die Deutungen der revisionistisch agierenden Verbände und anderer politischer Meinungsäußerer, ohne dabei selbst politisch zu werden. Entsprechend möchte ich abschließend nochmals dafür plädieren, den literarischen Diskurs zwischen 1969 und 1989 nicht als »counter discours«, sondern als einen integrativen Diskurs zu verstehen:

Obwohl es zutrifft, dass Surminskis oder Brückners Romane eine zur Gedenkpraxis der 68er gegenläufige Haltung einnehmen, indem sie Geschichten und Orte konservieren, die in einem Vergangenheitsdiskurs vor dem Hintergrund etwa der Eichmann-Prozesse oder der Fernsehausstrahlung der US-Serie *Holocaust* keinen Platz finden, ist die Bezeichnung dieser literarischen Entwicklung als »clear counter-discours«[589] irreführend: Erstens lenkt diese Benennung von der Tatsache ab, dass die Erinnerung an den ostdeutschen Heimatverlust, auch außerhalb fiktionaler Darstellungen, keinesfalls gänzlich tabuisiert gewesen wäre. Es mag zwar zutreffen, dass

> spätestens in den 1970ern *Flucht und Vertreibung* [Herv. im Org.] ihren zentralen Stellenwert in der Gedenkpraxis Westdeutschlands verloren – im Zuge der neuen

Zuschauer eben doch, dass es sich nicht um eine ostpreußische Landschaft oder Architektur, sondern um die holsteinische handelt. Die Verfilmung suggeriert zudem weniger als die Romanvorlage, dass erst mit den Nationalsozialisten das Eindringen der Außenwelt in die ländliche Idylle Jokehnens vonstatten geht, und auch die Jahreszeiten bestimmen die Filmhandlung nicht so stark wie die Romanhandlung – dies ist allerdings wohl dem praktischen Umstand geschuldet, dass sich die Dreharbeiten auf einen kurzen Zeitraum konzentrierten.

588 Die historische Verortung der Handlung gelingt durch die Implikation von Originalton- und Bildquellen. Steputats Amtsstube ist mit NS-Propagandaplakaten ausgestattet, die im Hintergrund zahlreicher Einstellungen die zeitliche Verortung der Handlung garantieren und aus dem oftmals in Großaufnahme gezeigten Volksempfänger erklingen nicht nur die Schlager der Zeit, sondern immer wieder Führerreden oder Wehrmachtberichte. Während der Roman die Rundfunkbeiträge ebenfalls benutzt, um einen historischen Kontext zu stiften und um zu illustrieren, wie das Landleben allmählich von der Politik beeinflusst wird, erscheint der Nationalsozialmus in Jokehnen durch die deutliche intermediale Zurschaustellung im Film präsenter.

589 Vgl. Anmerkung 570.

Ostpolitik der sozial-liberalen Koalition und des Wandels des Geschichtsbewusstseins, das zur stärkeren Berücksichtigung der Täterschaft führte»[590]

– ein Ende der kollektiven Erinnerung bedeuteten aber weder die Anerkennung der bestehenden politisch-geografischen Verhältnisse noch die versöhnlichen Bewegungen zwischen Deutschland und Polen bzw. der Tschechoslowakei. Nach wie vor erhielten etwa Straßen den Namen von Städten oder Personen aus dem ehemaligen deutschen Osten, und nicht zuletzt zeugt die wachsende Produktion und insbesondere die breite Rezeption der literarischen und filmischen Bearbeitungen von einer anhaltenden öffentlichen Erinnerung an Flucht und Vertreibung und den ostdeutschen Heimatverlust. Zweitens lässt sich, nur weil fiktional bearbeitete und öffentliche Diskursinhalte sich nicht entsprechen, der Literatur noch kein subversives Potential oder eine bewusste Reaktion auf den öffentlichen Leitdiskurs, i. e. die Auseinandersetzung mit der deutschen Täterschaft, zuschreiben – wie es der Terminus »*Gegen*diskurs« suggeriert. Eine Interaktion zwischen Romanliteratur zu Flucht und Vertreibung und öffentlichem Leitdiskurs existiert zwischen 1969 und 1989 nicht.

Da also weder die Romane auf den öffentlichen Diskurs reagieren noch dieser auf die Romane reagiert (ein reziprokes Diskursverhalten, das die Gedenkpraxis der 2000er Jahre kennzeichnen wird), stellen die fiktionalen Texte weniger einen Gegendiskurs als einen integrativen Paralleldiskurs dar. Die Romane erhalten den Stellenwert eines Möglichkeitsraumes[591], in dem ein Opferdiskurs weitergeführt und ein idyllisches Heimatbild lebendig gehalten werden kann. Dabei stellt sich der fiktionale Diskurs der öffentlichen Meinung sicher nicht entgegen. Vielmehr integrieren die Flucht-und-Vertreibungsromane zwischen 1969 und 1989, wenn z. T. auch oberflächlich oder relativierend, das entscheidende Element des Leitdiskurses, nämlich die deutsche Täterschaft. Das Hauptmerkmal des öffentlichen Diskurses, den Wandel der Erinnerungsinhalte sowie einer sich immer deutlicher zeigenden Kluft zwischen den Deutungsversionen der öffentlichen Diskursakteure (Publizisten, Autoren usw.) und den organisierten Vertriebenenverbänden, thematisieren oder gestalten die Romane aber nicht literarisch aus.[592]

590 Röger: *Flucht, Vertreibung und Umsiedlung*, S. 43.

591 Vgl. Anmerkung 237.

592 Eine Verbindung zwischen Literatur und öffentlichem Diskurs versuchen nur die organisierten Vertriebenenverbände mit dem Ziel einer Instrumentalisierung herzustellen. Dieser Versuch lässt sich auch an Surminskis Schaffen verdeutlichen. Der Autor berichtet: »Pfingsten 1982 erhielt ich auf dem Bundestreffen der Landsmannschaft Ost in Köln den Ostpreußischen Kulturpreis. Das Bundestreffen stand unter dem Motto »Ostpreußen – Deutsches Land«. Entsprechend klangen die Reden bei der Preisverleihung. Es kostete mich Überwindung, vor über dreitausend Teilnehmer die Rede vom »deutschen Land« zu relativieren. Für viele waren es neue Töne; den »Heimattreuen« galt ich danach als unsicherer Kantonist. Anlässlich einer Lesung in Fallingbostel schilderte die Kreisvorsitzende des

Das entscheidende Kennzeichen des literarischen Flucht-und-Vertreibungsdiskurses zwischen 1969 und 1989 ist also die Integration des Themas in einen übergeordneten deutschen Vergangenheitsdiskurs bei gleichzeitiger Integration des Schuld- und Täterdiskurses in den eigenen Diskursstrang. Im literarischen Diskursstrang sedimentiert dabei das Grundproblem deutscher Vergangenheitsbewältigung deutlich: Die Agonalität von eigener Opferschaft und gleichzeitiger Schuld sowie die nicht auflösbare Dichotomie, die jeder Opfer- und Täterzuschreibung inhärent ist, weil es ohne Opfer keine Täter und ohne Täter keine Opfer geben kann, müssen zu uneindeutigen Positionierungen führen.

Bundes der Vertriebenen, was die Ostpreußen von ihrem Kulturpreisträger erwarteten. Ein Teilnehmer kommentierte ihre Ausführungen später mit dem Satz: Rechts war nur noch die Wand. Bevor die Lesung begann, stellte ich klar, dass ich unabhängig sei und mein Schreiben nicht an den Wünschen der Landsmannschaft ausrichten könne, Kulturpreis hin, Kulturpreis her.« (Surminski: *Jokehnen oder die Stimmen der Anderen*, S. 23f.)

VII Wende und Wiedervereinigung (1989/90–2001): Auftakt einer neuen Erinnerungswelle

1 (Literarischer) Erinnerungsdiskurs der 1990er

Sicherlich sollen in einer Diskursanalyse historische Einschnitte nicht zwangsläufig infolge etablierter Epochenschnitte angesetzt werden. Die weitgreifende Relevanz und Bedeutung der Zäsur 1989/90 für den deutschen Identitäts- und Vergangenheitsdiskurs ist jedoch unstrittig. Für den Flucht-und-Vertreibungsdiskurs ist anzunehmen, dass die Wende als politischer Einschnitt nicht nur ein weiteres Mal die Diskussion über die deutschen Außengrenzen anfachte, sondern dass sie auch als sozialpsychologischer und erinnerungskultureller Motor weitgreifenden Einfluss auf das kollektive Gedenken an die Verlusterfahrung sowie auf die öffentliche Darstellung von verschiedenen Opfer- und Täteridentitäten ausgeübt hat. Nicht selten ist im deutschen Opfernarrativ neben Flucht und Vertreibung, dem Schicksal deutscher Kriegsgefangener und vergewaltigter deutscher Frauen auch die Teilung Deutschlands als unverhältnismäßige Strafe interpretiert und ein kollektives Selbstbild von Opfern der Alliiertenpolitik kreiert worden.[593] Um diese Ausprägungen der Opfer- und Täterkonstruktionen für die 1990er Jahre zu verstehen, wird zunächst die Situation der deutschen Literaturlandschaft nach der Wende reflektiert. Die nicht zuletzt ökonomische Situation des deutsch-deutschen Literaturbetriebs ab 1989/90 sowie die auffallend häufig von literarischen Texten angestoßenen Gedächtnisdebatten nach der Wende geben die Folie ab, vor der der zeitgenössische fiktionale Flucht-und-Vertreibungsdiskurs gelesen werden muss. Auf diesen Grundlagen aufbauend lässt sich schließlich die Zäsur 1989/90 als Motor eines neuen deutschen Opferdiskurses sowie in ihrer Rolle für die Vertriebenenpolitik diskutieren.

593 Vgl. Frahm: »›Ein deutsches Trauma?‹«, S. 373f.; weiterhin Robert G. Moeller: »Germans as Victims?«.

1.1 Die Literaturlandschaft: Deutsch-deutsche Standortbestimmung

Der politische Umbruch 1989/90 hatte selbstredend unmittelbare Auswirkungen auf den Literaturbetrieb. Er provozierte für die gesamte deutsche Literaturlandschaft zuallererst Fragen nach ihrem gegenwärtigen Status und insbesondere nach ihrer Zukunft. Dabei ging es weniger darum, wie die ost- und westdeutsche Literatur zusammenwachsen konnten als um eine Abrechnung sowohl mit der bestehenden ost- als auch der westdeutschen Literatur und ihren Repräsentanten. Der westdeutsche Literaturbetrieb lag in der Hand Weniger, die diesen schon in den 1960er Jahren bestimmt hatten[594] – Grass, Walser oder Lenz etwa, die noch immer die literarische Bühne prägten.[595] Unter dem Eindruck, dass die immer selben Schriftsteller desselben kulturell-sozialen Milieus und derselben Kohorte die immer selben Geschichten mit dem Ziel der Vergangenheitsbewältigung und Identitätsstiftung erzählten, schien schon auf Seiten der westdeutschen Literatur ein Sinnvakuum und in jedem Fall eine breite Unzufriedenheit zu entstehen.[596] Zugespitzt kreidete man sowohl der west- als auch der ostdeutschen Literatur schließlich eine sentimentale, durchaus ideologische Ausrichtung an, die mit der politischen Wende zu hinterfragen war: »Die Gesinnungsästhetik ist […] das gemeinsame Dritte der glücklicherweise zu Ende gegangenen Literaturen von BRD und DDR.«[597] So sorgte die Wiedervereinigung für eine Metadiskussion im deutschen Literaturbetrieb, in dem sie schließlich »mehr Spuren als in der Literatur selbst«[598] hinterließ. Sicherlich ließ sich in den 1990er Jahren eine Abkehr von der Väterliteratur der 1970er und 1980er konstatieren,[599] in den frühen 1990er Jahren fehlte der deutschen Literatur aber eine neue ästhetische, inhaltliche, gar selbstreflexive oder politische Ausrichtung.

594 Frank Schirrmacher hatte in der Buchmessenbeilage der Frankfurter Allgemeinen Zeitung *in seinem Aufsatz* »Abschied von der Literatur der Bundesrepublik« angeprangert: »Das öffentliche Bild war […] noch im Jahr 1990 das Bild des Jahres 1960: Grass oder Böll, Johnson oder Peter Weiss, Walser oder Lenz, Rühmkorf oder Erich Fried. Das waren, auch noch dreißig Jahren nach ihrem spektakulären Auftritt, die Protagonisten der Gegenwartsliteratur.«, in: Frank Schirrmacher: *Ungeheuerliche Neuigkeiten. Texte aus den Jahren 1990 bis 2014.* Hrsg. v. Jakob Augstein. München: Blessing Verlag 2014, S. 272.

595 In den 1980er Jahren waren Heinrich Böll, Uwe Johnson und Peter Weiss gestorben.

596 Vgl. Clemens Kammler: »Deutschsprachige Literatur seit 1989/90. Ein Rückblick«, in: Ders./Torsten Pflugmacher (Hrsg.): *Deutschsprachige Gegenwartsliteratur seit 1989. Zwischenbilanzen – Analysen – Vermittlungsperspektiven.* Heidelberg: Synchron Wissenschaftsverlag der Autoren 2004, S. 13–35, hier S. 14.

597 Greiner zitiert nach Kammler: »Deutschsprachige Literatur«, S. 14, Fußnote 5.

598 Eckart Conze: *Die Suche nach Sicherheit. Eine Geschichte der Bundesrepublik von 1949 bis in die Gegenwart.* München: Siedler 2009, S. 834.

599 Hanns-Josef Orteils *Abschied von den Kriegsteilnehmern* habe 1992 den Abschied von der autobiografischen Väterliteratur der 1970er und 1980er Jahre markiert und parallelisiere darüber hinaus den Abschied von den Zeitzeugen und den Abschied vom geteilten Deutschland. Vgl. Barbara Beßlich/Katharina Grätz/Olaf Hildebrand: »Wende des Erin-

Mitte der 1990er Jahre folgte auf die erste Skepsis und Unsicherheit schließlich der Zusammenschluss ost- und westdeutscher Schriftsteller, jedoch weniger auf Grundlage eines inhaltlichen oder ästhetischen Programms als im gemeinsamen Kampf gegen einen drohenden Leseverfall in Zeiten neuer Technologien und einer aufkommenden demokratischen Mediennutzung.[600] Entsprechend glaubte die deutsche Literatur nun vor allen Dingen auf die Vermarktung und daher auf massentaugliche Unterhaltung setzen zu müssen. Sie war damit auch auf der Suche nach ihrem Platz in einer neuen Medienkultur.

Ende der 1990er Jahre erschien die deutsche Literatur erholt und ihm Aufbruch. Die Klagen der frühen 1990er waren verstummt. Immer öfter geriet die deutsche Geschichte (wieder) zum Thema literarischer Bearbeitungen. Die AutorInnen blickten literarisch zurück, nicht nur auf die jüngste deutsche Geschichte – die DDR und den Kalten Krieg –, sondern wieder und immer noch auf die NS-Zeit. Auch wenn die Literatur der Zeit sich die Frage gefallen lassen musste, ob die deutsche Vergangenheit mit derartigen Texten tatsächlich ›bewältigt‹ werden könne, dürfte es »unstrittig [...] sein, dass die literarische Reflexion über deutsche Geschichte aus einer veränderten historischen Perspektive eine, wenn nicht zentrale Tendenz dieser Jahre markiert.«[601] Diese vorgeblich veränderte historische Perspektive erkannte man sehr schnell unter dem Eindruck eines Generationswechsels. Dieser wurde zum Motor einer neuen Qualität und neuer Themen erhoben, obwohl er bei genauem Hinschauen zumindest teilweise fraglich bleibt. Nicht nur gehörten die reüssierenden AutorInnen der 1990er Jahre ganz unterschiedlichen Generationen an, sondern sind wie der in den 1990er Jahren erfolgreiche Bernhard Schlink (Jahrgang 1944) schlichtweg nicht zu jenen gefeierten »Enkeln von Grass und Co«[602] zu rechnen.

Allen Befürchtungen um einen Stellungsverlust zum Trotz setzte sich die Literatur gerade in ihrer historischen Ausrichtung als wichtiger öffentlicher Diskursakteur der neuen Republik durch. Sie erstritt sich nicht nur erfolgreich einen Platz in der Medienlandschaft, meldete hohe Verkaufszahlen oder fand zu neuen unterhaltenden, massentauglichen Erzählformen, sondern sie wurde auch Austragungsort und Motor deutscher Gedenk- und Identitätsdiskussionen: Ende der 1990er Jahre war es zu zahlreichen öffentlichen Debatten gekommen, die ihren Keim in der Literatur fanden. Erstmals spielten die Diskursebenen Politik und Literatur so prominent zusammen. Sicherlich haben sie in diesem Zusammenspiel das Saatbeet für einen ›neuen deutschen Opferdiskurs‹ in den 2000er

nerns? Geschichtskonstruktionen in der deutschen Literatur nach 1989«, in: Dies.: (Hrsg.): *Wende des Erinnerns?*. Berlin: Erich Schmidt Verlag 2006, S. 8.

600 Vgl. Conze: *Die Suche nach Sicherheit*, S. 835.

601 Kammler: »Deutschsprachige Literatur«, S. 27.

602 Vgl. die Titelstory der *SPIEGEL*-Ausgabe 41/1999. Online: http://www.spiegel.de/spiegel/print/index-1999-41.html (Stand: 22.01.2018).

Jahren bereitet. In den 1990er Jahren stand jedoch zunächst der Umgang mit der deutschen Vergangenheit und weniger die Frage nach deutschen Opfererzählungen im Zentrum der Debatten um das kollektive deutsche Erinnern. Nicht selten fanden diese Erinnerungsdebatten ihren Ausgangspunkt in der Literatur.

1.2 Gedächtnisdebatten und Erinnerungskontroversen

Zunächst wurde 1990 Christa Wolfs *Was bleibt* zum Angelpunkt des s. g. deutschen Literaturstreits. Die kurze Erzählung berichtet aus der Ich-Perspektive einer Schriftstellerin, die in der DDR vom Ministerium für Staatssicherheit überwacht wird. In der Debatte warf man der Autorin u. a. vor, zu lange von den Privilegien der DDR profitiert zu haben, ohne diesen oder einen ähnlich kritischen Text veröffentlicht zu haben. Noch vor Form oder Inhalt konzentrierte sich die Diskussion also auf die politische Person Christa Wolf.[603] Die Kontroverse um Grass' Roman *Ein weites Feld* 1995 kreiste ebenfalls nicht nur um den Inhalt oder die Struktur der Erzählung, sondern etwa um die Frage, ob Grass über genug »DDR-Erfahrung«[604] verfügt habe, um über die Staatssicherheit zu schreiben. In seiner berühmten Kritik im *SPIEGEL* zerriss Marcel Reich-Ranicki nicht nur Grass' Erzählweise und warf dem Autor eine verharmlosende Darstellung der DDR vor, sondern nahm auch die Person Grass ins Visier, den er angriffslustig einen »Amateurpolitiker«[605] nannte. Über allem lag erstens die Frage, wie Schriftsteller mit der deutschen und deutsch-deutschen Vergangenheit umgehen sollten und zweitens, welche Urteile sie sich in ihren Texten über die Vergangenheit – nicht zuletzt gemessen an ihren eigenen Biografien – erlauben durften. So kreiste die Diskussion weniger um Inhalte und Texte als um die Frage nach erinnerungskultureller Deutungsmacht im vereinten deutschen Literaturbetrieb.

Von nun an bestimmten immer wieder Literaturdebatten die öffentliche Diskussion um das rechtmäßige Erinnern an die NS-Zeit. Literatur und Schriftsteller avancierten zu wegweisenden Diskursträgern in der deutschen

603 Vgl. ausführlich Bernd Wittek: *Der Literaturstreit im sich vereinigenden Deutschland. Eine Analyse des Streits um Christa Wolf und die deutsch-deutsche Gegenwartsliteratur in Zeitungen und Zeitschriften.* Marburg: Tectum Verlag 1997; Thomas Anz: *Es geht nicht um Christa Wolf. Der Literaturstreit im vereinigten Deutschland.* Frankfurt am Main: Fischer Verlag 1995; Karl Deiritz/Hannes Kraus (Hrsg.): *Der deutsch-deutsche Literaturstreit oder »Freunde, es spricht sich schlecht mit gebundener Zunge«.* Hamburg/Zürich: Luchterhand Literaturverlag 1993.

604 Gustav Seibt: »Die Uhr schlägt, das Käuzchen ruft«, in: *Frankfurter Allgemeine Zeitung*, 19.8.1995. Zitiert nach Bernd Wittek: *Der Literaturstreit im sich vereinigenden Deutschland*, S. 135.

605 Marcel Reich-Ranicki: »... und es muß gesagt werden«, in: *SPIEGEL* 34/1995, S. 162–169. Online: http://www.spiegel.de/spiegel/print/d-9208344.html (Stand: 21.01.2018).

Erinnerungskontroverse. Diese wandte sich nun dezidiert der Erinnerung an die NS-Zeit zu. Martin Walsers Dankesrede zur Verleihung des *Friedenspreises des Deutschen Buchhandels* im Oktober 1998 sowie sein Kindheitsroman *Ein springender Brunnen* (1998) führten zur Diskussion, ob die Judenverfolgung aus einer Auseinandersetzung mit der NS-Zeit ausgespart bleiben dürfe. Walser sprach sich für individuelle Gewissensfreiheit und Erinnerungen aus, worauf ihm der Präsident des *Zentralrats der Juden* Ignatz Bubis vorwarf, einen Schlussstrich ziehen zu wollen und eine ›Kultur des Wegschauens‹ zu proklamieren. Die Walser-Bubis-Debatte führte zu einer breiten medialen Kontroverse über die deutsche Erinnerung an den Holocaust und den Umgang mit deutscher Schuld und Scham.[606]

Eine Debatte, die mit diesen Bewegungen korrespondierte, ist jene um die Täterrolle der Deutschen, die sowohl in der Diskussion um die Wehrmachtausstellung 1995 als auch um Daniel Jonah Goldhagens These von Hitlers »willigen Vollstreckern« 1996 entbrannte. Die vom *Hamburger Institut für Sozialforschung* initiierte Wanderausstellung *Vernichtungskrieg. Verbrechen der Wehrmacht 1941 bis 1944* zum 50. Jahrestag des Kriegsendes brach mit dem Mythos der ›sauberen Wehrmacht‹ und provozierte eine Auseinandersetzung mit den Gewaltverbrechen deutscher Täter in Osteuropa. Kreiste die anschließende Mediendebatte einerseits um Fälschungsvorwürfe gepaart mit einer Kritik an einem einseitigen, emotional-suggestiven Ausstellungskonzept, füllte die Ausstellung andererseits unstrittig einen weißen Fleck der deutschen Erinnerungslandschaft und provozierte Schuldeingeständnisse und insbesondere innerfamiliäre Auseinandersetzungen mit deutscher Täterschaft.[607] Die Diskussion um das Verhalten deutscher Täter kochte außerdem hoch nach der Veröffentlichung von Goldhagens Dissertation *Hitler's willing executioners*, in der er argumentiert, die Deutschen hätten aufgrund eines seit dem 19. Jahrhundert im Land vorherrschenden Antisemitismus die Juden im Dritten Reich bereitwillig gequält und getötet. Es klassifiziert die Deutschen als Judenhasser und nicht als *Ordinary man* wie noch Christopher Browning 1992, der die Handlungen

606 Vgl. zur Debatte z. B. Frank Schirrmacher (Hrsg.): *Die Walser-Bubis-Debatte. Eine Dokumentation.* Frankfurt am Main: Suhrkamp 1999.

607 Die Ausstellung ist nach den Vorwürfen, gefälschte Fotografien verwendet zu haben, von einer Expertenkommission grundlegend überarbeitet worden. 2001 wurde sie neu konzipiert als *Verbrechen der Wehrmacht. Dimensionen des Vernichtungskrieges 1941–1944* eröffnet und bis 2004 fortgesetzt. Zur Ausstellung und Debatte vgl. Hamburger Institut für Sozialforschung (HIS) (Hrsg.): *Verbrechen der Wehrmacht. Dimensionen des Vernichtungskrieges 1941–1944. Ausstellungskatalog.* Hamburg: Hamburger Edition 2002; Hans-Günther Thiele (Hrsg.): *Die Wehrmachtausstellung. Dokumentation einer Kontroverse.* Bonn: Bundeszentrale für politisch Bildung 1997.

deutscher Täter aus einem Komplex verschiedener Einflüsse herleitet.[608] In der deutschen Presselandschaft führte Goldhagens Werk zu einer Debatte, in der seine These, die man auch als Fortführung der Kollektivschuldthese las, vehement abgelehnt wurde. Die Goldhagen-Debatte gilt heute als Episode in der »Debattengeschichte der Bundesrepublik«, in der »die identifikatorische Auseinandersetzung mit den Deutschen als Täter des Judenmordes [...] ihren Höhepunkt fand« und die »im neuen deutschen Opferdiskurs der späten 1990er Jahre in ihr Gegenteil« umgeschlagen sei.[609]

Schon in den 1980er Jahren waren in der Tat Forderungen laut geworden, die etablierten deutschen Vergangenheitsversionen zu komplettieren, also eine Vergangenheitsversion zu schaffen, die nicht mehr ausschließlich die Täterschaft der Deutschen aufarbeitete, sondern auch deutschen Opfern ihren Platz einräumte. 1997 diskutierte W.G. Sebald in seinen Züricher Poetikvorlesungen und dem daraufhin publizierten Band *Luftkrieg und Literatur* den literarischen Umgang mit dem Opferstatus Deutscher.[610] Er machte eine markante Leerstelle zum Themenkomplex in der deutschen Literatur aus – einer These, der bis heute durch die Nennung zahlreicher Texte zu Bombenkrieg oder Flucht und Vertreibung durchaus widersprochen worden ist. Im Fortgang der Debatte wurde Jörg Friedrichs geschichtswissenschaftliche, in Teilen literarische Studie *Der Brand: Deutschland im Bombenkrieg 1940–1945*[611] (1997) ebenfalls von geisteswissenschaftlicher wie publizistischer Seite diskutiert. Immer wieder kreiste die Kontroverse um die Fragen des Kommemorierens, der Opferaufrechnung und schließlich um die Kritik, die Einzigartigkeit des Holocaust würde infrage gestellt – also um jenen »Konfrontationspunkt, der bereits im Historikerstreit [der 1980er] zum Kernstück der Debatte avancierte«[612].

---

608 Christopher Browning: *Ordinary Men. Reserve Police Bataillon 101 and the Final Solution in Poland.* New York: HarperCollins 1992.

609 Torben Fischer: »Goldhagen-Debatte«, in: Ders./Matthias N. Lorenz (Hrsg.): *Lexikon der »Vergangenheitsbewältigung« in Deutschland. Debatten- und Diskursgeschichte des Nationalsozialismus nach 1945.* Bielefeld: transcript 2007, S. 295–297, hier S. 297. Zur Debatte vgl. Julius H. Schoeps (Hrsg.): *Ein Volk von Mördern? Die Dokumentation der Goldhagen-Kontroverse um die Rolle der Deutschen im Holocaust.* Hamburg: Hoffmann & Campe 1996.

610 Vgl. Anmerkung 43.

611 Jörg Friedrich: *Der Brand: Deutschland im Bombenkrieg 1940–1945.* Berlin/München: Propyläen 2002.

612 Ulrich Krellner: »›Aber im Keller die Leichen / sind immer noch da‹. Die Opfer-Debatte in der Literatur nach 1989«, in: Beßlich u. a.: *Wende des Erinnerns?*, S. 101–114, hier S. 104.

2 Literarischer Flucht-und Vertreibungsdiskurs 1989/90–2001

Ob Erinnerungslücke, »Überlieferungsdefizit«[613] oder nichts von beidem – eindeutig haben deutsche Literaten Ende der 1990er Jahre den Opferstatus der Deutschen als unerzählt aufgefasst und, wie Grass 2002 in *Im Krebsgang*, dieses Schweigen als Versäumnis gedeutet. Dieses Versäumnis hat jedoch auch in den 1990er Jahren nicht stattgefunden. Nachweislich wurden in dieser Zeit Romane, die den ostdeutschen Heimatverlust erzählen, produziert und rezipiert. Die unter den oben genannten Kriterien für die Zeit von 1989/90–2001 erhobenen Romane sind:

- Charlotte Link: *Sturmzeit* (1989)
- Leonie Osswoski: *Holunderzeit* (1991)
- Wolfgang Bittner: *Niemandsland* (1992)
- Mechthild Curtius: *Neiße und Pleiße. Erster Roman: Neiße* (1992)
- Charlotte Link: *Wilde Lupinen* (1992)
- Utta Danella: *Wo hohe Türme sind* (1993)
- Harry Thürk: *Sommer der toten Träume* (1993)
- Liz Wieskerstrauch: *In den Mohnfeldern; Roman einer schlesischen Familie* (1993)
- Charlotte Link: *Die Stunde der Erben* (1994)
- Helga Lippelt: *Abschied von Popelken oder ein Atemzug der Zeit* (1994)
- Rudolf Scholz: *Die Schwalben der Kindheit* (1995)
- Hans-Ulrich Treichel: *Der Verlorene* (1998)
- Manfred Peter Hein: *Fluchtfährte* (1999)
- Kurt Gerdau: *Choral der Zeit* (1999)
- Beate Rygiert: *Bronjas Erbe* (2000)

Die Erzählinhalte und -verfahren der Flucht-und-Vertreibungsromane zwischen 1989/90 und 2001 lassen sich schematisch zwei Lagern zuordnen: Einerseits führen fiktionale Bearbeitungen die in den 1970er und 1980er eingeschlagenen populärliterarischen Wege inhaltlich (Liebes- und Familiengeschichten) sowie formalästhetisch (etwa mit linearen und monoperspektivischen Erzählhaltungen) fort, andererseits versuchen Autoren, auch als Folge eines erneuten Generationswechsels, neue inhaltliche oder erzählerische Perspektiven auf das Kriegsende und die Fluchtbewegungen einzunehmen. So wird zum Beispiel erstmals prominent aus dem Blickwinkel der Flakhelfergeneration erzählt und auffällig bestimmt das Thema Erinnerung bzw. Weitergabe von Erinnertem einen Teil der in dieser Konjunkturphase entstehenden Texte.

613 Sebald, zitiert nach Krellner: »›Aber im Keller die Leichen«, S. 111.

Auf diese Tendenzen soll nun überblicksartig eingegangen werden. Es erfolgt in diesem Kapitel keine Einzeltextanalyse, da die 1990er Jahre, so wird zu zeigen sein, eine Übergangsphase des literarischen Flucht-und-Vertreibungsdiskurses darstellen. Sie knüpfen an Traditionen der 1970er und 1980er Jahre an, oder führen erste Deutungsmuster ein, die sich in den 2000er Jahren durchsetzen. Damit sind die Bilder und Formen der Flucht-und-Vertreibungsliteratur zwischen 1989/90 und 2001 einerseits als überkommene Muster zur Genüge im vorherigen Kapitel betrachtet worden und werden andererseits als innovative Formen im folgenden Kapitel eingehend untersucht. Eine Detailanalyse der Entwicklung bestimmter Erzählmuster in Einzelanalysen könnte ein fruchtbares Unterfangen für die germanistische Forschung sein, das hier aber der Anlage der vorliegenden Untersuchung entsprechend hinter das Interesse an Diskurszusammenhängen insbesondere in synchroner Perspektive zurücktritt.

2.1 Familien- und Generationenroman

Auffällig ist, dass sich auch in den 1990er Jahren der Familien- und Generationenroman als Austragungsort von Flucht-und-Vertreibungsgeschichten großer Beliebtheit erfreut. Familien- und Generationsromane wie Charlotte Links *Sturmzeit*-Serie oder Wieskerstrauchs *In den Mohnfeldern; Roman einer schlesischen Familie* problematisieren wie schon die meisten Romane der vorhergehenden Konjunkturphase keine historisch-politischen Widersprüche oder Kontroversen, vielmehr stehen weibliche Identifikationsfiguren im Vordergrund, mit denen der Leser (die Leserin) Liebes- oder Familiengeschichten vor historischem Hintergrund erlebt. Ebenso wie das Gros der zwischen 1969 und 1989 erschienen Romane verfahren die Erzählungen der 1990er Jahre erzählerisch konventionell. Sie erzählen in der Regel monoperspektivisch und linear und leisten damit einer Homogenisierung des Flucht-und-Vertreibungsnarrativs weiterhin Vorschub.

Charakteristisch für diese in den 1990er Jahre verfassten Texte ist ferner eine weit aufgespannte Erzählzeit: Link beginnt den ersten Band ihrer *Sturmzeit*-Reihe mit dem Ausbruch des Ersten Weltkrieges und endet in den 1970er Jahren, Wieskerstrauch zeichnet ein Familienporträt von der Jahrhundertwende bis in die Gegenwart. Auch diese Tendenz ist bereits in den 1970er Jahren mit Brückners *Poenichen*-Reihe angestoßen worden. Endgültig scheinen in derartigen Romanen Vor- und Folgegeschichte von Flucht und Vertreibung kaum um einer kritischen historisch-politischen Kontextualisierung willen beschrieben zu werden, denn diese erfolgt nie innovativ oder wirklich detailliert. Vielmehr entsteht der Eindruck, dass mit der Ausweitung der Erzählzeiträume verkaufsträchtige Muster der vorhergehenden Phase fortgesetzt werden und das Flucht-und-Vertreibungsgeschehen zu einer integralen, weit akzeptierten deutschen Erinnerungskomponente des Zweiten Weltkriegs geworden ist. Neben dem Kampf der Soldaten an der Front, der Heimkehrerproblematik oder dem Abtransport jüdischer Bürger erscheinen seit den 1970er und 1980er Jahren Flucht und Vertreibung immer mehr als gleichrangiger historischer Erfahrungsbestand bzw. kollektiv vereinnahmter Teil eines Erinnerungsbildes des Zweiten Weltkriegs, womit gleichsam das Verhältnis unterschiedlicher Opfergruppen immer weiter eingeebnet wird. Der aus der ehemaligen DDR stammende Trivialautor Harry Thürk vermischt in *Sommer der toten Träume* ebenfalls Bilder verschiedener Opfergruppen. Dem Leser begegnen desertierte Soldaten als Opfer des NS-Regimes, eine Auschwitz-Überlebende sowie deutsche ›Umsiedler‹ in polnischen Lagern. Diese Komponenten entsprechen zwar nicht gänzlich dem tradierten und mythologisierten Konstrukt der BRD, dennoch stimmt es wohl, dass »Thürk has taken unification as an opportunity to create a text replete with the constitutive elements of West German ›Germans as victims‹ discourse [...].«[614]

2.2 Ikonografische Homogenisierung

Ebenfalls aus den Fiktionen der 1970er und 1980er Jahre übernehmen die Texte in den 1990er das etablierte, stereotype und idyllisch verklärte Heimatbild der ostdeutschen Landschaft. Insbesondere die Romane von Utta Danella und Charlotte Link bemühen sich nicht um experimentelle und innovative Bilder, Inhalte oder Erzählstrukturen. Ihre Romane nutzen das historische Geschehen, wie die trivialen Bearbeitungen der 1960er Jahre, ausschließlich als Kulisse für Liebeskonflikte. Dabei tragen diese Romane das inzwischen tradierte sentimentale Heimatbild der Regionen hinter Oder und Neiße fort.

Dazu gehört es, dass die Romantitel sich ähneln und auch in den 1990er Jahre gerne entweder Ortsnamen oder Naturbilder aufgegriffen werden. Der Titel von Helga Lippelts Fortsetzungsroman *Abschied von Popelken oder ein Atemzug der Zeit* erinnert an Brückners Titel *Nirgendwo ist Poenichen* oder Surminskis *Pol-*

614 Bill Niven: *Representations of Flight and Expulsion in East German Prose Works*, S. 174. Niven erkennt für Thürks Motive aber ebenfalls Ursprünge in der Literatur und dem Umsiedlerdiskurs der DDR (vgl. ebd.) Mit *Representations of Flight and Expulsion in East German Prose Works* hat Niven nicht nur ein Desiderat im Hinblick auf die diachrone Analyse des literarischen Flucht-und-Vertreibungsdiskurses der DDR geschlossen, sondern auch mit Vorurteilen und verfestigten Annahmen, die bis dato in der germanistischen Forschung kursierten, aufgeräumt oder diese zumindest relativiert. Niven zeigt, dass der literarische Flucht-und-Vertreibungsdiskurs der DDR dem der BRD in vielerlei Hinsicht nicht unähnlich gewesen ist und dass das Thema in der DDR zwar politisch stark restriktiert war, aber kein Tabu darstellte. Letztendlich können die vorliegende Untetsuchung und Nivens Untersuchung als sich ergänzende Gegenstücke gelesen werden.

ninken oder eine deutsche Liebe. Charlotte Links Titel *Wilde Lupinen* und Liz Wieskerstrauchs *In den Mohnfeldern* ähneln Leonie Ossowskis *Weichselkirschen* sowie Brückners *Jauche und Levkojen.* Sicherlich sind diese Kontinuitäten auf die Tatsache zurückzuführen, dass sowohl Osswoskis Roman *Holunderzeit* (1991) als auch Lippelts *Abschied von Popelken oder ein Atemzug der Zeit* (1994) Fortsetzungen von Erzählungen sind, die sie in den 1970er bzw. 1980er Jahren verfasst haben. Sie spiegeln aber dennoch insbesondere in der Verwendung von Ortsnamen in den Romantiteln eine Tendenz wider, die sich erst in den 1970er Jahren Bahn brach.

Neben idyllisierten Beschreibungen der Landschaften, wie sie sich ebenfalls in den 1970er und 1980er Jahren etablierten, fällt in den 1990er Jahren die emotionale, teils allegorische Aufladung dieser Räume auf. So ist in *Sturmzeit* das ostpreußische Gut Lullin für die Protagonistin Felicia immer wieder Zufluchtsort, wenn ihre Liebesbeziehungen oder beruflichen Wege in Berlin oder München schwierig werden. Ostpreußen steht, wie schon in Surminskis Romanen ab den 1970er Jahren, für das Idyll jenseits von Großstadt und Weltgeschehen und avanciert damit einmal mehr als komprimierte, symbolisch aufgeladene Landschaftsikone zum Heimatmotiv schlechthin.[615] Dabei werden Gutshäuser, ländliche Regionen, die Landwirtschaft und schließlich Flora und Fauna zu Bildern der verlorenen Heimat. Immer wieder wird zum Beispiel seit den 1970er Jahren im Roman (wie im Film) die Einfahrt der Gutshöfe zum allgegenwärtigen Bild, etwa 1976 in Osswoskis *Weichselkirschen:*

> Da liegt sie vor ihr, die Dorfstraße, nicht schmaler, nicht breiter. Rechts gepflastert und links der sandbedeckte Sommerweg für Pferdefuhrwerke und Viehbetrieb. Anna fährt über das holprige Kopfsteinpflaster auf das Schloß zu. Der schwarze Weg, die Einfahrt zum Schloß, ist durch ein Gitter verriegelt und unbenutzt. Also fährt sie die Hofgasse entlang, am alten Reitplatz vorbei, der voll Maschinen steht.[616]

Ebenso 1989 in Links *Sturmzeit:*

> Das Herrenhaus von Lullin war zweihundert Jahre zuvor erbaut worden, obwohl die Familie Domberg seit dreihundert Jahren auf diesem Grund und Boden saß. [...] [E]in großes Gebäude aus grauem Stein, mit vielen Fenstern, Efeu umkletterte es, zu seinen Füßen lag ein blühender Rosengarten, und auf sein Portal führte eine eichengesäumte

615 Der Roman *Sturmzeit* wurde vom *ZDF* 1999 in fünf Teilen verfilmt. Auf DVD hat die *Universum Film GmbH* den Mehrteiler 2004 herausgebracht. Als Hörbuch erschien der Roman 2007 bei *Random House Audio.* Die jüngste Auflage des Romans verlegte 2018 der *Blanvalet Taschenbuch Verlag.* Die Neuauflagen und Medienwechsel sind als Ausdruck der erinnerungskulturellen Entwicklung der 2000er Jahre zu deuten, die das folgende Großkapitel analysiert.

616 Leonie Osswoski: *Weichselkirschen.* München: Wilhelm Heyne Verlag 1976, S. 80f.

> Allee, an die sich rechts und links weite Koppeln anschlossen, auf denen Trakehner [...] grasten.[617]

Während Ossowski, die 1976 den Roman einer Reise in die Volksrepublik Polen schreibt, sowohl das Verhältnis preußischer Adelskultur und kommunistischer Planwirtschaft sowie die Spannung zwischen Erinnerungsbild und Tatsache mitreflektiert, werden, wie das Beispiel plakativ zeigt, in populären bzw. trivialen Romanen spätestens ab 1989/90 Bilder des deutschen Ostens vereinfacht und auf Klischees reduziert.

2.3 Metareflexion und Gedächtnisthematik

Während die vorgestellten konventionellen Texte keine Fragen nach dem erinnernden und erzählerischen Umgang mit der deutschen Vergangenheit oder der transgenerationalen Weitergabe von Erinnerungen aufwerfen, nehmen in den 1990er Jahre einige Romane diese Themen zaghaft auf: In ihrem deutlich autobiografisch geprägten Roman *Neiße und Pleiße. Erster Roman: Neiße* entwirft Mechthild Curtius schon 1992 immer wieder Bilder und Darstellungen für das Erinnern. Dabei findet sie einerseits Beschreibungen für das Zurückfluten von Erinnerungsbildern, als die Protagonistin kurz nach der Wende in das schlesische Dorf reist, in dem sie als Kind bei ihrer Großmutter lebte. Andererseits reflektiert sie die Nachwirkung von Erinnerungen, wenn sie immer wieder beschreibt, welche Heimatgefühle später insbesondere die hessische Landschaft in der erwachsenen Frau erwecken können:[618]

> [E]s ist alles kleiner, aus Erinnerung gemacht, doch alles ist da; diese Art Landschaft ist es gewesen, die sie gesucht hat in denen der geschwungenen Hügel mit Erdwellen und den Hecken in hineingedrückten Dellen, meistens in Hessen, Wetterau, Schwalm, in den Getreidefeldern Westfalens, sogar bestimmte umbrische und burgundische Gegenden hatten den Erinnerungsreiz durch gleiche geologische Struktur ausgelöst.[619]

Ebenso deutlich bearbeitet Hans Ulrich Treichel in seiner Novelle *Der Verlorene* das Erinnern an Flucht und Vertreibung. Allerdings fokussiert er nicht die Erlebnisgeneration, sondern erzählt seine Geschichte aus der Sicht eines nachgeborenen Jungen, der den Umgang seiner Eltern mit ihrem Trauma beobachtet. Die Eltern haben auf der Flucht seinen großen Bruder Arnold verloren und suchen zeit ihres Lebens verzweifelt nach diesem. So steht hier nicht die per-

617 Charlotte Link: *Sturmzeit.* München: Blanvalet 1991, S. 10.

618 Die Schweizer Schriftstellerin Erica Pedretti stößt mit *Engste Heimat*, einem in Mähren spielenden Roman, 1995 in dieselbe Richtung.

619 Mechthild Curtius: *Neiße und Pleiße. Erster Roman: Neiße.* Berlin: Aufbau Taschenbuch Verlag, S. 26.

sönliche Erinnerung im Mittelpunkt, sondern die Tradierung einer Vergangenheitsversion im Familiengedächtnis und deren Einfluss auf die Nachgeborenen. In dieser Ausrichtung repräsentiert *Der Verlorene* den in den 1990er Jahren endgültig einsetzenden Generationswechsel von einer Erfahrungs- zu einer Nachgeborenengeneration und die daraus resultierenden Deutungsverschiebungen in der kollektiven Gedenkpraxis.[620]

* * *

So existiert in den 1990er Jahren eine Literatur über den ostdeutschen Heimatverlust, die zu einem Teil die in den 1970er und 1980er Jahren eingeschlagenen populären erzählerischen Wege fortführt und zum anderen Teil erste neue Kontextualisierungen und Perspektiven entwirft. Die Flucht und Vertreibung schildernden Romane werden dabei vom Publikum nicht gesondert rezipiert oder gar debattiert. Vielmehr erscheint ›Flucht und Vertreibung‹ als ein zwar nicht dominantes, so doch allgemein akzeptiertes Thema, das sich seinen Platz bzw. seine Legitimität in der Literaturlandschaft nicht mehr erstreiten muss. Dass der ostdeutsche Heimatverlust ein gleichberechtigtes Thema im Literaturbetrieb der 1990er Jahre darstellt, zeugt von der Popularität und Salonfähigkeit, die das Thema zuvor in den 1970er und 1980er Jahren erhalten hat.

Das konstatierte Bemühen um neue Perspektiven und innovative historische, gesellschaftliche oder psychologische Kontextualisierungen kennzeichnet dabei nicht nur Romane über Flucht und Vertreibung. Vielmehr spiegeln sich in der Flucht-und-Vertreibungsliteratur der 1990er Jahre deutlich Tendenzen der gesamten deutschen Belletristik in diesem Zeitraum wider.

3 1989/90 als Feuer der Opferrhetorik?

Wenn die Flucht-und-Vertreibungsromane zwar selbst nicht zum Angelpunkt von politischen Gedächtnisdebatten avancierten, so stellen diese in den 1990er Jahren breiten Diskussionen dennoch den erinnerungskulturellen und damit

620 Die Novelle ist Teil einer Trilogie, die der Autor in den 2000er Jahren fortsetzt. Es folgen die Texte *Menschenflug* (2005) und *Anatolin* (2008). Diese beiden Folgeromane führen den angestoßenen Metadiskurs weit intensiver fort und geben damit erneut dem bis in die 2000er hineinreichenden Wandel des öffentlichen Erinnerungsklimas Ausdruck. Zur Betrachtung des Romans im Kontext von Flucht und Vertreibung vgl. Martina Ölke: »›Flucht und Vertreibung‹ in Hans-Ulrich Treichels *Der Verlorene* und *Menschenflug* und in Günter Grass' Im Krebsgang«; sowie Stephan Braese: »›Tote zahlen keine Steuern‹. Flucht und Vertreibung in Günter Grass' ›Im Krebsgang‹ und Hans-Ulrich Treichels Der Verlorene‹«, in: Paul Michael Lützeler (Hrsg.): *Gegenwartsliteratur. Ein germanistisches Jahrbuch.* Tübingen: Stauffenburg 2003, S. 171–196.

soziopsychologischen Hintergrund auch für diese Texte dar. Dass es zu den oben skizzierten teilweise hitzigen erinnerungspolitischen Kontroversen und einer Prominenz der Themen Erinnerung und Gedächtnis kam[621], wird nicht zuletzt immer wieder auf die historische Wende 1989/90 zurückgeführt. Für die hier verfolgte Fragestellung muss der Einfluss der Zäsur 1989/90 insbesondere auf einen möglichen deutschen Opferdiskurs hinterfragt werden.[622]

Mit der Wiedervereinigung stellte sich die Frage nach dem Umgang mit der deutsche NS-Vergangenheit erneut, zumal sich nun ein neuer deutscher Staat unter Rückberufung auf das Jahr 1945 formierte. An das Jahr 1945 anzuschließen, bedeutete auch die gesamtdeutsche Auseinandersetzung mit dem Kriegsende und seinen unmittelbaren Folgen, mit der deutschen NS-Geschichte sowie dem Holocaust. Eine Vergangenheitspolitik, wie die BRD sie praktiziert hatte, hatte es in der DDR, die sich als antifaschistischer Staat gerierte, nicht gegeben. Während für die bundesdeutsche Identität die Frage nach dem Umgang mit NS-Zeit und Holocaust bestimmend war, fehlte den in der DDR sozialisierten neuen Bundesbürgern nicht nur eine Auseinandersetzung mit Schuld und Verantwortung, sondern letztlich ein identitätsstiftendes Element, über das die Westdeutschen verfügten. Weil es 1989/90 keine gemeinsame Grundform der Erinnerung oder der Erinnerungspolitik für die Zeit des Dritten Reichs gab, musste diese erschaffen werden.

Für das erzwungene Zusammenwachsen zweier Diskurs- und Erinnerungsgemeinschaften stellte sich der deutsche Opfermythos als besonders anschlussfähig heraus:

> [N]ach 1990 [stellte] im wiedervereinigten Deutschland das Thema ›Flucht und Vertreibung‹ eine der wenigen diskursiven Ressourcen dar, die geeignet erschienen, ein geeintes Gedächtnis einer noch lebenden Generation herzustellen. Diese integrative Erzählung baute auf individuellen Erzählmustern auf, die ohne Rückbezug auf die jahrzehntelange Teilungserfahrung zu einer gemeinsamem kollektiven Opfererfahrung zusammengeführt werden konnten, obwohl die beiden Staaten zunächst konträr mit dem Gruppenerinnern umgingen[.][623]

Im auf Flucht und Vertreibung zurückgehenden deutschen Opfermythos ließ sich die Zeit der geteilten Geschichte und Sozialisation ausblenden. Der Opfer-

621 Diese Entwicklungen werden inzwischen mit dem Schlagwort ›memory boom‹ etikettiert. Vgl. zu diesem Begriff meine Ausführungen im Kapitel: »Kontextualisierung: *memory boom* und Generationswechsel«, S. 282–286.

622 Vermutungen über einen Zusammenhang zwischen der Zäsur 1989/90 und einem Wandel im deutschem Opfergedenken äußert Hirsch: »Flucht und Vertreibung. Kollektive Erinnerung im Wandel«.

623 Peter Haslinger: »Opferkonkurrenzen und Opferkonjunkturen. Das Beispiel von ›Flucht und Vertreibung‹ in Deutschland seit 1990«, in: *Geschichte in Wissenschaft und Unterricht* 62, März/April 2011, S. 176–190, hier S. 178.

mythos fungierte zu diesem Zeitpunkt also nicht mehr als sinn-, wohl aber als identitätsstiftendes Element, das die Unterschiede zwischen zwei Erinnerungsgemeinschaften auflösen sollte. Während in der DDR jahrzehntelang unter dem antifaschistischen Gründungsmythos eine Schulddebatte für unnötig erklärt worden war, war dort ebenso wie in der BRD ein Narrativ erfolgreich gewesen, in dem Hitler und wenige Schergen zu Tätern stilisiert wurden, um die Übrigen zu entlasten.[624] Opfermythen waren also beiden Gesellschaften nicht fremd, sodass es leicht fiel, in einer neuen gemeinsamen Vergangenheitsversion sogar die deutsch-deutsche Teilung als grässliches Resultat der Hitler'schen Politik (noch einmal) in ein gemeinsames Opfernarrativ aufzunehmen.

Neben solchen erinnerungskulturellen Potentialen waren es praktische Gründe, die ab den 1990er Jahren den Weg ebneten für eine breitenwirksame öffentliche Auseinandersetzung mit der Opfergeschichte deutscher Flüchtlinge und Vertriebener: Mit dem Fall des Eisernen Vorhangs wurde das Reisen in die Ostgebiete endgültig erleichtert. Nun konnten Zeitzeugen oder Nachkommen in ihre Heimatorte bzw. die der Vorfahren reisen. Zusätzlich wurde Forschungsmaterial erstmals frei zugänglich. Die bis dato in polnischen oder tschechischen Archiven lagernden Zeitdokumente konnten ab 1989/90 endlich gesichtet und im transnationalen Kontext erforscht werden.[625]

Neben der Frage nach einer gemeinsamen deutschen Identität brachten die Transformationsprozesse die Suche nach einer europäischen Identität ins Rollen und damit die Frage nach dem Verhältnis des wiedervereinten Deutschlands zu seinen osteuropäischen Nachbarstaaten. Einmal mehr erhält das Thema also identitätsstiftende Funktion, denn Opfer- und Tätergeschichten können gerade als Konfliktgeschichten, die sie immer – und auf politischer Bühne oft über Landesgrenzen hinweg – sind, identitätsstiftend ausfallen. Zeugnis von diesem Potential gibt etwa das jüngst verlegte mehrbändige Werk *Deutsch-polnische Erinnerungsorte*[626], das Gedächtniskonzepte von Grund auf bi- bzw transnational denkt. Zu dieser Europäisierung kollektiven Gedenkens und eines geteilten europäischen Selbstbildes konnte es sicherlich erst durch einen in den 1990er Jahren beginnenden Aussöhnungsprozesse kommen, der Teil dieser transnationalen Identitätsgeschichte ist. Anfang der 1990er Jahre wurde allerdings weniger bilateral Geschichte erinnert oder konserviert bzw. konstruiert als zunächst

624 Vgl. Lukas Bartholomei: *Bilder von Schuld und Unschuld. Spielfilme über den Nationalsozialismus in Ost- und Westdeutschland.* Münster/New York: Waxmann 2015, S. 70. Bartholomei unterstreicht, dass in der DDR nicht nur nationalsozialistische, politische Akteure, sondern auch die gesamte besitzende Klasse zu dieser Führungsriege stilisiert wurden.

625 Vgl. Haslinger: »Opferkonkurrenzen und Opferkonjunkturen«, S. 181f.

626 Hans Henning Hahn/Robert Traba (Hrsg.): *Deutsch-polnische Erinnerungsorte.* Bd. 1–5. Paderborn: Schöningh 2013–2015.

nationale Geschichte unter dem kritischen Blick der osteuropäischen Nachbarstaaten neu geschrieben.[627]

Dennoch trifft es zu, dass in der Berliner Republik die Erinnerung an Flucht und Vertreibung erstmals ohne Steuerung von oben erfolgten konnte – »Begegnungen sind nicht mehr geprägt durch offiziöse Geschichtsdarstellungen und obligatorische Reiseführer.«[628] Ein individueller, authentischer Austausch zwischen Ost und West, zwischen Deutschen und Angehörigen der osteuropäischen Nachbarstaaten, ermöglichte einen neuen Zugang zu verschütteten und lange Zeit diktierten Geschichtsbildern, wodurch es in der Tat überhaupt erst möglich wurde, »das kulturelle Erbe im mittleren und östlichen Europa wieder selbstverständlicher zu sehen und es als Teil auch der deutschen Kulturgeschichte zu begreifen«[629]. Aus Wrocław durfte Ende der 1990er Jahre wieder Breslau werden.

Als weiteren Grund für eine aufkommende Opferdebatte ab Mitte der 1990er Jahre führt die Forschung außerdem immer wieder die in diesem Zeitraum stattfindenden und über die Medien verbreiteten Fluchtbewegungen auf dem Balkan, den Kosovokrieg und die ethnischen Säuberungen in Ruanda an. Wenn einige Stimmen behaupten, die Bilder aus Jugoslawien Anfang der 1990er Jahre hätten viele für die Vertreibungsschicksale in den eigenen Familien sensibler werden lassen,[630] scheint m. E. weniger Mitleid oder Identifikation als das Angebot eines neuen begrifflichen und vergleichenden Deutungsrahmens den Erfolg dieses Bezugs auf internationalen Konflikte zu begründen. Auch Haslinger erkennt, dass erst die qualitative Bezugnahme auf internationale Rechtsstandards und so die Orientierung an völkerrechtlichen Kriterien den Opferdiskurs für vergleichende Perspektiven auf genozidale Prozesse geöffnet habe,[631] und Flucht und Vertreibung damit nochmals als Kriegsverbrechen in den Blick gerückt werden konnten bzw. sollten. Damit stellt sich der Verweis auf internationale Flucht-und-Vertreibunsgerfahrungen in den 1990er Jahren als diskursives Muster dar, das insbesondere Eingang in die Rhetorik *BdV*-naher Angehöriger der Erlebnisgeneration fand.[632]

Zu den diskursiven Einflüssen um 1989/90 gehört sicherlich der bereits angedeutete Generationswechsel. 1990 stellten in der BRD erstmals die nach 1945

627 Philipp Ther: »Die Last der Geschichte und die Falle der Erinnerung«, in: *Transit* 30 2005/2006. Online: http://www.eurozine.com/die-last-der-geschichte-und-die-falle-der-erinnerung/ (Stand: 31.01.2018).

628 Hirsch: »Flucht und Vertreibung. Kollektive Erinnerung im Wandel«, S. 25.

629 Aussage des früheren Staatsminister für Kultur und Medien Julian Nida-Rümelin. Zitiert nach: ebd., S. 25.

630 Ebd., S. 26.

631 Vgl. Haslinger: »Opferkonkurrenzen und Opferkonjunkturen«, S. 188.

632 Zahlreiche Äußerungen aus den Reihen des *BdVs*, die die Vertreibung der Deutschen begrifflich in einen Zusammenhang mit Völkermord bzw. Genoziden rücken, liefern Hahn/Hahn: *Die Vertreibung im deutsche Erinnern*, S. 24f.

Geborenen einen signifikant größeren Bevölkerungsanteil als die Zeitzeugen und Angehörigen der Kriegsgeneration dar.[633] Die Ende der 1990er Jahre lauter werdenden Appelle, die deutschen Opfer unter der allgemeinen Erinnerung an jüdische oder ausländische NS-Opfer nicht zu vergessen, sind sicherlich u. a. auf diesen Generationswechsel und den damit einhergehenden Wandel von einem Erfahrungsbestand zum kulturellen Gedächtnis zurückzuführen. Wie schon um 1960 erscheint der Generationswechsel als erinnerungskultureller Motor des diskursiven und literarischen Vergangenheitsbezugs. Während in den 1960er Jahren unter dem Eindruck eines ersten Abtritts der Erfahrungsgemeinschaft Angehörige der zweiten Generation, Kinder der Vertriebenen, mit dem Schreiben begannen, wiederholt sich diese Bewegung offensichtlich dreißig Jahre später und betrifft zunehmend die Enkelgeneration. Der Zyklus von dreißig Jahren entspricht dabei deutlich dem von Jan Assmann vorgeschlagenen Modell des Generationsgedächtnisses und damit dem Umschlagen des kommunikativen Gedächtnisses in ein soziales Gedächtnis.[634]

4 Außerliterarischer Diskurs: Vertriebenenpolitik ab 1989/90

Während in der Berliner Republik also bis zum Ende der 1990er Jahre zahlreiche Debatten um das Erinnern an die deutsche Vergangenheit nicht nur hitzig, sondern insbesondere auch breitenwirksam geführt wurden, war das Interesse der Öffentlichkeit an Vertriebenenpolitik nach der Wende geradezu erloschen. In der Auseinandersetzung mit der deutschen Vergangenheit lehnte die deutsche Bevölkerung die Haltung der Vertriebenenverbände mehr und mehr ab, und Anfang der 1990er war es um diese still geworden.[635] Mit dem Wendejahr 1989/90

633 60 % der Gesamtbevölkerung waren 1990 nach 1945 geboren. Vgl. https://service.destatis.de/bevoelkerungspyramide/#!y=1990&a=0,45&v=2&o=1980&g (Stand: 22.01.2018).

634 Vgl. auch A. Assmann: *Der lange Schatten*, S. 25f.

635 Der *BdV* hoffte, mit dem Zuwachs der neuen Bundesländer durch neue Mitglieder zu erstarken. Doch in den 1990er Jahren traten kaum neue Mitglieder in den *BdV* ein, auch wenn sich zunächst schnell einzelne Verbände in den neuen Bundesländern formierten, die bald im *BdV* aufgingen. Die geringen Zunahmen blieben ernüchternd, zumal der Verband insgesamt an einer steigenden Altersstruktur seiner Teilnehmer krankte und mit frischem Wind kaum zu rechnen war. Die Flüchtlinge und Vertriebenen aus den neuen Bundesländern fühlten sich vom *BdV* nicht nur bevormundet, sondern verwehrten sich langfristig auch dessen eher revisionistischen Politik und seiner Forderung, eine Postion gegen die ehemaligen sozialistischen Bruderstaaten Polen und Tschechien einzunehmen. So gesehen, trugen die Vertriebenen und Flüchtlinge der ehemaligen DDR eher zu einer Entspannung denn zu einem Fortleben der Vertriebenenpolitik bei. Vgl. Simon Lange: *Der Erinnerungsdiskurs um Flucht und Vertreibung in Deutschland seit 1989/90. Vertriebenenverbände, Öffentlichkeit und die Suche nach einer ›normalen‹ Identität für die ›Berliner Republik‹.* Dissertation Universität zu Köln (WS 2013/14), publiziert 2015. Online: https://archiv.ub.uni

witterten die Verbände allerdings noch einmal ihre Chance, politisch den Ton angeben zu können. Ihrem Stand in der deutschen Öffentlichkeit taten die Verbände jedoch insbesondere mit ihrer erneuten Forderungen nach der Revision deutscher Außengrenzen keinen Gefallen. Sie erschienen mehr und mehr als revisionistische Ewig-Gestrige.

Für die Vertriebenenverbände wurde unter dem Eindruck sich abzeichnender Veränderungen im Ostblock die Diskussion um die Oder-Neiße-Linie als deutsche Westgrenze schon Anfang 1989 wieder aktuell. Besonders schürte Finanzminister Theo Waigel (CSU) die Debatte mit seiner Rede auf dem Schlesiertreffen 1989 in Hannover, als er betonte, dass die ostdeutschen Gebiete hinter Oder und Neiße nach wie vor zur deutschen Frage gehörten und es bis dato keinen völkerrechtlich wirksamen Akt gebe, durch den die östlichen Teile des deutschen Reiches von diesem abgetrennt worden seien.[636] Während er für diese Äußerung den Beifall der Vertriebenenverbände erntete, zeigten sich Öffentlichkeit und Politik wenig erfreut bis deutlich irritiert über seinen Vorstoß.[637]

Auch Bundeskanzler Kohl blieb in der Grenzfrage jahrelang uneindeutig. Obwohl Bundesaußenminister Hans-Dietrich Genscher die deutschen Außengrenzen schon im September 1989 vor der UN-Vollversammlung nachdrücklich garantiert hatte,[638] scheute sich der Bundeskanzler zur allgemeinen internationalen Verwunderung noch in den 2+4-Verhandlungen vor der endgültigen Festlegung der Grenzen.[639] Nicht nur hatten die Vertriebenenverbände immer wieder mit dem Ruf nach Reparationszahlungen oder Klagen auf Eigentum etc. gedroht, sondern die Angst vor Stimmenverlust oder Ablehnung seiner Parteigenossen im eigenen äußeren Flügel waren ein weiterer Grund für Kohls Vorsicht.[640] Ein geplanter Besuch Kohls in Danzig anlässlich des 50. Jahrestags des Angriffs auf Polen wurde von der Union unterbunden.[641] Seinem »Eiertanz« begegnete die Presse mit großem Unverständnis und Kritik.[642]

-heidelberg.de/volltextserver/19300/1/150831_Publikation_Dissertation_OUT.pdf (Stand: 27.06.2018), S. 51f.

636 Vgl. Mitschnitt der *Tagesschau* unter: https://www.youtube.com/watch?v=4Pww5dUxDW4 (Stand: 02.01.2018).

637 Vgl. Lange: *Der Erinnerungsdiskurs um Flucht und Vertreibung*, S. 44.

638 Vgl. »Genscher: Polens Grenze bleibt!«, in: *taz*, 28.09.1989. Online: http://www.taz.de/!179 6844/ (Stand: 21.01.2018).

639 Lange: *Der Erinnerungsdiskurs um Flucht und Vertreibung*, S. 47f.

640 Vgl. ebd., S. 48.

641 Im *SPIEGEL* 29/1989 heißt es: »Aber, wie so oft, die großangelegten Gesten des Kanzlers endeten im Durcheinander. Ein Besuch Helmut Kohls scheiterte erst mal am Gezänk um die Höhe deutscher Kredite für Warschau. Jede Nachgiebigkeit gegenüber dem Osten gilt nach alter Unionstradition immer noch als Zeichen politischer Schwäche. Reisepläne zum 1. September nach Warschau oder auf die Danziger Westerplatte, wo der Zweite Weltkrieg begann und wo sich letzte Woche der amerikanische Präsident Bush zeigte, hat die CSU zu Zeichen nationaler Würdelosigkeit stilisiert: Keiner aus ihren Reihen darf einer polnischen

Auf die endgültige völkerrechtliche Anerkennung der deutsch-polnischen Grenze reagierten die führenden Vertriebenenpolitiker sodann empört. In einer geradezu verzweifelten Aktion versuchte der *BdV* Unterschriften für eine freie Abstimmung über die deutsche Außengrenze zu sammeln, die jedoch nicht von Erfolg gekrönt war.[643] Wohl auch, weil in den Vertriebenenverbänden mit der endgültigen Grenzziehung ein Sinnvakuum entstand und die Grenzanerkennung als »größte denkbare politische Niederlage und [...] Scheitern einer jahrzehntelang als sakrosankt gepflegten politischen Programmatik«[644] gelten musste, sprach der *BdV* in der Folge von den Vertriebenen als »Sonderopfer für das ganze Volk«[645]. Diese öffentliche und explizite Proklamation einer tragischen und stellvertretenden Opferrolle erscheint nicht gänzlich frei von Verletzungen und Schmach. Eine langfristige Beschwichtigung der Verbände sollte die Zusage weiterhin fließender finanzieller Mittel zur Förderung des deutschen Kulturerbes durch die Bundesregierung bringen. – »Als politische Ersatzleistung wich man also in den Bereich der Symbolpolitik aus.«[646]

Für die Vertriebenenverbände galt es damit Anfang der 1990er Jahre, neue Wege zu beschreiten. Im veränderten (erinnerungs)politischen Klima musste der *BdV* – um nicht überflüssig zu werden – seine politische Rolle finden.[647] Neben der Forderung, die Rechte der deutschen Minderheit in Polen zu stärken, schrieb sich der *BdV* nun vornehmlich das Ziel auf die Fahnen, Polen möge das Unrecht der Vertreibungen öffentlich anerkennen. Politische Forderungen traten jedoch mit der Zeit mehr und mehr in den Hintergrund. Stattdessen kämpften die Verbände ab spätestens Mitte 1990er Jahre für die öffentliche Sichtbarkeit und breite Erinnerung an Flucht und Vertreibung. Nicht zuletzt diese Ambitionen mögen die in den 2000er Jahren weithin akzeptierte Rede von einem Erinnerungstabu, ein Mythos, den die Vertriebenenverbände pflegten,[648] provoziert und

Einladung zu diesem Tag Folge leisten.« Online: http://www.spiegel.de/spiegel/print/d-13494319.html (Stand: 31.01.2017).

642 Einen wortwörtlichen »Eiertanz« im Umgang mit der Anerkennung der Oder-Neiße-Grenze wirft der *SPIEGEL* dem Kanzler wiederholt vor: »Die deutschen Bäume fällen«, in: *SPIEGEL* 11/1990, S. 174–182; »Überall Unruhe«, in: *SPIEGEL* 13/1990, S. 171–173; »Es wird ein anderer Staat«, in: *SPIEGEL* 12/1990. S. 33–44.

643 Vgl. Lange: *Der Erinnerungsdiskurs um Flucht und Vertreibung*, S. 48.

644 Ebd., S. 50.

645 Hebert Czaja: »H. Czaja: ›Nein zur Preisgabe‹. Auszüge aus der Rede des BdV-Präsidenten zur ›Grenz‹-Garantieerklärung«, in: *Das Ostpreußenblatt* 41/26; 30.06.1990, S. 1.

646 Lange: *Der Erinnerungsdiskurs um Flucht und Vertreibung*, S. 49.

647 Die Aussiedler als Zielgruppe der 1990er waren mehr als willkommen. Diese zeigten sich aber wenig empfänglich für das Programm des *BdV*, der sich um die soziale Integration der Neuankömmlinge weit weniger verdient machen konnte und wollte als andere Organisationen. Lange: *Der Erinnerungsdiskurs um Flucht und Vertreibung*, S. 53.

648 Hans Henning Hahn äußert im Interview mit der *ZEIT:* »Ich sprach gerade vom rhetorischen Kanon, der den Mythos ausmacht. In diesem Fall gehörte der Tabu-Vorwurf von Anfang an

befördert haben. Der Wille, die Erfahrungen der Vertriebenen zu archivieren und sichtbar zu machen, lag auch den seit 1998 publik gemachten Plänen für den Bau eines s. g. *Zentrums gegen Vertreibung* zugrunde, um das insbesondere Anfang der 2000er Jahre hitzige Diskussionen geführt werden sollten.[649]

Auch wenn mit der endgültigen Anerkennung der deutschen Ostgrenze ein vorherrschender Diskussionspunkt der Debatte aufgehoben war, hatte sich das Thema Flucht und Vertreibung in den 1990er Jahren also nicht erledigt. Tradierte Geschichtsbilder und Erinnerungsversionen bestanden fort und hatten weiterhin Einfluss auf den offiziösen Opfer- und Täterdiskurs der BRD. In den Reden zum 50. Jahrestag des Kriegsendes am 8. Mai 1995 wird die symbolpolitische Aussöhnung der deutschen Politik und der Vertriebenenverbände in einem integrativen Erinnerungskonstrukt sichtbar, die jedoch nach wie vor im Widerstreit stand mit dominanten Geschichtsauffassungen der Bundesbürger. Noch 1995 gaben 44 % der Bürger mit Volksschulbildung an, Flucht und Vertreibung seien ein ebenso großes Verbrechen gegen die Menschlichkeit wie der Holocaust gewesen.[650] Wenn nach einer Diskussion um die Gestaltung des 8. Mai 1995 Roman Herzog in seiner Rede Deutschlands Täterrolle deutlich unterstreicht und den Holocaust als »größte[] Vernichtungsaktion[] [...], die menschliche Hirne je ersonnen hatten«[651] tituliert, scheinen diese Worte Voraussetzung zu sein für das ebenso in seiner Rede 1995 enthaltene offensichtlich konsensfähige Erinnern an deutsche Opfer.

Teil dieses integrativen Erinnerungskonstruktes wurde nicht zuletzt noch einmal das seit den 1950er Jahren gepflegte Bild der beispiellos erfolgreichen Integration der Flüchtlinge und Vertriebenen im Nachkriegsdeutschland, die Roman Herzog 1995 in der Rede zum 50. Jubiläum des Kriegsendes ebenfalls hervorhob:

> Im Zuge und im Gefolge des Wiederaufbaus gelang die Integration von Millionen Flüchtlingen und Vertriebenen in ihrer neuen Heimat. Das Kalkül mancher, diese Elendsheere würden sich im Westen als sozialer und politischer Sprengsatz erweisen, ist nicht in Erfüllung gegangen. Und mehr als das: Schon im August 1950 haben sich die

---

dazu. Die Vertriebenenpolitiker klagten darüber, dass die Welt, Europa, ja auch Deutschland das Leid der deutschen Zivilbevölkerung nicht kennen wolle und eben tabuisiere. Was damals schon Unsinn war [...].« Benedikt Erenz: »Das bestgehütete Geheimnis«, in: *DIE ZEIT* 41, 07.10.2010. Online: http://www.zeit.de/2010/41/Interview-Hahn/seite-2 (Stand: 22.01.2018).

649 Vgl. dazu S. 325 der vorliegenden Arbeit.

650 Vgl. Emnid-Umfrage für den *SPIEGEL*, 18.-23.04.1995. Ergebnisse veröffentlicht in »Die Jungen denken anders«, in: *SPIEGEL* 19/1995, S. 76f. Online: http://magazin.spiegel.de/EpubDelivery/spiegel/pdf/9184264 (Stand: 31.01.2018).

651 »Zum 50. Jahrestag des Endes des Zweiten Weltkrieges«. Staatsakt in Berlin am 8. Mai 1995, Ansprache des Bundespräsidenten Roman Herzog. Online unter: https://www.bundesregierung.de/Content/DE/Bulletin/1990-1999/1995/38-95_Herzog.html (Stand: 11.01.2018).

Heimatvertriebenen in ihrer Charta unverbrüchlich zu Frieden und Gewaltverzicht verpflichtet.[652]

Die Erfolgsgeschichte und der Verzicht der Heimatvertriebenen auf Rache und Vergeltung avancierte also »zu einem quasi-offiziellen Topos der Erinnerung an Flucht und Vertreibung, der gerade auch für die Bundesregierung den Zweck einer symbolpolitischen Pazifizierung der Verbände durch Gewährung von Anerkennung erfüllte.«[653]

5 Zwischenfazit (1989/90–2001)

Als charakteristisch für das deutsche Erinnerungsklima der 1990er Jahre haben sich auffällige Verschränkungen erstens von verschiedenen Diskursebenen, zweitens von verschiedenen Diskursakteuren und drittens von verschiedenen Vergangenheitsbildern erwiesen, deren Verständnis für die Analyse der diachronen Entwicklung des literarischen Flucht-und-Vertreibungsdiskurses seit Kriegsende unerlässlich ist. Diese Verschränkungen konnten hier nachgewiesen werden, weil die erzählerischen Entwicklungen unter Auslegung der Zäsur 1989/90 als diskursives Ereignis konsequent an außerliterarische Tendenzen zurückgebunden wurden. Nachstehend werden die drei Verschränkungsmomente resümiert, bevor die 1990er Jahre vor dieser Folie als Übergangsphase des literarischen Flucht-und-Vertreibungsdiskurses klassifiziert werden.

(1) Verschränkung von Diskursebenen

Literarische Opfer- und Täterbilder und die sie umgebenden erzählerischen Vergangenheitskonstruktionen wurden mit den 1990er Jahren vermehrt auf anderen Diskursebenen rezipiert und debattiert. Wenn die nach wie vor fortbestehende Flucht-und-Vertreibungsliteratur nun endgültig nicht mehr als abseitiger Erinnerungsraum fungierte, den sie zu Beginn in den 1950er Jahren abgab, zog sie in den 1990er Jahren aber auch noch keine besondere Aufmerksamkeit auf sich. Als Grundlage für das ab den 2000er Jahren deutlich auszumachende Erstarken ist die Verschränkung der Diskursebene Literatur mit anderen aufzufassen, wie sie ab den 1990er Jahren innerhalb erinnerungskultureller Debatten sichtbar wurde. Nicht nur die Themen und Inhalte der fiktionalen Texte, sondern sogar die literarischen Gestaltungen wurden von nun an sowohl von der Publizistik als auch von der Geschichtswissenschaft rezipiert und diskutiert. Die literarischen Produktionen gingen damit auf in den Erinnerungskontroversen der neuen Republik und gerieten zu akzeptierten, sogar ge-

652 Ebd.
653 Lange: *Der Erinnerungsdiskurs um Flucht und Vertreibung*, S. 67.

schätzten Deutungsträgern im deutschen Vergangenheitsdiskurs. Von den Medien und der Wissenschaft flankiert wurden literarische Texte von nun an als legitime und innovative Interpretanten der deutschen Vergangenheit geadelt. Diese Verschränkung bestand in diesem Zeitraum allerdings nur in einer Richtung: Während angrenzende Diskursebenen auf den literarischen Erinnerungsdiskurs reagierten, ihn beleuchteten und weitertrugen, nahm die fiktionale Literatur der 1990er Jahre die erinnerungspolitischen Kontroversen (noch) nicht als eigene, literarische Themen auf.

Der Blick auf die Situation im Literaturbetrieb Anfang der 1990er Jahre hat freigelegt, auf welche Weise die schöngeistige Literatur zur tonangebenden Kraft auch für den spätestens ab den 2000er Jahren aufkommenden ›neuen deutschen Opferdiskurs‹ avancierte. Neben erfolgreichen literarischen Erzählmustern haben literaturökonomische Absichten die prominente Stellung der Literatur im deutschen Erinnerungsdiskurs angestoßen. Die belletristische Literatur hatte unter dem Eindruck eines Sinnvakuums sowie einer angenommenen Bedrohung durch die Technologisierung eine Selbstpositionierung vorgenommen, die sie zum wichtigen Akteur in den Gedächtnisdebatten werden ließ. Die vorgestellten Beispiele dokumentieren für die 1990er Jahre lebhafte Erinnerungskontroversen um fiktionale Texte, sodass die Resonanz auf Grass' Novelle *Im Krebsgang* zu Beginn der jüngsten Konjunkturphase ab 2002 weniger erstaunlich und innovativ als vielmehr konsequent wirkt.

Im Hinblick auf den literarischen Flucht-und-Vertreibungsdiskurs bleibt für die Konjunkturphase von 1989/90 bis 2001 eine Diskrepanz zwischen den seit Kriegsende nachweislich kontinuierlich publizierten Flucht-und-Vertreibungsromanen und Sebalds konstatiertem Mangel an deutschen Opfererzählungen bestehen. Gleichzeitig lässt sich vermuten, dass es gerade Sebalds Betonung jenes weißen Flecks ist, die die Tabudebatte der 2000er Jahre eingeläutet und der Belletristik eine tragende Rolle im deutschen Vergangenheits- bzw. Opferdiskurs zugewiesen hat. So wird einmal mehr eine Rückbindung verschiedener Diskursebenen sichtbar, wenn erst der in der Bezugswissenschaft geführte Fachdiskurs den Status und möglicherweise sogar die Inhalte der schöngeistigen Literatur nachhaltig beeinflusst hat.

Auffällig ausgeklammert aus der breiten Diskussion blieb ab 1989/90 die Vertriebenenpolitik. Auch die Literatur hatte sich offensichtlich endgültig von den Vertriebenenorganisationen emanzipiert und benötigte deren Organe nicht als Sprachrohr oder ließ sich gar von diesen instrumentalisieren. Einmal mehr erscheinen die fiktionalen Bearbeitungen des Themas entpolitisiert und in jedem Fall nicht einer revisionistischen oder revanchistischen politischen Tendenz anzugehören. Auch die Vertriebenenverbände unternahmen zu diesem Zeitpunkt keine Vereinnahmung der literarischen Bearbeitungen für ihr Anliegen.

Im allgemeinen deutschen Vergangenheitsdiskurs hatte sich die Literatur also ab den frühen 1990er Jahren als erinnerungskultureller Motor ihren festen Platz erstritten und bildete Ende des Jahrzehnts gemeinsam mit Geschichts-, Sozial- und Kulturwissenschaft, Medienberichterstattung und offizieller Gedenkpolitik ein besonderes Diskursbündel. Auch diese Rolle der Literatur kann als Voraussetzung für die Sprengkraft der Texte der 2000er Jahre, besonders für Günter Grass' *Im Krebsgang*, gelesen werden.

(2) Verschränkung von Diskursakteuren

Diskursive Akteure traten mit den 1990er oftmals in einer Doppelfunktion auf und stellten in dieser die Verbindungsglieder verschiedener Diskursebenen dar. Nicht nur Grass erschien in seiner Doppelrolle als literarischer u n d politischer Wortführer der BRD als Vertreter mehrerer Diskursebenen. W.G. Sebald etwa wurde zum verbindenden Akteur der Diskursebenen Literatur und Wissenschaft, und im übergeordneten deutschen Vergangenheitsdiskurs traten Literaten als erinnerungspolitische Wortführer auf und diskutierten wie etwa Walser und Bubis öffentlich über die Auslegung deutscher Vergangenheit und die Legitimität individueller, kollektiver und literarisierter Erinnerung. So verließen die Autoren mehr und mehr ihr angestammtes Feld bzw. wurden von der Öffentlichkeit nicht mehr nur als Literaten, sondern auch als Deutungshoheiten in einem deutschen Erinnerungsdiskurs akzeptiert. Nicht selten wurden im Umkehrschluss ihre Texte nicht mehr als literarische Produkte an ihrer erzählerischen Qualität, sondern an der (politischen) Biografie der Autoren gemessen.

(3) Verschränkung von Vergangenheitsbildern

Die dritte Verschränkung betrifft weniger das außerliterarische Feld als die Romane selbst. Flucht und Vertreibung, die Erinnerung an die ostdeutschen Gebiete und der Heimatverlust gehen mit den 1990er Jahren endgültig, insbesondere in den populärliterarischen Darstellungen, in einem übergeordneten Erinnerungsbild an die Zeit des Dritten Reiches auf. In diesem Bild ist Platz für verschiedene deutsche Opfertypen wie Soldaten, eine verführte Jugend und Vertreibungsopfer, aber auch für überzeugte NS-Täter, Wehrmachtsverbrecher und Mitläufer sowie schließlich für deportierte, internierte und getötete jüdische Opfer.

Nicht zuletzt die historische Distanz hat dazu geführt, dass mit den 1990er Jahren sowohl die deutsche Schuld als auch die deutsche Opferschaft kommemoriert werden konnten, ohne dass sich daraus ersichtliche Konflikte ergeben hätten. In den Romanen, aber auch in offiziellen Gedenkreden der Bundesregierung, konnten spätestens von nun an beide historischen Tatsachen nebeneinander stehen. Qualitativ macht es dabei keinen Unterschied, ob diese Vereinnahmung – wie insbesondere in der trivialen Literatur – unkommentiert geschieht, oder ob sie – wie in der offiziellen politischen Gedenkpraxis – durch eine ausgestellte Reflexion erst legitimiert werden soll. Diese vorgebliche Befreiung von einer kollektiven, ewig anlastenden Schuld hat eine Verflachung und Harmonisierung der deutschen Erinnerung riskiert, weil Ursachen und Wirkungen nach allzu häufiger Wiederholung und Betonierung aufgehoben wurden.

* * *

In den 1990er Jahren bildete sich also im deutschen Vergangenheitsdiskurs ein eng verflochtenes Netz aus Deutungsrahmen, -trägern und -versionen aus. Diese beeinflussten sich nicht nur ununterbrochen gegenseitig, sondern gingen ggf. erst aus ihrer Wechselwirkung zueinander hervor. Wenn die Verzweigungen also einerseits einen deutschen Opferdiskurs ab 1990 beförderten, haben sie ihn andererseits immer wieder selbst befragt. Dieser Zirkel aus Proklamieren, Beobachten und Kritisieren konnte vermutlich die Rede von einem ›neuen deutschen Opferdiskurs‹ anstoßen.

Auffällig bleibt, dass eine breite kritische Hinwendung zum Thema Flucht und Vertreibung trotz dieses einsetzenden erinnerungskulturellen Wandels in der Literatur der 1990er unterblieb. In diesem Zeitraum existierten zudem kaum metadiskursive Erinnerungs- oder Generationsromane im Themenfeld, wie sie die 2000er Jahre grundlegend bestimmen sollen. Die Betrachtung der in den 1990er Jahren publizierten Flucht-und-Vertreibungsromane hat also auch gezeigt, dass ihre erzählerischen Verfahren eher denen der Texte ab 1969 ähneln als (wie noch zu zeigen sein wird) denen ab 2002. Existierende Phaseneinteilungen des Flucht-und-Vertreibungsdiskurses, auch des literarischen, haben diese Tatsache m. E. bisher übersehen. So halte ich etwa Bergers Zusammenfassung der bundesdeutschen Flucht-und-Vertreibungsliteratur von 1990 bis heute in einer »era of ›normalization‹ […] in post-unifiaction Germany«[654] für verfälschend. Auch Bill Niven hat in seiner wegweisenden Untersuchung der DDR-Literatur zum Thema alle Texte von der Wende bis heute unter »East German Prose Works after Unification«[655] subsumiert. Diese Vereinnahmungen schematisieren die Literatur des Heimatverlustes nicht nur zu stark, sondern können erinnerungspolitische, gesellschaftliche Schwellenmomente und damit diskursive Kontexte nicht sichtbar in ihr Modell integrieren. Denn auch von den Tendenzen der 1970er und 1980er Jahre unterscheidet sich der literarische Flucht-und-Vertreibungsdikurs der Nachwendezeit etwa durch die Romane, die das Erinnern als Thema fokussieren. Darüber hinaus ließen sich innerliterarische Entwicklungen der folgenden, von Grass' *Im Krebsgang* eingeläuteten Phase ohne eine dezidierte

---

654 Kapitelüberschrift in Berger: *Heimat, Loss and Identity*.
655 Niven: *Representations of Flight and Expulsion*, S. 165.

Darstellung des erinnerungspolitischen Wandels in den 1990er Jahren kaum verstehen. So muss die Zeit von 1989/90 bis 2002 im literarischen Flucht-und-Vertreibungsdiskurs als Übergangsphase klassifiziert werden.

Solche Übergangsphasen sind naturgemäß kaum durch eindeutige Daten einzugrenzen. So wie für die zweite Konjunkturphase zwar mit der 1959 erschienenen *Blechtrommel* eine deutlich aus dem literarischen Diskurs erwachsene Zäsur gesetzt werden konnte, musste für ihr Enddatum eine außerliterarische Marke herangezogen werden. Zu betonen war dabei, dass Bewegungen der zweiten Konjunkturphase in die dritte münden und es sich um einen fließenden Übergang handelt. Ähnlich verhält es sich mit dem Beginn der hier ausgemachten Übergangsphase ab 1989/90. Auch bei den Jahren 1989/90 handelt es sich kaum um eine aus der Literatur resultierende als vielmehr um eine gesellschaftspolitische Zäsur. Doch erst die Auffassung der Wende als diskursives Ereignis hat es möglich gemacht, die Entwicklungen in den Flucht-und-Vertreibungserzählungen der 1990er Jahre in ihrer Einbettung in andere Diskursebenen als spezifische Übergangsbewegungen freizulegen. Mit der Zäsur 1989/90 werden im hier vorgeschlagenen Phasenmodell also qualitative Übergänge als spezifische diskursive Konjunkturen sichtbar.

VIII Generationswechsel (2002–dato): Innerfamiliäre und räumliche Spurensuche

1 Kontextualisierung: *memory boom* und Generationswechsel

Als 2002 Günter Grass' Novelle *Im Krebsgang* erschien, feierten große Teile der Presse den Text als einen Tabubruch, und schnell stimmten Vertreter aus Literaturwissenschaft und Kulturwissenschaft in diese Rede ein. Endlich breche man das Schweigen, so war vielerorts zu lesen. Grass habe »einen von der deutschen Literatur lange gemiedenen Stoff: die blutige Geschichte der Flucht aus dem Osten«[656] geschildert, ließ der *SPIEGEL* verlauten, und im bei *Reclam* erschienenen Lektüreschlüssel zur Novelle heißt es:

> Warum erst jetzt die Beschäftigung mit dem entsetzlichen Leid, das Deutschen in der letzten Phase des Zweiten Weltkrieges widerfahren ist, als Hunderttausende im Feuersturm der Bomben verglüht, von Trümmern erschlagen oder verschüttet auf elende Weise zugrunde gingen – verhungert, erfroren, ertrunken, erschlagen oder zu Tode vergewaltigt?[657]

Im selben Zeitraum publizierte Romane wie Tanja Dückers' *Himmelskörper* (2003), Reinhard Jirgls *Die Unvollendeten* (2003) oder Sabrina Janeschs *Katzenberge* (2010) klassifizierten Presse und Literaturwissenschaft umgehend als weitere Beispiele[658] jenes ostentativen, vorgeblich neuen deutschen Opferdis-

---

656 Volker Hage: »Das tausendmalige Sterben«, in: *SPIEGEL*, 6/2002, S. 184–190. Online: http://www.spiegel.de/spiegel/print/d-21362876.html (Stand: 06.08.2017).

657 Pelster: *Günter Grass. Im Krebsgang. Lektüreschlüssel*, S. 50f. Es soll aber auch nicht unbemerkt bleiben, dass relativ schnell darauf hingewiesen wurde, dass Grass 1. kein völlig neues literarisches Thema angestoßen hatte (z. B. Robert G. Moeller: »Germans as Victims?«, siehe Anmerkung 65, S. 21) sowie 2. darauf, dass die Tabubruch-These, wie Grass sie selbst provoziert hatte, werbewirksame Implikation aufwies. Vgl. dazu besonders Uwe Wittstock: »Die weit offen stehende Tabu-Tür«, in: *DIE WELT*, 15.02.2002. Online: https://www.welt.de/print-welt/article374251/Die-weit-offen-stehende-Tabu-Tuer.html (Stand: 07.08.2017).

658 Auch Jörg Bernig habe sich die Zunge gelöst, heißt es z. B. in: »Nische der Geschichte«, in: *Frankfurter Allgemeine Zeitung*, 08.06.2002. Online: http://www.faz.net/aktuell/feuilleton/buecher/rezensionen/belletristik/rezension-belletristik-nische-der-geschichte-162958.html (Stand: 12.03.2018).

kurses, der sich in folgenden Prosatexten zum Thema seit der Jahrtausendwende niedergeschlagen haben soll:
- Rygiert, Beate: *Bronjas Erbe* (2000)
- Grass, Günter: *Im Krebsgang* (2002)
- Müller, Olaf: *Schlesisches Wetter* (2003)
- Bernig, Jörg: *Niemandszeit* (2002)
- Dückers, Tanja: *Himmelskörper* (2003)
- Jirgl, Reinhard: *Die Unvollendeten* (2003)
- Michael Zeller: *Die Reise nach Samosch* (2003)
- Helga Lippelt: *Fern von Popelken* (2003)
- Thomas Medicus: *In den Augen meines Großvaters* (2004)
- Hans-Ulrich Treichel: *Menschenflug* (2005)
- Walter Kempowski: *Alles umsonst* (2006)
- Christoph Hein: *Landnahme* (2007)
- Hans-Ulrich Treichel: *Anatolin* (2008)
- Sabrina Janesch:: *Katzenberge* (2010)
- Theodor Buhl: *Winnetou August* (2010)
- Arno Surminski: *Winter Fünfundvierzig oder Die Frauen von Palmnicken* (2010)
- Michael G. Fitz: *Adriana lässt grüßen* (2012)

Um diese Tabubruchthese zu widerlegen und die populäre Rede von einem neuen (literarischen) deutschen Opferdiskurs zu entschärfen, veröffentlichten zahlreiche Rezensenten bald listenähnliche Aufzählungen von Flucht-und-Vertreibungserzählungen seit der Nachkriegszeit.[659] Doch obwohl die Öffentlichkeit mit diesen Hinweisen eines Besseren belehrt werden sollte, hielt sich die Rede von einem Tabubruch hartnäckig. So ist schließlich die schon von Sebald aufgeworfene Frage nach der Existenz deutscher Opfererzählungen vor den 1990er und 2000er Jahren weit weniger ergiebig als die nach den Gründen für die Popularität der Taburhetorik um die Jahrtausendwende. Richtig bemerkte daher die *NZZ* über die Diskussion um *Im Krebsgang:*

> [Die] Belege, die beweisen sollen, dass Leid und Vertreibung schon lange vor Grass ein Thema der Literatur und der Nachkriegsgeschichte gewesen seien [,] [....] stimmen,

659 Vgl. z. B. »Der beste Grass seit Jahren«, in: *DIE WELT*, 05.02.2002. Online: https://www.welt.de/print-welt/article372244/Der-beste-Grass-seit-Jahren.html (Stand: 18.02.2018); Sven Michaelsen: »›Der Ärger muss raus‹ [...]: Walter Kempowski über Schuld und Vertreibung [...]«, in: *Stern*, 03.04.2002. Online: https://www.stern.de/kultur/buecher/walter-kempowski-der-aerger-muss-raus-3861344.html (Stand: 19.02.2018).

> aber für den Mentalitätswandel, in welchen das jüngste Buch von Grass gehört, besagen sie nichts.[660]

Wenn die (in der vorliegenden Untersuchung nachgewiesenen) kontinuierlich auf dem deutschen Buchmarkt publizierten Flucht-und-Vertreibungsromane jahrzehntelang nicht breitenwirksam wahrgenommen oder gesondert rezensiert wurden, unterlag ihre Rezeption offensichtlich anderen Konjunkturen als ihre Produktion.

In der Tat trafen die Flucht-und-Vertreibungsfiktionen um die Jahrtausendwende, wie im vorigen Kapitel gezeigt, auf eine für Erinnerungsthemen sensibilisierte Gesellschaft und eine erinnerungspolitisch interessierte Öffentlichkeit, deren Ausdruck sie schließlich selbst darstellen. Auf diese übergeordnete Veränderung des erinnerungspolitischen bundesdeutschen Klimas und seinen Höhepunkt Anfang der 2000er Jahre, in dem Begriffe wie Gedächtnis und Erinnerung auf allen Diskursebenen alltäglich wurden, wird inzwischen mit dem von der Kulturwissenschaft eingeführten Begriff *memory boom* referiert. Für diesen *memory boom* – »a complex matrix of suffering, political activity, claims for entitlement, scientific research, philosophical reflection, and art«[661] – werden verschiedene Einflussgrößen verantwortlich gemacht, die hier einführend, an die Ausführungen zur Übergangsphase von 1989/90 bis 2002 anschließend, umrissen werden.

* * *

Mit Jan und Aleida Assmanns Studien zum kulturellen, sozialen und kommunikativen Gedächtnis[662] oder Pierre Noras *Lieux de mémoire*[663], einer Zusammenstellung s. g. französischer Erinnerungsorte, offerierte die Kultur- und Geschichtswissenschaft der Allgemeinheit ab etwa Mitte der 1990er Jahre eine Terminologie, mit der sich ein tieferliegendes soziopsychologisches Moment greifbar machen ließ. Schnell avancierten Begriffe wie ›Kollektives Gedächtnis‹, ›Gedenkpraxis‹ oder ›Erinnerungskultur‹ auch außerhalb des geschichts-, kul-

660 Joachim Güntner: »Opfer und Tabu«, *NZZ*, 23.02.2002. Online: https://www.nzz.ch/article7ZL0N-1.372861 (Stand: 04.02.2018).

661 Jay Winter: »The Generation of Memory: Reflections on the ›Memory Boom‹ in Contemporary Historical Studies«, in: *Canadian Military History* 10/3 2001, S. 57–66, hier S. 65. Online: http://scholars.wlu.ca/cmh/vol10/iss3/5 (Stand: 07.08.2017).

662 Grundlegend ist insbesondere J. Assmann: *Das kulturelle Gedächtnis*. Ferner A. Assmann: *Erinnerungsräume*.

663 Pierre Nora (Hrsg.): *Les lieux de mémoire*. Paris: Gallimard 1984–1992. Zwischen 2001 und 2009 ins Englische, Deutsche, Russische und andere Sprachen übersetzt, erfuhr das Werk nun international Beachtung. In Deutschland erschienen kurze Auszüge des Werks 1990 als *Zwischen Geschichte und Gedächtnis*. Längere Auszüge wurden 2005 publiziert: Pierre Nora/Etienne François: *Erinnerungsorte Frankreichs*. München: Verlag C.H. Beck 2005.

tur-, oder literaturwissenschaftlichen Fachdiskurses zu »Lieblingswörter[n] der Feuilletons«[664]. Die Einflussgrößen, die diese Omnipräsenz von Erinnerung und Gedächtnis insbesondere um die Jahrtausendwende heraufbeschworen, sind vielseitig:

Als immer wieder angeführter Grund gilt der auch von mir im vorhergehenden Kapitel eingebrachte gesellschaftspolitische Transformationsprozess nach dem Fall des Eisernen Vorhangs. Insbesondere im wiedervereinten Deutschland, in dem sich zwei über Jahrzehnte unterschiedlich entwickelte nationale Gedächtnisse vereinen sollten, musste der Transformationsprozess zu einer Metareflexion über die Genese und mögliche Steuerung kollektiver bzw. nationaler Erinnerungsbestände und -formen anregen.

Befördert wurden diese Reflexion und die Veränderung des erinnerungspolitischen Klimas durch den medialen Wandel seit Ende der 1990er Jahre. Eine anwachsende demokratische Mediennutzung erlaubte bzw. vereinfachte es dem Einzelnen, Erinnerungen und Narrativen aus dem Familiengedächtnis öffentlich Raum zu geben. Private Erinnerungen wurden damit nicht nur weithin zugänglich gemacht, sondern eroberten sich den Status erzählbarer und erzählenswerter Erinnerungsbestände. Auf das gesteigerte Interesse des Publikums an den individuellen und privaten Erinnerungen an die deutsche Vergangenheit reagierten sodann TV-Formate, etwa indem sie den kommentierenden Historiker durch erzählende Zeitzeugen ersetzten. Auch in Museumsprojekten, die mit Bildern und Stimmen von Zeitzeugen ihrem Ausstellungsgegenstand die Aura des Authentischen zu verleihen suchen, eroberten Zeitzeugen sich mehr und mehr Deutungshoheit über die Vergangenheit, sodass individuelle Erinnerungen – medial gestützt – zunehmend den Stellenwert allgemeingültiger und verbürgter historischer Tatsachen erhalten haben.[665]

Neben diesen von den Geschichts- und Kulturwissenschaften in der sich etablierenden Gedächtnisforschung untersuchten Faktoren sind die Entwicklungen in den Geisteswissenschaften selbst als Einflussgrößen geltend zu machen. Die in diesem Zeitraum in der Geschichtswissenschaft und anderen Fächern spürbare ›konstruktivistische Wende‹ hat ebenfalls einen wichtigen Beitrag zur Popularität von Gedächtnis- und Erinnerungstheorien geleistet. Entsprechend hat sich die kulturwissenschaftliche Gedächtnisforschung die »Frage nach der Vergangenheit als einer Konstruktion, die von Menschen nach den Bedürfnissen und Möglichkeiten ihrer aktuellen Gegenwart hervorgebracht wird«[666], auf die Fahnen geschrieben.

---

664 http://www.grundrisse.net/grundrisse16/16nemo_klee.htm (Stand: 05.08.2017).

665 Diesen Stellenwert können sie wohlgemerkt nur erhalten, weil durch den Abtritt der Zeitzeugengeneration immer weniger mit Widerspruch aus der eigenen Erlebniskohorte zu rechnen ist.

666 A. Assmann: *Der lange Schatten der Vergangenheit*, S. 16.

Ergänzt und unterstützt wurden diese geisteswissenschaftlichen Vorstöße durch die Neurowissenschaften und deren technologische Entwicklungen, die es ermöglicht haben, Gedächtnisprozesse bzw. »das menschliche Hirn während des Lernens uns Erinnerns« zu visualisieren.[667] Auch die medizinische Forschung sei um die Jahrtausendwende durch »altersbedingte Gedächtnisstörungen«[668] vermehrt herausgefordert worden.

Nicht zuletzt haben die demografische Entwicklung sowie die Veränderung von Lebensläufen in modernen Gesellschaften ihren Beitrag zum *memory boom* geleistet: »Sie [die modernen Lebensläufe] sind hochriskant, von Brüchen gekennzeichnet, so dass eine fortwährende Vergewisserung der Vergangenheit erforderlich ist.«[669] Diese Unsicherheit wird vor allen Dingen dann greifbar, wenn es in Gesellschaften zu Generationswechseln kommt, d. h. wenn Zeitzeugen identitäts- und zusammenhaltsstiftender Ereignisse abtreten und Familiengeschichten, Genealogien und Masternarrative neu interpretiert oder definiert werden können bzw. müssen. Die Zeit des *memory booms* und die literarische Hochkonjunktur deutscher Opfererzählungen wird daher immer wieder in den Zusammenhang mit einem Generationswechsel und dem Sterben der Zeitzeugen gebracht.

Der Generationswechsel bestimmt die literarische Produktion der 2000er Jahre in zweierlei Hinsicht: Einerseits wird das Verhältnis der verschiedenen Generationen zueinander zum populären Inhalt der zahlreich publizierten Familienromane, andererseits bildet die Altersstruktur der Schreibenden und der Generationswechsel, der sich unter den Literaten selbst bemerkbar macht, den sozialen Kontext für die auffällige Flut von Erinnerungs- und Generationsromanen um das Jahr 2000. In diesem Zeitraum ergreifen erstmals Autoren der Enkelgeneration das Wort und setzen sich in ihren fiktionalen Bearbeitungen nicht selten mit ihren eigenen Familienbiografien auseinander.

Auf diese Texte der Nachkommen ist mit großem Interesse reagiert worden. In den Debatten um die Romane wurde das gesteigerte Interesse an deutschen Opfererfahrungen nicht zuletzt auf diesen Generationswechsel zurückgeführt. Dabei bleibt fraglich, ob aus der historische Distanz der Kinder und Enkel eine Objektivität resultiert, die es besonders ihnen ermöglicht, deutsche Opfergeschichten zu erzählen, oder ob nicht gerade aus der Auseinandersetzung mit der Vergangenheit der eigenen Eltern oder Großeltern eine Emotionalisierung folgt, die sich in der Identifikation mit den deutschen Opfern niederschlägt.

---

667 Vgl. Christian Gudehus/Ariane Eichenberg/Harald Welzer: »Vorwort«, in: Dies. (Hrsg.): *Gedächtnis und Erinnerung*, S. VII.

668 Ebd.

669 Ebd.

2 Literarischer Flucht-und-Vertreibungsdiskurs der 2000er Jahre

Die in diesem erinnerungskulturellen Klima entstehenden Romane über Flucht und Vertreibung zeigen sich in ihren narrativen Mustern, ästhetischen Formen und inhaltlichen Ausrichtungen recht homogen. Es lassen sich vier zentrale erzählerische Gemeinsamkeiten dieser Texte benennen:

(1) Erstens sind die Erzählungen häufig als Familien- oder Generationsromane gestaltet. Nicht selten erzählen sie aus der historischen Distanz der Nachkommen.

(2) Zweitens wird das Erinnern nicht nur zum inhaltlichen Motiv, sondern vermehrt zum erzählerischen Gestaltungselement erhoben. Metaisierende und mnemoliterarische Darstellungsverfahren prägen den Großteil der Romane ab 2002.

(3) Drittens stellen Reisen in die ehemaligen deutschen Ostgebiete (sowohl der Zeitzeugen als auch der Nachkommen) ein zentrales, oft metaphorisch aufgeladenes Motiv dar.

(4) Viertens spiegeln viele Romane durch das Motiv körperlicher Verletzungen, Krankheiten oder gar durch Tod die schwierige Auseinandersetzung mit der traumatischen Vergangenheit sowie ihr zerstörerisches Hineinreichen in das Jetzt wider.

Diese vier Merkmale werden im Folgenden an Beispielen ausgeführt.

2.1 Generationen

Obwohl mit Grass, Buhl und Surminski in den 2000er Jahren weiterhin Zeitzeugen das Thema ›Flucht und Vertreibung‹ in Romanen dargestellt haben, fällt auf, dass vermehrt Schriftsteller die Bildfläche betraten, die den Enkeln und Kindern der Zeitzeugen zuzurechnen sind und die nicht selten ihre eigenen Familiengeschichten in Form von Familien- und Generationsromanen aufarbeiten.[670] Auf derartige biografische Hintergründe machen die Autoren gemeinhin in Interviews aufmerksam.[671] Doch auch innerliterarisch wird diese

670 Diese Entwicklung gilt für die deutsche Belletristik der 2000er Jahre im Allgemeinen. Familien- und Generationsromane haben Hochkonjunktur. So zeigt sich abermals, dass Romane, die Flucht- und Vertreibung literarisieren, aufgehen in allgemeineren Entwicklungen – insbesondere in der übergreifenden Verhandlung deutscher Vergangenheit und auch des Holocaust. Zu solchen Texten zählen etwa Rachel Seifferts *Die dunkle Kammer* (2001) oder Julias Francks *Die Mittagsfrau* (2007).

671 z. B. Tanja Dückers im Interview über ihren Roman *Himmelskörper:* »Der nüchterne Blick der Enkel«, *DIE ZEIT*, 30.04.2003. Online: http://web475.cyberwebserver-17.de/wp-content/

persönliche, genealogische Spurensuche transportiert und etwa in Janeschs *Katzenberge* (2010) oder Tanja Dückers' *Himmelskörper* (2003) zum Thema der Romane gemacht. In beiden Romanen versuchen die Protagonistinnen zunächst durch Gespräche mit ihren Vorfahren, dann durch gesammelte Erinnerungsgegenstände wie Fotos und schließlich durch Reisen in die Geburtsorte ihrer Großeltern, ihre Familiengeschichten zu rekonstruieren und ihren Vorfahren – und damit sich selbst – näher zu kommen. Auch in Michael Zellers *Die Reise nach Samosch* (2003) geht es um das Aufdecken eines Familiengeheimnisses, das den jungen Protagonisten nach Gesprächen mit seiner aus Schlesien stammenden Großmutter nach Polen führt. Er erfährt, dass der Vater seines Vaters kein Deutscher, sondern ein Pole gewesen ist. Zentral sind für diese Protagonisten also nicht nur Familiengeschichten, sondern ihre Suche stellt auch immer eine Suche nach dem eigenen Platz in der Familiengenealogie dar.

Oftmals wird diese Suche angetrieben von einer möglichen transgenerationalen Übertragung der Erfahrungen oder Traumata, einem Phänomen, das Marianne Hirsch »post memory« genannt hat:

> Postmemory describes the relationship of the second generation to powerful, often traumatic, experiences that preceded their births but that were nevertheless transmitted to them so deeply as to seem to constitute memories in their own right.[672]

Zahlreiche Psychologen haben in Gesprächen, Analysen und Therapien festgestellt, dass Kinder, deren Eltern der Kriegsgeneration angehören, unbewusst von den Erfahrungen ihrer Eltern geprägt werden und viele ihrer Handlungsweisen und Gefühle auf die transgenerationale Weitergabe der Traumata und Ängste ihrer Eltern zurückzuführen sind. Treichel hat in seiner Trilogie dieses Phänomen in den Mittelpunkt gestellt. Er entwirft Protagonisten, die Lebens-, Handlungs-, und Gefühlsmuster von ihren Eltern übernehmen. Zentral sind dabei Scham- und Schuldgefühle, die der Protagonist in *Menschenflug* als transgenerationales Phänomen entlarvt: »Seine gesamte Kindheit war nichts als ein von den Eltern ererbtes Schuldgefühl gewesen.«[673]

So bleibt, wie oben angedeutet, fragwürdig, ob die historische Distanz der schreibenden Nachkommen tatsächlich für einen objektivierten Umgang mit der Vergangenheit gesorgt hat. Im Ausgang der Beobachtungen von Harald Welzer ist eher davon auszugehen, dass es zu einer starken Emotionalisierung kommt,

---

uploads/2010/03/ZEIT.pdf (Stand: 12.03.2018), sowie Janesch im Interview auf dem Blog https://klappentexterin.wordpress.com über *Katzenberge:* https://klappentexterin.wordpress.com/2010/11/20/sabrina-janesch-uber-das-schicksal-der-vertreibung/ (Stand: 12.03.2018).

672 Marianne Hirsch: »The Generation of Postmemory«, in: *Poetics Today* 29/1, 2008, S. 103–128. Online: https://doi.org/10.1215/03335372-2007-019 (Stand: 05.05.2018).

673 Hans-Ulrich Treichel: *Menschenflug.* Frankfurt am Main: Suhrkamp 2007 (2005), S. 35.

wenn die Nachgeborenen sich der Vergangenheit ihrer Familien widmen.[674] Die Nachkommen sind nicht fähig, sich auch ihren Familiengeschichten zu lösen. Diese genealogische Verstrickung der Autoren - die emotionale Nähe der Schreibenden zu ihrem Gegenstand, ihren Figuren und ihren Familiengeschichten - führte zu sich stark ähnelnden Darstellungsformen und -inhalten. Zwar haben die schreibenden Nachkommen begonnen, Geschichte zu konservieren, doch scheint es nicht so, als würden sie tatsächlich bisher weniger Genanntes und Bekanntes neu erinnern.

Unterm Strich erscheint zumindest das Opferbewusstsein in den Texten der Enkel nicht differenzierter als in den in früheren Bearbeitungsphasen geschaffenen Romanen von Zeitzeugen. Eine literarische Neuerung sind jedoch die aus der Perspektive der nachgeborenen Generation resultierenden metafiktionalen und metamnemonischen Darstellungsverfahren der Romane.

2.2 Metaisierende und mnemoliterarische Verfahren

Zu den metaisierenden Darstellungsverfahren der Romane gehört es, dass sie das Schreiben selbst thematisieren und sie sich und die in ihnen verhandelten Erinnerungen und Geschichten als Konstrukte ausweisen. Nicht wenige Romane dieser Konjunkturphase werden als Produkte ihrer eigenen Protagonisten inszeniert: In Dückers' *Himmelskörper* betitelt die Hauptfigur Freia das Erinnerungsbuch, das sie am Ende der Erzählung mit ihrem Bruder verfasst, mit dem Titel des Romans. Jirgl lässt in *Die Unvollendeten* (2003) den Protagonisten Reiner seine Erinnerungen aufschreiben, und dem Leser wird suggeriert, mit dem dritten Teil des Romans den authentischen Bericht Reiners in den Händen zu halten. Besonders umfassend und effektiv nutzt Hans-Ulrich Treichel in seiner Trilogie metafiktionale Darstellungsverfahren, wenn er seinen Protagonisten in *Menschenflug* (2005) als den Autor eines Buches mit dem Titel *Der*

674 Die Studie *Opa war kein Nazi*, die von Welzer, Moller und Tschuggnall am kulturwissenschaftlichen Institut Essen durchgeführt und 2002 veröffentlicht wurde, spürt Erinnerungen an die NS-Zeit im Familiengedächtnis nach. Die Wissenschaftler zeigen, dass der Konflikt für die dritte Generation darin liegt, »eine auf der Ebene der öffentlichen Erinnerungskultur als verbrecherisch markierte Vergangenheit mit einem Familiengedächtnis in Einklang« (S. 24) zu bringen. In der Regel wissen die Angehörigen der dritten Generation aufgrund ihrer Bildung von den Verbrechen des Holocaust. Sie haben dann Schwierigkeiten, ihre Großeltern in »einen Geschichtszusammenhang einzufügen, der normativ eindeutig als ›böse‹ markiert ist« (S. 24). Letztlich kommt Welzer durch zahlreiche Befragungen von Familien zu der Erkenntnis, dass sich in der dritten Generation ein Heroisierungsprozess ausmachen lässt, »in dem antisemitische Großmütter in den Erzählungen ihrer Enkel in heldenhafte Beschützerinnen von Verfolgten verwandelt werden.« (S. 25). Welzer/Moller/Tschuggnall: »*Opa war kein Nazi*«.

Verlorene (1998) ausweist, und in *Anatolin* (2008) den Erzähler als Autor zweier Bücher vorstellt, deren Inhalt mit dem von *Der Verlorene* und *Menschenflug* identisch ist.

Indem die Romane ihre eigene Medialität in den Fokus rücken, verweisen sie nicht nur auf den Konstruktcharakter von Erinnerung und Fiktion. Die Autoren stellen mit diesem Erzählverfahren heraus, dass ihre Erzählungen selbst Teil eines gesellschaftlichen Erinnerungsvorgangs sind und keineswegs Authentizität verbürgen. Insbesondere in den Werken, die von Autoren der Zeitzeugengeneration verfasst sind (Grass, Buhl), sollen Metaisierungen garantieren, dass die Texte als Fiktionen und nicht als Autobiografien verstanden werden. So problematisieren viele dieser Texte neben dem Erinnern und Erzählen auch Autorschaft. Geschieht dies bei Dückers und Jirgl indirekt, indem die Romane suggerieren, die Berichte der Protagonisten zu sein, explizieren Treichel und Buhl diese Problematik: Treichels Protagonisten fragen konkret nach den Funktionen des Autors, etwa wenn der Ich-Erzähler in *Anatolin* skeptisch überlegt, welchen Nutzen ein Leser daraus ziehen mag, wenn er die Autobiografie eines Autors mit dessen Werk vergleicht.[675] Buhl gibt diesen Hinweis, indem er den Jungen Rudi, der als 10-Jähriger die Schrecknisse der Flucht, Tod und Vergewaltigungen erlebt, in die Bücher des pathologisch phantasierenden Karl Mays fliehen lässt. Mit dem Hinweis auf Karl May, der sich immer neue Identitäten zulegte, sich Pseudo-Erinnerungen schuf und noch in späten Jahren davon überzeugt war, die von ihm beschriebenen Ereignisse nicht erfunden, sondern erlebt zu haben,[676] unterstreicht Buhl nicht nur, dass Erzählung und Imagination, sei es die von Erinnerungen oder die der eigenen Persönlichkeit, in einem engen Verhältnis zueinander stehen. Darüber hinaus weist er Literaten als Phantasten aus, in deren Werk die Grenzen von Dichtung und Wahrheit verwischen.

Die Romane dieser Phase reflektieren aber nicht nur das Erzählen als einen Rekonstruktionsvorgang, sondern auch das Erinnern. Immer wieder aktivieren die Texte Metaphern des Gedächtnisses und ergehen sich in expliziten und ausschweifenden Reflexionen über das Erinnern. Im Vergleich zu vorgängigen Prosatexten zum Thema ist diese Konzentration auf das Erinnern als entscheidendes Novum und als Verbindungsglied der verschiedenen, unter diesem Blickwinkel jedoch relativ homogen wirkenden Texte zu deuten. In dieser neuen Mnemoliteratur gehen Erzählen, Erinnern und Deuten geradezu ineinander auf.

Der literarische Diskurs der 2000er Jahre erweist sich also als hochgradig selbstreflexiv: Er thematisiert und kommentiert das Erinnern und das Ver-

675 Vgl. Hans-Ulrich Treichel: *Anatolin.* Frankfurt am Main: Suhrkamp 2009 (2008), S. 103.

676 Vgl. Hans Stoffels: »Das Trauma als Faszinosum. Zur Psycho(patho-)logie von Pseudoerinnerung und Pseudoidentität«, in: Irene Diekmann/Julius H. Schoeps (Hrsg.): *Das Wilkomirski-Syndrom. Eingebildete Erinnerung oder Von der Sehnsucht, Opfer zu sein.* Zürich/München: Pendo 2002, S. 157–179, hier S. 169f.

schweigen, die Mythenbildung und die erzählerische Umdeutung als sein eigenes Verfahren. Fraglich bleibt, inwiefern die Literatur damit das Phänomen ›neuer deutscher Opferdiskurs‹ selbst erst erschaffen oder befördert hat.

2.3 Reiseliteratur

Ein weiteres auffälliges Motiv der neuen Romanliteratur zu Flucht und Vertreibung ist das Reisen. Wie schon vermehrt in den 1970er und 1980er Jahren machen sich Romanfiguren auf den Weg in die ehemaligen deutschen Ostgebiete. Dabei sind diese Gebiete nicht mehr wie noch in den 1970er und 1980er Jahren Teil der kommunistischen Sowjetrepublik, und auch Deutschland ist nicht mehr zweigeteilt. Die Protagonisten reisen durch ein vereintes Europa und scheinen der Vergangenheit so auch räumlich näher zu kommen. Allerdings sind es nicht die Angehörigen der Erlebnisgeneration, die sich auf den Weg machen. Die Romane stellen nicht wie in der herausgearbeiteten dritten Bearbeitungsphase den s. g. Heimwehtourismus dar, sondern zeigen das Reisen als Teil der Spurensuche der Nachkommen. Nicht selten werden dabei Bahnhöfe, Züge, Straßen und Häfen zum Bild für das Erinnern oder die Verschlungenheit von Historie.

Die Bedeutung und die Metaphorik des Reisens und der Bewegung machen die Texte in der Regel von Beginn an deutlich. Michael Zellers Roman trägt sogar den Titel *Die Reise nach Samosch*, Michael G. Fritz' *Adraina lässt grüßen* (2012) stellt als ersten Schauplatz den Kölner Hauptbahnhof vor, von dem aus der Protagonist die räumliche Reise in die Orte seiner Kindheit und die mentale Reise in seine Familiengeschichte antritt, und in Treichels *Anatolin* begibt sich der erwachsene Ich-Erzähler auf die Reise in den Geburtsort seiner Mutter in Polen. Diese auf der primären Zeitebene des Romans ablaufende Reise verwebt Treichel mit einer weiteren Reiseerfahrung des Erzählers, der sich immer wieder an eine frühere Reise in das ukrainische Heimatdorf seines Vaters erinnert. Auch Tanja Dückers' Protagonistin Freia, Enkelin und Tochter von ostpreußischen Flüchtlingen, reist nach Polen. Ebenso nimmt Sabrina Janeschs Protagonistin die Reise von Deutschland nach Osten auf, jedoch nicht nur bis in die ehemals deutschen Gebiete in Polen, sondern – auf der Suche nach dem Geburtsort ihres Großvaters – bis in die ehemals polnischen Gebiete in der heutigen Ukraine. Die Autorin führt dabei die Zugreise der Enkelin von Deutschland nach Polen mit den Erinnerungen ihres Großvaters parallel:[677] Dieser ist als galizischer Pole nach Kriegsende nach Schlesien umgesiedelt worden. Wenn Janeschs inhaltlicher Schwerpunkt auf die Umsiedlung ukrainischer Polen im Themengebiet zwar neu

677 Vgl. Sabrina Janesch: *Katzenberge*. Berlin: Aufbau Verlag 2010, S. 22f.

ist, so ähneln die gewählten Bilder (etwa eine Zugfahrt ins Ungewisse[678]) doch denen anderer Flucht-und-Vertreibungsgeschichten.

Der einzige in diesem Zeitraum publizierende Autor, der der Erlebnisgeneration angehört und ebenfalls eine Reisegeschichte erzählt, ist Surminski. In *Winter Fünfundvierzig oder Die Frauen von Palmnicken* (2010) schafft er drei Erzählebenen, die unterschiedlichen historischen Zeiten entsprechen. Die in den 1990er Jahren sich abspielende Handlung erzählt von einer Reise eines Deutschen ins Memelgebiet.[679] Bei Surminskis Altersgenossen Grass, der wie Surminski unterschiedliche Erzähl- und Zeitebenen bemüht, vollzieht sich die Spurensuche ausschließlich mental und wird nicht als reale Reise ausgestellt. Buhl (Jahrgang 1936) schließlich hat mit seinem Erstlingswerk *Winnetou August* (2010) ein reines Erinnerungsbuch geschrieben, die gesamte Handlung spielt in der Kriegs- und Nachkriegszeit und wird ausschließlich aus der Monoperspektive des kindlichen Erzählers wiedergegeben.

Dass die Romane der Autoren, die in den neuen Bundesländern sozialisiert sind (Jirgl, Hein, Bernig) ihre Protagonisten nicht reisen lassen, ist auffällig und spricht dafür, dass diese Texte in einer anderen literarischen und erinnerungspolitischen Entwicklungslinie stehen als die westdeutschen Erzählungen. Hein etwa konzentriert sich in *Landnahme* (2007) auf die Integration der in der DDR s. g. ›Umsiedler‹ bzw. die Ablehnung, die sie in der Aufnahmegesellschaft erfahren haben.

2.4 Körperlichkeit und Tod

Auffallend oft laufen die Plots der Flucht-und-Vertreibungsromane der 2000er Jahre auf »the discontinuation of a particular genealogy through illness, premature death, or childnessless«[680] hinaus. Mittels der Bilder von Krankheit oder Tod verweisen die Romane auf den Unterschied von Körper- und Sprachgedächtnis[681] und problematisieren damit erneut ihre eigene mediale Verfasstheit

678 Vgl. ebd, S. 22 und S. 88.

679 Dabei konterkariert Surminski in bis dato ungewöhnlich deutlicher Weise den Holocaust und die deutsche Flucht.

680 Friederike Eigler: »Beyond the Victims Debate: Flight and Expulsion in Recent Novels by Authors from the Second and Third Generation (Christoph Hein, Reinhard Jirgl, Kathrin Schmidt, and Tanja Dückers)«, in: Laurel Cohen-Pfister/Susanne Vees-Gulanien: *Generational Shifts in Contemporary German Culture.* Rochester, New York: Camden House 2010, S. 77–94, hier S. 79.

681 Vgl. A. Assmann: *Der lange Schatten der Vergangenheit*, S. 128: Während sprachliche Erinnerungen in Form wiederholender sozialer Kommunikationsakte für die Festigung einer vermeintlichen Erinnerung sorgen, sind im Körper Erinnerungen durch die Kraft des Lei-

bzw. deren Unzulänglichkeit und Grenzen. So wie die Verletzungen der Seele ihre Ausdrucksfläche im Körperlichen finden, bedient sich die fiktionale Literatur Bildern des Körpers, um Nicht-Sagbares darzustellen. Die Körper werden in ihrem Verfall zu Symbolisierungsflächen der Erinnerungen und Traumata ihrer Protagonisten. Buhl versprachlicht diesen Zusammenhang mit dem »seelischen Asthma« seines Protagonisten[682]. In Jirgls *Die Unvollendeten* liegt Reiner, der die Zeugung von Nachkommen verweigert, im Sterben. In Treichels *Menschenflug* erleidet der 54-jährige Stephan, der keine eigenen Kinder hat, einen Herzinfarkt.[683]

Dass die nicht-sagbaren Traumata transgenerational weitergegeben werden, stellen die Romane ebenfalls nicht selten durch Bilder von Körpern oder Krankheit dar: Reiners körperlicher Verfall in *Die Unvollendeten* steht am Ende einer Kette körperlicher Einschreibungen. Der Körper seiner Mutter Anna wird im Zusammenhang mit den Vergewaltigungen bereits zu einer solchen Symbolisierungsfläche, und auch im Körper der Großmutter Johanna sind die Erfahrungen bildhaft in die Falten ihres Gesichts eingeschrieben.[684] Insbesondere Treichel betont in seiner Trilogie immer wieder die sinnliche Präsenz der Erinnerungen, die auch hier transgenerational überdauern. Er entwirft Protagonisten, die Lebens-, Handlungs- und Gefühlsmuster von ihren Eltern übernehmen. Zentral sind dabei Scham- und Schuldgefühle, die der Protagonist in *Menschenflug* als transgenerationales Phänomen entlarvt: »Seine gesamte Kindheit war nichts als ein von den Eltern ererbtes Schuldgefühl gewesen.«[685] Treichels in der Trilogie vorgeschlagenen Begriffe »Vergangenheitsarthrose«, »Geschichtsrheumatismus«, »biographische Verstörung«, oder »Morbus biographicus«[686] illustrieren allesamt das transgenerational weitergegebene psychologische Erbe der Nachkommen.

---

dens und des Schocks tief eingeschrieben. Der Körper ist demnach der glaubhaftere Zeuge vergangener Erlebnisse, die sich zudem oftmals dem Sagbaren entziehe.

682 Theodor Buhl: *Winnetou August.* Frankfurt am Main: Eichborn Verlag 2010, etwa S. 197.

683 Andererseits, und somit muss Eiglers zitierte Beobachtung korrigiert werden, ist es für Freia in *Himmelskörper* gerade ihre Schwangerschaft, die sie zum Erforschen der Familiengeschichte anregt – eben weil sie sich ihrer Stellung in einer weiterlebenden Genealogie bewusst ist.

684 Vgl. Frauke Janzen: »›In ihren Gedanken war kein Wort geblieben‹: Gewalt als das Nicht-Sagbare in Reinhard Jirgls *Die Unvollendeten* (2003) und Theodor Buhls *Winnetou August* (2010)«, in: Oliver Jahraus (Hrsg.): *Spannungsfelder: Literatur und Gewalt.* München: Peter Lang 2013, S. 219–228, hier S. 225.

685 Hans-Ulrich Treichel: *Menschenflug*, S. 35.

686 Vgl. ebd., etwa S. 57.

3 Auswahl des Diskursfragments: Günter Grass' *Im Krebsgang* (2002)

Man kann wohl mit Recht behaupten, dass in der Geschichte der Romanliteratur über Flucht und Vertreibung kein anderer Text ein so breites und kontroverses öffentliches Echo provoziert hat wie 2002 *Im Krebsgang*. Grass' Novelle war schnell nicht nur Gegenstand literaturwissenschaftlicher Auseinandersetzung, sondern avancierte in der allgemeinen Presse unmittelbar zum Dreh- und Angelpunkt einer Diskussion um eine rechtmäßige deutsche Opfererinnerung fast 60 Jahre nach Kriegsende. Es scheint, als wäre Grass' Novelle vom nunmehr gesamtdeutschen Bedürfnis nach einer deutschen Opferperspektive seit den im vorherigen Kapitel skizzierten Debatten der 1990er Jahre heraufbeschworen worden.

Der Autor Günter Grass und seine Novelle *Im Krebgang* liefern ein Paradebeispiel für die charakteristische Verschränkung von literarischer Bearbeitung, literarisierter Erinnerung, öffentlicher Debatte und individueller Biografie des literarischen Flucht-und-Vertreibungsdiskurses Anfang der 2000er Jahre, die die diskursiven Bewegungen der 1990er Jahre auf den Weg brachten. Das Beispiel führt nicht nur vor, wie ein literarischer Text das Erzählen und Erinnern metadiskursiv kommentiert und problematisiert, sondern schon außerliterarisch lassen sich entscheidende Merkmale des Flucht-und-Vertreibungsdiskurs der 2000er Jahre an diesem Exempel illustrieren.

Sowohl die Feuilletons als auch die wissenschaftlichen Auseinandersetzungen mit dem Text hängten sich schnell an der Debatte um einen angeblichen Tabubruch auf, sodass sich, überspitzt gesagt, inzwischen geradezu alle Äußerungen zur Novelle einteilen lassen in jene, die Grass und seine Novelle als diesen Tabubruch proklamieren oder jene, die sich gegen diese These wenden und unterstreichen, dass die Literatur über deutsche Opfererfahrungen so alt sei wie das Thema selbst.[687] Diese polarisierende Berichterstattung und Interpretationsperspektive auf den Text scheint mir aus zwei Gründen verengt und unterkomplex[688]:

687 Dieser Meinung ist auch Herman Beyersdorf: »Günter Grass' ›Im Krebsgang‹ und die Vertreibungsdebatte im Spiegel der Presse«, in: Barbara Beßlich/Olaf Grätz/Katharina Hildebrandt (Hrsg.): *Wende des Erinnerns? Geschichtskonstruktionen in der deutschen Literatur nach 1989.* Berlin: Erich Schmidt 2006, S. 157–167, hier S. 159.

688 Hinzuweisen ist allerdings auf Uwe Wittstocks differenzierte Auseinandersetzung, in der er die Rede von einem (literarischen) Tabu kritisch hinterfragt und präzisiert: »Ein sensationeller literarischer Tabubruch liegt also nicht vor. Nun gehört es allerdings auch zum Wesen echter Tabubrüche, dass sie vielen Menschen schmerzliche Einsichten zumuten – weshalb tatsächlich tabubrecherische Bücher im Regelfall zwar umstritten, aber zu Beginn keine großen Verkaufserfolge sind. Weit leichter tun sich mit dem Erfolg erfahrungsgemäß Romane, die mit großem Aplomb angeblich fest verrammelte, tatsächlich aber weit offen

(1) Erstens ist in dieser Debatte die literarische Gestaltung des Werks zugunsten einer Rezeptionsdiskussion, die zudem den Autor Grass als politische Person und nicht als Literaten in den Blick nimmt, aus den Augen verloren worden. Schon der Rezensent Dirk Knipphals urteilt in der *Tageszeitung:* »[G]elobt wird also viel, nur im großen Bogen um das Buch herum.«[689]

(2) Zweitens gelingt es dieser Debatte nicht, ihre eigenen Mechanismen, ihre Ursprünge und Verläufe kritisch in den Blick zu nehmen. Denn so wie die Novelle als Ausdruck eines kollektiven Erinnerungsbedürfnisses gedeutet wurde, muss sich die Diskussion um den Stoff selbst als Teil jener Debatte sehen. Erst die Diskussion, die vehementen Reaktionen auf und um den angeblichen Tabubruch legen frei, welche Be- und Empfindlichkeiten die deutsche Gesellschaft in diesem Zeitraum durchziehen.

Unter diesem Blickwinkel ist dann die durchaus richtige Beobachtung, die literaturwissenschaftlichen Reaktionen auf den Text seien mit relativ wenig Kenntnis der Nachkriegsliteratur verfasst worden, sekundär.[690] Auch soll weder diese Untesuchung noch das vorliegende Kapitel darauf zielen, jene Binsenweisheit nochmals unter Beweis zu stellen und aufdecken, dass Grass mit der Behandlung des ostdeutschen Heimatverlustes kein literarisches Tabu gebrochen hat.[691] Wichtiger sind

stehende Tabu-Türen einrennen. Vielleicht ist hier einer der Gründe für Grass' überragende Resonanz zu suchen.« Wittstock: »Die weit offen stehende Tabu-Tür«, in: *DIE WELT*, 15.02.2002. Online: https://www.welt.de/print-welt/article374251/Die-weit-offen-stehende-Tabu-Tuer.html (Stand: 07.08.2017).

689 Dirk Knipphals: »Schiffskatastrophen und andere Untergänge«, in: *taz*, 20.02.2002, S. 15. Online: http://www.taz.de/!1124591/ (Stand: 06.08.2017). Elizabeth Dye kritisiert ebenfalls, dass die formal-ästhetische Gestaltung des Stoffes bisher auch von Literaturwissenschaftlern vernachlässigt wurde. In ihrem Artikel »›Weil die Geschichte nicht aufhört‹: Günter Grass's *Im Krebsgang*«, in: *German Life and Letters* 57/4, 2004, S. 472–487 (Online: doi:10.1111/j.1468–0483.2004.00298.x) tappt sie m. E. jedoch immer wieder selbst in die von ihr ausgemachte Falle, wenn sie den Roman wiederholt vor dem Hintergrund von Äußerungen des Autors in Interview liest und sie dabei den Fokus auf die textuelle Gestalt verliert.

690 Vgl. Beyersdorf: »Günter Grass' ›Im Krebsgang‹ und die Vertreibungsdebatte«, S. 159.

691 Grass selbst betont im Interview: »Man hat in der Öffentlichkeit so ein Reizthema daraus gemacht, der ›Spiegel‹ voran, dass die deutsche Literatur versäumt habe, das Schicksal der Vertriebenen zu behandeln oder Massenbombardierungen, die Flächenbombardierungen bis hin zum Kriegsverbrechen. Der Vorwurf stimmt nicht, wir haben eine ganze Reihe Zeugnisse. […] Nur waren die von Deutschen begangenen Verbrechen in den ersten Jahren vordringlich, und das gilt es zu respektieren. Was die Vertreibung betrifft, in der ›*Blechtrommel*‹ wird sehr eingehend die Vertreibung der Matzerath-Familie in einem Güterwagen beschrieben. Es gibt eine Fülle von Büchern, in denen das sicher nicht das Hauptthema ist, aber gewichtig am Rande eine Rolle spielt. Man hat künstlich einen Konflikt daraus gemacht.« Jörg-Philipp Thomsa: »Günter Grass über die Novelle ›Im Krebsgang‹«, in: Kulturstiftung der Länder/Günter Grass-Haus Lübeck (Hrsg.): »*War eigentlich ein schönes*

(1) die Frage nach dem hintergründigen sozialpsychologischen Mechanismus, also die Frage, wieso die Rede von einem Tabubruch so erfolgreich weitergetragen wurde und werden konnte, sowie
(2) die Frage nach den textuellen Mitteln, die diese Debatte provozierten. Welche Rhetoriken benutzt der Text, um sich als tabubrechendes Moment zu inszenieren? Ist die außerliterarische Debatte im Text literarisch angelegt? Und könnte jene literarische Inszenierung eben das Merkmal sein, das den Text von früheren Flucht-und-Vertreibungsfiktionen unterscheidet oder gar ein Kennzeichen einer Fülle von Texten aus demselben Zeitraum darstellt?

3.1 Der Diskursakteur Günter Grass

An Günter Grass' Beispiel lässt sich zunächst zeigen, dass Diskuraussage und Diskursakteur nur schwerlich voneinander zu trennen sind. Im auf die Publikation von *Im Krebsgang* folgenden öffentlichen Diskurs, in Rezensionen, literaturwissenschaftlichen Besprechungen sowie in Interviews mit dem Autor, haben sich nicht nur Inhalt und Person, sondern auch Fakt und Fiktion, Autor und Erzähler auffällig miteinander vermischt.[692] Die Diskussion um *Im Krebsgang* bestand geradezu aus einer Überlagerung um die erzählten Inhalte und die Position der Person Grass, der in der BRD stets politischer und moralischer Wortführer gewesen ist.

Der 1926 in Danzig geborene Grass erfuhr nach einer Tätigkeit als Bildhauer und Grafiker 1959 mit dem Roman *Die Blechtrommel* seinen literarischen Durchbruch. Auch die folgenden Werke, die Novelle *Katz und Maus* (1961) und der Roman *Hundejahre* (1963), erwiesen ihn als provokanten Sprachkünstler sowie als politischen Moralisten. Fortwährend streiften seine Erzählungen, etwa *Der Butt* (1977) oder *Die Rättin* (1986), das politische Geschehen. Grass reagierte mit seinen Texten stets auf aktuelle Debatten und kollektive Gefühlslagen, so wenn er sich schon 1992 mit seiner seiner Erzählung *Unkenrufe* um die Versöhnung der Deutschen mit sich selbst und den östlichen Nachbarn bemühte. Wie stark Grass' sein Werk stets mit der deutschen Geschichte verwoben hat, wird z.B. in *Mein Jahrhundert* (1999) deutlich, in dem der Autor für jedes Jahr des Jahrhunderts jeweils einen eigenen Erzähler eine Geschichte erzählen lässt. Im selben Jahr wurde Grass mit dem Literaturnobelpreis geehrt.

Schiff…«, Katalog zur Ausstellung im Günter Grass-Haus, Lübeck 29. Januar 2015 bis 06. Januar 2016, S. 96–111, hier S. 98.

692 Dass die Novelle diese Diskussion bereits vorwegnimmt, wenn sie Erzähler, Autor und Auftraggeber als eine Trias inszeniert, in der Verantwortung, Verdrängung, Verschweigen von Beginn an auf verschieden Schultern verteilt werden, bleibt im Folgenden zu zeigen.

Nicht nur als Romancier machte Grass von sich reden. Sein Engagement in der SPD[693], seine offenen Briefe und öffentlichen Auftritte machten ihn schnell zum Gesicht der bundesdeutschen Linksliberalen und Intellektuellen. Als politisch-moralisierende Stimme der Sozialdemokraten kommentierte und beeinflusste Grass das Erinnern an den Zweiten Weltkrieg seit den 1950er Jahren, und auch am Flucht-und-Vertreibungsdiskurs beteiligte sich Grass eindeutig. Grass machte sich öffentlich stark für eine versöhnliche Erinnerung an die deutsche Kultur und Geschichte im Osten und lehnte dabei die territoriale Bewahrung deutscher Gebiete hinter Oder und Neiße ab. Schon während des Kalten Krieges, als, wie auch hier gezeigt, eine deutsche Opfererinnerung durchaus gesellschaftlicher Konsens war, wollte Grass aufklären über den Zusammenhang von Flucht und Vertreibung und dem Nationalsozialismus.[694] Grass erwies sich als scharfer Kritiker der bundesdeutschen Nachkriegsregierung, die die erfolgreiche Integration der Ostflüchtlinge proklamierte. Sowohl in seinen Erzählungen als auch öffentlich prangerte Grass dieses Narrativ an,[695] womit er durchaus zum Stimmführer deutscher Vertriebener avancieren konnte, die in der Nachkriegszeit überzeugt waren, sie müssten den schlimmsten Preis für die deutsche Vergangenheit zahlen. Das Gefühl, »Sündenböcke« und stellvertretende, am stärksten leidende Opfer zu sein, erkannte Grass öffentlich an. Er zeigte Flüchtlinge und Vertriebene jedoch weniger als Opfer der Roten Armee, denn als Opfer von Fremdenhass, Wegschauen und nicht eingestandener Schuld auf deutscher Seite. Diese Wortführerposition für die Vertriebenen stand sodann auch nicht im Widerspruch zu Grass offenkundiger und vehementer Kritik an den Vertriebenenverbänden.[696] Schon 1965 im Bundestagswahlkampf forderte er eine Erinnerung an das ostdeutsche Kulturgut bei gleichzeitiger Ablehnung der Flüchtlingsverbände und ihren »kostspieligen und Funktionäre mästenden Flüchtlingstreffen«.[697] Grass machte sich von Beginn an stark für die Akzeptanz der neuen Grenzen und wurde im Wahlkampf 1969 öffentlicher Unterstützer Willy Brandts und dessen ›Neuer Ostpolitik‹. In seiner *Rede vom alten Eisen* unterstrich er, dass die deutsche Heimat im Osten verloren sei, und warf der CDU vor, Schindluder mit der Utopie und dem Rückkehrwunsch getrieben zu haben,

693 Grass ist SPD-Mitglied von 1982 bis 1993. Er tritt aus der Partei aus Protest gegen die Asylrechtänderungen aus. Vgl. https://www.hdg.de/lemo/biografie/guenter-grass/ (Stand: 27.03.2018).

694 Vgl. Andreas Kossert: »›Fremder im eigenen Land‹? Günter Grass als Anwalt der Flüchtlinge«, in: Kulturstiftung der Länder/Günter Grass-Haus Lübeck (Hrsg.): *»War eigentlich ein schönes Schiff…«*, S. 57–70.

695 Vgl. ebd., S. 60f.

696 Vgl. ebd., S. 61.

697 Günter Grass: »Was ist das deutsche Vaterland?«, in: Daniela Hermes (Hrsg.): *Essays und Reden 1955–1969*, 1. Göttingen: Steidl Verlag 1997, S. 110–120, besonders S. 112f., hier S. 113.

womit sie es den alten Menschen unmöglich gemacht hätte, eine neue Heimat zu finden.[698]

Grass' literarische wie öffentliche Beschäftigung mit Flucht und Vertreibung sowie dem deutschen Osten erst auf die 2000er Jahre zu datieren, ist also falsch. Grass' Erzählungen, seine Figuren und schließlich er selbst sind für das Publikum mit dem deutschen Osten, insbesondere mit der Stadt Danzig, geradezu ikonisch verknüpft. Sicherlich ist das deutsche Leid bei Kriegsende nie das Hauptthema des Autors gewesen, aber geradezu all seine literarischen Texte streifen den Themenkomplex, die Nachkriegsgeschichte und den Ostseeraum.[699] Wenn so mit *Im Krebsgang* zwar kein Tabubruch vorliegt, mag es zutreffen, dass mit »Günter Grass [...] die letzte moralische Instanz der Linken diesem so langen kontaminierten Thema ihren Segen gegeben [habe].«[700] Grass, diese »moralische Instanz im Nachkriegsdeutschland«[701], starb 2015 in Lübeck.

3.2 Die Novelle *Im Krebsgang* (2002)

In der Novelle *Im Krebsgang* sieht sich der etwa 50-jährige Ich-Erzähler Paul Pokriefke auf einschneidende Weise mit seiner Vergangenheit konfrontiert. Er ist am 30. Januar 1945 während des Untergangs des mit unzähligen Flüchtlingen besetzten, von den Russen torpedierten Schiffs *Wilhelm Gustloff* geboren worden. Pauls Mutter Tulla versucht ihren als Journalist arbeitenden Sohn seit Jahren davon zu überzeugen, die Erinnerungen an die Schiffskatastrophe aufzuschreiben und zu veröffentlichen. Immer wieder thematisiert sie den Untergang, verstummt aber auch regelmäßig, wenn ihre traumatischen Erinnerungen sie übermannen. Paul lehnt den Wunsch seiner Mutter ab – mit seinem Geburtstag, den oft wenig reflektierten Äußerungen seiner Mutter, die dem KdF-Programm der Nazis hinterhertrauert und später in der DDR überzeugte Stalinistin ist, hat er Probleme. Erst der Auftrag seines ehemaligen Literaturdozenten, jene Geschichte niederzuschreiben, motiviert ihn zur Auseinandersetzung. Pauls Spurensuche führt ihn auf die neonationalsozialisitische Webseite www.blutzeu-

---

698 Vgl. Günter Grass: »Rede vom alten Eisen«, in: Hermes (Hrsg.): *Essays und Reden 1955–1969*, 1. Göttingen: Steidl Verlag 1997, S. 436–447, hier S. 447.

699 Vgl. Herman Beyersdorf: »Von der Blechtrommel bis zum Krebsgang«, in: *Weimarer Beiträge* 48/4, 2002, S. 568–593. Katharina Hall liest die Novelle *Im Krebsgang* ebenfalls im Kontext des Grass'schen Œuvres und prägt dabei den Begriff des »Danziger Quintetts«. Vgl. Katharina Hall: *Günter Grass' ›Danzig Quintet‹. Explorations in the Memory and History of the Nazi Era from ›Die Blechtrommel‹ to ›Im Krebsgang‹*. Bern: Peter Lang 2007.

700 Kossert: »›Fremder im eigenen Land?‹«, S. 58. Dass Grass mit der Bekanntgabe seiner Mitgliedschaft in der Waffen-SS im August 2006 eine kontroverse Debatte losgetreten hat, verwundert daher nicht.

701 http://www.hdg.de/lemo/biografie/guenter-grass (Stand: 04.01.2017).

ge.de. Schnell wird er gewahr, dass hinter dem Macher dieses Webauftritts sein eigener 17-jähriger Sohn Konrad steckt. Konrad lädt nicht nur historische Fotos und Dokumente auf der Seite hoch, sondern führt im Chat ideologisch durchtränkte Diskussionen mit anderen Usern. Unter diesen Usern befindet sich der sich als Jude ausgebende Abiturient David. Auf der Website stellen beide Jungen historische Recherchen an, die nicht nur den Untergang des Schiffes betreffen. Konrad präsentiert die Geschichte des Schweriners Wilhelm Gustloff, der als überzeugter Nationalsozialist und Gauleiter in Davos von dem Juden David Frankfurter erschossen wurde. Als sich Konrad und David nach einiger Zeit *in realiter* in Schwerin treffen, kommt es zur Katastrophe: Konrad erschießt den Gleichaltrigen mit einer von Tulla verschafften Pistole, als Wolfgang alias David im Namen des jüdischen Volkes auf das Grab Wilhelm Gustloffs spuckt.

4 Textanalyse

4.1 Innerliterarische Anlage der Tabudebatte

Um der Frage nachzugehen, inwiefern die außerliterarische Tabu-Debatte in der Novelle erzählerisch angelegt ist, ist zunächst zu untersuchen, inwieweit die Tabuisierung deutscher Opfererinnerung an der Textoberfläche explizit angesprochen wird.

Die Novelle macht das unmissverständliche Angebot, den Untergang der *Wilhelm Gustloff* als eine bisher tabuisierte historische Katastrophe zu verstehen; der Text inszeniert sich geradezu als Sprachrohr der Opfer der Schiffskatastrophe. Dazu gereicht bereits, dass der Erzähler als auf dem Schiff in der Minute des Untergangs Geborener als hilfloser, ausgelieferter und abhängiger Säugling ein absolut unschuldiges Opfer darstellt. Außerdem, und das ist der weit stärkere, weil explizite Grund, pointiert der Text immer wieder, dass der Untergang der *Wilhelm Gustloff* im kollektiven deutschen Bewusstsein bisher keinen Eingang gefunden habe:

> Zwar gab's vor nicht zu langer Zeit im Fernsehen eine Dokumentation, doch ist es immer noch so, als könne nichts die Titanic übertreffen, als hätte es das Schiff Wilhelm Gustloff nie gegeben, als fände sich kein Platz für ein weiteres Unglück, als dürfte nur jener und nicht dieser Toten gedacht werden.[702]

So wie es Konrad mit seiner Website gelingt,

702 Günter Grass: *Im Krebsgang. Eine Novelle.* München: Deutscher Taschenbuch Verlag (2004) [11]2015, S. 62. Zitate in diesem Kapitel stammen aus dieser Ausgabe und werden mit der Sigle KG belegt.

> »das vergessene Schiff und dessen menschliche Fracht ins diffuse Weltbewußtsein zu rücken, auf daß es als schematische Zeichnung samt zackig markierten Torpedotreffern sichtbar wurde und fortan, als Unglück an sich, einen Namen von globaler Bedeutung trug« (KG 135),

gelingt es Grass mit seinem Text, die *Gustloff* ins kollektive Gedächtnis der Deutschen zu holen.[703]

Die Wörter »tabu« und »tabuisiert« nennt der Text wiederholt, etwa wenn der Erzähler erklärt, wieso er dem Wunsch seiner Mutter, die Geschichte aufzuschreiben, was er als Überlebender den Opfern der Schiffskatastrophe schuldig sei (vgl. KG 31), nicht nachkommen will: »Wollte doch keiner was davon hören, hier im Westen nicht und im Osten schon gar nicht. Die *Gustloff* und ihre Geschichte waren jahrzehntelang tabu, gesamtdeutsch sozusagen.« (KG 31) In der Tat wurde der Untergang der *Gustloff* schon 1945 tabuisiert. Weil Deutsche wie Russen die Schiffskatastrophe aus kriegsstrategischen Gründen verschwiegen, haftete dem Untergang von Beginn an etwas Geheimnisvolles an.[704] Möglicherweise hat eine eigentümliche Mischung aus Scham, Schock und Trauer, die die Erinnerung der Deutschen in der unmittelbaren Nachkriegszeit kennzeichnete, das *Gustloff*-Narrativ mitgeprägt. Die spätere mythologische Aufladung der Katastrophe erscheint dann auch als Konsequenz ihrer umgehenden Tabuisierung.

Die Tabudebatte hat sich weiterhin insbesondere um den ersten Satz der Novelle »Warum erst jetzt?« entzündet. Das Wörtchen »erst« in diesem Eingangssatz hat den Anstoß für die öffentliche Tabudebatte sicherlich mitgeliefert. Wenig aufgeschlüsselt wurden bisher jeweils die beiden Fragen, die in dieser einen Frage gebündelt sind: »Warum jetzt?« und »Warum nicht vorher?«. Ob neues oder altes Thema, aus irgendeinem Grund wird der Untergang der *Gustloff* zu diesem einen gegenwärtigen Zeitpunkt vom Erzähler aufgegriffen. Dann stellt sich nicht nur die Frage, warum man gut 60 Jahre geschwiegen hat, sondern auch, warum man nicht weiter schweigen will; oder, drastischer formuliert, warum man nun herausstellt, dass man nicht weiter schweigen will, auch wenn man das gar nicht getan hat. Deutlich wird jedenfalls mit diesem ersten Satz, dass die Novelle weniger die deutschen Opfer und ihr Leid ins Zentrum stellen möchte, als dass sie

---

703 Zur Chiffre für eine deutsche Opfererfahrung wird das Schiff jedoch erst in der anschließenden öffentlichen Diskussion, unterstützt durch den 2003 erschienenen Roman *Himmelskörper* von Tanja Dückers. Vgl. das folgende Unterkapitel »Die Diskussion um Opfer und Täter – Tanja Dückers' *Himmelskörper* als literarisches Gegenstück?«.

704 Claes-Göran Wetterholm erwähnt etwa, dass es »im zerfallenden NS-Deutschland [...] verboten war, über die Schiffsverluste zu sprechen [...].« Claes-Göran Wetterholm: »Als die Deutschen Opfer wurden. Der Untergang der ›Wilhelm Gustloff‹ aus schwedischer Perspektive«, in: Kulturstiftung der Länder/Günter Grass-Haus Lübeck (Hrsg.): »*War eigentlich ein schönes Schiff...*«, S. 71–82, hier S. 74.

das Erzählen bzw. die Erzählbarkeit dieser Geschichte thematisiert und problematisiert. Neben den Wörtern »tabu« oder »tabusierien« dominiert so – explizit an der Textoberfläche – die Rede von einer Unerzählbarkeit die Novelle.

Im Krebsgang ist sicherlich nicht der erste und einzige Text über die deutsche Opfererfahrung, der die Unerzählbarkeit des Leidens anspricht. Fakt ist, dass Texte, die diese Unerzählbarkeit betonen, gleichzeitig versuchen, diese zu umschiffen, ja auszuhebeln. Denn indem sie erzählend auf die Unerzählbarkeit des Leidens verweisen, nähern sie sich der Erzählung des Unerzählbaren an.[705] Provokativ ließe sich fragen, ob die Rede von der Unerzählbarkeit ebenfalls zu einem rhetorischen Instrument in einem Diskurs über Deutungshoheiten und Opfererinnerungen geworden ist. Denn wenn nachweislich – nicht nur in der Romanliteratur – kein Flucht-und-Vertreibungs-Tabu existierte, erscheint die oft proklamierte Unerzählbarkeit eher als Ausdruck einer sich vernachlässigt fühlenden Erinnerungsgemeinschaft, zumindest wenn das Argument der Unerzählbarkeit in eine Tabudebatte eingebracht wird. Denn eigentlich steht jene Unerzählbarkeit, das Schweigen ob der Wucht der Erinnerungen, weniger im Zusammenhang mit einer Tabuisierung denn mit einer Traumatisierung, die eine Versprachlichung der Erfahrungen unmöglich macht. Es ist also fraglich, ob die fortwährende pointierte Rede von der Unerzählbarkeit eine spezifische Erzählstrategie darstellt, die diese nicht erzählbaren Gewalterfahrungen sichtbar machen will, oder ob sie nicht generell als ein erinnerungspolitisches oder gar aufmerksamkeitsökonomisches Instrument zu deuten ist.

Tatsächlich resultiert das Schweigen der Opfer wohl eher aus einer Traumatisierung als aus einem (zumal nicht und nie existenten!) Tabu. Doch ein familiäres Trauma, eine Leerstelle im Familiengedächtnis, ist nicht das Problem der Familie *Pokriefke.* Im Gegenteil: Tulla erzählt die Geschichten über den Untergang immer und immer wieder. Das schreckliche Erlebnis hat hier nicht zum Verstummen geführt, auch wenn Tullas Erzählungen von einer Suche nach Worten und Bildern für die Katastrophe durchzogen sind. Ihr Umgang mit dem Trauma scheint gerade in der Erzählung des Untergangs zu liegen. Sie überwindet die schmerzliche Erinnerung, indem sie immer und immer wieder in plakativen Bildern von der Katastrophe erzählt. Sie macht keinen Bogen um die traumatischen Details, sie weiß um tote Säuglinge und sterbende Kinder – Tatsachen, die sie in ihr inzwischen standardisiertes Narrativ einflicht:

> »Konnte das nicht mehr mitanhören, wenn sie mir [...] ihre Gusloff-Geschichten [...] auftischte: »Kam alles ins Rutschen. Kann man nich vergässen, sowas. Das heert nie auf.

705 Es ist zu überlegen, ob dieses Phänomen den oben vorgestellten Charakteristika der Flucht-und-Vertreibungsromane für diese Phase hinzugefügt werden könnte. Dafür spricht, dass es sich definitiv nicht um einen Einzelfall handelt. Vgl. Janzen: »»In ihren Gedanken war kein Wort geblieben««.

> Da träum ech nicht nur von, wie, als Schluß war, ain ainziger Schrei ieberm Wasser losjing. Ond all die Kinderchen zwischen den Eisschollen...« Manchmal hat Mutter, wenn sie nach dem Sonntagsessen mit ihrem Pott Kaffee am Küchentisch saß, nur »War aijentlich ain schennes Schiff« gesagt, danach kein Wort mehr. Aber ihr Binnichtzuhauseblick sagte genug. (KG 57)

Tulla komprimiert ihre Erinnerungen visuell in wenigen, sich stets wiederholenden Bildern und auditiv in jenem nicht endenden Schrei, der über dem Wasser gelegen haben soll. Diese Reduktion der Erinnerung auf wenige, einprägsame grausame Bilder und einen Ton sowie die Rede von einem Tabu stellen Tullas Strategie der Traumaverarbeitung dar. Tatsächlich drückt die Rede vom Tabu nämlich nicht nur den Wunsch nach Enttabuisierung, sondern auch das Trauma aus. Die Rede vom Tabu ermöglicht es der Traumatisierten, ihre Erinnerungen auszusprechen, ohne sich als traumatisiert begreifen und darstellen zu müssen. Die von Tulla immer wieder ins Spiel gebrachte Tabuisierung ist u. a. ihre Strategie, um über das Erlebte mit einer künstlichen Distanz zu sprechen, die sie vor den eigenen schrecklichen Erinnerungen schützt. Tulla wünscht sich die Enttabuisierung, die öffentliche Erinnerung an die Katastrophe, weil sie glaubt, dass die Anerkennung ihres Leids zu Überwindung ihres Traumas führen oder diese zumindest eine Art gesellschaftliche Entschädigung für ihre traumatischen Erlebnisse darstellen kann.

4.2 Erzählinstanz

Für Tullas Sohn Paul bedeutet die von Tulla ausgerufene Unerzählbarkeit etwas anderes. Als schreibender Chronist ist er mit dem Problem der Darstellung des Schrecklichen konfrontiert:

> Was aber im Schiffsinneren geschah, ist mit Worten nicht zu fassen. Mutters für alles Unbeschreibliche stehender Satz »Da hab ech kaine Töne fier...« sagt, was ich undeutlich meine. Also versuche ich nicht, mir Schreckliches vorzustellen und das Grauenvolle in ausgepinselte Bilder zu zwingen, so sehr mich jetzt mein Arbeitgeber drängt, [...] mit Horrorwörtern, dem Ausmaß der Katastrophe gerecht zu werden. (KG 136)

Paul problematisiert das (epische) Erzählen des Leids und lehnt schon den Versuch ab, die Katastrophe zu verbalisieren. Allerdings erscheint Paul nicht nur ob der traumatischen Erinnerungen ohnmächtig. Sein Stocken in der Erzählung ist vielmehr auf eine generelle Unsicherheit zurückzuführen, und ganz wird man das Gefühl nicht los, dass der Erzähler diese »Unerzählbarkeit« dankbar aufgreift, um einen Bogen um die Geschichte zu machen.

Fast scheint es, als schiebe Paul die Nichterzählbarkeit vor, um sich in einem von seiner Generation normativ geprägten Vergangenheitsdiskurs nicht positionieren zu müssen. So richtet die Novelle unterschwellig den Zeigefinger auf die deutsche Gesellschaft, die sich unter dem Deckmantel der Nichterzählbarkeit eingerichtet hat. Das Erzählenwollen, das Erzählenmüssen, das Nichterzählenkönnen und das Nichterzählenwollen treten in einen diffusen, aber der Sache inhärenten, möglicherweise unauflöslichen Zusammenhang. Dieser Konflikt provoziert die Bewegung auf eine erzählerische Metaebene, die diesen Zusammenhang nicht löst, ihn aber in der Konstruktion eines suchenden Erzählers formal-ästhetisch doppelt.

4.2.1 Rollen des Erzählers

Diesen Zusammenhang illustrieren die verschiedenen Rollen, die der Erzähler spielt: Der Erzähler ist nicht nur (a) selbst Überlebender des Unglücks, sondern bewegt sich außerdem im Spannungsfeld der Generationen. Dass er bisher noch nicht über die *Gustloff* geschrieben hat, ist weniger auf seine politische oder gesellschaftliche Überzeugung zurückzuführen. Vielmehr will er, der (b) Sohn, dem Wunsch der Mutter nicht nachgekommen, um sich von ihr und der mächtigen Erzählung, von seiner Geburtsstunde, von der Legende, die so unheilvoll über seinem ganzen Dasein schwebt, zu emanzipieren. Als (c) Vater schließlich wird er, so fühlt er, schuldig an der Rechtsradikalisierung seines Sohnes. Nicht weil er diesen aktiv beeinflusst, sondern weil er unter dem Druck des generationalen Geflechts und seiner Geschichte passiv bleibt: Paul ist gelähmt und unfähig. Er hat nichts aufgeklärt, sondern bleibt lethargisch und überfordert.

Pauls Arbeit an einer Dokumentation über den Untergang der *Gustloff* situiert sich auf der primären Erzählebene. In Rückblenden berichtet er dabei kontinuierlich aus seinem eigenen Leben, beschreibt persönliche Erinnerungen an seine Kindheit und Jugend, an sein Studium und seine Arbeit als Journalist, seine inzwischen geschiedene Ehe und das schwierige Verhältnis zu seinem Sohn Konny, der zunächst bei seiner Mutter in Meppen und schließlich bei seiner Großmutter Tulla in Schwerin lebt. Auf dieser ersten Erzählebene durchziehen also immer wieder Erinnerungen die gegenwärtige Handlung. Bereits im eigenen Leben bewegt sich die Erzählerfigur Paul wie der Titel gebende Krebs seit-, und rückwärts, um (wenn überhaupt) mühsam vorwärts zu kommen.

Ebenfalls in diese Handlungsebene integriert sind Fragen nach einerseits persönlicher und andererseits kollektiver Erinnerung. Paul ist in die *Gustloff*-Geschichte als Überlebender persönlich verstrickt, ohne, da im Moment der Katastrophe geboren, selbst über Erinnerungen an das Ereignis zu verfügen. Sein individuelles Gedächtnis bevölkern Tullas Erzählungen, Tulla kreiert ein Familiengedächtnis, von dem sie annimmt oder hofft, es könne zu Pauls eigenem werden. In der schwierigen Mutter-Sohn-Konstellation problematisiert die Novelle von vornherein den Umgang mit und die Überlieferung von Vergangenem, den Zusammenhang von Gegenwart und Vergangenheit. Implizit wird nicht nur gefragt, wer was wie erzählen kann, sondern auch danach, wer was wie erzählen darf. In der Weigerung Pauls, die Erzählungen Tullas nachzuvollziehen oder anzunehmen, und in seinem Gefühl, sich auflehnen zu müssen gegen eine gefühlige und gleichzeitig naive Elterngeneration, zeigt sich der bemühte Kampf um eine Distanzierung von der Vergangenheit bei gleichzeitiger unauflöslicher Verbindung. Dass Paul der Vergangenheit nicht entkommen kann, dass er – wie damals als Säugling mit der Nabelschnur – nicht nur mit Tulla und der *Gustloff*, sondern mit der familiär geprägten Perspektive auf das Ereignis verbunden ist, zeigt sich dann auch, wenn seine bemüht unabhängige Recherche ihn auf eine Internetseite führt, die sein Sohn Konny gestaltet hat. Die Generationen sind unauflöslich miteinander verbunden, zumal ihre Positionen, ihr Verhalten, ihre Fehler und ihre Kämpfe als Resultate ihrer durchaus zeithistorisch verankerten Konstellation erscheinen. Wieder sind Gegenwart und Vergangenheit miteinander verknüpft.

Aus dieser Gefühlslage heraus kann Paul nicht erzählen.[706] Für Paul sind die Ereignisse nicht unerzählbar, weil er traumatisiert wäre oder weil die Geschichte tabuisiert ist, sondern weil er sich politisch, aber insbesondere familiär belastet fühlt. Der Auftraggeber soll die Distanz zum Gegenstand einschalten, die der Erzähler selbst nicht aufbringen kann.

4.2.2 Die Trias »Autor-Erzähler-Auftraggeber«

Grass' Strategie, die Unerzählbarkeit von Geschichte nicht nur inhaltlich anzusprechen, sondern auch in der Erzählform widerzuspiegeln, ist nicht neu: »Um einen Pakt mit der Geschichte eingehen zu können, ohne sie zu verraten, hat Grass von Mal zu Mal sehr erfolgreiche Ausweichbewegungen erfunden.«[707] Die ästhetisch-formale Lösung für das Dilemma der erzählten Darstellungsschwierigkeiten ist auch für *Im Krebsgang* »die Wahl eines Standpunktes außerhalb der

706 Aus der diegetischen Logik der Novelle heraus lautet die Antwort auf die Eingangsfrage »Warum erst jetzt?« dann: Weil Paul nicht früher zum Erzählen in der Lage war. Weil er familiär belastet war. Weil erst die Katastrophe um Konrad passieren musste. Weil erst der Auftraggeber auftreten musste. Weil erst die Vergangenheit in die Gegenwart hineinreichen musste, damit Paul erzählen konnte.

707 Elena Agazzi: *Erinnerte und rekonstruierte Geschichte. Drei Generationen deutscher Schriftsteller und die Fragen der Vergangenheit.* Göttingen: Vandenhoeck & Ruprecht 2005, S. 15.

Zentralität eines konventionellen Ich-Erzählers«[708]. Besonders komplex ist die Strategie in der Novelle, weil sie nicht nur in der Diegese die Verantwortung für die Erzählung zwischen einem Auftraggeber und einem Schreibenden aufteilt. Besondere Sprengkraft hat diese Konstellation, weil sowohl jener Auftraggeber als auch der schreibende Protagonist deutliche Züge des Autors Grass tragen.

Der Auftraggeber wird als Grass' eigenes Alter Ego inszeniert, wenn der Ich-Erzähler aus einem seiner Treffen mit ihm zitiert:

> Eigentlich müsse jeder Handlungsstrang, der mit der Stadt Danzig und deren Umgebung verknüpft oder locker verbunden sei, seine Sache sein. Er und kein anderer hätte deshalb von allem, was das Schiff angehe, [...] erzählen müssen. Gleich nach dem Erscheinen des Wälzers »Hundejahre« sei ihm die Stoffmasse auferlegt worden. Er – wer sonst? – hätte sie abtragen müssen, Schicht für Schicht. (KG 77)

An dieser Stelle der Novelle erhebt sich Grass zur moralischen Instanz, zum Wortführer und Propheten, dem der Stoff auferlegt, gar offenbart worden sei. Die Geschichte habe sich ihren Chronisten gesucht, den nur er, der Chronist Danzigs, habe abgeben können. In der Konstruktion eines Erzählers, der bereits ebenfalls dem Autor Grass ähnelt, der wiederum Ghostwriter für einen Auftraggeber mit deutlichen Grass'schen Zügen ist, doppelt sich das oben diskutierte Problem der Unerzählbarkeit: Es kann nicht der Zeuge sein, der berichtet. d. h.: Es kann nicht der moralisierende und polarisierende politische Grass sein, der schreibt – nicht, wenn es um die Anerkennung eines deutschen Leides und einer deutschen Opferperspektive geht. Der vorgeblich gespaltene Grass repräsentiert das gespaltene deutsche Kollektivbewusstsein zwischen Zeugenschaft, Verschweigen, dem Wissen um die Dinge und dem Willen zu berichten und einer Scheu davor – Scheu aus generationeller, familiärer Eingebundenheit, Unkenntnis, Angst vor Abmahnung und Ablehnung. Die Trias Autor – Erzähler – Auftraggeber illustriert also das Spannungsfeld deutscher Erinnerung und der Erzählung der Vergangenheit. Wer darf, kann, muss erzählen? Die Frage nach Deutungshoheit schwingt jedoch wenig problematisierend mit, sondern liefert hier gleich die Antwort: Grass darf und muss, er hat aber bisher versagt. Indem dieses Versagen jedoch reflektiert und direkt angesprochen wird, enthebt sich Grass unmittelbar einem möglichen Revanchismusvorwurf.

Der Auftraggeber nennt sein Schweigen zunächst »Versäumnis«, dann schließlich »Versagen«. (KG 77) Deutlich liefert die Novelle hier den Anstoß für die außerliterarische Tabudebatte. Wenn der Auftraggeber sich selbst anklagt, zu lange geschwiegen zu haben, ist die Diskussion um den Tabubruch in diesem Punkt angelegt. Wenn der Vorwurf des Schweigens zwar nicht der Gesellschaft, sondern jenem Auftraggeber gemacht wird, inszeniert sich Grass damit selbst als

708 Ebd.

Tabubrecher. Allerdings negiert die Textstelle nicht, wie Vedder meint »frühere literarische Thematisierungen [von Flucht und Vertreibung] [....], zu denen auch eine ganze Reihe von Grass eigenen Arbeiten gehört.«[709] Vielmehr weisen jene Sätze auf den Stellenwert seiner früheren Texte für die allgemeine deutsche Erinnerungskultur hin und ermöglichen einen kritischen Rückblick auf diesen Beitrag. Das »Versäumnis« oder »Versagen« kann nur in dieser Retrospektive beurteilt werden, und erst die Wechselwirkungen zwischen Erzähler und Auftraggeber zeigen das Erinnern und Erzählen als dynamische, wandelbare soziale Aktivität.

Der Auftraggeber ist wenig sympathisch gezeichnet. Auch seine Wünsche für die Erzählung Pauls werden negativ dargestellt. So verweigert sich Paul gegen die Anweisungen des Auftraggebers, »Einzelschicksale zu reihen, mit episch ausladender Gelassenheit und angestrengtem Einfühlungsvermögen den großen Bogen zu schlagen« (KG 136). Einmal mehr wird die Unmöglichkeit der Darstellung angesprochen und dabei gleichzeitig suggeriert, die Erzählstrategie der Novelle *Im Krebsgang*, das epische Erzählern, das die Verweigerung gegen das Erzählen erzählt, sei die einzige Form adäquaten erzählerischen Umgangs mit der deutschen Opfergeschichte. In diesem erzählerischen Schachzug ist sodann weniger ein literarisches als ein »erinnerungspolitisches Statement«[710] gesehen worden, in dem sich gleichsam die Generations- und Familienkonstellation ausdrückt, wie die Novelle sie ebenfalls problematisiert.[711] Der Erzähler Paul verweigert sich immer wieder sowohl dem Wunsch der Mutter, die *Gustloff*-Geschichte aufzuschreiben als auch den Anweisungen des »väterlich-autoritären Alten«[712]. Wenn er schließlich doch erzählt, tut er das weniger als Sohn denn als Vater: »[H]e believes that his sons's obsessions with the past would not have escalated to murder if Paul had lived up to his responsibility to bear witness.«[713] In der Reflexion dieser Position firmiert der Erzähler schließlich als souveräner Literat, der seine Quellen, seine Einflüsse und seine Schwierigkeiten offenlegt.

---

709 Ulrike Vedder: »*Luftkrieg* und *Vertreibung*. Zu ihrer Übertragung und Literarisierung in der Gegenwartsliteratur«, in: Corina Caduff/Dies. *(Hrsg.): Chiffre 2000 – Neue Paradigmen in der Gegenwartsliteratur*. München: Fink 2005, S. 59–79, hier S. 72.

710 Ebd.

711 Ebd., S. 73.

712 Ebd.

713 Elisabeth Krimmer: »›Ein Volk von Opfern?‹«, S. 283.

4.3 Opfer-Täter-Konstellationen

Während ein verschwiegenes Trauma niemandem angelastet werden kann, erhebt die Novelle einen unmissverständlichen Vorwurf gegen die Erinnerungspolitik der Bundesrepublik. Der im rechten Lager gepflegte Mythos um die deutsche Opfererfahrung, hier um die *Wilhelm Gustloff*, habe sich bis in die 1990er Jahre erhalten können, weil die Zweite Generation, die 68er-Generation, es aus s. g. *political correctness* versäumt habe, die deutsche Opfererinnerung aufzuarbeiten. Die nach der Erzählung aus diesem Versäumnis resultierende Radikalisierung Konrads ist nur eine, wenngleich die extremste, Spielart der ›Vergangenwart‹, der Verschachtelung von Gegenwart und Vergangenheit, in *Im Krebsgang*. Weil Grass alle Zeitebenen einbeziehen will und unterschiedliche generationelle wie nationale Perspektiven auf die Katastrophe einnimmt, muss er Opfer-und-Täter-Konstellationen hinterfragen:

> [I]n order to achieve clarity, all aspects of the past must be examined, even if this strategy means disrupting the ›Täter‹/›Opfer‹ dialectic which had previously been viewed as a kind of safety mechanism for the German state [...].[714]

4.3.1 Opferidentifikationen

Eine genaue Lektüre von *Im Krebsgang* entlarvt die Berichterstattung und Behauptung des *SPIEGELS*, die Novelle habe endlich deutschen Kriegsopfern Raum im kollektiven Gedächtnis gegeben, nicht nur als trügerisch, sondern als unzulänglich eindimensional. Grass schlägt in seinem Text eine komplexe Opfer- und Täterkonstellation vor, die Auskunft geben soll über die deutsche Vergangenheitsbewältigung in Vergangenheit, Gegenwart und Zukunft. Die Komplexität des Opfer-Täter-Gefüges wird bereits in der Zahl von auftauchenden Opfer- und Täterfiguren sichtbar: Auf der primären Handlungsebene ist Konny der Täter, der das Opfer Wolfgang erschießt. Auf der historischen Handlungsebene führt Grass die Vorgeschichte der *Wilhelm-Gustloff* aus: Der Jude David Frankfurt erschoss 1930 in Davos den Nationalsozialisten Wilhelm Gustloff, der sodann als Blutzeuge dem NS-Schiff seinen Namen stiftete. Die ungewöhnliche Konstellation des jüdischen Täters und des deutschen Opfers macht von Anbeginn deutlich, dass auf die Schwierigkeit von Opfer- und Täterzuschreibungen hingewiesen werden soll.

Während das Tatmotiv Frankfurters, die Auflehnung eines Juden gegen die Nationalsozialisten und ihre antisemitische Politik, klar ist und seine Handlung auch zu legitimieren scheint, bleiben Konnys Beweggründe für den Mord an Wolfgang verschwommen. Neben seiner nationalistischen Haltung und seiner

714 Dye: »›Weil die Geschichte nicht aufhört‹«, S. 477.

Identifikation mit den deutschen Kriegsopfern bietet die Novelle seine persönlichen Lebensumstände als Motiv an. Verteidiger und Richter in seinem Prozess erklären seine Tat mit der gescheiterten Ehe seiner Eltern, den gesellschaftlichen Verhältnissen oder seinen Schwierigkeiten in der Schule (vgl. KG 196), und auch der Erzähler beginnt zu überlegen, inwiefern seine eigene Abwesenheit als Vater sowie die Fixierung Tullas auf die *Wilhelm Gustloff* Konrads Tat motiviert haben könnten (vgl. KG 195).

Tatsächlich verurteilt der gesamte Text einzelne Figuren ebenso wenig wie er mit Sympathieträgern aufwartet. Keine Figur »hat eine privilegierte, ›richtige‹ Postion im Gefüge des Erzählten«[715]. Alle Figuren inklusive des Erzählers sowie des Täters Konny geraten zu Opfern gesellschaftlicher Prozesse; von Verdrängung, Verschweigen, Misskommunikation. Alle Beschreibungen Konnys, insbesondere nach seiner Inhaftierung, heben seine Interessen und Talente hervor, die sich nur schwerlich mit seiner Tat vereinbaren lassen. Konrad wird als hochgewachsener, lockiger Jüngling im »ewig haltbaren Norwegerpullover« (KG 202) vorgestellt, der im Gefängnis sein Abitur schreibt, Tischtennis spielt und Computerkurse unterrichtet. Der verstörende Widerspruch dieser Darstellung zeigt sich u. a., wenn Konny, handwerklich begabt, in der Anstaltswerkstatt Fotos rahmt: Zu den Fotos zählen neben Bildern von David und Marniesko auch das Bild von Wilhelm Gustloff, das er allerdings nicht in seiner Zelle aufhängen darf (vgl. KG 202).

Konnys eher kindliche Betätigungen (Tischtennis, der Bau eines *Gutsloff*-Modells) erinnern an das Alter des Jungen. Sowohl Konny als auch David sind Adoleszente auf der Suche nach ihrer Identität, in der Auseinandersetzung mit ihren Eltern einerseits und mit der Gesellschaft, in der sie aufwachsen, andererseits. In der Überidentifikation beider Jungen mit der Vergangenheit kritisiert die Novelle die deutsche Form der Vergangenheitsbewältigung seit 1945. Insbesondere der Umgang der Zweiten Generation steht im Zentrum, wenn schließlich beide Jungen als Opfer des Schweigens ihrer Eltern dargestellt werden, das sie nicht nur zu einer detailversessenen Beschäftigung mit der deutschen Vergangenheit angetrieben hat, sondern darüber hinaus zu einer Überidentifikation mit den Opfern - sowohl mit den jüdischen als auch mit den deutschen. Während die Überidentifikation Wolfgangs ihn erneut zum Opfer werden lässt,

---

715 Frank Tietje: »Ein Blick in die Werkstatt des Autors Günter Grass. Die Entstehung der Novelle »Im Krebsgang«, in: Kulturstiftung der Länder/Günter Grass-Haus Lübeck (Hrsg.): »*War eigentlich ein schönes Schiff…*«, S. 10–40, hier S. 37. Tietje arbeitet heraus, dass diese gegenseitige Relativierung der Figuren von der ersten bis zur letzten Textfassung gestiegen sei. Er legt überzeugend dar, wie Grass nach und nach die Novelle bewusst zu einer Problematisierung von Fakt und Fiktion, von Kommunikation zwischen den Generationen und einer epischen, aber auch moralischen und erinnerungskulturellen Ambivalenz gereichen lässt.

macht Konnys Opferidentifikation ihn zum Täter. So klingt an, dass nicht nur das Verschweigen deutscher Opfer, sondern auch die überpathetische, identifizierende Erinnerung erstens an deutsche Opfer (Konny) sowie zweitens an die Opfer der Deutschen (Wolfgang) Risiken birgt. Der Text plädiert mit der an den Jungen ausgestellten Opfer-Täter-Verschiebung eben nicht für eine Anerkennung des deutschen Opferstatus, sondern für einen sorgsamen Umgang mit deutschem Leid und dem Leid inbesondere der Juden, das unter Deutschen erlebt werden musste.[716] So fordert Grass mit der komplexen Opfer-Täter-Konstellation eine differenzierte neue Erinnerungspolitik ein, sodass die Novelle schließlich weniger Aussagen über oder gar für eine deutsche Opfererinnerung trifft, als dass sie ein problematisches Bild aktueller deutscher Erinnerungskultur zeichnet.[717]

Einmal mehr muss also die Rede von einem ›Tabubruch‹, den der Text bewirkt haben soll, verwundern, zielt der Text im Sinne der vorgeführten Analyse doch gerade nicht auf eine Darstellung deutschen Leides. Die deutsche Erinnerungspolitik hat, so der Befund der Erzählung, nicht nur eine Seite – die deutsche – angeblich zu lange ausgeklammert, sondern eine andere – die der Opfer der Deutschen – möglicherweise als wenig differenzierten Mythos überdauern lassen. Damit lehnt die Novelle die Erinnerung an die Holocaustopfer nicht ab, aber sie problematisiert die Art und Weise – nämlich die identifikatorische Weise der Erinnerung, eine Aneignung der (Opfer)Erinnerung.[718]

In der Tat gibt die Novelle hier selbst eine Antwort auf die Frage nach dem Grund für ihren Erfolg Anfang der 2000er Jahre und die aus ihr erwachsene Opferdebatte. Die Dominanz der opferidentifizierten deutschen Erinnerungskultur hat zum Erfolg der Tabuisierungsthese beigetragen:

> Opferidentifikation ist zu einer Norm geworden, die mit deutlichen Sanktionen eingefordert und überwacht wird. Daher geraten auch Debatten wie die über Flucht und Vertreibung aus den sogenannten Ostgebieten, über Kriegswaisen und Bombenopfer

---

716 Vgl. das Ziel des Aufsatzes von Pól Ó Dochartaigh: »Anhand einer Analyse der bisher in der Sekundärliteratur vernachlässigten jüdischen Aspekte des Textes wird argumentiert, dass der Antisemitismus bzw. Philosemitismus der zentralen jungen Protagonisten die Unzulänglichkeit bisheriger deutscher Reaktionen auf die NS-Vergangenheit bzw. den Holocaust illustrieren soll. Die Bewältigung dieser Vergangenheit, sowohl vor als auch nach der deutschen Vereinigung, wird als ein deutscher Streit über den Umgang mit dem Holocaust dargestellt, in dem schon immer die Rolle der Deutschen selbst wichtiger war als die ihrer Opfer.« Pól Ó Dochartaigh: »Günter Grass's *Im Krebsgang* as a German Memory Contest Without Jews«, in: *German Life and Letters* 63/2, 2010, S. 194–211, hier S. 194. Online: https://doi.org/10.1111/j.1468-0483.2010.01492.x (Stand: 28.03.2018).

717 Inwiefern Grass damit die für eine Tabusierungsthese zuträglichen Argumente, die in der Analyse der Erzählinstanz und der Problematisierung der Erzählbarkeit des Leids herausgearbeitet wurden, relativiert, soll zum Abschluss des Kapitels diskutiert werden.

718 Vgl. zu dieser Problematik Ulrike Jureit/Christina Schneider: *Gefühlte Opfer. Illusionen der Vergangenheitsbewältigung.* Stuttgart: Klett-Cotta 2010.

nahezu zwangsläufig unter Verdacht, in Konkurrenz zu dem opferidentifizierten Erinnerungsgebot zu stehen.[719]

Der Wunsch nach einer in der Öffentlichkeit als legitim geltende Erinnerung an deutsche Opfer, der die Rede von einem Tabu provoziert hat, erwächst auch aus dem moralischen Gebot, sich als Nachkomme der Täter mit den Opfern der Deutschen zu identifizieren. Dieses Verhältnis, das als ›Opferkonkurrenz‹ das Schweigen über das deutsche Leid seit den 1968 einforderte, lässt nun den Wunsch nach Öffentlichkeit umso größer werden. Indem die 68er sich mit den Verfolgten identifizierten, sich von ihren Eltern, den Tätern, lossagten, provozierten sie die heutige Rede vom Tabubruch.

4.3.2 Schuldfragen

Dass im Zentrum der Novelle nicht monoperspektivisch das deutsche Leiden steht und deutsche Schuld nicht ausgeklammert wird, macht bereits das zentrale Motiv der Erzählung deutlich: Die *Wilhelm-Gustloff* – das Kriegsschiff, das KdF-Schiff, das – grau angestrichen – zum Flüchtlingsschiff wurde. Indem Grass sich zudem auch auf die Vorgeschichte seiner Erzählung, also auf den Namensgeber des Schiffes, konzentriert, rückt er die Ursache des ostdeutschen Heimatverlustes und des deutschen Leidens wieder in den Mittelpunkt. Flucht und Vertreibung werden gerade nicht entkontextualisiert.

Während die historische Schuld der Deutschen so klar aufgerufen wird, bleiben andere Schuldfragen weniger deutlich beantwortet. Dennoch sind diese Schuldfragen von wesentlicher Bedeutung für den Text, wie die beiden zentralen Handlungsorte Gerichtsaal[720] und Gefängnis zeigen. Beide Räume verkörpern Auseinandersetzungen mit Opfern und Tätern und sind als Orte, an denen ein Urteil gefällt bzw. eine Strafe verbüßt wird, unabdingbar mit der Frage nach Schuld verbunden. Immer wenn es in der Novelle um Schuld geht, wird mehrdimensional erzählt und Schuld nicht vereinfacht zugewiesen.

Das geschieht erstens, wenn sowohl David Frankfurter als auch Konny juristisch schuldig werden. So taucht auch das Gefängnis in der Novelle zweimal auf. Zunächst ist es der Jude David Frankfurter, der nach dem Mord an dem NS-Mann Wilhelm Gustloff eine Haftstrafe verbüßen muss. Später befindet sich Konny im Gefängnis, der, von dieser Geschichte infiziert, den sich als Juden ausgebenden Wolfgang erschossen hat. Juristisch sind beide schuldig, sowohl der

719 Ebd., S. 33.

720 Ó Dochartaigh geht sogar soweit, den Wohnort der Familie Stremplin als Hinweis zu sehen. Wolfgang und seine Eltern leben in Karlsruhe, wo das Verfassungsgericht seit 1951 seinen Sitz hat. Vgl. Ó Dochartaigh: »Günter Grass's *Im Krebsgang* as a German Memory Contest Without Jews«, S. 203.

Jude Frankfurter als auch der junge Deutsche Konny, und auch durch die Existenz beider Erzählebenen nähern sich ihre Taten an. Sie werden in einen Zusammenhang, gar in eine Parallelstruktur gebracht. Auch diese Wiederholung unter umgekehrten Vorzeichen dient als Hinweis auf einen problematischen Umgang mit der deutschen Vergangenheit. Der Name *Wilhelm-Gustloff* steht nach jahrzehntelangem Schweigen heute für das Leid deutscher Opfer, in der Kriegszeit für ein Schiff und in der Nachkriegszeit für eine humanitäre Katastrophe. Für den Mann Gustloff steht der Name nicht (mehr). Grass zeigt hier den Wandel des kollektiven Gedächtnisses im Allgemeinen.

Zweitens diskutiert der Erzähler die Rolle der Kapitäne auf dem Schiff (vgl. KG 110,127, 131). Indem der Text immer wieder andeutet, was hätte gewesen sein können, hätte ein anderer eine andere Entscheidung getroffen, macht er auf den Zufall und die Willkür der Geschichte aufmerksam, ohne dabei auf die Frage nach Motiven, Begründungen und Schuld zu verzichten. Auch die Kapitäne, die deutschen Offiziere erfahren Schuldzuschreibungen. Persönliches Versagen und persönlicher Geltungsdrang als menschliche Gründe lenken jedoch eher von den ›eigentlichen‹ Tätern – den Nazis – ab.

Drittens diskutiert die zweite Handlungsebene die Rolle des russischen U-Boot-Offiziers Alexander Marinesko. Der Untergang des Schiffes und seine Vorgeschichte werden nicht nur aus deutscher Sicht, sondern auch aus russischer Sicht reflektiert. Für die Opfer-Täter-Konstellation bedeutet diese doppelte Perspektive Entscheidendes: Der Text diskutiert alle Opfer- und Täterrollen, Handlungen, Positionen und Verstrickungen der an der Katastrophe Beteiligten. Unbestreitbar werden die auf der *Gustloff* leidenden Zivilisten als Opfer dargestellt, dennoch stellt der Text im Hintergrund fortwährend die Frage nach der Schuld am Unglück bzw. nach dem Grund für die Katastrophe. Hierbei gerät der russische U-Boot-Offizier Alexander Marinesko differenziert in den Blick – als Befehlsempfänger und als Individuum auf der Suche nach Anerkennung. Indem der Text jenem Marinesko ein Gesicht und eine Geschichte verleiht, wendet er sich vom vereinfachenden, in der Kriegs- und noch in der Nachkriegszeit populären und verallgemeinernden Bild ›des Russen‹ ab. Über Marineskos Beweggründe, die *Gustloff* zu torpedieren, heißt es:

> Zudem könnte dem nur auf See tüchtigen Marinesko die Befürchtung im Nacken gesessen haben, man werde ihn sogleich danach womöglich erfolgloser Rückkehr [...] vor das [...] Kriegsgericht stellen. Nicht nur die letzte Sauftour und sein den Landurlaub überschreitendes Verweilen in finnischen Hurenhäusern konnten ihm angelastet werden; er stand unter Spionageverdacht [...]. Allenfalls konnte ihn ein unübersehbarer Erfolg retten. (KG 128 f.)

Exemplarisch – am russischen Täter![721] – führt die Novelle Entlastungs- und Entschuldigungsmechansimen aus, die so auch auf deutsche Täter angewendet werden könnten. Marinesko erscheint als junger Kapitän, der um persönliche Rehabilitierung bemüht, einen Kriegserfolg verbuchen wollte. Darüber hinaus problematisiert diese lapidare Darstellung seiner Beweggründe nationale Opfer- und Tätermythen, zumal deutlich wird, dass auf allen Seiten der am Krieg Beteiligten ähnliche militärische oder persönliche Entscheidungen getroffen und ähnliche Entlastungsstrategien verfolgt wurden. Vergangenes, so zeigt die doppelte Perspektive ferner, ist nicht abgeschlossen und fix. Vergangenheit ist immer vermittelt nicht nur durch Sprache, sondern auch durch Perspektiven.

Indem der Text also diese verschiedenen nationalen Perspektiven auf ein (erinnerungs)politisch hoch brisantes Ereignis anlegt, verwehrt sich die Novelle schließlich selbst gegen eine eindimensionale Deutung. Erneut wird vorgeführt, dass es nicht e i n e Vergangenheit, sondern stets mehrere Versionen von Vergangenheit gibt und eine programmatische – unzulässige – Vereinheitlichung in einem Mythos Gefahren (i. b. der Radikalisierung) birgt. Damit weist auch die Figur Marinesko über individuelle Kampfmotive und deutsch-russische Feindbilder hinaus einmal mehr auf eine übergreifende Kritik an der bisherigen Geschichtsschreibung und kollektiver Erinnerung hin.

5 Zwischenfazit (2002–dato)

5.1 Diskursiver Topos der Unerzählbarkeit

Zu Beginn dieses Kapitels ist die Frage gestellt worden, welche erzählerischen Mittel und Rhetoriken der Novelle die folgende Mediendebatte um einen Tabubruch provozierten. Tatsächlich hat die Analyse innerliterarische Elemente aufgedeckt, die als Stein des Anstoßes für die außerliterarische Kontroverse zu deuten sind. Dennoch ist abermals zu betonen, dass die Diskussionen um die Opfererfahrung Deutscher wie sie in den 2000er Jahren geführt wurden, in einem spezifischen erinnerungspolitischen Klima entstehen, das sich aus einer Vielzahl diskursiver, demografischer und kultureller Einflüsse speist. Wenn sich in *Im*

721 Grass berichtet, dass er bei einer späteren Lesung in Kaliningrad erfahren habe, dass der Streit um Marineskos Tat und deren Würdigung bis heute in Russland geführt werde. Im Kaliningrader Hafen existiert ein Marinesko-Denkmal, zu dessen Besichtigung ein russischer Marineoffizier Grass eingeladen habe. Er lehnte ab. Grass erklärt: »Die Versenkung der ›Gustloff‹ ist kein Kriegsverbrechen gewesen, das Schiff war grau angemalt, hatte sogar Flack-, also Fliegerabwehrgeschütze, es waren 1.000 ausgebildete U-Boot-Rekruten an Bord. Aber es ist auch keine Heldentat gewesen, dieses Schiff zu versenken.« Thomsa: »Günter Grass über die Novelle ›Im Krebsgang‹«, S. 103.

Krebsgang Topoi eines Opferdiskurses ausmachen lassen, stellen diese selbst ein Sediment einer außerliterarisch vorhandenen Kollektivdisposition dar.

Die Debatte um den Tabubruch ist in der Novelle vorrangig im Topos der Unerzählbarkeit (Abb. 10) angelegt. Dieser Topos bestimmt letztendlich jede formale, ästhetische und strukturelle Entscheidung des Textes: Einerseits wird explizit an der Textoberfläche ausgedrückt, dass sich das Ausmaß der Katastrophe nicht in Worte fassen lässt, andererseits doppelt etwa die Entscheidung, die Verantwortung über die Erzählung einem abwesenden Auftraggeber zuzuschreiben, das Problem.

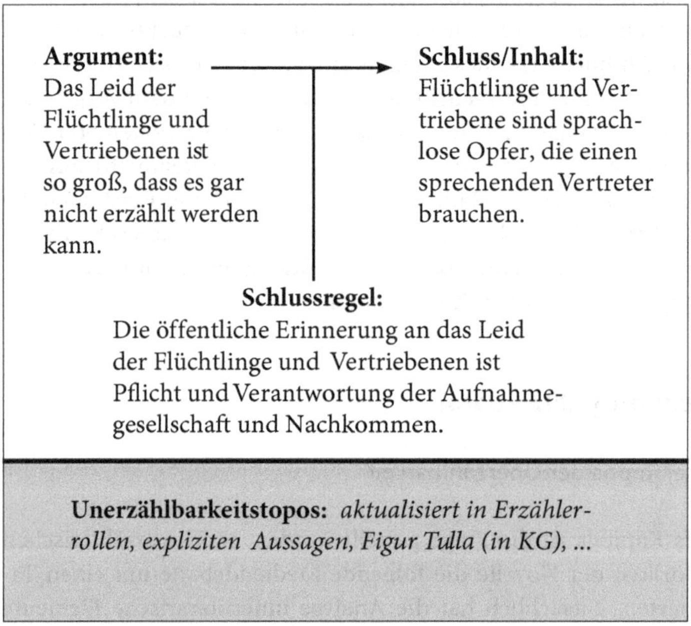

Abb. 10: Unerzählbarkeitstopos

Der Topos der Unerzählbarkeit potenziert dabei abermals den Opferstatus Deutscher. Erneut wird implizit neben der ursächlichen Vertreibung das Schweigen über die Opfererfahrung als Versäumnis an den Vertriebenen gedeutet. Nicht nur an den Erfahrungen und traumatischen Nachwirkungen habe die Erlebnisgeneration gelitten, sondern auch am folgenden Schweigen und Desinteresse der Gesellschaft. Tullas Wunsch, ihr Sohn möge die Geschichte festhalten, soll zeigen, dass die Gruppe der Opfer auf einen sprechenden Stellvertreter angewiesen ist, auf jemanden, der das Wort für sie, die Traumatisierten, ergreifen kann. So benötigt Grass schon die ambivalente Figur der Tulla Pokriefke, um sich zum Sprachrohr und Tabubrecher zu erheben.

Indem nun immer wieder auf die Unmöglichkeit des Erzählens hingewiesen wird, weist sich der Text selbst als real gewordene und alternativlose Überwindung des Dilemmas aus. Der Autor Grass erhebt nicht mehr den Erzähler oder den Auftraggeber zum Chronisten, sondern sich selbst – Autor, Zeitzeugen, Moralisten und Person Günter Grass. Die Metafiktion, mit deren Hilfe das Problem des Nicht-Erzählen-Könnens in den Text hineingetragen wird, spiegelt hier zurück aus der literarischen in die reale Welt: Günter Grass stilisiert sich zum einzig fähigen Erzähler des deutschen Leidens. In dieser Konstruktion nimmt die Novelle bewusst die im Anschluss geführte Debatte vorweg, und sie ermöglicht es Grass auch, in folgenden Interviews bewusst die Grenzen zwischen Autor und Erzähler verwischen zu lassen.[722]

Darüber hinaus lässt Grass in der Betonung der Unerzählbarkeit zwei potentielle Gründe für das Schweigen über die Geschehnisse verschwimmen, nämlich die Traumatisierung der Zeitzeugen einerseits und eine gesellschaftliche Tabuisierung andererseits. Weder der Begriff des Traumas noch der des Tabus (der zwar fällt) bestimmen die Erzählung. Die wohl aber prominente iterative Rede von einer Unerzählbarkeit führt beide Deutungsmöglichkeiten mit sich, sodass Grass mit dem Unerzählbarkeitstopos seiner Novelle sowohl eine befreiende psychologische als auch gesellschaftliche Wirkung einschreibt und sie für einen Tabuisierungstopos in der öffentlichen Debatte anschlussfähig macht.

Hervorzuheben ist, dass die Novelle den Tabubegriff ausschließlich in Bezug auf den Untergang der *Gustloff*,[723] nicht aber auf die gesamte deutsche Leiderfahrung im Osten verwendet. *Im Krebsgang* fokussiert das Leid dieser Schiffskatastrophe und vermeidet die Perspektive auf deutsche Flucht- und Vertreibungsopfer im Allgemeinen. Jene interpretative Ausweitung der Opfererfahrung von der Schiffskatastrophe auf eine gesamtdeutsche Opferrolle und der Ruf nach einer Enttabuisierung der gesamten deutschen Leidgeschichte nach dem Zweiten Weltkrieg hat erst in der außerliterarischen Debatte stattgefunden.

So trifft es sicherlich nicht zu, dass die Novelle durch »uneingeschränktes Mitleid«[724] gegenüber den Flüchtlingen bestimmt ist. Die Analyse hat deutlich auf die subtilere Struktur des Werkes hingewiesen. Ebenso exotisch ist die Behauptung, Grass habe bewusst die erinnerungspolitischen Koordinaten der bundesdeutschen Nachkriegskultur neu setzen wollen, indem er sich in der Novelle über Shoah und Krieg ausschweigt.[725] Die vorliegende Analyse hat wie andere Arbeiten gezeigt, dass Grass den Untergang der *Gustloff* sehr wohl kontextualisiert, zumal er die gesamte Vorgeschichte, den von einem Juden verübten

722 Z. B. im Gespräch mit Jörg-Philipp Thomsa, siehe Anmerkung 691.
723 »Die *Gustloff* und ihre verfluchte Geschichte waren jahrzehntelang tabu [...]« (KG 31).
724 Beyersdorf: »Von der Blechtrommel bis zum Krebsgang«, S. 584.
725 Vgl. Vedder: »*Luftkrieg* und *Vertreibung*«, S. 74.

Mord an einem Nazi und schließlich das Fortleben nationalsozialistischen Gedankenguts samt Antisemitismus darstellt. Überzeugend hat Pól Ó Dochartaigh dargestellt, dass gerade Konnys Antisemitismus und Wolfgangs Philosemitismus nicht nur auf den Holocaust verweisen, sondern erst aufzeigen, dass Grass den retrospektiven Umgang mit dem deutschen Leid unbedingt verzahnt sehen will mit der Erinnerung an die deutsche Täterschaft. Nach Dochartaigh stellt die Novelle die deutsche Vergangenheitsbewältigung sehr wohl als »Streit über den Umgang mit dem Holocaust« dar.[726]

An solchen Untersuchungen zeigt sich einmal mehr, dass die (literarische) Darstellung deutscher Opfer mit der Jahrtausendwende keinesfalls ›normal‹ geworden ist. Noch immer scheint eine moralische Verpflichtung zu bestehen, deutsches Leid nur erinnern bzw. zeigen zu dürfen, wenn seine Unvergleichbarkeit unter Betonung der Schrecken des Holocaust hervorgehoben wird.

5.2 Die Diskussion um Opfer und Täter – Tanja Dückers' *Himmelskörper* (2003) als literarisches Gegenstück?

Dass auch die literaturwissenschaftlichen Betrachtungen der deutschen Opfererzählungen um die Jahrtausendwende nicht frei von diesen moralischen oder emotionalen Urteilen sind, zeigt sich besonders in den Vergleichen, die die Literaturwissenschaft zwischen Grass' Novelle und Dückers' nur einem Jahr später erschienenen *Gustloff*-Roman *Himmelskörper* anstellte.[727] Mit einem Blick auf dieses Werk und seine öffentliche Besprechung im Verhältnis zu Grass' Novelle *Im Krebsgang* soll abschließend noch einmal nachvollzogen werden, wie sich die Debatte um die literarischen Opferdarstellungen in den 2000er Jahren gestaltete. Im Zentrum steht dabei einmal mehr das literarisch entworfene Opfer-Täter-Verhältnis und die Reaktionen auf selbiges in den Feuilletons und der Literaturwissenschaft. Fraglich bleibt schließlich, inwieweit die außerliterarische Dis-

726 Ó Dochartaigh: »Günter Grass‹s im Krebsgang as a german memory contest without Jews«, S. 194.

727 Dückers' knapp ein Jahr nach Grass erschienener Text wurde kaum ohne Bezugnahme zu *Im Krebsgang* rezipiert. Tatsächlich erwähnen geradezu alle Rezensionen, Kritiken und Gespräche, in denen Tanja Dückers und ihr Roman vorgestellt werden, Günter Grass' Roman, etwa Wolfgang Emmerich: »Dürfen die Deutschen ihre eigenen Opfer beklagen? Schiffsuntergänge 1945 bei Uwe Johnson, Walter Kempowski, Günter Grass, Tanja Dückers und Stefan Chwin«, in: Holger Böning/Hans W. Jäger u. a.: *Danzig und der Ostseeraum. Sprache, Literatur, Publizistik*. Bremen: edition lumière 2005, S. 293–323; »›Verdrängte Schuld‹, Gespräch mit Tanja Dückers«, in: *SPIEGEL* 11/2002. http://www.spiegel.de/spiegel/print/d-21662568.html (Stand: 06.08.2017). Weitere Beispiele listet Ewelina Kamińska in ihrem Artikel »Die ›nötige historische Distanz‹ der Enkelgeneration. Tanja Dückers' Roman *Himmelskörper* (2003)«, in: Gansel: *Das »Prinzip Erinnerung« in der deutschsprachigen Gegenwartsliteratur nach 1989*. Göttingen: V&R Unipress, S. 149–160, hier S. 149.

kussion Unterschiede der fiktionalen Bearbeitungen in einem simplifizierten diskursiven Topos aufgehoben hat. Denn auch die wiederkehrende Betonung eines gesteigerten Interesses an den Opfererfahrungen kann zum rhetorischen Element der Debatte werden.

Dückers' *Himmelskörper* erzählt aus der Perspektive der Meteorologiedoktorandin Freia die Geschichte ihrer aus Ostpreußen stammenden Großeltern Maximilian und Johanna. Freia wächst mit ihrem Zwillingsbruder Paul bei ihren Eltern Renate und Peter in West-Berlin auf (primäre Erzählebene). Nach dem Tod ihrer Großeltern erforscht Freia, die ihr erstes Kind erwartet, ihre Familiengeschichte. Diese ist von den Vorgängen um die *Wilhelm Gustloff* bestimmt, auf der Freias Mutter Renate, deren Schwester Lena und Freias Großmutter Jo keinen Platz erhielten (sekundäre Erzählebene). Stattdessen kamen sie auf dem rettenden Minensuchboot *Theodor* unter. Die Enkelin Freia deckt nun ein Familiengeheimnis auf: Sie erfährt, dass die Familie die Plätze in dem kleinen Rettungsboot dem Hitlergruß ihrer damals 5-jährigen Mutter Renate, Tochter nationalsozialistisch geprägter Eltern, verdankt. Mit diesem Akt wurden andere Flüchtlinge, darunter Renates Kindheitsfreund Rudolf, auf die *Wilhelm Gustloff* verwiesen, die nach einem Torpedoangriff in der Ostsee versank. Obwohl sie damals ein kleines Kind gewesen ist, kann Renate ihre Schuldgefühle ihr Leben lang nicht abschütteln. Sie begeht Suizid.

* * *

Die Feuilletons und die Literaturwissenschaft haben Dückers' Roman schnell im Zusammenhang mit *Im Krebsgang* gelesen, steht in beiden Erzählungen doch der Untergang der *Gustloff* im Zentrum. An Ulrike Vedders Diskussion der beiden Texte wird deutlich, wie sehr die vermeintlich objektive wissenschaftliche Perspektive auf die fiktionalen Bearbeitungen der deutschen Opfererfahrungen immer noch von tradierten moralischen Positionen affiziert ist. In ihrer vergleichenden Lektüre der beiden *Gustloff*-Texte schreibt sie Dückers' Roman eine »viel kritischere Haltung […] sowohl gegenüber dem Familienroman als auch gegenüber dem Opferdiskurs«[728] zu, wenn Dückers weniger den deutschen Opferstatus als die deutsche Schuld betont. Grass hingegen wirft Vedder vor, er habe sich über den Holocaust ausgeschwiegen. Für Vedder scheint sich die literarische Qualität und die erzählerische Legitimität also daran messen zu lassen, inwiefern Erzählungen über deutsche Opfer erstens auch jüdische Opfer und zweitens deutsche Täter behandeln. Das moralische Gebot, über deutsche Opfer nur dann sprechen zu dürfen, solange man deutsche Täterschaft ebenfalls betont und jüdisches Leid quasi als Gegengewicht einbezieht, gilt offensichtlich immer noch.

728 Vedder: »*Luftkrieg* und *Vertreibung*«, S. 74.

Wenn Vedder Grass ankreidet, er habe das Geschehen im Gegensatz zu Dückers nur einer Perspektive unterstellt,[729] bleibt sie ungenau: Nachweislich arbeitet Grass mit verschiedenen Perspektiven, nur eben nicht wie Dückers mit der Perspektive des deutschen Täters. Wenn also nach wie vor eine Opferkonkurrenz den Diskurs um deutsche Leiderfahrungen bestimmt, kann m. E. noch lange nicht von einer Normalisierung gesprochen werden.[730] Vielmehr strickt diese philosemitische und opferidentifizierte Reaktion erneut an der Tabuisierung der Darstellung deutscher Opfer mit und ebnet damit paradoxerweise einmal mehr der Tabubruchthese den Weg.

In dieser Diskussion muss dennoch gefragt werden, wieso die beiden Erzählungen einer vergleichenden Lektüre unterzogen wurden. Sicherlich verbindet sie das Motiv der *Gustloff*, allerdings scheinen die beiden Romane zwei unterschiedliche Themen auszugestalten. Während es Grass um eine versäumte transparente und umfängliche Vergangenheitsbewältigung der zweiten Generation geht, steht für Dückers (Jahrgang 1968) die Spurensuche der Enkelin im Vordergrund. Diese versucht, die im Familiengedächtnis gespeicherten, mithin modifizierten Narrative mit den historischen Tatsachen und den individuellen Erinnerungen ihrer Ahnen in Einklang zu bringen. Diese Schwerpunkte sind sicherlich zuallererst auf die Generationszugehörigkeit der beiden Autoren zurückzuführen. Dückers verspürt nicht wie der Grass'sche Auftraggeber alias Grass ein (gesellschaftliches) Versäumnis, sondern geht, wie andere Enkel, auf (persönliche) Spurensuche. Auch wenn Grass die Perspektive der Erlebnisgeneration und Dückers die der Enkelgeneration anlegt, steht in beiden Fällen die Vergangenheitsbewältigung der zweiten Generation im Zentrum. Doch während Grass Anklage erhebt, zumal er sich offensichtlich nicht nur als Zeitzeuge, sondern auch als Angehörigen der Nachkommengeneration und damit als Verantwortlichen begreift, versucht Freia ihre Mutter zu verstehen, die sich für eine Handlung schuldig fühlt, die ihre Eltern zur Heldentat stilisieren. Diese Diskrepanz, die »generationsabhängige Diversität der Gedächtnisse innerhalb einer Schicksalsgemeinschaft und die Schwierigkeit des Verstehens zwischen der älteren und der mittleren Generation«[731], gefährdet in Dückers' Lesart die Angehörigen der Kindesgeneration. Denn während die Großeltern mit der Verdrängung der Vergangenheit zu einem inneren Gleichgewicht kommen und die Enkel aufgrund ihrer zeitlichen Distanz ebenfalls eine Strategie der Aneignung und Verarbeitung gefunden haben, finden die Angehörigen der mittleren Generation

729 Ebd. S. 75.

730 Wobei ich damit keine Aussage darüber treffe, ob dies wünschenswert ist.

731 Jens Stüben: »Erfragte Erinnerung – entsorgte Familiengeschichte. Tanja Dückers' ›Wilhelm-Gustloff‹-Roman ›Himmelskörper‹«, in: Barbara Beßlich u. a. (Hrsg.): *Wende des Erinnerns? Geschichtskonstruktionen in der deutschen Literatur nach 1989.* Berlin: Schmidt 2006, S. 169–189, hier S. 177.

keine Balance. Sie sind noch stark in die Geschehnisse involviert und können weder verdrängen, noch verfügen sie über einen nötigen zeitlichen Abstand. So begehen in *Himmelskörper* Renate und Kazimierz, ihr polnischer Cousin, Selbstmord. Dückers stellt trotz des Fokus auf die Enkelin Freia die fragile Position der mittleren Generation heraus, von der sie glaubt, dass sie »in einem Halbprotest erstickt«[732] sei. Während die zweite Generation in *Im Krebsgang* eines Versäumnisses schuldig gesprochen wird, evoziert Dückers' Roman also eher Mitleid mit dieser, mit der Mutter, deren Schuldgefühle unverhältnismäßig erscheinen und auf deren Entlastung zugeschrieben wird.

Die zeitliche Distanz der Zeitzeugen zum Erlebten spielt dabei in beiden Erzählungen eine wichtige Rolle. Sowohl Tulla als auch Freias Großmutter Jo erinnern die Vergangenheit musterhaft. Damit wird in *Himmelskörper* nicht nur Freias Urteil über die (Familien)geschichte von einer zeitlichen Distanz bestimmt. Der Roman zeigt deutlich, dass auch die Erinnerungen der Erlebnisgeneration sich über die Jahre modifizieren oder sogar ritualisieren:

> Die Stimme meiner Großmutter zitterte nicht oder nicht mehr bei diesen Erinnerungen; zu oft hatte sie diese zurechtgelegten Sätze wiederholt. Wie eine Lehrerin klang sie, wenn sie so sprach, oder eine Reiseführerin, nicht wie meine Großmutter.[733]

In ihrer Redundanz verlieren die Erzählungen der Erlebnisgeneration bei Dückers mehr und mehr an Authentizität. Es wird also deutlich, dass hier Angehörige der Erlebnisgeneration bis zu ihrem Ableben ihre Vergangenheit möglicherweise nicht aufarbeiten, sie verdrängen oder gar verklären.[734] Allerdings sind die Großeltern in *Himmelskörper* eben nicht nur Opfer, sondern in die Schuld der Nationalsozialisten verstrickt.

Neben der deutlichen Darstellung deutscher Täterschaft und Schuld zeichnet sich *Himmelskörper* durch den Versuch einer Beschäftigung mit Polen, seiner Geschichte und seinem Gedächtnis aus. Polen wird, so stellt Norman Ächtler dar, im Roman zu einem »symbolisch verdichteten Aktions- und Erinnerungsraum«[735], der als semantisches Gegengewicht zu den verklärten Vertreibungserinnerungen und Vergangenheitsversionen der Großeltern fungiert – nämlich insbesondere als erstes Opfer von Hitlers Invasionspolitik. Dieses von Renate vertretene Gegengedächtnis speist sich aus den Erlebnissen, die ihr ihr polnischer

---

732 Anne Kathrin Hahn: »Nicht mal bereut. Die Berliner Dichterin und Autorin Tanja Dückers im Gespräch über *Himmelskörper*«. Online: http://www.satt.org/literatur/04_02_dueckers.html (Stand: 11.07.2011).

733 Tanja Dückers: *Himmelskörper*, S. 101.

734 Zu den Verdrängungsmechanismen der Großeltern in Dückers' *Himmelskörper* vgl. Ewelina Kamińska: »Die ›nötige historische Distanz‹ der Enkelgeneration«, S. 153f.

735 Norman Ächtler: »Topographie eines Familiengedächtnisses. Polen als Raum des Gegengedächtnisses in Tanja Dückers' *Himmelskörper*«, in: *Seminar: A Journal of Germanic Studies* 45/3, 2009, S. 276–298, hier S. 283.

Cousin Kazimierz berichtet hat. Kazimierz Mutter »bekam eine Nierenentzündung und starb daran, weil so kurz nach dem Krieg keine Medikamente aufzutreiben waren.«[736] Den Onkel fand man zwei Jahre später tot »in Decken eingerollt auf einer löchrigen Matratze [] in ihrer ruinenhaften Wohnung«[737], so berichtet Renate ihrer Tochter. Diese Darstellung des polnischen Nachkriegsleids sorgt dafür, dass die von der Großmutter Jo immer wieder vorgebrachten Erinnerungen an die Flucht über die Ostsee »eher als die Geschichte einer geglückten Rettungsaktion, denn als Opfernarrativ«[738] erscheinen. Einmal mehr wird offenbar, dass Dückers weniger einen Roman über deutsche Opfer als über deutsche Täter verfasst hat. So wird Caroline Schaumann dem Roman gerecht, wenn sie ihn »A Third-Generation World War II Narrative« und nicht etwa »Flight and Expulsion Narrative« oder »victim narrative« nennt.[739] Auch andere, insbesondere außer-deutsche Analysen haben den Roman nicht im Flucht-und-Vertreibungskontext, sondern etwa im Vergleich zu Marcel Beyers *Spione* als eine Auseinandersetzung einer Enkelin mit der NS-Zeit gelesen.[740]

So zeigt sich, dass nicht nur der Inhalt, sondern auch die außerliterarische Wahrnehmung der ›*Gustloff*-Romane‹ von Grass und Dückers sich unterscheidet. Die Rezensenten und insbesondere die Literaturwissenschaft haben die Texte sehr differenziert gelesen und sie nicht unüberlegt als Ausdruck ein und desselben Erinnerungs- und Opferdiskurses charakterisiert. Wenn viele Rezensenten Dückers' Roman auch als Sammlung von Gemeinplätzen[741] oder gar als »NS-Nippes«[742] rügten, so sahen sie in dem Roman doch immer wieder das Gegenstück zu Grass' Novelle und dem vorgeblich von *Im Krebsgang* angestoßenen neuen deutschen Opferdiskurs:

> Was die Aufarbeitung von Vergangenheit angeht, hat Dückers sich durchaus Löbliches vorgenommen: Sie, die sich zur gleichen Zeit wie Günter Grass mit dem Untergang der Gustloff beschäftigte, will gegen eine spätestens seit dessen Novelle »Im Krebsgang«

736 Tanja Dückers: *Himmelskörper*, S. 157.

737 Ebd.

738 Ächtler: »Topographie eines Familiengedächtnisses«, S. 289.

739 Caroline Schaumann: »A Third-Generation World War II Narrative: Tanja Dückers's *Himmelskörper*«, in: *Gegenwartsliteratur: Ein germanistisches Jahrbuch* 4, 2005, S. 259–280.

740 Vgl. Mila Ganeva: »From West-German Väterliteratur to Post-Wall Enkelliteratur. The End of the Generation Conflict in Marcel Beyer's *Spione* and Tanja *Dückers's Himmelskörper*«, in: *Seminar: A Journal of Germanic Studies* 43/2, 2007, S. 149–162.

741 Vgl. Stefanie Peter: »Immer Urlaub auf der Krim«, in: *Frankfurter Allgemeine Zeitung* 96, 25.04.2003, S. 36, Online: http://www.faz.net/aktuell/feuilleton/buecher/rezensionen/belletristik/immer-urlaub-auf-der-krim-1105756.html (Stand: 12.03.2018).

742 Susanne Balthasar: »NS-Nippes in der Hand. Tanja Dückers pirscht sich an die Vergangenheit heran«, in: *Frankfurter Rundschau*, 14.06.2003, S. 12.

deutlicher sichtbar gewordene neue Opfermentalität unter den Deutschen anschreiben.[743]

– so betont Saskia Heimann in ihrer Rezension für den *Deutschlandfunk*, und Lothar Baier erklärt:

> Doch während Grass die Ereignisse an diesem Datum einschließlich Versenkung der ›Gustloff‹ in ideologischer Absicht zur deutschen Passionsgeschichte verrührt, wirft Tanja Dückers einen ebenso nüchternen wie durch Recherchen geschärften Blick auf die Umstände der Flucht aus dem Osten. Die bei Grass zum schwimmenden klassenlosen KdF-Paradies veredelte »Gustloff« verwandelt sich bei Tanja Dückers in das zurück, was sie während der Kriegsjahre gewesen ist, nämlich ein Kriegsschiff, auf dem Marinesoldaten zu U-Boot-Besatzungen ausgebildet wurden.[744]

Einmal mehr erscheint die Rede von einem neuen deutschen Opferdiskurs weniger aus den Romanen selbst zu resultieren als aus den in den Medien anschließend geführten Debatten oder aufkommenden z. B. filmischen Verarbeitungen des Themas. Die auf die Romane unmittelbar reagierende außerliterarische Diskussion hat die Unterschiede der hier vorgestellten fiktionalen Bearbeitungen nicht wie eingangs vermutet in einem simplifizierten diskursiven Topos aufgehoben. Das gesteigerte Interesse an deutschen Opfererfahrungen sowie der vorgebliche Tabubruch sind offensichtlich erst in der anschließenden breiten, auf anderen Diskursebenen stattfindenden und jeweils medial inszenierten Diskussion zu einem rhetorischen Element der Debatte selbst avanciert.

6 Verhältnis zum außerliterarischen Diskurs (2002–dato)

Wenn sich die Ursprünge und Verzweigungen der thematischen, moralischen und semantischen Verschränkungen im Opfer- und Täterdiskurs der 2000er Jahre auch nicht gänzlich auflösen lassen, soll abschließend neben den in der Einführung zu diesem Kapitel aufgezählten Gründen für den s. g. *memory boom* dem Verhältnis der literarischen Flucht-und-Vertreibungsbearbeitungen zur Behandlung des Themas auf anderen Diskursebenen nachgegangen werden. Schon die Debatte um einen Tabubruch, den Grass mit seiner Flucht-und-Vertreibungsnovelle laut Feuilleton begangen haben soll, zeigt, wie stark der

743 http://www.deutschlandfunk.de/himmelskoerper.700.de.html?dram:article_id=80939 (Stand: 24.04.2018).

744 Lothar Baier: »In der Luft, Über den Wolken – Tanja Dückers' neuer Roman *Himmelskörper*«, in: *Freitag*, 22.08.2003. Zitiert nach: http://www.zeitschrift-marxistische-erneuerung.de/article/671.die-schriftstellerin-tanja-dueckers-und-die-rolle-der-politik-in-der-jungen-deutschen-literatur.html#_ftn15 (Stand: 24.04.2018).

fiktionale Diskurs in dieser Phase mit dem außerliterarischen, medialen und dem (erinnerungs)politischen Flucht-und-Vertreibungsdiskurs verzahnt ist.

Auch wenn die Textanalyse gezeigt hat, dass die Tabubruchthese in der Novelle selbst literarisch angelegt ist, erklärt diese Tatsache den Erfolg des Schlagwortes ›Tabubruch‹ nicht hinreichend. So untersucht Maren Röger die Rede von einem Tabubruch medienökonomisch und deckt auf, dass es der bis dato eher linksliberale, der Opferrhetorik abgeneigte *SPIEGEL* war, der das Schlagwort aufgriff und es zu einem »kollektiven Mediensprechakt«[745] machte. Der *SPIEGEL* veröffentlichte 2002 (neben *Der Bombenkrieg gegen die Deutschen*) die großangelegte Serie *Die Flucht der Deutschen*[746], die im Eröffnungstitel *Die deutschen als Opfer – der neue Blick auf die Vergangenheit* geradezu reißerisch eine vorgebliche Neuartigkeit der darzustellenden Erinnerungsinhalte betont. 2005 folgte mit dem *SPIEGEL*-Artikel »Die Abrechnung: Schrecklicher Exodus«[747] erneut ein schon im Titel fraglicher Beitrag. Während der Titel der Serie von 2002 den Opferstatus Deutscher hervorhebt und mit der Betonung einer Neuartigkeit eine Tabubruch impliziert, benutzt der 2005 erschienene Artikel nicht nur emotional aufgeladene Ausdrücke, sondern ordnet mit der »Benennung [als Exodus] [...] das geschilderte Geschehen in einen welthistorischen, aber keinen realgeschichtlichen Kontext«[748] ein. Die mit dem Terminus ›Exodus‹ provozierten biblischen Assoziationen gehören zu einem tradierten Opfernarrativ: Wie in den 1950er Jahren wird der Topos der Überzeitlichkeit und der Universalität betont, sodass bei genauem Hinsehen der 2005 erschienene Artikel dem 2002 proklamierten »neuen Blick auf die Vergangenheit« selbst widerspricht. Ähnlich verhält es sich mit den von den Journalisten verwendeten gängigen Bildern und Begriffen (›Massaker‹, ›Vergeltung etc.) oder mit der unscharfen Trennung zwischen Flucht und Vertreibung, die sich schon im einseitigen Titel *Die Flucht* ausdrückt.[749] Es handelt sich um »[e]in altneues Sammelsurium schon oft wiederholter rhetorischer Motive aus dem bisherigen Erinnern an die Vertreibung«[750], das allerdings von den wenigsten Lesern aus Unkenntnis oder Desinteresse als dieses erkannt wurde. Dennoch inszenierte sich der *SPIEGEL* mit diesen Beiträgen, ähnlich wie Grass in seiner Novelle, selbst als Tabubrecher.

Zu diesen sich um das Jahr 2000 zeigenden »systemischen und kommerziellen Logiken medialer Erinnerungskulturen«[751] gehören außerdem verschiedene TV-Formate, die sich noch bis in die 2010er Jahre anhaltender Beliebtheit erfreuen.

745 Röger: *Flucht, Vertreibung und Umsiedlung*, S. 89.
746 http://www.spiegel.de/spiegel/spiegelspecial/index-2002-2.html (Stand: 19.02.2018).
747 http://magazin.spiegel.de/EpubDelivery/spiegel/pdf/39863565 (Stand: 19.02.2018).
748 Hahn/Hahn: *Die Vertreibung im deutschen Erinnern*, S. 27.
749 Vgl. zur Kritik an den *SPIEGEL*-Titeln ebd. S. 27–35 und S. 590–592.
750 Ebd. S. 591.
751 Röger: *Flucht, Vertreibung und Umsiedlung*, S. 82.

Neben Guido Knopps fünfteiliger ZDF-Dokumentation *Die Große Flucht - Das Schicksal der Vertriebenen* (2001) haben fiktionale Bearbeitungen der öffentlich-rechtlichen Sender wie der mit dem gleichnamigen Roman von Tatjana Gräfin Dönhoff und Gabriela Sperl veröffentlichte ARD-Zweiteiler *Die Flucht* (Regie: Kai Wessel, 2007) oder der ZDF-Zweiteiler *Schicksalsjahre* (Regie: Miguel Alexandre 2011) - beide mit Maria Furtwängler - das Publikum begeistert. Sowohl *Die Flucht* als auch *Schicksalsjahre* stellen einmal mehr die Flucht aus Ostpreußen als geradezu prototypische Flucht-und-Vertreibungserfahrung dar und warten mit den altbekannten Bildern des zugefrorenen Kurischen Haffs und endloser Flüchtlingtrecks auf.[752]

Sowohl die Bilder, die Filme, die literarischen Bearbeitungen und die publizistische Berichterstattung avancierten mit den 2000er Jahren schnell zu Forschungsgegenständen der sich formierenden kulturwissenschaftlichen Gedächtnisforschung. Literatur-, Medien- und Geschichtswissenschaftler strickten mit ihren zahlreichen Analysen umgehend am *memory boom* und der Prominenz des Themas ›Flucht und Vertreibung‹ bzw. an der kollektiven wie individuellen Erinnerung des ostdeutschen Heimatverlusts mit. Zahlreiche Tagungsbände, Monografien und Dissertationen entstanden in der Folge, die immer wieder neue Perspektiven auf den Gegenstand einnahmen und neue oder verschüttete Bestände des Erinnerungsortes freizulegen suchten. Neben den medialen, fiktionalen Inszenierungen rückten z. B. Vertriebenendenkmäler[753], Museumsprojekte[754] oder sogar das Liedgut der Vertriebenen als auditiver Erinnerungsbestand[755] in den Fokus. Nicht zuletzt die zahlreichen Veröffentlichungen der

752 Zu unkritisch gegenüber diesen ›neualten‹ Bildern äußert sich Robert Buczek: »Deutsches Trauma. Zur filmischen Inszenierung des kollektiven Gedächtnisses in ›Die Flucht‹ (2007) von Kai Wessel«, in: Carsten Gansel/Pawel Zimniak (Hrsg.): *Das Prinzip Erinnerung in der deutschsprachigen Gegenwartsliteratur nach 1989.* Göttingen: V&R unipress 2010, S. 289–315. Buczek nennt diese ikonografischen Topoi etwa vereinfachenden »kulturelle[s] Wissen [] über die Epoche« (S. 294), »zeitspezifische Marker« (S. 292) oder »Orts- und Zeitdeikta« (S. 293). Reflektierter nähert sich der visuellen Erinnerung von Flucht und Vertreibung erstmals Gerhard Paul an: »Der Flüchtlingstreck. Bilder von Flucht und Vertreibung als europäische *lieux de mémoire*«, in: Ders. (Hrsg.): *Das Jahrhundert der Bilder*, Bd. 1: 1900 bis 1949. Göttingen: Vandenhoeck & Ruprecht, S. 666–673. Noch deutlicher werden die Beiträge in Elisabeth Fendl (Hrsg.): *Zur Ästhetik des Verlusts. Bilder von Heimat, Flucht und Vertreibung.* Münster: Waxmann 2010; außerdem Stephan Scholz: »›Ein neuer Blick auf das Drama im Osten‹? Fotografien in der medialen Erinnerung an Flucht und Vertreibung«, in: *Zeithistorische Forschungen/Studies in Contemporary History* 11/1, 2014, S. 120–133. Online: http://www.zeithistorische-forschungen.de/1-2014/id=5014 (Stand: 19.02.2018).

753 z. B. Stephan Scholz: *Vertriebenendenkmäler. Topographie einer deutschen Erinnerungslandschaft.* Paderborn: Schöningh 2015.

754 z. B. Tim Völkering: *Flucht und Vertreibung im Museum. Zwei aktuelle Ausstellungen und ihre geschichtskulturellen Hintergründe im Vergleich.* Berlin/Münster: Lit 2008.

755 Vgl. Annelie Kürsten: »Wie klingt Heimat? Musik/Sound und Erinnerung«, in: Fendl (Hrsg.): *Zur Ästhetik des Verlusts*, S. 253–277.

Bundeszentrale für politische Bildung über Flucht und Vertreibung[756], das deutsche Opfergedächtnis und die deutsche Erinnerungskultur im Allgemeinen haben den *memory boom* befördert und das Thema bildungspolitisch geadelt.

Diese Flut literarischer, filmischer und wissenschaftlicher Veröffentlichungen zum Thema steht in einem eigentümlichen Gegensatz zu der immer wieder, z. T. in den Beiträgen selbst, postulierten Erinnerungslücke. Diesen bis dato eher in den Vertriebenenverbänden fortgeschriebenen Vergessenheitstopos übernahmen jedoch auch Politiker, so Angela Merkel, die 2013 beim Baubeginn des Dokumentationszentrums der *Stiftung Flucht, Vertreibung, Versöhnung* im Deutschlandhaus von einer »Leerstelle in der Museums- und Erinnerungslandschaft unseres Landes«[757] sprach. Mit dieser Wortwahl zeigte Merkel sich einerseits versöhnlich gegenüber den Vertriebenenverbänden, die seit den 1980er Jahren aufgrund sinkender Mitgliederzahlen und aufgrund des Rückgangs der finanziellen Förderung durch die Bundesrepublik kontinuierlich an politisch-kultureller Wichtigkeit verloren hatten. Andererseits verfestigte sie die Tabuisierungsthese nachträglich einmal mehr, mit der die Opfer von Flucht und Vertreibung zu Opfern des Verschweigens und Vergessens stilisiert wurden.

Zu diesen politischen Debatten gehört zentral die Diskussion um ein Zentrum gegen Vertreibung in Berlin. Das vom *BdV* 1999 vorgestellte Museumsprojekt führte nach anfänglicher Begeisterung um das Jahr 2002 zu nationalen wie internationalen Diskussionen. Der SPD-Abgeordnete Markus Meckel und die Publizisten Adam Krzemiński und Adam Michnik forderten, das Zentrum nicht in Berlin, sondern in Breslau zu errichten und damit der europäischen Dimension der Völkerverschiebung zwischen 1938 und 1948 Ausdruck zu geben.[758] Die Debatte kreiste so insbesondere um die Frage nach der Legitimität bzw. dem Gleichgewicht einer deutschen oder einer europäischen Erinnerung an die Vorgänge, aber auch um die Frage nach einer Opferkonkurrenz von Juden und Deutschen: Gegner des Projekts lehnten den Bau in direkter Nähe zum Holocaust-Mahnmal in Berlin ab.[759] Neben der Frage nach dem Standort und den möglichen Inhalten der Ausstellung, geriet die Trägerschaft des Zentrums zum Diskussionspunkt.[760] Von verschiedenen Seiten wurde ein internationaler Beirat

756 z. B. Aust, Stefan/Burgdorff, Stephan (Hrsg.): *Die Flucht.* Bonn: Bundeszentrale für politisch Bildung 2003; Urban: *Der Verlust*; Kossert: Kalte Heimat.

757 https://www.bundesregierung.de/ContentArchiv/DE/Archiv17/Reden/2013/06/2013-06-11-rede-merkel-stiftung-vertreibung.html (Stand: 17.11.2016).

758 Vgl. z. B. Jürgen Danyel/Christoph Klessmann: »Unterwegs wie die Flüchtlinge und Vertriebenen. Zur Debatte über ein europäisches Zentrum gegen Vertreibung«, in: *Zeitschrift für Geschichtswissenschaft* 51/1, 2003, S. 31–35.

759 Vgl. z. B. Chantal Russo: »Zentrum gegen Vertreibung«, in: Fischer u. a. (Hrsg.): *Lexikon der »Vergangenheitsbewältigung« in Deutschland,* S. 353–355, hier S. 354.

760 Vgl. z. B. Philipp Ther: »Erinnern oder aufklären. Zur Konzeption eines Zentrums gegen Vertreibung«, in: *Zeitschrift für Geschichtswissenschaft* 51/1, 2003, S. 36–41, hier S. 41.

für die Realisierung des Projekts gefordert, um eine einseitige, durch den *BdV* bestimmte Perspektive auf die Vergangenheit zu vermeiden. Doch 2000 gründete der *BdV* die Stiftung *Zentrum gegen Vertreibung*[761] und konzipierte mehrere Wanderausstellungen zum Thema, deren politische und emotionale Absicht trotz einer Bemühung um Differenziertheit erkennbar geblieben sei.[762] Die 2008 von der schwarz-roten Bundesregierung beschlossene Bundesstiftung *Flucht, Vertreibung, Versöhnung*[763] unter dem Dach des *Deutschen Historischen Museums* in Berlin betont heute in ihren FAQs, dass keine Verbindung zwischen der Stiftung und dem *Zentrum gegen Vertreibung* sowie zu Erika Steinbach besteht.[764] Das seit 2013 entstehende Dokumentationszentrum der Stiftung *Flucht, Vertreibung, Versöhnung* soll nach den letzten Angaben 2020 eröffnen.[765]

7 Jüngste literarische Entwicklungen

Mit der Eröffnung dieses Dokumentationszentrums im Jahr 2020 wird sich der Wandel von einem kommunikativen zu einem kulturellen Gedächtnis vollzogen haben. Damit endet nicht zwangsläufig die öffentliche Präsenz des Themas Flucht und Vertreibung. Vielmehr belegt die anhaltende Fiktionalisierung des Themas in Spielfilmen und literarischen Texten schon jetzt, dass sich Zuschauer und Leser nach wie vor für das Geschehen interessieren. Allerdings ist mehr und mehr zu beobachten, wie das Faktum zum Mythos und die Vergangenheit zu »symbolischen Figuren«[766] gerinnt, wenn die Träger des »durch persönlich verbürgte und kommunizierte Erfahrung gebildeten[n] Erinnerungsraum[s]«[767] unwiderruflich abtreten. So erscheinen die heute nach wie vor auf den Markt drängenden fiktionalen Darstellungen zunehmend nicht mehr wie Bearbeitungen eines Themas bzw. einer historischen Tatsache, sondern wie Bearbeitungen eines Stoffes. Die Bezeichnung von Ulrike Renks und Anne Jacobs Romanen als »Ostpreußen-Saga« bzw. »Gutshaus-Saga«[768] drückt diese Tendenz und den

761 Die Stiftung präsentiert sich auf der eigenen Webseite http://www.z-g-v.de/zgv/unsere-stiftung/http://www.z-g-v.de/zgv/unsere-stiftung/ (Stand: 28.03.2018).

762 http://www.bpb.de/geschichte/zeitgeschichte/geschichte-und-erinnerung/39826/flucht-vertreibung-versoehnung?p=all (Stand: 28.03.2018).

763 Vgl. https://www.sfvv.de/de/stiftung/chronologie (Stand: 28.03.2018).

764 http://www.sfvv.de/de/stiftung/faq (Stand: 28.03.2018).

765 https://www.stuttgarter-zeitung.de/inhalt.was-fluechtlinge-heute-und-damals-eint-weiterleben-ohne-heimat.7a099a22-fdd6-48b5-a06c-7ffcb370b7fe.html (Stand: 28.03.2018).

766 J. Assmann: *Das kulturelle Gedächtnis*, S. 52.

767 Ebd., S. 50.

768 Vgl. z. B. https://www.amazon.de/gp/kindle/series/B07KWBG992/262-4661219-3007541 (Stand: 23.02.2021) und https://www.lovelybooks.de/autor/Anne-Jacobs/reihe/Die-Gutshaus-Saga-in-Reihenfolge-1450951011/ (Stand: 23.02.2021).

endgültigen Übergang von kommunikativem zu kulturellem Gedächtnis aus: Die Titel werden nicht mehr als Teile einer realen deutschen Geschichte, sondern explizit als unterhaltende Fiktionen beworben.

Die in den letzten fünf Jahren publizierten Texte des literarischen Diskursstrangs wirken nicht selten wie (vereinfachte) Nachahmungen früherer Fiktionen. So haben Julie von Kessel mit *Altenstein* (2017) und Anne Jacobs mit *Das Gutshaus* (2017) noch einmal polyperspektivische Familienromane zum Thema vorgelegt, die die Zeitspanne von 1945–1990 bzw. 1945–2005 umfassen. In beiden Fällen steht weniger der Verlust einer Landschaft und einer Heimat als der eines Gutshauses im Zentrum. Neu ist, dass sich diese Gutshäuser sowohl bei von Kessel als auch bei Jacobs nicht auf dem Gebiet des heutigen Polens, sondern der ehemaligen DDR befinden. Damit büßen die Texte allerdings die europäische wenn nicht globale Perspektive ein, die das Thema Flucht und Vertreibung im wissenschaftlichen und politischen Diskurs gerade erfahren hatte. Beide Romane heben zudem die Perspektivität von Erinnerung und Geschichte zu aufdringlich hervor, wenn einzelne Figurenperspektiven einzelnen Kapiteln entsprechen und diese mit deren Namen und einem Datum versehen sind. Ähnlich ist Surminski schon in *Winter Fünfundvierzig oder Die Frauen von Palmnicken* (2010) vorgegangen - allerdings widmete er einen gesamten Erzählstrang den Erfahrungen jüdischer Häftlinge - ein Thema, das Jacobs und von Kessels Romanen gänzlich fehlt.

Die europäische Dimension der Erinnerung und Geschichte hat hingegen Ulrike Draesner neuartig erfasst. Neben der aus Schlesien stammenden, jetzt in Bayern lebenden Familie der Protagonistin erzählt Draesner in ihrem Roman *Sieben Sprünge vom Rand der Welt* (2014) von einer aus Ostpolen stammenden Familie, die nach Kriegsende nach Wrocław vertrieben wird. Es geht im Roman immer wieder um die Kreuzungspunkte der Erinnerungen und Geschichten von vier Generationen. Rezensenten haben Draesners Roman, der durchaus noch einmal das Thema der posttraumatischen Einflüsse des Fluchterlebnisses auf nachfolgende Generationen aufnimmt, einhellig gelobt.[769] Dieser Roman bedient keine Klischees oder ahmt Erzählmuster unüberlegt nach. Im Gegenteil: Auch wenn eine Nachfahrin im Zentrum steht, strukturiert nicht, wie noch bei Janesch oder Dückers, ihre Spurensuche den Roman. Stattdessen kommen die Verschränkung und das Nachwirken der Geschichten über vier Generationen zum Ausdruck, wenn sieben Ich-Erzähler in inneren Monologen ihre Gedanken preisgeben. Außerdem unterliegt dem Roman eine anthropologische Grundsatzfrage, verkörpert durch den Vater der Protagonistin. Angetrieben von seinen

769 Zum Beispiel Samuel Moser: »Von Menschenaffen«, in: *Neue Zürcher Zeitung*, 30.05.2014. Online: https://www.nzz.ch/von-menschenaffen-1.18312463 (Stand: 02.07.2018).

traumatischen Fluchterfahrungen erforscht er als Anthropologe Menschenaffen, um anhand ihres Verhaltens herauszufinden, warum Menschen Menschen töten.

Ganz anders arbeitet Dörte Hansen in *Altes Land* (2015). Sie erzählt von zwei Frauen auf der Suche nach sich selbst und ihrem Platz in der Welt. Die ältere der beiden hat von ihrer aus Ostpreußen stammenden Mutter ein Bauernhaus im Alten Land geerbt, das sie immer wieder an die kalte herrische Mutter und ihre eigene Fremdheitserfahrung als Flüchtlingskind in dem norddeutschen Dorf erinnert. Zuflucht sucht dort plötzlich ihre Nichte, die mit ihrem Sohn Hamburg verlässt, nachdem sie von ihrem Mann betrogen wurde. Die reale Fluchterfahrung der im Hintergrund präsenten Mutter und Großtante stellt in Hansens Roman nicht die Wurzel eines Posttraumas dar, sondern ein allgemeines Bild für das Unbehaustsein, die Einsamkeit und die Sinnsuche: Die Tochter flieht vor der dörflichen Gemeinschaft, die Nichte vor ihrer kaputten Beziehung. Dass Hansen die Flucht selbstverständlich als Metapher verwendet, ohne sie zum zentralen Thema ihrer Erzählung zu machen, bleibt Ausdruck jener historischen erinnerungskulturellen Schwelle, an der wir heute stehen.

IX Schlussbetrachtung

1 Zusammenfassung

Den Verlautbarungen um das Jahr 2002 zum Trotz gilt es inzwischen als literaturgeschichtlicher Gemeinplatz, dass die deutsche Belletristik Flucht und Vertreibung von 1945 bis dato immer wieder thematisiert hat.[770] Die vorliegende Untersuchung ist daher nicht angetreten, um die prominente Behauptung eines literarischen Tabus, das sich über die deutsche Opfererfahrungen gelegt hätte, noch einmal zu widerlegen. Vielmehr hat sie diesen Gemeinplatz ausdifferenziert, indem sie nachgewiesen hat, dass sich die in den Fiktionen seit 1945 präsenten Opferrhetoriken in nachweisbaren Konjunkturphasen in je charakteristischer Beziehung zu außerliterarischen, soziopolitischen und medial kontu-

770 Vgl. exemplarisch Dornemann: »Es kann nicht davon die Rede sein, daß sie [Flucht und Vertreibung] keinen literarischen Widerhall gefunden hätten.« (Dornemann: Flucht und Vertreibung, S. IX) oder Simone Costalgi: »Es gibt kaum eine Ostprovinz, der kein Dichter oder Schriftsteller einen festen Platz im kollektiven Gedächtnis sicherte.« (Simone Costalgi: »Unverhofftes Wiedersehen. Erscheinungsformen des ›deutschen Ostens‹ in der Gegenwartsliteratur«, in: Fabrizio Cambi: *Gedächtnis und Identität. Die deutsche Literatur nach der Vereinigung.* Würzburg: Königshausen und Neumann 2008, S. 277–291). Dass in den ersten Jahrzehnten nach Kriegsende bevorzugt unterhaltende Romane von eher unbekannten Autoren verfasst wurden, deren Rezeption gesamtgesellschaftlich und besonders in den Feuilletons geringer ausgefallen ist als die namhafterer Autoren wie Treichel, Grass oder Kempowski um die Jahrtausendwende, rechtfertigt dennoch nicht die Behauptung eines Tabus. Sinnvoll erscheinen in diesem Zusammenhang einschränkende Formulierungen wie die im Aufsatztitel von Patrika Eliášová: »Im Schatten, doch kein Tabu. Literatur der vertriebenen deutschsprachigen böhmischen, mährischen und österreichisch-schlesischen Schriftsteller«, in: *Sudetenland*, 48/3, 2006, S. 311–321, oder Bill Nivens Hinweis mit Blick auf die DDR-Literatur, für die er ebenfalls »anhand zahlreicher Beispiele aus der Belletristik« zeigt, »dass in der öffentlichen Erinnerung Flucht und Vertreibung kein Tabu war. Auch in verschiedenen DEFA-Filmen sei dieses Thema ähnlich wie in der Literatur aufgegriffen worden. Wie in der Bundesrepublik habe es in der veröffentlichten Literatur zwar bestimmte *Rahmen des Sagbaren* [Herv. von mir] gegeben, die jedoch wesentlich weiter gefasst gewesen seien, als üblicherweise angenommen werde.« (https://www.hsozkult.de/conferencereport/id/tagungsberichte-4815 [Stand: 28.10.2020]). Vgl. zu Nivens Beobachtung auch Anmerkung 52 und Anmerkung 614.

rierten Erinnerungs- und Diskursformationen entwickelt haben. Es trifft also nicht zu, dass dieselben Opfertopoi über Jahrzehnte konstant zum Ausdruck gekommen sind. Selbst wenn der Opfermodus die fiktionalen Flucht-und-Vertreibungsbearbeitungen fortwährend gekennzeichnet hat, ist eine pauschale Kontinuität rhetorischer Muster nicht festzustellen. Fest steht jedoch, dass die Fiktionen der unmittelbaren Nachkriegszeit einen deutschen Opferstatus schufen, an dem sich nachfolgende Fiktionen immer wieder orientiert haben. Die Grundlage für die erfolgreichen Romane der 2000er Jahre stellen in ihren Bildern, Figuren sowie erinnerungspolitischen Ausrichtungen aber eher die fiktionalen Bearbeitungen der 1970er und 1980er Jahre dar.

Abschließend lässt sich die Entwicklung des literarischen Diskursstrangs ›Flucht-und-Vertreibung‹ anhand seiner spezifischen diskursiven Topoi in Relation zum jeweils zeitgenössischen außerliterarischen Diskurs resümieren. Dieses Vorgehen offeriert also keineswegs eine Motivgeschichte des Flucht-und-Vertreibungsromans, sondern bestätigt vielmehr das in der Untersuchung angelegte Konjunkturmodell. Genese, Wandel und Ablösung literarischer Inhalte und Formen stehen im wechselseitigen Verhältnis zu anderen Medien und Institutionen, sodass aus der durchgeführten Kritischen Diskursanalyse ein systematisches Phasenmodell des Verhältnisses von innerliterarischen zu außerliterarischen Rhetoriken des Flucht- und Vertreibungsdiskurses resultiert:

Zeitraum	Verhältnis des literarischen zum außerliterarischen Flucht-und-Vertreibungsdiskurs	Diskursive Topoi
1945–1958	Fiktionen als **Gegendiskurs** zum politischen Leitdiskurs, den das Narrativ einer erfolgreichen Integration der Flüchtlinge in die Wirtschaftswundergesellschaft bestimmt. Die Fiktion gibt einen Möglichkeitsraum für Erinnerungen ab.	- Ungerechtigkeitstopos - Schicksalstopos - Verlusttopos - Stellvertretertopos
1959–1968	Unterschiedliche, z. T. polarisierende Deutungen des ostdeutschen Heimatverlustes über Grenzen verschiedener Diskursebenen hinweg. Die literarischen Fiktionen avancieren zum **Spiegel der Deutungsvielfalt des außerliterarischen Diskurses**, indem sie unterschiedliche, einerseits metadiskursive und andererseits triviale, Deutungen anbieten. Zum wegweisenden Diskursteilhaber gerät die Literatur nicht, zumal Reaktionen anderer Diskursebenen auf sie ausbleiben.	- kaum markante oder neue Opfertopoi - einerseits kritischer Bezug auf deutsche Täter und andererseits Potenzierung des deutschen Opferstatus durch klischeehafte Verklärung

(Fortsetzung)

Zeitraum	Verhältnis des literarischen zum außerliterarischen Flucht-und-Vertreibungsdiskurs	Diskursive Topoi
1969–1989/90	**Integratives Diskursverhalten:** Der literarische Flucht-und-Vertreibungsdiskurs nimmt einerseits Täternarrative und Schuldfragen auf, anderseits geht der literarische Diskursstrang im bundesdeutschen NS-Diskurs auf.	- Verführungstopos - Stellvertretertopos - Heimattopos - Schweigetopos
1989/90–2001	Zunehmend **reziprokes Verhalten** unterschiedlicher Diskursebenen, auf denen Erinnerungsdebatten ausgetragen werden. Fiktionen beginnen, die **Verschränkung von Diskursebenen** widerzuspiegeln und anzukurbeln.	- Keine deutlichen Opfertopoi, sondern differenzierte Fortsetzung der Opfer- und Täterdebatte bis zu ihrem Umschlagen in einen ›Neuen Opferdiskurs‹.
Ab 2002	Deutscher Opferdiskurs als **Leitdiskurs** und **Fiktion als dominante Diskursebene** des »neuen deutschen Opferdiskurses«. Publizistik, insbesondere die Feuilletons, und die Politik reagieren auf die nun tonangebende Literatur.	- Tabuisierungstopos - Traumatopos - Topos des Neuen Opferdiskurses

Abb. 11: Konjunkturmodell des literarischen Flucht-und-Vertreibungsdiskurses der BRD seit 1945 anhand diskursiver Topoi

1945–1958

In der ersten Konjunkturphase (1945–1958) fungieren die Flucht-und-Vertreibungsfiktionen als alternativer Möglichkeitsraum für Erinnerungen der Erlebnisgeneration. Die literarischen Texte archivieren die Bilder der verlorenen Heimat, appellieren an das Gemeinschaftsgefühl der Flüchtlinge und verarbeiten das unmittelbar erlebte Leid. Dabei bedienen sie sich geradezu selbstverständlich rhetorischer Muster, die im Dienst einer Selbstviktimisierung stehen und die in den 1950er Jahren auch andere literarische Texte zeitigen – etwa eine ausgeprägte Naturmetaphorik oder die Anlehnung der Erzählungen an biblische Offenbarungsmythen. Die Nachkriegsjahre stellen für die bundesdeutsche Belletristik bis etwa 1958 eine opferrhetorische Hochphase dar, in der die Vertreibungsromane eine auffällig hohe Anzahl diskursiver Topoi etablieren. Allein Hoffmanns *Die schlesische Barmherzigkeit* (1950) verwendet den Ungerechtigkeitstopos, den Schicksalstopos, den Verlusttopos und den Stellvertretertopos. Diese Deutungsmuster stellen omnipräsenete diskursive Topoi der fiktionalen Flucht-und-Vertreibungsliteratur zwischen 1945 und 1958 dar.

Trotz der hochgradigen Präsenz viktimisierender Rhetoriken führen diese frühen Fiktionen den Opferdiskurs nicht revanchistisch oder revisionistisch. Im Vordergrund der Romane steht das erinnernde Bewältigen der unmittelbaren Verlusterfahrung, ohne dabei politische Ansprüche zu formulieren. Dennoch verschweigen sie die Gräuel der Nationalsozialisten im Dritten Reich nicht. Hoffmanns *Die schlesische Barmherzigkeit* führt exemplarisch vor, dass frühe Flucht-und-Vertreibungsromane den Holocaust sehr wohl thematisieren. Damit gedenken diese Romane nicht nur der jüdischen oder polnischen Opfer der Deutschen, sondern kommemorieren bereits unmittelbar nach Kriegsende deutsche Täterschaft u n d deutsche Opferschaft.

Weder die Diskursebene der Politik noch der Publizistik stoßen innerhalb des Diskursstrangs zwischen 1945 und 1958 derartige erinnerungskulturelle oder moralische Fragen an. Im außerliterarischen Flucht-und-Vertreibungsdiskurs dominiert das Narrativ einer erfolgreichen Integration der Flüchtlinge in die Wirtschaftswundergesellschaft der BRD – ein Thema, das die Romane jedoch aussparen oder umgehen. Damit kommt den Fiktionen zwischen 1945 und 1958 für die Vertriebenen und Flüchtlinge der Status eines Gegendiskurses zu, in dem andere Erinnerungsbestände und Deutungsversionen artikuliert werden als im politischen Leitdiskurs. In ihrer eskapistischen Ausrichtung partizipieren die Romane allerdings gleichzeitig an der allgemeinen Schuldleugnung der deutschen Gesellschaft.

1959–1968

Für die beiden Übergangsphasen des literarischen Flucht-und-Vertreibungsdiskurses (1959–1968 und 1989/90–2001) lassen sich kaum Opfertopoi herausarbeiten. Für die 1960er Jahre gilt, dass erstens wenige und zweitens sehr heterogene Fiktionen entstehen, die von experimentellen, kritischen (und wie in Ihlenfelds Fall auch religiös inspirierten) Texten bis hin zu Utta Danellas trivialen Kriminal- und Liebesgeschichten reichen. Nicht nur im literarischen Diskursstrang, sondern über verschiedene Diskursebenen hinweg, pluralisieren sich ab 1959 Deutungsversionen des ostdeutschen Heimatverlusts und der Flucht- und Vertreibungserfahrung. In ihrer Heterogenität avancieren die Fiktionen damit zwischen 1959 und 1968 zum Spiegel außerliterarischer Diskursentwicklungen. Zum wegweisenden Diskursakteur im Diskursstrang wird die Literatur allerdings nicht. Populäre und oft triviale Romane stellen ab 1959 weiterhin einen Alternativraum für immer stärker verklärte und klischeehaft aufgeladene Erinnerungen dar. Die Trivialliteratur der 1960er Jahre übernimmt nicht nur gängige Narrative und Rhetoriken der Nachkriegsjahre, sondern überschreibt diese emotional mit tragischen Liebesgeschichten. Nur einzelne fiktionale Bearbeitungen streifen in metadiskursiven Darstellungen den außerliterarischen Diskurs. Die trivialen Fiktionen der 1960er Jahre setzen letztlich tradierte Erfolgsmuster der Nachkriegszeit fort, jedoch ohne dabei bewusst einen Opfermodus zu intendieren. Derartige Nachahmungen partizipieren also nicht eigentlich am Opferdiskurs, haben aber (bis heute) unbeabsichtigt für das Fortbestehen rhetorischer Opfertopoi gesorgt.

Zu den prominentesten und wohl durchsetzungsstärksten Topoi gehört ab etwa Ende der 1960er Jahre (nicht nur in der literarischen Fiktion) der Schweigetopos (Abb. 12).

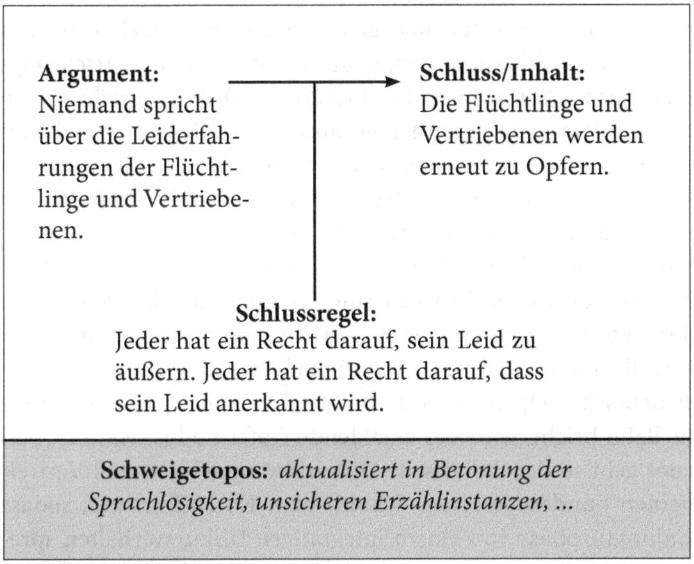

Abb. 12: Schweigetopos

Immer wieder präsentieren die Romane Vertriebene oder Vertriebenengruppen als nicht gehörte, aber aktive Akteure des Diskurses. Im Schweigetopos ist dieses Moment des »Nicht-gehört-Werdens« in ein »Niemand-spricht-darüber« umgedeutet worden. Dieser Topos ruft so die Vertriebenen nicht nur als Opfer der Vertreibung, sondern auch als Opfer der Ignoranz der Aufnahmegesellschaft und der Nachgeborenen auf. Dieser Schweigetopos potenziert so gezielt den Opferstatus der Flüchtlinge und Vertriebenen.

1969–1989/90

Die Fiktionen der dritten Bearbeitungsphase (1969–1989/90) tragen schließlich maßgeblich zu einer Vereinheitlichung des kollektiven Erinnerungsbildes an Flucht und Vertreibung bzw. an die NS-Zeit bei. Spätestens mit den 1970er Jahren zeigt sich die breite literarische Salonfähigkeit der Flucht-und-Vertreibungsthematik. Nicht eine linksliberale, von den 1968ern infizierte Abwehr der Erinnerung an deutsche Opfererfahrungen und die Gebiete hinter Oder und Neiße kennzeichnet die Fiktion zwischen 1969 und 1989/90. Bei aller kritischen Geisteshaltung, besonders der linken Intellektuellen, führen die 1970er und 1980er Jahre in ein breites konsensuelles Erinnerungsbild, in dem Erzählmuster weniger deutende und identitätsstiftende diskursive Topoi als Klischees abgeben, die durch die anwachsende Präsenz fiktionaler Bearbeitungen für Kino und Fernsehen zusätzlich angekurbelt werden. Flüchtlinge und Vertriebene sowie der Naturraum hinter Oder und Neiße gerinnen nun zu Chiffren der kollektiven deutschen Erinnerung an die NS-Zeit und gehen in einem eingeebneten und marktträchtigen Geschichtsbild auf, in dem deutsche Schuld und deutsche Opferschaft kommemoriert werden können. Der literarische Diskurs verhält sich ab 1969 also integrativ, indem er Diskursthemen absorbiert, die bisher nicht im Diskursstrang ›Flucht und Vertreibung‹ verhandelt worden sind – allen voran die deutsche Täterschaft. Die Präsenz des deutschen Täter- und Schuldnarrativs in den Flucht-und-Vertreibungsromanen kann auf eine Vermischung der Diskursebenen Literatur, Film, Publizistik und Politik zurückgeführt werden: U. a. unter dem Eindruck der Eichmann-Prozesse sowie in Folge der *Holocaust*-Serie hat sich die bundesdeutsche Gesellschaft in den 1970er Jahren immer stärker mit der eigenen Täterrolle im Dritten Reich auseinandergesetzt. Wenn sich das Kommemorieren deutscher Opfer- und deutscher Täterschaft zwischen 1969 und 1989/90 zwar Bahn bricht, wird der erzählende Opfermodus dennoch beibehalten. Insgesamt geht so der literarische Diskursstrang ›Flucht und Vertreibung‹ im allgemeinen bundesdeutschen Schuld- bzw. NS-Diskurs auf, sodass sich für diese Konjunkturphase von einem integrativen Diskursverhalten sprechen lässt: Mit den 1970er Jahren vermischen sich einerseits die Diskursebenen Literatur, Politik und Medien sowie andererseits Täter- und Opferdiskurs immer mehr.

1989/90–2001

Das reziproke Verhalten unterschiedlicher Diskursebenen ist mit den 1990er Jahren endgültig erreicht. Über alle Diskursebenen hinweg werden ab 1989/90 Debatten über die deutsche Erinnerungskultur geführt, insbesondere weil die bisher getrennten kollektiven Gedächtnisse und Vergangenheitsversionen der DDR und der BRD vereint werden müssen. In den 1990er Jahren spiegeln die Flucht-und-Vertreibungsfiktionen eine Verschränkung von Diskursebenen wider und kurbeln sie weiterhin selbst an. Der fiktionale Diskursstrang ›Flucht und Vertreibung‹ bleibt in diesem Zeitraum allerdings von diskursiven oder topologischen Neuerungen unberührt. Insgesamt setzen ab 1989/90 die Flucht-und-Vertreibungsfiktionen, trotz des Diskursebenen übergreifenden erinnerungspolitischen Wandels, den in den 1970er und 1980er Jahren eingeschlagenen Weg des Kommemorierens fort und ebnen den Weg für den Erfolg der Romane zum

Thema ab 2002 – allen voran Günter Grass' Novelle *Im Krebsgang*. Die Zeit von 1989/90 bis 2002 stellt nicht nur eine weitere Übergangsphase im literarischen Flucht- und Vertreibungsdiskurs, sondern auch die Voraussetzung für den Erfolg des Diskursebenen übergreifenden so genannten ›neuen Opferdiskurses‹ ab 2002 dar.

2002–dato

Anfang der 2000er Jahre erhält der deutsche Opferdiskurs den Status des Leitdiskurses, in dem die Fiktion (und mit ihr das Feuilleton) zur dominanten Diskursebene avanciert. Erstmals reagieren Publizistik und Politik auf die nun tonangebende Literatur und nicht die Literatur auf jene. Die 2000er Jahre sind bestimmt von der in verschiedenen Medien verfochtenen Behauptung eines (literarischen) Tabus und eines gesamtkulturellen Erinnerungsverbots an Flucht und Vertreibung. Diese Rede von einem Tabu, das sich über die gesamte deutsche Opfererfahrung der NS-Zeit gelegt hätte, gipfelt in der Proklamation eines ›Neuen deutschen Opferdiskurses‹ – einer Behauptung, die wiederum selbst zum rhetorischen Instrument wird.

Fest steht, dass der Tabuisierungstopos die extremste Ausprägung des seit den späten 1960er Jahren populären Schweigetopos darstellt. Auch wenn der Tabuisierungstopos insbesondere Kennzeichen der 2000er Jahre ist, kann er als Grundfigur und größte Konstante des Gesamtdiskurses – wohlgemerkt sprachlich und formalästhetisch je unterschiedlich maskiert – entlarvt werden. Dennoch ist zu unterstreichen, dass ein pauschales Abkanzeln dieser Opferrhetorik als intentionales Instrument der Opferstilisierung weder dem Phänomen noch der Opfergruppe mit ihren realen und traumatischen Opfererfahrungen gerecht wird. Vielmehr ist anzunehmen, dass nun erstens das sozialpsychologische Bedürfnis der Erinnerungs- und Diskursgemeinschaft sowie zweitens die individuellen und familiären Erinnerungskonstellationen eine Zusammenführung von Opfer- und Tätererinnerungen zulassen. Unter diesen Gesichtspunkten erscheint (auch) in dieser Konjunkturphase der Tabuisierungstopos (Abb. 13) weniger als Mittel einer medialen Ökonomisierung denn als rhetorische Figur, die das Unsagbare sagbar machen soll.

Demselben Zweck dient in den Romanen der 2000er Jahre der dem Tabuisierungstopos verwandte Traumatopos (Abb. 14). Erstmals erzählen die Romane von posttraumatischen Auswirkungen, teilweise über Generationen hinweg, und thematisieren die Sprachlosigkeit, die die traumatischen Erlebnisse hinterlassen haben. In der Tat ist nicht der Tabuisierungstopos, sondern dieser Traumatopos das innovative Element jenes vermeintlich ›neuen deutschen Opferdiskurses‹ der 2000er Jahre.

Neben der historischen Distanz und dem Umschlagen des individuellen in ein kommunikatives oder gar kulturelles Gedächtnis hat zu dieser Prominenz des

Argument:
Der Opferstatus der Flüchtlinge und Vertriebenen wurde Jahrzehnte lang tabuisiert.

Schluss/Inhalt:
Flüchtlinge und Vertriebene werden erneut Opfer, nämlich Opfer der Tabuisierung.

Schlussregel:
Aus der kollektiven Erinnerung ausgeschlossen zu werden, ist Unrecht am Einzelnen und am Opferkollektiv.

Tabuisierungstopos:
aktualisiert in expliziten Aussagen

Abb. 13: Tabuisierungstopos

Argument:
Als traumatisiertes, d.h. sprachloses Kollektiv können Vertriebene und Flüchtlinge ihren Opferstatus nicht proklamieren.

Schluss/Inhalt:
Die Aufnahmegesellschaft und die Nachkommen müssen den Opferstatus öffentlich benennen und anerkennen.

Schlussregeln:
Mit traumatisierten Opfern muss man empathisch sein.
Aus der kollektiven Erinnerung ausgeschlossen zu werden, ist Unrecht am Einzelnen und am Opferkollektiv.

Traumatopos: *aktualisiert in expliziter Betonung, Metaphern, unsicheren Erzählinstanzen, Figurenkonstellationen, ...*

Abb. 14: Traumatopos

Traumatopos sicherlich der Fortschritt und die Akzeptanz der psychologischen Forschung beigetragen. Von einem Trauma lässt sich schließlich nur öffentlich sprechen, wenn Wort und Konzept in einer Gesellschaft Anerkennung finden.[771] Die Möglichkeit der öffentlichen Benennung der verdrängten Erfahrungen als Trauma konnte bewirken, dass die Erlebnisse der Opfer, der Vertriebenen und etwa auch der Ausgebombten, sagbar und hörbar wurden. Ist dieser Traumatopos für die Literatur der 2000er Jahre zwar neu, so hat insbesondere die Analyse von Grass' *Im Krebsgang* gezeigt, dass Trauma- und Tabuisierungstopos miteinander verschwimmen können und der Traumatopos für bestimmte Argumentationen – nämlich für die Behauptung eines Tabus – instrumentalisiert werden kann.

* * *

Da sich die konstatierten Konjunkturphasen nicht nur für den Flucht-und-Vertreibungsdiskurs identifizieren lassen, sondern denen des deutschen Schulddiskurses im Gesamten entsprechen, bleibt zu hinterfragen, inwieweit diese Bewegungen überhaupt spezifische Bewegungen des Flucht-und-Vertreibungsdiskurses darstellen. Näher liegt es, von einem deutschen Vergangenheitsdiskurs zu sprechen, der Themen wie Flucht und Vertreibung absorbiert hat und sich in seinen Einzelmechanismen und Argumentationsformen von diesem ihm eingespeisten Diskursstrang größtenteils, insbesondere ab den 1970er Jahren, nicht unterscheidet. Dafür spricht, dass die von mir ausgemachten Konjunkturphasen weniger den in der Forschung vorgeschlagenen Phasen des Flucht-und-Vertreibungsdiskurses als anderenorts validierten Phasen des bundesdeutschen Schulddiskurses entsprechen.[772]

Der Opferstatus Deutscher drückt sich im fiktionalen Flucht-und-Vertreibungsdiskurs folglich nicht genuin, sondern stellvertretend aus, sodass sich vom Beispiel des Erinnerungsortes ›Flucht und Vertreibung‹ auf das rhetorische Potential von Fiktion als Instrument der (Opfer)Identitätsbildung in Erinnerungskulturen im Allgemeinen schließen lässt. Nicht zuletzt hat die Untersu-

771 Vgl. zu diesem Aspekt die Dissertation von Alexandra Therese Katrin Lehmacher: *Trauma-Konzepte im historischen Wandel: Ein Beitrag zur Rezeptionsgeschichte der Posttraumatic-Stress Disorder in Deutschland (1980–1991).* Online unter: http://hss.ulb.uni-bonn.de/2013/3103/3103.pdf (Stand: 02.06.2018). Die Autorin bestärkt den hier formulierten Gedanken durch ihre Annahme, das Jahr 1980 stelle mit der Aufnahme der Postraumatischen Belastungsstörung in das *Diagnostic and Statistical Manual of Mental Disorders* der *American Psychiatric Association* eine Zäsur da, die den »Grundstein [...] zu einer weitreichenden Institutionalisierung und Ausweitung des Traumabegriffes« (S. 96) legte. Darüber hinaus gibt die Studie Anregung für eine wissenschafts- bzw. medizinhistoirsch kontextualisierende literaturwissenschaftliche Untersuchung dieses Topos.

772 Vgl. z. B. Willms: *Die Suche nach Lösungen.* Siehe S. 30f. der vorliegenden Arbeit.

chung also einen literaturtheoretischen Beitrag geleistet, wenn sie die soziale Funktion der in den Fiktionen kursierenden rhetorischen Topoi in den Erinnerungsnarrativen von Diskursgemeinschaften hervorhebt und das aus der linguistischen Argumentationsanalyse stammende Konzept der diskursiven Topoi für die Literaturwissenschaft fruchtbar gemacht hat. Mit der Analyse des literarischen Flucht-und-Vertreibungsdiskurses der BRD seit 1945 konnte die identitätsstiftende Funktion von Fiktion in Erinnerungs- und Diskursgemeinschaften auf das argumentative Potential diskursiver Topoi zurückgeführt werden.

Dabei konnte in diachroner Perspektive zudem gezeigt werden, dass sich die in einem Diskursstrang kursierenden Topoi mit der Zeit qualitativ verändern können und ihr Grad der Subtilität Rückschlüsse auf die erinnerungspolitischen Formationen oder gar die unausgesprochenen moralischen Gesetze einer Diskursgemeinschaft zu bestimmten Zeitpunkten zulässt. Während die diskursiven Topoi in der Frühphase noch diverse und subtile Aktualisierungen erfuhren (Figurendarstellung, zeitliche Komposition etc.), erscheint es mit der Zeit möglich, bestimmte Argumente für den Opferstatus und seine Anerkennung unmaskiert, etwa in der Rede von einem ›neuen deutschen Opferdiskurs‹ in den Diskurs einzubringen.

Wenn im Falle des literarischen Flucht-und-Vertreibungsdiskurses die in den Fiktionen archivierten oder erfundenen Vergangenheitsversionen die kollektive Identität der bundesdeutschen Erinnerungsgemeinschaft kontinuierlich im Modus eines Opferdiskurses begründen und stabilisieren, wird in jedem Fall einmal mehr exemplarisch deutlich, dass Fiktion nicht nur ein literarisches Verfahren, sondern auch eine soziale und insbesondere eine identitätspolitische Praxis darstellt. Dennoch lassen sich ebenfalls Ergebnisse über die ästhetische, inhaltliche und formale Entwicklung der literarischen Bearbeitung von Flucht und Vertreibung festhalten und der Literaturgeschichtsschreibung hinzufügen:

Deutlich wird besonders, dass das in den 1950er Jahren etablierte Heimatbild den literarischen Flucht-und-Vertreibungsdiskurs durchgängig geprägt hat (siehe Spalte *Inhalt* in Abb. 15). Weder die kritische Auseinandersetzung mit der deutschen Vergangenheit, mit Opfern und Tätern ab 1959 noch die reflexiven literarischen Bearbeitungen des ›memory booms‹ ab der Jahrtausendwende konnten dieses sentimentale Bild und damit eine triviale Tendenz verdrängen. Das stereotype Heimatbild, das die frühen Romane zum Thema etablierten und das die heute weiterhin auf den Markt drängenden, oft nachahmenden Unterhaltungsromane mit trivialen Anteilen fortführen, ist also bis heute konstantes Element der literarischen Bearbeitungen geblieben.

<table>
<tr><th></th><th colspan="2">Inhalt</th><th>Funktion der Literatur</th><th>Diskursive Topoi</th><th colspan="2">Erzählerische Form</th></tr>
<tr><td>1945 – 1958</td><td colspan="2">Sentimentales Heimatbild, Kollektiver Opfermythos</td><td>Gegendiskurs zum außerliterarischen Diskurs</td><td>Ungerechtigkeitstopos, Stellvertretertopos</td><td colspan="2">Mythologisierung, Dämonisierung, Naturalisierung u.a.</td></tr>
<tr><td>1959 – 1969</td><td>Stereotypes Heimatbild als arbitäre Kulisse</td><td>Vergangenheitsbe - wältigung, Aussöhnung mit Polen, Erinnerung als Konstruktion</td><td>Spiegel der außerliterarischen Deutungsvielfalt</td><td>Anlage des Schweigetopos</td><td>Klischees, Typen</td><td>Metamnemonik</td></tr>
<tr><td>1970 – 1989/90</td><td colspan="2">Stereotypes Heimatbild bei gleichzeitiger Aufnahme und Diskussion deutscher Täter und Mitläufer</td><td>Integrativer Diskurs</td><td>Verführungstopos, Stellvertretertopos, Heimattopos</td><td colspan="2">Familien- und Generationenroman, Reiseroman</td></tr>
<tr><td>1989/90 – 2001</td><td colspan="2">Gedächtnis- und Geschichtsdebatten</td><td>Reziproke Diskursebenenverschränkung</td><td></td><td colspan="2">Familien- und Generationenroman, Reiseroman</td></tr>
<tr><td>2002 – dato</td><td>Stereotypen, Nachahmungen → Übergang ins kulturelle Gedächtnis</td><td>Differenzierte Diskussion um Opfer und Täter / Erinnerung und Kommunikation der Generationen</td><td>Literatur als Leitdiskurs</td><td>Tabuisierungstopos, Traumatopos, Topos des Neuen Opferdiskurses</td><td colspan="2">Polyperspektive, Metafiktion</td></tr>
</table>

Abb. 15: Kontinuität und Fortführung eines sentimentalen Heimatbildes im literarischen Flucht- und-Vertreibungsdiskurs

2 Ausblick

Die vorliegende Untersuchung hat als Kritische Diskursanalyse die rhetorischen Muster der fiktionalen Texte stets mit Redeweisen und Deutungstendenzen außerliterarischer Institutionen und Medien in Verbindung gebracht. Dem jeder Kritischen Diskursanalyse inhärenten Weißen Fleck entsprechend konnte sie die Topoi und Mechanismen der anderen Diskursebenen nicht im Detail untersuchen und nicht aufdecken oder vergleichen, wie andere Medien oder Texte anderer Diskursebenen mit ihren jeweiligen Mitteln die diskursiven Topoi des Flucht-und-Vertreibungsdiskurses forttragen bzw. etablieren. So fordert die Untersuchung nun breite transmediale Analysen der diskursiven Topoi ein, die sowohl fiktional-narrative als auch dokumentarische TV- oder Kinoformate untersuchen und etwa Fotografien, Museumsprojekte oder weitere andere Textprodukte wie die Autobiografie, Tagebücher o. ä. integrieren. Zudem ist ein argumentationsanalytisch motivierter Blick z. B. auf Pressetexte oder politische Reden und Papiere wünschenswert. Diese notwendig transdiziplinäre Anlage einer Diskursanalyse kann besonders in einer Verbundstudie von Literatur-, Kultur-, Sprach- und Filmwissenschaft geleistet werden. Ziel muss dabei eine systematische Analyse des Auftauchens, der Veränderung und des Verschwindens von Einzeltopoi sein, die nur in transdiziplinärer Perspektive entlarvt werden können als Phänomene der Übernahme, Kopie, Wiederholung, Modifikation oder Ablösung von Topoi unterschiedlicher Diskursebenen.

Außerdem ist zu überlegen, inwiefern die zu diskursiven Topoi gerinnenden rhetorischen Viktimisierungsstrategien der Flucht-und-Vertreibungsromane überzeitliche und überräumliche Verfahren von sich in der Literatur materialisierenden Opferdiskursen darstellen; ob also die für die literarischen Fiktionen freigelegten Konjunkturen auch andere literarische Opfer- bzw. Vergangenheitsdiskurse zeitigen.

In diesem Zusammenhang ist eines der hier an das Textkorpus angelegten Einschränkungskriterien selbst zu hinterfragen: Während sich die Analysen auf Romane beschränkten, die in den heute zu Polen gehörenden Vertreibungsgebieten spielen, wurden die habsburgisch geprägten ehemaligen deutschen Ostgebiete und damit die Vertreibungserfahrungen (– im Gegensatz zu Fluchterfahrungen) eher ausgeklammert. In den untersuchten Fiktionen ließen sich jedoch keine Argumentationen nachweisen, die etwa das preußische Erbe der Gebiete betonen, um bestimmte, für den Kulturraum spezifische Deutungen oder Begründungen anzustoßen. Vielmehr ist davon auszugehen, dass sich auch die deutschen Vertriebenen aus anderen Gebieten in denselben diskursiven Topoi ausdrücken. Wenn sich kein Unterschied zwischen Topoi von Vertreibungs- und Fluchtnarrativen zeigte, näherten sich die beiden Teile des feststehenden – unter diesem Blickwinkel bereits mehrfach kritisierten – Begriffspaares einmal mehr an. Nicht nur die Unschärfe, sondern auch das bereits dem Begriffspaar ›Flucht und Vertreibung‹ inhärente Viktimisierungspotential würden durch die vereinheitlichte, dramatisierende Topologie einmal mehr potenziert.

In jedem Fall bleibt eine literaturhistorische Studie anzuregen, die vergleichend die literarischen Traditionslinien der einzelnen Regionen fokussiert. Mit dem vorgeschlagenen Konzept der diskursiven Topoi könnte ein Anknüpfen an etwa böhmische oder ostpreußische Erzähltraditionen nicht nur als Ausdruck kollektiver Identitätsauffassung, sondern auch als Ausdrucksseite des hier herausgearbeiteten Verlusttopos gelesen werden. Das Anknüpfen an regionale Erzähltraditionen in Form oder Inhalt ließe sich als rhetorisches Argument in einem opferidentifizierten Diskurs deuten, in dem die Verlusterfahrung von Einzelerlebnissen auf kulturhistorische Verluste ausgeweitet werden, um die gesamte deutsche Gesellschaft in das Opferkollektiv zu integrieren.

Um die Konjunkturen des Wechselspiels inner- und außerliterarischer Argumentation oder die qualitative Entwicklung der Ausdrucksseite der diskursiven Topoi als überräumliche oder überzeitliche Verfahren zu reflektieren, sind schließlich weitere Opferdiskurse heranzuziehen, deren Merkmal es sein muss, dass sie in einer Erinnerungs- bzw. Diskursgemeinschaft existieren, die sowohl Täteridentitäten als auch Opferidentitäten vereint. Dies ist z. B. im tschechischen Flucht-und-Vertreibungsdiskurs der Fall, in dem die brutale Vertreibung Deutscher durch tschechische Täter eher verdrängt bzw. hinter die eigene Opfererfahrung zurückgedrängt wird. Ebenso ließe sich für die polnische Literatur die Darstellung der Vertreibungserfahrungen der Polen aus Galizien nach Westpolen untersuchen.

Für Deutschland gilt, dass auch im Erinnerungsdiskurs an die DDR Opfer- und Täterkonstruktionen ausgehandelt werden müssen, sodass sich abermals die Frage nach einer potentiell universellen Genese retrospektiver kollektiver Opferkonstruktion stellt. Die Strukturen und Konjunkturen der nostalgischen Erinnerungswellen an die DDR-Zeit lassen sich ggf. mit Erinnerungsdarstellungen von Gebieten hinter Oder und Neiße vergleichen; allerdings ist zu berücksichtigen, dass die literarischen Deutungen in der DDR bis zum Mauerfall stets der Kontrolle des Staates unterlagen.

Unzweifelhaft ließe sich für Deutschland noch einmal der Blick auf die kollektive Erinnerung an den Bombenkrieg, an deutsche Vergewaltigungsopfer in den Kriegs- und Nachkriegswirren und schließlich auf deutsche Weltkriegssoldaten richten. Vermutlich haben sich diese Narrative nicht nur strukturell sowie inhaltlich ähnlich entwickelt. Es ist sogar davon auszugehen, dass diese Erzählungen dieselben rhetorischen Muster aufweisen wie die hier untersuchten Fiktionen, zumal sich Referenzen auf den Bombenkrieg oder auf Vergewaltigungen an Deutschen als elementare Bestandteile der untersuchten Flucht-und-Vertreibungsfiktionen erwiesen haben: Die frühe Flucht-und-Vertreibungsliteratur nimmt andere deutsche Opfergruppen immer wieder in die Fiktionen auf, um das deutsche Leid größer und vielfältiger erscheinen zu lassen. Mit einer zugespitzten Frage nach den Interferenzen dieser verschiedenen und doch verwandten Opferdiskurse (deutsche Soldaten, Stalingrad, Kriegsheimkehrer, Bombenkrieg) könnten ihre jeweiligen topologischen Spezifika herausgestellt bzw. differenziert oder negiert werden – was bisher existierende Einzelstudien nicht zu leisten vermögen. Neben literarischen Bearbeitungen ließe sich in dieser Perspektive auch die öffentliche Rhetorik anderer Diskursakteure in den Blick nehmen, etwa des *Volksbunds Deutsche Kriegsgräberfürsorge*, für dessen Deutungsmuster ebenfalls ein Wandel vom Helden- zum Opfermythos anzunehmen ist.

Zieht man einen internationalen Vergleich in Erwägung, ergibt sich zwangsläufig die Frage nach einer möglichen Einzelstellung Deutschlands. Weil sich in den Kriegsgräueln der Deutschen – und im Holocaust! – die deutsche Täterrolle als beispiellos darstellt, erscheint auch die Diskussion der mit jener Täterrolle in unauflösbarem Zusammenhang stehenden deutschen Opferrolle unvergleichbar. Fraglich ist, ob ein Staat oder eine Erinnerungsgemeinschaft existiert, die im selben Maß wie Deutschland gezwungen sind, Täterschaft und Schuld mit eigenem Opferstatus in Einklang zu bringen. Auch wenn andere Nationen und Volksgruppen die Flucht-und-Vertreibungserfahrung teilen, teilen sie nicht unbedingt das Spannungsverhältnis zwischen eigener Opfer- und Täterrolle. Dieses Spannungsverhältnis entspringt dabei weniger dem erinnernden Kollektiv als dem von außen herangetragenen Urteil anderer Erinnerungsgemeinschaften – hier der unmittelbaren Opfer deutscher Täter. So erscheint die Opfer-Täter-Konstellation anderer Länder (etwa derjenigen, die während der NS-Zeit faschistische Regime unterhielten) samt ihren erinnerungspolitischen Aufarbeitungen besonders im internationalen Kontext kaum äquivalent zur historischen Rolle und Gedenkpraxis der Deutschen.

Wenn heute vereinzelt versucht wird, die deutsche Flucht-und-Vertreibungserfahrung nach dem Zweiten Weltkrieg in einen Vergleich zur Flüchtlingswelle um 2015 zu stellen, ist diese für einen Vergleich notwendige Opfer-Täter-Doppelidentität bezeichnenderweise ausgeblendet worden. Die nach Europa strömenden Flüchtlingsmassen sind unmissverständlich Opfer – keine Täter! –, die sich, wenn sie aus politischen Gründen fliehen, nicht mit den Regimen ihrer Herkunftsstaaten identifizieren oder mit einer ›Kollektivschuld‹ belastet sind. Auch gibt es in diesen Fällen nicht nur keine Doppelidentität von Opfern und Tätern, sondern auch eine Doppelung von Tätern und Befreiern wie im Fall der deutschen Flucht-und-Vertreibungserfahrung liegt nicht vor. Die Versuche der (literarischen) Parallelisierung des ostdeutschen Heimatverlusts und der Flüchtlingswelle ab 2015 sind daher wohl auch als gering bis erfolglos einzuschätzen. Jenny Erpenbeck unternimmt einen zaghaften Versuch in *Gehen – ging – gegangen* (2015), wenn ihr in Schlesien geborener Protagonist sich in Berlin um heimatlose, traumatisierte Flüchtlinge kümmert. Die Herkunft dieses Protagonisten spielt im weiteren Verlauf der Handlung allerdings keine größere Rolle. Ein Artikel in der *Apuz* der *Bundeszentrale für politische Bildung* hat zudem Momente des öffentlichen Diskurses gesammelt, die auf eine Parallelisierung der beiden Fluchterfahrungen zielen.[773] Er erwähnt die Plakatinitiativen einiger Kirchengemeinden und die vereinzelten Aktionen von Kommunen. Außerdem weist er auf die Rede des Bundespräsidenten Gauck zum nationalen *Gedenktag für die Opfer von Flucht und Vertreibung* hin, in dem Gauck Analogien der beiden Erfahrungen aufruft. Diese wenigen Beispiele bezeugen allerdings, dass ein in der Überschrift des Artikels angekündigter breiter »Schicksalsvergleich« eigentlich nicht stattgefunden hat.[774] Auch die Tatsache, dass Markus Lanz in seiner Talkshow mit Fragen nach Parallelen der ostpreußischen Fluchterfahrung und der heutigen Flüchtlingswelle an Wolf von Lojewski ins Leere gelaufen ist,[775] spricht nicht nur für die Unvergleichbarkeit der beiden Erfahrungen, sondern auch dafür, dass mit den Fluchterfahrungen der Jahre 1945/46 in der Öffentlichkeit immer weniger Sinn erzeugt werden kann. Wer Flucht und Vertreibung heute nicht aus der eigenen Familiengeschichte kennt, ist mit diesem Teil deutscher Geschichte kaum vertraut. Der Wandel vom kommunikativen zum kulturellen Gedächtnis hat definitiv begonnen, und auch die noch immer erscheinenden Romane oder die im Selbstverlag publizierten autobiografischen Texte werden dieser Gedächtnisschwelle keinen Einhalt gebieten können.

---

773 Stephan Scholz: »Willkommenskultur durch ›Schicksalsvergleich‹. Die deutsche Vertreibungserinnerung in der Flüchtlingsdebatte«, in: *Aus Politik und Zeitgeschichte* 26–27/2016, S. 40–46.

774 Hier stellt sich durchaus die Frage nach der Rolle der *Bundeszentrale für politische Bildung* für die deutsche Erinnerungskultur überhaupt, die in den 2000er Jahren ganz sicher einen entschiedenen Beitrag zur Omnipräsenz deutscher Opfererinnerung und der Erinnerungsthematik geleistet hat.

775 Markus Lanz, 12.07.2017, *ZDF*. Lojewski bediente die Fragen des Moderators nicht mit Parallelen und berichtete schließlich mehr von seinen Reisen nach Syrien als von seiner Flucht-und-Vertreibungserfahrung in Kinderjahren.

Literaturverzeichnis

1 Primärliteratur

In chronologischer Reihenfolge der Ersterscheinung; angegeben sind die in der vorliegenden Untersuchung verwendeten Ausgaben.[776]

Hoffmann, Ruth: *Die schlesische Barmherzigkeit.* Frankfurt am Main: Büchergilde Gutenberg 1953.

Ihlenfeld, Kurt: *Gregors vergebliche Reise.* Witten/Berlin: Eckart-Verlag 1962.

Danella, Utta: *Der Maulbeerbaum.* Güterlsloh: Bertelsmann Lesering, Lizensausgabe, ohne Jahr.

Surminski, Arno: *Jokehnen oder Wie lange fährt man von Ostpreußen nach Deutschland.* Berlin: Ullstein Buchverlag [5]2008.

Grass, Günter: *Im Krebsgang. Eine Novelle.* München: Deutscher Taschenbuch Verlag [11]2015.

2 Sekundärliteratur

Abelshauser, Werner: *Die langen Fünfziger Jahre. Wirtschaft und Gesellschaft in der Bundesrepublik Deutschland 1949–1966.* Düsseldorf: Verlag Schwann-Bagel.

Ächtler, Norman: »Topographie eines Familiengedächtnisses. Polen als Raum des Gegengedächtnisses in Tanja Dückers' *Himmelskörper*«, in: *Seminar: A Journal of Germanic Studies* 45/3, 2009, S. 276–298.

Ächtler, Norman: *Generation in Kesseln. Das Soldatische Opfernarrativ im westdeutschen Kriegsroman 1945–1960.* Göttingen: Wallstein 2013.

Adenauer, Konrad: *Teegespräche*, Bd. 2: 1955–1958. Bearb. v. Hanns Jürgen Küsters. Berlin: Siedler 1986.

Agazzi, Elena: *Erinnerte und rekonstruierte Geschichte. Drei Generationen deutscher Schriftsteller und die Fragen der Vergangenheit.* Göttingen: Vandenhoeck & Ruprecht 2005.

776 Zu den Erstausgaben vgl. S. 342–344.

Ahrens, Thomas B.: *Heimat in Horst Bieneks Gleiwitzer Tetralogie. Erinnerungsdiskurs und Erzählverfahren.* New York u. a.: Peter Lang 2003.

Anderson, Benedict: *Imagined communities. Reflections on the origin and spread of nationalism.* London: Verso 1983.

Anz, Thomas: *Es geht nicht um Christa Wolf. Der Literaturstreit im vereinigten Deutschland.* Frankfurt am Main: Fischer Verlag 1995.

Arendt, Hannah: *Eichmann in Jerusalem. Ein Bericht von der Banalität des Bösen.* München: Piper [13]2004.

Aristoteles: *Die Topik.* Heidelberg 1882. Online: http://www.zeno.org/Philosophie/M/Aristoteles/Organon/Die+Topik/1.+Buch/1.+Kapitel (Stand: 06.12.2017).

Aristoteles: *Über die Dichtkunst.* Übersetzt von Alfred Gudemann. Leipzig: Felix Meiner 1921.

Assmann, Aleida/Friese, Heidrun: »Vorwort«, in: Dies. (Hrsg.): *Identitäten. Erinnerung, Geschichte, Identität 3.* Frankfurt am Main: Suhrkamp 1998.

Assmann, Aleida: *Erinnerungsräume. Formen und Wandlungen des kulturellen Gedächtnisses.* München: Verlag C.H. Beck 1999.

Assmann, Aleida: *Der lange Schatten der Vergangenheit. Erinnerungskultur und Geschichtspolitik.* Bonn: Bundeszentrale für politisch Bildung 2007.

Assmann, Jan: *Das kulturelle Gedächtnis. Schrift, Erinnerung und politische Identität in frühen Hochkulturen.* München: Verlag C.H. Beck [6]2007.

Aust, Stefan/Burgdorff, Stephan (Hrsg.): *Die Flucht.* Bonn: Bundeszentrale für politische Bildung 2003.

Bartholomei, Lukas: *Bilder von Schuld und Unschuld. Spielfilme über den Nationalsozialismus in Ost- und Westdeutschland.* Münster/New York: Waxmann 2015.

Baßler, Moritz: »Einleitung«, in: Ders. (Hrsg.): *New Historicism. Literaturgeschichte als Poetik der Kultur.* Frankfurt am Main: Fischer Taschenbuch Verlag 1995, S. 7–28.

Bastian, Andrea: *Der Heimat-Begriff. Eine begriffsgeschichtliche Untersuchung in verschiedenen Funktionsbereichen der deutschen Sprache.* Tübingen: Niemeyer 1995.

Bayer, Dorothee: *Der triviale Familien- und Liebesroman im 20. Jahrhundert.* Tübingen: Tübinger Vereinigung für Volkskunde [2]1971.

Becker, Sabina: *Literatur- und Kulturwissenschaften. Ihre Methoden und Theorien.* Reinbek bei Hamburg: Rowohlt Taschenbuch Verlag 2007.

Beer, Mathias: *Flucht und Vertreibung der Deutschen. Voraussetzungen, Verlauf, Folgen.* München: Verlag C.H. Beck 2011.

Beljhan, Daniela/Lorenz, Matthias N.: »Weizsäcker-Rede«, in: Fischer, Torben/Lorenz, Matthias N. (Hrsg.): *Lexikon der »Vergangenheitsbewältigung« in Deutschland. Debatten- und Diskursgeschichte des Nationalsozialismus nach 1945.* Bielefeld: transcript 2007, S. 295–297.

Benjamin, Walter: »Der Erzähler«, in: Ders.: *Gesammelte Schriften,* Bd. II, 2. Hrsg. von Rolf Tiedemann und Hermann Schweppenhäuser. Frankfurt am Main: Suhrkamp 1977, S. 438–465.

Benjamin, Walter: *Das Passagen-Werk I & II.* Frankfurt am Main: Suhrkamp 1982.

Benthin, Madlen: *Die Vertreibung der Deutschen aus Ostmitteleuropa. Deutsche und tschechische Erinnerungskulturen im Vergleich.* Hannover: Hahn 2007.

Berger, Karina: »Expulsion Novels of the 1950s. More than meety the Eye?«, in: Dies./Stuart Taberner (Hrsg.): *Germans as victims in the literary fiction of the Berlin Republic.* Rochester, NY: Camden House 2009, S. 42–55.

Berger, Karina: »Belletristik in der Bundesrepublik«, in: Scholz, Stephan/Röger, Maren/ Niven, Bill (Hrsg.): *Die Erinnerung an Flucht und Vertreibung. Ein Handbuch der Medien und Praktiken.* Paderborn: Schöningh 2015, S. 15–27.

Berger, Karina: *Heimat, Loss and Identity. Flight and Expulsion in German Literature from the 1950s to the Present.* Oxford u. a.: Peter Lang 2015.

Beskow, Hans-Joachim: »›Er schrieb – an eines andern Statt, der niemals schrieb. Den frage weiter.‹ Bemerkungen zu Leben und Werk von Kurt Ihlenfeld«, in: Kroll, Frank-Lothar (Hrsg.): *Deutsche Autoren des Ostens als Gegner und Opfer des Nationalsozialismus. Beiträge zur Widerstandsproblematik.* Berlin: Duncker & Humblot 2000, S. 403–414.

Beßlich, Barbara/Grätz, Katharina/Hildebrand, Olaf: »Wende des Erinnerns? Geschichtskonstruktionen in der deutschen Literatur nach 1989«, in: Dies.: (Hrsg.): *Wende des Erinnerns? Geschichtskonstruktionen in der deutschen Literatur nach 1989.* Berlin: Erich Schmidt Verlag 2006.

Beyersdorf, Herman: »›…den Osten verloren‹. Das Thema der Vertreibung in Romanen von Grass, Lenz und Surminski«, in: *Weimarer Beiträge* 38/1, 1992, S. 46–67.

Beyersdorf, Herman: *Erinnerte Heimat. Ostpreußen im literarischen Werk von Arno Surminski.* Wiesbaden: Harrassowitz 1999.

Beyersdorf, Herman: »Von der Blechtrommel bis zum Krebsgang«, in: *Weimarer Beiträge* 48/4, 2002, S. 568–593.

Beyersdorf, Herman: »Günter *Grass'* ›Im *Krebsgang*‹ und die Vertreibungsdebatte im Spiegel der Presse«, in: Beßlich, Barbara/Grätz, Olaf/Hildebrandt, Katharina (Hrsg.): *Wende des Erinnerns? Geschichtskonstruktionen in der deutschen Literatur nach 1989.* Berlin: Erich Schmidt 2006, S. 157–167.

Beyersdorf, Herman: »Das kleine Dorf und der große Krieg. Arno Surminskis Roman ›Vaterland ohne Väter‹«, in: Stüben, Jens (Hrsg.): *Ostpreussen, Westpreussen, Danzig. Eine historische Literaturlandschaft.* München: Oldenbourg 2007, S. 589–603.

Bialek, Edward (Hrsg.): *Silesia in litteris servata. Paradigmen der Erinnerung in Texten schlesischer Autoren nach 1945.* Dresden: Neisse Verlag, Bd. 1: 2009, Bd. 2: 2010.

Bienek, Horst: *Beschreibung einer Provinz.* München/Wien: Carl Hanser Verlag 1983.

Bingen, Dieter: *Die Polenpolitik der Bonner Republik von Adenauer bis Kohl 1949–1991.* Baden-Baden: Nomos Gesellschaft 1998.

Bogdal, Klaus-Michael: *Historische Diskursanalyse der Literatur. Theorie, Arbeitsfeld, Analysen, Vermittlung.* Opladen/Wiesbaden: Westdeutscher Verlag GmbH 1999.

Bogdal, Klaus-Michael: *Historische Diskursanalyse der Literatur.* 2. erw. Aufl. Heidelberg: Synchron Wissenschaftsverlag der Autoren 2007.

Boge, Birgit: *Die Anfänge von Kiepenheuer und Witsch. Joseph Caspar Witsch und die Etablierung des Verlags (1948–1959).* Wiesbaden: Harrassowitz 2009.

Bolz, Gerhard: »Opfer/Täter-Diskurse. Zur Problematik des ›Opfer‹-Begriffs«, in: Diendorfer, Gertraud/Jagschitz, Gerhard/Rathkolb, Oliver (Hrsg.): *Zeitgeschichte im Wandel.* Innsbruck/Wien: Studien Verlag 1997, S. 223–236.

Bonacker, Thorsten: »Globale Opferschaft. Zum Charisma des Opfers in Transitional Justice-Prozessen«, in: *Zeitschrift für Internationale Beziehungen* 19/1, 2012, S. 5–36.

Bornscheuer, Lothar: *Topik. Zur Struktur der gesellschaftlichen Einbildungskraft.* Frankfurt am Main: Suhrkamp Verlag 1976.

Braese, Stephan: »›Tote zahlen keine Steuern‹. Flucht und Vertreibung in Günter Grass' ›Im Krebsgang‹ und Hans-Ulrich Treichels ›Der Verlorene‹«, in: Lützeler, Paul Michael (Hrsg.): *Gegenwartsliteratur. Ein germanistisches Jahrbuch.* Tübingen: Stauffenburg 2003, S. 171–196.

Brelie-Lewien, Doris von der: »Zu Rolle der Flüchtlinge und Vertriebenen und der deutschen Nachkriegsgeschichte – Ein Forschungsbericht«, in: Dies./Schulze, Rainer/ Grebing, Helga: *Flüchtlinge und Vertriebene in der westdeutschen Nachkriegsgeschichte. Bilanzierung der Forschung und Perspektiven für die künftige Forschungsarbeit.* Hildesheim: Lax 1987, S. 24–45.

Broszat, Martin: *Nationalsozialistische Polenpolitik: 1939–1945.* Stuttgart: Deutsche Verlag-Anstalt 1961.

Browning, Christopher: *Ordinary Men. Reserve Police Bataillon 101 and the Final Solution in Poland.* New York: HarperCollins 1992.

Buczek, Robert: »Deutsches Trauma. Zur filmischen Inszenierung des kollektiven Gedächtnisses in ›Die Flucht‹ (2007) von Kai Wessel«, in: Gansel, Carsten/Zimniak, Pawel (Hrsg.): *Das Prinzip Erinnerung in der deutschsprachigen Gegenwartsliteratur nach 1989.* Göttingen: V&R unipress 2010, S. 289–315.

Bund der Vertriebenen/Vereinigte Landsmannschaften und Landesverbände (Hrsg.): *Erklärungen zur Deutschlandpolitik.* Teil 1: 1949–1972. Bonn: Kulturstiftung der deutschen Vertriebenen 1984.

Bund der Vertriebenen/Vereinigte Landsmannschaften und Landesverbände (Hrsg.): *Erklärungen zur Deutschlandpolitik.* Teil 3: 1979–1986. Bonn: Kulturstiftung der deutschen Vertriebenen 1987.

Busse, Dietrich/Teubert, Wolfgang: »Ist Diskurs ein sprachwissenschaftliches Objekt? Methodenfragen und Forschungsergebnisse der historische Semantik«, in: Busse, Dietrich/Hermann, Fritz/Teubert, Wolfgang (Hrsg.): *Begriffsgeschichte und Diskursgeschichte.* Opladen: Westdeutscher Verlag 1994, S. 10–28.

Butzer, Günter/Jacob, Joachim: »Vorwort«, in: Dies. (Hrsg.): *Metzler Lexikon literarischer Symbole.* Stuttgart/Weimar: Verlag J.B. Metzler 2008, S. V–VII.

Chylewska-Tölle, Alexandra: »›Gregors vergebliche Reise‹« [Nadaremna podróż Gregora] Kurta Ihlenfelda jako przykład literackiej rekonstrukcji wielokulturowości dawnej Bydgoszczy«, in: Czakowska, Helena/Kuciński, Maruizs (Hrsg.): *Dialog kultur, cywilizacji i religii.* Bydgoszcz 2011, S. 167–178.

Cohen-Pfister, Laurel (Hrsg.): *Victims and perpetrators: 1933–1945. (Re)presenting the past in post-unification culture.* Berlin: De Gruyter 2006.

Conze, Erckart: *Die Suche nach Sicherheit. Eine Geschichte der Bundesrepublik von 1949 bis in die Gegenwart.* München: Siedler 2009.

Costalgi, Simone: »Unverhofftes Wiedersehen. Erscheinungsformen des ›deutschen Ostens‹ in der Gegenwartsliteratur«, in: Cambi, Fabrizio: *Gedächtnis und Identität. Die deutsche Literatur nach der Vereinigung.* Würzburg: Königshausen und Neumann 2008, S. 277–291.

Culler, Jonathan: *Literaturtheorie. Eine kurze Einführung.* Stuttgart: Philipp Reclam jun. 2002.

Curtius, Ernst Robert: *Europäische Literatur und lateinisches Mittelalter.* Bern: Francke 1969.

Czaja, Hebert: »H. Czaja: ›Nein zur Preisgabe‹. Auszüge aus der Rede des BdV-Präsidenten zur ›Grenz‹-Garantieerklärung«, in: *Das Ostpreußenblatt* 41/26, 30.06.1990, S. 1.

Danyel, Jürgen/Klessmann, Christoph: »Unterwegs wie die Flüchtlinge und Vertriebenen. Zur Debatte über ein europäisches Zentrum gegen Vertreibung«, in: *Zeitschrift für Geschichtswissenschaft* 51/1, 2003, S. 31–35.

Deiritz, Karl/Kraus, Hannes (Hrsg.): *Der deutsch-deutsche Literaturstreit oder »Freunde, es spricht sich schlecht mit gebundener Zunge«.* Hamburg/Zürich: Luchterhand Literaturverlag 1993.

Delft, Klaus von: »Vertreibungsliteratur – germanistischer Nachholbedarf. Am Beispiel Arno Surminski«, in: Wiesinger, Peter (Hrsg.): *Akten des X. Internationalen Germanistenkongresses Wien 2000 »Zeitenwende – Die Germanistik auf dem Weg vom 20. ins 21. Jahrhundert«,* Bd. 7: Gegenwartsliteratur. Bern u. a.: Peter Lang 2002, S. 101–106.

Dempf, Anneliese: »Im Anfang die Spuren des Ende«, in: Böhme, Wolfgang u. a. (Hrsg.): *Zeitwende. Die neue Furche* 34, 1963, S. 488–490.

Demshuk, Andrew: *The lost German East. Forced Migration an the Politics of Memory, 1945–1970.* New York: Cambridge University Press 2012.

Dewe, Bernd: »Soziale Deutungsmuster«, in: Kerber, Harald/Schmieder, Arnold (Hrsg.): *Handbuch zur Soziologie.* Reinbek: Rowohlt ^{2}1991.

Dornemann, Axel: *Flucht und Vertreibung aus den ehemaligen deutschen Ostgebieten in Prosaliteratur und Erlebnisbericht seit 1945. Eine annotierte Bibliographie.* Stuttgart: Hiersemann 2005.

Dörr, Volker C.: *Mythomimesis. Mythische Geschichtsbilder in der westdeutschen (Erzähl)-literatur der frühen Nachkriegszeit (1945–1952).* Berlin: Schmidt 2004.

Drews, Axel/Gerhard, Ute Gerhard/Link, Jürgen: »Moderne Kollektivsymbolik. Eine diskurstheoretisch orientierte Einführung mit Auswahlbibliographie«, in: *Internationales Archiv für Sozialgeschichte der deutschen Literatur,* 1. Sonderheft Forschungsreferate, 1985, S. 256–375.

Durkheim, Émile/Luhmann, Niklas: *Über soziale Arbeitsteilung. Studie über die Organisation höherer Gesellschaften.* Frankfurt am Main: Suhrkamp 1992.

Dye, Elizabeth: »›Weil die Geschichte nicht aufhört‹: Günter Grass's *Im Krebsgang*«, in: *German Life and Letters* 57, 2004, S. 472–487.

Ecker, Hans-Peter: »Idylle«, in: Ueding, Gert (Hrsg.): *Historisches Wörterbuch der Rhetorik,* Bd. 4: Hu-K. Tübingen: Niemeyer 1998.

Eigler, Friederike: »Beyond the Victims Debate: Flight and Expulsion in Recent Novels by Authors from the Second and Third Generation (Christoph Hein, Reinhard Jirgl, Kathrin Schmidt, and Tanja Dückers)«, in: Cohen-Pfister, Laurel/Vees-Gulanien, Susanne (Hrsg.): *Generational Shifts in Contemporary German Culture.* Rochester, New York: Camden House 2010, S. 77–94.

Eliášová, Patrika: »Im Schatten, doch kein Tabu. Literatur der vertriebenen deutschsprachigen böhmischen, mährischen und österreichisch-schlesischen Schriftsteller«, in: *Sudetenland,* 48/3, 2006, S. 311–321.

Emmerich, Wolfgang: »Dürfen die Deutschen ihre eigenen Opfer beklagen? Schiffsuntergänge 1945 bei Uwe Johnson, Walter Kempowski, Günter Grass, Tanja Dückers und Stefan Chwin«, in: Böning, Holger/Jäger, Hans Wolf/Kątny, Andrzej (Hrsg.): *Danzig und der Ostseeraum. Sprache, Literatur, Publizistik.* Bremen: edition lumière 2005, S. 293–323.

Erll, Astrid: *Kollektives Gedächtnis und Erinnerungskulturen. Eine Einführung.* Stuttgart/ Weimar: J.B. Metzler 2005.

Erll, Astrid/Nünning, Ansgar: »Literatur und Erinnerungskultur. Eine narratologische und funktionsgeschichtliche Theorieskizze mit Fallbeispielen aus der britischen Literatur des 19. und 20. Jahrhunderts«, in: Oesterle, Günter (Hrsg.): *Erinnerung, Gedächtnis, Wissen.* Göttingen: Vandenhoeck & Ruprecht 2005, S. 185–210.

Fendl, Elisabeth (Hrsg.): *Zur Ästhetik des Verlusts. Bilder von Heimat, Flucht und Vertreibung.* Münster: Waxmann 2010.

Feuchert, Sascha (Hrsg.): *Flucht und Vertreibung in der deutschen Literatur.* Frankfurt am Main u. a.: Peter Lang 2001.

Fischer, Torben: »Goldhagen-Debatte«, in: Ders./Lorenz, Matthias N. (Hrsg.): *Lexikon der »Vergangenheitsbewältigung« in Deutschland. Debatten- und Diskursgeschichte des Nationalsozialismus nach 1945.* Bielefeld: transcript 2007, S. 295–297.

Fluck, Winfried: *Das kulturelle Imaginäre.* Frankfurt am Main: Suhrkamp 1997.

Fohrmann, Jürgen/Müller, Harro Müller: »Einleitung: Diskurstheorien und Literaturwissenschaft«, in: Dies. (Hrsg.): *Diskurstheorien und Literaturwissenschaft.* Frankfurt am Main: Suhrkamp Verlag 1988, S. 9–20.

Foucault, Michel: »Nietzsche, die Genealogie, die Historie«, in: Seitter, Walter (Hrsg.): *Michel Foucault. Von der Subversion des Wissens.* München: Fischer Wissenschaft 1974, S. 83–109.

Foucault, Michel: *Die Archäologie des Wissens.* Frankfurt am Main: Suhrkamp 1981.

Foucault, Michel: »Was ist ein Autor?«, in: Ders.: *Schriften zur Literatur.* Hrsg. von Defert, Daniel/Ewald, François. Frankfurt am Main: Suhrkamp 2003, S. 234–270.

Foucault, Michel: *Die Ordnung des Diskurses.* Frankfurt am Main: Fischer Verlag [12]2012.

Frahm, Ole: »›Ein deutsches Trauma?‹ Zur Schamlosigkeit deutscher Opferidentifikation«, in: *German Life and Letters* 57/4, 2004, S. 372–390.

Frank, Manfred: »Zum Diskursbegriff bei Foucault«, in: Fohrmann, Jürgen/Müller, Harro (Hrsg.): *Diskurstheorien und Literaturwissenschaft.* Frankfurt am Main: Suhrkamp 1988, S. 25–44.

Franzen, K. Erik: »Die Akteure des Vertreibungsdiskurses in der Bundesrepublik Deutschland«, in: Strobel, Thomas/Maier, Robert (Hrsg.): *Das Thema Vertreibung und die deutsch-polnischen Beziehungen in Forschung, Unterricht und Politik.* Hannover: Hahn 2008, S. 61–66.

Frei, Norbert: *1945 und wir. Das Dritte Reich im Bewußtsein der Deutschen.* München: Verlag C.H. Beck 2005.

Freud, Sigmund: *Psychologie des Unbewussten.* Studienausgabe. Frankfurt am Main: Fischer Verlag 1975.

Frevert, Ute: »Geschichtsvergessenheit und Geschichtsversessenheit revisited. Der jüngste Erinnerungsboom in der Kritik«, in: *Aus Politik und Zeitgeschichte* 40–41, 2003, S. 6–13.

Friedrich, Jörg: *Der Brand: Deutschland im Bombenkrieg 1940–1945.* Berlin/München: Propyläen 2002.

Ganeva, Mila: »From West-German Väterliteratur to Post-Wall Enkelliteratur. The End of the Generation Conflict in Marcel Beyer's *Spione* and Tanja Dückers's *Himmelskörper*«, in: *Seminar: A Journal of Germanic Studies* 43/2, 2007, S. 149–162.

Gardt, Andreas: »Diskursanalyse – Aktueller theoretischer Ort und methodische Möglichkeiten«, in: Warnke, Ingo H. (Hrsg.): *Diskurslinguistik nach Foucault. Theorie und Gegenstände*. Berlin/New York: De Gruyter 2007, S. 27–52.

Geck, Sabine: »Verdrängung der Vergangenheit in der Kinderliteratur? Die Poosie-Bände von Ruth Hoffmann«, in: Siguan, Marisa u. a. (Hrsg.): *»Erzählen müssen, um zu überwinden«. Literatura y supervivencia*. Barcelona: Sociedad Goethe en España 2009, S. 443–455.

Geisenhanslüke, Achim: *Gegendiskurse. Literatur und Diskursanalyse bei Michel Foucault*. Heidelberg: Synchron Wissenschaftsverlag der Autoren 2008.

Geisenhanslüke, Achim: *Textkulturen. Literaturtheorie nach dem Ende der Theorie*. Paderborn: Wilhelm Fink 2015.

Genette, Gérard: *Die Erzählung*. München: Wilhelm Fink Verlag 1994.

Gerrer, Jean-Luc (Hrsg.): *Anklage, Nachdenken und Idealisierung: Literatur über die ehemaligen deutschen Ostgebiete. Zeugnisse von Flucht und Vertreibung*. Berlin: Frank & Timme 2013.

Gerrer, Jean-Luc: »Arno Surminski: Un auteur contemporain de Prusse-Orientale«, in: *Le texte et l'idée* 1, 1986, S. 201–235.

Giesen, Bernhard: *Kollektive Identität. Die Intellektuellen und die Nation*. Frankfurt am Main: Suhrkamp 1999.

Goetsch, Paul: »Vorwort«, in: Ders. (Hrsg.): *Dialekte und Fremdsprachen in der Literatur*. Tübingen: Narr 1987.

Goldhagen, Daniel Jonah: *Hitlers willige Vollstrecker. Ganz gewöhnliche Deutsche und der Holocaust*. Berlin: Siedler 1996.

Goodman, Nelson: *Weisen der Welterzeugung*. Frankfurt am Main: Suhrkamp 1990.

Goschler, Constantin: »›Versöhnung‹ und ›Viktimisierung‹. Die Vertriebenen und der deutsche Opferdiskurs«, in: Danyel, Jürgen/Ther, Philipp (Hrsg.): *Nach der Vertreibung: Geschichte und Gegenwart einer kontroversen Erinnerung, Zeitschrift für Geschichtswissenschaft* 55/10, 2005, S. 873–884.

Grass, Günter: »Rede vom alten Eisen«, in: Hermes, Daniela (Hrsg.): *Essays und Reden 1955–1969*, 1. Göttingen: Steidl Verlag 1997, S. 436–447.

Grass, Günter: »Was ist das deutsche Vaterland?«, in: Hermes, Daniela (Hrsg.): *Essays und Reden 1955–1997*, 1. Göttingen: Steidl Verlag 1997, S. 111–121.

Greschat, Martin: »Mehr Wahrheit in der Politik!« Das Tübinger Memorandum von 1961«, in: *Vierteljahreshefte für Zeitgeschichte* 48, 2000, S. 491–513.

Grosser, Thomas: *Die Integration der Heimatvertriebenen in Württemberg-Baden (1945–1961)*. Stuttgart: Kohlhammer 2006.

Gudehus, Christian/Eichenberg, Ariane/Welzer, Harald (Hrsg.): *Gedächtnis und Erinnerung. Ein interdisziplinäres Handbuch*. Stuttgart/Weimar: J.B. Metzler 2010.

H., J.: »Blick von der Grenzscheide. Kurt Ihlenfeld – Dichter und Theologe«, in: *Schlesischer Gottesfreund*, Datum unbekannt, S. 2250–2253.

Habbe, Christian: »Der zweite lange Marsch«, in: Aust, Stefan/Burgdorff, Stephan (Hrsg.): *Die Flucht*. Bonn: Bundeszentrale für politisch Bildung 2003, S. 244–255.

Haertel, Siegfried: »Nachruf auf Ruth Hoffmann«, in: Kulturwerk Schlesien e.V. und seine Freunde (Hrsg.): *Schlesien. Eine Vierteljahresschrift für Kunst, Wissenschaft und Volkstum* 19/3, 1974, S. 190f.

Hage, Volker: *Zeugen der Zerstörung. Die Literaten und der Luftkrieg. Essays und Gespräche.* Frankfurt am Main: Fischer Verlag 2003.

Hahn, Eva/Hahn, Hans Henning: »Flucht und Vertreibung«, in: Etienne, François/Schulze, Hagen (Hrsg.): *Deutsche Erinnerungsorte*, Bd. 1. München: Verlag C.H. Beck 2001, S. 335–351.

Hahn, Eva/Hahn, Hans Henning: *Die Vertreibung im deutschen Erinnern. Legenden, Mythos, Geschichte.* Paderborn/München/Wien/Zürich: Schöningh 2010.

Hahn, Hans Henning: »Beobachtungen zum Vertreibungsdiskurs in der Bundesrepublik Deutschland«, in: Strobel, Thomas/Maier, Robert (Hrsg.): *Das Thema Vertreibung und die deutsch-polnischen Beziehungen in Forschung, Unterricht und Politik.* Hannover: Hahn 2008, S. 67–84.

Hahn, Hans Henning/Traba, Robert (Hrsg.): *Deutsch-polnische Erinnerungsorte*, Bd. 1–5. Paderborn: Schöningh 2013–2015.

Halbwachs, Maurice: *La mémoire collective.* Paris: Presses universitaires de France ²1968.

Halicka, Beata: *Polens wilder Westen. Erzwungene Migration und die kulturelle Aneignung des Oderraums 1945–1948.* Paderborn: Schöningh 2013.

Halicka, Beata: »Erinnerungsliteratur«, in: Niven, Bill/Röger, Maren/Scholz, Stephan (Hrsg.): *Die Erinnerung an Flucht und Vertreibung. Ein Handbuch der Medien und Praktiken.* Paderborn: Schöningh 2015, S. 89–99.

Hall, Katharina: *Günter Grass' ›Danzig Quintet‹. Explorations in the Memory and History of the Nazi Era from ›Die Blechtrommel‹ to ›Im Krebsgang‹.* Bern: Peter Lang 2007.

Hamburger Institut für Sozialforschung (HIS) (Hrsg.): *Verbrechen der Wehrmacht. Dimensionen des Vernichtungskrieges 1941–1944.* Ausstellungskatalog. Hamburg: Hamburger Edition 2002.

Hänztschel, Günter/Hummel, Adrian/Zedler, Jörg: *Deutschsprachige Buchkultur der 1950er Jahre. Fiktionale Literatur in Quellen, Analysen und Interpretationen.* Wiesbaden: Harrassowitz 2009.

Hartleb, Katja: *Flucht und Vertreibung. Ein Tabuthema in der DDR-Literatur?.* Marburg: Tectum 2011.

Hartmann, Wolfgang: »Ruth Hoffmann – Autorin großer Familien- und Schicksalsromane«, in: *Schlesischer Kulturspiegel* 43, 2008, S. 44.

Haslinger, Peter: »Opferkonkurrenzen und Opferkonjunkturen. Das Beispiel von ›Flucht und Vertreibung‹ in Deutschland seit 1990«, in: *Geschichte in Wissenschaft und Unterricht* 62, März/April 2011, S. 176–190.

Heer, Hannes: *Vom Verschwinden der Täter. Der Vernichtungskrieg fand statt, aber keiner war dabei.* Berlin: Aufbau-Verlag 2004.

Helbig, Louis Ferdinand/Hoffmann, Johannes/Kraemer, Doris (Hrsg.): *Verlorene Heimaten – neue Fremden. Literarische Texte zu Krieg, Flucht, Vertreibung, Nachkriegszeit.* Dortmund: Forschungsstelle Ostmitteleuropa 1995.

Helbig, Louis Ferdinand: *Der ungeheure Verlust: Flucht und Vertreibung aus dem Osten in der deutschsprachigen Belletristik der Nachkriegszeit.* 3., um den aktuellen Forschungsstand und ein Register ergänzte Auflage. Wiesbaden: Harrassowitz 1996.

Helbig, Louis Ferdinand.: »Schlesien als deutscher Kulturraum. Nachwirkungen im Romanschaffen schlesischer und über Schlesien schreibender Autoren nach 1945«, in: Kroll, Frank-Lothar (Hrsg.): *Schlesien. Literarische Spiegelungen im Werk der Dichter.* Berlin: Duncker & Humboldt 2000, S. 187–200.

Helbig, Louis Ferdinand: »Das Schicksal der Vertreibung und seine literarische Bewältigung in der deutschen Literatur«, in: Schulz, Eberhard Günter (Hrsg.): *Schicksal und Bewältigung der Flucht und Vertreibung von Deutschen und Polen.* Hildesheim/Zürich/New York: Georg Olms 2009, S. 103–122.

Herman, Jost: *Die Kultur der Bundesrepublik Deutschland 1965–85.* München: Nymphenburger 1988.

Hermes, Stefan/Muhić, Amir: *Täter als Opfer? Deutschsprachige Literatur zu Krieg und Vertreibung im 20. Jahrhundert.* Hamburg: Verlag Dr. Kovač 2007.

Hirsch, Helga: »Flucht und Vertreibung. Kollektive Erinnerung im Wandel«, in: *Aus Politik und Zeitgeschichte* 40–41, 2003, S. 14–26.

Hirsch, Marianne: »The Generation of Postmemory«, in: *Poetics Today* 29/1, 2008, S. 103–128.

Hirschfeld, Michael: *Katholisches Milieu und Vertriebene. Eine Fallstudie am Beispiel des Oldenburger Landes 1945–1965.* Köln u. a.: Böhlau 2002.

Hofmann, Ruth: *Meine Freunde aus Davids Geschlecht.* Berlin: Chronos Verlag 1947.

Hoffmann, Ruth: *Die Häuser, in denen ich lebte.* Stuttgart: Steinkopf 1970.

Hoffmann, Ruth: »Kaleidoskop einer Landschaft«, in: Hupka, Herbert (Hrsg.): *Schlesien. Städte und Landschaften. Porträt einer Heimat.* München/Wien: Langen Müller 1979, S. 172–178.

Iser, Wolfgang: *Der Akt des Lesens. Theorie ästhetischer Wirkung.* München: Fink 1994.

Jäger, Margarete/Jäger, Siegfried: *Deutungskämpfe. Theorie und Praxis kritischer Diskursanalyse.* Wiesbaden: VS Verlag für Sozialwissenschaften 2007.

Jäger, Siegfried: »Bemerkungen zur Durchführung von Diskursanalysen«. Vortrag auf der Tagung »›Das große Wuchern des Diskurses‹. Der Diskurs als unberechenbares Ereignis«, 03./04.07.1997, Universität GH Paderborn, Fachbereich Sozialwissenschaften. Online unter: http://www.diss-duisburg.de/Internetbibliothek/Artikel/Durchfuehrung_Diskursanalyse.htm (Stand: 12.07.2013).

Jäger, Siegfried: *Kritische Diskursanalyse. Eine Einführung.* Duisburg: DISS 1999.

Jahn, Silke/Meister, Jan Christoph: *Einführung in die Erzähltextanalyse.* Stuttgart/Weimar: J.B. Metzler 2008.

Jannidis, Fotis: *Figur und Person. Beitrag zu einer historischen Narratologie.* Berlin: De Gruyter 2004.

Jannidis, Fotis/Lauer, Gerhard Lauer/Winko, Simone: »Radikal historisiert: Für einen pragmatischen Literaturbegriff«, in: Dies. (Hrsg.): *Grenzen der Literatur. Zu Begriff und Phänomen des* Literarischen, S. 3–37.

Jansen, Odile: »Doppelte Erinnerung: Täter- und Opferidentitäten in Christa Wolfs Rekonstruktion des Traumas der Flucht«, in: *German Life and Letters* 57/4, 2004, S. 440–455.

Janzen, Frauke: »›In ihren Gedanken war kein Wort geblieben‹: Gewalt als das Nicht-Sagbare in Reinhard Jirgls *Die Unvollendeten* (2003) und Theodor Buhls *Winnetou August* (2010)«, in: Jahraus, Oliver (Hrsg.): *Spannungsfelder: Literatur und Gewalt.* München: Peter Lang 2013, S. 219–228.

Janzen, Frauke: »Zum Verhältnis von Heimatverlust und Neubeginn in frühen Romanen über Flucht und Vertreibung«, in: *Studia Germanica Posnaniensia* 34: *Narrationen der Übergänge. Geschichten von Anfang und Ende in der deutschsprachigen Literatur vom*

Ende des 19. bis zum Anfang des 21. Jahrhunderts. Poznań: Instytut Filologii Germańskiej UAM 2013, S. 85–100.

Janzen, Frauke: »Ruth Hoffmanns *Die schlesische Barmherzigkeit* - Ein Heimatroman?«, in: Bescansa, Carmen/Nagelschmidt, Ilse (Hrsg.): *Heimat als Chance und Herausforderung: Repräsentationen der verlorenen Heimat.* Berlin: Frank & Timme 2014, S. 121–138.

Jarosz-Sienkiewicz, Ewa: »Breslau in zwei Romanen von Ruth Hoffmann«, in: Lasatowicz, Maria Katarzyna (Hrsg.): *Städtische Räume als kulturelle Identitätsstrukturen. Schlesien und andere Vergleichsregionen.* Berlin: trafo verlag 2007, S. 357–372.

Jung, Carl Gustav: *Die Archetypen und das kollektive Unbewußte.* Gesammelte Werke, Bd. 9/1, Düsseldorf: Walter 1995.

Jureit, Ulrike/Schneider, Christina: *Gefühlte Opfer. Illusionen der Vergangenheitsbewältigung.* Stuttgart: Klett-Cotta 2010.

Kamińska, Ewelina: »›Die nötige historische Distanz‹ der Enkelgeneration. Tanja Dückers' Roman *Himmelskörper* (2003)«, in: Gansel, Carsten/Zimniak, Pawel (Hrsg.): *Das Prinzip Erinnerung in der deutschsprachigen Gegenwartsliteratur nach 1989.* Göttingen: V&R unipress 2010, S. 149–160.

Kammler, Clemens: »Deutschsprachige Literatur seit 1989/90. Ein Rückblick«, in: Ders./ Pflugmacher, Torsten (Hrsg.): *Deutschsprachige Gegenwartsliteratur seit 1989. Zwischenbilanzen - Analysen - Vermittlungsperspektiven.* Heidelberg: Synchron Wissenschaftsverlag der Autoren 2004, S. 13–35.

Kämper, Heidrun: *Opfer - Täter - Nichttäter. Ein Wörterbuch zum Schulddiskurs 1945–1955.* Berlin/New York: De Gruyter 2007.

Kaute, Brigitte: *Die Ordnung der Fiktion.* Wiesbaden: Deutscher Universitäts-Verlag/GWV Fachverlage GmbH 2006.

Keil, Ernst-Edmund (Hrsg.): *Vertrieben… Literarische Zeugnisse von Flucht und Vertreibung.* Bonn: Kulturstiftung d. Dt. Vertriebenen 1985.

Keil, Ernst-Edmund: »Auswahl, Einführung und Nachwort«, in: Kulturstiftung der deutschen Vertriebenen (Hrsg.): *Ostdeutsches Lesebuch II. Deutsche Dichtung der Jahrhundertmitte vom Baltikum bis zum Banat.* Bonn: Kulturstiftung der deutschen Vertriebenen 1984, S. 152–157.

Keller, Reiner/Schneider, Werner/Viehöver, Willy (Hrsg.): *Diskurs - Macht - Subjekt. Theorie und Empirie von Subjektivierung in der Diskursforschung.* Wiesbaden: VS Springer 2012.

Kienpointer, Manfred: *Alltagslogik. Struktur und Funktion von Argumentationsmustern.* Stuttgart-Bad Cannstatt: Friedrich Frommann Verlag 1992.

Kittel, Manfred: *Vertreibung der Vertriebenen? Der historische deutsche Osten in der Erinnerungskultur der Bundesrepublik (1961–1982).* München: Oldenbourg 2007.

Klauk, Tobias/Köppe, Tillmann: »Bausteine einer Theorie der Fiktionalität«, in: Dies. (Hrsg.): *Fiktionalität. Ein interdisziplinäres Handbuch.* Berlin/Boston: de Gruyter 2014, S. 3–32.

Klaus, Georg/Buhr, Manfred (Hrsg.): *Philosophisches Wörterbuch*, Bd. 2. Leipzig: VEB Bibliographisches Institut 1970.

Knäpple, Lena: »Historikerstreit«, in: Fischer, Torben/Lorenz, Matthias (Hrsg.): *»Vergangenheitsbewältigung« in Deutschland. Debatten- und Diskursgeschichte des Nationalsozialismus nach 1945.* Bielefeld: transcript 2007, S. 238–240.

Knütel, Wioletta: »Letzte Jahre in Ostpreußen. Zur Heimatproblematik in Jokehnen von Arno Surminski«, in: Kątny, Andrzej (Hrsg.): *Deutsch-polnische Wechselbeziehungen in Sprache und Kultur.* Gdánsk: Uniwersytet Gdánski 2003, S. 151–158.

Knütel, Wioletta: *Verlorene Heimat als literarische Provinz. Stolp und seine pommersche Umgebung in der deutschen Literatur nach 1945.* Frankfurt am Main u. a.: Peter Lang 2002.

Kohn-Waechter, Gudrun: »Einleitung«, in: Dies. (Hrsg.): *Schrift der Flammen. Opfermythen und Weiblichkeitsentwürfe im 20. Jahrhundert.* Berlin: Orlanda Frauenverlag 1991, S. 9–17.

Kohr, Knud: »Rudi Zimmermanns letzte Runde«, in: *In den Seilen* 14, 12.06.2007, S. 1–3. Online: http://www.indenseilen.de/dateien/ausgaben/ids_14_120607.pdf (Stand: 05.05. 2015).

Konerding, Klaus-Peter: »Diskurse, Topik. Deutungsmuster – Zur Komplementarität, Konvergenz und Explikation sprach-, kultur-, und sozialwissenschaftlicher Zugänge zur Diskursanalyse auf der Grundlage kollektiven Wissens«, in: Warnke, Ingo H./ Spitzmüller, Jürgen (Hrsg.): *Methoden der Diskurslingusitik. Sprachwissenschaftliche Zugänge zur transtextuellen Ebene.* Berlin/New York: De Gruyter 2008, S. 117–150.

Konersmann, Ralf: »Der Philosoph mit der Maske. Michel Foucaults *L'ordre du discours*«, in: Foucault, Michel: *Die Ordnung des Diskurses.* Frankfurt am Main: Suhrkamp [12]2012, S. 53–91.

Köppe, Tillmann: »Die Institution Fiktionalität«, in: Klauk, Tobias/Ders.: *Fiktionalität. Ein interdisziplinäres Handbuch.* Berlin/Boston: de Gruyter, S. 35–49.

Koselleck, Reinhart: »Die Diskontinuität der Erinnerung«, in: *Deutsche Zeitschrift für Philosophie* 47/2, 1999, S. 213–222.

Kosler, Alois M.: »Ruth Hoffmann und ihr Werk«, in: Kulturwerks Schlesien e.V. und seine Freunde (Hrsg.): *Schlesien. Eine Vierteljahresschrift für Kunst, Wissenschaft und Volkstum* 18/3, 1973, S. 163–170.

Kossert, Andreas: »›Fremder im eigenen Land‹? Günter Grass als Anwalt der Flüchtlinge«, in: Kulturstiftung der Länder in Verbindung mit dem Günter Grass-Haus Lübeck (Hrsg.): *»War eigentlich ein schönes Schiff...«*, Katalog zur Ausstellung im Günter Grass-Haus, Lübeck 29. Januar 2015 bis 06. Januar 2016, S. 57–70.

Kossert, Andreas: *Kalte Heimat. Die Geschichte der deutschen Vertriebenen nach 1945.* Bonn: Bundeszentrale für politisch Bildung 2008.

Krellner, Ulrich: »›Aber im Keller die Leichen / sind immer noch da‹. Die Opfer-Debatte in der Literatur nach 1989«, in: Beßlich, Barbara/Grätz, Olaf/Hildebrandt, Katharina (Hrsg.): *Wende des Erinnerns? Geschichtskonstruktionen in der deutschen Literatur nach 1989.* Berlin: Erich Schmidt 2006, S. 101–114.

Krimmer, Elisabeth: »›Ein Volk von Opfern?‹ Germans as Victims in Günter Grass's *Die Blechtrommel* and *Im Krebsgang*«, in: *Seminar: A Journal of Germanic Studies* 44/2, 2008, S. 272–290.

Kroll, Frank-Lothar (Hrsg.): *Flucht und Vertreibung in der Literatur nach 1945.* Berlin: Gebr. Mann Verlag 1997.

Kühner, Angela: *Kollektive Traumata: Annahmen, Argumente, Konzepte. Eine Bestandsaufnahme nach dem 11. September.* Berlin: Berghof Forschungszentrum für konstruktive Konfliktbearbeitung 2003.

Kühner, Angela: *Trauma und kollektives Gedächtnis.* Gießen: Psychosozial-Verlag 2008.

Kulturstiftung der deutschen Vertriebenen (Hrsg.): *Ostdeutsches Lesebuch II. Deutsche Dichtung der Jahrhundertmitte vom Baltikum bis zum Banat.* Auswahl, Einführung und Nachwort von Ernst-Edmund Keil. Bonn: Kulturstiftung der deutschen Vertriebenen 1984.

Kunisch, Hermann (Hrsg.): *Handbuch der deutschen Gegenwartsliteratur.* München: Nymphenburger Verlagshandlung 1965.

Kürsten, Annelie: »Wie klingt Heimat? Musik/Sound und Erinnerung«, in: Fendl, Elisabeth (Hrsg.): *Zur Ästhetik des Verlusts. Bilder von Heimat, Flucht und Vertreibung.* Münster: Waxmann 2010, S. 253–277.

Lämmert, Eberhard: *Bauform: Bauformen des Erzählens.* Stuttgart: J.B. Metzler 1993.

Lange, Simon: *Der Erinnerungsdiskurs um Flucht und Vertreibung in Deutschland seit 1989/90. Vertriebenenverbände, Öffentlichkeit und die Suche nach einer ›normalen‹ Identität für die ›Berliner Republik‹.* Dissertation Universität zu Köln (WS 2013/14), publiziert 2015. Online: https://archiv.ub.uni-heidelberg.de/volltextserver/19300/1/150831_Publikation_Dissertation_OUT.pdf (Stand: 27.06.2018).

Lau, Karl Heinz: »Verlieren wir das historische Ostdeutschland aus dem Bewußtsein?«, in: *Deutschlandarchiv* 28, 1995, S. 633–640.

Lehmacher, Alexandra Therese Katrin: *Trauma-Konzepte im historischen Wandel: Ein Beitrag zur Rezeptionsgeschichte der Posttraumatic-Stress Disorder in Deutschland (1980–1991).* Dissertation Universität zu Köln (WS 2013/14), publiziert 2015. Online: http://hss.ulb.uni-bonn.de/2013/3103/3103.pdf (Stand: 02.06.2018).

Lehmann, Hans Georg: *Der Oder-Neiße-Konflikt.* München: Verlag C.H. Beck 1979.

Lemberg, Hans: »Mentalitätsgeschichtliche Aspekte der Eingliederung der Vertriebenen und Flüchtlinge in Westdeutschland – Ein Diskussionsbeitrag«, in: Schulze, Rainer/Grebing, Helga/Brelie-Lewien, Doris von der (Hrsg.): *Flüchtlinge und Vertriebene in der westdeutschen Nachkriegsgeschichte. Bilanzierung der Forschung und Perspektiven für die künftige Forschungsarbeit.* Hildesheim: Lax 1987, S. 308–310.

Lennartz, Franz: *Deutsche Dichter und Schriftsteller unserer Zeit.* Stuttgart: Alfred Kröner 1963.

Lichtenstein, Erich: »Jüdische Klage«, in: Kulturbund zur Demokratischen Erneuerung Deutschlands (Hrsg.): *Aufbau: kulturpolitische Monatsschrift* 4, 1948, S. 166–168.

Link, Jürgen: *Die Struktur des Symbols in der Sprache des Journalismus. Zum Verhältnis literarischer und pragmatischer Symbole.* München: Fink 1978.

Link, Jürgen: »Literaturanalyse als Interdiskursanalyse. Am Beispiel des Ursprungs literarischer Symbolik in der Kollektivsymbolik«, in: Fohrmann, Jürgen/Müller, Harro (Hrsg.): *Diskurstheorien und Literaturwissenschaft.* Frankfurt am Main: Suhrkamp 1988, S. 284–307.

Link, Jürgen/Link-Heer, Ulla: »Diskurs/Interdiskurs und Literaturanalyse«, in: *Zeitschrift für Literaturwissenschaft und Linguistik* 20/77, 1990, S. 88–99.

Lotz, Christian: »Im erinnerungspolitischen Sog. Debatten um die Erinnerung an Flucht, Vertreibung und die Ostgebiete im geteilten Deutschland«, in: *Zeitschrift für Ostmitteleuropa-Forschung* 59/3, 2010, S. 323–343.

Lotz, Christian: *Die Deutung des Verlusts. Erinnerungspolitische Kontroversen im geteilten Deutschland um Flucht, Vertreibung und die Ostgebiete (1948–1972).* Köln/Weimar/Wien: Böhlau 2007.

Mace, Renate: *Funktionen des Dialekts im regionalen Roman von Gaskell bis Lawrence.* Tübingen: Narr 1987.

Mannczyk-Kriegel, Monika: »Auf Wanderschaft mit der Erinnerung. Familiengedächtnis, Gender und Heimat bei Juliana Karwath und Ruth Hoffmann«, in: Bescana, Carme/ Nagelschmidt, Ilse (Hrsg.): *Heimat als Chance und Herausforderung. Repräsentationen der verlorenen Heimat.* Berlin: Frank & Timme 2014, S. 139–154.

Marten, Norbert/Morr, Tost von/Wuermerling, Henric L.: »Vom Film zum Buch – ein Werkstattbericht«, in: Mühlfenzel, Rudolf (Hrsg.): *Geflohen und Vertrieben. Augenzeugen berichten.* Königstein/Ts.: Athenäum 1981.

Martínez, Matías/Scheffel, Michael: *Einführung in die Erzähltheorie.* München: Verlag C.H. Beck ^{7}2007.

Mecklenburg, Norbert: *Erzählte Provinz. Regionalismus und Moderne im Roman.* Königstein/Ts.: Athenäum 1982.

Mehnert, Elke (Hrsg.): *Landschaften der Erinnerung. Flucht und Vertreibung aus deutscher, polnischer und tschechischer Sicht.* Frankfurt am Main: Peter Lang 2001.

Melchert, Monika: »Die Zeitgeschichtsprosa nach 1945 im Kontext der Schuldfrage«, in: Heukenkamp, Ursula (Hrsg.): *Deutsche Erinnerung. Berliner Beiträge zur Prosa der Nachkriegsjahre (1945–1960).* Berlin: Erich Schmidt 2000, S. 101–166.

Mertner, Edgar: »Topos und Commonplace«, in: Dietrich, Gerhard/Schulze, Fritz W. (Hrsg.): *Strena Anglica. Festschrift für Otto Ritter.* Halle: Niemeyer 1956, S. 178–224.

Meschnig, Alexander: »Die Sendung der Nation. Vom Grabenkrieg zur NS-Bewegung«, in: Brockhaus, Gurdrun (Hrsg.): *Attraktion der NS-Bewegung.* Essen: Klartext Verlag 2014, S. 29–44.

Moeller, Robert G.: *War Stories. The Search for a Usable Past in the Federal Republic of Germany.* Berkeley/Los Angeles: University of California Press 2001.

Moeller, Robert G.: »Germans as Victims? Thoughts on a Post-Cold War History of World War II's Legacies«, in: *History & memory* 17/1–2, 2005, S. 147–194.

Moser, Maria Katharina: *Von Opfern reden. Ein feministisch-ethischer Zugang.* Königstein/ Ts.: Ulrike Helmer Verlag 2007.

Mühlfenzel, Rudolf: »Warum erst jetzt?«, in: Ders. (Hrsg.): *Geflohen und vertrieben. Geflohen und Vertrieben. Augenzeugen berichten.* Königstein/Ts.: Athenäum 1981.

Müller, Matthias: *Die SPD und die Vertriebenenverbände 1949–1977. Eintracht, Entfremdung, Zwietracht.* Münster: Lit 2012.

Münkler, Herfried/Fischer, Karsten: »Nothing to kill or die for…« – Überlegungen zu einer politischen Theorie des Opfers«, in: *Leviathan* 28/3, 2000, S. 343–362.

N.N.: »Fatalismus«, in: Ritter, Joachim (Hrsg.): *Historisches Wörterbuch der Philosophie*, Bd. 2. Darmstadt: Wissenschaftliche Buchgesellschaft 1972.

N.N.: »Trivialliteratur«, in: Nünning, Ansgar (Hrsg.): *Metzler Lexikon Literatur- und Kulturtheorie.* Stuttgart/Weimar: J.B. Metzler 2008. S. 731 f.

Nagel, Alexander K.: »Ordnung im Chaos – Zur Systematik apokalyptische Deutung«, in: Ders./Schipper, Bernd U./Weymann, Ansgar: (Hrsg.): *Apokalypse. Zur Soziologie und Geschichte religiöser Krisenrhetorik.* Frankfurt am Main/New York: Campus Verlag 2008, S. 49–72.

Naumann, Klaus: »Vertreibung. Ein Problem deutscher Selbstthematisierung«, in: *Mittelweg* 36/3, 2005, S. 4–18.

Nawratil, Heinz: *Schwarzbuch der Vertreibung 1945 bis 1948. Das letzte Kapitel unbewältigter Vergangenheit.* München: Universitas [14]2007.

Nell, Werner: »Luftkrieg oder Windei. Zur Inszenierung einer Diskursverschiebung in der deutschen Literatur der 1990er Jahre«, in: Gansel, Carsten/Kaulen, Heinrich (Hrsg.): *Kriegsdiskurse in Literatur und Medien nach 1989.* Göttingen: Vandenhoeck & Ruprecht 2011, S. 31–47.

Neumann, Birgit: »Literatur als Medium (der Inszenierung) kollektiver Erinnerungen und Identitäten«, in: Erll, Astrid/Gymnich, Marion/Nünning, Ansgar (Hrsg.): *Literatur – Erinnerung – Identität. Theoriekonzeptionen und Fallstudien.* Trier: Wissenschaftlicher Verlag Trier 2003, S. 49–77.

Neumann, Birgit: »Der metamnemonische Roman. Formen und Funktionen der Metaerinnerung am Beispiel von Michael Ondaatjes Running in the Familiy (1982)«, in: Hauthal, Janine/Nadj, Juijane u. a. (Hrsg.): *Metaisierung in Literatur und anderen Medien. Theoretische Grundlagen – Historische Perspektiven – Metagattungen – Funktionen.* Berlin/New York: De Gruyter 2007, S. 303–320.

Nickel, Claudia/Segler-Meßner, Silke: »Von Tätern und Opfern. Zur medialen Darstellung politisch und ethisch motivierter Gewalt«, in: Dies. (Hrsg.): *Von Tätern und Opfern. Zur medialen Darstellung politisch und ethisch motivierter Gewalt im 20./21. Jahrhundert.* Frankfurt am Main: Peter Lang, S. 8–15.

Nieberle, Sigrid: »Familien auf der Flucht. Residualkonstellationen in Erzählungen von Flucht und Vertreibung seit dem Zweiten Weltkrieg«, in: Holdenried, Michaela/Willms, Weertje (Hrsg.): *Die interkulturelle Familie. Literatur- und sozialwissenschaftliche Perspektiven.* Bielefeld: transcript 2012, S. 233–253.

Niven, Bill: *Representations of Flight and Expulsion in East German Prose Works.* Rocherster, New York: Camden House 2014.

Nohr, Rolf F.: *Karten im Fernsehen. Die Produktion von Positionierung.* Münster/Hamburg/London: Lit 2001.

Nora, Pierre (Hrsg.): *Les lieux de mémoire.* Paris: Gallimard 1984–1992.

Nora, Pierre/François, Etienne: *Erinnerungsorte Frankreichs.* München: Verlag C.H Beck 2005.

Nünning, Ansgar: »›Verbal Fictions?‹ Kritische Überlegungen und narratologische Alternativen zu Hayden Whites Einebnung des Gegensatzes zwischen Historiographie und Literatur«, in: *Literaturwissenschaftliches Jahrbuch* 40, 1999, S. 351–380.

Nünning, Vera/Nünning, Ansgar: *Methoden der literatur- und kulturwissenschaftlichen Textanalyse.* Stuttgart/Weimar: J.B. Metzler 2010.

Nutz, Walter: *Der Trivialroman.* Köln, Opladen: Westdt. Verlag 1962.

Ó Dochartaigh, Pól : »Günter Grass's *Im Krebsgang* as a German Memory Contest Without Jews«, in: *German Life and Letters* 63/2, 2010, S. 194–211.

Ölke, Martina: »›Flucht und Vertreibung‹ in Hans-Ulrich Treichels *Der Verlorene* und *Menschenflug* und in Günter Grass' *Im Krebsgang*«, in: *Seminar: A Journal of Germanic Studies* 43/2, 2007, S. 115–133.

Ostheeren, Klaus: »Topos«, in: Ueding, Gert: *Historisches Wörterbuch der Rhetorik.* Darmstadt: Wissenschaftliche Buchgesellschaft 2009, S. 630–697.

Pachura, Elwira: *Polen – die verlorene Heimat. Zur Heimatproblematik bei Horst Bienek, Leonie Ossowski, Christa Wolf, Christine Brückner.* Stuttgart: Ibidem-Verlag 2002.

Paul, Gerhard: »Der Flüchtlingstreck. Bilder von Flucht und Vertreibung als europäische lieux de mémoire«, in: Ders. (Hrsg.): *Das Jahrhundert der Bilder*, Bd. 1: 1900 bis 1949. Göttingen: Vandenhoeck & Ruprecht, S. 666–673.

Pelster, Theodor: *Günter Grass. Im Krebsgang. Lektüreschlüssel.* Stuttgart: Reclam 2004.

Pethes, Nicolas: *Mnemographie. Poetiken der Erinnerung und Destruktion nach Walter Benjamin.* Tübingen: Max Niemeyer Verlag 1999.

Pfeil, Elisabeth: *Der Flüchtling. Gestalt einer Zeitenwende.* Hamburg: Hugo-Verlag 1948.

Pielenz, Micheal: *Argumentation und Metapher.* Tübingen: Gunter Narr Verlag 1993.

Pohl, Karin: *Zwischen Integration und Isolation. Zur kulturellen Dimension der Vertriebenenpolitik in Bayern (1945–1975).* München: Iudicium 2009.

Pott, Hans Georg: »Der ›neue Heimatroman‹? Zum Konzept ›Heimat‹ in der neueren Literatur«, in: Ders. (Hrsg.): *Literatur und Provinz. Das Konzept »Heimat« in der neueren Literatur.* Paderborn u. a.: Schöningh 1986, S. 7–22.

Preisinger, Alexander/Delormas, Pascale/Standke, Jan: »Diskursforschung in der Literaturwissenschaft«, in: Angermuller, Johannes/Nonhoff, Martin/Herschinger; Eva u. a. (Hrsg.): *Diskursforschung. Ein interdisziplinäres Handbuch.* Bielefeld: transcript Verlag 2014, S. 130–144.

Raab, Josef (Hrsg.): *Das 20. Jahrhundert, Nachkriegszeit.* Regensburg: Pustet Verlag 1998.

Rauch, Karl: »Neue Romane«, in: Weichardt, Walter (Hrsg.): *Der Bücherwurm. Eine Monatsschrift für Bücherfreunde* 14/7, 1935/36, S. 34–37.

Reiter, Michael: »Opferphilosophie. Die moderne Verwandlung der Opferfigur am Beispiel von Georg Simmel und Martin Heidegger«, in: Kohn-Waechter, Gudrun: *Schrift der Flammen. Opfermythen und Weiblichkeitsentwürfe im 20. Jahrhundert.* Berlin: Orlanda Frauenverlag 1991, S. 129–147.

Röger, Maren: *Flucht, Vertreibung und Umsiedlung. Mediale Erinnerungen und Debatten in Deutschland und Polen seit 1989.* Marburg: Verlag Herder-Institut 2011.

Rotermund, Erwin/Ehrke-Rotermund, Heidrun: *Panorama des internationalen Gegenwartsromans. Gesammelte »Hochland«-Kritiken 1952–1965.* Paderborn u. a.: Schöningh 2004.

Rutka, Anna: *Erinnern und Geschlecht in zeitgenössischen deutschen Familien- und Generationenromanen.* Lublin: Wydawn. KUL 2011.

Sabrow, Martin: »Heroismus und Viktimismus. Überlegungen zum deutschen Opferdiskurs in historischer Perspektive«, in: *Potsdamer Bulletin für zeithistorische Studien* 34/44, 2008, S. 7–20.

Satjukow, Silke: *Besatzer. »Die Russen« in Deutschland 1945–1994.* Göttingen: Vandenhoeck und Ruprecht 2008.

Sawko, Anna Maria: *Breslau. Geschichte und Geschichten einer Stadt in der Flucht- und Vertreibungsliteratur nach 1945.* Berlin: Köster 2001.

Schaal, Björn: *Jenseits von Oder und Lethe. Flucht, Vertreibung und Heimatverlust in Erzähltexten nach 1945.* Trier: WVT Wissenschaftlicher Verlag Trier 2006.

Schaumann, Caroline: »A Third-Generation World War II Narrative: Tanja Dückers's *Himmelskörper*«, in: *Gegenwartsliteratur: Ein germanistisches Jahrbuch* 4, 2005, S. 259–280.

Schieder, Theodor u. a. (Hrsg.): *Die Vertreibung der deutschen Bevölkerung aus den Gebieten östlich der Oder-Neisse*, Bd. I/1. Bonn: Bundesministerium für Vertriebene 1953.

Schildt, Axel: »›Die *Kräfte der Gegenreform* sind auf breiter Front angetreten‹: Zur konservativen Tendenzwende in den Siebzigerjahren«, in: *Archiv für Sozialgeschichte* 44, 2004, S. 449–478.

Schirrmacher, Frank (Hrsg.): *Die Walser-Bubis-Debatte. Eine Dokumentation.* Frankfurt am Main: Suhrkamp 1999.

Schirrmacher, Frank: *Ungeheuerliche Neuigkeiten. Texte aus den Jahren 1990 bis 2014.* Hrsg. v. Jakob Augstein. München: Blessing Verlag 2014.

Schmitz, Helmut (Hrsg.): *A nation of victims? Representations of German wartime suffering from 1945 to the present.* Amsterdam: Rodopi 2007.

Schneiß, Wolfgang: *Flucht, Vertreibung und verlorene Heimat im früheren Ostdeutschland. Beispiele literarischer Bearbeitung.* Frankfurt am Main: Peter Lang 1996.

Schnell, Ralf: *Geschichte der deutschsprachigen Literatur seit 1945.* Stuttgart/Weimar: J.B. Metzler ^{2}2003.

Schoeps, Julius H. (Hrsg.): *Ein Volk von Mördern? Die Dokumentation der Goldhagen-Kontroverse um die Rolle der Deutschen im Holocaust.* Hamburg: Hoffmann & Campe 1996.

Scholz, Franz: *Kollektivschuld und Vertreibung. Kritische Bemerkungen eines Zeitzeugen.* Frankfurt am Main: Knecht 1995.

Scholz, Stephan: »›Ein neuer Blick auf das Drama im Osten‹? Fotografien in der medialen Erinnerung an Flucht und Vertreibung«, in: *Zeithistorische Forschungen/Studies in Contemporary History* 11/1, 2014, S. 120–133.

Scholz, Stephan: *Vertriebenendenkmäler. Topographie einer deutschen Erinnerungslandschaft.* Paderborn: Schöningh 2015.

Scholz, Stephan: »Willkommenskultur durch ›Schicksalsvergleich‹. Die deutsche Vertreibungserinnerung in der Flüchtlingsdebatte«, in: *Aus Politik und Zeitgeschichte* 26–27/ 2016, S. 40–46.

Schott, Christian-Erdmann: »Kurt Ihlenfeld«, in: Hauschild, Wolf-Dieter (Hrsg.): *Profile des Luthertums. Biographien zum 20. Jahrhundert.* Gütersloh: Gütersloher Verlag-Haus 1998, S. 337–347.

Schulze Wessel, Martin: »Einleitung«, in: Ders./Franzen, Erik (Hrsg.): *Opfernarrative. Konkurrenzen und Deutungskämpfe in Deutschland und im östlichen Europa nach dem Zweiten Weltkrieg.* München: Oldenbourg 2012, S. 1–8.

Schulze, Rainer: *Zwischen Heimat und Zuhause. Deutsche Flüchtlinge und Vertriebene in (West-)Deutschland 1945–2000.* Osnabrück: secolo 2001.

Schumann, Andreas: *Heimat denken. Regionales Bewußtsein in der deutschsprachigen Literatur zwischen 1815 und 1914.* Köln u. a.: Böhlau Verlag 2002.

Schütz, Alfred: *Der sinnhafte Aufbau der sozialen Welt. Eine Einleitung in die verstehende Soziologie.* Frankfurt am Main: Suhrkamp ^{6}1993.

Schütz, Edgar: »Zwischen Heimsuchung und Heimkehr: Gegenwartsromane und Zeitgeschichte des Nationalsozialismus«, in: Bösch, Frank/Goschler, Constantin (Hrsg.): *Public History. Öffentliche Darstellungen des Nationalsozialismus jenseits der Geschichtswissenschaft.* Frankfurt am Main/New York: Campe Verlag 2009, S. 252–280.

Sebald, G. W.: *Luftkrieg und Literatur.* München/Wien: Hanser 1999.

Śliwińska, Katarzyna: »Eine deutsche Odyssee? Figurationen der Irrfahrt in der deutschen Literatur über Flucht und Vertreibung«, in: *Linguae Mundi* 5. Posen 2010, S. 127–150.

Sommer, Roy: »Funktionsgeschichten. Überlegungen zur Verwendung des Funktionsbegriffs in der Literaturwissenschaft und Anregungen zu einer terminologischen Differenzierung«, in: Berchem, Theodor u. a. (Hrsg.): *Literaturwissenschaftliches Jahrbuch* 41. Berlin: Duncker & Humblot 2000, S. 319–341.

Spurný, Matěj: »Erinnerung an Flucht und Vertreibung zwischen Tabuisierung und Instrumentalisierung«, in: von Oswald, Anne/Schmelz, Andrea/Lenuweit, Tanja (Hrsg.): *Erinnerung in Kultur und Kunst. Reflexionen über Krieg, Flucht und Vertreibung in Europa*. Bielefeld: transcript 2009, S. 165–181.

Statistisches Bundesamt (Hrsg.): *Statistisches Taschenbuch über die Heimatvertriebene in der Bundesrepublik Deutschland und in West-Berlin*. Statistisches Bundesamt: Wiesbaden 1953. https://www.destatis.de/GPStatistik/servlets/MCRFileNodeServlet/DEMonografie_derivate_00001644/TB-Vertriebene-dt.pdf;jsessionid=7DA6849D6058484368FFA1D241B7467F (Stand: 05.03.2019).

Stoffels, Hans: »Das Trauma als Faszinosum. Zur Psycho(patho-)logie von Pseudoerinnerung und Pseudoidentität«, in: Diekmann, Irene/Schoeps, Julius H. (Hrsg.): *Das Wilkomirski-Syndrom. Eingebildete Erinnerung oder Von der Sehnsucht, Opfer zu sein*. Zürich/München: Pendo 2002, S. 157–179.

Stüben, Jens: »Erfragte Erinnerung – entsorgte Familiengeschichte. Tanja Dückers' ›Wilhelm-Gustloff‹-Roman ›Himmelskörper‹«, in: Beßlich, Barbara/Grätz, Olaf/Hildebrandt, Katharina (Hrsg.): *Wende des Erinnerns? Geschichtskonstruktionen in der deutschen Literatur nach 1989*. Berlin: Erich Schmidt 2006, S. 169–189.

Surminski, Arno: *Jokehnen oder die Stimmen der Anderen*. Hamburg: Ellert & Richter Verlag 2013.

Ther, Philipp: »Erinnern oder aufklären. Zur Konzeption eines Zentrums gegen Vertreibung«, in: *Zeitschrift für Geschichtswissenschaft* 51/1, 2003, S. 36–41.

Ther, Philipp: »Die Last der Geschichte und die Falle der Erinnerung«, in: *Transit* 30, 2005/2006. Online: http://www.eurozine.com/die-last-der-geschichte-und-die-falle-der-erinnerung/ (Stand: 31.01.2018).

Ther, Philipp: »Der Diskurs um die Vertreibung und die Falle der Erinnerung«, in: Strobel, Thomas/Maier, Robert (Hrsg.): *Das Thema Vertreibung und die deutsch-polnischen Beziehungen in Forschung, Unterricht und Politik*. Hannover: Hahn 2008, S. 29–47.

Thiele, Hans-Günther (Hrsg.): *Die Wehrmachtausstellung. Dokumentation einer Kontroverse*. Bonn: Bundeszentrale für politisch Bildung 1997.

Thomsa, Jörg-Philipp: »Günter Grass über die Novelle ›Im Krebsgang‹«, in: Kulturstiftung der Länder/Günter Grass-Haus Lübeck (Hrsg.): *»War eigentlich ein schönes Schiff…«*, Katalog zur Ausstellung im Günter Grass-Haus, Lübeck 29. Januar 2015 bis 06. Januar 2016, S. 96–111.

Thüringer Forum für Bildung und Wissenschaft e.V. (Hrsg.): *Flucht, Vertreibung und Erinnern. Zur politischen und literarischen Reflexion in der deutschen und osteuropäischen Nachkriegsliteratur*. Protokoll der gleichnamigen Tagung vom 24. Januar 2004 in Jena. Jena: Thüringer Forum für Bildung und Wissenschaft e.V. 2004.

Tietje, Frank: »Ein Blick in die Werkstatt des Autors Günter Grass. Die Entstehung der Novelle ›Im Krebsgang‹«, in: Kulturstiftung der Länder/Günter Grass-Haus Lübeck (Hrsg.): *»War eigentlich ein schönes Schiff…«*, Katalog zur Ausstellung im Günter Grass-Haus, Lübeck 29. Januar 2015 bis 06. Januar 2016, S. 10–40.

Tiews, Alina L.: *Fluchtpunkt Film. Integrationen von Flüchtlingen und Vertriebenen durch den deutschen Nachkriegsfilm 1945–1990.* Berlin: be.bra wissenschaft 2017.

Toulmin, Stephen E.: *The uses of argument.* Cambridge/New York: Cambridge University Press 2003.

Ullmer-Ehrich, Veronika: »Linguistische Aspekte der forensischen Argumentation«, in: Steger, Hugo Steger/Schröder, Peter (Hrsg.): *Dialogforschung. Jahrbuch 1980 des Instituts für deutsche Sprache.* Düsseldorf: Schwann 1981, S. 188–225.

Urban, Thomas: *Der Verlust. Die Vertreibung der Deutschen und Polen im 20. Jahrhundert.* Bonn: Bundeszentrale für politisch Bildung 2005.

Vedder, Ulrike: »Luftkrieg und Vertreibung. Zu ihrer Übertragung und Literarisierung in der Gegenwartsliteratur«, in: Dies./Carduff, Corina (Hrsg.): *Chiffre 2000 – Neue Paradigmen in der Gegenwartsliteratur.* München: Fink 2005, S. 59–79.

Vergau, Jutta: *Aufarbeitung von Vergangenheit vor und nach 1989. Eine Analyse des Umgangs mit den historischen Hypotheken totalitärer Diktaturen in Deutschland.* Marburg: Tectum Verlag 2000.

Völkering, Tim: *Flucht und Vertreibung im Museum. Zwei aktuelle Ausstellungen und ihre geschichtskulturellen Hintergründe im Vergleich.* Berlin/Münster: Lit 2008.

Waldeck, Ruth: »›Hitler hat Deutschland kaputtgemacht.‹ Ein deutscher Opfermythos, aufgeklärt mit Hilfe von Christa Wolfs Roman *Kindheitsmuster*«, in: Kohn-Waechter, Gudrun: *Schrift der Flammen. Opfermythen und Weiblichkeitsentwürfe im 20. Jahrhundert.* Berlin: Orlanda Frauenverlag 1991, S. 241–258.

Warnke, Ingo H.: »Diskurslingusitik nach Foucault – Dimensionen einer Sprachwissenschaft jenseits textueller Grenzen«, in: Ders. (Hrsg.): *Diskurslinguistik nach Foucault. Theorie und Gegenstände.* Berlin/New York: De Gruyter 2007, S. 3–24.

Weichers, Britta: *Der deutsche Osten in der Schule. Institutionalisierung und Konzeption der Ostkunde in der Bundesrepublik in den 1950er und 1960er Jahren.* Frankfurt am Main: Peter Lang 2013.

Weichert, Dieter: »›Holocaust‹ in der Bundesrepublik: Design, Methode und zentrale Ergebnisse der Begleituntersuchung«, in: *Rundfunk und Fernsehen* 28/4, 1980, S. 488–508.

Welzer, Harald/Moller, Sabine/Tschuggnall, Karoline: *»Opa war kein Nazi«. Nationalsozialismus und Holocaust im Familiengedächtnis.* Frankfurt am Main: Fischer Taschenbuch Verlag 2002.

Wengeler, Martin: »Argumentationstopos als sprachwissenschaftlicher Gegenstand«, in: Geideck, Susan/Liebert, Wolf-Andreas (Hrsg.): *Sinnformeln. Linguistische und soziologische Analysen von Leitbildern, Metaphern und anderen kollektiven Orientierungsmustern.* Berlin/New York: De Gruyter 2003, S. 59–82.

Wengeler, Martin: *Topos und Diskurs. Begründung einer argumentationsanalytischen Methode und ihre Anwendung auf den Migrationsdiskurs (1960–1985).* Tübingen: Max Niemeyer Verlag 2003.

Wengeler, Martin: »Historische Diskurssemantik als Analyse von Argumentationstopoi«, in: Busse, Dietrich/Teubert, Wolfgang (Hrsg.): *Linguistische Diskursanalyse. Neue Perspektiven.* Wiesbaden: Springer VS 2013.

Weßelhöft, Daniel: *Von fleißigen Mitmachern, Aktivisten und Tätern. Die Technische Hochschule Braunschweig im Nationalsozialismus.* Hildesheim/New York: Georg Olms Verlag 2012.

Wetterholm, Claes-Göran: »Als die Deutschen Opfer wurden. Der Untergang der ›Wilhelm Gustloff‹ aus schwedischer Perspektive«, in: Kulturstiftung der Länder/Günter Grass-Haus Lübeck (Hrsg.): »*War eigentlich ein schönes Schiff…*«, S. 71–82.
Wiegel, Gerd: *Die Zukunft der Vergangenheit. Konservativer Geschichtsdiskurs und kulturelle Hegemonie.* Köln: PapyRossa Verlag 2001.
Wille, Manfred (Hrsg.): *Die Vertriebenen in der SBZ/DDR. Dokumente.* Wiesbaden: Harrassowitz, Bd. 1: 1996, Bd. 2: 1999, Bd. 3: 2003.
Willms, Weertje: *Die Suche nach Lösungen, die es nicht gibt. Gesellschaftlicher Diskurs und literarischer Text in Deutschland zwischen 1945 und 1970.* Würzburg: Königshausen & Neumann 2000.
Winko, Simone: »Auf der Suche nach der Weltformel. Literarizität und Poetizität in der neueren literaturtheoretischen Diskussion«, in: Dies./Jannidis, Fotis/Lauer, Gerhard (Hrsg.): *Grenzen der Literatur. Zu Begriff und Phänomen des Literarischen.* Berlin/New York: de Gruyter 2009, S. 374–396.
Winter, Jay: »The Generation of Memory: Reflections on the ›Memory Boom‹ in Contemporary Historical Studies«, in: *Canadian Military History 10/3*, 2001, S. 57–66.
Wittek, Bernd: *Der Literaturstreit im sich vereinigenden Deutschland. Eine Analyse des Streits um Christa Wolf und die deutsch-deutsche Gegenwartsliteratur in Zeitungen und Zeitschriften.* Marburg: Tectum Verlag 1997.
Wolfrum, Edgar: *Geschichte als Waffe.* Göttingen: Vandenhoeck & Ruprecht 2001.
Wolfrum, Edgar: *Die geglückte Demokratie.* Bonn: Bundeszentrale für politische Bildung 2007.
Ziemann, Klaus: *Romane vom Fließband. Die imperialistische Massenliteratur in Westdeutschland.* Berlin: Dietz 1969.
Zimniak, Paweł: *Niederschlesien als Erinnerungsraum nach 1945. Literarische Fallstudien.* Dresden: Neisse Verlag 2007.
Żytyniec, Rafał: *Zwischen Verlust und Wiedergewinn. Ostpreußen als Erinnerungslandschaft der deutschen und polnischen Literatur nach 1945.* Osnabrück: Fibre-Verlag 2007.

3 Internetquellen

http://kulturportal-west-ost.eu/biographies/hoffmann-ruth-2 (Stand: 19.05.2014).
http://magazin.spiegel.de/EpubDelivery/spiegel/pdf/39863565 (Stand: 19.02.2018).
http://programm.ard.de/TV/Programm/Jetzt-im-TV/hitlers-letzte-opfer-leipzig-und-das-kriegsende/eid_282299916132959?list=main (Stand: 14.11.2013).
http://www.bpb.de/apuz/26557/die-vertreibung-der-deutschen-aus-den-gebieten-jenseits-von-oder-und-neisse?p=all (Stand: 01.06.2016).
http://www.bpb.de/cache/images/0/149740-1x2-galerie_gross.jpg?D2CE4 (Stand: 22.12.2017).
http://www.bpb.de/geschichte/zeitgeschichte/geschichte-und-erinnerung/39826/flucht-vertreibung-versoehnung?p=all (Stand: 28.03.2018).
http://www.bund-der-vertriebenen.de/charta-der-deutschen-heimatvertriebenen/charta-in-deutsch.html (Stand: 01.07.2018).
http://www.bund-der-vertriebenen.de/presse/index.php3?id=496 (Stand: 26.11.2013).
http://www.daserste.de/dieflucht/ (Stand: 23.06.2011).

http://www.die-linke.de/partei/zusammenschluesse/kommunistischeplattformderpartei dielinke/mitteilungenderkommunistischenplattform/detail/archiv/2010/januar/zurueck/ archiv-2/artikel/unversoehnliche-vorkaempfer-von-versoehnung-60-jahre-vertriebenen -verbaende/ (Stand: 30. 10. 2013).

http://www.dijg.de/kritik-zeitgeist/rainer-paris-ohnmacht-pression/ (Stand: 28. 10. 2013).

http://www.ekd.de/EKD-Texte/45952.html (Stand: 29. 04. 2015).

http://www.faz.net/aktuell/politik/inland/bundestag-an-die-vertreibung-wird-kuenftig-am-20-juni-erinnert-12220479.html (Stand: 02. 11. 2013).

http://www.grundrisse.net/grundrisse16/16nemo_klee.htm (Stand: 05. 08. 2017).

http://www.hdg.de/lemo/html/dokumente/JahreDesAufbausInOstUndWest_erklaerung AdenauerRegierungserklaerung1949/index.html (Stand: 15. 07. 2013).

http://www.isk.rwth-aachen.de/Argumentationsanalyse (Stand: 04. 07. 2018).

https://www.herder-institut.de/resolve/qid/505.html (Stand: 18. 05. 2021).

http://www.sagen.at/doku/hda/wacholder.html (Stand: 21. 05. 2014).

http://www.sehepunkte.de/2009/11/13961.html (Stand: 26. 11. 2013).

http://www.sfvv.de/de/stiftung/faq (Stand: 28. 03. 2018).

http://www.spiegel.de/kultur/literatur/utta-danella-ist-tot-a-1047609.html (Stand: 14. 01. 2018).

http://www.spiegel.de/spiegel/print/d-13494319.html (Stand: 31. 01. 2017).

http://www.spiegel.de/spiegel/print/index-1999-41.html (Stand: 22. 01. 2018).

http://www.spiegel.de/spiegel/spiegelspecial/index-2002-2.html (Stand: 19. 02. 2018).

http://www.uttadanella.de/ (Stand: 14. 01. 2018).

http://www.uttadanella.de/buecher (Stand: 03. 06. 2014).

http://www.worldcat.org/title/vergi-wenn-du-leben-willst-roman/oclc/314972705/editions ?start_edition=41&sd=desc&referer=di&se=yr&editionsView=true&fq= (Stand: 24. 04. 2015).

http://www.z-g-v.de/zgv/unsere-stiftung/ (Stand: 28. 03. 2018).

http://www.zeitgeschichte-online.de/site/40208116/default.aspx#2 (Stand: 23. 06. 2011).

http://www.zeitschrift-marxistische-erneuerung.de/article/629.vom-medialen-umgang-mit-dem-faschismus.html (Stand: 20. 03. 2016).

https://potsdamer-konferenz.de/dokumente/potsdamer_protokoll.php#III (Stand: 04. 07. 2018).

https://service.destatis.de/bevoelkerungspyramide/#!y=1990&a=0,45&v=2&o=1980&g (Stand: 22. 01. 2018).

http://www.dpgbundesverband.de/links_und_dokumente/bv_zeitgeschichte/1494147.ht ml (Stand: 22. 12. 2017).

https://www.amazon.de/gp/kindle/series/B07KWBG992/262-4661219-3007541 (Stand: 23. 02. 2021).

https://www.bpb.de/izpb/7892/grundzuege-deutscher-aussenpolitik-1949-1990?p=1 (Stand: 28. 10. 2020).

https://www.bpb.de/lernen/grafstat/grafstat-bundestagswahl-2013/150059/1949-wahlpla kate (Stand: 17. 02. 2021).

https://www.buechergilde.de/geschichte.html (Stand: 28. 04. 2014).

https://www.bundesregierung.de/Content/DE/Bulletin/1990-1999/1995/38-95_Herzog. html (Stand: 11. 01. 2018).

https://www.bundestag.de/dokumente/textarchiv/24031343_debatten04-199958 (Stand: 15. 03. 2019).

https://www.deutsche-digitale-bibliothek.de/item/7VIEF6VVLCWUNOGHBS3J5E3S3I67TQXI (Stand: 20.06.2018).
https://www.geschichte-vertriebenenministerium.de/ (Stand: 21.10.2020).
https://www.hsozkult.de/conferencereport/id/tagungsberichte-4815 (Stand: 28.10.2020).
https://www.hsozkult.de/publicationreview/id/rezbuecher-16868 (Stand: 20.06.2018).
https://www.konrad-adenauer.de/dokumente/erklaerungen/1949-9-20-regierungserklaerung (Stand: 22.12.2017).
https://www.lovelybooks.de/autor/Anne-Jacobs/reihe/Die-Gutshaus-Saga-in-Reihenfolge-1450951011/ (Stand: 23.02.2021).
https://www.munzinger.de/search/portrait/utta+danella/0/18178.html (Stand: 14.01.2018).
https://www.sfvv.de/de/stiftung/chronologie (Stand: 28.03.2018).
https://www.stuttgarter-zeitung.de/inhalt.was-fluechtlinge-heute-und-damals-eint-weiterleben-ohne-heimat.7a099a22-fdd6-48b5-a06c-7ffcb370b7fe.html (Stand: 28.03.2018).
https://www.tagesschau.de/inland/rede-vonweizsaecker-wortlaut-101.html (Stand: 04.04.2018).
https://www.youtube.com/watch?v=4Pww5dUxDW4 (Stand: 02.01.2018).

4 Zeitungsartikel

Balthasar, Susanne: »NS-Nippes in der Hand. Tanja Dückers pirscht sich an die Vergangenheit heran«, in: *Frankfurter Rundschau*, 14.06.2003, S. 12.
Erenz, Benedikt: »Das bestgehütete Geheimnis«, in: *DIE ZEIT* 41, 07.10.2010, ohne Seite.
Haar, Ingo: »Hochgerechnetes Unglück, Die Zahl der deutschen Opfer nach dem Zweiten Weltkrieg wird übertrieben«, in: *Süddeutsche Zeitung*, 14.11.2006, ohne Seite.
Hage, Volker: »Das tausendmalige Sterben«, in: *SPIEGEL* 6/2002, S. 184–190.
Harpprecht. Klaus: »Stille, schicksalslose. Warum die Nachkriegsliteratur von vielem geschwiegen hat«, in: *Frankfurter Allgemeine Zeitung*, 20.01.1998, ohne Seite.
Knipphals, Dirk: »Schiffskatastrophen und andere Untergänge«, in: *taz*, 20.02.2002, S. 15.
Müller, Achatz von: »Volk der Täter, Volk der Opfer«, in: *DIE ZEIT* 44/2003, ohne Seite.
Moser, Samuel: »Von Menschenaffen«, in: *Neue Zürcher Zeitung*, 30.05.2014, ohne Seite.
N.N.: »Drittes Reich im Kleinen«, in: *SPIEGEL* 49/1959, S. 29–42.
N.N.: »Verzicht-Gutachten – Im Alleingang«, in: *SPIEGEL* 12/1963, S. 46–48.
N.N.: »Zorn im Fackelschein«, in: *SPIEGEL* 25/1963, S. 17f.
N.N.: »Oder-Neisse-Film. Erfreulich kleine Rüben«, in: *SPIEGEL* 11/1965, S. 83.
N.N.: »Sprachregelung, Phänomen am Ende«, in: *SPIEGEL* 5/1971, S. 27f.
N.N.: »Die deutschen Bäume fällen«, in: *SPIEGEL* 11/1990, S. 174–182.
N.N.: »Es wird ein anderer Staat«, in: *SPIEGEL* 12/1990, S. 33–44.
N.N.: »Überall Unruhe«, in: *SPIEGEL* 13/1990, S. 171–173.
N.N.: »Die Jungen denken anders«, in: *SPIEGEL* 19/1995, S. 76f.
Peter, Stefanie: »Immer Urlaub auf der Krim«, in: *Frankfurter Allgemeine Zeitung* 96, 25.04.2003, S. 36.
Reich-Ranicki, Marcel: »...und es muß gesagt werden«, in: *SPIEGEL* 34/1995, S. 162–169.
Rotzoll, Christa: »Surminski, Arno: Polninken oder Eine deutsche Liebe«, in: *Frankfurter Allgemeine Zeitung*, 23.03.1984, S. 26.

Sperr, Monika: »Kennen Sie Jokehnen?«, in: *DIE ZEIT* 47/1974, ohne Seite.
Teut, Anna: »Man geht nicht zweimal durch die Hölle«, in: *DIE WELT*, 27.12.1963, ohne Seite.
Wapnewski, Peter: »Die betagte Remington«, in: *SPIEGEL* 34/1978, S. 160–162.
Wittstock, Uwe: »Die weit offen stehende Tabu-Tür«, in: *DIE WELT*, 15.02.2002, ohne Seite.
Ziersch, Roland: »Das unbewältigte Verhör«, in: *Süddeutsche Zeitung* 73, 26.03.1963, ohne Seite.

5 Erwähnte Romane zum Thema Flucht und Vertreibung

In chronologischer Reihenfolge unter Nennung der Erstausgabe.

Wiechert, Ernst: *Missa sine nomine.* München: Desch 1950.
Hoffmann, Ruth: *Die schlesische Barmherzigkeit.* Köln/Berlin: Kiepenheuer 1950.
Dwinger, Edwin Erich: *Wenn die Dämme brechen… Untergang Ostpreußens.* Frankfurt am Main/Überlingen am Bodensee/Berlin: Dikreiter 1950.
Kurt Ihlenfeld: *Wintergewitter.* Witten/Berlin: Eckart-Verlag 1951.
Stephan, Hanna: *Engel, Menschen und Dämonen.* Gütersloh: Bertelsmann 1951.
Klose, Werner: *Jenseits der Schleuse.* Tübingen: Heliopolis Verlag 1953.
Storm, Ruth: *Das vorletzte Gericht.* München: Bergstadtverlag 1953.
Huebner, Heinz Werner: *Floß der Vertriebenen.* München: List 1954.
Hartung, Hugo: *Gewiegt von Regen und Wind.* Bergstadtverlag 1954.
Pohl, Gerhart: *Fluchtburg.* Berlin: Lettner Veralg 1955.
Horster, Hans-Ulrich: *Suchkind 321. Die Geschichte einer unerfüllten Liebe.* Köln: Lingen Verlag 1955.
Kirst, Hans Hellmut: *Gott schläft in Masuren.* Wien: Desch 1956.
Ihlenfeld, Kurt: *Der Kandidat.* Witten/Berlin: Eckart-Verlag 1959.
Grass, Günter: *Die Blechtrommel.* Neuwied am Rhein/Darmstadt/Berlin: Luchterhand 1959.
Knebel, Hajo: *Jahrgang* 1929. München: Bergstadtverlag Korn 1962.
Ihlenfeld, Kurt: *Gregors vergebliche Reise.* Witten/Berlin: Eckart-Verlag 1962.
Faecke, Peter: *Die Brandstifter.* Olten: Walter Verlag AG 1963.
Kubelkas, Margarete: *Odysseus kommt zu spät.* Memmingen, Allgäu: Dietrich 1963.
Danella, Utta: *Der Maulbeerbaum.* Darmstadt: Schneekluth 1964.
Knebel, Hajo: *Martinswaldau. Eine schlesische Chronik.* München: Bergstadtverlag Korn 1965.
Danella, Utta: *Vergiß, wenn du leben willst.* Darmstadt: Schneekluth 1966.
Osswoski, Leonie: *Weichselkirschen.* München/Zürich: Piper 1976.
Eckert, Horst: *Cholonek oder Der liebe Gott aus Lehm.* Recklinghausen: Bitter 1970.
Surminski, Arno: *Jokehnen oder Wie lange fährt man von Ostpreußen nach Deutschland?.* Stuttgart: Gebühr 1974.
Vondran, Emmerich: *Ostpreußen im Fegefeuer.* Osterzell: Thurm-Verlag 1974.
Bienek, Horst: *Die erste Polka.* München/Wien: Hanser 1975.
Brückner, Christine: *Jauche und Levkojen.* Wien: Ullstein 1975.

Ossowski, Leonie: *Weichselkirschen.* München/Zürich: Piper 1976.
Taubitz, Monika: *Durch Lücken im Zaun.* Heidenheim/Brenz: Jerratsch 1977.
Bienek, Horst: *Septemberlicht.* München/Wien: Hanser 1977.
Brückner, Christine: *Nirgendwo ist Poenichen.* Wien: Ullstein 1977.
Lenz, Siegfried: *Heimatmuseum.* Hamburg: Hoffmann und Campe 1978.
Surminski, Arno: *Kudenow oder an fremden Wassern weinen.* Hamburg: Hoffmann und Campe 1978.
Bienek, Horst: *Zeit ohne Glocken.* München/Wien: Hanser 1979.
Surminski, Arno: *Fremdes Land oder Als die Freiheit noch zu haben war.* Hamburg: Hoffmann und Campe 1980.
Lubos, Arno: *Schwiebus.* München/Wien: Langen-Müller 1980.
Opitz, Christian: *Sonntags Schlesisches Himmelreich.* München: Kindler 1980.
Villaret, Waltraud: *Polnische Wirtschaft.* Düsseldorf: Erb 1981.
Bienek, Horst: *Erde und Feuer.* München: Hanser 1982.
Lentz, Georg: *Heißer April.* Hamburg: Knaus 1982.
Taubitz, Monika: *Treibgut.* Stuttgart: Quell-Verlag 1983.
Surminski, Arno: *Polninken oder Eine deutsche Liebe.* Hamburg: Hoffmann und Campe 1984.
Piontek, Heinz: *Zeit meines Lebens.* München: Schneekluth 1984.
Lenz, Siegfried: *Exerzierplatz.* Hamburg: Hoffmann und Campe 1985.
Brückner, Chirstine: *Die Quints.* Frankfurt am Main/Berlin: Ullstein 1985.
Osswoski, Leonie: *Wolfsbeeren.* Hamburg: Hoffmann und Campe 1987.
Lippelt, Helga: *Popelken.* Buxtehude: Verlag an der Este 1988.
Osswoski, Leonie: *Holunderzeit.* Hamburg: Hoffmann und Campe 1991.
Link, Charlotte: *Sturmzeit.* München: Blanvalet 1989.
Bittner, Wolfgang: *Niemandsland.* Leipzig: Forum Verlag Leipzig 1992.
Curtius, Mechthild: *Neiße und Pleiße. Erster Roman: Neiße.* Berlin: Aufbau-Taschenbuch-Verlag 1992.
Link, Charlotte: *Wilde Lupinen.* München: Blanvalet 1992.
Danella, Utta: *Wo hohe Türme sind.* München: Albrecht Knaus Verlag 1993.
Thürk, Harry: *Sommer der toten Träume.* Halle: Mitteldeutscher Verlag 1993.
Wieskerstrauch, Liz: *In den Mohnfeldern. Roman einer schlesischen Familie.* München: Langen Müller 1993.
Link, Charlotte: *Die Stunde der Erben.* München: Blanvalet 1994.
Lippelt, Helga: *Abschied von Popelken oder ein Atemzug der Zeit.* München: Herbig 1994.
Scholz, Rudolf: *Die Schwalben der Kindheit.* Querfurt: Dingsda-Verlag 1995.
Pedretti, Erica: *Engste Heimat.* Frankfurt am Main: Suhrkamp 1995.
Treichel, Hans-Ulrich: *Der Verlorene.* Frankfurt am Main: Suhrkamp 1998.
Hein, Manfred Peter: *Fluchtfährte.* Zürich: Ammann1999.
Gerdau, Kurt: *Choral der Zeit.* Husum: Husum Druck- und Verlagsgesellschaft 1999.
Rygiert, Beate: *Bronjas Erbe.* München: Claassen 2000.
Grass, Günter: *Im Krebsgang.* Göttingen: Steidl 2002.
Bernig, Jörg: *Niemandszeit.* Stuttgart/München: Deutsche Verlag-Anstalt 2002.
Müller, Olaf: *Schlesisches Wetter.* Berlin: Berlin-Verlag 2003.
Dückers, Tanja: *Himmelskörper.* Berlin: Aufbau-Verlag 2003.
Jirgl, Reinhard: *Die Unvollendeten.* München: Hanser 2003.

Zeller, Michael: *Die Reise nach Samosch.* Cadolzburg: Ars Vivendi 2003.
Lippelt, Helga: *Fern von Popelken.* Unna, Westf.: Heiligenwalde 2003.
Medicus, Thomas: *In den Augen meines Großvaters.* München: Deutsche Verlag-Anstalt 2004.
Treichel, Hans-Ulrich: *Menschenflug.* Frankfurt am Main: Suhrkamp 2005.
Kempowski, Walter: *Alles umsonst.* München: Knaus 2006.
Hein, Christoph: *Landnahme.* Frankfurt am Main: Suhrkamp 2007.
Treichel, Hans-Ulrich: *Anatolin.* Frankfurt am Main: Suhrkamp 2008.
Janesch, Sabrina: *Katzenberge.* Berlin: Aufbau-Verlag 2010.
Buhl, Theodor: *Winnetou August.* Frankfurt am Main: Eichborn 2010.
Surminski, Arno: *Winter Fünfundvierzig oder Die Frauen von Palmnicken.* Hamburg: Ellert & Richter 2010.
Fitz, Michael G.: *Adriana lässt grüßen.* Halle, Saale: Mitteldeutscher Verlag 2012.
Draesener, Ulrike: *Sieben Sprünge vom Rand der Welt.* München: Luchterhand-Literaturverlag 2014.
Hansen, Dörte: *Altes Land.* München: Albrecht Knaus Verlag 2015.
Maj, Anja: *Am Ende diesen Jahres.* Hamburg: tredition 2016.
Kessel, Julie von: *Altenstein.* Reinbek bei Hamburg: Kindler 2017.
Jacobs, Anne: *Das Gutshaus.* München: Blanvalet 2017.

Abbildungsverzeichnis